KB060660

한신고고학 30주년 기념 논총
한신대학교박물관 30주년 및 이남규 교수 정년퇴임 기념

한신고고학 30주년 기념 논총

한신대학교박물관 30주년 및 이남규 교수 정년퇴임 기념

한신고고학 30주년 기념 논총 간행위원회 엮음

서경문화사

책을 내며

이남규 교수님이 한신대학교 국사학과(현재는 한국사학과로 바뀜)에 부임한 해가 1991년이고, 부속 박물관이 개관한 것이 1991년이니 한신대학교 박물관은 이남규 교수님의 활동과 함께 시작되었다고 해도 과언이 아닐 것이다. 그 후 30년간 한신대학교 박물관은 경기도 지역을 거점으로 중부권 유적 조사의 최전선에서 활동하였고 그 앞에는 항상 이남규 교수님이 계셨다. 과거 고고학적 조사를 둘러싼 환경은 지금과는 비교할 수 없을 정도로 열악하여서, 조사단은 수많은 위기와 협박. 오해와 수모를 받았지만 모두 극복하고 한신대학교 박물관은 꿋꿋하게 성장하였다.

30대의 동안에 부임하신 이남규 교수님은 30년의 세월을 한신대학교에 재직하시면서 어느덧 백발이 늘어나시더니 마침내 2020년에 명예롭게 퇴임하시었다. 그 사이에 이룩한 업적은 일일이 열거하기 어려울 정도이다. 특히 신진 연구자 양성, 대학 박물관 활동의 선례를 남긴 점, 중부지역 매장문화재 조사의 기틀을 마련하였다는 평가는 누구도 부정할 수 없다.

한신대학교 박물관은 비록 규모는 작아도 어느 대학 박물관 부럽지 않은 훌륭한 성과를 내어서 지금도 여러 사람의 입에서 모범적인 사례로 이야기되고 있다. 그동안 배출된 고고학, 미술사, 금석문 연구자들은 수적으로나 질적으로나 국내 최고 수준이라고 평가할 수 있을 것이다. 만약 한신대학교 한국사학과, 박물관 출신 연구자들이 존재하지 않았다면 중부지역 고고학, 문화재 조사 환경은 매우 척박하였을 것이다. 유적 조사 현장 곳곳에서 활동하는 한신 출신 연구자들의 활동을 볼 때마다 새삼 뿌듯함을 느낀다. 이번 기념 논총에 게재된 논문들을 보면 한신 출신들의 활발한 학술 활동을 새삼 절감하게 된다.

1991년 개관 이후 30년이 넘는 세월이 흐르면서 한신대학교 박물관은 변신을 꾀하고 있다. 과거처럼 대학 박물관이 매장문화재 조사의 선봉에 서는 일은 앞으로도 어려울 것이다. 대학 박물관이 맡아야 할 책무가 무엇인지에 대한 진지한 고민이 필요한 상황이 된 것이다. 이 과제 역시 이남규 교수님께서는 미리 해답을 내어 놓으셨다. "지역과 함께, 어린 학생들과 함께, 시민 대중과 함께"라는 방향성은 한신대학교 박물관이 지향하는 목표 중 하나라고 판단된다. 큰 흐름은 이미 이남규 교수님이 재직 중에 방향을 잡아 놓았다고 판단된다.

공적인 업무에 짓눌린 삶이 장기간 연속되면서 개인의 건강을 제대로 돌보지 못하여 고통받는 과정을 종종 보았던 입장에서는 정년과 함께 건강을 챙기시기를 바랄 뿐이다. 가족과 많은 시간을 함께 하지 못한 죄과(?)도 부지런히 갚으시기를 바란다. 아무쪼록 한신대학교 박물관의 기초를 단단히 마련하고 떠나신 이남규 교수님의 바톤을 현직 교수, 박물관 연구원, 대학원생과 학부생들이 잘 전달받아 한신대학교 박물관이 제2의 도약을 꾀하기를 기대한다.

한신고고학 30주년 기념 논총 간행위원회 위원장
권오영

차 례

제1장

한신대박물관과 함께 한 30년의 추억
-고고학조사와 전시·교육 활동사항을 중심으로-

이남규

한신대학교 한국사학과

영겁(永劫)의 시간 속에 30년은 너무 짧고 순간에 해당하는 것이지만 돌이켜 보면 필자에게 있어 한신대박물관과 함께한 지난 이 시간들은 너무도 소중한 개인 역사의 궤적으로 남아 있다. 보람이 컸던 만큼 그리움과 아쉬움도 많았던 1991년에서 2020년 퇴임까지의 길고도 짧았던, 그리고 이제 와서 새삼 돌이켜 보니 가슴저리기도 한 그 여정의 소중한 기억들을 더듬어 본다. 다시 한번 그 길을 밟아보는 마음으로.

I. 1990년대의 기억들 -활발한 대학발굴 활동기-

1. 취임 초기의 상황

필자가 일본 히로시마대학교 유학시절 막바지에 박사학위논문이 대략 마무리되어가던 1990년 말 한신대 유봉학 교수로부터 연락이 왔다. 대학 내에 박물관을 개관하면서 고고학 전공자를 교수로 초빙할 계획이니 응모해 달라는 것이었다. 군대를 제대한 그 다음해였던 1985년과 1986년의 2학기에 시간강사를 했던 경험이 있었던 터라 한신대학교는 낯설지 않았을 뿐만 아니라 오히려 다른 대학보다 더 친근감을 갖고 있었다. 게다가 당시 한국사 분야에서는 그 어느 대학보다 우수한 교수진을 갖추고 있어 국내 역사학계에서 학과의 위상이 대단히 높게 평가되고 있던 상황이어서 아무런 망설임 없이 부탁을 수락하게 되었다. 당시 유교수님과 이세영 교수님은 대학시절부터 간송미술관에 드나들면서 친숙히 지내던 관계였고 서광일 교수님과 안병우 교수님도 출강 기간 동안 자주 뵙고 술자리를 함께 했던 분들이어서 이런 대학에서 근무해보면 좋겠다는 생각을 한편으로는 갖고 있었기에 내심 반갑기도 했다. 이렇게 쉽고 자연스럽게 한신대학교에서의 30년 인생길이 결정되었던 셈이다.

연락 직후 여동생의 도움을 받아 가면서 급하게 관계서류들을 준비하여 대학 지원과정을 마친 후 잠시 귀국하여 총장 인터뷰를 하게 되었는데 당시 그 자리에서 교목실장이 내게 던진 질문을 지금도 잊을 수 없다. "한신대학교에는 몇 년 정도 있을 생각이죠?"라는 물음이었고 이에 잠시 당황했던 기억이 지금도 생생하다. 사실 지난 30년간 타대학으로 몇 번 전직할 수 있는 기회들이 있기는 했지만 끝까지 한신대학교를 고수할 수 있었던 것은 무엇보다도 좋은 교수진과 학생들이 있었던 덕분이라 할 것이다.

그런데 교수 취임이 결정된 직후 하나의 문제가 발생했다. 박사논문의 범위를 중국 전국(戰國)시대까지로 정하고 1991년 초까지 작업을 마무리하려고 했었는데 그 시점에 지도교수셨던 시오미 히로시(潮見浩) 선생께서 이왕이면 한대(漢代)의 철기문화까지 다루어 주었으면 좋겠다는 말씀을 하시는 것이었다. 우리나라도 그러하기는 하지만 일본의 경우는 더욱더 지도교수의 견해를 수용해야 하는 학풍이 강했기 때문에 논문작업을 한 학기 더 연장해야 하는 상황이 되었던 것이다.

이러한 사정을 대학측에 알리자 교수발령을 한 학기 늦춰주겠다는 답변이 왔고 거의 동시에 1년간 박사논문 작업에 대한 연구비를 지원해주었던 일한(日韓)문화교류기금에서는 사정 이야기를 듣고 금액을 인상해서 지원기간을 3개월 더 연장해주겠다는 연락을 주었다. 당시 일본이 버블경제의 대호황기였기에 가능한 일이었다.

덕분에 한학기 동안 큰 어려움 없이 한대의 자료들을 급하게 정리하면서 불철주야 추가적인 논문집필작업에 몰두할 수 있었는데 작업량이 과다하여 8월 초 심사용 논문을 제출하고 나서 신세진 주변분들께 제대로 인사도 하지 못한 채 그 다음날 귀국행 비행기에 올라야 했다. 당시 같은 유학생이었던 아내는 학업이 한 학기 더 남아 딸아이와 함께 히로시마에 잔류할 수 밖에 없는 상황이었다.

아직 학위가 통과되지 않은 상태여서 1991년 9월 초부터 조교수가 아닌 전임강사로 한신대학교 생활을 시작하게 되었다. 당시 학교 사정이 열악하여 교수연구실도 제대로 배정받지 못하는 상태였고 박물관도 적절한 공간 없이 대학 본관인 장공관 1층에 방 두 칸 정도를 차지하고 있었다. 소장유물이라고는 민속유물 몇 점에 불과했고 관련도서도 서가 하나를 채우지도 못하는 정도였다. 이렇듯 열악한 조건의 대학박물관 공간 한 구석에 책상 하나와 서가 둘을 놓고 민속유물의 냄새를 맡아가면서 한신대학교 30년의 생활이 시작되었다. 당시 유적조사에 필요한 기자재는 전무한 실정이었고 예산도 제대로 책정되어 있지 않은 상태였다. 명목적으로는 대학박물관을 개관하기는 하였으나 무(無)에서 유(有)를 창조해야 하는 그야말로 미국의 서부개척시대 같은 상황이었던 것이다.

1991년 2학기는 새롭게 시작된 강의의 준비와 학교생활에의 적응 등으로 바쁘게 보냈는데 지하철로 출근하면서 서울의 탁한 공기에 적응이 되지 않아 후두염으로 심하게 고생하면서 병원을 수시로 드나들어야 했다. 그러한 고통은 한 학기 동안 지속되었다. 1년반 가까이 박사학위논문 작업에 너무 과로했던 데다가 환경이 급변했던 것이 주된 원인이었던 것 같았다. 그러한 고통은 지인이 알려준 살구씨기름을 복용하면서 차츰 호전되어 갔다.

2. 1990년대의 기억들 -대학박물관 유적조사의 황금기-

필자가 1991년 가을부터 한신대에 근무하기 시작하였지만 박물관의 고고학적 활동은 1992년 2월부터 시작되었다. 당시는 발굴전문기관이 부재하고 발굴제도도 제대로 마련되어 있지 않은 상태에서 대학박물관이 개발지역의 구제발굴에 적극 참여하던 시기였고 한신대학교박물관도 예외는 아니었다. 대학 부임 초기부터 발굴조사의뢰가 지속적으로 있었지만 학내여건과 인적 조건이 충분히 갖추어지지 않은 상태에서 주어진 과제들을 해결해야 했다. 그에 따라 많은 어려움이 따르고 만족할 만한 성과를 거두지 못하는 경우도 있었지만 이러한 과정을 통해 대학박물관의 상황이 지속적으로 개선되고 점진적 혹은 획기적 발전이 있었던 것도 사실이다. 주마간산격이 되겠으나 이하에서 그러한 과정 중 각 유적조사에서 얻은 중요 성과와 함께 남기고 싶은 여러 일화와 추억들에 대해 간단히 이야기해보고자 한다.

1) 광주 무등산 금곡동 연합발굴[01](1992) -최초의 발굴조사-

부임 후 첫학기가 마무리되어갈 무렵 국립광주박물관으로부터 연락이 왔다. 광주 무등산 기슭 충효동에 위치한 쇠똥밭을 발굴조사할 계획인데 필자의 조력이 필요하다는 것이었다. 이곳은 임진왜란시 김덕령 장군이 의병들에게 공급할 철을 생산하였던 것으로 알려진 곳으로서 지명도 주검동(鑄劍洞)으로 불리고 있었다.

발굴은 박사논문의 최종심사를 마치고 돌아온 1992년 2월 말부터 시작되었다. 이 조사에는 당시 박물관 조교로 근무하던 정남일군을 비롯하여 남다른 거구(巨軀)들이었던 이민식·박시운 군 등이 참여하여 작업인부 없이 직접 굴토작업을 한 달가량 진행해 나아갔다.

이곳의 쇠똥은 유적 아래 계곡부와 소로들에서부터 보이기 시작하여 중심부에는 막대한 양이 퇴적되어 있고 주변에서는 숯가마의 가능성이 있는 웅덩이들이 여러 곳 산견되어 제철의 기간이 상당히 긴 기간 동안 이루어졌던 것으로 추정되었다. 이 발굴에서 조선시대 중기경의 철제련 유구뿐만 아니라 철기제작과 관련된 제철유구도 함께 조사되었다. 철제련유구는 거의 파괴되어 잔존상태가 극히 불량하였지만 이러한 유구에 대한 정식 발굴조사는 국내에서 최초로 이루어졌고 또한 이 발굴은 국립광주박물관과의 공동발굴이기는 하나 한신대학교박물관으로서는 첫 발굴이었다는 점 등에서 큰 의미가 있다.

이 발굴은 일본에도 알려져 당시 필자의 지도교수셨던 시오미 히로시(潮見浩) 선생을 비롯

---

01) 國立光州博物館·한신大學校博物館, 1993, 『無等山 金谷洞-조선시대 철 및 철기 생산유적』.

그림 1 광주 무등산 금곡동 제철유적지(광주광역시 시도기념물 21호) 발굴 중 조현호(潮見浩) 선생 일행 방문시
       모습(左)과 정비 후 상태(右)

하여 가와세 마사토시(川瀨正利) 교수, 마쯔이 카주유끼(松井和幸) 선생이 발굴장을 방문하여 여
러 가지 자문을 해주셨다. 이 때 마침 광주의 한 호텔방에서 박사학위수여식에 참석하지 못
한 필자에게 당시 학부장이셨던 시오미 선생께서 학위기를 직접 들고 오셔서 전달해주시기
도 하였다.

그리고 3월 말경 발굴이 종료되어갈 즈음에 주재용 총장의 현장방문이 있었고 뒤이어 마
침 전라남도지역으로 답사를 오게 된 한신대학교 한국사학과(당시는 국사학과) 학생들 100여
명이 현장을 견학하여 우리박물관의 첫 발굴을 격려해주기도 하였다.

당시 발굴단의 숙식은 주로 발굴현장 아래에 위치한 산장에서 이루어졌고 필자는 3월 중
에 강의를 진행해야 해서 주말에 야간열차를 이용하면서 학교와 광주를 오가야 했다. 월요일
새벽마다는 수원역 앞 사우나에서 쪽잠을 자고 아침 강의에 임해야 했던 고된 나날이었지만
일본유학에서 특별히 배워온 제철유적의 조사경험을 살려서 국내에서 직접 책임지고 유적조
사를 할 수 있는 절호의 기회로 생각되어 늘 즐겁고 기대감에 부풀며 지냈던 시간으로 기억
되고 있다. 발굴종료 후에 유물의 정리와 분류는 국립광주박물관에서 이루어졌는데 그해 가
을 한글날 경영학과와 벌어진 과대항 축구시합에 참여하다가 오른발 복숭아뼈 뒤쪽이 바스
러지는 큰 부상을 당하여 수술 후 4주간 입원해야 하는 상황이 벌어졌다. 퇴원 후에도 계속
깁스를 하며 2달 이상을 지내고 이듬해 3월 정도까지도 목발을 사용해야 하는 처지였다. 그
러한 상황에서도 목발을 짚고 광주에 내려가 숙박을 해가며 유물정리를 도왔고 한편으로는
유구에 대한 기술을 정리하면서 보고서 작성을 마무리할 수 있었다. 그 결과로 출간된 보고
서가 『무등산 금곡동』이다.

한신대학교박물관의 첫발굴이 흥미로운 유물은 찾아보기 어렵고 온통 생소하고 이해하기
어려운 쇠똥과 제철폐기물을 주로 다루어야 하는 지루한 발굴이었음에도 불구하고 당시의

발굴참여자들은 이를 묵묵히 잘 감내해 주었다. 그리고 초창기의 박물관 식구들과 객지에서 함께 동고동락하면서 즐겁게 지냈던 여러 추억담들이 있지만 이를 일일이 글로 남길 수 없는 것이 아쉬울 뿐이다.

이른 봄의 쌀쌀한 날씨에도 불구하고 국내 최초로 철제련유적 발굴을 주관해 주었던 당시 국립광주박물관의 지건길 관장님 및 당시 학예사였던 성낙준·조현종 선생, 어렵고 생소한 발굴을 잘 진행해 주었던 한신대학교 발굴팀 정남일·이민식·박시운 군 등에게 늦게나마 감사의 마음을 전하고 싶다.

2) 고양 행신지구 조사[02](1992) -최초의 지표조사-

1992년에는 3월 초에 고양시 공영개발사업소의 의뢰를 받아 29만여 평의 개발지역에 대한 문화재 지표조사를 실시하게 되었다. 이는 한신대학교박물관이 단독으로 수행한 첫 조사 사업이었다는데 중요한 의미가 있다. 당시는 문화재보호법의 미비로 개발지역에 대한 문화재조사사업이 의무화되어 있지 않은 상황에서 일부 공공개발지역에서 문화재 사전조사가 이루어지고 있던 시기였는데 고고·역사·민속의 세 분야 전문가들이 융합적인 한 팀을 이루어 조사에 임한 사례는 고양시 행신지구가 처음이었던 것으로 기억된다. 개발지역에 대한 이러한 문화재조사 패턴은 계속 다른 개발지역의 여러 사례에도 적용되어 타기관들의 모범이 되기도 하였다.

당시 고고분야는 필자, 역사분야는 유봉학 교수, 민속분야는 고(故)정승모 선생과 오석민 선생이 각각 담당하였고 이러한 조사팀 구성은 이후에도 상당 기간 다른 지역의 조사활동에서도 계속되었다. 초기에는 고고유적이 제대로 확인되지는 않았으나 조선시대의 여러 시기 석물들이 다양하게 확인되고 민속학적으로 중요한 자료들이 속속 발견되어 이 두 분야 담당자들이 열심히 조사와 보고에 임해주었던 기억이 지금도 생생하다. 특히 역사분야를 담당하셨던 유봉학 교수는 이후 계속해서 개발지역에 버려지는 다수의 석물들을 면밀히 조사하였을 뿐만 아니라 중요한 것들은 대학 내로 운반해와 한신대학교박물관은 조선시대 모든 시기의 석물들을 보유할 수 있게 되었다.[03]

당시 박물관 예산은 300만원 정도에 불과하였고 유적조사에 필요한 장비는 전무한 상황

---

02) 한신大學校博物館, 1992,『高陽市 行信地區 文化遺蹟 및 民俗調査報告書』, 학술조사보고서 제1책.

03) 이 석물들은 거의 대부분 2008년에 개관한 수원역사박물관에 기증되어 현재 야외에 전시중이다.

이었다. 이러한 문제점을 유적조사에 앞서 주재용 총장께 제기하자 즉시 500만원을 추경해 주어서 촬영, 측량 및 기타 부수적인 작업에 필요한 장비들을 일괄로 구입할 수 있었다. 교회사를 전공하셨던 주재용 총장은 대학박물관의 활동에 남다른 관심을 보이셨고 초기에는 박물관회의에 참석하거나 무등산 금곡동유적 현장을 방문하시기도 하였다.

당시 대학당국은 박물관이 간판만 달면 외부로부터 조사사업을 수주해와 자체적으로 운영할 수 있다는 정도로만 생각하고 초기의 투자나 조직 구성의 필요성에 대해서는 제대로 인식하지 못하고 있었다. 이러한 문제는 미해결의 상태로 오랜 시간을 끌어오다가 필자가 퇴임하기 직전에 부분적으로 해소되었지만 현재도 여전히 학예사의 정규직화와 예산의 적정화는 주요 과제로 남아 있다. 어찌보면 한신대학교와 같은 군소대학에서 대학박물관을 설치해서 활성화시킨다는 것은 애초부터 대단히 무리하고 무모한 것이었던 셈인데, 그러한 가운데 30년의 세고(世苦)를 이겨내온 힘은 어디서 나왔을까를 곰곰이 생각해보게 된다.

이러한 초기의 지표조사는 뒤이어 수원 영통지구(1992.10~1993.4),[04] 고양 능곡지구(1993.5~1993.10),[05] 구리 인창지구(1993.10~1994.3)[06] 등의 조사로 이어졌다. 이들 조사에서는 고고

그림 2   고양시 능곡지구 한산이씨 묘역의 이유청(李惟淸)묘 석물

04) 한신大學校博物館, 1993, 『水原靈通·龍仁靈德地區 文化遺蹟 및 民俗調査報告書』, 학술조사보고서 제2책.

05) 한신大學校博物館, 1993, 『高陽市 陵谷地區 文化遺蹟 및 民俗調査報告書』, 학술조사보고서 제3책.

06) 한신大學校博物館, 1994, 『九里市 仁昌地區 文化遺蹟 및 民俗調査報告書』, 학술조사보고서 제4책.

그림 3 능곡지구 조사 중 북한산을 배경으로(왼쪽부터 오석민, 고 정승모, 유봉학, 필자)

유적이 제대로 확인되지는 않았으나[07] 조선시대 사대부들의 분묘가 다수 확인되면서 버려진 석물들을 계속 확보할 수 있게 되었고 민속학 분야에서도 중요한 연구성과를 올릴 수 있었다.

3) 평택 포승지구 조선시대 목마장유적[08](1993) -최초의 단독발굴-

1993년 가을 한국토지공사의 의뢰를 받아 평택 포승지구에 대한 문화재지표조사가 이루어졌다. 이곳은 현재 아산국가산업단지와 평택 해군기지(제2함대)가 들어선 곳으로서 조사 당시에는 소규모의 만호포구와 갯벌의 염전 정도가 저명한 지형지물로 인지되고 있는 상황이었다. 대단히 넓은 해안가 지역이었음에도 불구하고 조사 결과 고대 이전의 유적은 거의 보이지 않았고 조선시대의 민묘 몇 기와 목장토성의 토루가 부분적으로 잔존해있음이 확인되어 후자에 대한 발굴을 실시하게 되었다. 하지만 당시의 국내고고학은 그 관심시대가 선사 · 고대에 크게 경도되어 있었고 상대적으로 중세나 근세의 유적들에 대해서는 특별한 경우가 아니면 제대로 눈길을 주지 않던 시절이었다. 이러한 상황에서 조사대상 유적이 목마장 터였으니 주변의 고고학자들 가운데는 심지어 그러한 유적을 왜 발굴하느냐는 식으로 말하는 사람도 있었다.

---

07) 구리 인창지구 조사에서는 개발지역 외곽에 해당하는 동구릉 인근의 구릉에서 반월형석도편과 같은 청동기시대 유물을 채집할 수 있었는데 이곳은 일제강점기에 橫山將三郎이 이미 유적의 존재를 확인한 바 있었던 곳으로 보인다.

08) 한신大學校博物館, 1993,『牙山國家工團遺蹟發掘調査報告書』, 학술조사보고서 제5책.

그림 4 평택 포승지구 목마장유적(上 : 건물지, 下 : 목장토성 성벽)

　필자는 한신대학교에 자리잡은 초기부터 이와 같은 우리 고고학계의 일반적인 견해와는 다른 생각을 하고 있었다. 일본 유학중 근대와 근세의 유적지 발굴현장들을 여러차례 견학하고 중세의 제철유적도 직접 발굴해보면서 귀국 후 국내에서도 중세고고학 분야가 활성화될 수 있도록 적극 노력해야겠다고 스스로 다짐을 한 바 있었다. 그러한 생각이었기에 첫 발굴인 무등산 금곡동의 조선시대 제철유적 발굴에 흔쾌히 나설 수 있었고, 한신대학교 박물관의 첫 번째 단독발굴로 조선시대 목마장유적 조사에 임하게 되었던 것이다.

　이른 봄에 시작된 발굴은 감목관(監牧官)이 거주하던 터로 추정되는 건물지의 전면적 조사와 토성벽 2개 지점의 절개조사(그림 4)로 이루어졌는데 현장작업 초기에 보상을 노린 무단토지점유자가 공기총을 들고와 총구를 필자를 향해 겨누면서 위협하고 천막에 석유를 뿌리는 등의 난동을 부려 발굴단이 잠시 철수해야 하는 해프닝이 있기도 하였으나 문제가 해결된 후 순조로이 발굴이 진행되어 5월에 마무리할 수 있었다.

이 유적조사에서 획기적인 유구나 유물이 확인되지는 않았으나 국내 최초로 조선시대의 목장유적을 발굴하면서 한신대학교박물관이 중세고고학의 지평을 넓혀나가는 계기가 되었다는 점에서 중요한 의미를 찾을 수 있다.

이 발굴은 학기 중에 진행되어 폐차 직전의 중고차 르망으로 학교와 발굴장을 분주하게 오가면서 현장을 관리감독해야 했고 집보다는 주로 용성장이라는 한 모텔의 발굴단 숙소에서 학생들과 함께 동고동락했던 시간들이 벌써 오래전의 과거가 되었지만 지금도 기억에 너무도 생생한 추억으로 남아 있다. 그해 봄은 기후가 온화한 편으로서 현장사무를 보던 천막 옆의 무지막지하게 큰 벚나무 두 그루의 꽃이 만개하여 장관을 이루어 보기에는 좋았지만 떨어지는 꽃잎으로 상당 기간 동안 주변이 온통 하얗게 뒤덮여서 발굴현장 사진촬영과 유물정리에 지장을 주기도 하였다. 돌이켜 보면 그처럼 조사에 곤란을 겪었던 사실보다는 벚꽃으로 발굴장 주변이 너무도 아름답게 꾸며졌던 기억이 더욱 크게 기억되는 것이다.

이 발굴에는 유적현장에서 성심성의껏 조사해준 정남일·이민식 연구원과 당시 학부생이던 조민수·박태구·최철희의 노고가 컸으며, 유물정리와 보고서작업에 이화정·강혜선·홍수경·박희영 외에 여러 학생들이 수고해주어서 늘 감사하게 생각하고 있다. 그리고 이 유적의 지표조사 과정에서부터 인연을 맺기 시작한 공재왕 포크레인 기사는 이후 한신대박물관의 여러 유적조사에도 계속 함께 하게 되었는데 그의 탁월한 제토기술 덕에 발굴에 많은 도움을 받을 수 있었다. 지금은 오랫동안 연락이 끊겼지만 오랜 기간 동안 한신대학교박물관의 발굴에 큰 도움을 주셨던 공기사님께도 이 자리를 빌어 감사의 마음을 전하고 싶다.

4) 수원 영통지구 발굴[09](1994년 6월~10월)

영통지구는 현재 수원시의 중요한 주택지구로 번창해 있지만 1993년경에는 도시 인근의 한적한 농촌지역이었다. 토지공사에서 이곳의 100만평에 가까운 지역을 택지로 개발하게 되어 먼저 1992년 10월~1993년 3월 사이에 지표조사를 실시하게 되었다.

하지만 조사계약 체결 직후 필자는 앞서 언급하였듯이 국사학과와 경영학과의 과대항 축구시합에 참여했다가 불량한 운동장 사정으로 인해 다리에 큰 부상을 입게 되었다. 오른발 복숭아뼈 뒤쪽이 분쇄골절되어 뼈의 일부를 제거하는 큰 수술을 받고 두 달 가까이 병원신세를 져야하는 신세가 되었다. 의사는 더이상 등산이나 달리기를 하지 못한다고 하여 고고학

---

09) 한신大學校博物館, 1993,『水原 靈通 高麗遺蹟 發掘報告書』, 학술조사보고서 제7책.

자로서는 너무 난감한 상황이 아닐 수 없었다. 하지만 천만 다행히도 동료 교수인 유봉학 교수가 홍화씨가 접골에 효능이 탁월하다는 이야기를 어떤 한의사에게서 듣고 내게 정보를 주셨고 이를 열심히 달여 먹은 결과 상태가 크게 호전되어 등산은 물론 조깅도 할 수 있는 정도까지 회복될 수 있었다.

그래도 오랫동안 목발을 짚고 다녀야 했는데 영통지구의 지표조사는 그러한 상태로 1993년 2월 말~3월 초에 집중적으로 실시하게 되었다. 아마도 우리나라 고고학자 중 유적 지표조사에서 목발 짚고 다닌 사람이 또 있을까 싶다. 그 시기에는 얼은 땅의 표면만 살짝 녹은 상태의 지점들이 많아 조심스레 다녔지만 몇 번이고 목발이 미끄러져 넘어지곤 하였다.

상태가 그러하다 보니 결과적으로 다른 분야에 비해 고고학적 조사가 다소 미흡했다고 자인할 수밖에 없겠는데 그나마 다행히 소실부락의 사면 아래 평탄면에서 고려시대의 유물이 집중 출토되는 지점을 확인하고 발굴의 필요성을 제기하게 되었다. 그 외에 지형이 양호한 일부 지점들에 대해서는 굴토를 통한 지층조사도 실시하기도 하였지만 전체 면적에 비해 발견된 유적의 수가 너무 적었던 점은 조사의 부실처럼 여겨져 오랫동안 필자의 마음을 무겁게 짓눌렀다.

발굴은 평택 포승지구 조사를 마치고 돌아와 잠시 한숨을 돌리고 학기말 성적처리를 마친 6월 말부터 실시하게 되었다. 하지만 공교롭게도 이 해는 유난히 더워 6월 하순부터 기온이 37~8도를 오르내리고 있었다. 뉴스에서는 70년만의 더위라고 하였다.

문제는 이러한 혹서로 인해 낮에는 발굴을 제대로 진행할 수 없다는 점이었다. 그래서 아침일찍 발굴을 시작하고 점심시간 이후 한동안 더위를 피한 후 오후 3시부터 6시 정도까지 작업을 실시하는 방식을 취했는데 그 시간에도 더위는 전혀 누그러들 기세가 아니었다. 다행히도 발굴장 바로 옆의 논에 관정이 설치되어 있어서 모터를 장착하여 물을 뿜어 올려 간간이 발굴단에게 뿌려주면서 더위를 식혀주곤 하였다. 게다가 두 달 가까이 열대야가 지속되어 발굴단은 밤잠을 매일 설쳐야만 했다.

조사 초기에 발굴단의 숙소가 마땅치 않았었는데 마침 이곳 대책위원장이셨던 오이환씨가 자신의 넓은 양옥주택을 사용할 수 있게 해주셨고 마을 주민들도 초기에는 지대한 관심과 협조를 해주었지만 토지공사와의 관계가 악화되어 일시적으로 접근로가 차단당하는 상황을 맞이하기도 했었다.

발굴조사단에 대단히 호의적이셨던 오이환씨는 자신 소유의 민속유물뿐만 아니라 일본 메이지대학에 유학하셨던 조부 소장의 고서들 및 축음기 등 다수의 소중한 자료들을 박물관에 기증해주셔서 총장실에서 감사패를 드리기도 하였다.

더위로 난항을 겪었던 발굴은 예정했던 기간의 조사 막바지에 문화층이 아래쪽의 논밑으로 계속 연결되어 그 기간을 연장하여 작업을 실시하였고 굴토된 토양이 막대하여 인근 공사장에서 쓰이던 최대형 굴토장비를 동원하여 밤늦게까지 작업하기도 하였다.

유적의 유구는 크게 훼손되어 그 구조가 제대로 남아 있지는 않았지만 이 유적에서 도자기, 토기, 금속기 등의 고려시대의 유물들 외에 청동기시대의 석기편(마제석검 · 석도 · 반월형석도 · 유구석부 · 방추자 · 석착, 그림 5의 右)이 일괄로 채집되어 인근을 정밀하게 조사였으나 같은 시기의 토기편은 한 점도 채집되지 않았다. 아마도 고려시대에 이곳 주민이 주변에서 활동하다가 이러한 석기들을 채집해서 가져온 것이 아닌가 추정하였다. 말하자면 그들이 고려시대에 고고학적 활동을 했던 것으로 확인되는 유일한 존재들인 셈인데 개발지역 내에서 그와 관련된 청동기시대 유적을 찾지 못한 것은 지금도 아쉬움으로 남아 있다.

발굴단은 정남일 · 이민식 연구원 외에 포승지구에서 수고하였던 학부학생들과 진윤정 · 이동완 · 홍수경 · 박희영 및 94학번 새내기들까지 방학을 이용하여 일손을 도왔는데 순번을 돌아가며 식사당번이 되어 부지런히 음식을 만들어주던 모습들이 떠오른다. 음식하기를 즐기는 필자도 자주 가세하여 학생들과 저녁식사를 함께 준비하곤 했었는데 그 가운데 내가 만든 탕수육이 가장 인기가 있었다. 이 발굴에서 한 커플(이동완 · 홍수경)이 탄생하여 현재는 오스트레일리아에서 사업을 하며 안정되게 잘 살고 있고 한 번 방문해 달라는 연락을 몇 차례 받기도 하여 퇴임 후 가볼까 했었는데 코로나사태를 맞이하고 말았다.

이 유적의 발굴을 위해 필자의 낡은 차량 르망을 이동완군이 운전하여 사용하도록 하였었는데 발굴 초기에 큰 사고가 일어났다. 발굴현장에서 대학으로 발굴장비를 가지러 가던 중

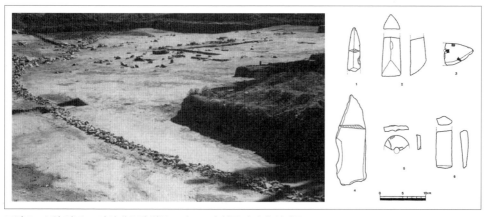

그림 5 수원 영통 고려시대유적 발굴 모습(左)과 청동시기대 석기류(右)

수원전투비행장 옆의 옛 1번 국도에서 갑자기 끼어든 다른 차량을 피하다가 정면에서 오는 트럭과 충돌하여 폐차해야 할 정도의 큰 교통사고를 당했던 것이다. 천만다행으로 별다른 부상을 당하지 않았고 가벼운 타박상만 입은 정도였다. 그 후로도 대학박물관에서 사용하던 프라이드 차량 2대를 폐차해야 하는 정도의 교통사고들을 당했었는데 탑승자들이 큰 부상을 당하지는 않았다. 돌이켜 생각하면 등골이 오싹해지는 사고들이었는데 신이 우리를 도우신 것 같다는 생각이 든다.

5) 화성군의 매장문화재지표조사(1994~1995)[10]

1994년 하반기에 화성군(2001년 화성시로 승격)으로부터 군 전체에 대한 매장문화재 지표조사의 의뢰를 받게 되었다. 그런데 문제는 화성군이 제시한 조사비용은 2천만원에 불과하여 당시 면적이 2억평이 훨씬 넘어 국내에서 가장 넓은 군으로 알려져 있던 이곳의 지표조사를 과연 이 비용으로 어떻게 하면 좋을까 하는 것이었다. 숙고 끝에 우선 한신대학교 인근에 대한 정밀조사를 중심으로 하면서 비용과 시간이 허용하는 범위 내에서 조사지역을 확대해 나가기로 결정하였다.

조사는 1994년 2학기를 마치고 겨울방학이 시작하는 시점으로부터 매주 토요일과 일요일을 이용하여 1박을 해가며 현지조사를 실시하였다. 조사 초기부터 확인되는 유적들은 고인돌 및 추정고인들로서 옛 태안읍의 병점리·안녕리 및 수원대학교 옆 수기리 등 구릉 상에 위치하는 것이 대부분이었다. 주로 남방식과 개석식으로 보여지는 것들로서 이러한 지점들의 서측에서는 고인돌들이 제대로 확인되지 않는 점이 특징으로 파악되었다.

이어서 기안리유적의 북측에 위치한 고금산유적에 대한 조사를 실시하였다. 초기에는 지표에서 유물을 찾기 힘들었으나 산 정상부의 넓은 완경사면에 유적이 존재할 가능성이 높다고 판단되어 소규모의 피트를 굴착해 본 결과 원삼국시대의 것으로 보여지는 토기편이 출토되었다. 이후에 그 아래쪽에 도로가 개설되면서 그 단면에서 다수의 토기편들이 채집되기도 하였고 2000년에는 서울대학교박물관이 발굴을 실시하여 청동기시대 주거지 2기와 원삼국시대 마한계의 주거지 3기를 확인한 바 있다.[11]

한편 1995년 2월이 얼마 남지 않은 시점에 지역을 확대하여 봉담읍지역 조사에 나서게 되

---

10) 한신대학교박물관, 1995,『화성시 매장문화재 지표조사보고서』.
11) 서울대학교박물관, 2002,『화성 고금산유적』.

그림 6 마하리고분(□ : 최초의 석곽묘 발견지점, ○ : 제보자 김광섭 씨 댁)

없는데 이때부터는 지명에 대한 분석에 기초하거나 지형이 양호한 곳을 주된 대상으로 삼았다. 그 첫 번째 유적이 바로 마하리유적이다. 이곳의 지명을 조사하던 중 '말무덤이'라는 명칭을 발견하고 조사대상지로 선정하여 현지를 찾았다. 자주 하는 방식이지만 이 때도 음료수를 사들고 이 지역의 촌로를 찾았다. 그때 마침 이곳의 이장을 하시는 김광섭(金光燮) 씨를 우연히 만나게 되었다. 우리들로부터 유적조사를 나왔다는 이야기를 들으시고 반기면서 자신의 집에서 멀지 않은 한 장소로 안내를 하시는 것이었다.

그곳은 마하리고분군의 유구 밀집지역 서측에 위치한 도로지역으로 그 절개면에 다수의 석곽묘가 잘려져서 단면이 노출되어 있었다. 발견 순간 온 몸에 전율이 느껴졌다. 석곽묘가 중심인 이곳의 고분들은 과거 산림이 우거지기 전에는 구릉 상부에 많이 노출되기도 하였고 이 일대는 돌이 귀해 주민들이 자주 석곽묘의 석재를 채취하여 사용하였다고 한다.

김광섭 씨는 우리를 집으로 데리고 가 자신이 이곳에서 채집한 백제토기 병을 보여주시면서 얼마 전에도 유사한 조사를 하는 사람들을 보았는데 유적의 존재를 가르쳐주지는 않으셨다는 것이다. 그런데 한신대학교박물관팀을 보니 인상들이 너무 좋아 가르쳐주고 싶어지셨다는 것이었다. 하여튼 인상은 좋고 볼 일이라는 생각이 들었다.

조사단은 즉시 이 유적에 대한 정보를 당시 고속철도 노선에 대한 지표조사를 실시하고 있던 조사팀에 제보해 주었고 이후 고고부를 신설하여 조사활동을 개시하였던 호암미술관에도 알려주어서 발굴을 실시하게 되었다.[12]

현재 문화재청의 문화유산포털에는 이 유적이 고속철도노선에 대한 문화재지표조사에서 확인된 것으로 설명하고 있으나 1995년 초 한신대학교박물관이 화성시지역 매장문화재 조사과정에 확인하여 보고한 것으로 수정되어야 할 것이다.

2022년 5월 21일에 대학원 학생들과 이 고분군을 답사하면서 김광섭 씨의 댁을 찾았으나 문은 굳게 잠겨 있고 폐가의 상태로 방치되어 있음을 확인할 수 있었다. 유적 발견 당시 연세가 60 정도이셨으니 생존해 계신다면 80대 후반쯤 되시지 않았을까 추정되는데 사실 이 마하리고분군의 발견은 김광섭 씨의 제보로 한신대학교박물관이 그 존재를 학계에 보고할 수 있데 되었다고 하는 편이 맞을 것 같다. 27년 전 이렇듯 중요한 제보를 하여주신 김광섭씨에게 진심으로 감사를 드리는 바이다.

이후 송산면의 어도에 위치한 패총을 발견하거나, 마도면 백곡리고분군의 상태조사 등을 실시하던 중 새로운 학기가 시작되어 아쉽지만 이러한 부분적 조사로 마무리를 하게 되었다.

6) 용인의 첫 백제주거지 조사, 수지 백제 주거지발굴[13](1995~1996)

1995년 토지공사가 시행하는 용인 수지2지구에 대한 문화재지표조사 의뢰가 들어와 3~5월의 기간 동안 앞서의 경우들과 마찬가지로 고고·역사·민속의 세 분야에 대한 조사를 진행하게 되었다. 지금은 용인시 신봉동·성복동이 아파트숲으로 덮여있고 수원에서 성남으로 향하는 그 인근의 도로가 편도 5차선으로 되어 있으나 당시는 왕복 2차선 밖에 없어서 교통이 만성 정체상태였다.

문제는 수차례 정밀조사를 실시하였음에도 불구하고 지표에서 뚜렷한 고고학적 문화의 증거를 전혀 찾아볼 수 없었다는 점이었다. 이때는 매장문화재에 대한 법과 조사제도가 제대로 마련되어 있지 않던 시기로서 지표조사시 부분적 굴토를 통해 지층상태를 확인하는 경우도 적지 않아 그러한 방법을 생각하게 되었다. 그러던 어느 날 등교 도중 갑자기 혼자라도 현장을 다시 한 번 더 둘러봐야겠다는 생각이 불현듯 들어 핸들을 꺾어 개발지역을 향해 서둘러 차를 몰았다. 당시 주거하던 안양에서 성남시쪽으로 돌아가는 길은 2차선 도로 하나뿐인 시절이었다.

---

12) 호암미술관, 1998, 『화성 마하리 고분군』.

13) 한신大學校博物館, 1998, 『龍仁 水枝 百濟 住居址』, 학술조사보고서 제9책.

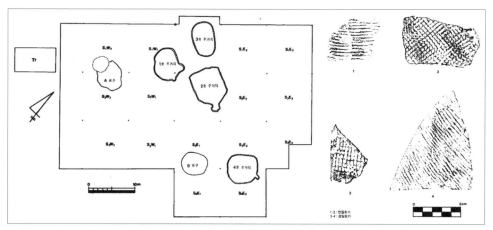

그림 7   용인 수지 백제주거지 Ⅰ지점 유구배치도(左)와 지표조사시 채집토기(右)

먼저 도달한 곳은 개발지역내의 정평농장이었는데 마침 그곳에서 키우던 나무를 포크레인으로 파서 이송작업을 하고 있었다. 여기저기에 큰 구덩이들이 파헤쳐져 있어 내부와 주변의 흙을 면밀히 조사할 수 있게 되었는데 이 때 뜻밖의 유물들을 발견하게 되었다. 양은 많지 않으나 타날문이 있는 백제토기 몇 점이 산견되었던 것이다. 온 몸에 전율이 느껴졌다. 당시 경기 남부의 용인지역에서 처음으로 발견된 백제유물이었다(그림 7의 오른쪽).

발굴은 그해 1995년 가을과 1996년 봄에 진행되었다. 1995년 조사에서는 먼저 트렌치를 넓게 설치하여 유적의 범위를 파악하였는데 문화층이 전체적으로 지하 1m 이하에 위치하여 포크레인으로 상부의 토양을 제거해 나갔다. 이러한 조사를 통해 유물산포층이 50m×40m 정도의 범위임을 알 수 있었다. 문화층에서는 유물들이 다량으로 채집되어 5㎝씩 삭평해가면서 취락의 구지표면과 주거지의 어깨선을 파괴하지 않고 확인하려 했으나 퇴적토의 두께가 너무 두꺼워 그 해에는 주거지의 윤곽선을 제대로 파악할 수 없었다.

발굴은 동절기에 잠시 쉬고 1996년 봄에 재개되었다. 이번에는 과감하게 트렌치를 깊이 넣으면서 지하의 양상을 파악하기 시작하여 수월하게 유구들을 확인할 수 있었다. 이를 통해 취락 발굴에서 지하의 수직 상태를 최우선적으로 빨리 파악하는 작업이 무엇보다 중요한 관건임을 다시 한 번 뼈저리게 느꼈다. 특히 시간적 여유가 부족한 개발지역의 구제발굴에서는 그러한 방식의 조사가 필요함을 절감하게 되었다.

이렇게 하여 Ⅰ지점에서는 백제의 전형적인 呂자형주거지 1기와 타원형 주거지 3기 등 주거지 4기와 성격 미상의 수혈유구 2기가 확인되었다(그림 7의 왼쪽). 이 발굴에서 확인된 유물 가운데 보다 특징적인 것은 주거지 내 출토유물이 아니고 구지표면에서 고배·뚜껑·심발형

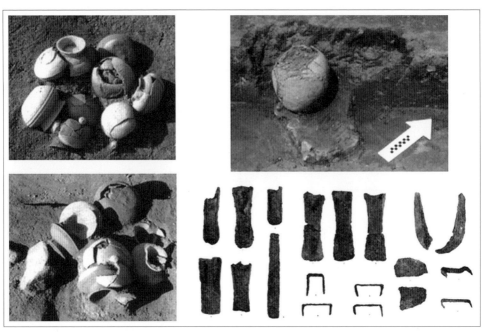

그림 8 용인 수지 백제주거지 구지표상의 토기 매납과 철기 매납 소옹 및 철기류
(左上 : 상부토기, 左下 : 하부토기, 右上 : 철기매납토기, 右下 : 옹 내부 매납철기류)

토기·호·완 등의 각종 완형토기 19점이 포개진 상태로 출토된 것과 세워진 상태로 놓여 있던 승문소옹 내부에 완형 내지 파손된 상태의 철기 22점이 녹슬어 뭉쳐진 상태로 들어 있었던 사실이다(그림 8). 이러한 유물들은 발굴 전반기에 취락상부의 문화층을 정밀하게 걷어내었기에 그 폐기상태를 정확히 알 수 있었던 것이다. 특히 옹 내부에 다량의 철기가 매납된 사례는 다른 유적들에서도 찾아보기 어렵고 이 유적에서 다양한 종류의 철기들이 다수 출토되어 한성백제기의 철기문화를 이해하는데 있어 중요한 자료적 가치를 갖게 되었다. 뿐만아니라 출토된 다양한 토기들을 통해 백제의 4~5세기 토기를 이해하는 데에도 큰 도움이 되었다.

그리고 I지점 조사가 한참 진행되던 중 인접한 동북측의 지장물 철거지점(II지점)에서 유물들이 확인되어 발굴기간의 연장과 비용의 증액이 필요해졌다. 당시는 구제발굴에 대한 제도가 제대로 마련되어 있지 못한 상태여서 개발주체인 토지공사의 담당자들은 이러한 상황을 제대로 납득하려 들지 않아 이해시키는데 많은 애로가 있었고 우여곡절 끝에 조사는 계속 진행되어 여름더위가 본격적으로 시작하려 할 때쯤 조사를 완료할 수 있었다.

이 유적발굴은 참으로 많은 일화를 남긴 조사였는데 그 가운데 몇 가지를 소개하자면 다음과 같다.

당시 이 발굴은 학기 중에 진행되어 수업과 발굴현장 유지를 동시에 진행해야 했을 뿐만 아니라 짬짬이 시간을 내가며 인근의 신갈에 있었던 선산 분묘들의 일괄 이전작업도 혼자 모두 해내야 하는 힘든 상황이었다. 그래서 조사 진행 과정과 내용을 일일이 모두 파악하기 위하여 매일 발굴작업 종료직전에 발굴단 전체가 각 유구를 돌며 지점별 작업담당자들이 내용을 설명하고 다음날의 작업계획에 대해 이야기하는 방식을 취하였고 조사일지는 매일 점검을 받도록 하였다. 이때 필자는 발굴단에게 늘 피트리버스 장군의 경우와 같은 발굴조사의 엄격성을 강조하였었다. 그런데 그러한 나의 요구와 방침이 조사원들에게 지나친 스트레스로 작용했던 모양이다. 발굴이 한참 진행되던 어느 날 일부 조사원들이 식후에 약을 먹는 모습을 보게 되었다. 이유를 물으니 내가 준 발굴스트레스로 몇 명이 신경성위염에 걸려 병원에서 약을 타먹고 있었던 것이다. 이야기를 듣고 보니 난감하고 미안했다. 이후 발굴단원들의 심정을 헤아려가며 조사에 대한 강도를 조절하고 말 한마디도 주의를 하게 되었다.

발굴단의 숙식은 초기에 모텔과 그 주변의 식당들을 이용하다가 개발 지역 내에 버려진 한 민가를 이용하게 되었는데 2차년도 발굴이 한참 막바지에 접어들어 대단히 분주해진 단계에서 문제가 발생하였다. 발굴단 숙소 우물에서 석유냄새가 심하게 나기 시작한 것이다. 그 범인은 찾지 못하였지만 이곳의 개발보상비에 불만을 품은 세입자 중 누군가가 저지른 소행일 것으로 추측할 수밖에 없었다. 결국 안정된 숙소를 떠나 다시 모텔에서 생활하면서 발굴을 마무리해야하는 상황이 되었다.

당시는 용인지역에 개발붐이 확대되기 시작한 시점이었고 무리한 사업추진으로 여러 가지 갈등이 야기되고 있었다. 그 중 하나가 세입자들에 대한 보상의 문제였는데 이곳 수지지구도 예외는 아니었다. 부지불식간에 조사현장 인근에 그들의 투쟁본부로 쓰이는 철제구조물인 일명 골리앗이 들어섰고 며칠 후 대표자가 필자를 찾아왔다. 자신들을 발굴인부로 쓰지 않으면 조사를 못하게 하겠다는 것이었다. 하는 수 없이 다섯 명 정도를 인부로 채용하기는 하였는데 문제는 그들이 흙일을 제대로 해본 사람들이 아니어서 기대하는 만큼의 작업성과를 올리지 못하는 것이었다. 게다가 일과 중 갑자기 골리앗에서 알리는 방송을 듣고 인근개발지역 투쟁현장으로 급하게 가버리고는 하는 것이었다. 이와 같은 일들이 몇 번이고 반복되었는데 발굴단은 이를 감내하면서 조사를 진행할 수밖에 없었다. 이러한 상황은 몇 주가 지난 후 소방차를 동원한 강제철거반과 세입자들간의 격렬한 싸움과정에 세입자대표의 부인이 골리앗에서 추락하여 사망하는 사건이 발생하고 이를 무마하는 과정에서 마무리되었다. 지금까지도 개발지역에서의 이러한 갈등과 대립은 지속되고 있고 그 옆에서 유적조사가 진행되는 상황을 보게 된다. 늦어도 너무 늦었지만 이제라도 이에 대한 근본적인 해결책 마련에 국가가 적극적으로 나서야 한다. 우리는 아직 타락한 자본주의 토건국가라는 불명예를 극복하지 못하고 있고 현재 고고학자들은 그러한 체제하에서 부조리한 개발주체들에 종속되어 그 시녀노릇을 하고 있지는 않은지 깊이 반성해 보아야 한다.

수지2지구의 유적발굴에서는 그 외에도 발굴기간 내내 비가 오지 않아 인근 소방차의 도움을 받아 전면적으로 살수 한 후 유적 전체사진을 촬영하였는데 그 다음날 큰 비가 오기도 하고, 한 불법자가 밤을 이용하여 개발지역에 쓰레기를 몰래 버리려다 트럭이 발굴구덩이에 빠져 그 다음날 경찰이 동원되는 등 여러 가지 크고 작은 에피소드들이 참 많았던 발굴로 기억된다.

이 발굴조사에 앞서 당시 정평농장에서 식재작업일을 하시던 정규현 반장님을 알게 되었는데 너무 선하고 성실할 뿐만 아니라 일처리 능력도 탁월하여 인부작업의 반장역할를 맡기게 되었다. 그러한 관계는 그 이후에도 계속 이어져 발굴단 인부의 반장역을 맡거나 지표조사에도 함께 참여하는 등 한신대학교박물관이 주관하는 유적조사에 지대한 공헌을 해주셨다. 국내의 구제발굴이 전문발굴기관 위주로 전환된 후에는 발굴인부들을 관리하는 용역회사를 차려 운영하였으나 점차 업체들간의 경쟁 심화로 운영이 어려워졌고 경영악화와 소송문제 등에 휘말려 그에 대한 심적 부담으로 인해 결국 극단적 선택을 하시어 우리 곁을 떠나셨다. 하느님은 왜 그토록 선하고 성실한 사람들을 먼저 데려가시는지 원망스럽기까지 했다. 삼가 고인의 명복과 영원한 안식을 다시 한 번 빌어본다.

수지 2지구의 발굴에는 이민식·이동완 조교, 박시운·노대석·박현욱·박희영 등의 대학원생과 학부 고학년생들이 주로 수고하여 주었고 그 외에 95학번 새내기들 다수가 짬짬이 시간을 내서 현장일을 도와주기도 하였다. 그래서 일과 후 숙소에서의 저녁시간은 자주 학생들로 북적거렸었는데 지금은 아련히 먼 추억이 되고 말았다. 그 모든 사람들이 열심히 참여하고 노력한 덕분에 우리 한신대학교박물관의 발전이 있었던 것이다. 모두에게 감사해야 할 일이다. 모두들 건강히 잘 지내고 있는지 그립고 또 그립다. 언젠가 다시 한 번 모여 그동안의 회포를 풀어볼 수 있는 기회가 있기를 고대해 본다.

7) 풍납토성 삼화지구 발굴(1997)[14]

1997년 초 이형구 교수께서 풍납토성 현대아파트부지 공사장에서 다량의 백제유물들을

---

14) 한신大學校博物館, 2003, 『風納土城Ⅲ-삼화연립 재건축 부지에 대한 조사보고-』, 한신 大學校博物館叢書 第15冊.

그림 9 풍납토성 삼화지구 Ⅳ층 발굴모습(上)과 구(溝) 내 경질무문토기 폐기 상태(下)

발견하신 것을 계기로 당시 아파트 개발이 추진되고 있던 이 지역의 세 지점에 대해 사전 유적조사를 시행하기로 방침이 세워졌다. 조사에는 이미 현대아파트부지를 발굴하고 있던 국립문화재연구소와 한신대학교박물관(삼화지구), 서울대학교박물관(신성아파트부지)이 풍납토성 긴급발굴조사단을 편성하여 참여하게 되었다.

회의를 통해 조사대상지를 선정하게 되었는데 삼화지구는 벌써 경계지역에 빔을 설치하는 공사가 진행되고 있었고 여러 면에서 상황이 열악하여 타기관에서 이 지점을 회피하는 기색이었다. 하지만 필자는 이곳이 토성의 중앙부 가까이 위치하고 있어 보다 중요한 유구들이 있을 가능성이 있다고 판단하여 흔쾌히 조사를 맡기로 결정을 보았다. 그리고 무엇보다도 그 옆의 경당지구도 개발예정이라는 정보를 듣고 차후 인접지점에 대한 연속적 조사를 위해서도 삼화지구를 발굴해야겠다는 나름대로의 기대감을 갖고 있었던 것이다. 돌이켜보면 한신대학교박물관의 30년사에서뿐만 아니라 한국고고학사에서도 풍납토성 경당지구의 발굴조사가 갖는 의미가 대단히 중요한 만큼 당시의 이러한 판단은 참으로 잘한 일이었다고 생각된다.

　본격적 발굴조사는 개발주체측의 비협조로 인해 1학기가 끝나고 나서도 한참 지난 8월 초에나 시작할 수 있었다. 이미 공사가 시작된 이곳의 시공사인 대동주택은 막무가내로 작업을 진행하고 있었고 주택조합측에서는 현장작업비 외에는 낼 수 없다고 버티고 있었다. 당시는 법적 및 제도적 장치가 제대로 되어 있지 않은 상태였고 그 해에 문화재관리국에서 지위가 승격된 문화재청은 이러한 상황에서 대책을 마련해주지 못하고 발굴단이 알아서 해결해주기만을 바라는 딱한 처지였다. 결국 크게 양보하여 조사공간은 전체면적 1,000평 중 한구석의 100평 정도만을 확보할 수 있었고 부족한 조사경비는 본인이 마침 종중에서 선산을 매각하면서 받은 비용으로 보충하기로 하고 발굴에 임하였다.

　문화층은 현대아파트부지와 유사하게 지하 4m 정도에서 시작되어 대략 백제문화층(Ⅲ층)과 원삼국시대문화층(Ⅳ층)으로 나뉘는 층위상태를 보였는데 Ⅲ층의 경우는 수혈 내에 소토와 목탄이 다량 들어있는 상태였고 Ⅳ층의 하층에는 삼중으로 된 환호가 있었다. 이러한 층위상태를 통해 이 지점에서 어떠한 모종의 생산활동이 이루어지고 있었던 것으로 추정되었고 삼중환호는 국립문화재연구소가 발굴한 현대아파트부지의 삼중환호와 연결될 가능성이 높지 않나 생각되었다. 유적의 양상으로 보아 삼화지구 전체에 걸쳐 중요한 유구들이 다수 분포하고 있음이 거의 확실시 되었으나 당시의 열악한 여건하에서 전체 면적의 1/10 정도만을 조사할 수밖에 없었던 점은 너무도 아쉬운 기억으로 남아 있다. 이것이 바로 사반세기 전 우리 고고학의 현실이었다. 다만 삼화지구의 조사를 하게 되면서 차후 인접한 경당지구의 발굴도 한신대학교박물관이 담당하는 것으로 결정되어 그나마 위안이 되기는 하였다.

　1997년 현장조사 작업에는 조대연(학예연구사, 현 전북대학교 교수), 이민식(조교, 현 수원박물관 학예팀장), 이기성(서울대 대학원생), 이충렬(학부생, 현 국방문화재연구원), 정혜린 · 박현욱(학부생) 외에 황은순(서울대 대학원생) · 김태식(서울대 학부생) 등의 노고가 많았는데 유물의 정리와 보고서작업은 인원과 예산의 부족으로 미루어지다가 경당지구 발굴 이후 한국연구재단에서 연구비를 지원받으면서 그 진행이 가능해졌다.

　보고서작업은 1998년에 부임한 후 1999~2000년에 경당지구 발굴을 주도하였던 권오영 교수가 중심이 되어 이루어졌는데 당시는 풍납토성에서 출토된 방대한 양의 유물의 정리를 위해 외부로부터 다수의 연구자와 학생들이 한신대학교박물관에서 한 팀이 되어 일사불란하게 작업을 진행해 나아가던 시절로 본 박물관으로서는 가장 활성화되었던 황금기라고 해도 과언이 아니다.

　보고서작업에는 당시의 학예연구사 이기성(현 한국전통문화대학교), 특별연구원 한지선(현 국립중원문화재연구소) · 권도희(현 한강문화재연구원), 조교 이명엽(현 춘추문화재연구원), 대학원생 신성혜(한신대) · 박성현(서울대, 현 계명대학교) · 이인숙(경북대, 현 국립문화재연구소), 구자린(현 국토문화재연구원) 등의 학부생 다수뿐만 아니라 한신대학교 학술원 전임연구원이었던 김창석(현 강원대학교 교수) · 문동석(현 서울여자대학교 교수) 및 신채화 씨를 비롯한 자원봉사자 다섯 분 등이 참여하여 힘을 보태어 주었다. 권오영 교수 이하 이 모든 분들께 대한 감사의 마음을 지금도 갖고 있고, 그때의 시끌벅적했던 박물관의 기억들은 영원히 간직하고픈 소중한 추억으로 남아 있다.

* 1997년 하절기의 조사를 통해 이후의 경당지구 발굴도 한신대학교가 담당하기로 내정되었었다. 그런데 문제는 대상범위가 1,000여 평으로 넓을 뿐만 아니라 지하 4m에 원삼국~한성백제의 문화층이 최소한 3개층 정도가 중복되어 있어 당시의 한신대학교박물관의 인적구성만으로는 조사를 수행하기 어렵다고 판단되어 타기관과 공동조사하는 방법 등을 모색하게 되었다.

해결방안은 의외의 방식으로 찾아왔다. 1997년 2학기로 들어서서 대학본부로부터 국사학과 교수를 1명 더 추가로 배정하겠다는 소식이 있었다. 이에 학과에서는 어느 시대 전공자로 정할지에 대해 수차례의 논의가 있었고 결국 분야는 고대사(백제)로 낙점이 되었다. 필자는 삼고초려의 자세를 갖고 동아대학교에 근무하시던 권오영 교수께 풍납토성과 관련된 당시의 상황을 설명하고 교수 초빙에 응모해줄 것을 요청하였다. 추운 겨울날 둘이 함께 서울과 부산에서 밤늦도록 술잔을 기울이며 풍납토성뿐만 아니라 우리나라 역사와 고고학에 대해 진지하게 이야기 나누던 것이 벌써 25년 전의 이야기가 되었다.

이후 우여곡절 끝에 권교수가 1998년 1학기에 한신대로 부임하였고 1999년 가을부터 시작된 경당지구 발굴의 책임자가 되어 여러 어려움들을 극복하면서 조사를 뚝심있게 진행하였을 뿐만 아니라 이후 장기간에 걸친 자료정리, 연구 및 보고서 발간의 중책을 너무도 잘 수행해 주었다. 이러한 권교수의 노고 덕분에 2000년 이후 한신대학교박물관이 크게 발전할수 있었다. 필자는 이에 대해 늘 감사하는 마음을 갖고 있다.

8) 오산 양산동유적(1998)[15] -경기 남부 신라의 거점지역 조사-

1997년 가을 신일건설로부터 아파트단지로 개발할 계획으로 있는 독산성 서사면 지역의

---

15) 한신대학교박물관, 2009, 『烏山 陽山洞 新羅 遺蹟』, 한신대학교박물관총서 제32책.

그림 10 오산 양산동유적 조사지점과 명문토기

사전 문화재조사를 요청하는 연락이 왔다. 평소 이 지역의 역사적 중요성을 깊이 인식하고 있던 필자는 보존이 필요한 지역에서 무분별하게 개발이 진행되고 있는 현실을 개탄하면서 조사를 통해 중요 유구들이 확인되면 그러한 움직임을 저지할 수 있는 근거를 찾을 수 있을 것이라는 기대감을 갖고 조사의뢰를 받아들이기로 하였다.

이에 먼저 지표조사를 실시하기로 하였는데 지표에서 별다른 유적의 징후가 보이지 않아 여러 지점들에 대해 굴토작업을 통한 지하상태 확인작업을 실시하였다. 당시는 지표-시굴-발굴조사의 삼단계 조사체제가 제대로 갖추어져 있지 않던 시절이어서 조사자의 판단에 따라 지표조사 단계에서 그러한 굴토작업을 실시하는 경우들이 있기도 하였다. 현재도 지표조사에서 가능하다면 이와 같은 조사방법을 적극적으로 활용할 필요가 있다고 생각하고 있는데, 당시 이러한 방식을 통해 조사지역 최남단측의 지층상태를 확인하던 중 토기와 철기 등의 신라유물이 지하 1m 정도의 깊이에서 채집되어 일단 이 지역을 중심으로 한 발굴대상지를 선정하였다. 발굴조사가 진행된 1998년 1년간이 필자로서는 처음 맞는 안식년이었지만 일년 내내 대학박물관의 발굴과 지표조사뿐만 아니라 두 분 다 뇌수술을 받은 환자이셨던 부모님의 뒷바라지로 개인적인 시간을 거의 갖기 어려운 상태였다. 이와 비슷한 상황은 이후에도 계속 이어져 한신대에서 근무하면서 결과적으로 안식년을 한번도 제대로 가져보지 못한 채 약 30년이란 세월이 지나가고 말았다.

이 유적의 발굴은 40일간의 봄기간 동안 석렬 2기, 수혈 2기 및 구상유구 정도만이 확인될 뿐이었지만 6~8세기의 토기, 철기, 석제품 및 토제품 등이 다수 출토되었다. 이러한 유물들은 신라가 독산성을 치소성으로 운영하던 시기에 성하(城下)의 마을유적이 이 일대에 존재했음을 말해주는 자료라는 점에서 그 의미가 컸다. 특히 토기유물 가운데 인화문토기 뚜껑의 내면에 '華山, 塩', 대부완 내면에 '川, 水', 대옹 외면에 '井', 원형토제품에 '卵'이 명문으로 새겨져 있었던 점은 이 지역이 통일신라시대에 수성군(水城郡)이었던 점 및 현재도 인근에 화산(花山)이 위치하고 있는 사실과도 밀접한 관련성이 있다는 점에서 주목을 받았다.

유적의 분포범위는 개발예정지의 극히 일부에 불과하였고 별다른 유구들이 확인되지는 않았지만 다른 유구들이 독산성 인근에 더 많이 분포할 가능성을 확인한 점에서 의미를 찾을 수 있었다. 발굴조사 이후 다행히도 이곳의 개발계획은 시행사와 신문사간의 부정행위가 검찰에 적발되어 결국 철회되었다.

이 발굴을 계기로 수년간 1학기 강의인 고고학실습시간에 학생들과 함께 조사지점 인근에 대한 지표조사를 실시하였는데 발굴조사 당시 미처 파악하지 못하였던 개발예정지역내 한 지역에서 통일신라의 인화문토기들이 채집되어 개발이 중지된 사실이 참으로 다행이었던 셈이다. 사실 필자가 한신대에 30년 정도 근무하였지만 독산성을 중심으로 한 이 지역의 신라문화 성격이 어떠한 것이었는지를 아직도 충분히는 파악하지 못하고 있는 점에 대해 늘 아쉽게 생각하고 있고 이에는 본인의 책임도 상당히 있다고 할 수 있다.

이 발굴조사에는 조대연(당시 박물관 학예사), 김미숙(특별연구원), 이민식(조교), 노대석(조교) 외에 당시 학부생이었던 박현욱 · 김두권 · 이충렬이 참여하였고 발간이 늦어진 보고서의 작업에는 조대연과 구자린의 노력이 컸다. 이 모든 분들께 다시 한번 감사의 마음을 전하고 싶다.

9) 용인 도요지 조사(1998~1999)[16]

1998년 하반기로 들어서면서 용인시 시사편찬위원이었던 양정석(현 수원대학교) 선생으로부터 용인시 소재 도요지의 조사에 대한 의뢰를 받게 되었다. 당시 용인시 지곡동에 거주하시던 이종구 선생(교사)이 이미 개인적으로 관내의 도요지 다수를 파악해놓고 계셨던 상황에서 이를 확인하고 추가로 새로운 유적을 찾는 작업을 하게 된 것이었다.

조사단은 한신대학교박물관팀(필자와 노대석), 도자사 전공자들로 구성된 호암미술관팀(김재열 전 한국전통문화대학교 총장, 전승창 현 아모레퍼시픽미술관 관장, 현문필), 양정석 · 이종구 · 마순관(도예가, 당시 용인시 예총 회장) 등 8인으로 구성하고 매주 주말을 이용하여 12회의 답사를 해가면서 용인시 전역을 두루두루 조사하는 작업을 진행해 나아갔다. 그 결과 총 40곳의 고려 및 조선시대 도요지, 2곳의 옹기마가터가 확인되었고 그 외에 2개소의 제철유적도 새롭게

---

16) 한신대학교박물관 외, 1999, 『용인의 도요지-지표조사 보고서-』, 한신 大學校博物館調査報告書 第10冊.

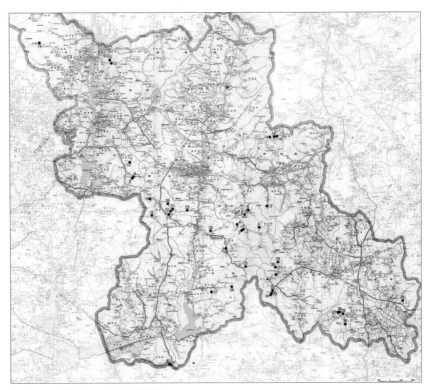

그림 11 용인시 도자기 가마의 분포

발견할 수 있었다. 당시 유적조사는 동절기에 이루어졌는데 다행이도 매서운 추위와 대설은
없어서 조사에 큰 차질은 없었던 것으로 기억된다.

　　다양한 소속과 입장의 조사연구원 구성이었지만 서로 전문적인 지식을 공유하고 소통하
면서 그리고 하나하나의 유적들을 파악하고 기록해나가면서 중세 도자기에 대한 이해의 폭
을 넓힐 수 있는 좋은 계기가 되었다. 이렇게 혼연일체가 되어 하루의 일정을 마치면 종종 마
순관 도예가께서 운영하시던 카페식당 '산모롱이'에서 반주를 곁들인 식사를 해가면서 서로
학문적 우애를 돈독히 쌓아갈 수 있어서 참으로 좋았던 기억으로 남아 있다. 요즈음은 연락
의 기회도 뜸해졌지만 한동안은 도자기 관련 및 기타 학술적 사안이 있을 때 마다 자주 연락
하면서 지내기도 하였었다.

　　도요지조사의 보고서를 마치고 얼마 후 용인시 죽전지구의 지표조사를 실시하게 되었는
데 필자가 지표에서 청자 몇 점과 조그만 가마벽편 1점을 채집하면서 보정리 청자가마터를
발견할 수 있었다. 이 유적은 용인도요지 조사에 실질적 실무를 맡아 크게 수고한 노대석군

이 직접 발굴하였을 뿐만 아니라 이를 자료로 활용하여 석사학위논문을 발표하기도 하였다. 이처럼 용인도요지조사는 경기지역 도자사의 연구에 크게 일조(一助)하는 기회가 되었다는 점에서 그 의의를 찾을 수 있을 것 같다.

이러한 도요지 조사에서는 다량의 도자기들을 채집, 정리하여 보고하는 작업에 많은 시간과 노력이 필요했는데 이에 당시 학부생이었던 김혜영·신시내·정경아의 수고가 많았고 사진은 앞서 일찍이 우리 곁을 먼저 떠난 사진 전공의 이화정군이 맡아주었다. 작업량이 많아 밤늦게까지 일할 경우에는 학생들을 일일이 집까지 바래다주기도 했었다. 이제는 모두 고고학과는 다른 길을 가고 있어 소식조차 끊겼지만 그 때 차안에서 함께 많은 대화를 나누었던 일들이 지금도 기억에 생생하다.

10) 화성 수원고읍성(1999)[17] -경기 남부의 중세 거점유적-

1999년은 한신대학교박물관 30년사에서 가장 바빴던 한 해로 기억된다. 봄~여름의 수원고읍성발굴이 끝나자 마자 용인 언남리유적의 하절기발굴이 진행되었고 그 종료시점에 임박하여 마북리사지 조사가 시작되었다. 그리고 가을부터는 온갖 고난을 이겨내야 했던 풍납토성 발굴이 개시되었을 뿐만 아니라 앞선 동절기에 용인시 전체지역에 대한 도요지조사 자료들의 정리를 진행해야 했던 것이다. 아마도 필자의 고고학 인생에서 가장 많은 조사활동이 집중적으로 이어지던 해로 기억된다. 그리고 개인적으로는 병세가 악화되어 계속 수술을 받으시는 아버님을 돌봐드리기 위해 2학기에는 거의 매일 밤 병원을 찾아야 하는 어려움도 너무 컸다. 어떻게 그렇게 많은 일들을 무난히 처리해낼 수 있었는지 믿기지 않을 정도이다. 필자의 20세기 마지막 해는 이렇게 저물어갔다.

1998년 화성시로부터 대학박물관으로 수원고읍성에 대한 발굴조사 의뢰가 들어왔다. 당시 경기도는 융건릉과 수원대학교 사이에 동서로 이어진 토루를 경기도기념물 제93호로 지정해 놓고 있었다. 조사에 앞서 실시한 문헌조사를 실시하였는데 『신증동국여지승람』, 『수원부읍지』, 『대동지지』에 따르면 그 성벽의 길이가 1,320~930m 범위의 해당하는데 문제는 지정된 토루의 선을 주변으로 연결하면 수 ㎞에 달하는 대규모의 성이 되는 것이었다. 그래서 그 일대를 정밀조사하면서 성의 중심지역을 찾던 중 융릉 남측의 융건릉 담장 가까이에 토기·자기·기와류가 집중 분포하는 지점을 확인하게 되었다. 분명 중세 관아터자리로 추정하기에 충분한 유물분포와 지형적 특징을 보였다. 그래서 이곳을 '가지구'로, 기존의 지정된

---

17) 한신大學校博物館, 2000,『水原 古邑城』, 한신大學校博物館叢書 第12冊.

그림 12 수원고읍성의 위치와 조사지점

토루지역을 '나지구'로 설정하고 발굴에 임하게 되었다.

조사는 1999년 5월 18일~7월 1일의 45일간 진행되었다. 먼저 작업이 진행된 가지구의 조사에서는 그리드를 설치하고 트렌치를 넣자마자 일일이 정리하기 어려울 정도로 많은 유물들이 쏟아져 나왔고 건물지가 존재하였음을 알리는 석재들이 어지럽게 널려져 있었다. 초석들은 제거되고 잡석들이 무질서하게 산포되어 있는 양상이었다. 분명 융·건릉의 건설과정에서 고읍성의 건축용 석재들이 수난을 당했음을 여실히 보여주고 있었다. 게다가 가지구의 남측에서 융릉의 재실 담장지로 추정되는 유구가 확인되었는데 이는 이번 발굴에서 얻은 중요한 성과라 할 수 있다.

상층의 조선시대 문화층 조사 도중 몇 개의 지점에서 콘트롤피트를 설치하여 지하 층위상태를 확인해 보았는데 바로 아래층에는 청자류만 출토되는 고려시대의 문화층이 자리잡고 있었다. 게다가 확인된 적심들은 그 지경이 2m 정도에 이르는 것이어서 대형건물지가 자리잡고 있었던 것으로 추정되었다.

이에 비해 현재도 도지정문화재로 지정되어 있는 나지구의 토루 조사에서는 그 절개면의 하부에서 조선시대의 백자가 출토되어 조사 이전부터 의심하고 있었던 바와 같이 경기도의 문화재 지정이 잘못되었음을 알게 되었다.

이처럼 수원고읍성의 발굴은 일부지점들에 대한 단기간의 조사였지만 고읍성의 정확한 위치, 이에 대한 문화재 지정의 오류, 융릉 재실의 확인 등 문화재청과 경기도의 문화재 행정상 필요한 근거자료들을 여러모로 확보하게 되었던 것이다. 하지만 이러한 조사성과를 보고하여 알려주었음에도 불구하고 그 이후 이에 대해 행정적 조치들이 제대로 이루어지지 못한 채 그대로 방치되어 있어 안타깝기만 하다.

특히 이 고읍성은 층위적으로 하부의 통일신라문화층-중간의 고려시대문화층-상부의 조선시대문화층이 존재하고 이 모든 시대와 시기의 토기, 자기, 기와들이 망라되어 있는 경기남부 고중세 표준유적으로서의 의미를 갖는다는 점에서 그 학술적 의미가 대단히 크다. 따라서 이 유적의 성격을 보다 구체적으로 밝히고 적극 활용하기 위해서는 추가적인 조사와 연구가 필요해 보인다.

그리고 이 고읍성 조사가 진행되던 도중 융릉 뒤의 화산(花山) 정상부에 점토대토기유적과 백제의 고분군이 존재하는 사실을 확인하였던 점도 큰 수확이었는데 이 가운데 후자의 일부 유구는 예비군 참호 굴착으로 훼손상태가 심각하여 권오영 교수에 의해 긴급발굴이 이루어지기도 하였다.[18]

당시 현장조사의 조사원으로는 한신대박물관 연구원이었던 정해득(한신대학교 한국사학과 교수) · 이민식(현 수원박물관) · 노대석(현 화성시) · 이동완(현 호주 거주), 조사보조원으로는 최철희(현 수원화성박물관) · 박현욱(현 경기문화재연구원) · 김두권(전 광주시, 작고)이 현장작업을 분담해 주었고 그 외에 학부생으로 이충열(현 국방문화재연구원) · 박중국(현 한강문화재연구원)을 위시한 다수의 학생들이 일손을 도왔다. 그리고 사진촬영에는 한신대 국사학과를 졸업하고 중앙대 대학원에서 사진학을 전공하던 이화정(작고), 유물정리와 보고서 작업에는 이명엽(현 춘추문화재연구원) · 송윤정(현 아주대학교 도구박물관) · 김인희 · 신성혜 · 서지영 · 손은실 · 유시내 · 이명화 등이 수고해주었다. 이러한 참여자들 가운데 다수가 지속적으로 문화재 관련 직종에서 활동하고 있어 자주 근황을 접하게 되지만 이 분야를 떠나 다른 길로 나아가 살아가고 있는 졸업생들은 어떻게 지내고 있는지 너무 궁금하다. 그리고 젊은 나이에 과로로 갑자기 우리곁을 떠나간 김두권 · 이화정 두 사람은 내게 소중한 추억을 많이 남겨준 친구들이었는데 너무 서글프고 애달프다. 두 사람의 영원한 안식을 간절히 기도해 본다.

11) 용인 언남리유적(1999)[19] -다량의 통일신라 철기 출토-

㈜동일토건이 1999년 봄 언남리유적의 지표조사를 의뢰해와 개발예정지 전체에 대해 정밀지표조사를 실시하였으나 앞서의 수지2지구와 마찬가지로 지표에서 뚜렷한 유적의 징후

---

18) 한신大學校博物館, 2002, 『華山古墳群』, 한신大學校博物館叢書 第14冊.
19) 한신대학교박물관, 2007, 『龍仁 彦南里-統一新羅 生活遺蹟-』, 한신대학교박물관총서 제29책.

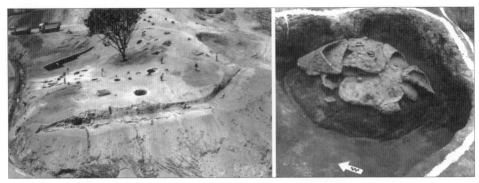

그림 13 　용인 언남리유적 발굴 모습(左)과 일괄 매납 철기(보습류) 출토 상황(右)

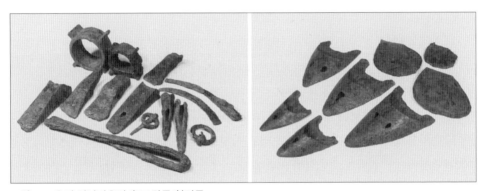

그림 14 　용인 언남리유적 출토 각종 철기류

를 확인할 수 없었다. 이에 포크레인을 이용하여 지형이 양호한 지점에 대해 트렌치를 설치하여 한 삽 정도 굴토를 하자 토기·기와 등이 다량으로 출토되는 것이었다. 이에 작업을 멈추고 지표조사보고서 작업에 착수했는데 제시한 사진에 트렌치 일부가 보여 문제가 발생한 것이다. 문화재청의 경기도지역 담당자가 지표조사에서 굴토행위는 불법이므로 고발하겠다는 것이었다. 당시는 매장문화재 관련 법령이 아직 분법화되지 않은 상태였고 앞서 언급하였듯이 지표조사-시굴조사-정밀발굴조사의 단계별 조사제도가 정착되어 있지 않은 시기였는데 청의 고지식한 담당자가 크게 시비를 걸었던 것이다. 간단한 사과로 일단 사안을 마무리하였지만 그렇게 파보지 않고 유적 부재로 해서 공사를 그냥 진행시켰다면 엄청난 양에 해당하는 나말여초의 귀중한 고고학적 자료들을 사장시키는 결과가 되었을 것이다. 그 이후 오랫동안 일본의 경우처럼 개발지역의 지표조사에서 제한적인 굴토행위를 실시해야 한다고 문화재청과 학계에 강하게 피력하였으나 제대로 받아들여지지 않았다. 그 기간 동안 지표에서 징후를 찾을 수 없었던 수많은 유적들이 잘못된 지표조사보고에 의거하여 영원히 사라져버렸을 것을 생각하면 가슴이 답답해진다.

우여곡절 끝에 하절기의 방학기간에 발굴이 진행되었는데 중간에 기간과 면적을 한 번 늘려 40여 일간의 기간 동안 1,600평 정도 범위 내의 5개 지점에서 건물지 1기, 수혈 60기, 적석유구 1기 등 68기의 유구들이 조사되었다. 발굴 중간에 회사측이 상황을 제대로 이해하지 못하고 조사지역에 도로를 서둘러 개설하는 등의 비협조적 태도로 어려움을 겪기도 하였지만 이를 다 극복해 가면서 조사를 마무리할 수 있었다. 그해 여름은 무척 덥고 건조하여 발굴단이 힘들어 했는데 특히 조사지역에 그늘이 없는 게 무엇보다 문제였다. 이러한 상황에서 조사원과 인부들의 강력한 요구에 밀려 조사지역 중심에 가까운 지점의 큰 느티나무 한 그루를 남겨놓고 그 그늘을 휴식공간으로 사용하기도 하였다(그림 13 왼쪽).

이 유적에서 특히 주목되는 것은 나말여초의 각종 철기 300여 점이 출토된 사실이다. 그 종류는 대·중·소의 보습을 비롯한 농구와 공구류들이 중심을 이루고 차관, 자물쇠, 재갈 등 다양한 기능의 당시 철기들이 거의 망라되어 있었다. 그러한 점에서 이 유적이 갖는 고~중세 한국철기문화상의 위치는 20여 년이 지난 지금도 가장 중요한 자리를 점하고 있다.

당시 현장조사는 대학박물관의 조대연 학예사, 최철희·노대석·송윤정 연구원, 김두권 조교 외에 학부생 다수가 참여하여 주었는데 이외에 신학과 손은실과 같은 타과생들도 정말 열심히 일해주었던 기억이 생생히 남아 있다.

이 유적에서 다량으로 출토된 토기와 철기들의 정리와 보존처리에 긴 시간이 소요되어 보고서 발간이 상당히 늦어졌는데 이를 위해 마지막까지 다양한 업무를 맡아 불철주야 수고하여주었고 그러한 작업을 경험으로 하여 통일신라 철기에 대해 훌륭한 논고를 발표하여 준 송윤정 군의 노고에 대해서는 늘 감사한 마음을 가지고 있다. 그리고 이 유적의 자료정리에 이인숙(현 국립문화재연구소)·한지수(현 한성백제박물관 백제학연구소)·구자린(현 국토문화재연구원)·서지영 외에 16명의 학부생들이 참여하였고 보고서 작업에 임기환 교수(현 서울교육대학교) 및 정대영 교수(현 산업과학기술대학교)·조대연 교수·전승창(현 아모레퍼시픽미술관)·노대석의 도움을 받았다. 이에 대해 감사의 마음을 전하고 싶다.

이 유적은 경기 남부 고대~중세 역사전환기의 여러 문화양상을 파악하는데 필요한 다양한 자료들을 포함하고 있어 학계에서 크게 주목을 받았고, 최철희의 경우처럼 중세의 토기를 주제로 한 석사학위논문의 작성에 이 유적의 자료들이 크게 참고가 되기도 하였다.

12) 용인 마북리 추정사지(1999)[20]

1999년 4월 ㈜삼호건설의 의뢰를 받고 이곳 구릉 경사면에 위치한 개발예정지의 매장문화재조사를 실시하였을 때 지표에서 유물집중산포지와 같은 특별한 흔적을 찾기는 어려웠고 청자 몇 점이 채집되는 정도였다. 이에 소규모의 트렌치 몇 개를 설치하여 지층 상태를 파악해보고자 하였는데 표토를 제거하자 석렬과 토기들이 노출되어 건물지와 같은 유구가 존재할 것으로 판단되었다.

약 1,000평 정도에 달하는 조사대상지역에 대한 발굴은 언남리유적의 조사가 마무리되어 갈 즈음인 8월 말에 시작되어 10월에 들어서야 작업을 종료할 수 있었는데 이곳에서 확인된 건물지 3기 및 기타 유구들에서 나말여초, 11~12세기 및 15세기의 유물들이 출토되어 한신대학교박물관이 조사한 중세의 중요 유적 하나가 더 증가하게 되었다.

유물들 중 자기는 해남·강진산 및 중국산의 고급자기와 질이 낮은 재지산(인근 보정리가 마산으로 추정)이 모두 존재하고 다수의 토기와 기와들이 출토되었는데 이 유적의 토기들은 고려시대의 토기를 파악하는데 있어 중요한 자료가 되었다. 그리고 이 유적에서도 건축부재·농공구류·기타의 철기들이 다수 출토되어 앞서 발굴한 언남리유적의 철기들과 함께 중세의 철기문화를 파악할 수 있는 중요한 자료가 확보되었다. 특히 출토유물들 가운데 '卍', '寺', '舘(寺)院'명의 기와, 철종(鐵鐘)편, 청동제 및 자기로 된 향완이 출토되어 원(院)의 기능도 가졌던 사찰로 추정되었다.

이 지역은 고대부터 용인의 중요 거점지역인 용구현(龍駒縣)의 중심지였던 곳으로서 용인이라는 지명의 기원이 되는 곳이다. 삼국시대부터 조선시대 후기에 이르기까지의 무수한 유적들이 발굴되어 경기 남부에서 유적의 밀집도가 가장 높은 지역으로 파악되고 있는데 최근이 일대가 대규모로 개발되어 대부분의 유적들이 파괴될 위기에 직면해 있지만 이에 대한 정부와 학계의 대처가 부실하여 큰 문제가 되고 있다.

이 유적의 발굴에는 박물관 연구원 최철희, 조교 노대석·김두권, 대학원생 송윤정, 이충렬·박중국을 비롯한 학부생들의 노고가 컸고, 발굴보고서작업은 조사현장작업 참여자 외에 서지영(자기), 김인희(기와), 장은정(금속기), 김여진 및 다수의 학부생 등이 수고하여 주었고 자기에 대해서는 전승창 선생(당시 호암미술관)으로부터 상세하게 자문을 받았다. 이 모든 사람들에게 감사의 마음을 전한다.

---

20) 한신大學校博物館, 2007, 『龍仁 麻北里 寺址』, 한신大學校博物館叢書 第17冊.

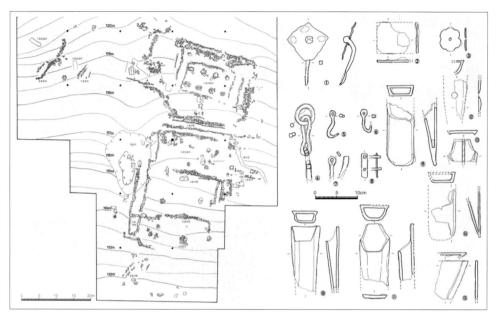

그림 15 용인 마북리 추정사지 유구배치와 출토철기

그리고 특히 이 유적에서 출토된 다양한 토기의 형식분류를 고(故)김두권 군이 체계적으로 잘하여 주어서 이후 다른 중세유적의 조사들에 크게 참고가 될 수 있었다. 그래서 이 유적을 생각하면 우리 곁을 먼저 떠난 고 김두권군이 먼저 떠오르게 된다.

13) 풍납토성 경당지구 1999~2000년의 조사

1999년도의 경당지구 조사는 ㈜대동주택이 7월에 조사를 의뢰해 와 8월에 1,200평에 대한 허가를 득하여 9월 말에 개시할 수 있었다. 하지만 이후의 발굴과정은 한국 발굴사에서 가장 처절한 상황의 연속이었다 하여도 과언이 아니다. 조사비 미지급에 따른 발굴단의 철수와 2주 만의 복귀, 발굴단원들에 대한 현장소장의 폭언, 혹한을 무릅쓴 동절기 발굴의 강행 등 갖은 어려움을 모두 겪어내야 했지만 그러한 가운데에도 9호 유구를 위시한 한성백제 시기의 획기적인 유구들을 발굴함으로써 대단히 중요한 학술적 성과를 올릴 수 있었다.

해를 넘긴 2000년 1월 초에는 44호 유구가 조사되기 시작하여 경당지구가 풍납토성 내에서도 대단히 중요한 지점임이 확인되고 조사가 진행되었으나 1월 하순에 건설회사의 부도가 확정되고 이후 발굴관련 사안을 이관받은 주택조합의 지속적인 비협조 속에서 조사가 진행되다가 5월 13일 일어난 주택조합장의 유적파괴사건을 매스컴이 대서특필하자 3일 후의 국

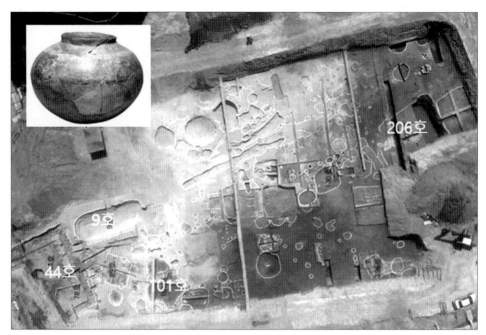

그림 16 풍납토성 경당지구 유부분포와 대부(大夫)명 토기

무회의에서 김대중 대통령의 지시에 따라 유적의 사적지 지정이 적극 추진되게 되었다.

그러한 조치가 내려지기에 앞서 발굴단은 문화재청에 문제의 해결을 위한 지원책 마련을 요청하였으나 법적 근거가 없다는 말만 되풀이하면서 발굴단이 알아서 해결하라는 식이었다. 이미 알고는 있었지만 풍납토성 발굴은 우리나라 매장문화재정책의 부실이 여실히 노정(露呈)되는 기회였고 몇 가지의 새로운 정책을 마련하는 계기가 되기는 하였지만 아직도 무수히 많은 매장문화재 관련 적폐가 우리 앞에 놓여 있는 것도 사실이다.

당시 현장작업은 권오영 교수의 총괄하에 조사원은 박물관 학예사 조대연, 특별연구원 문동석(현 서울여자대학교)·송호정(현 한국교원대학교), 최장열(당시 서울대 국사학과 대학원생, 현 국립광주박물관), 조사보조원은 김두권·송윤정·이명엽·이진민(당시 서울대 고고미술사학과 대학원생, 현 국립중앙박물관)이 어려운 여건 속에서도 성실히 조사에 임하여 주었고 박중국·김여진 등의 학부생 다수도 조사비 부족으로 식사가 부실한 가운데도 보조원의 역할을 잘 수행해 주었다. 조사 참여자 모든 분들의 노고와 땀 덕분에 중부지역 최대의 고대유적이 그 베일을 벗고 보존도 가능했다고 생각된다. 개인적으로는 발굴참여자들 모두 자신의 고고학적 역정(歷程)에서 가장 소중하게 기억되는 조사경험이었을 것이다.

이 발굴은 개발회사의 부도로 인해 정리 및 보고서발간을 위한 비용을 제대로 받지 못한 채 철수하여 난감한 상황에 놓이게 되었는데 그나마 다행히 2003~2005년에 '백제 생산기술의 발달과 유통체계확대의 정치사회적 함의'라는 주제로 한국연구재단으로부터 총 7억2천만원의 연구비를 지원받게 되면서 본격적으로 이루어질 수 있었다.

이 유적의 조사과정에 필자는 1999년 하반기의 발굴시에는 거의 매일 현장을 찾았지만 2000년 1월 차량으로 발굴장을 향하던 중 톨게이트에서 연탄을 가득 실은 트럭이 뒤에서 심하게 들이받아 목에 심한 부상을 입게 되었고 이후 치료 등으로 인해 권오영 교수가 고군분투하고 있는 발굴현장을 자주 들러보지 못했던 점이 큰 아쉬움으로 남아 있다.

14) 기타의 조사사업들

1990년대에 이상에서 서술한 바와 같은 중요 유적들의 조사 외에 수많은 지표조사업도 시행되었다. 이러한 지표조사는 특히 1997년 말 IMF의 국가적 위기를 겪고 이를 극복해 나아가는 과정에 그 수가 폭증하게 되었다.

1998년 김대중 정부는 경제회복을 위해 건설사업 확장에 역점을 두었고 그 결과 용인지역의 난개발이 촉진되기에 이르렀다. 그러한 과정에 신봉동과 성복동의 아파트건설현장 거의 대부분은 물론 경기 남부 각지의 여러 개발지역들에 대한 지표조사를 한신대학교박물관이 담당하게 되었다.

당시 일은 고되었지만 개발지역에서 부지불식간에 파괴되는 유적이 하나도 없도록 해야 한다는 일념으로 꼼꼼히 조사를 진행하였다. 지표조사였지만 지형이 좋아보이나 지표에 유물이 없을 경우에는 발굴시 작업반장업무를 맡아주시던 정규현씨와 함께 포크레인으로 지층상태를 확인하는 경우도 적지 않았다. 그 가운데 용인의 상현리 기와가마·마북리 석축유구, 오산 양산동 기와가마, 화성 반월리 고분군, 안성 산정리 도기가마와 같은 소규모 유적들의 경우는 조사결과를 종합하여 보고하기도 하였다.[21]

이상에서 1990년대의 박물관 역사를 중요유적의 조사를 중심으로 하여 살펴보았는데 돌이켜보면 아쉽고 후회스럽기까지 한 일들이 한 둘이 아니다.

무엇보다도 박물관의 조직이 충분히 갖추어져 있지 않은 상태에서 많은 사업들을 해야 하

---

21) 한신大學校博物館, 2001, 『京畿 南部의 朝鮮時代 遺蹟』, 한신大學校博物館叢書 第13冊.

는 어려움이 컸다. 1997년까지 학예사도 없이 필자가 혼자서 모든 일을 처리해야 했고 학교 측의 재정적 지원도 극히 적었던 상황에서 그야 말로 자력갱생(自力更生)의 자세로 일해야만 했다.

그나마 1997년에 조대연학예사가 부임한 이후 일손을 크게 덜 수는 있었으나 주어지는 일들을 충분히 수행하기에는 조직과 재정면에서 제대로 여건을 갖추기가 어려웠다. 이러한 사정은 다른 사립대학들의 경우에도 마찬가지였다.

이러한 상황에서 1998년에 권오영 교수가 본교 국사학과로 부임해서 천군만마를 얻은 심정이었고 이에 박물관은 새로운 전기를 마련하게 되었다. 그리고 그 큰 발전의 계기가 바로 권 교수가 중심이 되어 수행해 주었던 1999~2000년의 풍납토성 경당지구의 발굴 및 그 이후의 후속적인 조사사업들이었다.

2. 2000년 이후 박물관의 중요 궤적들

1999년 필자가 개정에 참여한 바 있는 문화재보호법에 3만㎡ 이상의 개발지역에 대한 지표조사의무화 규정이 삽입되면서 급증하는 유적발굴조사의 주체는 발굴전담기관으로 바뀌게 되었다. 그렇다 하더라도 본 박물관은 나름대로 단속적으로 크고 작은 유적 발굴과 지표조사를 진행해 왔을 뿐만 아니라 교육사업의 활성화, 탁본전시회의 규모확대 및 내실화 등을 추구하면서 꾸준히 발전적 모습을 보여 왔다. 그에 대해 간단히 살펴보자면 다음과 같다.

1) 중요 조사사업

표 1 2000년 하반기 이후의 한신대박물관 발굴조사사업

유적		조사기간	유구	발굴참여자	정리 및 보고서 작업자	비고
용인 성복동	A·B 지구	2000.11.15.~ 2001.1.5	통일신라 가마, 조선시대 가마·분묘	이남규·권오영·이기성· 김두권·최장열	권오영·정치영·이인숙· 조성숙·한지수·박지은· 구자린·서지영 외 다수	신라가마(토기· 기와): 9세기, 조선가마(숯)
	C 지구	2002.5.10.~ 2002.6.28	조선시대 분묘	이남규·권오영·이기성· 이명엽·조성숙		
화성 천천리		2002.7.25.~ 2002.11.29	청동기시대 주거지13 외	이남규·권오영·이기성· 이명엽·김두권·신성혜· 송윤정·이진민·조성숙· 최영민·김여진	이남규·권오영·이기성· 이형원·신성혜·이진민· 박중국·조성숙·한지선· 김여진 외 3인	백제주거지, 신라석곽묘, 조선주거지

유적	조사기간	유구	발굴참여자	정리 및 보고서 작업자	비고
화성 가재리	2003.11.3.~ 2004.3.31	신석기주거지1, 청동기주거지2, 원삼국 토기가마4 ·공방1 외	이남규·권오영·이기성· 이명엽·조성숙·김두권· 송윤정·신성혜·장성준· 박중국·김여진·구자린 외 다수	이남규·권오영·이형원· 송윤정·신성혜·이미선· 박중국·김여진·박신명· 이은정·손재현·반은미· 정낙현 외 다수	고려도기가마2, 조선토기가마1
용인 마북동	2004.2.24.~ 2004.5.17	신라 주거지8, 수혈5·노지4· 우물 외 다수	이남규·정치영·송윤정· 임영옥·김여진·박동선 외 학부생 11인	이남규·정치영·송윤정· 김여진·임영옥·반은미· 정낙현·손재현	여러(A~I)지점에 고려·조선시대의 다양한 유구들
화성 반송리	2004.3.30.~ 2004.8.12	청동기시대 주거지14 외	권오영·이남규·이형원· 성형미·권도희·이명엽· 한지선·조성숙·박지은· 박중국 외 11인	권오영·이형원·신성혜· 박중국·이은정 외 학부생 다수	고려주거지, 조선분묘 등
화성 송산동 (태안3지구 7·8지점)	2006.5.22.~ 2006.12.22	삼국시대의 논·수로· 건물지	이남규·권오영·이형원· 한지선·한지수·박지은· 구자린·신성혜·최영민· 박동선·박현상·명수림· 심환석·이창훈·김현경	권오영·이형원·최영민· 신성혜·송윤정·김상아· 박동선·강정식·강영주· 허수정·반은미·이단비· 김은경	고려매납유구, 조선 주거지· 우물 외
풍납토성 206호	2008.2.25.~ 2008.8.11	우물1	이남규·권오영·이형원· 한지선·한지수·박지선· 이미선·최영민·박신명· 나혜림	권오영·한지선·박지은· 이은정·김현경·신화영	
화성 길성리토성	2008.9.16.~ 2008.10.16	성벽과 수혈	이남규·권오영·이기성· 이형원·정치영·조성숙· 박신명·나혜림·박지은· 김여진·이미선·박중국· 최영민·권세만	권오영·박신명·나혜림· 이은정·김현경·강정식· 손재현 외	
화성 왕림리 노리재골	2009.3.2.~ 2009.12.1	백제 석실분1· 주거지2· 토광묘2· 수혈12	이남규·권오영·이기성· 신성혜·한지수·김여진· 최영민·이은정·심환석· 김현경 외 12명	권오영·이은정·김현경· 정낙현·강정식· 심환석 외	회곽묘1
용인 고림동	2008.8.19.~ 2009.10.16	원삼국~백제 주거지 31, 수혈 168, 주공군 1, 구상유구 4, 고려~조선시대 부석유구 2기	이남규·권오영·이형원· 구자린·박신명·나혜림· 박준영·정락현·김현경· 이정현	조사자 외에 이은정· 정지영·이민아·황다운	
용인 농서동	2011.10.20.~ 2011.11.11	갑발매납유구· 구상유구· 건물지	이남규·이형원·박신명· 심환석·정낙현·강정식· 손재현 외	이남규·이형원·박신명· 심환석·정낙현·강정식· 김여진 외	
용인 신갈동	2012.7.24.~ 2012.8.20.	회곽묘	권오영·이형원·심환석· 정낙현·김현경	권오영·이형원·심환석· 정낙현	

유적	조사기간	유구	발굴참여자	정리 및 보고서 작업자	비고
화성 수영리	2013.5.15.~ 2013.9.13.	조선 주거지3 · 탄요1 · 삼가마1 · 부뚜막 외	이남규 · 이형원 · 정낙현 · 김현경 · 강정식 · 이동규 · 신화영 · 이은정 · 김정주 · 심환석 · 이혁희 · 정은미 외	이남규 · 이형원 · 정낙현 · 김현경 · 강정식 · 이동규 · 신화영 · 이은정 · 김정주 · 심환석 · 이혁희 · 정은미 외	
화성 화랑진성	2013.12.30.~ 2014.1.7.	서문지	이남규 · 권오영 · 이형원 · 강정식 · 정낙현 · 손재현 · 박준영 · 신화영	이남규 · 권오영 · 이형원 · 손재현 · 강정식 · 박준영 · 신성혜 · 최정범 · 정락현 · 홍정우 · 황다운 · 정지영 · 이우재 외	
여주 매룡동	2014.8.20.~ 2014.10.14.	청동기 주거지3 · 수혈1 외	이남규 · 권오영 · 이형원 · 장락현 · 강정식 · 박한울 · 홍정우 · 황다운 · 김정주 · 정승현 · 최정범	이남규 · 이형원 · 강정식 · 신성혜 · 홍정우 · 황다운 · 박한울 · 최영민 · 이은정	분묘 (고려1 · 조선3), 조선 매납유구1 외
수원 창성사지	2014.10.22.~ 2016.9.30	건물지8, 폐기장2, 축대4 외	이남규 · 이형원 · 강정식 · 정락현 · 김정주 · 홍정우 · 황다운 · 박한울 · 정지영 · 이민아 · 이우재 · 김다영 등	이남규 · 이형원 · 강정식 · 신성혜 · 이은정 · 홍정우 · 황다운 · 박한울 · 정지영 · 이민아 · 이우재 등	2017년 경기도기념물 제225호 지정

　　〈표 1〉에서 보는 바와 같이 2000년 이후 한신대학교박물관은 화성·용인·수원·여주 일원에서 15회에 걸친 유적발굴조사를 실시하였을 뿐만 아니라 남양만지역[22]과 시화호지역[23]의 역사·고고·민속에 대한 종합적 학술조사사업, 오산시 문화유적 분포지도 작성작업[24] 및 소규모의 매장문화재지표조사도 지속적으로 수행하여 경기도 남부의 고대~중세의 역사문화를 구명(究明)하는데 있어 가장 중심적이고 역동적인 노력을 기울인 대학박물관으로 자리매김하게 되었다.

　　이러한 유적조사활동이 계속해서 가능했던 것은 2000년 이후 조직체계가 하나씩 갖추어져간 덕분이라 할 수 있다. 이는 1998년 권오영 교수가 부임함과 동시에 대학원이 신설되었고 조대연(1996~2000, 현 전북대학교 교수), 이기성(2000~2003, 현 전통문화대학교 교수), 이형원(2003~2021, 현 한신대학교 교수)과 같은 유능한 학예사들의 적극적인 노력에 힘입은 바 크다. 이들은 현재 국내의 중요 대학들에서 교수로 재직 중인데 이렇듯 우수한 연구자들과 대학박

---

22) 한신대학교박물관, 2005, 『남양만의 역사와 문화』, 한신大學校博物館叢書 第20冊.
23) 한신대학교박물관, 2006, 『시화호의 역사와 문화』, 한신大學校博物館叢書 第23冊.
24) 한신대학교박물관·오산시, 2007, 『文化遺蹟分布地圖-烏山市-』, 한신大學校博物館叢書 第26冊.

물관에서 함께 활동할 수 있었던 것은 참으로 큰 행운이었다. 지난 반세기 기간 동안 이러한 학예사들의 노력 덕분에 한신대학교박물관이 지속적으로 발전할 수 있었고 그에 대해 늘 감사하는 마음을 갖고 있다. 그리고 2003년부터 문경덕 선생이 박물관의 사무실업무를 전담해 주시면서 교수와 학예사가 행정과 재무업무에서 벗어나 순수 학술적 활동에 거의 전념할 수 있는 여건이 마련될 수 있었다.[25]

〈표 1〉에 발굴참여자와 발굴된 자료의 정리 및 보고서작업 참여자들을 제시하였는데 그동안 학내외의 대학원생들만도 50여 명에 달하고 이에 학부생들까지 포함시키면 100명이 넘는 인원들이 유적의 현장조사와 정리, 보고서작업에 참여한 것이 된다. 그 가운데 대부분의 참여자들이 석사와 박사 학위 취득 후 계속해서 고고학이나 역사학 분야에 전공자로 활동하여 현재 중부지역의 경우는 한신대학교박물관에서 성장한 연구자들이 상당수 분포하고 있다.

그런데 2000년 이후 한신대학교박물관의 최대 문제는 풍납토성 경당지구의 발굴유물이 500박스 정도에 달하면서도 건설회사의 부도 및 유적의 사적지지정으로 정리 및 보고서 발간비용을 전혀 확보하지 못하였다는 점이었다. 문화재청은 법적으로 도울 수 있는 방법이 없다는 자세로 일관하기만 했고 이러한 상황에 대해 절치부심한 끝에 한국연구재단에 연구비를 신청하여 그 해결책을 찾은 것이다. 먼저 2002~2003년에는 앞서 이야기하였듯이 '한성기 백제의 물류시스템과 대외교섭'이라는 제목 하에 소형의 연구를 진행하면서 유물들의 정리작업을 추진하기 시작하였고 2003~2005년의 기간 동안에는 중형 연구인 '백제 생산기술의 발달과 유통체계 확대의 정치사회적 함의'라는 제목하의 연구과정을 통해 유물들의 본격적인 정리작업이 가능해졌다.

당시 한국연구재단의 중형연구 공모는 그 경쟁이 상당히 치열하여 선정의 가능성이 대단히 낮은 편이었지만 참여자들이 이에 대한 준비를 적극적이고 철저히 해준 덕분에 무사히 연구진행이 가능하였다. 참여자들이 한신대학교박물관에서 철야를 해가며 연구계획서를 준비하였는데 서류심사에서는 그 순위가 4위였지만 프리젠테이션 결과는 1위로 선정되어 3년간 7.2억원의 연구비를 받아 경당지구 출토 유물들을 정리하면서 부분적으로 발굴보고서를 작성할 수 있게 되었다. 한국연구재단의 연구팀 선정공모에서 순위를 바꿀 수 있었던 것은 프

---

25) 다만 학예사와 행정직의 정규직화에 대한 요청은 오랫동안 대학본부에서 제대로 받아들이지 않다가 최근 노조의 도움을 받아 행정직이 먼저 정규직이 되었다. 조속히 학예사도 정규직화될 수 있도록 하여야 할 것이다.

리젠테이션에서 애니메이션을 구사한 PPT자료를 적극 활용할 수 있었기 때문이었다. 그러한 기법은 당시 고고학 분야에서도 생소한 것이어서 문서 중심의 다른 역사연구팀 제안설명과는 크게 차별화 된 점이 심사위원들의 결정에 큰 영향을 주었던 것 같다. 이 자리를 빌어 그러한 PPT자료 제작에 도움을 준 출판사 진인진의 김지인 씨에게 감사를 드려야 할 것 같다. 그리고 필자가 군복무중 사단 내 정훈장교 프리젠테이션 경연대회에서 2위를 했던 경험도 연구프로젝트 수주에 큰 도움이 되었다.

2003년부터 3년간 수행된 한국연구재단의 중형연구과제에는 고대사와 고고학 분야의 많은 중진 및 신진연구자들이 참여하여 연구경험을 함께 할 수 있는 귀중한 기회가 되었다.

당시 연구원들에는 필자와 권오영 교수 외에 김장석(당시 전남대학교, 현 서울대학교), 김창석(현 강원대학교), 문동석(현 서울여자대학교), 문안식(현 조선대학교), 박성현(현 계명대학교), 성형미(현 동양대학교), 송호정(현 한국교원대학교), 여호규(현 한국외국어대학교), 윤선태(현 동국대학교), 임기환(현 서울교육대학교), 정대영(현 한국과학기술대학교), 조대연(당시 쉐필드대학교, 현 전북대학교), 홍영의(현 국민대학교) 등이 참여하였는데 박사후과정에 있었던 다수의 연구자들이 이 연구에 참여하던 중이나 그 이후에 전국의 대학에서 고고학이나 고대사 분야의 교수로 자리잡게 되었다. 이처럼 이 연구프로젝트는 이와 같은 분야의 전문연구자 육성에도 크게 기여했다는 점에서 자부심을 느끼게 된다.

그런데 사실 이 연구에서 실질적으로 더 많은 수고를 한 사람들은 연구보조원들이었다. 권도희(현 한강문화재연구원), 박지은, 한지선(현 국립중원문화재연구소), 한지수(현 한성백제박물관 백제학연구소), 신성혜 등의 꾸준한 노력에 의해 그 많은 유물들의 정리가 점진적으로 이루어질 수 있었고 발굴보고서도 단계별로 간행될 수 있었다.

이후 풍납토성 경당지구는 1차 발굴조사 후 8년이 경과한 2008년 2월 25일부터 8월 11일까지 재발굴조사가 실시되었다. 이 때 8년 전에 조사가 미비하였던 남측지점에서 우물지(206호 유구)를 비롯해 그 주변 유구들이 함께 발굴되었다. 특히 일종의 어정(御井)으로 판단되는 이 우물 하부에 215점에 달하는 토기류가 일괄로 매납되어 있음이 확인되었고 이 토기들을 통해 한성백제시기 중앙과 지방 각지의 토기에 대한 교차편년이 가능해지는 학술적 성과를 얻기도 하였다.

이 발굴은 책임조사원인 권오영 교수의 주도하에 이루어졌고 조사원 이형원·한지선·한지수, 조사보조원 박지은·이미선, 보조원 최영민·박신명·나혜림이 유적현장에서 수고하였고 그 외에 이정현·이창훈·심환석·손재현·박준영을 비롯한 한신대학교 학부생 15명과 타대학(충북대·덕성여대·중앙대·안산공대) 재학생 8명도 일손을 돕는 등 유적의 유명세로

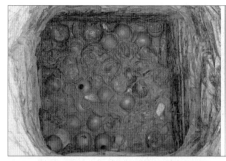

그림 17 풍납토성 경당지구 우물지 발굴 모습과 출토 토기류

대학 내외의 참으로 많은 사람들이 발굴조사에 참여하였다.

발굴 종료 전 유적설명회에는 교직원들을 수십명 초대하여 현장견학 후 인근 식당에서 점심대접까지 하였는데 이러한 행사는 1996년 수지지구발굴 이후 12년만의 일이었다. 애초에는 매 발굴마다 이와 같은 기회를 마련하고자 하였으나 교직원들간의 학내갈등이 증폭되어 제대로 실시하기 어려운 상황이 되었었다. 이러한 점은 큰 아쉬움으로 남아 있다.

그리고 이 유적의 유물정리에는 한신대학교 박물관 자원봉사자인 김재경, 신채화님이 현장에서부터 큰 도움을 주셨고 보고서의 작성을 위한 유물의 복원과 실측작업은 박지은의 주도하에 한지수, 이은정, 이혁희, 김현경(前 한신대학교 박물관 연구원), 정락현, 강정식, 손재현, 박준영, 신화영(당시 한신대학교 박물관 연구원), 본대학 학부생이었던 최정범·정지영과 다수의 졸업생들이 수고하였다.

이렇듯 한신대학교박물관의 많은 유적 발굴조사들에서는 현장작업과 보고서작업에 상당히 많은 대학 내외의 사람들이 참여하면서 수고해준 점이 큰 특징인데 이는 본 박물관이 조사한 다수의 유적들이 학술적으로 대단히 중요한 대상이었던 점과 대학 자체가 대외적으로 상당히 개방적이었던 때문으로 보여진다. 이 과정에서 고고학분야의 많은 전문가들을 육성하여 배출할 수 있었고 그러한 연구자들이 현재 전국 각지에서 열심히 활동하고 있는 모습들을 보면서 한신대학교박물관 30년 역사의 의미와 보람을 느끼게 된다.

이후 2008~2009년에 걸쳐 발굴조사한 용인 고림동유적의 경우도 우여곡절을 겪으며 조사와 보고서 작업이 진행되어 특히 중요한 기억으로 남아 있다.

경안천 상류의 양지천이 흘러드는 곳에 위치한 이 유적은 필자의 고모님이 인근에 사시면서 양조장과 우리나라에서 한때 유명했던 해동낚시대 공장을 운영하시던 곳이고 어린 시절

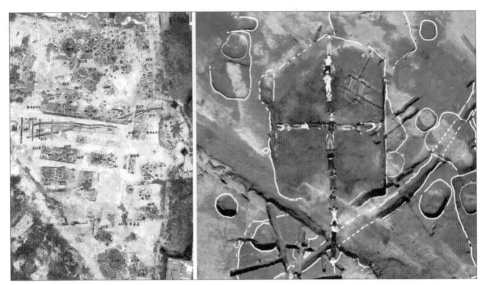

그림 18　용인 고림동유적 전경과 B지점 9호 주거지

놀러가도 했던 추억의 장소여서 그러한 감회에 젖어 발굴에 임했었다.

　이제까지의 경험에 의하면 이러한 하천들의 합수지점은 유적이 존재할 가능성이 대단히 높아 시굴을 실시하게 되었고 예상대로 개발예정지의 거의 전체범위 내에 유구들이 존재하는 사실을 확인할 수 있었다. 이에 시행사의 요청으로 처음에는 발굴이 순조롭게 개시되었고 겨울에는 조사원들의 건강을 해치는 악조건을 감수해가면서도 대규모의 비닐하우스를 설치하여 열심히 발굴에 임하기도 하였다.

　이 유적에서는 원삼국~백제의 주거지 31기, 수혈 168기, 주공군 1기, 구상유구 4기와 고려~조선시대의 부석유구 2기가 조사되었다. 원삼국~백제의 유구들에서는 다수의 토기류, 철기류, 제철관계자료 및 곡물류 등이 출토되어 이 지역 고대사회의 발전양상을 밝힐 수 있는 중요한 자료를 확보한 셈이었지만 조사가 끝나갈 무렵부터 회사의 재정상태가 악화되어 정리비와 보고서 발간비를 확보하지 못한 채 발굴단을 철수시키는 제2의 풍납토성사태를 맞게 되었다. 그나마 다행히 발굴중간보고서를 전달하지 않은 상태여서 개발공사를 진척시킬 수는 없는 상황이기는 하였다.

　그리고 수년이 지나도록 이 유적은 그대로 방치되어 있었고 그와 함께 보고서작업도 정지상태가 지속되었다. 그 후 오랫동안 필자가 이 지역을 지나칠 때마다 현장을 눈여겨보기도 했었는데 어느날 오랜만에 그 근처 유적발굴의 학술자문회의를 마치고 유적의 상태점검을 위해 찾아갔을 때 깜짝 놀랄 일이 벌어지고 있었다. 이미 아파트 저층부의 건축이 상당히 진행되고 있었던 것이다. 이에 신속히 개발회사와 용인시의 담당자에게 매장문화재 관련 행정처리가 완료되지 않았음을 통지하였고 어렵지 않게 공사가 시급했던 개발회사의 지원을 받아 유물정리와 보고서 발간에 필요한 재원을 마련할 수 있었다.

이 발굴의 조사에는 필자 · 권오영 · 이형원 · 구자린 · 박신명 · 나혜림 · 박준영 · 정락현 · 김현경 · 이정현 등이 수고하였고 유물의 정리와 보고서 작업에는 발굴참여자 외에 이은정 · 정지영 · 이민아 · 황다운 등의 도움이 컸다. 이 모든 분들의 노고에 깊은 감사를 드린다.

그리고 최근의 중요유적 발굴사례로는 수원 광교산에 위치한 창성사지의 조사를 들 수 있다.

고려시대 말에 활동하던 진각국사 천희의 탑비(보물 제14호)는 현재 수원 매향동의 화성 방화수류정 옆에 옹색한 상태로 놓여 있지만 원래는 광교산 중턱의 창성사지로 말해지던 건물터의 입구부분에 위치해 있었던 것이다. 그런데 이 창성사의 원래 위치가 바로 이곳이었는지에 대해 서로 다른 의견들이 있던 중 수원시는 그 진위의 파악을 위해 발굴조사를 추진하게 되었다.

2014년 수원시 담당자로부터 그러한 상황이야기를 전해 듣고 발굴기관의 선정문제에 대해 의견을 나누던 중 필자가 현행의 입찰제도와는 다른 공모제방식을 제안하였다. 그러한 제안은 받아들여져 실행에 들어갔는데 한신대학교박물관만 응모하여 두 번의 유찰 후 발굴기관으로 선정되었다.

조사는 2014년 10월부터 80여 개소의 암자가 있었다고 하는 광교산 일원의 지표조사부터 실시되었다. 이 조사를 통해 11개소의 건물지와 9개소의 유물산포지들이 확인되어 이곳이 중부지역 최대 규모의 불교성지였음을 확인할 수 있었다. 광교(光敎)라는 이곳의 산 이름은 그야말로 거대한 불교적 의미를 갖는 것이었지만 수원시는 그동안 화성에 편도되어 이렇게 중요한 불교문화유적지를 제대로 인지하지 못하고 있었던 것이다.

발굴은 2014년 10월부터 2016년 9월까지 해마다 30~60일씩 실시되었다. 굴토장비와 컨테이너 등을 헬기로 운송하고 매일 등산을 해야 하는 등 작업이 힘들고 고되기도 하였을 뿐만 아니라 건물지들은 조선시대와 그 이후의 심한 교란으로 인해 구조를 제대로 파악하기 어려운 상황이기도 하였다. 게다가 유물도 주목을 끌만한 중요한 것은 별로 출토되지 않고 기본적인 자기, 도기와 기와류가 중심을 이루고 간혹 불상편 정도가 확인되는 정도여서 발굴에서 중요유물을 발굴해내는 보람과 즐거움을 크게 느끼기도 어려운 상황이었다.

현재 창성사지의 발굴은 수원시의회 한 시의원의 석연치 않은 편견으로 인해 조사사업이

그림 19 수원 창성사지 위치, 발굴모습 및 출토유물

최종적으로 마무리되지 못하고 있는 안타까운 실정이다. 가능한 조속히 내부와 중심부 주변의 모든 유구들에 대한 발굴조사가 마무리되고 정비사업이 실시될 수 있기를 바란다.

수년간에 걸친 이 조사사업에 있어 현장발굴은 이형원·강정식·최영민·정락현·박한울·신화영·황다운·홍정우·양경민·이민아·정지영·김다영·이우재·이현오·최수미 등 박물관의 학예사·연구원 및 학부생들이 혼연일체가 되어 수고해주었고 유물의 정리작업부터 원고작성까지 10여 명의 인력이 담당해주었다. 그리고 그 외에도 최태선·엄기표·전승창·류형균·김연수·남동신 등 여러 학술연구위원들의 도움을 받았다. 이 자리를 빌어 이 모든 분들께 감사의 마음을 전한다.

II. 전시활동

1. 상설전시

박물관의 기본 임무가 유물의 보존과 전시 및 교육인데 거의 무(無)의 상태에서 출발한 한신대학교박물관은 이러한 기본적 기능을 제대로 발휘하지 못하고 오랜 기간 동안 유적조사

그림 20 대학박물관 전시실 내부와 야외전시 석물

사업의 기능 밖에는 할 수가 없었다. 그러한 조사의 결과 소장자료가 점차 증가하게 되었고 부임 후 수 년이 지나 박물관이 도서관 2층에 공간 2개를 확보하면서 조그만 소장공간도 마련하게는 되었으나 전시장을 꾸밀 상황은 되지 못하였다.

제대로 된 전시시설은 풍납토성 발굴이 종료되고 자료들을 정리하면서 그 필요성이 더 커졌으나 학교의 지원을 받기는 어려운 실정이었다. 이때 마침 충남대학교박물관이 전시장을 교체한다는 이야기를 듣게 되었고 당시 그곳 관장이셨던 이강승 교수께 요청하여 폐기하는 그 장을 기증받게 되었다. 이 전시장들은 원래 호암미술관이 사용하던 것으로서 충남대도 그로부터 기증받아 사용하였던 것이었다.

이에 대학본부로부터 전시장소로 도서관 1층의 한 구석을 배정받고 겨우 운반비 정도를 지원 받아 전시장을 옮겨온 후 전시준비에 들어갔는데 당시 권오영 교수의 노고가 컸다. 권 교수가 국립중앙박물과에 근무하였던 경험을 살려 짧은 기간 동안 일사분란하게 전시작업을 진행할 수 있었던 것이다.

아직도 본 대학교박물관의 전시실은 그 규모가 너무 작지만 모든 유물들이 지난 30년간의 조사사업을 통해 확보한 것들이고 학술적으로 대단히 중요한 가치를 지니는 자료들이 거의 대부분을 차지하고 있다는 점에서 늘 자부심을 갖고 관람객들을 맞이하고 있다.

그동안 몇 명의 총장이나 중요보직자들이 박물관의 단독건물화를 여러번 이야기하기는 하였지만 그때마다 필자는 대학의 여건이 충분하지 않고 박물관-도서관-기록관 등을 축으로 하는 대학의 문화복합공간의 마련이 더 바람직하다는 견해를 제시하여 왔다. 하지만 아직도 대학내에 그러한 시설이 제대로 갖추어져 있지 않아 아쉬움이 많다.

한편 박물관 초창기에 개발지역의 문화재지표조사에서 확보한 다수의 석물들이 교내의 화단 여기저기에 배치되어 있다가 2000년대로 들어서서 도서관 북측의 대학 담장 화단에 일렬로 놓이게 되었는데 학내에서 불미스러운 교통사고가 발생하면서 대학 진입로가 이쪽으로 변경되게 되었다. 그 이후 학교를 드나들던 일부 목사들이 조선시대의 분묘에 설치되어 있던 석인들을 통행로에 열지어 있는 모습을 보고 이를 치워줄 것을 요구하였다. 하지만 교내에서 적당한 이전장소를 마련하기 어려운 상태였고 이렇게 학내에서 홀대를 받을 바에는 2008년에 개관하는 수원역사박물관에 기증하는 편이 더 낫겠다는 판단하에 이를 실행에 옮기게 되었다. 현재 교내에는 중요석물 일부만 남아 있는데 박물관의 두고두고 아쉬운 부분이다.

2. 탁본전람회

한신대학교박물관의 활동 중 빼놓을 수 없이 중요한 것이 유봉학 교수께서 주도하시면서 탁본반(현 금석문연구회)이 추진한 탁본전람회라 할 수 있다. 1985년 학내에서 '경기도 남부지역 금석문'이라는 주제로 조촐하게 시작한 제1회 전람회에서 2021년 '17세기 조선 명필의 금석문'이라는 주제하의 전람회까지 37년간 한 번의 중단도 없이 총 38회(2008년 2회)의 전시가 있었다.

전시활동의 범위와 수준도 점차 향상되어 필자의 권유에 따라 1996년 12회 전시회가 수원 소재 뉴코아백화점 9층 전시실에서 '화성성역 200주년 기념전'이라는 주제로 개최되어 시민들에게 큰 호응을 얻었고 1998년 14회는 경기도문화예술회관에서 '영·정조시대 동국진체 특별전'이 열리기도 하였다.

이러한 성장발전의 큰 획기는 2000년 서울 예술의전당 한가람미술관에서 '정조대왕 서거 200주년 추모전'이라는 주제로 열린 제16회 전시였다. 이때는 금석문뿐만 아니라 채제공·유언호·이이장 등의 초상화와 전적류 등도 출품되어 국내에 한신대 금석문연구의 성과를 널리 알리는 계기가 되었다.

이후의 전시는 경기도문화의전당·수원청소년문화센타·수원화성홍보관·수원박물관 등 경기도 수원을 무대로 열리다가 2013년 제30회 전시회는 '조선이 사랑한 글씨'를 주제로 서울 예술의 전당 서예박물관에서 개최되어 한신대학교 금석문연구회가 이 분야에서 최고의 수준에 위치해 있음을 보여주게 되었다.

이후 전시는 경기도와 오산시의 재정적 지원을 받아 개최되기 시작하면서 그 계약조건에

그림 21   탁본전시회

따라 장소가 오산시의 문화공장이나 한신대학교갤러리에서 축소된 규모로 이루어지게 되었다. 하지만 한국사학과에 유봉학 교수 후임으로 부임한 정해득 교수가 인물별 및 시기별 서예가들을 집중조명하는 한 단계 더 발전된 주제로 2015년부터 전시를 개최하기 시작하여 더 심화된 내용으로 전시회가 채워지게 되었다.

전국 각지의 비석 등을 탁본하면서 금석문자료를 지속적으로 확보하고 중단 없이 전시회를 개최하는 데에는 많은 예산이 소요되기 마련인데, 초기에는 쥐꼬리만한 박물관 예산의 반을 지원하여 소규모로 운영할 수는 있었으나 전시의 규모가 클 경우는 외부용역을 수행하거나 특별한 기부를 받아 비용을 충당하기도 하였다. 그 가운데 가장 기억에 남는 것이 2003년 미군부대 내의 문화재조사였는데 보안이 엄중한 병영 내부에서 유봉학 교수와 함께 카메라 세 대를 들고 여기저기 촬영하며 돌아다녔던 기억이 지금도 기억에 생생하다.

그리고 고양시의 비석 조사를 하면서 라면을 함께 끓여 먹기도 했고 용인시의 필자 선산에 있는 9대조 할아버님의 비석을 탁본하면서 삼겹살을 구워먹는 등 여러 번 탁본반 학생들과 함께 하면서 겪었던 추억들이 떠오른다.

지난 30년의 긴 세월 동안 탁본전시회가 한 번의 중단도 없이 지속적으로 개최될 수 있었던 것은 오랜 기간 동안 유봉학 교수의 정성 어린 지도와 그 후임을 맡은 정해득 교수의 노력 및 그에 충실히 따라주었던 탁본반 학생들의 노고 덕분이다. 이 모든 분들께 깊이 감사를 드린다.

Ⅲ. 교육활동

필자가 한신대학교에 부임한 초기에는 현재의 한국사학과는 국사학과였고 대학의 슬로건

중 하나가 '민족한신'이었다. 진보신학을 추구하던 한신대학교는 국가와 민족에 대해 남다른 가치관과 철학의 기반 위에서 다른 군소대학교에서는 보기 어려운 국사학과가 설치되었고 박물관도 그 일환으로 개관할 수 있었던 것이다.

이러한 상황에서 박물관 개관 초기부터 별도의 프로그램을 마련하여 학생과 직원을 대상으로 한 역사문화교육의 실시와 강화를 구상하였으나 의도한 대로 잘 이루어지지는 못하였다. 그것은 앞서 잠깐 밝혔듯이 30여 년 전에 박물관을 설립하기는 하였으나 학교로부터 인사 및 재정적 지원을 기대하기가 어려웠고 그에 따라 외부의 문화재조사용역을 수행하면서 기반을 다져나가야 했기 때문이다.

대신 이러한 부족함을 보완하기 위하여 교양과목에 문화유산탐방과목을 개설하여 강의를 실시하였는데 이에 대한 학생들의 반응은 폭발적이어서 한 번에 300명에 가까운 수강생이 몰려 교내에서 제일 큰 강당에서 수업을 진행하고 유적의 답사에는 버스를 7대나 동원해야 하는 어려움이 있었지만 당시 우리 역사와 문화재에 대한 학내의 관심이 현재에 비해 대단히 높았던 것은 사실이다. 이후 수업의 질적 향상을 위해 대규모 강의를 지양하는 방향으로 학교정책이 바뀌면서 그러한 상황은 끝나게 되었고 대략 80명 이하의 학생을 대상으로 한 교양과목을 운영하는 양상으로 바뀌게 되었다.

한 가지 아쉬운 것은 1년에 1,200명가량 들어오는 신입생들을 위해 학교 주변의 용주사, 융·건릉 및 독산성 등에 대한 답사프로그램을 마련하고 학생들이 의무적으로 참여하도록 하는 방안을 학교당국에 제시하였으나 역사인식이 부족했던 중요 보직자들이 이를 제대로 수용하지 않아 실행에 옮기지 못했던 것이다. 특히 이러한 대학 인근의 유적들은 정조대왕과 직접적으로 관련된 것이어서 그것이 갖는 역사적 및 문화적 가치가 대단히 큼에도 불구하고 이를 대학교육에 제대로 활용하지 못한데 대해 필자를 비롯한 국사학과 교수들의 책임이 결코 적지 않다고 생각된다.

그나마 다행히 신입생들에 대해서는 '대학생활의 길잡이'라는 강의의 일환으로 대학박물관을 견학하는 프로그램을 운영하고 있는데 현재 일부 학과의 신청방식으로 진행되고 있는 것을 모든 학과의 학생들이 의무적으로 참여하도록 하는 방식으로 바뀌어야 할 것 같다.

교직원들을 대상으로 한 프로그램의 개발은 별도로 하지 않고 중요유적의 설명회에 그들을 초대하는 탐방기회 제공의 방식을 취하였었다. 그 최초로는 용인 수지유적 조사시 교직원과 그 가족들 20명이 방문하여 유적설명을 듣고 인근 식당에서 함께 식사하는 자리를 갖기도 하였고 학교 인근의 오산 양산동유적 조사시에는 총장을 비롯하여 교수 수십명이 조사현장을 견학하는 등 유적조사 초대행사가 성황리에 이루어지기도 하였다. 하지만 이후에 학내 구성원들간의 갈등이 야기되면서 그러한 자리를 마련하기 어려운 상황이 되었다. 그러던 가운데에도 2008년 경당지구 206호유구 조사시에 교직원 수십 명이 현장을 답사한 후 인근 식당에서 만두와 칡냉면으로 식사를 하면서 담소를 나눌 수 있는 기회를 갖기도 하고 2017년 수원 창성사지 발굴시에는 직원 50명가량이 등산행사 도중 유적조사 현장을 찾아와 발굴 상황에 대한 설명을 듣기도 하였다.

돌이켜 보면 본 박물관이 지난 30년간 경기도 일원의 많은 유적들을 조사하고 47권에 달하는 조사보고서를 간행하기도 하였지만 그러한 조사와 연구의 현장상황을 대학내 구성원들의 역사문화교육에 보다 적극적으로 활용하지 못했던 점은 큰 아쉬움으로 남아 있다. 물론 그러한 활동의 결과물인 유물들이 박물관 전시실에 제시되어 있기는 하나 생생한 조사현장의 기회를 그들과 함께 공유했었다면 대학박물관에 대한 관심과 이해가 더 생겼을 것이고 그것이 박물관의 발전에 큰 도움이 되었을텐데 하는 때늦은 생각이 든다.

한편 대학박물관의 대외적인 교육활동은 간간이 찾아오는 외부의 학생들을 대상으로 하여 간헐적으로 이루어져 오다가 체계적인 교육체제가 갖추어지기 시작한 것은 2013년부터 문화체육관광부와 한국박물관협회에서 교육사 지원사업 및 길위의 인문학지원사업을 추진하게 되면서부터라 할 수 있다. 이러한 지원 하에 그동안 교육사로 김선희·김찬송·안선규·김희연이 수고해 주었고 현재는 이동진 교육사가 코로나의 어려운 여건을 극복해 가면서 열심히 교육에 임해주고 있다.

그동안 길 위의 인문학 주제는 왕릉 속의 숨어있는 비밀(2013~2015), 화성행궁 탐험대, 혜경궁 홍씨의 회갑잔치 속으로(2016~2017), 2018~2022 : 고고(GoGo)~고고학으로 역사를 만나요!(2018~2022) 등으로 변화하면서 매해 1,220~1,500명 정도의 초등학생과 중학생들을 교육하여 왔고 다양한 프로그램과 교보재의 개발로 해마다 좋은 평가를 받으면서 타기관들에 모범적인 사례로 소개되고 있다.

필자도 교육장소였던 융·건릉과 용주사, 수원 화성 등을 직접 찾아가 교육사와 학생들을 격려하거나 교내 강의실에서 학생들에게 직접 이야기를 들려주기도 하였었는데 대학박물관의 이러한 교육이야말로 질적, 양적으로 더욱 강화시켜 나아가야 할 필요성을 절감하고 있다.

그리고 최근에 오산시의 지원을 받아 한신대학교 평생교육원과 함께 오산시의 성인들을 대상으로 하여 추진한 '한신대학교박물관과 함께 하는 오산 역사 바로알기'와 '한신대학교 한국사학과와 함께 하는 오산 역사 기록하기' 프로그램은 오산시의 평생학습사업 가운데 우수한 사례로 인식되어졌고 이러한 사업을 통해 대학박물관의 교육적 위상과 기능이 한 단계 더 발전할 수 있었다.

이와 같은 대학박물관의 교육사업은 차후 외부의 요구에 응하여 진행하는 것뿐만 아니라 내부에서 자체적으로 독창적 프로그램을 개발하여 대학 내외의 많은 사람들에게 널리 제공하는 방향으로 확대발전해 나아가야 할 것으로 생각된다.

그리고 이와 관련하여 김봉수선생께서 주도하시는 체험학습연구회 '모아재'로부터 많은 도움을 받을 수 있었다. 그에 대해 특별한 감사의 말씀을 드리고 싶다.

이상으로 한신대학교박물관의 30년에 걸친 역사를 각종 사업과 활동 가운데 중요하게 혹은 개인적으로 특별하게 기억되는 내용들을 중심으로 되돌아보았다. 그 외에도 박물관 내에서 함께했던 생활들, 마이크로버스를 대절하여 전국 각지의 유적과 박물관을 답사하던 일들, 더 나아가 일본과 중국의 문화유산탐방길에 나섰던 기억 등 기록으로 상세히 남겨야 할 추억들이 참 많기도 하지만 그러한데 대해서는 다른 기회에 여러 사람들의 기억과 생각들을 모아 별도의 책자로 만들어보면 어떨까 싶다.

우리 대학박물관의 역사는 어려운 여건에서 시작하여 중견대학들에 비해 그 연륜이 아직 긴 편은 아니지만 그 활동의 궤적은 결코 타기관에 뒤지지 않고 그 내용이 풍부하고 역동적이었다고 생각된다. 그것은 지난 기간 동안 박물관의 각종 사업과 업무에 실로 많은 사람들이 참여하면서 각자 나름대로 자신의 소임에 대해 최선의 노력을 보여준 결과라 생각된다. 그러한 점에서 한신대학교박물관의 30년 역정에 직간접적으로 참여하여 주신 모든 분들께 머리 숙여 깊이 감사를 드리는 바이다. 이제는 한신대학교를 떠나 각자의 길에서 열심히들 살아가고 있을 옛 동료들도 필자와 마찬가지로 가끔씩은 한신대학교박물관에서 함께 했던 소중한 경험들을 돌이켜 보면서 주어진 자신들의 현재에 최선의 노력을 경주하고 있으리라 생각된다. 그 모든 분들의 건강과 건승을 간절히 기원해 본다.

그리고 끝으로, 한신대학교박물관에 이렇듯 보람찬 30년간의 역사를 허락하고 이끌어주신 하느님께 머리 숙여 감사의 기도를 드린다.

제2장

한반도 청동기의 등장 과정에 대한 일 고찰
-북한지역 주거지 출토품에 대한 분석을 중심으로-

조대연
전북대학교 고고문화인류학과

I. 머리말

한국고고학에서 청동기시대의 청동유물에 대한 연구는 주로 형식분류 및 편년의 수립, 무덤 부장품의 분석을 통한 계통의 확립, 그리고 복합사회의 성립에 따른 사회계층화 문제와 관련하여 이루어져 왔다. 그런데 최근에는 청동기 생산과 유통의 측면에서 관련 자료가 축적되면서 새로운 차원의 논의가 이루어지기 시작하고 있으며, 특히 자연과학 분석의 성과가 괄목할 만 한다(예를 들면 조진선·이은우 2021a·2021b). 청동기의 생산공정을 단계별로 살펴보면 대개 원료의 채광, 선광, 제련공정, 주조공정, 그리고 성형공정 등으로 나누어 볼 수 있는데, 남북한을 통틀어 청동기시대에 채광이나 제련 관련 유적은 아직 발견된 바 없으며 다만 주조공정을 반영해 주는 거푸집만이 지속적으로 확인되고 있다. 이와 관련해 필자는 주거지 출토 청동기 자료에 주목하고자 하는데 그간 마을이나 주거지 출토 자료는 매납의 측면에서만 다루어져 왔을 뿐(미야자토 오사무 2010), 이것이 고분과는 전혀 다른 출토 맥락을 가졌을 가능성에 대해서는 별다른 검토가 없었다. 즉 주거지 출토 청동기 자료가 의례나 매납과 같은 맥락에서 사용되었을 가능성 보다는 실생활 용도로 사용되거나 아니면 청동기의 생산공정을 반영할 가능성을 제기할 수 있기 때문에, 여기에서 출토되는 청동기의 기종, 특징, 그리고 출토 정황 등을 구체적으로 검토할 필요가 있다. 특히 북한 지역의 경우에는 주거지의 청동기 출토 빈도가 남한에 비해 상당히 높아서, 이들 자료는 한반도에서의 청동기 등장과 관련해서 중요한 시사점을 제공해 줄 수 있다. 따라서 이번 논고에서는 무덤이나 매납유구가 아닌 북한 주거지에서 출토된 자료에 초점을 맞추어 청동기의 등장과 그 전개과정에 대해 살펴보고, 남한지역 주거지 자료와 비교, 검토한 후 그 고고학적 의미를 짚어 보겠다.

II. 북한지역 청동기의 등장배경과 주거지 출토 청동기의 양상

기원전 1000년기에 등장하는 비파형동검문화는 중국 동북지방부터 한반도에 이르기까지 넓은 지역에 걸쳐 분포하며, 요서의 하가점상층문화, 십이대영자문화, 그리고 요동의 강상유형, 이도하자유형으로 대별된다(조진선 2014). 또한 요령지방과 한반도를 중심으로 전개된 비파형동검문화는 중원이나 아니면 북방초원지대와도 모종의 관계를 맺고 있었을 가능성도 제기된 바 있다(강인욱 2011·2017). 특히 청동기의 생산과 관련해 특기할만한 사실은 이 시기 중국 동북지방에서 구리광산이 대규모로 개발, 운영된 고고학적 증거가 나오고 있다는 점이다. 일례로 하가점상층문화에 해당되는 대정(大井) 유적에서는 구리 채광, 제련, 주조 공정이 이루어졌음이 확인되었으며, 이곳에서 20여 km 떨어진 파림우기(巴林右旗) 탑포오포(塔布鰲包) 유적에서는 제련공정이 주로 실시되었다(안신원 2008). 이처럼 중국 동북지방에서 구리 채광이 대규모로 이루어졌다는 점은 요령지방과 한반도에 청동기 제작이 시작되는데 일정한 역할을 했을 것으로 평가된다.

〈그림 1〉은 북한지역의 전도로 청동기시대 취락 유적들이 대체로 표시되어 있다(다만 황해남도와 평양지역의 경우에는 대표 취락들만을 표시했다). 이 중 원으로 표시한 12곳의 유적들에서 청동기 출토 주거지가 확인되었다. 시각적으로 확인되듯이, 북한 전역에서 청동기 반출 주거지들이 비교적 고루 분포하고 있음을 알 수 있다. 이러한 주거지 출토 자료는 시간적 흐름에 따라 크게 3단계로 나누어 살펴볼 수 있다.

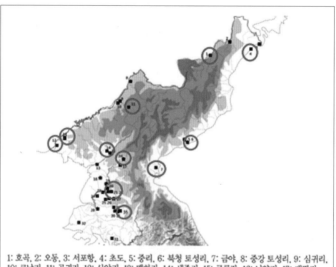

1: 호곡, 2: 오동, 3: 서포항, 4: 초도, 5: 중리, 6: 북청 토성리, 7: 금야, 8: 중강 토성리, 9: 심귀리, 10: 로남리, 11: 공귀리, 12: 신암리, 13: 뱅하리, 14: 새죽리, 15: 구룡강, 16: 남양리, 17: 대평리, 18: 석암리, 19: 남경, 20: 표대, 21: 금탄리, 22: 립석리, 23: 와산동, 24: 태성리, 25: 석탄리, 26: 석정리, 27: 고연리, 28: 복사리, 29: 침촌리, 30: 신흥동, 31: 마산리, 32: 석교리, 33: 소정리, 34: 미송리, 35: 신흥동

그림 1 북한지역 주거지 출토 청동유물의 분포양상

1. 1단계

1단계는 한반도 내에서 청동 제품이 처음으로 사용되는 시기로, 그 연대는 해당 주거지들을 기준으로 대략 기원전 13세기에서 11세기 정도로 편년할 수 있다.[01] 이 단계에 해당되는 청동기 출토 생활유적은 총 네 곳으로, 강계 공귀리, 용천 신암리, 봉산 신흥동, 평양 금탄리가 이에 해당된다〈표 1〉. 지역적 분포를 보면 서북한 지역을 중심으로 청동기 출토 주거지들이 확인되었음을 알 수 있다.

표 1 북한지역 1단계 청동기 출토 주거지 및 청동유물

주거지	유물
강계 공귀리 6호	청동 파편
용천 신암리 3지점 2문화층	청동 환두도자, 단추
봉산 신흥동 7호	청동 단추
평양 금탄리 8호	청동 끌

1단계의 대표적인 유적인 신암리 3지점 2문화층에서 출토된 청동 환두도자와 청동 단추(김용간·리순진 1966)는 한반도에서 출토된 가장 이른 시기의 청동유물로 평가되고 있다(그림 2). 공귀리 유적에서는 1기에 해당되는 6호 주거지에서 미상의 청동제품 편(어쩌면 청동 못이 박혀있는 채로)이 주거지의 동북 모서리에 위치한 깊은 수혈 내에서 흑요석과 함께 발견되었다. 또한 신흥동 유적 7호 주거지에서는 청동 단추가 출토되었는데, 이 단추는 라진 초도의 그것과 형태적으로 유사하며 지름은 약 2.5cm 정도이다(서국태 1964). 금탄리 유적 8호 주거지에서는 청동 끌이 출토되었으며, 잔존 길이는 5.6cm, 몸체 너비는 1cm, 두께는 0.4cm 정도이다. 청동 끌의 등쪽은 부러지고 날 부분도 약간 떨어져 나갔으며, 등에서 날 쪽으로 가면서

---

01) 북한 고고학의 전통적인 시각으로 볼 때 공귀리 6호, 신흥동 7호, 금탄리 8호 주거지는 기원전 2천년기에 해당된다(김용남·김용간·황기덕 1975). 박순발(2003)의 경우에는 신암리 제3지점 2문화층을 '신암리 II'로 상정하고 공귀리 I·II와 병행하는 것으로 보고 있으며, 우가촌 상층 등과의 병행관계를 통해 신암리 II의 연대를 기원전 1300~1100년 정도로 비정하고 있다. 한편, 최근들어 북한연구자들은 신흥동 7호를 팽이형토기 I기, 금탄리 8호를 미송리형토기가 등장한 팽이형토기 II기로 보고 있으나, 이는 금탄리 1호 주거지 상층부에서 미송리형토기로 추정되는 토기편이 발견된 정황과도 관련이 있는 듯하다. 하지만 팽이형토기 최신자료가 반영된 문수균(2015)의 편년안에 의하면 두 주거지 모두 '1기'(13~11 BCE)에 해당되고 있다. 따라서 1단계로 규정한 이 네 주거지의 연대를 대략 기원전 13세기에서 11세기로 비정해도 무방할 듯 하다.

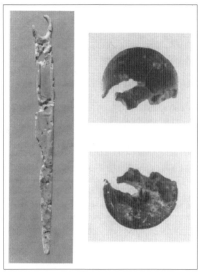 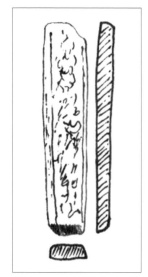

그림 2 신암리 출토 청동 환두도자와 단추   그림 3 금탄리 출토 청동 끌

점차 얇아진다. 또한 몸체 뒷면의 양쪽 가장자리에는 주조한 흔적이 남아있다(김용간 1964)(그림 3).

이처럼 청동기가 처음으로 유입된 1단계에 해당되는 기원전 13~11세기의 북한 주거지 출토 청동기 자료를 종합해 보면, 위신재 성격의 무기류가 부재한 대신 특정 면을 장식하기 위해 사용된 청동 단추와 공구류(도자, 끌)가 사용되었음을 알 수 있다. 이른 시기부터 '단추'가 나온다는 점과 관련해서는, 북한 지역에서 단추 형태의 토제 및 석제 장신구가 확인된다는 점에 주목할 필요가 있다. 이러한 토제 및 석제 단추와 청동 단추 사이의 시기적 선후관계를 명확히 밝혀내기 어렵지만, 후자가 선행하는 경우에는 청동을 쉽게 사용할 수 없는 구성원들에 의해 새로운 종류의 장식품이 '저질'의 재료로 모방된 경우로 볼 수 있고, 전자가 선행한 경우에는 전통적으로 사용되던 장식이 새로운 재질로 구현된 경우로 볼 수 있을 것이다. 참고로 청동 단추는 다음 단계의 주거지에서도 확인된다. 한편, 1단계의 북한 주거지에서 거푸집이 발견된 사례는 전혀 없으므로 현재로서는 외부로부터 반입된 소재를 이용한 성형공정(cold working)이 주를 이루고 주조공정은 본격적으로 실시되지 않은 것으로 보인다.

2. 2단계

2단계는 북한 지역에 비파형동검문화가 유입된 이후의 단계로, 그 상한연대와 하한연대는 확정하기 어렵지만 이 단계에 해당되는 청동기 출토 주거지들은 대략 기원전 10세기에서 5~4세기 사이에 해당되는 것으로 볼 수 있다.[02] 이 단계에 들어와 청동기 출토 주거지는 북한의 서쪽 지역과 동쪽 지역 모두에서 확인된다. 즉, 대동강 상류 유역 최북단의 덕천 남양리, 대동강에 인접한 평양 표대, 의주 미송리의 생활유적에서 청동기가 확인되었으며, 동해안을 따라서는 라진 초도, 북청 토성리와 금야의 생활유적에서 청동기가 확인되었다.

표 2   북한지역 2단계 청동기 출토 주거지 및 청동유물

주거지		유물
의주 미송리동굴	남쪽입구 밖	동부 1 (시신과 공반)
	서쪽입구 밖	동부 1
라진 초도 I지점	4호 피트	동탁, 청동 단추, 반지, 달아매는 장식
	10호 피트	녹은 청동 덩어리
금야 금야	1호	흑연 덩어리
	2호	거푸집 편
	수습	비파형동모 거푸집, 청동 방울 거푸집, 동부 거푸집(2)
북청 토성리	2호	동부, 청동 방울, 끌, 토시 2, 단추 4, 대롱형 구슬 4, 납작 구슬 7, 녹은 청동 덩어리, 흑연 덩어리
덕천 남양리	16호	비파형동모, 청동 파편 10g
	20호	청동 단추 5점, 청동 파편
	26호	청동 파편
	22호	청동 방울 거푸집
평양 표대	10호	비파형동모
	46호	장신구

02) 북한 고고학의 전통적인 시각에서 금야 유적은 기원전 1천년기 이후로 편년되며(김용남·김용간·황기덕 1975), 토성리 2호 주거지와 금야는 동일한 문화유형에 해당되는 것으로 여겨지고 있다. 또한 등쪽이 우각진 지붕 모양인 특징적인 석도가 금야, 토성리 2호, 라진 초도에서 모두 확인된 점을 근거로 초도의 일부 주거지와 금야 및 토성리 주거지 사이의 문화적 공통성을 상정할 수 있다. 토성리와 금야에서 비파형동검문화의 청동기가 출토된 점으로 미루어 연대가 신암리에서 비파형동검문화가 보이는 기원전 10세기보다 이르지는 않을 것으로 보고 있다. 한편, 남양리와 표대의 청동기 출토 주거지들은 대부분 문수균(2015)의 편년안에서 III기에 해당되는데, 문수균의 각형토기 III기의 연대는 기원전 8~6세기이다.

그림 4 미송리 출토 선형동부

청동기의 출토양상을 유적별로 살펴보면, 미송리유적의 경우 서로 다른 두 지점에서 비파형동검문화의 특징적인 선형동부가 각각 1점씩 출토되고 있다(김용간 1963)(그림 4). 라진 초도의 경우, 주거지 바닥일 가능성이 높은 1지점 4호 피트에서 동탁, 청동 단추, 반지, 등자 모양의 장식이 출토되었다. 또한 1지점 10호 피트에서는 녹은 청동 덩어리가 출토되었으나 주변에서 녹은 철기도 확인되어 다소 늦은 시기일 가능성이 있다(고고학 및 민속학연구소 1956)(그림 5).

금야 유적에서는 1호와 2호주거지에서 거푸집편과 흑연덩어리가 각각 출토되었으며, 수습 유물로 비파형동모 거푸집, 청동 방울 거푸집, 동부 거푸집 2점이 확인되었다(서국태 1965)(그림 6).

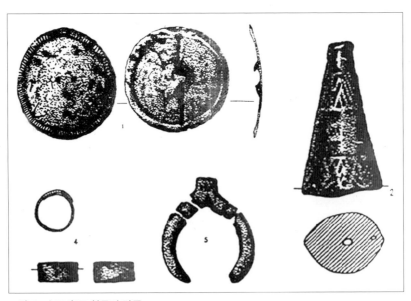
그림 5 초도 출토 청동기 각종

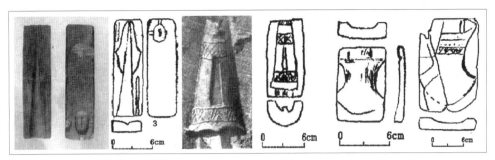

그림 6 금야 출토 청동기와 거푸집 각종

그림 7 토성리 출토 청동기 각종

토성리 유적의 경우에는 2호 주거지의 남서쪽 모서리의 수혈 내부에서 동부, 청동 토시 한 쌍, 방울, 단추 4점, 대롱형 구슬 4점, 납작 구슬 7점, 끌, 녹은 청동 덩어리, 그리고 흑연 덩어리가 발견되었으며, 청동기를 감싸던 천의 흔적도 확인되었다(그림 7).

남양리 유적의 경우, 문수균(2015) Ⅲ기에 해당되는 주거지들에서 비파형동모(16호), 청동 단추(20호, 5점), 청동 파편(26호) 등이 각각 출토되었다(서국태 외 2003). 또한 남양리 Ⅳ기 단계의 주거지에서는 청동 방울 거푸집(22호)이 확인되었는데, 특히 그 방울의 형태가 금야, 토성리, 초도의 그것과는 차이가 있어 주목된다(그림 8). 그리고 표대 유적의 경우에는 10호 주거지에서 2유형 미송리형토기 2점과 비파형동모가 공반되었으며(김종혁 1996)(그림 9 좌) 최근 추가 보고된 바로는 46호 주거지에서 장신구 1점이 확인되었다. 이것은 속이 빈 가느다란 관 모양으로 길이 1.6cm, 직경 0.3cm이다(그림 9 우).

이상의 내용을 정리하면, 2단계에 들어와 북한 지역 주거지에서 청동기가 직접 주조된 증

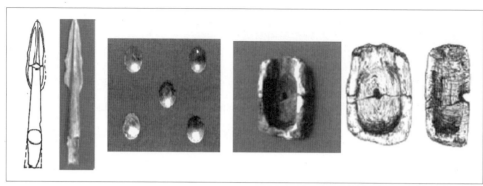

그림 8 남양리 출토 청동기 각종 및 거푸집

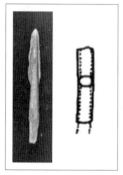

그림 9 표대 출토 비파형
동모와 장신구

거가 나타났음을 알 수 있다. 즉, 금야와 남양리에서 거푸집이 출토되었고, 북한 연구자들은 금야와 토성리에서 발견된 흑연을 청동 생산의 증거로 보고 있다. 또한 청동기 사용의 측면에서 단추가 계속 등장하고(남양리 20호), 청동 도구도 계속 확인되며(토성리 2호의 끌), 개인용 장신구도 확인되고 있다. 한편, 주조 공정과 관련해서 형태가 서로 다른 남양리식 방울과 금야 및 토성리의 '동탁'이 실물과 거푸집으로모두 확인된 점은 그만큼 지역별로 청동 생산이 활발히 진행되었음을 보여준다.

3. 3단계

3단계는 연국계(燕國系) 철기의 등장(이남규 2011)을 근거로 기원전 4세기 이후로 설정할 수 있는데, 이 단계에 이르러 북한 지역에 철기가 수용되지만 기존의 청동기도 지속적으로 제작, 사용되었다.

표 3 북한지역 3단계 청동기 출토 주거지 및 청동유물

주거지		유물
무산 호곡	17호, 29호	복수의 청동 환형 팔찌 편, 청동 반지, 2열 홈이 있고 홈 안에 구멍 있는 납작한 팔찌 편
영변 세죽리	11호	청동 검코
	3 문화층	3릉철경화살, 3릉화살 거푸집, 명도전

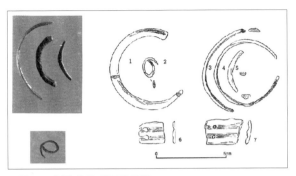
그림 10 호곡 출토 청동기 각종

무산 호곡은 신석기시대 이후 취락이 존속된 유적으로, 소위 '청동기시대' 문화층의 주거지에서는 청동기가 확인되지 않지만, 철기가 공반되는 6기의 주거지인 17호와 29호 주거지에서 청동유물(환형 팔찌조각 2점)이 각각 출토되었음(황기덕 1975). 참고로 호곡에서는 5기부터 이미 철기가 사용되었음(그림 10). 한편, 영변 세죽리 유적의 경우, 철기가 출토되는 3문화층에서 청동제 검코와 삼릉철경촉이 확인되었으며, 이 화살을 제작했음을 보여주는 거푸집도 같이 발견되었음(김정문 1964). 이처럼 3단계에 들어와서는 철기가 보급되기 시작했음에도 불구하고 청동기가 실용적인 목적으로 지속적으로 사용되었음을 알 수 있다.

Ⅲ. 남한지역 주거지 출토 청동유물의 양상

남한에서는 지난 수십 년간 각종 발굴이 지속적으로 이루어졌음에도 불구하고 청동기시대의 이른 시기 주거지 내에서 출토된 청동기의 수량은 미미한 편이었음(예를 들어, 진주 대평리 옥방 5-D 지구의 유물포함층에서 확인된 곡옥모양의 청동기가 있지만 그 출토맥락이 확실치는 않다). 하지만 최근 들어 강원도 지역을 중심으로 성과가 점차 누적되고 있다.

먼저 정선 아우라지 유적(강원문화재연구소 2019)에서는 위석식노지를 갖추고 각목돌대문토기가 출토된 17호 주거지에서 청동제 장신구 4점이 출토된 바 있음(그림 11). 이것들은 모두 하나의 청동판을 단타가공하여 제작한 단조 제품으로 평면형태는 원형이나 원통형을 띄고 있다. 또한 유물의 출토맥락을 보면 17호 주거지의 동벽에서 관옥, 환옥 등의 석제 장신구들과 공반되어 확인되고 있어서 청동제품들이 당시 장신구로 사용되었음을 알 수 있다. 보고

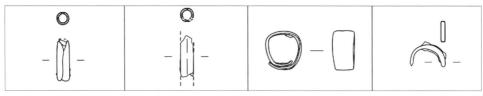

그림 11 정선 아우라지 유적 출토 청동기 각종(강원문화재연구소 2019)

자에 따르면, 청동기의 사용연대와 관련해서 정선 아우라지 유적 내 17호 유적은 돌대문 토기를 반출하는 단계의 주거지로 설정된다. 17호 주거지를 포함한 돌대문 단계의 주거지들에 대한 방사성탄소연대 측정결과는 대체로 기원전 15~12세기로 나와서 남한에서 가장 이른 시기의 청동기의 존재를 알려주는 유적으로 평가되고 있는데(강원문화재연구소 2019), 출토품이 단조제품에 장신구라는 점은 북한 주거지 청동기의 I단계와 맥을 같이 하여 대단히 주목된다.

다음 단계의 자료들로는 강원지역 주거지를 중심으로 사용흔이 비교적 뚜렷한 청동유물들이 확인되고 있어 주목된다. 먼저 대규모의 조사가 진행되었던 춘천 중도에서는 청동기시대 중기의 천전리식 주거지에서 선형동부 1점과 비파형동검 1점이 출토되었다(그림 12). 37호 장방형주거지에서 출토된 선형동부의 제원은 기신부 길이 4.6cm, 너비 4.1cm, 날부위 길이 2.4cm, 너비 6.4cm 정도이며, 몸체부에 남아 있는 돌릉선문으로 보아 앞서 살펴본 토성리 유적의 선형동부와 유사한 것으로 평가되고 있다. 또한 40호 주거지의 비파형동검은 검신의 전단부가 부러진 채로 확인되었다. 잔존해 있는 동검편의 제원은 길이 14.5cm이며, 봉부에서 결입부 중단까지 남아 있으며 돌기부는 최대 폭 3.6cm, 봉부의 길이는 2.3cm 정도이다. 이들 청동기의 출토맥락을 살펴보면 북한 주거지 자료와 유사하게 청동유물들이 출토된 주거지가 다른 주거지들에 비해 규모와 공반유물에 있어서 그다지 두드러지지 않다.

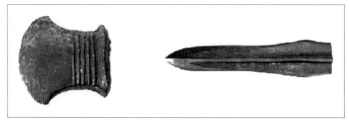

그림 12 춘천 중도 출토 선형동부 및 비파형동검(한얼문화재연구원 2014)

또한 춘천 우두동 I 유적의 2호 수혈에서는 동검편이 출토되었는데 봉부 상단이 마연되었고 하단부 검엽도 일부만이 잔존하고 있다. 현암리 42호 주거지에서는 동촉이, 그리고 현암리유적 2호 수혈에서는 동착으로 평가되는 유물이 출토되었는데 재가공 흔적이 뚜렷해 보인다(심재연 2020을 볼 것). 기원전 10~9세기로 편년되는 양구 고대리유적 57호 주거지에서도 재사용된 것으로 보이는 비파형동검 1점이 확인되었다(홍주희 2016). 이밖에 강원도 지역은 아니지만 청주 학평리유적(한국문화재재단 2016)에서는 단독으로 확인된 가락동식 주거지 1기 내에서 비파형동검 1점이 이중구연단사선문토기와 공반되어 출토되었다. 이 동검도 봉부가 대부분 결실되었고 신부 일부와 경부가 잔존하고 있어서 역시 꽤나 사용된 것 같다. 이처럼 남한의 강원도 지역을 중심으로 출토되는 주거지 자료는 이른 시기의 아우라지 유적을 제외하면 동검 위주에 동부나 동착 등이 추가된 양상으로 북한쪽의 자료와는 기종구성에 있어서 차이를 보이고 있으며 재사용의 흔적이 두드러진다. 정리하면, 남한 청동기 유입의 초기 양상은 정선 아우라지 유적의 단조 장신구로 대표되며, 이는 북한지역과 어느 정도 맥을 같이한다고 볼 수 있다. 하지만 청동제 소재, 거푸집, 청동편의 부재는 뒷 시기로 가면서 상대적으로 부족한 금속 소재를 이용해 실생활에서 청동기가 제작, 사용된 것을 반영하고 있으며, 청동기의 사용 용도에 있어서도 북한 지역과는 차이가 있는 것으로 해석된다.

IV. 고찰

북한지역 주거지의 청동기 자료에 대한 검토 결과, 몇 가지 주목할 만한 사항들이 확인되었다. 이제 논의를 통해 해당 자료가 가지고 있는 함의를 살펴보겠다.

첫째, 북한 청동기유입의 초기 단계에는 소량의 청동기와 장신구가 강계, 용천, 봉산, 평양 등 주로 북한 서북한 지역을 중심으로 등장하고 있다. 이처럼 서북한 지역 주거지들에서 최초로 청동기 유입품이 나타나는 것으로 보아 이 지역을 중심으로 청동기의 자체 제작 및 사용이 이루어지기 시작하는 것으로 판단된다. 주조품과 단조품이 혼재된 것으로 보이는데, 주조제품들은 유입품인 것으로 보이며, 청동도자 등 단조품은 성형공정을 통해 자체 생산된 것으로 이해된다. 하지만 1단계에 해당되는 남한 유일의 주거지 자료인 정선 아우라지 유적 출토품의 경우, 원형과 원통형의 장신구들의 계통은 서북한 지역 자료와는 구별되는 것으로 보인다. 이와 관련해서 정선 아우라지 유적의 출자는 동북한 계통으로 파악되고 있으며(고일홍 2015), 최근 강원지역 조기와 전기의 문화상에 서북한 계통과 동북한 계통의 문화가 혼재, 융합되는 양상이 확인되고 있어서 이른 시기 한반도 청동기 생산의 도입 및 확산의 종합적 양상에 대해서는 향후 추가적인 검토가 필요하다.

한편 1단계의 북한 주거지 자료의 면면을 보면 청동기의 기종구성에 있어서 사회적 위세를 나타내는 무기류가 보이지 않고, 청동기가 일반적인 실생활용 도구와 다르게 특별하게 소비된 징후도 그다지 보이지 않는다. 이러한 소비양상은 2단계에 들어가서도 그다지 달라지지 않는데, 표대유적의 경우가 대표적이다. 다만 토성리 유적의 경우 청동기를 감싸던 천의 흔적이 확인되고 있어 이를 매납의 사례로 간주하는 점은 지적할 만하다(미야자토 오사무 2010).

둘째, 북한지역에서 청동기가 확인되는 주거지의 규모나 내부구조에 있어 그렇지 않은 주거지들과 비교할 때 큰 차이가 나타나지 않는다. 이는 청동기 유입단계에서 이를 제작, 사용한 가구가 마을 내에서 유력자의 지위를 반드시 가지고 있지는 않았음을 시사해 준다. 청동기로 대표되는 첨단 기술의 보유와 사회적 지위의 과시 행태가 한반도 청동기 생산의 도입 국면에서 두드러지지 않는다. 이는 남한의 경우 춘천 중도유적의 사례에서도 마찬가지로 나타나는데, 청동기 유입 초기에 마을 내에서 청동기의 보유 및 사용행위가 사회 구성원들 사이에서 특별한 가치 있는 행위로 취급되지 않았을 가능성이 제기된다. 다만 남양리유적의 경우에는 비파형동모가 확인된 16호 주거지의 규모가 동 시기 주거지 중 두드러지게 큰 규모로 예외적이어서 향후 이에 대한 검토가 필요하다.

셋째, 북한지역에서는 2단계에 남양리를 중심으로 거푸집과 청동 파편이 확인되고 있고 초도와 토성리의 주거지 내에서도 주조공정과 직접 관련된 것으로 볼 만한 청동 덩어리들이 나타나고 있어 2단계에 주거지를 중심으로 청동기 '생산'이 활발하게 이루어졌다고 판단된다. 일반적으로 주조공정의 증거로는 화덕이나 용해로, 거푸집, 송풍관, 주조 공정로부터 유래된 금속 슬래그나 부산물 등을 들 수 있으며 북한 주거지의 거푸집은 이러한 주조공정의 부산물로 간주될 수 있다. 그런데 이러한 양상은 다수의 거푸집이 무덤 매장품으로 확인되는 남한의 사례들과는 확실히 구별된다. 물론 부여 송국리 유적의 경우처럼 주거지에서 거푸집이 확인되는 경우도 없지는 않지만 남한에서 청동기시대 거푸집의 다수는 무덤 부장품이거나 적어도 주거지 이외의 맥락에서 확인되고 있다. 이러한 무덤 출토 거푸집은 엄밀히 말해 생산의 맥락이 아닌 소비의 맥락을 의미하므로 고고학적 함의는 완전히 다르다. 부연하면 필자는 남한지역 주거지에서 청동기 생산의 증거가 미미하며, 특히 주거지에서 거푸집이 거의 나오지 않는 양상이 어쩌면 남한에서는 청동기시대 후기까지도 주조공정이 예상보다 대단히 제한적인 장소에서 이루어졌을 가능성을 암시하고 있다고 판단하고 있다. 이와 관련해서 최근 출간된 남한지역 자료를 대상으로 한 납동위원소분석법의 종합 분석결과에 따르면, 이른 시기 비파형동검의 경우 남한지역과 중국 북부산의 원료를 다양하게 사용한 것으로 나타나 다소 의외이다(조진선·이은우 2021a). 이 주제는 향후 청동기 재사용(recycling)의 문제, 납동위 원소분석법의 분석방법과 해석의 적절성 여부, 그리고 청동기시대 한반도 납 광산의 운용 가 능성에 대한 이슈와 함께 향후 면밀하게 검토되어야 한다.

V. 맺음말

본 고에서는 북한지역 주거지를 중심으로 이른 시기 한반도 청동기 생산의 면모를 살펴보 았다. 대개 청동기시대의 마을과 주거지, 그리고 관련 유적들에서는 청동기 생산활동이 활발 하게 진행되었을 것이다. 또한 유럽 동기시대의 전개과정을 보면 청동기 생산의 초기 단계에 서는 광산이나 구리원석에 대한 접근에 별다른 제한이 없었으며 취락 내 금속 생산 주거지의 위계가 두드러지지 않는다. 사회적 위계화의 진행이 먼저 나타나고 이에 따라 생산의 공간적 분화가 진행되는 것이다. 한반도의 양상도 이와 크게 다른 것 같지 않다. 청동 생산의 초기 단계에는 유력자의 지원이나 적극적인 생산 참여가 관찰되지는 않는다.

이와 유사한 맥락에서 북한지역 주거지에서 1단계부터 실용적 성격의 청동기가 제작, 사 용되고 장신구가 나오는 양상은 동아시아뿐만 아니라 비록 시차는 있으나 청동기가 일찍부 터 확인되는 근동이나 유럽 일대에서도 드물지 않게 관찰되는 현상이다. 즉 금속 생산이라 는 신기술 유입의 초기 단계에서는 공동체의 사회구성원들에게 신기술의 생산과 사용 가능 성이 어느 정도 오픈된 상태였으며 금속 가공은 실생활용 제품 생산이나 열처리가 필요 없는 간단한 장신구의 제작이 주를 이루었다. 이후 사회 계층화가 진행되면서 생산 공간의 사회적 분화가 나타나고 위신재의 생산이 본격적으로 진행되는 것으로 이해된다.

이 글에서 필자는 한반도 청동기의 도입기 양상을 주거지 자료를 통해 살펴보았으며, 그 계통이나 편년에 대해서는 소략했다. 차후 관련 자료들에 대한 종합적인 검토를 통해 한반도 청동기문화의 성립과정에 대한 논의가 심화되기를 기대한다.

* 이 글은 2017년 4월, 경북대학교에서 개최된 〈고대 유라시아의 동과 서〉 한국-불가리아 국제학술대회에서 발표한 것을 북한 자료 추가분과 최근 연구현황을 반영하여 다소 수정한 것이다. 특히 본고는 현재 남한에 서 접근 가능한 북한고고학 자료에 대한 전수조사를 기반으로 작성되었음을 밝혀 둔다.

〈후기〉

　제가 이남규 선생님과 본격적으로 인연을 맺은 것은 1997년, 한신대학교 박물관에서 학예연구사 직책을 맡게 되면서부터입니다. 선생님께서는 당시 대학원을 수료하고 화성 발굴작업에 참여하고 있던 저를 새로운 터전으로 이끌어 주셨습니다. 당시 한신대박물관은 도서관 건물의 한, 두 칸을 사무실 겸 정리실과 수장고로 사용하고 있었던, 그야말로 열악한 상황에 처해 있었습니다. 선생님과 저 이외에는 한신대에 고고학 전공자가 마땅히 없었던 당시, 선생님께서 저에게 이 곳을 이만큼 키워 왔고 또 앞으로도 할 일이 너무 많다고 호기롭게 말씀하시던 자신감 넘치는 모습이 아직도 기억에 생생합니다. 그리고 그 당시의 말씀대로 한신대 박물관을 현재의 모습으로 만들어 오셨습니다.

　한신대학교 박물관에서 가장 기억에 남는 것은 아무래도 각종 발굴조사에 참여해 가면서 선생님과 함께 했던 짧지 않은 날들일 것입니다. 풍납토성을 비롯해서 서울, 수도권의 각종 개발 사업에 참여해야 했던 당시, 대학박물관으로서는 감당하기 버거웠던 아찔한 순간들이 정말 많았습니다. 구제발굴에서 발생하는 예측하기 어려운 난관이 수시로 있었고, 그때마다 선생님께서는 특유의 여유로움과 식견으로 헤쳐 나가셨으며 한국고고학은 이런 점이 문제이니 앞으로 이렇게 나가야 한다고 늘 말씀하셨습니다.

　이남규 선생님께서는 학술적으로는 기술(technology) 연구의 중요성을 항상 강조하셨고, 고고학과 역사학의 적절한 결합, 실사구시하는 학문적 자세, 그리고 함께 하는 공동연구의 중요성을 말씀해 주셨습니다. 특히 철과 철기와 같은 생산기술 연구의 중요성에 저 역시 깊이 공감하여 해외 유학의 길을 자연스럽게 택하게 되었습니다. 원래 저는 철기를 전공하기 위해 영국 셰필드 대학으로 유학을 떠났으나 현지에 도착해서 상황을 파악해 보니 철기를 담당하는 지도교수가 정년퇴직을 앞두고 있어서 어쩔 수 없이 박사논문 대상을 토기로 바꾸기도 하는 웃지 못할 촌극을 겪기도 했습니다만, 이 역시 이남규 선생님과의 인연 속에 맺어진 저의 삶의 진로라고 할 수 있습니다.

　이처럼 연구의 측면만 아니라 사람을 대하는 태도에 대해서도 선생님께서는 많은 가르침을 주셨습니다. 무엇보다도 연구자를 중시하는 사회 풍조가 확립되어야 한다고 강조하셨고, 학연에 얽매이지 말 것을 늘 당부하셨습니다. 또한 필요 이상의 금전을 솔선수범해서 멀리하셨고 무엇보다도 학생들이나 직원들 모두에게 누구보다도 진실되게 대하여 주셔서 저뿐만 아니라 주변의 모두가 선생님의 태도에 감화를 받았다고 생각합니다. 물론 때로는 선생님의 고고학과 연구에 대한 열정이 살짝 지나쳐서 저를 비롯한 주변 사람들이 선생님의 잔소리가 너무 많다고 불평을 할 때가 간혹 있었으나 이 역시 지나고 보니 선생님의 진정한 매력이라고 생각합니다.

　제가 십 여 년 전 전북대에 발령받아 가게 되었을 때 선생님께서는 대학사회에서 명심해야 할 사항들 몇 가지를 당부하셨습니다. 특히 연구비, 제자, 그리고 학술적인 사항들에 대해 일일이 말씀해 주셨을 때가 기억에 생생한데, 현재의 제가 선생님의 그러한 당부에 제대로 부응하지 못하고 생활하고 있음에 항상 부끄러울 따름입니다.

　이남규 선생님께서는 지난 수 십 년 간의 삶의 여정 끝에 정년을 맞이하셨고, 이제 새로운 삶의 단계에 진입하셨습니다. 물론 기존에 해 오신 산적한 과제들도 이어가셔야 하겠으나 한편으로는 건강에 유념하시고, 앞으로도 바람 잘 날 없는 고고학계의 든든한 버팀목이 되어 주시기를 당부 드립니다.

　이남규 선생님,
　늘 행복하시기 바랍니다.

제3장

고조선 점토대토기문화 유입기 선주민과 이주민의 접촉양상
-한국과 일본의 취락 비교-

이형원
한신대학교 한국사학과

I. 한반도의 관점에서 본 점토대토기문화

토기의 구연부에 원형 또는 삼각형 점토띠를 붙인 점토대토기는 남한에서 청동기시대 후기와 초기철기시대를 대표하는 토기이다. 토기 형식으로는 원형점토대토기는 수석리식토기로, 삼각형점토대토기는 늑도식토기로 분류된다. 점토대토기문화는 점토대토기옹, 흑색마연장경호, 두형토기, 파수부호와 같은 토기류와 후기 비파형동검, 세형동검, 동경, 주조철부, 주조철착 등 금속기류, 그리고 부뚜막 또는 壁附爐가 있는 수혈주거, 적석목관묘와 같은 무덤이 등장하는 등 일련의 새로운 물질문화가 유행하면서 이전 시기에 비해 계층분화가 한층 더 심화된 시기에 해당한다. 점토대토기문화는 정치적으로는 고조선과 관련된다(이형원 2018). 이 점토대토기문화는 중국의 요령지역에서 한반도로 남하하고, 다시 바다를 건너 일본열도로 확산하였다(그림 1). 시기구분과 관련하여 점토대토기문화가 남한으로 유입되면서 청동기시대 후기가 시작되며,[01] 점토대토기문화가 일본의 북부구주에 들어가는 시기는 야요이시대 전기후반-전기말에 해당한다. 한반도의 관점에서 보면 북쪽에서 남하해온 점토대토기인(집단)은 외래인(집단)이자 이주민(집단)이며, 바다를 건너 북부구주로 간 점토대토기인(집단)은 도해인[02](집단)이자 이주민[03](집단)이다.

II. 한반도 남한으로 내려온 점토대토기집단

남한의 이른 시기 점토대토기 유적은 보령 교성리유적(비고 168m-해발 188m)과 같이 대체

---

01) 현재 한국고고학의 시대구분 또는 청동기시대의 시기구분에서 원형점토대토기문화의 위치 부여에 대한 것은 쟁점 사항 가운데 하나이다. 점토대토기문화 유입기에 대한 편년도 아직은 불안정하지만, 기원전 6~5세기로 보는 견해가 다수를 차지한다.

02) 한반도의 입장에서 일본열도로 건너간 사람들은 渡海人(安在晧 2009)이며, 일본열도의 입장에서는 渡來人에 해당한다.

03) 이주민은 다른 지역으로 옮겨가서 사는 사람이거나, 또는 다른 지역에서 옮겨와서 사는 사람 등 두 가지 의미를 모두 포함한다.

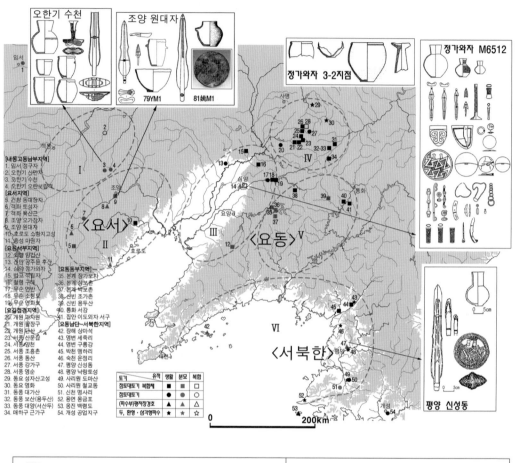

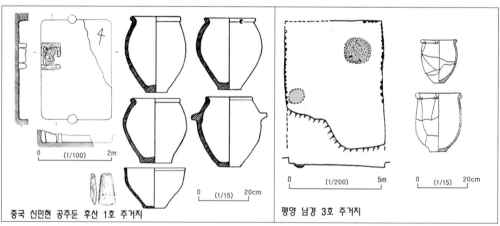

그림 1 중국동북지역 및 서북한지역 점토대토기문화 유적 분포(상단, 金珉慄 2014 수정; 이형원 2018) 및 부뚜막 또는 벽부노가 있는 주거지(하단)

로 산상의 높은 곳에 입지한 고지성 취락이 많다. 원형점토대토기 시기에 해당하는 청동기시대 후기의 고지성 취락은 크게 볼 때 생업경제적인 측면과 사회적 의미를 갖는 것으로 이해된다. 즉 고지성 취락은 전자와 같이 수렵, 채집, 또는 화전 등을 위해서 조성된 소규모 취락도 당연히 존재했을 것이지만, 후자는 집단 간의 대립 관계의 산물로 보는 것이다. 이는 남한으로 이주해 온 점토대토기 집단과 선주민과의 관계가 처음에는 좋지 않았던 상황을 반영한다고 해석하는 것으로, 이에 대한 비판적 견해도 상존한다. 자연지형에 따른 지역적 차이가 있겠지만, 원형점토대토기 출토 유적의 입지적 특징 가운데 하나가 삼국시대 이후의 산성과 상당 부분 공통되는 산상취락이라는 점에서, 지역의 선주민과의 긴장·갈등·대립 관계에서 비롯된 사회적인 측면을 강하게 나타내는 것으로 보는 견해이다. 일상생활이 불편하지만, 방어적 요소가 강한 고지성 취락[04]을 입지로 선택한 이유를 이와 같은 사회적 의미에서 찾는 것이다.

　호서지역의 청동기시대 중기는 송국리문화에 속하며 후기는 점토대토기문화에 해당한다. 1990년대까지는 송국리문화와 점토대토기문화가 단절적으로 시기가 나뉜다는 견해가 있었지만, 현재는 두 문화가 상당 기간 공존했다는 것이 일반적으로 받아들여지고 있다. 다시 말해서 후기는 기존의 송국리문화에 새롭게 유입된 원형점토대토기문화가 공존하다가 점차 점토대토기문화로 대체된다. 외래의 점토대토기문화 취락인 보령 교성리유적(그림 2·3)과 토착 송국리문화 취락인 보령 관창리유적(그림 2·4)과 진죽리유적(그림 2·5)의 검토를 통해서 점토대토기문화 유입기의 이주민과 선주민의 접촉양상을 살펴볼 수 있다(李亨源 2005·2016a). 교성리취락에서는 재지 선주민의 토기(적색마연호)가, 관창리와 진죽리취락에서는 외래 이주민의 토기(점토대옹, 흑색마연장경호, 두형토기, 파수부호)가 출토되었다. 이것은 이주민 집단과 선주민 집단이 상대방의 토기를 수용하여 함께 사용한 것으로 볼 수 있다. 그리고 교성리와 관창리에서는 수석리식토기와 송국리리식토기의 제작기법이 하나의 토기에 함께 채용된 절충토기(모방토기)도 나왔으며(그림 6), 진죽리에서는 토기 소성 가마에서 재지계토기와 외래계토기가 함께 나왔다. 이것은 교성리, 관창리, 진죽리 세 유적은 모두 외부에서 토기가 들어온 것만이 아니라, 취락 내에서 다른 계통의 토기를 자체적으로 제작하고 사용했다는 것을 의미한다. 일상생활용의 재지계토기와 외래계토기의 결합은 토기 제작자인 여성의 이동, 즉

---

04) 구리 아차산(비고 242m-해발 292m)을 비롯하여 서울 대모산(비고 243m-해발 293m), 안성 죽주산성(비고 160m-해발 250m), 안성 망이산성(비고 302m-해발 452m), 대전 보문산성(비고 246m-해발 406m), 그리고 이 밖에 다수의 산성에서 점토대토기가 확인된 바 있다.

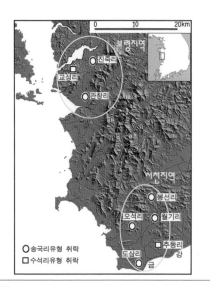
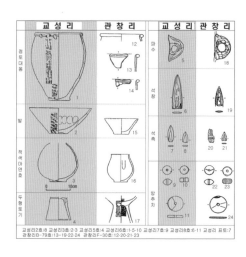
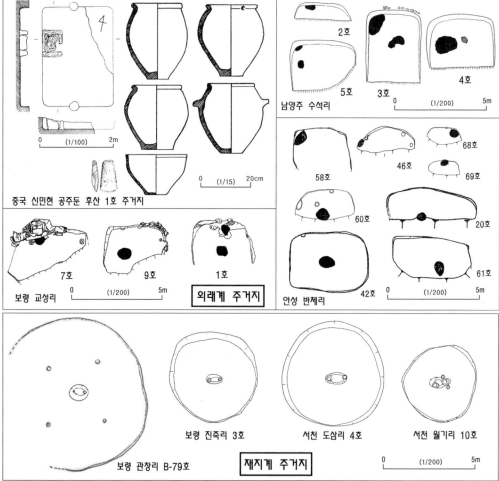

그림 2　송국리문화와 점토대토기문화의 문화접변이 나타나는 충청서해안의 유적 분포(좌상), 보령 교성리유적과 보령 관창리유적의 유물 비교(우상), 외래계 수석리식주거지와 점토대토기가 출토된 송국리식주거지(李亨源 2016a)

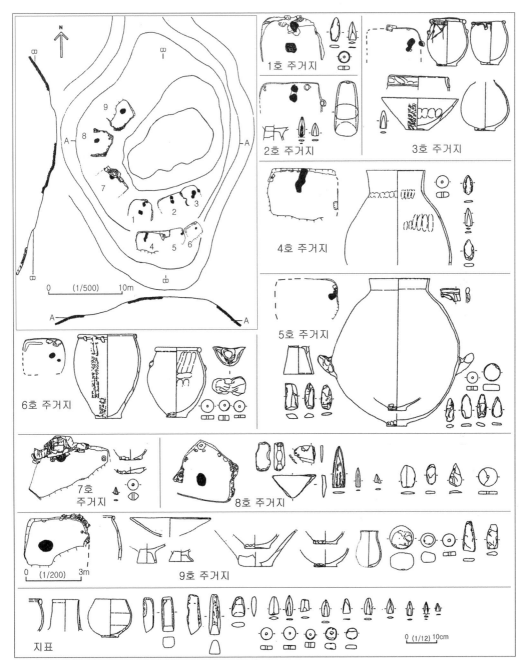

그림 3   보령 교성리 점토대토기 취락 : 외래계(주거+유물) 주체, 재지계 유물 공반

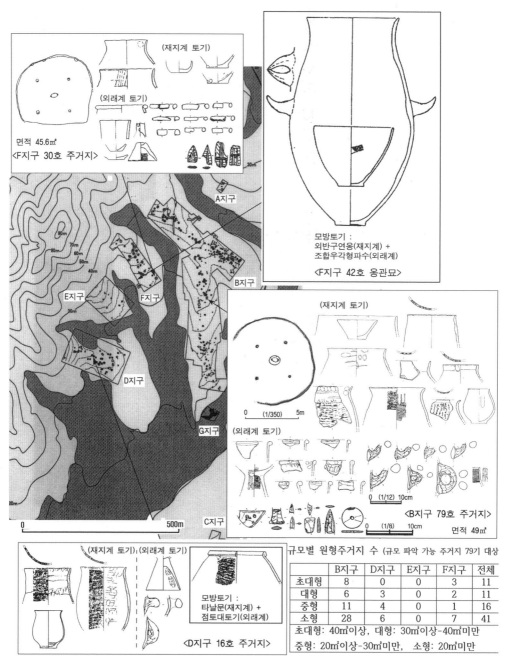

(재지계 토기)

(외래계 토기)

면적 45.6㎡
<F지구 30호 주거지>

모방토기 :
외반구연옹(재지계) +
조합우각형파수(외래계)
<F지구 42호 옹관묘>

A지구

B지구

E지구   F지구

D지구

G지구

C지구

0   500m

(재지계 토기)

0   (1/350)   5m

(외래계 토기)

(1/12) 10cm

(1/8) 10cm

<B지구 79호 주거지>
면적 49㎡

(재지계 토기)|(외래계 토기)

모방토기 :
타날문(재지계) +
점토대토기(외래계)

<D지구 16호 주거지>

규모별 원형주거지 수 (규모 파악 가능 주거지 79기 대상

	B지구	D지구	E지구	F지구	전체
초대형	8	0	0	3	11
대형	6	3	0	2	11
중형	11	4	0	1	16
소형	28	6	0	7	41

초대형: 40㎡이상, 대형: 30㎡이상-40㎡미만
중형: 20㎡이상-30㎡미만, 소형: 20㎡미만

그림 4   보령 관창리 송국리문화 취락 : 재지계 주체(주거+유물), 외래계 유물 공반

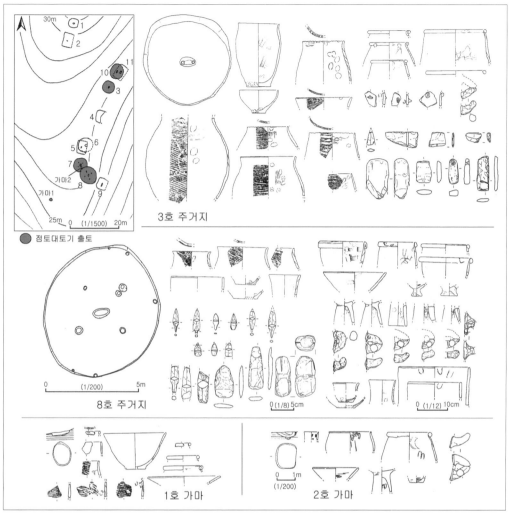

점토대토기 출토

3호 주거지

8호 주거지

1호 가마

2호 가마

그림 5 보령 진죽리 송국리문화 취락 : 재지계 주체(주거+유물), 외래계 유물 공반, 재지계, 외래계 토기 공동 생산

혼인관계의 성립과 관련될 것으로 추정한다(李亨源 2015b).

　호서지역의 충청서해안에 이주해 온 점토대토기집단은 선주민과의 대립 관계를 형성하면서 고지성 취락에 입지하거나 또는 토착 재지민들과 어느 정도 거리를 두고 거주지를 조성하였다(朴淳發 1997). 그러나 이와 같은 초기 점토대토기문화 유적들의 시간적 위치상 외래계 집단이 장기간에 걸쳐 산상의 고지성 취락에 정주하지는 않은 것 같다. 입지적 특성상 가경지가 미확보된 상태에서 이들의 생계경제는 수렵 또는 채집의 비중이 높았을 것이므로, 이들은

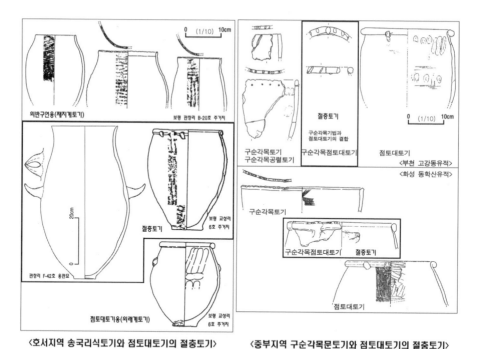

그림 6　외래계 점토대토기문화와 토착 재지문화의 접촉을 통해 만들어진 절충토기 : 송국리문화 분
　　　포권인 호서지역과 역삼동문화 중심 분포권인 중부지역은 다른 양상이다.

초기의 긴장, 갈등 관계를 극복하기 위해서 수전 농경을 중심으로 하는 선주민 집단과의 관
계를 개선하고자 노력하였을 것이다. 선주민 집단 역시 이주민 집단과의 대립관계를 지속하
기보다는 외래문화를 선택적으로 수용하는 방식으로 선회했을 가능성이 높다. 물론 이 외래
문화는 중국 동북지역의 고조선과 관련되었을 것으로 생각된다. 즉 이주민 집단과 선주민 집
단이 상대방을 적대관계가 아닌 공생관계를 가지면서 상호작용한 것으로 볼 수 있다. 호서지
역에서 같은 송국리문화 중심 분포권인 서천지역(李亨源 2016a)과 대전지역(李亨源 2016b), 그
리고 공렬토기문화가 지속된 중부지역(李亨源 2015a)에서도 이와 유사한 양상이 확인되고 있
다. 물론 이주민과 선주민 사이에 나타난 상호작용의 세부 내용은 일률적이지 않고 다양하다
(그림 6).

III. 일본열도로 건너간 점토대토기집단

한국에서 원형점토대토기 또는 수석리식토기로 불리는 토기에 대해서 일본에서는 조선계무문토기라는 용어로 정착되어 있다. 한국과 일본의 점토대토기옹, 그리고 이와 관련된 흑색마연장경호, 두형토기, 파수부호 등을 포괄하는 용어로는 일본에서만 사용할 수 있는 조선계무문토기보다는 수석리식토기로 호칭하는 것이 좋다는 의견도 있다(川上洋一 2012).[05] 여기에서는 원형점토대토기와 수석리식토기, 조선계무문토기를 같은 의미로 혼용해서 사용하기로 한다.

점토대토기문화 유입기 유적 가운데 취락 수준으로 거론할 만한 것으로는 후쿠오카시 모로오카(諸岡)유적과 미쿠니(三國)구릉지역의 미쿠니노하나(三國の鼻)유적, 요코구마키타다(横隈北田)유적, 요코구마나베쿠라(横隈鍋倉)유적 등이 널리 알려져 있다(그림 7). 이 유적들에서 출토된 원형점토대토기 및 두형토기, 파수부호 등은 한반도와 같거나 매우 유사한 것들이며, 취락의 존속 기간이 야요이 전기말에 한정되는 것으로 「諸岡타입」으로 분류된다. 모로오카 타입과 다르게 佐賀県의 土生유적으로 대표되는 「土生타입」은 수석리식토기와 야요이토기(弥生土器)의 절충토기(擬朝鮮系無文土器)가 다수 확인되며, 장기간 존속하면서 야요이 사회에 동화되는 취락이다. 하부타입은 전기말부터 출현하지만 중심 시기는 중기초두부터 중기전반이라고 한다(片岡宏二 1999).

모로오카(諸岡)유적(그림 8)은 독립 구릉의 정상부를 空地로 남겨 놓고 그것을 둘러싸는 사면부에 띠상으로 수혈 유구가 배치되어 있다. 수혈 가운데에는 소토가 있는 것들은 주거지로, 일부 수혈은 저장혈로 판단된다. 토기는 자비용의 옹이 다수를 점하고 있으며 야요이토기보다 수석리식토기가 많은 점에서 볼 때, 점토대토기문화 유입기 이주민의 취락으로 판단된다. 취락의 입지와 구조가 한반도의 점토대토기 취락과 유사하다는 지적도 타당하다고 생각한다(片岡宏二 1999; 後藤直 2006; 松尾奈緒子 2010; 川上洋一 2012; 武末純一 2018; 森本幹彦 2018). 모로오카유적에서는 수석리식토기와 더불어 야요이토기가 공반되므로 모로오카 취락의 이주민 집단은 야요이 취락의 선주민 집단과 교류를 했던 것은 분명하다. 아마도 그 대상은 諸岡川을 사이에 두고 북서쪽 맞은편의 인접한 곳에 위치하며 점토대토기가 출토된 이타즈케

---

05) 이 수석리식토기는 한일관계를 살펴볼 때는 유효한 용어가 될 수 있지만, 이 점토대토기문화의 원류가 되는 중국 동북지방의 요서 및 요동을 포괄하는 관점에서는 형태적 특징을 나타내는 점토대토기기로 부르는 것이 바람직하다고 생각한다.

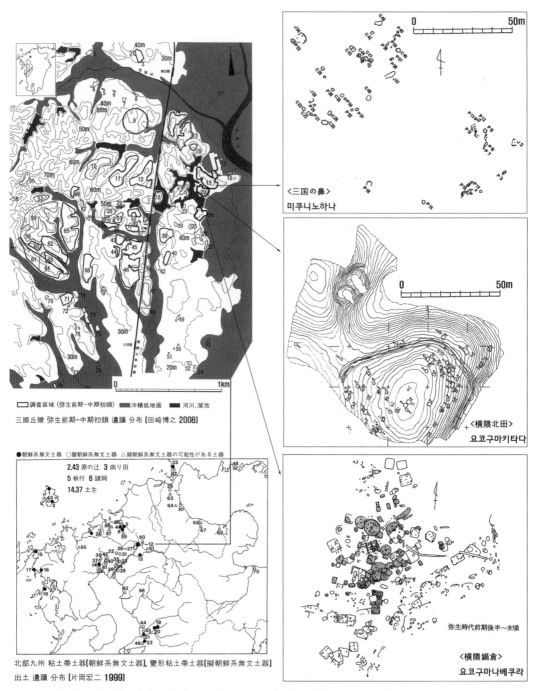

<三国の鼻>
미쿠니노하나

<横隈北田>
요코구마키타다

<横隈鍋倉>
요코구마나베쿠라

弥生時代前期後半～末墳

調査區域(弥生前期-中期初頭)　沖積低地面　河川,溜池

三國丘陵 弥生前期-中期初頭 遺蹟 分布【田崎博之 2008】

●朝鮮系無文土器　○擬朝鮮系無文土器　△擬朝鮮系無文土器の可能性がある土器

2,43 原の辻　3 曲り田
5 板付　6 諸岡
14,37 土生

北部九州 粘土帶土器【朝鮮系無文土器】, 變形粘土帶土器【擬朝鮮系無文土器】
出土 遺蹟 分布【片岡宏二 1999】

그림 7　北部九州 점토대토기 출토 유적 분포 및 三國구릉 점토대토기 출토 주요 유적

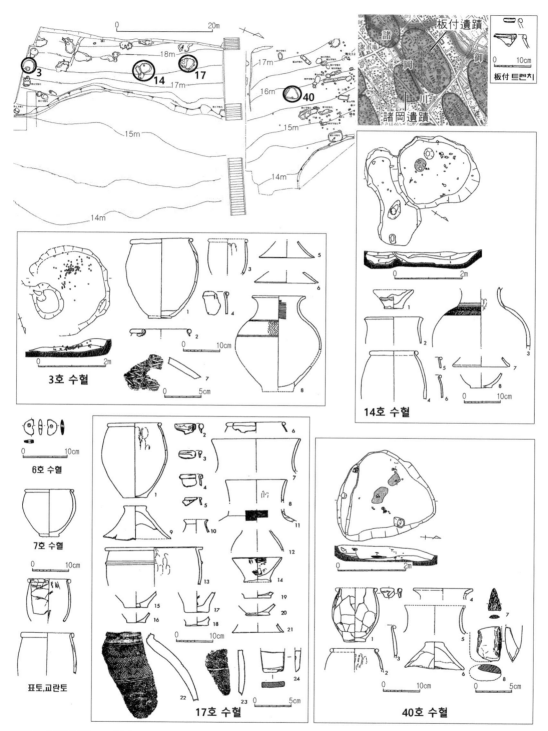

板付遺蹟

板付 트렌치

諸岡遺蹟

諸岡川

3

14

17

40

5

6

3

1

4

2

7

8

3호 수혈

2m

1

2

3

5

6

7

10cm

14호 수혈

6호 수혈

7호 수혈

표토,교란토

1

2

3

5

6

7

8

9

10

11

12

13

14

15

16

17

18

19

20

21

22

23

24

17호 수혈

2

4

7

6

8

40호 수혈

그림 8 모로오카(諸岡)유적

(板付) 취락일 가능성이 높다. 이들 사이의 접촉양상에 대해서 아직 구체적인 분석 사례는 없는 것 같다.

대규모 야요이시대 유적군이 자리잡은 小郡市의 三國구릉 가운데 三國의 鼻유적, 橫隈北田유적, 橫隈鍋倉유적은 야요이 취락의 일부에서 이주민들이 거주한 흔적이 확인되었다(그림 9·10·11). 점토대토기가 주로 출토된 곳은 취락 내부의 구조적인 측면과 더불어 더 넓은 범위의 취락군의 존재 양태에서 볼 때도 중심적인 위치는 아니며 주변부에 해당하는 것으로 볼 수 있다(片岡宏二 1999; 川上洋一 2012). 이 세 유적은 무문토기「취락군」으로 현지에서 점토대토기집단이 직접 토기를 생산했을 가능성이 높으며, 이 「취락군」은 호만가와(宝滿川)에 면한 구릉에 입지하는 하천교통의 거점으로, 한일교류의 창구역할을 했을 것으로 추정된다(山崎賴人 2018).

Ⅳ. 한반도와 일본열도의 차이-고조선 문화권과 주변-

川上洋一(2012)은 한반도의 호서지역과 일본 북부구주지역을 대상으로 하여 외래의 점토대토기집단과 선주민 집단과의 관계를 상호 비교하였다. 점토대토기문화 유입기의 이주민과 선주민의 접촉양상을 한일비교의 관점에서 최초로 검토한 의미 있는 논문이다. 한반도의 양상은 필자의 2005년도 논문(李亨源 2005)을 근거로 하였는데, 그 핵심 내용은 다음과 같다.

① 寶文山型聚落과 같은 순수하게 수석리식토기만 출토하는 취락은 구주지역에는 없다.
② 水石里式土器가 출토하는 고지성 취락은 없다.
③ 在地系가 主體가 되는 寬倉里型聚落은 三國구릉의 유적들과 비교된다.
④ 水石里式土器가 주체가 되는 校成里型聚落은 구주지역에는 없다.
⑤ 寬倉里型聚落의 엘리트층이 점토대토기집단과 교섭하는 양상이 구주 야요이취락의 거주역에서는 확인되지 않는다.
⑥ 한반도 중부나 남부지역은 최종적으로 주류가 되는 토기가 수석리식토기로 바뀌지만, 구주지역에서는 수석리식토기가 재래의 야요이토기와 절충해서 야요이토기화 되어 간다.

이에 대해서 필자는 일본의 자료를 자세하게 검토하지 못한 상황이므로 코멘트하기 어려운 부분이 많지만, ④, ⑤, ⑥번과 관련하여 다음과 같이 몇 가지 사항을 언급하고자 한다.

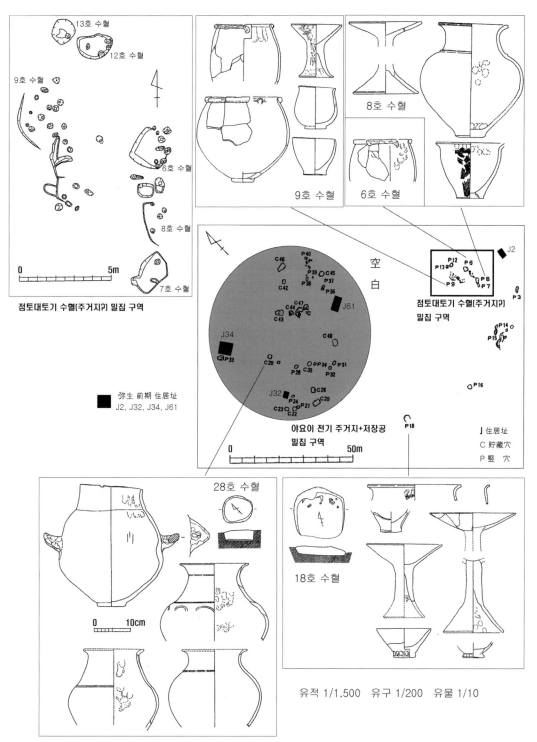

점토대토기 수혈[주거지?] 밀집 구역

13호 수혈
12호 수혈
9호 수혈
6호 수혈
8호 수혈
7호 수혈

8호 수혈
9호 수혈
6호 수혈

空白

점토대토기 수혈[주거지?] 밀집 구역

弥生 前期 住居址
J2, J32, J34, J61

야요이 전기 주거지+저장공 밀집 구역

J 住居址
C 貯藏穴
P 竪　穴

28호 수혈
18호 수혈

유적 1/1,500 　유구 1/200 　유물 1/10

그림 9 미쿠니노하나(三國の鼻)유적

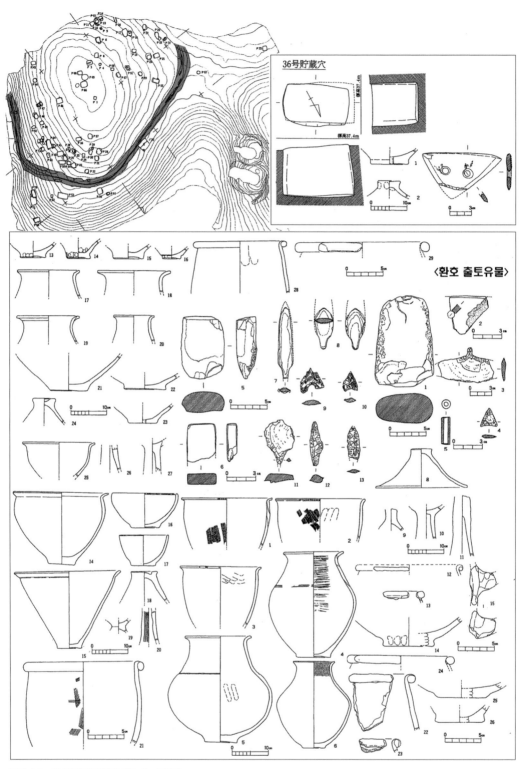

그림 10 요코구마키타다(橫隈北田)유적

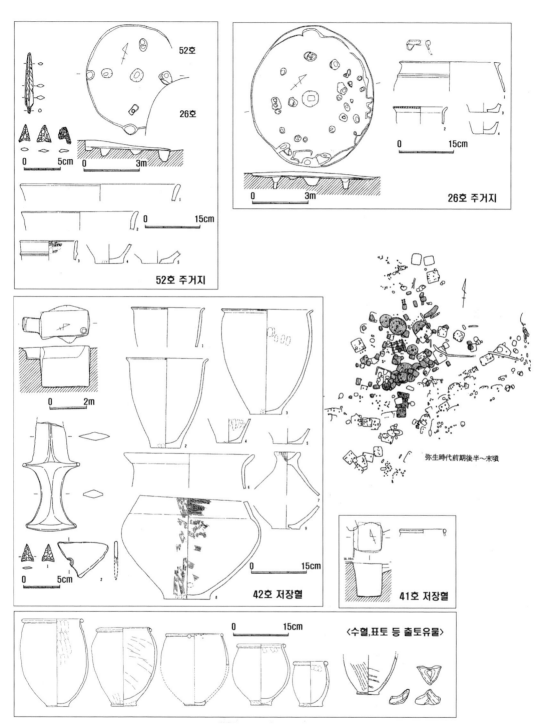

弥生時代前期後半～末頃

그림 11 요코구마나베쿠라(橫隈鍋倉)유적

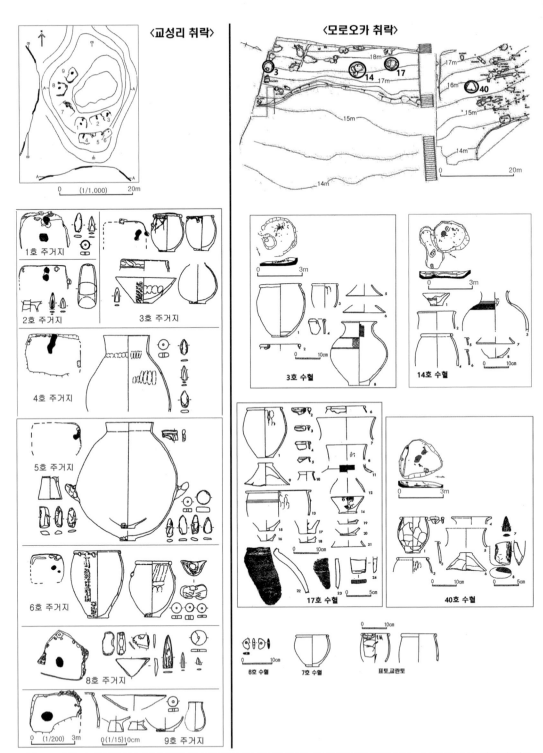

그림 12 한국 호서지역의 보령 교성리유적과 일본 후쿠오카시 모로오카(諸岡)유적의 비교 : 두 유적 모두 외래계 점토
대토기문화 취락으로 공반유물로 볼 때, 주변의 토착 재지 집단과의 교류 관계를 상정할 수 있다.

먼저, 한국의 교성리형취락, 즉 수석리식토기가 주체가 되는 유적으로는 諸岡유적이 해당한다고 생각한다. 독립구릉에 입지하고 정상부를 비워둔 채 사면에 주거가 배치된 점, 야요이토기보다 수석리식토기가 더 많은 점 등에서 공통점이 있다(그림 12). 다음으로, 한국의 호서지역에서는 관창리유적과 같이 중심(거점)취락의 초대형주거지에서 수석리식토기가 공반하는 점에서 선주민 집단의 엘리트가 외래집단과의 교섭을 주도하면서 상호작용한 사례가 확인된다.[06] 이것은 선주민인 송국리문화인들과 고조선과 관련된 이주민인 점토대토기문화인들 사이의 교섭으로 추정한다. 이와 더불어 한반도 중·남부의 토기문화가 점토대토기문화로 전환하는 것과 연동될 것이다. 이를 통해서 다음 시기에 청동기생산과 청동기문화가 꽃을 피우는 세형동검문화와 초기철기문화가 계기적으로 이어지는 것으로 볼 수 있다(이형원 2018). 한반도 남부지역은 전기 비파형동검시기부터 존재했던 중국동북지역 및 북한지역과의 청동기문화 네트워크가 후기 비파형동검시기에 해당하는 점토대토기집단이 남하하면서부터 본격적으로 고조선문화권에 들어가는 것으로 생각한다. 이와 함께 고조선문화권의 주변에 해당하는 일본의 구주지역은 한반도와 지속적인 교섭관계를 유지하면서 야요이문화가 전개된 것으로 이해된다.

※ 이 글은 2019년 8월 24일에 일본 오사카역사박물관에서 개최된 「신·한일 교섭의 고고학-청동기~원삼국시대-」 제3회 공동연구회의 주제 발표문을 수정한 것이다.

---

06) 물론 이를 일반화할 수는 없다. 호서지역에서도 대규모 중심취락 이외의 중소 규모의 취락에서도 점토대토기집단과 상호작용한 사례가 확인되고 있으며(李亨源 2016a), 모든 중심취락이 관창리유적과 같은 상황은 아니기 때문이다.

〈후기〉

한신고고학 30주년과 한신대학교박물관의 30주년을 축하합니다.

1대 조대연 선생님과 2대 이기성 선생님에 이어 3대 학예연구사가 된 필자는 2003년 7월부터 2021년 2월까지 18년 동안 박물관에서 근무하며 고고학 조사·연구를 비롯하여 전시·교육업무를 담당했습니다. 현재는 강정식 학예연구사가 바통을 이어받아 좋은 활약을 이어나가고 있습니다. 한신대학교는 수도권의 작은 대학이지만 한신대박물관은 고고학 분야에서 괄목할 만한 성장을 이룩했으며, 탁본전람회가 대변해주는 수준 높은 금석문 수집과 연구, 전시, 그리고 사회교육 활동까지 더하면서 대학박물관 본연의 역할을 통해 대학과 지역사회 발전에 크게 기여했다고 자부합니다. 이와 같은 의미 있는 성과를 내기까지 많은 사람의 노력이 있었습니다. 1991년 개관 이래 많은 분께서 부단히 노력해 온 결과입니다만, 필자 역시 2003년부터 같은 목표를 향해 열심히 달려왔습니다. 학예연구사로 근무하는 동안 한국사학과 교수님인 안병우, 이세영, 이남규, 권오영, 정해득 관장님을 보좌하면서 서굉일, 유봉학 교수님과 함께 박물관의 다양한 활동과 행사를 진행했습니다. 그리고 조교와 연구원, 교육사 신분으로 또는 발굴조사 현장이나 박물관에서 보조원의 입장으로 필자와 함께 생활했던 사람들이 생각납니다.

김선희, 임영옥, 정치영, 이명엽, 신성혜, 김두권, 송윤정, 권도희, 한지수, 한지선, 박지은, 조성숙, 이미선, 박중국, 최영민, 박현상, 김여진, 구자린, 박동선, 장성준, 나혜림, 박신명, 이은정, 이동규, 김현경, 이창훈, 심환석, 정낙현, 이혁희, 강정식, 이정현, 손재현, 반은미, 허수정, 강영주, 이단비, 김은경, 김정주, 정은미, 신혜원, 홍정우, 황다운, 박준영, 신화영, 박한울, 최정범, 정승현, 이우재, 김다영, 정지영, 이민아, 양경민, 김태은, 김충현, 강석주, 김찬송, 안선규, 이동진, 김희연 등.

한신대박물관 30주년은 박물관 구성원 모두의 노력과 수고로 이룩한 보람 있는 성과입니다. 그리고 한신고고학의 기틀을 세우고 위상을 높이는데 있어서 리더의 품격과 능력을 보여주신 이남규, 권오영 선생님의 노고에 특별히 감사드립니다. 필자와 같은 해에 박물관 식구가 되어 오랫동안 행정과 살림을 도맡아가면서 교수와 학예연구사, 조교, 연구원, 학생들을 다정하게 돌봐준 문경덕 선생에게 감사합니다. 다시 한번 한신고고학과 한신대박물관의 30주년을 진심으로 축하합니다. 축하합니다!!

이남규 선생님께서 정년퇴임을 하셨습니다. 학자에게 정년퇴임은 만65세라는 생물학적 나이에 따른 불가피한 요식 행위에 불과합니다. 선생님께서는 한신대박물관뿐만 아니라 한신고고학, 더 나아가 한국고고학의 소중한 현재 진행형 자산입니다. 이제 연구할 시간을 많이 확보하셨으니 앞으로 건강한 모습으로 더 멋지게 활약해주시면 감사하겠습니다. Gochol(考鐵) 이남규 선생님, 존경합니다. 화이팅!!

제4장

원삼국시대 동남부지역
기대·유개대부토기의 성립과 기원

박중국
한강문화재연구원

Ⅰ. 서론

2008년 아산 용두리 진터유적에서 유개대부토기[01]가 부장된 분묘가 다수 확인되었고(지민주 외 2009), 같은 해 평택 마두리유적과 오산 궐동유적에서도 유개대부토기가 추가로 확인되면서 중서부지역의 재지적 부장조합과는 이질적인 면이 주목되었다. 이미 동남부지역에 유례가 있다는 점이 인식되면서(박정욱 2010; 안재호 1995) 동남부지역의 영향일 가능성이 제기되기도 했고(박중국 2011; 지민주 2013), 어느 한쪽의 영향이 아닌 공통된 양상에 주목하거나(이춘선 2011), 역으로 중서부지역에서 동남부지역으로 전파되었다는 견해까지 제시되었다(박형열 2015). 박장호(2018)는 직접전파가 아닌 교류를 통해 동남부지역에서 중서부지역으로 확산되었다는 견해를 제시한 바 있는데, 중서부지역의 호형 대부토기와 동남부지역의 배형 대부토기를 대비시킨 것은 탁견이다.

2014~2016년에 걸쳐 조사된 청주 송절동유적에서 고식 와질토기와 함께 다수의 유개대부토기가 확인되었고, 같은 기간 동안 조사된 청주 오송유적에서는 그간 중서부지역에서 누적조사된 사례를 뛰어넘는 막대한 양의 유개대부토기가 확인되면서 논의는 새로운 국면으로 접어들게 된다. 호서지역에서 확인되는 고식 와질토기와의 관련성을 감안하여 동남부지역의 영향으로 성립되었다는 전통적인 견해와 수적으로 이미 중서부지역이 압도적인 중심이라는 점에서 오히려 중서부지역에서 동남부지역으로 확산된 것이라는 추정이 충돌하게 된다. 이후 전개된 편년의 대립은 이상의 논의를 염두에 둔 정당성 확보의 차원이 크다고 판단된다(박장호 2018; 박형열 2015 · 2019).

유개대부토기의 세부적인 형태는 지역별로 차이가 커서 개별 유물마다 하나의 형식을 설정해야 할 정도로 다양하게 확인되며(이춘선 2011), 고고학 연구에서 가장 기초라 할 수 있는 형식 변천의 방향과 대략적인 연대도 연구자마다 달라 혼란스러운 상황이다(박진일 2019). 유개대부토기와 관련된 연구성과를 인용하기 위해서는 필연적으로 여러 관점과 편년안 중 하나를 취사선택할 수밖에 없는데, 해당 사안에 대한 깊은 천착이 없는 대부분의 연구자는 정

---

01) 박진일(2019)의 개념규정과 명칭이 가장 타당하다고 생각되어 이에 따른다.

반대로 제시된 편년안의 불일치를 이해하기 쉽지 않고, 해당 사안에 뛰어들기 주저하게 만드는 진입장벽으로 작용한다. 실제로 유개대부토기 연구성과를 인용하는 개별 연구자의 관점은 어떠한 방법론에 따른 검토에 기반했다기보다 개인적 선호에 가까운 듯하다.

박진일(2019)은 용어, 연구사, 자료의 총체적 파악과 관련된 탁월한 견해가 돋보이고, 편년에 대한 방법론, 유개대부토기의 기원과 관련된 견해 등이 주목된다. 또한 기존에 검토되지 않았던 청주 일원의 대규모 조사성과를 본격적으로 검토한 최초의 사례이다. 다만, 형식분류와 편년 자체는 다소의 오류가 산견되고, 전반적으로 설득력있는 편년안으로 보기 어렵다. 특히 배형 유개대부토기의 동체와 대각을 결합하는 고정핀을 후행하는 속성으로 판단했지만, 이는 유개대부토기 이전에 선행해서 성립된 대부토기 및 기대와의 관계 속에서 살피지 않은 결과이다.

안유리(2020)는 그간 누적된 조사성과를 형식학적 속성분석법으로 검토하였다. 유개대부토기를 뚜껑과 대부토기로 구분하고, 중서부지역은 대부호와 삿갓형 개, 동남부지역은 대부배와 배형 개를 양대 지역양식으로 파악한 점은 참고가 된다. 다만, 다양한 형태의 유개대부토기 중 일부는 형식설정에서 누락되었고, 동일계열에서의 형식간 변이가 명확하지 않은 점 등, 기존 연구에서 보이는 문제점이 그대로 산견된다.

이상을 토대로 몇 가지 문제점을 짚어보면 다음과 같다.

1. 중서부지역과 동남부지역의 대비, 혹은 소지역 단위의 차이 등, 지역성을 대체로 의식하고 있었음에도 불구하고 이것이 형식의 설정이나 편년에 적절하게 반영되지 못했다. 지역별 형태차가 극명하여 지역별 편년을 독립적으로 수행한 뒤 지역간 교차편년을 실시해야 함에도 불구하고, 광역의 속성과 형식을 설정하고 선후관계를 판정함으로써 지역성이 미치는 영향을 희석시켜 버렸고, 나아가 편년에도 오류가 발생하였다.

2. 시간성 파악과 관련된 속성의 추출이나 형식, 기종의 설정이 대단히 자의적이다. 유개대부토기는 대부분의 연구자가 지적했듯이 지역간 변이는 물론 지역내 변이도 심하고 편년을 수행하기 어려운 대상이다. 다양한 형태를 형식분류하는 그 자체가 편년이 되는 셈이어서 형식의 세분보다는 대별이 중시되어야 하고, 다양한 형태를 포괄하는 구조로 구성될 필요가 있다. 하지만 대표적 기종에 포괄되기 어려운 사례를 누락시킨다던지, 별반 차이가 없는 형태의 뚜껑이 여러 계열의 형식조열에 등장하거나, 계측속성을 명목속성으로 이해한다거나 하는 등의 문제가 많다. 다양한 형태를 일관된 구조로 설명하는 것은 위계적인 지역권 설정을 통해 상당 부분 해결될 수 있다.

3. 유개대부토기의 기원을 애써 외면한 점이다. 유개대부토기의 성립 이전에 대부토기로

부를만한 발형 기대가 성립되어 있었고, 전개양상을 보면 양자는 계승관계로 판단된다. 이 점을 고려하지 않은 속성의 추출이나 형식설정은 계통관계의 파악에 있어서 혼란을 야기한다.

따라서 본고는 기대와 유개대부토기의 관련성을 검토하기 위해 형태변이를 기준으로 한 소지역 단위의 지역차에 주목하고 지역별 편년을 거쳐 지역간 교차편년을 행하는 접근방식을 취한다. 유적(팔달동) → 소지역(대구) → 지역(동남부) → 광역(중서부·동남부)으로 나아가는 위계적 구조로 재구성할 것이며, 이를 통해 설득력 있는 상대편년이 도출될 수 있다고 판단된다.

중서부지역과 동남부지역을 아우르는 광역단위의 편년에 앞선 예비작업으로써 상대적으로 이른 시기부터 유개대부토기의 존재가 확인되고, 상대편년이 비교적 충실하게 구축된 동남부지역을 우선적으로 검토하기로 한다. 중서부지역은 아직까지 2세기대나 그 이전의 문화상이 명확하지 않고, 단경호와 발 위주로 구성된 부장전통으로 인해 상대편년의 구축이 미진하며, 절대연대가 부여되는 자료도 드물기 때문이다. 반면 동남부지역의 경우 충실한 상대편년이 구축된 와질토기가 공반되기도 하고 한경과 철기 등 금속기에 대해서도 기초적인 편년연구가 축적되어 있어서 시간적 위치의 파악이 용이하다.

II. 유개대부토기의 편년

1. 지역권 설정

유개대부토기가 확인되기 시작한 초기에는 중서부지역과 동남부지역의 형태적 유사성과 부장양상의 공통점에 주목하는 견해가 많았다(박정욱 2010; 박중국 2011; 이춘선 2011; 지민주 2013).

박형열(2015)은 아산, 오산, 경산, 밀양, 경주 등 소지역 단위의 지역양식을 강조한 바 있으나, 형식분류는 광역의 속성을 가지는 것으로 전제된 뚜껑을 기준으로 진행하였다(박형열 2015·2019). 뚜껑이 광역의 속성을 갖는다는 관점 자체도 여타 연구자(박장호 2018; 박진일 2019; 안유리 2020)와 간극이 크고, 무엇보다 동남부지역 분묘와 출토유물의 편년성과를 전혀 고려하지 않은 형식분류와 연대관을 지적하지 않을 수 없다. 예컨대 경주식으로 설정된 형식 조열을 보면 황성동 575-13호 목곽묘 → 황성동 575-59호 목곽묘 → 대구 팔달동 50호 목관묘의 순서로 변화되는 것으로 파악하고 있으나, 이는 공반된 와질토기와 철기 등을 고려한 편년(이원태 2020; 최병현 2018)과 정반대 방향이다. 또한, 형식이 지나치게 많이 설정된 점과 더불어 형식조열 자체에 대한 의문도 지적된 바 있고, 전반적인 분석방법과 절차에 문제가 있다고 여겨진다(김낙중 2016).

　박장호(2018)는 중서부지역과 동남부지역이 유개대부토기의 형태에 있어서 크게 대비되는 것으로 보았고, 각 지역 내에서 유적간 세부속성의 차이가 크다는 점을 지적하였다. 이러한 양상을 두고 '대각달린 토기'라는 모티브만 공유하는 가운데 개별집단별로 자체제작한 결

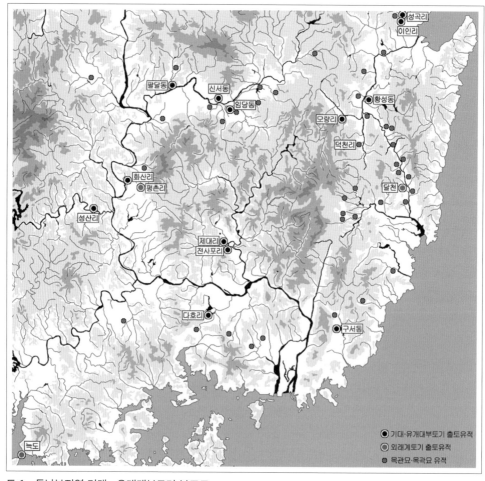

도 1　동남부지역 기대 · 유개대부토기 분포도

과로 보았는데, 소지역 단위의 지역성과 그 배경을 의식한 듯한 발언이어서 주목된다. 박진일(2019)과 안유리(2020)도 중서부지역과 동남부지역의 구분을 중시했지만, 소지역색에 대한 언급은 없다.

선행 연구자들이 지적했듯이 중서부지역과 동남부지역은 유개대부토기의 범형 자체가 달라서 지역성을 가르는 제일의 기준이 될 수 있다(박장호 2018; 박진일 2019; 안유리 2020). 한편, 박형열(2015·2019)이 강조한 소지역 단위의 지역성도 주목할 필요가 있다. 중서부지역과 동남부지역 각각의 지역권 내에서 소지역마다 유개대부토기의 형태적 다양성이 확인되는 가운데 인접한 지역 간에는 상호작용을 통한 동화 현상이 관찰된다. 따라서 소지역 단위 편년에 앞선 광역단위에 걸친 속성이나 형식의 설정은 편년의 장애로 작용할 가능성이 크다. 형식학적 편년 이전에 대상지역의 범위가 우선적으로 선정될 필요가 있고(이창희 2018), 그 범위는 다양한 기준으로 선정될 수 있다. 본고는 박형열(2015)이 지적한 소지역 단위와 여타 연구자들이 주장한 중서부지역과 동남부지역의 구분을 모두 중시하는 관점을 취하여 우선 대구, 경산, 경주, 포항, 달성,[02] 밀양(합천[03])을 개별 단위로 검토한 뒤 전체를 종합하는 방식으로 진행하였다(도 1).

2. 형식분류

본고는 그간 유개대부토기 연구에서 주목하지 않았던 기대와의 관련성에 주목하였다. 따라서 분석대상은 기대와 유개대부토기로 대별하고, 유개대부토기는 선행 연구자들의 의견을 종합하여 중서부지역의 호와 동남부지역의 배로 구분한다(박장호 2018; 박진일 2019). 옹류의 설정은 이미 박진일(2019)에 의해 무의미한 것으로 지적된 바 있고, 박진일(2019)이 설정한 발류 역시 실체가 불분명하다고 생각된다. 박진일(2019)의 발류는 호서지역에서만 확인되는 형

---

02) 달성 화산리유적은 현재 행정구역상 대구광역시에 속하지만, 금호강유역이 아닌 낙동강 본류에 위치하고 있어 팔달동, 신서동 일대를 포괄하는 대구분지와 구분된다. 대구 팔달동유적과의 직선거리는 30km에 달하고, 오히려 합천 성산리유적과의 거리가 13km로 더 가깝다. 인접해서 평촌리유적이 위치하는 점도 주목된다.

03) 합천지역 내에서 유개대부토기 부장묘는 성산리유적에서 확인된 1기의 사례가 전부이기 때문에 지역성을 언급하기 어려운 상황이다. 다만 성산리유적에서 확인된 유개대부토기의 형태적 특징이 인접한 달성 화산리유적의 양상보다 밀양지역의 양상과 유사하여 함께 검토하였다.

태인데, 청주 송절동유적과 오송유적의 사례를 검토하면 독립된 기종이라기보다 호의 변형으로 판단되기 때문이다.

박진일(2019)은 유개대부배의 시간성을 파악하는데 있어서 배신부 돌대의 유무를 가장 민감한 속성으로 보았다. 이외에 배신의 깊이와 배신부와 대각을 접합할 때 사용하는 고정핀의 유무를 고려하여 형식을 설정하였다. 검토 결과, 돌대의 유무와 배신고는 시간성을 잘 반영하는 것으로 확인되지만, 고정핀의 존재를 후행하는 속성으로 본 것은 재고의 여지가 있다. 그는 밀양 제대리 4호 출토품을 고정핀의 흉내만 낸 것으로 보았지만, 이 4호 출토품이야말로 선행하는 기대와 유개대부토기를 이어주는 단서가 되며, 따라서 고정핀은 유개대부토기 내에서 고식에 해당하는 속성이 된다. 박진일(2019)의 편년은 시간적으로 진행방향이 서로 반대인 속성을 뒤섞어 검토한 셈이 되는데, 그 결과 유개대부토기는 호서지역에서 발생하여 영남지역으로 확산된 것으로 제시되었다.

박진일(2019)이 제시한 속성 중 고정핀의 존재만 고식으로 바꾸어 자료를 검토해 보면, 세 가지 속성이 모순 없이 결합되어 변화되는 양상이 관찰되고, 그러면서도 지역별로 서로 구분되는 변화상이 뚜렷하다. 돌대는 없는 것에서 있는 것으로 바뀌고, 점차 돌대의 개수가 증가하며, 형태가 뾰족하게 강조되는 방향으로 변화된다. 이와 함께 배신부의 구경 대비 기고비가 증가하는 점은 지역과 상관없이 동일하다. 뚜껑도 대체로 구경 대비 기고비가 증가하는 점과 신부-드림부의 결합부가 바깥쪽으로 과장되게 돌출되는 점은 지역과 상관없이 일치하지만, 그 변화된 최종 형태는 지역별로 차이가 크다.

특히, 배신부의 속성변화와 뚜껑과 배신부의 형태는 지역별로 다르게 나타난다. 대구·달성지역은 구경과 동최대경 모두 축소되면서 전체 크기도 작아진다. 상반부고와 하반부고는 모두 확대된다. 달성·포항지역은 구경과 동최대경 모두 변화가 거의 없기 때문에 전체 크기도 대체로 유지된다. 상반부고는 확대되지만, 하반부고의 변화는 없다. 밀양지역도 구경과 동최대경 모두 변화가 거의 없고, 전체 크기도 대체로 유지되는 편이어서 달성·포항지역과 동일하다. 배신부의 상반부고는 확대되지만, 하반부고는 축소된다.

동남부지역 유개대부토기의 뚜껑과 배신부는 거의 동일하게 제작된 것으로 보기도 하지만(안유리 2020), 지역별로 차이가 확인된다. 대구·달성지역은 뚜껑과 배신부의 형태가 거의 동일한 반면, 달성·포항지역은 뚜껑과 배신부의 형태가 동일한 양상을 보이다가 늦은 시기가 되면 서로 다른 형태가 결합된다. 밀양지역의 뚜껑과 배신부는 시종일관 상이한 형태가 결합되었다.

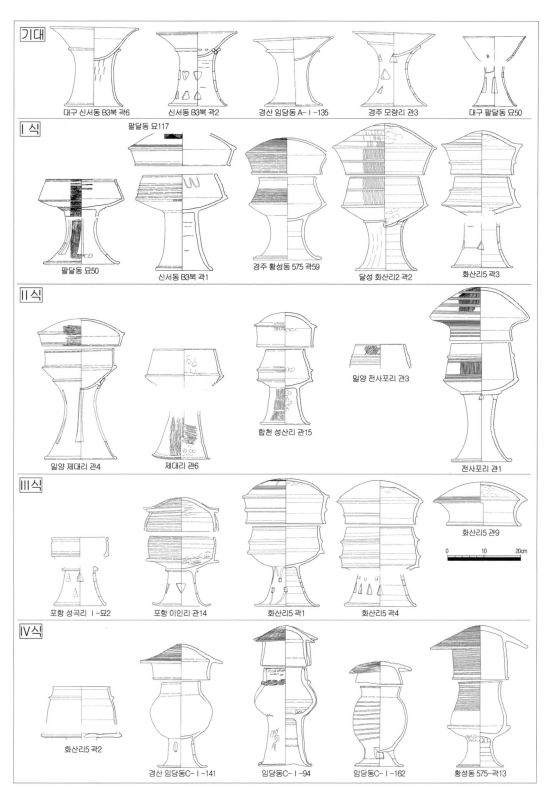

기대

| 대구 신서동 B3북 곽6 | 신서동 B3북 곽2 | 경산 임당동 A-Ⅰ-135 | 경주 모량리 관3 | 대구 팔달동 묘50 |

Ⅰ식

| 팔달동 묘117 | | | | |
| 팔달동 묘50 | 신서동 B3북 곽1 | 경주 황성동 575 곽59 | 달성 화산리2 곽2 | 화산리5 곽3 |

Ⅱ식

| 밀양 제대리 관4 | 제대리 관6 | 합천 성산리 관15 | 밀양 전사포리 관3 | 전사포리 관1 |

Ⅲ식

| 포항 성곡리 Ⅰ-묘2 | 포항 이인리 관14 | 화산리5 곽1 | 화산리5 곽4 | 화산리5 관9 |

0 10 20cm

Ⅳ식

| 화산리5 곽2 | 경산 임당동C-Ⅰ-141 | 임당동C-Ⅰ-94 | 임당동C-Ⅰ-162 | 황성동 575-곽13 |

도 2 동남부지역 기대·유개대부토기의 형식분류(1/10)

표 1   유개대부토기의 소지역별 속성변화

소지역		배신부					뚜껑 · 배신
		전체크기	구경	동최대경	상반부고	하반부고	
대구	달성	축소	축소	축소	확대	확대	상사
	달성 포항	유지	유지	유지	확대	유지	상사→상이
	밀양 합천	유지	유지	유지	확대	축소	상이

〈표 1〉의 각 속성은 지역별로 다르게 결합되어 서로 구별되는 특유의 형태를 만들어내는데, 이를 토대로 형식을 설정하였다. 대구 팔달동·신서동, 달성 화산리를 중심으로 분포하는 Ⅰ식, 밀양·합천지역을 중심으로 분포하는 Ⅱ식, 달성 화산리유적과 포항지역에 분포하는 Ⅲ식으로 구분하였다(도 2). 이외에 동남부지역 내에서 계보를 찾기 어려운 유개대부토기가 경주, 경산, 달성, 밀양 등지에서 산발적으로 확인되는데, 대체로 삿갓형 뚜껑과 다양한 형태의 대부호가 결합된 양상이다. 아마도 중서부지역과의 교섭을 통해 성립된 것으로 보여지며, Ⅳ식으로 잠정하였다.[04] 편의상 세부 형식은 설정하지 않았다.

3. 편년

대부분의 연구자는 형식분류를 거친 뒤 설정된 형식의 조열을 통해 선후관계를 제시하고 교차편년을 통해 절대연대를 부여한다. 연구방법론상 일견 타당해 보이지만, 유개대부토기의 경우 분석절차상 가장 처음 시행되는 기종을 어떻게 파악하느냐에 따라서 전체 형식의 설정과 배열이 절대적으로 영향을 받는 구조이다. 앞에서 지적한 것처럼 중서부지역의 호형과 동남부지역의 배형을 대별하는 관점이 가장 타당해 보이는데, 연구자마다 기대형(박장호 2018), 발형(박진일 2019), 옹형(안유리 2020) 등 다양한 기종을 추가로 설정하였고, 그 결과 호와 발의 변천을 파악하는데 있어서 혼선을 야기하였다. 뚜껑과 대부토기 각각의 형식과 양자의 결합이 자연스레 배열되지 않는 경우 어느 것을 우선할 것인지의 기준이 분명치 않은 점도 문제이다. 대체로 양자의 형태가 유사한 동남부지역의 경우 큰 문제가 되지 않지만, 중서부지역의 사례는 형태 차이가 커서 혼란스러운 측면이 있다. 특히 박형열(2015·2019)은 뚜껑

----

04) 추후 중서부지역 자료와 함께 검토한다면 본고의 형식은 다소 조정될 여지가 있고, 특히 Ⅳ식은 다양한 형식으로 세분될 가능성이 높다.

을 기준으로 형식조열과 편년을 진행한 결과 여타 연구자들과 정반대의 결과를 도출했다고 생각된다.

동남부지역의 상대편년이 비교적 안정된 것으로 평가되기 때문에 교차편년을 중심으로 선후관계의 대강을 파악하였고, 교차편년이 어려운 사례는 앞에 서술한 속성을 기준으로 배열하였다. 토기의 경우, 최병현(2018)과 이원태(2020)의 성과를 기준으로 삼았고, 토기편년의 도움을 받기 어려운 경우 철기의 편년을 참고하였다(윤온식 2019). 유개대부토기의 공반관계를 정리한 것이 〈도 3〉이고, 이를 토대로 기대·유개대부토기의 변천을 요약한 것이 〈도 4〉이다.

한편, 대구 팔달동 50호 목관묘의 경우 최병현(2018)은 기원전 1세기 후엽, 이원태(2020)는 기원전 1세기 중엽으로 차이가 있고, 개별 유구에 대한 편년은 연구자마다 1~2단계의 차이가 있는 경우가 많다. 본고의 목적은 편년의 재검토보다 유개대부토기의 변천을 상대적으로 가늠하는데 1차적인 목적이 있는 만큼 전후맥락을 고려하여 임의로 조종하였다.[05]

• BC 1세기 전엽 : 대구 신서동유적에서 단경호 및 옹형토기와 함께 기대가 출토되었다. 적갈색으로 산화소성되었으며, 이후 단계에서 확인되는 환원소성의 기대와 대비된다. 수발부와 대각부는 따로 제작하여 고정핀으로 연결하였고, 대각에 투창은 없다. 경주 덕천리유적에서 동일양상의 단경호와 옹형토기가 확인되었지만 기대는 공반되지 않았다.

• BC 1세기 중엽 : 대구 신서동유적과 경산 임당동유적, 경주 모량리유적에서 기대가 확인된다. 이때부터 회색 혹은 회황색으로 환원소성되기 시작하고, 산화소성품은 확인되지 않는다. 수발부의 깊이가 다소 낮아졌고 대각부도 가운데가 잘록해진 형태이며, 신서동 B3북-7호 목곽묘와 경주 모량리 3호 목관묘 출토품은 대각에 삼각형 투창을 3단으로 배치하였다. 신서동 B3북-2호 목곽묘 출토품은 삼각형 투창을 2단으로 배치하였고, 수발부의 깊이는 다소 낮아졌지만 대각부의 형태는 전 단계와 유사한 형태이다. 기형와 변화와 함께 투창의 개수가 증가하는 것으로 이해한다면 신서동 B3북-2호 목곽묘 출토품은 기원전 1세기 전엽과 중엽 사이에 위치시킬 수 있다. 한편, 해당 시기부터 기원전 1세기 후엽에 걸쳐서 대구, 경산, 창원 등지에서 재지적 기종인 주머니호나 장경호에 대각이 붙은 기종이 확인된다.

• BC 1세기 후엽~AD 1세기 전엽 : 대구 팔달동유적 50호 묘에서 배형의 신부를 가진 대부토기가 확인되었다. 주구에서 출토된 고배는 후술하겠지만 소형화된 기대로 판단된다.

---

05) 필자는 동남부지역 자료에 대해서 문외한이고, 분묘와 출토유물의 검토는 더욱 그러하다. 두 연구자가 구축한 편년의 조정과 해석에 오류가 있다면 전적으로 필자의 잘못이다.

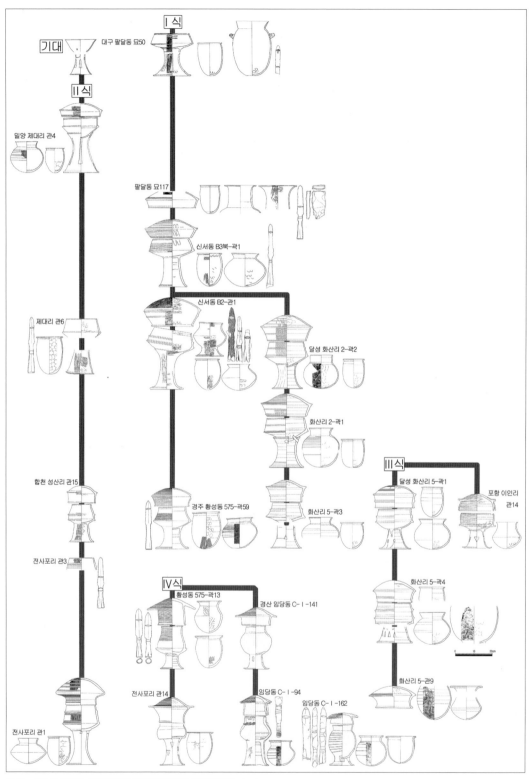

I식

II식

III식

IV식

대구 팔달동 묘50

밀양 제대리 관4

팔달동 묘117

신서동 B3북-곽1

신서동 B2-관1

제대리 관6

달성 화산리 2-곽2

화산리 2-곽1

합천 성산리 관15

경주 황성동 575-곽59

화산리 5-곽3

달성 화산리 5-곽1

포항 이인리 관14

전사포리 관3

황성동 575-곽13

경산 임당동 C-Ⅰ-141

화산리 5-곽4

전사포리 관14

임당동 C-Ⅰ-94

임당동 C-Ⅰ-162

화산리 5-관9

전사포리 관1

도 3　동남부지역 유개대부토기의 전개와 공반관계(1/20)

대구 팔달동	대구 신서동	달성 화산리	합천	밀양	경산 임당동	경주	창원·부산·포항
BC 1C 前	B3북-곽6						
BC1C 中	B3북-곽2 / B3북-곽7 / B3북-관3				A-Ⅰ-135 / E-58	모량리 관3	창원 다호리 20
BC 1C 後	묘50				A-Ⅰ-122		부산 구서동
AD 1C 前				제대리 관4			
AD 1C 中	묘117	B3북-곽1					
AD 1C 後	B2-관1	2-곽2 / 2-곽1		제대리 관6			포항 성곡리 Ⅰ-묘2
AD 2C 前	달성 화산리 5-관2 / 5-관7	5-곽3 / 5-곽1	성산리 관15			황성동 575-곽59	포항 이인리 관14
AD 2C 中		5-곽4	전사포리 관13 / 전사포리 관10	전사포리 관3 / 전사포리 관1	C-Ⅰ-141	황성동 575-곽13	
AD 2C 後		5-관9	전사포리 관14		C-Ⅰ-94 / C-Ⅰ-162		

도 4 동남부지역 기대·유개대부토기의 편년(1/20)

공반된 양뉴부호는 이원태(2014)의 연구성과를 감안하면 구연부의 외반도와 경부 지름이 점차 좁아지며, 종국에는 동체 대비 구경부의 비율 자체가 낮아지는 것으로 판단되는데, 기원전 1세기 중엽으로 비정한 팔달동 102호 목관묘 출토품과 기원후 1세기 중엽으로 비정한 다호리 69호 목관묘 출토품의 사이에 해당할 것으로 보인다. 옹형토기는 기원전 1세기대에서 기원후 1세기대를 전후한 시점으로 볼만한 형태이다(이원태 2014). 철기는 대부분 소편으로 확인되었는데, 철사의 경우 인부와 신부의 단면형태가 모두 초생달 형태인 점을 감안하면 기원전 1세기대에 해당될 가능성이 높다(윤태영 2010). 이같은 교차편년과 전후 단계 기대의 변천양상을 고려하여 기원전 1세기 후엽부터 기원후 1세기 전엽에 걸친 것으로 잠정하였다.

밀양 제대리 4호 목관묘에서는 전 단계의 기대가 유개대부토기로 변화된 양상이 확인되었다. 이미 기대가 아닌 유개대부토기이기 때문에 팔달동 50호 목관묘 출토 기대보다 후행할 것으로 판단된다. 기원후 1세기 전엽~중엽 사이에 성립된 것으로 잠정해 둔다.

• AD 1세기 중엽 : 대구 팔달동 117호 묘 출토품이 해당되고, 밀양 제대리 4호 목관묘 출토품도 이 시기까지 내려올 가능성이 있다. 팔달동 117호 묘 출토품은 대부토기의 배신부로 보고되었지만, 문양이 시문된 것은 뚜껑이라는 박형열(2019)의 지적은 타당하다. 박장호(2018)는 팔달동 117호 묘에 대하여 2단관식 철모를 기준으로 기원후 1세기 후엽으로 비정한 바 있지만, 이단관식 철모 자체는 경주 조양동 111호 목관묘의 사례로 보아 기원전 1세기 후엽부터 확인된다. 이후 전개되는 이단관식 철모의 변천상을 보면 인부 폭이 넓어지고, 관부가 직각에 가깝게 꺾이며, 대형화되는 경향이 확인된다. 이상을 고려하면 팔달동 117호 목곽묘 출토품은 기원후 1세기대의 어느 시점일 가능성이 높고, 팔달동유적 50호 묘와의 계기성을 고려하면 더욱 그러하다.

• AD 1세기 후엽 : 신서동유적과 제대리유적이 지속되는 가운데 달성 화산리유적에서도 사례가 확인된다. 대구 및 달성지역에서는 팔달동 이래의 배형 유개대부토기가 지속되는데, 대체로 뚜껑과 신부의 구경 대비 기고 비율이 증가하였고, 대각단은 바깥 쪽으로 벌어진 형태이다. 대구지역 출토품과 달리 대부토기의 신부와 대각부를 접합하는 과정에서 고정핀을 사용한다는 점이 특징이다.

밀양지역에서는 기대의 제작전통을 이어받은 4호 목관묘 출토품과 대구·달성지역의 형태가 절충된 양상의 유개대부토기가 확인되는데, 배신부의 신부와 저판의 결합부에만 돌대가 형성되어 있고, 구경 대비 기고비율이 높다.

포항 성곡리유적 I-2호 묘 출토품은 III식에 해당하는데, 돌대의 개수가 2줄로 III식 중에서 가장 적고 대각단도 그다지 벌어지지 않은 형태이다. 주머니호가 공반된 이인리 4호 목관묘 출토품보다 한 단계 앞서는 것으로 판단하였다.

• AD 2세기 전엽 : 달성 화산리유적이 분포의 중심이고, 경주, 포항, 합천지역으로 범위가 확대되었다. 화산리유적 5-3호 목곽묘 출토품은 전 단계에 비해 크기가 작아졌고, 돌대가 더욱 뾰족해졌으며, 구경 대비 동최대경의 비율이 증가하여 전체적인 기형이 매우 과장된 형태이다. 화산리 5-1호 목곽묘 출토품은 기존의 대구·달성을 중심으로 확인되었던 Ⅰ식과 구별되는 Ⅲ식에 해당한다. 뚜껑과 신부의 전체적인 형태는 밀양지역의 그것과 유사하지만, 발형이 아닌 배형에 가까운 점은 대구지역의 양상과 통한다. 아마 양자의 절충으로 성립되었을 가능성이 예상되지만 확실친 않다. 포항 이인리유적 출토품도 Ⅲ식에 해당하는데, 공반된 주머니호를 기준으로 해당시기로 판단하였다.

• AD 2세기 중엽 : 달성지역과 밀양지역에서 전 단계의 전통이 유지되는 가운데 경산·경주지역을 중심으로 중서부지역의 영향이 확인된다. 화산리유적 5-4호 목곽묘 출토품은 크기가 더욱 커졌고, 돌대의 수가 증가하였다. 공반된 대부토기는 기형이나 크기로 보아 대부광구호(이원태 2019)로 판단되어 해당 시기로 비정하였다(최병현 2018).

경산 임당동유적 C-1-141호 묘 출토품은 삿갓형 뚜껑에 대부호가 결합된 양상으로, 동남부지역 내에서 유례를 찾기 어렵고 중서부지역의 영향으로 성립된 것으로 판단된다. 공반된 철검은 검신 폭이 매우 넓어진 형태이고, 무경식 철촉도 매우 세장해진 양상이어서 해당 시기로 비정하였다. 경주 황성동575 13호 목곽묘 출토품도 삿갓형 뚜껑에 요철이 형성된 대부토기와 결합된 형태로 중서부지역의 영향으로 판단된다.

• AD 2세기 후엽 : 동남부지역 특유의 형태는 사라지고 중서부지역의 영향으로 퇴화된 양상이 지배적이다. 경산과 경주, 밀양과 달성지역에서 일부 명맥이 유지되고 있다.

전사포리 1호 목관묘 출토품은 뚜껑의 형태가 극히 과장된 형태로 변한 점과 배신고 등을 고려하면 최말기의 형태로 볼 수 있으나, 동 유적 3호 목관묘 출토품과의 유사성을 감안하면 1단계 정도 소급될 여지가 있다.

임당동 C-1-94호 묘에서는 세장방형 단조철부가 출토되었고, C-1-162호 묘에서는 폭이 상당히 넓어진 철검과 철모가 출토되어 늦은 단계의 사례로 볼 수 있다(윤온식 2019).

Ⅲ. 기대의 변천과 유개대부토기의 성립과정

앞에서 살폈듯이 기원전 1세기 전엽에 성립한 기대는 기원전후한 시점까지 존속했음을 알 수 있다. 기대는 대구 신서동유적의 사례가 가장 빠르고, 경산과 경주는 한 단계 늦게 성립되었으며, 부산 구서동 출토품이 가장 늦다. 현재까지의 자료로 보는 한, 기대는 대구를 중심으로 한 금호강유역에서 발생한 것으로 보이고, 이후 경주와 부산지역까지 확산된 것으로 여겨진다.

기대의 형태는 수발부의 깊이가 점차 낮아지고, 대각부의 경우 완만하게 벌어진 원통형에서 가운데가 잘록해진 장고형으로 변해간다. 기대의 대각부에는 처음에 투창이 없었으나, 곧이어 삼각투창이 2열로 배치되고, 3열까지 증가하는데, 최말기의 사례로 보이는 부산 구서동유적(신경철 1986) 출토품은 투창이 없는 형태여서 종국에 소멸하는 것인지, 지역차인지의 여부는 확실치 않다. 이렇듯 투창에서 다소의 변화가 눈에 띠지만, 기대의 전체적인 형태와 규격은 일관되게 유지되며 지역차도 확인되지 않는다(도 5).

대구 팔달동 50호 묘에서는 배형의 신부와 대각에 세장방형 투창이 있는 대부토기가 처음으로 확인되는데, 주구에서 고배가 출토된 것으로 보고되었다. 고배 대각부의 상단에는 방형 투창을, 하단에는 세장방형 투창을 배치하였다. 보고서의 사진을 살펴보면 해당 고배는 파편의 일부만 수습된 것을 토대로 도상복원한 것인데, 전체적인 기형과 구경, 기울기의 추정 등에서 오류의 가능성이 없지 않다. 주목되는 것은 신부 하단에 원공이 하나 뚫려있는 점이다. 기울기가 완만하게 복원된다면 구경 자체가 넓어지면서 이전 단계의 기대 수발부와 유사한 형태로 되고, 신부 하단의 원공은 대각과의 접합을 위한 고정핀의 흔적으로 판단된다.

따라서 50호 묘의 고배로 보고된 토기는 신서동유적의 기대와 연결되는 후행 형식의 기대로 판단되고, 대각부의 투창은 전 단계의 기대에서 확인되던 삼각형에서 대부토기와 동일한 장방형 계통으로 변모된 것으로 파악된다. 반면, 대부토기는 신부의 형태차이가 크고 대각부의 접합방식도 달라서 전 단계의 기대와 형식학적으로 연결되기 어렵다. 결국, 팔달동 50호 묘 단계가 되면 기대의 소형화 및 투창 형태의 변화와 함께 계통이 다른 대부토기가 출현한 것으로 된다.

팔달동 50호 묘까지 지속된 기대의 제작전통은 이후 밀양 제대리유적 4호 목관묘에서 다소 변형된 형태로 확인된다. 제대리 4호 목관묘 출토품은 이미 기대가 아닌 유개대부토기에 해당되는데, 전 단계 기대와 비교하면 전체적인 기형과 투창의 형태가 일치하고, 배신부와 대각부를 별도로 제작하여 고정핀[06]으로 연결한다는 점에서 제작기법도 동일하다. 다만, 기

---

06) 보고서의 실측도와 기술, 사진을 보면 다양한 연결방식이 존재하는 것 같기도 하지만, 신서동 B3 북 6호 목곽묘 출토품의 사진이 가장 자세하고 이를 토대로 해석하면 대체로 고정핀을 끼워서 결

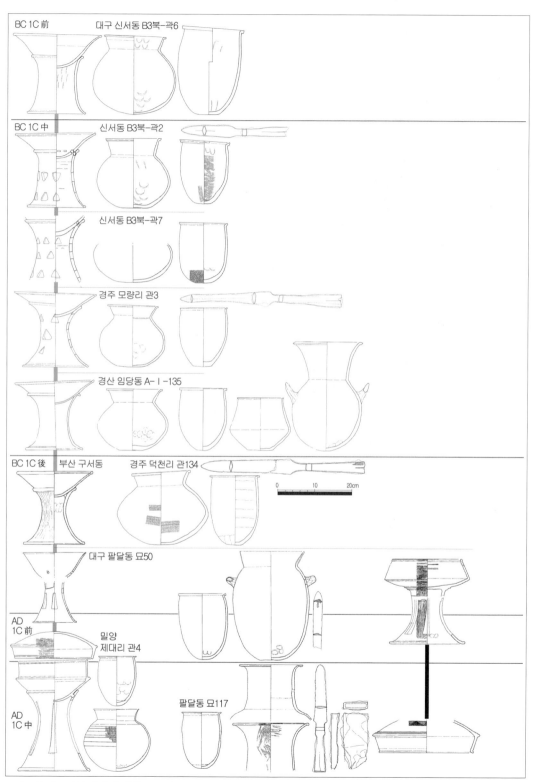

도 5 　동남부지역 기대의 변천과 유개대부토기의 성립과정(1/10)

존 수발부의 내측에 직립한 구연을 붙여서 대부토기로 제작해낸 점이 가장 큰 차이이고, 대각부가 상당히 길어진 점도 눈에 띈다.

일찍이 박장호(2018)는 밀양 제대리유적 및 달성 화산리유적의 유개대부토기와 기원전 1세기대의 기대 사이에 제작기법상 유사성이 있음을 지적한 바 있지만, 양자를 형식변화의 소산으로 연결짓는 것은 회의적으로 보았다. 자세한 내막을 서술한 것은 아니지만 팔달동 50호 묘 출토품의 직후 단계로 제대리 4호 출토품을 비정한 점은 본고의 관점과 통하는 부분이 있다. 안유리(2020)는 제대리 4호 출토품을 유개대부토기 중에서 최고식으로 설정하였는데, 기대와의 관련성을 염두에 둔 것인지는 알 수 없으나 형식학적 검토를 통해 최고식으로 파악된 점은 주목된다. 반면, 박진일(2019)은 경주 황성동575 59호 목곽묘 출토품을 동남부지역의 최고식으로 상정하고 제대리 4호 출토품은 유개대부토기 형식변천상의 중간 단계로 설정한 바 있다.

밀양 제대리 4호 목관묘의 다음 단계에 해당하는 6호 목관묘 출토품은 대구지역 유개대부토기의 형태에 가까워지지만, 장식적인 요소가 거의 없는 점은 전 단계 제작전통의 흔적으로 보이고, 합천 성산리 15호 목관묘 출토품까지 이어지는 듯하다(도 6).

달성 화산리유적에서는 대구지역 특유의 형태가 충실하게 계승되는 가운데, 신부와 대각을 분리제작하여 연결하는 방식에서 고정핀이 확인된다. 팔달동 50호 묘에서 확인된 기대와 새롭게 출현한 대부토기의 제작전통이 융합된 것으로 추정된다. 화산리 5-3호 목곽묘 출토품을 끝으로 동남부지역에서 고정핀은 사라지고 기대의 제작전통 또한 자취를 감추게 된다.

종합하면, 기원전 1세기대에 성립된 기대는 대구지역을 중심으로 기원전후한 시점까지 지속되었고, 경산, 경주, 부산지역은 1점씩 흔적만 확인되는 양상이어서 분포상 대등한 수준으로 보기 어렵다. 팔달동 50호 묘 단계에 기대의 소형화 및 장방형 계통 투창이 새롭게 채용되고, 계통이 다른 대부토기가 등장한다. 이 때 성립된 기대 계통과 대부토기 계통은 이후 대구와 밀양, 달성지역을 중심으로 복잡하게 상호작용한 결과, 다양한 지역양식을 창출해낸 것으로 판단된다.

기대부터 유개대부토기의 성립에 이르기까지 시종일관 중심지는 대구지역이었고, 진한지역에서 변한지역으로의 확산도 지적할 수 있다. 이후 밀양지역과 달성지역으로 중심이 옮겨가고, 경주, 포항과 합천 등으로 분포권이 확산된다. 주목되는 점은 달성 화산리유적과 인접

합하는 방식이었던 것으로 추정된다. 제대리유적의 사례도 동일한 방식이었을 가능성을 제기하고 싶다.

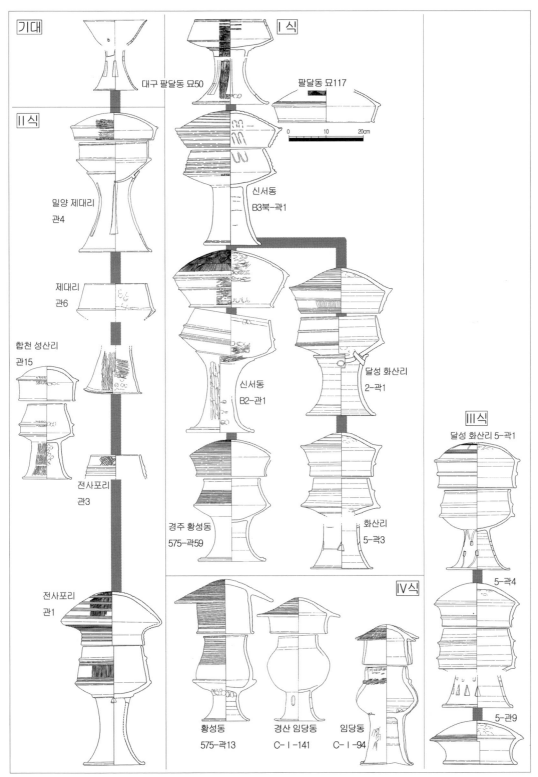

도 6   동남부지역 유개대부토기의 형식과 전개(1/10)

한 합천 성산리유적의 사례가 오히려 먼 밀양지역의 양상과 유사하다는 점이다. 이것이 진한과 변한의 경계를 시사하는 것인지는 확실치 않으나 흥미로운 부분이다. 이후 경산과 경주지역을 중심으로 중서부지역의 영향력이 확인되고, 이윽고 유개대부토기는 소멸해 간다.

Ⅳ. 기대와 유개대부토기의 기원

1. 기대의 기원

최병현(2018)은 경주 덕천리유적에서 확인된 주구 목곽묘 및 모량리유적의 주구 목관묘를 단서로 서북한지역에 주구를 가진 고분이 존재했음을 예언한 바 있다. 과연 2020년 북한강유역에 소재한 남양주 금남리유적(숭실대학교기독교박물관 2021; 허병환 2021)에서 최병현(2018)이 예상한 것과 일치하는 양상의 분묘 4기가 확인되었다. 묘광의 평면규모 및 깊이, 부장품목은 물론 부장양상이 서북한지역의 그것과 일치했고, 무엇보다 주구가 부가된 채로 확인되었다.

금남리 1호 묘에서는 화분형토기 및 타날문 단경호와 함께 기대가 확인되었는데, 한반도 남부지역 최초의 사례였고, 공반된 단경호의 크기와 일치하는 규격이었다. 최근 권도희(2020, 2021)는 남양주 금남리유적과 대구 신서동유적의 토기조합 및 기대의 유사성을 지적한 바 있고, 이나경(2021)도 동일한 견해를 피력하였다.

금남리유적 분묘의 토기조합상과 부장양상은 대구 신서동유적, 경주 덕천리유적, 모량리유적과 흡사하다. 금남리유적의 경우 타날문 단경호와 화분형토기 혹은 삼각형점토대토기의 조합이 지배적이고, 1호 묘에서만 기대가 공반되었다. 상기한 대구·경주지역의 분묘에서는 소문 단경호와 옹형토기의 조합이 지배적인 가운데 기대가 공반된다. 경산 임당동 A-1-135호 묘에서도 동일한 조합이 확인되었지만, 이외에 조합우각형파수부호와 주머니호, 양이부호 등 재지적인 토기조합상이 함께 공반되었고, 부장양상도 달라서 같은 선상에서 보기 어렵다.

동남부지역의 옹형토기는 대체로 삼각형점토대토기에서 변화된 것으로 파악되고 있지만 (안재호 2000; 윤온식 2007; 이성주 1999), 화분형토기를 주목한 견해도 있다(박순발 2006; 최병현 2018). 최병현(2018)의 지적대로 서북한지역의 화분형토기와 배부른단지의 조합은 금남리유적에서 충실한 형태로 확인된 셈이고, 금호강유역에서는 옹형토기와 소문 단경호로 대체된 것으로 볼 수 있다. 금남리유적 4호 묘에서는 화분형토기 대신 삼각형점토대토기 옹이 확인되었고, 덕천리유적 130·138호 묘에서는 옹형토기 대신 삼각형점토대토기 옹이 확인된 것으로 보아 화분형토기와 삼각형점토대토기, 옹형토기는 동일한 기능을 가진 기종으로 서로 밀접하게 관련된 상황 속에서 상호대체된 것으로 여겨진다.

금남리유적 1호 묘의 기대는 대각부를 형뜨기 기법으로 제작한 사례인데, 낙랑토성 출토품 중 활석혼입계로 알려진 기대에 동일한 제작기법이 구사된 사례가 확인되며, 수발부의 형태는 다소 차이가 있는 것으로 보이지만 삼각형 투창의 존재도 확인된다(谷 豊信 1986(도 7). 북한강유역의 화분형토기와 타날문 단경호는 반입품도 있지만, 현지제작되었을 가능성도 꾸준히 제기되어 왔다(정인성 2009·2020; 이나경 2021). 금남리유적 4호 묘 출토 기대는 낙랑토성 출토품의 제작기법이 충실하게 구사된 사례이고, 충실 재현품 내지는 반입품에 해당되는데, 금남리유적과 가평 대성리유적 B지구 출토 단경호에 구사된 격자타날을 감안하면 전자일 가능성이 높아 보인다.

금남리유적의 분묘는 서북한지역의 유이민이 북한강유역에 정착하면서 고향의 매장관념 및 부장방식을 계승한 것으로 이해되고, 고향의 물질문화를 충실하게 재현한 사례에 해당된다. 반면, 금호강유역의 기대 부장묘는 외래의 매장관념 및 부장전통을 계승하되 물질문화는 현재에 맞게 변용된 사례가 된다. 따라서 금호강유역 출토 기대의 기원은 서북한지역에서 유래한 것으로 추정할 수 있고, 현재 확인된 자료를 감안하면 북한강유역을 경유했을 가능성이 높다.

2. 유개대부토기의 기원

박형열(2015)은 유개대부토기의 기원에 대하여 공반된 원저 발(옹형토기)의 기원을 산동지역 회형기에서 찾는 김장석(2014)의 견해와 중서부지역 출토 원통형토기의 기원을 중국 청동제기에서 찾는 임영진(2015)의 견해를 참고하여 산동지역을 주목하였고, 이후 한발 더 나아가 중서부지역의 소금과 동남부지역의 철기를 교환했다고 하는 대담한 의견을 제시한 바 있다(박형열 2019).[07] 박진일(2019)은 중서부지역의 호·발에 서북한지역의 대각이 결합해서 유

---

07) 본고의 취지와 지면의 한계로 인해 더 이상의 언급은 어렵지만, 김장석(2014)이 중서부지역 원저 발의 기원을 산동지역 회형토기에서 찾고 연대도 소급시킨 점, 박형열(2019)이 이를 토대로 원저 발의 기능을 소금저장과 이동으로 전제한 뒤 중서부지역의 소금을 교환재로 특정한 점 등은 동남

도 7   동남부지역 기대와 유개대부토기의 기원(1/10)

개대부토기가 성립되었을 가능성을 제안한 바 있다.

한편, 유개대부토기 자체에 대한 본격적인 연구가 아닌 곳에서 보이는 선구적인 지적들도 주목된다. 성정용(2014)은 유개대부토기가 동기에서 모티브를 받아 제작된 한대 대부토기와의 유사성을 지적하고, 중서부지역의 유개대부토기가 부장된 분묘에서 확인되는 합장, 철장검 등의 요소와 3세기대 분묘에서 확인되는 북방계통의 마구 등을 고려하면 낙랑지역이 기원지일 가능성이 높다고 보았다. 권오영(2014)은 유개대부토기의 형태가 기대 위에 동기 같은 것은 올려둔 모습이라는 점에 주목하고, 그 기원은 영남지역이나 경기·호서지역이 아닌 제3의 지역, 즉, 중국 혹은 낙랑일 가능성을 제시하였다. 김낙중(2016)도 같은 맥락에서 중국 동북지방에서 한반도로 이어지는 문물의 일반적인 흐름을 감안하여 낙랑 등 북방과의 관련성을 제시하였다. 대체로 동남부지역이나 중서부지역의 자체발생보다는 낙랑에서 유례를 찾고자 하는 의견이 지배적이다.

앞에서 기원전후한 시점에 성립된 대부토기는 기대의 전통과 구별되는 별도의 계통임을 시사한 바 있다. 팔달동 50호 묘에서 확인된 기대와 대부토기가 단서가 되는데, 공통점은 세장방형 투창의 채용이다. 팔달동 50호 묘의 성립 이전에 해당하는 기원전 1세기 중엽~후엽에 걸친 시기에 대구, 경산, 창원 일대에서는 주머니호와 장경호에 대각이 부착된 기종이 산견되는데, 그 중 일부에서 세장방형 투창이 채용된 점이 주목된다(도 7). 대각 자체는 초기철기시대 이래의 전통으로 볼 수 있지만(심수연 2011), 세장방형 투창은 자체발생한 것으로 보기에는 자연스럽지 않은 측면이 있다. 기원전 1세기대에 성립된 기대는 삼각형 투창이 채용되었고, 그 조형으로 생각되는 금남리 4호 묘와 낙랑토성 출토품에도 삼각형 투창이 확인되기 때문에 세장방형 투창은 별도의 계통에서 모티브를 얻었을 가능성이 있다.

팔달동 50호 묘 출토 기대의 경우 전체적인 기형, 규격, 투창의 형태 등에서 정백리 127호분 출토 목제 기대와 유사하고,[08] 정백리 37호분에서도 목제 고배로 보이는 대각이 출토된 바 있다. 정백리 37호분과 127호분은 각각 낙랑2기와 3기에 해당하고, 기원전 1세기 후엽과 기원후 1세기대로 비정되기 때문에 시기상으로도 맞물리는 측면이 있다(高久健二 1995; 왕페이신 2016).

뚜껑과 대부토기가 결합된 유개대부토기는 밀양 제대리 4호 목관묘에서 완비된 형태로

부지역의 옹형토기(원저 발)의 사정과 공반관계의 검토를 통해 비정된 편년을 전혀 고려하지 않은 것이다.

08) 이나경(2021)은 신서동유적 출토 기대와의 유사성을 지적한 바 있다.

나타나지만, 팔달동 117호 묘에서 뚜껑[09]이 확인된 점을 감안하면 전 단계에 해당하는 팔달동 50호 묘에 뚜껑이 있었다 해도 이상하지 않다. 따라서 유개대부토기는 기원전후한 시점에 이미 성립되었을 가능성이 높고, 주구에서 출토된 기대를 감안하면 정백리 37호분과 127호분에서 출토된 목제 고배와 같은 기물이 영향을 주어 탄생한 것으로 보인다(도 7).

3. 기대와 유개대부토기의 부장배경

최병현(2018)은 무덤의 구조와 부장방식의 분석을 통해 고분군 조영집단의 계통을 설명한 바 있다. 토기를 머리맡에만 부장하는 방식을 서북한 계통의 외래계로 보고, 토기가 충전토를 따라 분산적으로 배치된 방식을 초기철기시대 이래의 재지 계통으로 구분하였다.

기원전 1세기대에 성립된 기대는 머리맡에 유물을 부장하는 목곽(관)묘에서만 배타적으로 확인되었는데, 최병현(2018)의 서북한 계통 목곽(관)묘에 해당한다. 그렇지 않은 사례는 경산 임당동 A-1-135호 묘뿐인데,[10] 토기는 충전토를 따라 장단변을 가리지 않고 분산적으로 부장된 양상이며, 조합우각형파수부호와 주머니호, 양이부호 등 재지적인 토기가 주를 이룬다(도 8). 따라서 기대 부장묘는 서북한 계통의 매장관념이 충실하게 투영된 사례인 반면, 임당동의 사례는 토착집단이 외래 전통의 기대만 입수한 것으로 된다.

공교롭게도 유개대부토기의 중심지 중 하나인 달성지역의 평촌리유적에서 삼각형점토대토기와 함께 타날문토기 및 화분형토기가 공반된 바 있고(정인성 2012), 울산 달천유적에서도 동일한 양상의 타날문토기가 확인된 바 있다. 결국, 서북한지역 이주민의 흔적이 북한강유역과 달성, 울산지역에서 직접적으로 확인된 셈이고, 최병현(2018)의 견해를 참고하면 위만조선계 유이민이 고향의 매장의례 관념에 기반한 묘제와 부장양식, 부장용 특수토기 등을 성립시켰던 것으로 이해된다.

대부토기가 처음으로 확인된 팔달동유적은 토기가 분산적으로 부장되는 재지적인 양상이어서 기대 부장묘와는 대비가 된다. 대구 신서동유적의 이른 단계와 밀양, 경주지역에서는 외래계 분묘에서만 유개대부토기가 배타적으로 부장되었다. 반면, 대구 신서동유적의 늦은 단계와 달성 화산리유적에서는 기원후 1세기 무렵에 외래계 분묘로부터 유개대부토기의 부

---

09) 대부토기의 배신으로 보고되었지만, 문양이 시문된 점에서 뚜껑으로 본 박형열(2019)의 지적에 따른다.

10) 부산 구서동 출토품은 지표수습품으로 맥락을 알 수 없다.

대구 팔달동	대구 신서동	달성 화산리	밀양(+합천)	경산 임당동	경주	포항
BC 1C 前	B3북-곽6				덕천리 묘138	
BC 1C 中	B3북-곽2 B3북-곽7			A-Ⅰ-135호	모랑리 묘3	
BC 1C 後	(대구 팔달동)					
AD 1C 前	묘50			제대리 관4		
AD 1C 中	묘117			제대리 관2		
AD 1C 後	B3북-곽1 B2-관1	2-곽2 2-곽1	제대리 관6			성곡리 Ⅰ-묘2
AD 2C 前	5-관7 5-관25 5-곽2	5-곽3 5-곽1	합천 성산리 관15 전사포리 관3		황성동575-곽59	이인리 관14
AD 2C 中		5-관4	전사포리 관13 전사포리 관10	C-Ⅰ-141호	황성동575-곽13	
AD 2C 後		5-관9	전사포리 관14 전사포리 관1	C-Ⅰ-94호 C-Ⅰ-162호	● 부장 토기	

도 8   동남부지역 기대 · 유개대부토기 출토 분묘의 토기 부장방식(1/200)

장이 시작되지만, 그 다음 단계부터 유개대부토기는 재지계 분묘에 부장되기 시작한다. 이러한 양상은 유개대부토기가 기대와 달리 재지사회에 폭넓게 수용되어 가는 모습으로 이해되며, 중서부지역까지 확인되는 점에서 삼한과 낙랑의 교섭이라는 관점이 도출될 수 있다.

권오중(2007)은 석암리 9호분을 비롯한 정백리 127호분 등을 당시 전성기를 맞이한 낙랑사회의 물질적 풍요를 대변한다고 보았다. 나아가 서북한 계통 문물이 다량으로 확인된 북한강유역의 분묘는 왕조정권의 반란을 진압하기 위한 한의 출병을 계기로 동요한 낙랑주민들이 남하한 흔적으로 추론한 바 있다. 꼭 왕조의 반란이라는 사건에 국한될 필요는 없지만, 낙랑군의 설치 이후 낙랑주민의 이탈과 삼한으로의 유입은 매우 빈번하게 발생하였다는 지적은 중요하다(권오중 2009).

종합하면, 동남부지역의 기대는 기원전 2세기 후엽~1세기 전엽 즈음에 위만조선 계통의 유이민에 의해 성립되었고, 유개대부토기는 기원전후한 시점에 낙랑 계통의 유이민에 의해 성립된 것으로 판단된다. 두 계통의 부장용기 제작전통은 이후 복잡한 상호작용을 거쳐 융합되었고 다양한 지역양식을 창출하였다.

V. 결론

필자가 문외한인 동남부지역 분묘자료에 천착하게 된 계기는 물론 중서부지역 자료와의 관련성을 탐색하기 위해서이다. 중서부지역 자료를 검토하면서 편년에 한계를 느꼈고, 이에 동남부지역의 편년성과에 기대어보려는 안일한 생각을 가지게 되었다. 동남부지역의 원삼국시대 전기 편년은 상대편년에 있어서만큼은 안정적이라고 하지만, 유개대부토기 부장묘는 동남부지역에서도 생소한 자료이고, 조합우각형파수부호 및 주머니호가 공반된 사례가 많지 않아 편년에 어려움이 많다. 그런 만큼 연구자들도 자의적 해석에 따르는 부분이 많고, 묘제와 토기, 철기를 종합적으로 해석한 연구는 전무하다. 그런 측면에서 본고가 모범으로 삼았던 것은 최병현과 이원태가 수 년간 발표한 저작들이다. 방대한 자료를 총체적으로 분석한 점에서 크게 도움이 되었고, 단순한 대입만으로도 여러 가지 시사점을 얻을 수 있었다.

특히 교차편년 자료가 공반되지 않은 유개대부토기는 나름의 형식분류를 통해 시간적 위치가 주어지는데, 검증되지 않은 가설을 재차 인용하여 중서부지역에 대입하는 방식이 대부분이다. 필자는 이러한 점을 공감할 수 없었고 이처럼 무리한 시도를 하게 되었다.

이상의 검토를 통해 알게 된 단상을 정리하면서 끝마치고자 한다. 유개대부토기는 형태를 기준으로 중서부지역과 동남부지역으로 크게 구분할 수 있지만, 동남부지역 내에서도 대구와 달성, 밀양, 경주, 포항이 각기 다르고 지역차가 크다. 따라서 광역적 속성의 제안과 형식분류 이전에 소지역 단위의 분석이 우선될 필요가 있다.

이 점은 중서부지역도 예외가 아니어서 크게 보아 오산·평택, 아산, 청주, 오송, 세종이 각각의 지역양식이라 부를만한 형태를 띠고 있다. 이러한 관점에서 보면 아산 공수리유적의 사례는 인근의 아산 및 오산, 평택, 청주 일원의 지역양식과 뚜렷하게 구분되고, 달성, 밀양의 지역양식에 해당하는 것을 알 수 있다. 결국 중서부지역의 사례도 소지역 단위의 편년을 행한 뒤 교차편년을 통해 광역편년으로 나아가야 하고 중서부지역 내 교차편년의 소재를 적극적으로 탐색할 필요가 있다. 중서부지역에는 동남부지역에서 기원한 와질토기가 소수 존재하기 때문에 일차적으로 교차편년의 대상이 되고, 이외에 철기도 진변한지역과 통하는 부분이 있어 대상이 된다(김새봄 2011).

중서부지역 유개대부토기 분포의 이면에는 제철기술의 혁신을 웅변하는 원형로, 대구경송풍관, 각종 제철 부산물 등과 함께 낙랑계토기가 공반된다. 결국, 중서부지역 유개대부토기는 기원문제에 앞서 낙랑과 삼한의 교섭이라는 측면에 주목할 필요가 있다. 본고는 그에 앞선 기초로써 동남부지역의 자료를 검토하였다. 중서부지역과의 종합편년 및 해석을 과제로 남긴다.

〈후기〉

이남규 선생님은 항상 인자하시지만, 항상 엄격하시기도 하다.

필자가 처음으로 현장조사에 참여한 1999년 화성 당하리유적에서 백제 한성기의 4주식 주거지 주혈 내부토를 제거하라는 임무를 맡은 적이 있다. 당시 필자는 남들 다 보인다는 굴광선을 전혀 인식할 수 없었고, 본디 다리 굵기 정도의 주혈을 허리가 넉넉히 들어가고도 남을 정도로 파버린 적이 있다. 당시 현장에 계셨던 권오영 선생님은 한숨과 함께 "그럴 수도 있지."라고 하신 반면, 이남규 선생님은 필자 주위로 선배들을 집합시킨 뒤 호통을 치시고 필자에게는 "너 쫓겨나고 싶냐!"라고 하셨다. 다행히 쫓겨나지 않은 턱에 현재까지 관련 일에 종사하면서 생계를 이어오고 있다.

필자의 천성이 게으르고 성정이 교만함을 꿰뚫어 보신 선생님은 혹여나 제자가 오만방자해질까 염려하시어 항상 경고하시고 여전히 채찍질을 멈추지 않으신다. 아직도 수시로 전화하셔서 학위논문을 채근하시고, 우연히 선생님을 뵐 일이 생기면 별도로 필자의 개인연구와 관련된 현재상황과 미래계획을 보고해야 될 것만 같은 느낌이 든다. 간혹 강한 어조로 의견을 피력하면 "겸손해라!"라는 일갈을 잊지 않으신다. 덕분에 학계의 자락에서 근근이 연구활동을 이어오게 된 듯하다.

여전히 제자들을 독려하고, 정력적으로 활동하시는 선생님의 건강과 행복을 기원한다.

제5장

중부지역 원삼국~한성백제기 주거 변천과정 및 축조방법 변화

박신명
前 한신대학교박물관

I. 머리말

1990년대에 들어서면서부터 급속히 늘어나는 국토개발사업과 함께 고고학조사 역시 급증하게 되었고 그에 따라 많은 유적이 조사 및 보고되었다. 그 중 중부지역은 원삼국~한성백제기[01] 주거지 및 취락유적이 많이 조사되었고 자연스럽게 그에 대한 연구 성과가 두드러졌다. 특히 원삼국~한성백제기에 대한 편년은(박순발 1989·1996·2004; 최종택 1994; 이홍종 1994; 김일규 2006·2007a·b·c; 김성남 2004; 김무중 2004·2005; 한지선 2005; 권오영 2011; 이성주 2011) 현재까지도 논의 중이며 주거지 분포와 출토유물을 통한 정치체(韓·濊) 및 정치적 영역권(오세연 1995; 송만영 1999·2010; 지현병 1999; 신희권 2001; 강세호 2007; 심재연 2009; 권오영 2009; 한지선 2009; 박중국 2010; 신은정 2017; 박경신 2018; 이형원 2019)에 대한 연구가 많이 이루어졌다.

다만 기존의 연구경향이 편중된 점, 이목이 집중되는 고분·성곽·제방 등의 토목기술에 비해 주거 축조기술이나 방법에 대해서는 큰 고민 없이 연구가 진행된 점은 한 번 짚고 넘어갈 필요가 있다. 물론 주거지의 평면형태만이 아닌 취사·난방시설(이홍종 1993; 이형주 2001; 이민석 2002; 김동석 2005; 정상석 2003·2006; 유창현 2007; 박중국 2016; 박경신 2016; 한지선 2017; 송만영 2010a·b·2018)에 관한 연구가 나온 점은 고무적이긴 하나 주거 내부시설을 포괄적으로 연구하거나 축조방법 자체에 대한 연구의식은 부족하다.

따라서 본고에서는 주거 변천과정과 축조방법의 변화를 알아보고자 중부지역에서 조사 및 보고된 원삼국~한성백제기 주거지 230기의 자료를 정리해 분석해보았다. 시기는 크게 4단계로 원삼국 1기와 2기, 한성백제 1기와 2기로 나누었으며[02] 공간적으로는 중부지역 주

---

01) '원삼국시대'에 대한 의견은 지역별, 시대의 주체별로 연구자마다 다양하다. 또한 원삼국시대 경질무문토기 단순기에 대한 의견도 분분하며 경질무문토기 하한 역시 지역마다 차이가 있어 한 시대를 포괄하는 용어로 보긴 어렵다. 따라서 이 글에서는 권오영(2009)의 의견대로 '원삼국기'라는 용어를 사용하고자 한다.

02) 대상 시기는 크게 원삼국 1기(1~2C 중엽)·원삼국 2기(2C 중엽~3C 중엽), 한성백제 1기(3C 중엽~4C 중엽)·한성백제 2기(4C 중엽~475년)로 나누고 이에 대한 내부시설 변화를 지역별로 알

요 5개 수계(한강, 북한강, 남한강, 아산만, 임진·한탄강)로 정리하였다. 그리고 주거지 구성요소별 (평면형태, 취사·난방시설, 벽체시설)로 형식을 정하고 형식조합에 따라 시기 및 지역별로 주거지 의 변천과정과 축조방법 변화를 알아보고자 한다. 더불어 축조방법의 변화를 벽주건물과 비 교해서 수혈주거에서 지상주거(벽주건물)로의 이행과정도 알아보고자 한다.

II. 주거 형식분류 및 변천과정

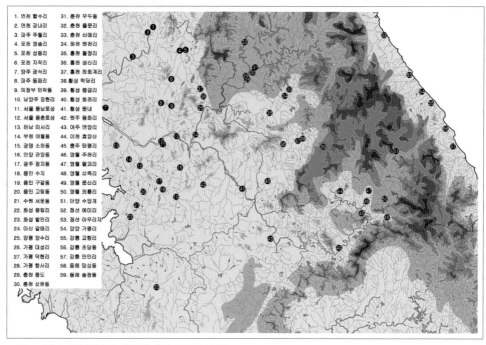

1. 연천 합수리	31. 춘천 우두동
2. 연천 강내리	32. 춘천 율문리
3. 파주 주월리	33. 춘천 신매리
4. 포천 영송리	34. 화천 원천리
5. 포천 성동리	35. 홍천 철정리
6. 포천 자작리	36. 홍천 성산리
7. 양주 광석리	37. 홍천 하화계리
8. 파주 동패리	38. 횡성 학담리
9. 의정부 민락동	39. 횡성 둔금리
10. 남양주 장현리	40. 횡성 화전리
11. 서울 풍납토성	41. 횡성 둔내
12. 서울 몽촌토성	42. 원주 동화리
13. 하남 미사리	43. 여주 연양리
14. 부천 여월동	44. 이천 효양산
15. 광명 소하동	45. 충주 탑평리
16. 안양 관양동	46. 영월 주천리
17. 광주 장지동	47. 영월 팔괴리
18. 용인 수지	48. 영월 삼옥리
19. 용인 구갈동	49. 영월 문산리
20. 용인 고림동	50. 영월 외룡리
21. 수원 서둔동	51. 단양 수양개
22. 화성 왕림리	52. 정선 예미리
23. 화성 안리	53. 정선 아우라지
24. 아산 갈매리	54. 양양 가평리
25. 양평 양수리	55. 강릉 교항리
26. 가평 대성리	56. 강릉 초당동
27. 가평 덕현리	57. 강릉 안인리
28. 가평 항사리	58. 동해 망상동
29. 춘천 중도	59. 동해 송정동
30. 춘천 삼천동	

그림 1 중부지역 원삼국~한성백제기 주거유적 분포도

아보고자 한다. 큰 틀로는 박순발(1989·2004·2009)의 편년안을 따르되 권오영(2011)·이성주 (2011)·박중국(2010)의 의견을 일부 수용하여 원삼국 2기로 보고된 유적의 시기를 한성백제 1기 로 보았다.

표 1 중부지역 주거유적 편년안

시기		한강	남한강	북한강	아산만	임진·한탄강
원삼국	1기		횡성 학담리 횡성 화전리 횡성 둔내	가평 대성리 양평 양수리 춘천 율문리(예) 춘천 중도		철원 와수리 포천 영송리
원삼국	2기	서울 풍납토성 서울 몽촌토성 하남 미사리 용인 고림동 남양주 장현리 광주 장지동	영월 삼옥리 홍천 하화계리 영월 문산리 원주 동화리 정선 예미리 횡성 둔내	춘천 우두동 춘천 율문리(강) 춘천 신매리 가평 항사리 가평 덕현리 화천 원천리	화성 발안리 수원 서둔동	연천 강내리
한성백제	1기	서울 풍납토성 서울 몽촌토성 하남 미사리 용인 고림동 남양주 장현리 광주 장지동	이천 효양산 여주 연양리 충주 탑평리 홍천 성산리	화천 원천리 가평 항사리	화성 발안리	파주 주월리 포천 성동리 연천 강내리 양주 광석리
한성백제	2기	용인 고림동 부천 여월동 광명 소하동 용인 수지	여주 연양리	화천 원천리	아산 갈매리 화성 왕림리	포천 자작리

1. 형식분류

1) 평면형태

평면형태는 방형(Ⅰ), 오각형(Ⅱ), 육각형(Ⅲ)으로 구분된다. 방형은 긴 시간동안 광범위하게 확인되며 오각형, 육각형에 비해 시공간적인 특성은 없지만 변천과정과 축조방법을 비교하기 위해 함께 살펴보겠다.

오각형은 대부분 출입구 쪽이 꺾이고 출입구 반대쪽 벽이 반듯하지만 간혹 정선 예미리유적(강원문화재연구소 2007) 10호와 횡성 둔내유적(강원문화재연구소 2008) 1호처럼 출입구 반대쪽으로 꺾이는 것도 확인된다.

육각형은 연구자마다 오각형과 육각형을 구분하는 기준이 다른데 이에 대하여 송만영(1999)은 기둥의 배치와 출입구 반대쪽 벽면형태로 구분하였다. 그러나 삭평, 중복, 파괴 등 여러 변수로 인해 명확한 구분은 어렵기에 본고에서는 출입구 쪽과 출입구 반대쪽 벽 모두 둔각으로 꺾인 주거지에 대해서만 육각형으로 보겠다.

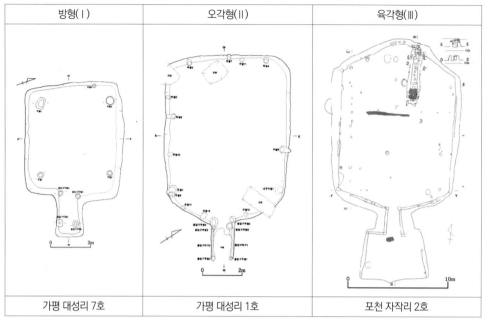

방형(Ⅰ)	오각형(Ⅱ)	육각형(Ⅲ)
가평 대성리 7호	가평 대성리 1호	포천 자작리 2호

그림 2 평면형태별 형식 분류

2) 취사 · 난방시설

취사 · 난방시설은 '노시설', '노지시설' 등 다양한 용어가 사용되지만 모두 취사와 난방이 주요 기능이며 계절에 따라서는 제습, 밤에는 조명의 기능을 담당하고 있다. 본고에서는 주요 기능적인 측면을 통칭하여 '취사 · 난방시설'이라고 하고 형식은 크게 노와 쪽구들(송기호 2006)로 구분하였다.

(1) 노

'노'(A)는 주거지 중심 축 중앙에 원형의 수혈을 굴토하고 강돌이나 판석을 깐 후 그 주위로 점토를 두르고 북쪽에 막음돌까지 한 경우이다. '노'라는 용어에 대해 유창현(2007)은 잔존하는 형태에 따라 불리는 여러 형태를 총칭하여 '부석형점토띠식', 송만영(2010)은 노가 처음 확인된 중도유적의 명칭을 따서 '중도식노지'라는 용어를 제안하였다.

(2) 쪽구들

쪽구들은 형태에 따라 'ㄱ자형'과 'ㅣ자형'으로 나뉜다. ㄱ자형 쪽구들(B)이란 용어에 대해

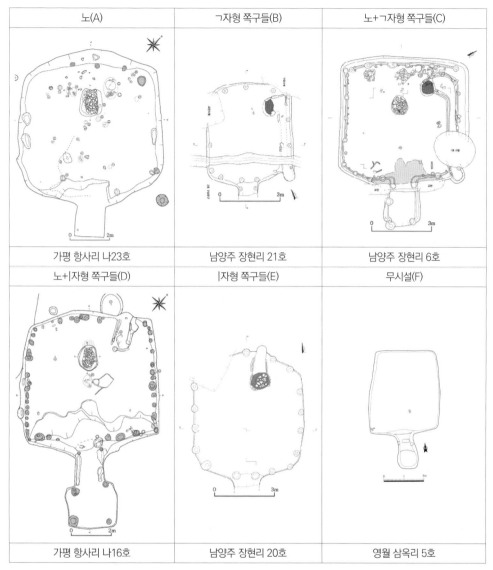

노(A)	ㄱ자형 쪽구들(B)	노+ㄱ자형 쪽구들(C)
가평 항사리 나23호	남양주 장현리 21호	남양주 장현리 6호
노+I자형 쪽구들(D)	I자형 쪽구들(E)	무시설(F)
가평 항사리 나16호	남양주 장현리 20호	영월 삼옥리 5호

그림 3 취사 · 난방시설별 형식 분류

서 김동훈(2005)은 '터널식 노시설', 정상석(2006)은 '부뚜막부 쪽구들', 송만영(2010) · 이병훈(2011)은 '외줄구들'이란 용어를 제안하였다. 다양한 용어가 제안되었지만 대부분 주거지 출입시설 오른쪽 벽에 설치되어 벽면을 따라 이어진다.

I자형 쪽구들(E)은 '부뚜막', '부뚜막형 노', 'I자형 부뚜막', '제형 부뚜막' 등 잔존하는 길이

나 형태 및 기능에 따라 다양한 용어가 사용되고 있으나[03] 대부분 출입구 반대쪽 벽 중앙이나 오른쪽 모서리에 설치된다.

노+ㄱ자형 쪽구들(C)과 노+ㅣ자형 쪽구들(D)은 후술할 취사·난방시설의 변천과정으로 볼 때 노, ㄱ자형 쪽구들, ㅣ자형 쪽구들로의 과도기 혹은 기능 구분으로 보인다.

3) 벽체시설

벽체시설은 벽구와 벽체가 모두 있는 것(a)과 벽구를 사용하지 않고 목재 기둥이나 보조 판재를 사용하여 벽체를 이룬 것(b), 무시설[04](c)로 나누어진다. 벽구와 벽체를 같이 사용한

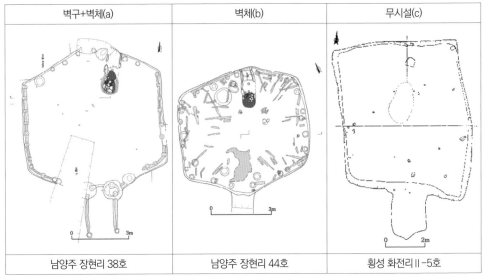

벽구+벽체(a)	벽체(b)	무시설(c)
남양주 장현리 38호	남양주 장현리 44호	횡성 화전리 II-5호

그림 4 벽체시설별 형식 분류

03) 박중국(2010)은 ㅣ자형 쪽구들에 대하여 동일위치, 동일규격, 동일구조로 축조되며 취사의 기능만을 지닌 4주식 주거지의 부뚜막과 비교해 볼 때 취사와 난방의 기능이 병존하고 있어 용어의 타당함을 피력하였다.

04) 무시설인 경우는 크게 2가지로 나뉜다. 삭평되어 확인할 수 없는 경우와 주거지 바닥 위로 바로 기둥을 세웠을 가능성이다. 삭평된 유구에 대해서는 확인이 불가능하지만 웅진·사비기의 4주식 주거지나 지상화 된 주거지 및 건물지의 경우에는 바닥을 단단히 다진 후 바로 기둥을 세우거나 초석 위로 기둥을 세우는 사례가 있다는 점을 고려해 볼 때 중부지역 원삼국~한성백제기 주거지에도 이러한 방식이 이용되었을 가능성은 있다.

경우는 주로 벽을 따라 쭉 이어서 시설되지만 필요에 따라 벽구를 일부만 사용한 것도 확인된다. 벽체만을 세운 경우는 화재로 인한 폐기양상으로 볼 때 기둥이나 벽체를 보조하는 판재 등 벽에 잔존해 있는 것으로 그 실태를 파악할 수 있다.

2. 변천과정

여기에서는 시기 및 지역별로 주거지 평면형태, 내부시설의 변천과정과 형식조합에 따른 주거지 변천과정을 표를 통해 간략히 살펴보겠다.

표 2 시기 및 지역별 평면형태에 따른 주거지 빈도

시기		형식	한강	남한강	북한강	아산만	임진 · 한탄강
원삼국	1기	방형		1	2		
		오각형		11	16		4
		육각형			1		
	2기	방형	3	2		2	
		오각형	17	7	14	4	
		육각형	23	8	13	10	
한성백제	1기	방형	2			2	
		오각형	1			2	
		육각형	49	2	7	6	3
	2기	방형					
		오각형	1				
		육각형	7			1	1

1) 평면형태

원삼국 1기에 북한강과 남한강유역에서 오각형이 다수 확인되며 원삼국 2기에 한강, 북한강유역에서 오각형이 다수 확인된다. 그리고 원삼국 2기~한성백제 2기까지 한강유역에서 육각형이 급격히 많아진다.

2) 취사 · 난방시설

원삼국 1~2기에 북한강, 남한강, 한강유역에서 노가 많다가 한성백제기부터 확인되는 수가 급격히 적어지며 쪽구들과 함께 소수 확인된다. 원삼국 2기부터 한강유역에서 ㄱ자형 쪽구들과 노+ㄱ자형 쪽구들이 등장하고 한성백제기부터 ㅣ자형 쪽구들이 급격히 늘어난다.

표 3　시기 및 지역별 취사 · 난방시설에 따른 주거지 빈도

시기		형식	한강	남한강	북한강	아산만	임진 · 한탄강
원삼국	1기	노		8	18		4
		ㄱ자형			1		
		노+ㄱ자형		1			
		무시설		3			
	2기	노	15	18	14	2	
		ㄱ자형	12	1		3	
		노+ㄱ자형	10		6	4	
		노+ㅣ자형	3		6	5	
		ㅣ자형	2	1	1	2	
		무시설	1	1			
한성백제	1기	노	1			1	
		노+ㅣ자형				2	
		ㅣ자형	43		7	6	3
		무시설	8	2		1	
	2기	노+ㅣ자형				1	
		ㅣ자형	7				1
		무시설	1				

3) 벽체시설

원삼국 1기에 북한강유역에서 벽구+벽체가 주로 확인되며 원삼국 2기부터 한강유역을 중심으로 벽구+벽체, 벽체를 사용하는 주거지가 많이 확인된다.

표 4　시기 및 지역별 벽체시설에 따른 주거지 빈도

시기		형식	한강	남한강	북한강	아산만	임진 · 한탄강
원삼국	1기	벽구+벽체			10		
		벽체		2	3		2
		무시설		10	6		2

시기		형식	한강	남한강	북한강	아산만	임진·한탄강
	2기	벽구+벽체	12		6		
		벽체	9	9		1	
		무시설	22	8	21	15	
한성백제	1기	벽구+벽체	14	1	4	1	1
		벽체	14				1
		무시설	24	1	3	9	1
	2기	벽구+벽체	4			1	1
		벽체	2				
		무시설	2				

4) 평면형태와 취사·난방시설의 조합

평면형태와 취사·난방시설의 조합은 〈표 2~3〉과 동일하게 원삼국 1~2기에는 북한강과 남한강유역을 중심으로 오각형·육각형-노가 다수 확인되며 한성백제기에는 한강유역을 중심으로 육각형-ㅣ자형 쪽구들로의 변화가 뚜렷하다.

표 5 시기 및 지역별 평면형태와 취사·난방시설 조합에 따른 주거지 빈도

시기		형식	한강	남한강	북한강	아산만	임진·한탄강
원삼국	1기	방형-노		1	2		
		오각형-노		7	15		4
	2기	오각형-노	3	8	9		
		오각형-ㄱ자형	4	1			
		오각형-노+ㄱ자형	5		4		
		육각형-노	12	9	5		
		육각형-ㄱ자형	7				
		육각형-노+ㅣ자형	1		6		
한성백제	1기	방형-ㅣ자형			2		
		육각형-ㅣ자형	41		7	3	3
		육각형-무시설	8	2		1	
	2기	육각형-노+ㅣ자형				1	
		육각형-ㅣ자형	6				1

5) 평면형태, 취사 · 난방시설과 벽체시설의 조합

총 형식조합 변천과정을 살펴보면 원삼국 1기에는 북한강유역을 중심으로 오각형-노-벽구+벽체, 원삼국 2기에는 남한강, 북한강유역에서 오각형-노-무시설, 한강유역에서는 육각형-노-무시설이 다수 확인된다. 한성백제 1기에는 한강유역을 중심으로 육각형-ㅣ자형 쪽구들-벽구+벽체 · 벽체 · 무시설로 다양한 형식이 확인되며 한성백제 2기에는 육각형-ㅣ자형 쪽구들-벽구+벽체가 다수 확인된다.

표 6　시기 및 지역별 평면형태, 취사 · 난방시설과 벽체시설 조합에 따른 주거지 빈도

시기		형식	한강	남한강	북한강	아산만	임진 · 한탄강
원삼국	1기	방형-노-벽체		1	2		
		오각형-노-벽구+벽체			9		
		오각형-노-벽체		1	2		2
		오각형-노-무시설		6	4		2
	2기	오각형-노-벽체	2	2	4		
		오각형-노-무시설	1	6	5	1	
		육각형-노-벽체	1	6			
		육각형-노-무시설	10	2	5	1	
		육각형-노+ㄱ자형-무시설			5	3	
한성백제	1기	육각형-ㅣ자형-벽구+벽체	12		4		1
		육각형-ㅣ자형-벽체	12				1
		육각형-ㅣ자형-무시설	17		3	3	
		육각형-무시설-벽구+벽체	2	1			
		육각형-무시설-무시설	5	1		1	
	2기	육각형-ㅣ자형-벽구+벽체	3				1
		육각형-ㅣ자형-벽체	1				
		육각형-ㅣ자형-무시설	2				
		육각형-노+ㅣ자형-벽구+벽체				1	

III. 주거 축조방법 변화

1. 벽체와 벽구의 역할

주거 축조방법 변화를 알아보기 전에 먼저 벽체와 벽구에 대해 정의해보고자 한다. 벽체

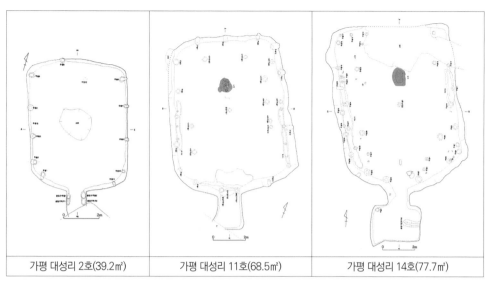

| 가평 대성리 2호(39.2㎡) | 가평 대성리 11호(68.5㎡) | 가평 대성리 14호(77.7㎡) |

그림 5 가평 대성리유적(경기문화재연구원 2009)에서 확인되는 벽구 사례와 면적차이

는 주거지 벽면 혹은 외곽을 따라 기둥을 세우고 그 기둥 사이를 보강하기 위해 점토나 유기물을 섞어서 채운 벽이다.[05] 그에 반해 벽구는 기둥을 세우는 데 있어 일종의 보강 역할이 크다. 다시 말해 벽주를 세우는 데 있어 보다 견고하게 하는 기술이거나 주거지 면적을 넓히는 데 사용되며 벽체를 구성하는 요소 중 하나로 볼 수 있다. 〈그림 5〉를 보면 가평 대성리 2호는 벽구 없이 벽면을 따라 정연하고 대칭되는 주공만 배치되는데 그 면적은 39.2㎡이다.[06] 하지만 가평 대성리 11호와 14호는 부분적으로 벽구 내에 주공이 설치되어 있으며 면적이 68.5㎡, 77.7㎡인 점으로 볼 때 지반을 보강하거나 보다 견고한 벽체를 이루는 축조방법 및 기술적인 역할이 분명하다. 또한 벽구의 역할에 대해 배수로 보는 연구(이영철 1997; 이은정 2007; 이건일 2011; 권오영 2004)에서 점차 벽체와 관련된 시설로 보는 연구(공봉석 2009; 권오영 2010)로 이어지고 있는 것 역시 주목할 점이다.

---

05) 권오영(2004)은 육각형 주거지의 특징으로 벽면을 따라 기둥이 촘촘히 배치되는 점을 주목하였는데 수직으로 세운 기둥 사이에 수평으로 가로지르는 판재와 진흙, 풀을 섞어 만든 벽재로 단단한 벽을 만들고 이를 통해 벽 자체로 지붕의 하중을 견딜 수 있는 점을 수혈주거에서 점차 벽주건물로 전환하는 것으로 보았다.

06) 본고에서의 면적은 출입구를 제외한 주실만의 면적이다.

2. 형식별 면적

여기에서는 주거지 평면형태, 내부시설별 면적과 시기 및 지역별로 형식조합에 따른 면적 변화를 〈표 7〉, SPSS를 이용한 〈그림 6~21〉을 통해 살펴보겠다.

〈그림 6〉은 평면형태별 면적인데 방형, 오각형, 육각형 순으로 면적이 넓어진다. 오각형과 육각형의 면적은 큰 차이는 없지만 육각형일 때 조금 더 넓고 평균을 넘어선 대형주거지가 두드러지게 확인된다.[07]

〈그림 7〉은 취사·난방시설별 면적이다. 면적이 넓어지는 순서대로 나열해 보면 ㄱ자형 쪽구들, 노+ㅣ자형 쪽구들, ㅣ자형 쪽구들, 무시설, 노, 노+ㄱ자형 쪽구들이다. 노만 사용하거나 노+ㄱ자형 쪽구들일 때 면적이 가장 넓으며 ㅣ자형 쪽구들일 때 면적은 대체로 작은 편이나 평면형태가 육각형일 때와 마찬가지로 대형주거지가 확인되고 있는 점이 특징이다.

〈그림 8〉은 벽체시설별 면적인데 무시설, 벽체, 벽구+벽체 순서이다. 벽체만 사용했을 때는 면적차이의 폭이 크지만 평균적인 면적은 벽구+벽체일 때가 더 넓으며 대형주거지 역시 벽구+벽체일 때가 많다.

〈그림 6~8〉과 〈표 7〉만 놓고 본다면 육각형 주거지-노+ㄱ자형 쪽구들-벽구+벽체 조합일

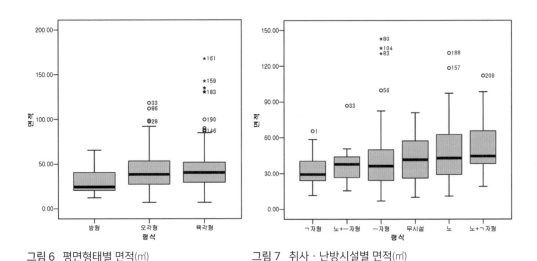

그림 6 평면형태별 면적(㎡)   그림 7 취사·난방시설별 면적(㎡)

---

07) 육각형 주거지에서 대형주거지가 두드러지게 나타나는 현상에 대해 송만영(2010)은 육각형 주거지를 통한 신분질서와 위계화를 나타내는 것으로 보았다.

때 평균 면적이 가장 넓을 것이다. 그러나
이러한 형식조합에 모두 해당되는 남양주
장현리(중앙문화재연구원 2010) 29호의 면적
은 44.3㎡인데 본고에서 정리한 모든 유적
의 평균 면적이 45㎡인 점과 비교해 볼 때
큰 차이가 없다. 오히려 〈그림 6~8〉에서
평균을 벗어난 대형주거지는 육각형 주거
지, ㅣ자형 쪽구들, 벽구+벽구일 경우에 나
타나는데 어떠한 형식조합일 때 면적이 달
라지는지 알아보자.

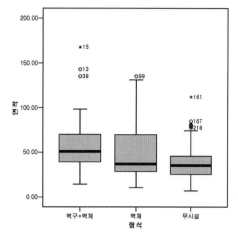

그림 8 벽체시설별 면적(㎡)

표 7 평면형태, 취사 · 난방시설, 벽체시설별 평균면적

평면형태	면적(㎡)	취사 · 난방시설	면적면적(㎡)	벽체시설	면적면적(㎡)
방형	36.6	노	48	벽구+벽체	57.9
		ㄱ자형 쪽구들	33.7		
오각형	43.8	노+ㄱ자형 쪽구들	52.1	벽체	50
		노+ㅣ자형 쪽구들	38		
육각형	46.7	ㅣ자형 쪽구들	42.2	무시설	37.9
		무시설	42.2		

1) 평면형태와 취사 · 난방시설 형식조합 면적

평면형태와 취사 · 난방시설 형식조합에 대한 면적이 시기 및 지역별로 어떻게 달라지는지
〈그림 9~15〉를 통해 알아보겠다.

〈그림 9〉는 원삼국 2기 한강유역 주거지 평면형태와 취사 · 난방시설의 형식조합별 면적
이다. 다양한 형식조합이 보이는데 동일한 취사 · 난방시설 노+ㄱ자형 쪽구들일 때 면적이
넓은 평면형태는 육각형〈 오각형〈 방형이다. 그러나 동일한 노나 ㄱ자형 쪽구들일 때 면적
이 넓은 평면형태는 오각형〈 육각형이다.

〈그림 10〉은 한성백제 1기 한강유역 주거지 평면형태와 취사 · 난방시설의 형식조합별 면
적이다. 동일한 ㅣ자형 쪽구들일 때 면적이 넓은 평면형태는 방형〈 육각형이며 〈그림 9〉의 원
삼국 2기 오각형-ㅣ자형 쪽구들보다 한성백제 1기 육각형-ㅣ자형 쪽구들의 면적이 더 넓다.

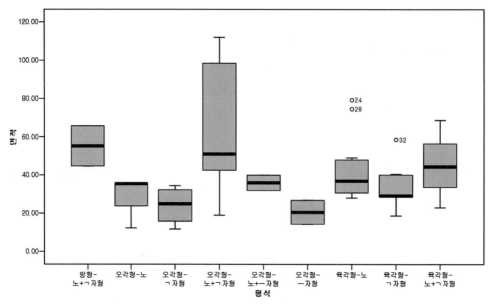

그림 9 원삼국 2기 한강유역 평면형태와 취사·난방시설 조합 면적(㎡)

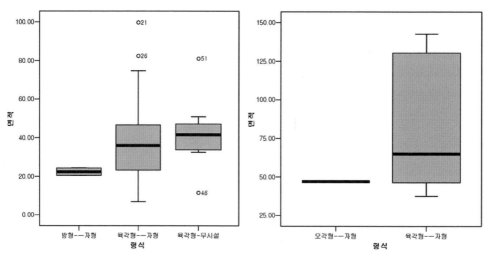

그림 10 한성백제 1기 한강유역 평면형태와 취사·
난방시설 조합 면적(㎡)

그림 11 한성백제 2기 한강유역 평면형태와 취사·
난방시설 조합 면적(㎡)

〈그림 11〉은 한성백제 2기 한강유역 주거지 평면형태와 취사·난방시설의 형식조합별
면적이다. 동일한 ㅣ자형 쪽구들이라도 면적이 넓은 평면형태는 오각형〈육각형이며〈그림
10〉의 한성백제 1기 육각형-ㅣ자형쪽구들보다 한성백제 2기 육각형-ㅣ자형쪽구들일 때 면적

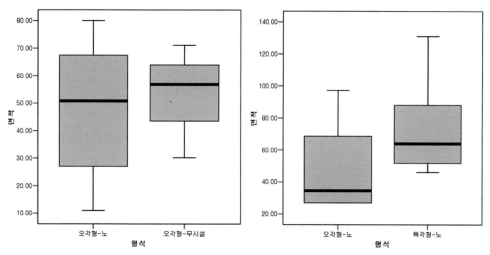

그림 12 원삼국 1기 남한강유역 평면형태와 취사 ·
난방시설 조합 면적(㎡)

그림 13 원삼국 2기 남한강유역 평면형태와 취사 ·
난방시설 조합 면적(㎡)

이 더 넓다.

〈그림 12~13〉은 원삼국 1~2기 남한강유역 주거지 평면형태와 취사 · 난방시설의 형식조합별 면적이다. 원삼국 1기에는 동일한 오각형이라도 취사 · 난방시설이 노보다 무시설일 때 면적이 더 넓다. 원삼국 2기에는 동일한 취사 · 난방시설이라도 평면형태가 오각형보다 육각

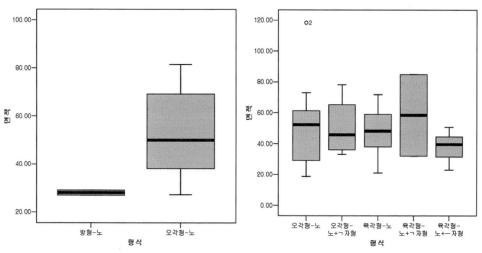

그림 14 원삼국 1기 북한강유역 평면형태와 취사 ·
난방시설 조합 면적(㎡)

그림 15 원삼국 2기 북한강유역 평면형태와 취사 ·
난방시설 조합 면적(㎡)

형일 때 면적이 더 넓다. 원삼국 1기와 2기를 비교해보면 동일한 오각형-노지만 시기가 늦어 지면서 면적이 작고 동일한 노를 사용해도 평면형태가 육각형일 때 면적이 더 넓다.

〈그림 14~15〉는 원삼국 1~2기 북한강유역 주거지 평면형태와 취사·난방시설의 형식조 합별 면적이다. 원삼국 1기에는 동일한 노를 사용해도 평면형태가 방형보다 오각형일 때 면 적이 넓으며 원삼국 2기에는 육각형보다 오각형일 때 면적이 더 넓다. 또한 원삼국 2기에는 동일한 노+ㄱ자형 쪽구들을 사용해도 평면형태가 오각형보다 육각형일 때 면적이 더 넓다. 원삼국 1기와 2기를 비교해보면 큰 차이는 없지만 시기가 늦을수록 면적이 작다.

이상 〈그림 9~15〉의 내용을 정리하면 동일한 평면형태, 취사·난방시설이라고 할지라도 시기가 늦을수록 면적이 넓으며 대체적으로 동일한 취사·난방시설이라고 해도 오각형보다 육각형일 때 면적이 넓다. 그러나 이러한 현상이 모든 형식조합에서 생기는 것은 아니다. 〈그 림 9〉와 〈그림 15〉를 보면 동일한 취사·난방시설이라도 평면형태가 육각형보다 방형, 오각 형일 때 면적이 더 넓다. 그렇다면 평면형태와 취사·난방시설 중 어떤 점 때문에 면적차이가 나는지 벽체시설과의 조합까지 살펴본 후 논의하겠다.

2) 평면형태, 취사·난방시설과 벽체시설 조합 면적

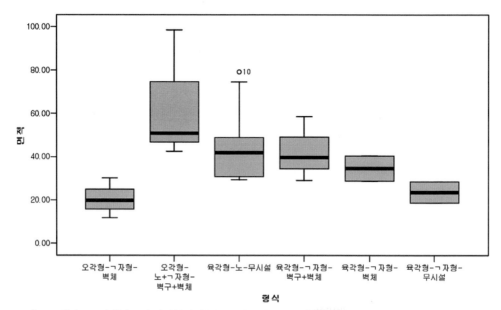

그림 16 원삼국 2기 한강유역 평면형태, 취사·난방시설과 벽체시설 조합 면적(㎡)

〈그림 16〉은 원삼국 2기 한강유역 주거지 평면형태, 취사·난방시설과 벽체시설 형식조합별 면적이다. 가장 눈에 띠는 것은 동일한 육각형-ㄱ자형 쪽구들을 사용해도 벽구+벽체〉벽체〉무시설 순으로 면적차이가 난다. 또한 동일한 취사·난방시설과 벽체를 사용해도 평면형태에 따라 면적이 달라짐을 알 수 있는데 오각형-ㄱ자형 쪽구들-벽체보다 육각형-ㄱ자형 쪽구들-벽체일 때 면적이 더 넓다.

〈그림 17〉은 한성백제 1기 한강유역 주거지 평면형태, 취사·난방시설과 벽체시설 형식조합별 면적이다. 동일한 육각형-ㅣ자형 쪽구들을 사용해도 벽체시설이 벽구+벽체일 때 면적이 가장 넓으며 그 다음은 벽체와 무시설 순이다. 원삼국 2기와 한성백제 1기를 비교해보면 동일한 육각형-벽구+벽체지만 취사·난방시설이 원삼국 2기 ㄱ자형 쪽구들보다 한성백제 1기 ㅣ자형 쪽구들일 때 면적이 조금 더 넓다. 그러나 동일한 육각형-벽체, 육각형-무시설일 경우 취사·난방시설이 ㄱ자형 쪽구들, ㅣ자형 쪽구들일 때 면적이 큰 차이 없이 비슷하다.

〈그림 18〉은 원삼국 2기 남한강유역 주거지 평면형태, 취사·난방시설과 벽체시설 형식조합별 면적이다. 동일한 오각형-노, 육각형-노의 경우에도 무시설보다 벽체를 사용할 때 면적이 더 넓다. 또한 동일한 노-벽체, 노-무시설이라도 평면형태가 오각형보다 육각형일 때 면적이 더 넓다.

〈그림 19〉는 원삼국 1기 북한강유역 주거지 평면형태, 취사·난방시설과 벽체시설 형식조합별 면적이다. 동일한 오각형-노지만 벽체시설이 무시설〈벽체〈벽구+벽체 순으로 면적이 넓다.

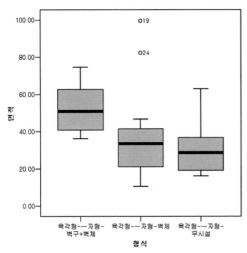

그림 17 한성백제 1기 한강유역 평면형태, 취사·난방시설과 벽체시설 조합 면적(㎡)

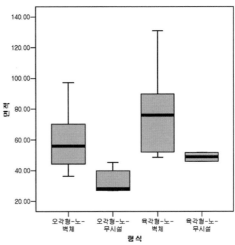

그림 18 원삼국 2기 남한강유역 평면형태, 취사·난방시설과 벽체시설 조합 면적(㎡)

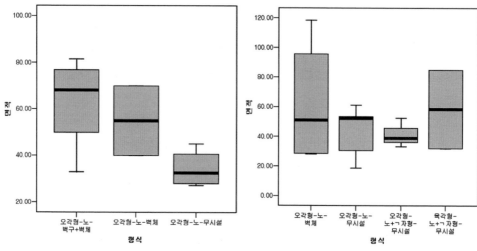

그림 19 원삼국 1기 북한강유역 평면형태, 취사·
난방시설과 벽체시설 조합 면적(㎡)

그림 20 원삼국 2기 북한강유역 평면형태, 취사·
난방시설과 벽체시설 조합 면적(㎡)

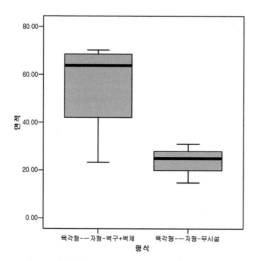

그림 21 한성백제 1기 북한강유역 평면형태, 취사·
난방시설과 벽체시설 조합 면적(㎡)

〈그림 20〉은 원삼국 2기 북한강유역 주거지 평면형태, 취사·난방시설과 벽체시설 형식조합별 면적이다. 동일한 오각형-노이지만 벽체시설이 무시설과 벽체일 경우 평균면적은 큰 차이가 없지만 벽체일 때 대형주거지가 더 많다. 또한 동일한 노+ㄱ자형 쪽구들-무시설이지만 면적은 평면형태가 오각형보다 육각형일 때 더 넓다. 원삼국 1기와 2기를 비교해보면 오각형-노-벽체와 오각형-노-무시설의 면적은 별 차이가 없지만 오각형-노-벽구+벽체일 경우 벽체, 무시설보다 면적이 더 넓다.

〈그림 21〉은 한성백제 1기 북한강유역 주거지 평면형태, 취사·난방시설과 벽체시설 형식조합별 면적이다. 동일한 육각형-ㅣ자형 쪽구들이지만 벽체시설이 벽구+벽체일 때가 무시설보다 면적이 더 넓다. 원삼국 2기 육각형-노+ㄱ자형 쪽구들-무시설과 한성백제 1기 육각형-ㅣ자

형 쪽구들-무시설을 비교해보면 취사·난방시설이 노+ㄱ자형 쪽구들일 때 면적이 더 넓다.

이상 〈그림 16~21〉의 내용을 정리하면 동일한 평면형태와 취사·난방시설이라도 벽체시설이 벽체, 무시설보다 벽구+벽체일 경우 면적이 넓으며 동일한 취사·난방시설과 벽체시설이라도 평면형태가 오각형보다 육각형일 때 면적이 넓다. 그에 비해 동일한 평면형태와 벽체시설이지만 각각의 취사·난방시설에 따라 면적이 넓거나 작다.

3. 변화 요인

앞서 본대로 동일한 취사·난방시설이라도 평면형태에 따라, 동일한 평면형태와 취사·난방시설이라도 벽체시설에 따라, 동일한 취사·난방시설과 벽체시설이라도 평면형태에 따라 면적차이를 보인다. 다만 동일한 평면형태와 벽체시설이라도 취사·난방시설에 따라서는 각각 면적이 다르다. 그렇다면 과연 취사·난방시설과 평면형태, 벽체시설은 연관성이 있는지, 면적이 커지면서 벽체시설이 시기 및 지역별로 어떻게 달라지는지 취사·난방시설과 벽체시설 변화를 그 변수로 두고 살펴보겠다.

1) 취사·난방시설 변화

우선 취사·난방시설의 변화를 살펴보면 노는 지역마다 원삼국 1기~한성백제 1기까지 확인되고 때로는 쪽구들과 조합된 형식으로 확인된다. 즉 노는 다른 취사·난방시설과 비교했을 때 시간성을 크게 반영하지 않는다. 따라서 중요한 점은 ㄱ자형 쪽구들에서 ㅣ자형 쪽구들로 변하면서 평면형태에 어떤 영향을 미쳤느냐는 것인데 다음 4가지의 경우에 대해서 생각해보자.

첫째, 장경호(2002)는 지붕을 세우는데 삼각가(三脚架)를 통한 우진각이 가장 많이 사용되며 평면형태가 방형보다 육각형일 때가 더욱 견고하다고 하였다. 이러한 의견을 고려하면 평면형태가 변하는 원인은 축조방법 자체가 변하는 것이지 취사·난방시설의 변화와는 관련이 없다고 할 수 있다. 이승연·이상해(2007) 역시 주거지 내부에 기둥열을 세우지 않거나 최대한 줄이면서 넓은 공간을 사용하기 위한 구조적인 해결책 중 하나로 평면형태의 변화를 들었다. 특히 큰 실(주실)의 모서리나 단벽을 둔각으로 조정해 줌으로써 하중을 줄이고 내부 기둥을 없애는 구조적 보완으로 보았다.〈그림 22〉

둘째, ㄱ자형 쪽구들은 주로 출입시설 주거지 오른쪽 벽에 설치되지만 ㅣ자형 쪽구들은 출

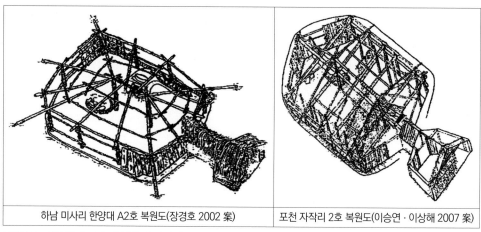

| 하남 미사리 한양대 A2호 복원도(장경호 2002 案) | 포천 자작리 2호 복원도(이승연 · 이상해 2007 案) |

그림 22 평면형태가 육각형일 때 안정적 구조인 주거지 복원도

입구 반대쪽 벽에 설치된다. 그런데 이례적으로 〈그림 23〉과 같이 광주 장지동(경기문화연구원 2010) 10호, 가평 덕현리(한림대학교박물관 2007) 2호, 화성 발안리(기전문화재연구원 2007) 26 · 28호에는 ㅣ자형 쪽구들이 오른쪽 벽에 설치된다. 이런 점은 ㄱ자형 쪽구들에서 ㅣ자형 쪽구들로 변해가는 과도기로 볼 수 있으며 평면형태가 오각형에서 육각형으로 변함에 따라 면적이 넓어지며 공간배치 측면에서 출입구 반대쪽에 설치되었다고 생각된다.

　셋째, 열효율을 고려해 볼 수 있는데 이는 실험고고학의 성과를 참고할 수 있겠다. 음식고고연구회(2011)에서 실험한 결과 ㄱ자형 쪽구들은 ㅣ자형 쪽구들에 비해 난방효과가 우수하며 ㅣ자형 쪽구들은 단시간 내에 온도가 높아지지만 열효율은 오히려 낮다는 것을 알 수 있었

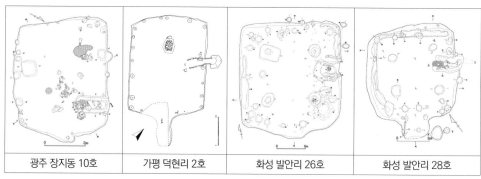

| 광주 장지동 10호 | 가평 덕현리 2호 | 화성 발안리 26호 | 화성 발안리 28호 |

그림 23 오른쪽 벽에 설치된 ㅣ자형 쪽구들

다. 그런데 면적이 넓어지는 육각형 주거지에 열효율이 낮은 ㅣ자형 쪽구들이 사용되는 것은 잘 이해가 가질 않으며 이는 취사·난방시설과 평면형태와는 관련이 없다고 할 수 있다.

넷째, 취사·난방시설이 변하는 원인은 평면형태와 상관없이 다양한 변수가 존재할 수 있다. 다시 말해서 열효율이 낮은 ㅣ자형 쪽구들이 면적이 넓어진 육각형 주거지에 사용된다는 것은 모순되지만 실제로 다수 확인되고 있다. 이는 ㄱ자형 쪽구들에 비해 난방 효과가 떨어질지라도 ㅣ자형 쪽구들을 보조할 수 있는 것, 예를 들면 노+ㅣ자형 쪽구들이나 그 당시 기후조건의 변화, 식생활의 변화 등과 같이 취사·난방시설의 변화 변수는 다양할 수 있다.

2) 벽체시설 변화

벽체시설이 세워지는 경우는 크게 2가지로 생각될 수 있다. 우선 〈그림 24〉는 주거지 내부 벽선을 따라 설치되는 기둥 외에 주거지 생활면에 따로 기둥이 설치되는 경우이다. 이와 같은 구조는 벽체가 견고하지 못해 지붕의 하중을 받치기 위한 구조로 벽체를 보완하고자 수직으로 판재를 세우거나 가로로 횡장목을 설치하는데 이러한 주거지의 경우 벽체높이는 낮을 수밖에 없었던 것으로 보인다.

그에 비해 〈그림 30〉은 주로 벽구 내에만 기둥이 설치되면서 생활면에는 따로 기둥이 설치되지 않는다. 이러한 구조는 벽구를 적극 이용한 구조로 벽체가 단단해지고 높이가 높아져 벽체 자체만으로 지붕의 하중을 견딜 수 있기에 생활면에 따로 기둥을 설치할 필요가 없다. 이러한 차이는 벽체를 세우는 방식이 달라졌음을 알 수 있는데 가장 큰 이유로는 기둥을 받치는 방법의 차이와 이를 통한 벽체의 높이에 있다고 생각된다. 그리고 이를 통해 시기 및 지역별로 축조방법을 복원하여 크게 A(A1~A4)형식과 B형식으로 나누어 보았다.

〈그림 25〉와 같이 A1은 한강유역 원삼국 2기에 해당하는 남양주 장현리유적의 예를 대상으로 복원한 것이다. 벽체를 세우는 데에 있어 벽구를 굴토하고 기둥을 세우고 가로로 횡장목을 설치하여 보완하는 방식인데 이러한 축조방법은 아직 벽체가 견고하지 못해 횡장목으로 보완하는 것으로 보인다.

A2는 〈그림 26〉과 같이 한강유역 한성백제 1기에 해당하는 주거지 구조인데 대표적인 유적이 서울 풍납토성(국립문화재연구소 2001)이다. 벽을 따라 벽구를 굴토하고 기둥을 세운 후 기둥 사이를 판재로 빽빽하게 채웠다. 이러한 축조방법을 통해 벽체는 보다 단단해지지만 벽구가 전체적이 아닌 일부만 확인된 점은 연약한 지반이나 기둥을 보강한 것으로 보이며 생활면 내부에 기둥이 따로 설치된 점으로 볼 때 벽 자체만으로 지붕을 하중을 받히기는 어려울 것이다.

A3은 〈그림 27〉과 같이 남한강유역 원삼국 2기에 해당하는 주거지의 구조인데 홍천 하화

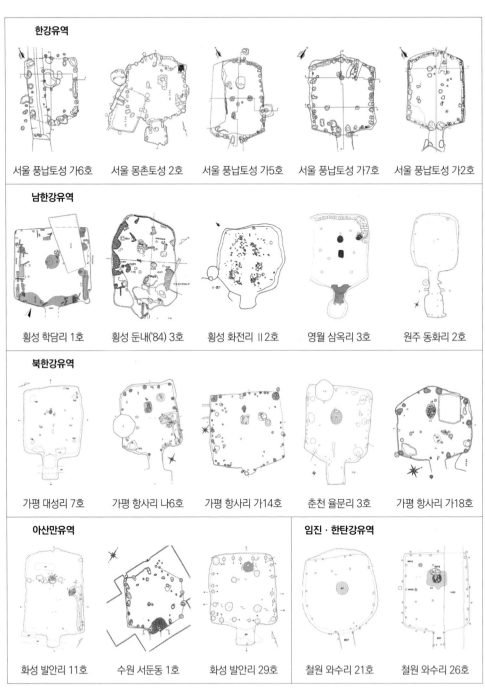

한강유역

서울 풍납토성 가6호 　 서울 몽촌토성 2호 　 서울 풍납토성 가5호 　 서울 풍납토성 가7호 　 서울 풍납토성 가2호

남한강유역

횡성 학담리 1호 　 횡성 둔내('84) 3호 　 횡성 화전리 Ⅱ2호 　 영월 삼옥리 3호 　 원주 동화리 2호

북한강유역

가평 대성리 7호 　 가평 항사리 나6호 　 가평 항사리 가14호 　 춘천 율문리 3호 　 가평 항사리 가18호

아산만유역

화성 발안리 11호 　 수원 서둔동 1호 　 화성 발안리 29호

임진·한탄강유역

철원 와수리 21호 　 철원 와수리 26호

그림 24　생활면에 따라 기둥이 설치되는 주거지(축적부동)

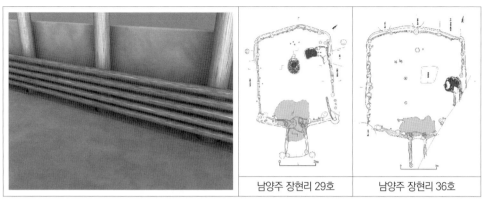

| 남양주 장현리 29호 | 남양주 장현리 36호 |

그림 25 원삼국 2기 한강유역 벽체 복원도(A1)

계리유적(강원문화재연구소 2005) 1호와 횡성 둔내유적(강원문화재연구소 2008) 1호가 대표적이다. 벽구는 따로 굴토하지 않으며 기둥을 세운 후 기둥 사이에 판재를 수직으로 빽빽이 채우고 가로로 횡장목을 설치한다. 이러한 주거지의 특징은 무엇보다도 면적이 넓다는 것에 있는데 면적이 넓기 때문에 〈그림 26〉과 같이 기둥 사이를 판재로 빽빽이 채우고 나서도 횡장목으로 보완한 것이다. 다만 주거지 내부 벽을 따라 일렬로 기둥이 설치되는 점은 주거 면적이 매우 넓기 때문에 지붕의 하중을 지탱하기 위해 주거지 내부에 기둥을 따로 설치하는 축조방법이라 하겠다.

A4는 〈그림 28〉과 같이 원삼국 2기 북한강유역에 해당하는 주거지의 구조인데 춘천 우두

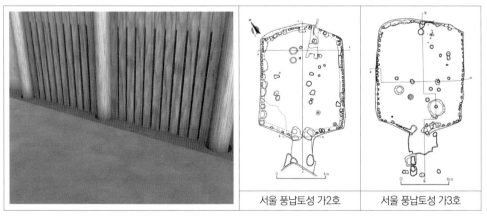

| 서울 풍납토성 가2호 | 서울 풍납토성 가3호 |

그림 26 한성백제 1기 한강유역 벽체 복원도(A2)

| 홍천 하화계리 1호 | 횡성 둔내('08) 1호 |

그림 27 원삼국 2기 남한강유역 벽체 복원도(A3)

동유적(강원문화재연구원 2007) 1호와 가평 대성리유적 20호가 대표적이다. 우선 이러한 축조
방법의 특징은 장단비가 크며 면적이 넓기 때문에 주거지 한 가운데로 가설주가 설치되며 주
거지 어깨선 바깥으로 기둥이 세워진다는 것이다.

　B형식은 〈그림 29〉와 같이 한강유역 한성백제 2기에 해당하는 주거지 구조인데 용인 고
림동유적(한신대학교 2018)이 대표적이다. 축조방법은 벽구를 굴토하고 벽구 내에 바로 기둥
을 세운다. 잔존하는 판재는 따로 없지만 주거지 내부에서 진흙과 유기물을 섞은 흙덩어리가
출토됨에 따라 이를 가지고 기둥 사이를 채웠으리라고 추정된다. 또한 벽구 내에 설치된 기
둥은 벽을 따라 양쪽으로 대칭되게 세워졌으며 무엇보다도 주거지 생활면에 따라 기둥을 세

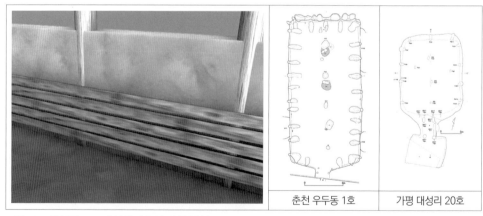

| 춘천 우두동 1호 | 가평 대성리 20호 |

그림 28 원삼국 1~2기 북한강유역 벽체 복원도(A4)

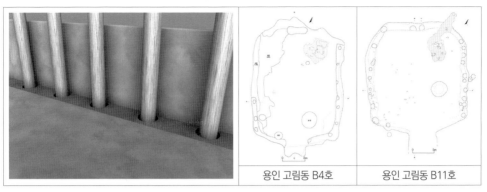

| 용인 고림동 B4호 | 용인 고림동 B11호 |

그림 29 한성백제 2기 한강유역 벽체 복원도(B)

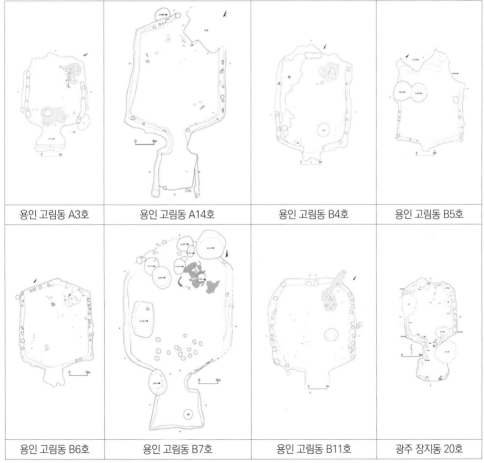

| 용인 고림동 A3호 | 용인 고림동 A14호 | 용인 고림동 B4호 | 용인 고림동 B5호 |
| 용인 고림동 B6호 | 용인 고림동 B7호 | 용인 고림동 B11호 | 광주 장지동 20호 |

그림 30 한성백제 1~2기 한강유역 벽구 내 기둥이 설치되는 주거지

우지 않았다. 이러한 축조방법은 벽체의 높이가 높아져도 벽 자체가 지붕의 하중을 충분히 받칠 수 있고 주거지 생활면에 따로 기둥이 설치되지 않기 때문에 생활공간의 활용이 효과적이었을 것으로 보인다.

한편 〈그림 26~29〉와 같이 벽체를 세우는 방식은 면적에도 큰 영향을 미친다. 〈그림 24〉, 〈그림 26〉과 같이 벽체가 견고하지 못하기 때문에 지붕의 하중을 지탱하기 위한 해결책으로 생활면에 기둥이 따로 설치된다. 이러한 축조방법은 벽체의 높이가 낮을 수밖에 없는 구조이며 실제 유구의 평균 면적은 40㎡ 미만인 소형이다. 그에 비해 〈그림 30〉과 같이 벽체가 견고해져 벽체만으로도 지붕의 하중을 지탱할 수 있는 축조방법에서는 생활면에 따로 기둥이 설치되지 않아 생활공간이 넓고 실제 유구의 평균 면적은 75㎡로 중대형이다.

4. 벽주건물로의 이행

원삼국~한성백제기의 주거지는 대부분 수혈주거지이지만 웅진·사비기에 들어서면서 점차 지상화가 이루어진다.[08] 이러한 변화양상으로 볼 때 〈그림 30〉과 같이 벽구를 굴토하고 기둥을 설치하여 벽 자체만으로 지붕의 하중을 견딜 수 있는 구조, 즉 내력벽이 사용되는 주거지는 다른 일반 수혈주거지와 구분되어야 한다. 青柳泰介(2002)는 대벽건물에 대해 일반적으로 방형의 구를 파서 벽의 기초를 만들고 지붕을 받치는 주주(主柱)와 토벽을 유지하는 간주(間柱)로 구성되는 튼튼한 토벽건물로 그 기원을 한반도로 보고 있다. 권오영·이형원(2006)은 대벽건물 대신 벽주건물이란 용어를 사용하면서 벽주건물의 범위를 확대시켜 빽빽한 기둥배치와 내부에 기둥을 세우지 않는 형태,[09] 즉 벽체만으로 기둥역할이 가능한 형태까지 보고 있다. 특히 수혈주거지이긴 하지만 빽빽이 기둥이 배치되는 서울 풍납토성, 몽촌토성의 육각형 주거지를 벽주건물의 시원형으로 보았다.

본고에서는 빽빽이 기둥이 배치되는 서울 풍납토성, 몽촌토성의 주거지에도 생활면에 기둥이 설치되는 점을 들어 벽체가 견고하지 못해 벽체의 높이가 낮은 것으로 보았다. 그에 비해 용인 고림동유적과 같이 생활면에 따로 기둥이 설치되지 않고 벽구 내에 기둥이 설치된

---

08) 물론 육각형(수혈) 주거지에서 4주식 주거지, 벽주건물(지상화)로 되는 과정을 바로 이어서 보긴 힘들다. 그러나 벽체가 단단해 지는 축조방법(내력벽)은 분명 벽주건물의 한 요소로 볼 수 있으며 이러한 축조방법을 통해 수혈에서 지상화 이행의 과정 중 일부분을 밝혀보고자 한다.

09) 이승연·이상해(2007)도 풍납토성 가-2호를 예로 들면서 벽선을 따라 판재를 촘촘하게 박은 내력 벽식 구조로 보았다.

구조는 벽체시설의 발달을 의미한다. 이는 벽체가 단단해짐과 동시에 벽체의 높이가 높아지고 높아진 벽체만으로 지붕의 하중을 받치는 구조로 벽주건물과 매우 유사하다.

따라서 서울 풍납토성, 몽촌토성보다는 용인 고림동유적의 주거지를 벽주건물의 시원형으로 볼 수 있겠으며 더 나아가 벽체만을 중점적으로 말한다면 서울 풍납토성, 몽촌토성은 벽주건물의 시원형, 용인 고림동유적의 주거지는 벽주건물에 속한다고 볼

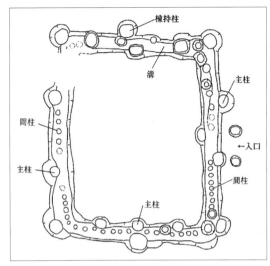

그림 31 靑柳泰介(2002)의 대벽건물 명칭

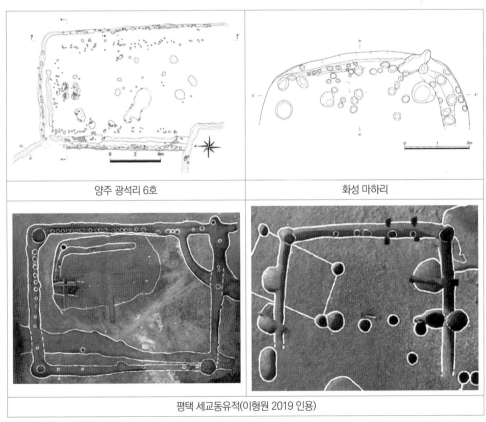

양주 광석리 6호	화성 마하리

평택 세교동유적(이형원 2019 인용)

그림 32 경기 남·북부지역에서 확인된 한성백제기 벽주건물

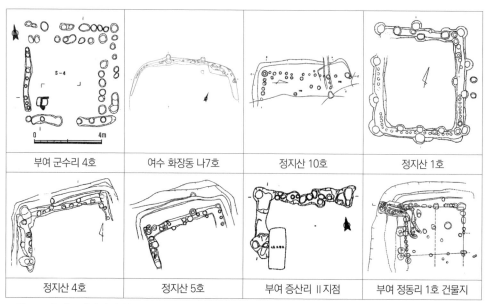

| 부여 군수리 4호 | 여수 화장동 나7호 | 정지산 10호 | 정지산 1호 |
| 정지산 4호 | 정지산 5호 | 부여 증산리 II지점 | 부여 정동리 1호 건물지 |

그림 33　웅진·사비기에 확인되는 벽주건물(축척부동)

수 있겠다.

　　물론 이러한 정의들은 차후 조사를 통해 재고할 부분이 있다. 그러나 최근 조사된 화성 마하리유적(한신대학교박물관 2009), 양주 광석리유적(국방문화재연구원 2012), 평택 세교동유적(가경고고학연구소 2017)을 보면 수혈주거지의 구조상 웅진·사비기에 나타나는 벽주건물과 구조가 유사하다. 특히 평택 세교동유적과 양주 광석리 6호는 평면형태가 방형에 벽구 내에 주공이 확인되는 점에서 벽주건물로 보아도 무방하며 출토된 유물을 통해 한성백제기라는 점은 이미 한성백제기에 벽주건물이 등장한 것을 말해 준다. 또한 화성 마하리유적 역시 비록 삭평으로 인해 정연한 평면형태는 확인되지 않았지만 여수 화장동(순천대학교박물관 2002) 나7호와 같이 벽주건물의 범주에 포함될 가능성이 있다.〈그림 32~33〉

IV. 맺음말

　　이상 중부지역 원삼국~한성백제기 주거 변천과정과 축조방법에 대해 알아보았다.

　　주거지의 평면형태와 취사·난방시설, 벽체시설을 형식별로 분류하고 시기 및 지역별로 살펴본 결과 원삼국 1기에는 북한강유역을 중심으로 오각형-노-벽구+벽체, 원삼국 2기에는 남한강, 북한강유역에서 오각형-노-무시설, 한강유역은 육각형-노-무시설이 다수 확인되었다. 그리고 한성백제 1기에는 한강유역을 중심으로 육각형-ㅣ자형 쪽구들-벽구+벽체, 벽체, 무시설 등 다양한 형식조합이 확인되며 한성백제 2기에는 한강유역을 중심으로 육각형-ㅣ자형 쪽구들-벽구+벽체가 다수 확인되었다.

통계분석을 통해 평면형태와 취사·난방시설의 조합, 평면형태와 취사·난방시설과 벽체시설의 형식조합에 따른 면적을 알아보았다. 분석결과 동일한 형식의 취사·난방시설일 경우 평면형태의 형식이 육각형일 때 면적이 가장 넓으며 동일한 평면형태와 취사·난방시설일 경우 벽체시설의 형식이 벽구+벽체일 때 면적이 가장 넓었다. 그러나 동일한 평면형태와 벽체시설일 경우 각각의 취사·난방시설에 따라 면적이 달랐다.

이러한 요인을 취사·난방시설과 벽체시설의 변화를 변수로 두고 분석해보았는데 주거지 건축구조의 발달에 따른 육각형으로의 변화, 쪽구들 과도기, 쪽구들의 열효율, 기타변수를 고려해보면 평면형태와 취사·난방시설간은 큰 연관이 없다. 오히려 벽체시설의 변화와 벽체를 세우는 방법에 집중해 볼 필요가 있어 시기 및 지역별의 대표유적을 통해 축조방법을 복원해 보았다. 기둥의 배치, 생활면에 기둥이 따로 설치되거나 판재(횡장목)로 벽체를 보완하는 주거지는 벽체가 견고하지 못해 지붕의 하중을 지탱하기 어렵기 때문에 벽체높이가 낮을 것으로 보이며 실제 이런 벽체구조를 가진 주거지의 면적은 작았다. 그에 비해 벽구 내 기둥이 대칭되게 설치되며 생활면에 기둥이 따로 설치되지 않고 판재가 확인되지 않는 주거지는 벽체가 높을 것으로 보이며 실제 주거지의 면적은 넓었다.

앞서 살펴본 벽체시설의 변화 즉 벽 자체만으로 지붕의 하중을 견디는 내력벽 구조는 일본의 대벽건물, 웅진·사비기의 벽주건물과 비교해 볼 수 있다. 특히 벽을 견고하게 하기위해 기둥 사이를 빽빽하게 배치한 서울 몽촌토성과 풍납토성의 주거구조는 벽주건물의 시원형으로 보기도 한다. 그러나 생활면에 따로 기둥이 확인된 점은 〈그림 29~30〉의 용인 고림동유적보다 벽체높이가 낮았을 것으로 보이며 오히려 벽체구조만 본다면 서울 몽촌토성, 풍납토성보다 용인 고림동유적을 벽주건물의 시원형 혹은 벽주건물로 볼 수 있겠다. 물론 서울 몽촌토성, 풍납토성, 용인 고림동유적 주거지는 수혈식이기에 건물이라는 명칭을 쓰기엔 부족하다. 다만 웅진·사비기의 벽주건물과 벽체구조가 유사한 점은 수혈식에서 지상화되는 이행기로 볼 수 있다. 덧붙여 양주 광석리유적, 화성 마하리유적, 평택 세교동유적에서 한성백제기에 해당하는 웅진·사비기의 벽주건물과 매우 유사한 수혈주거지가 확인된 점은 벽주건물의 등장시기를 앞당길 수 있다고 생각되며 차후 조사사례를 기대해본다.

〈후기〉

군 전역 후 복학한 2005년도 1학기부터 석사졸업까지 박물관에서 7년의 시간을 보냈다. 비록 2012년도부터 박물관을 떠났지만 학생시절을 전부 보낸 곳인 만큼 추억과 에피소드가 많다.

처음 박물관을 들어갔을 때 대부분이 여성분들이라 '아… 순탄치는 않겠다', '아… 무거운건 내 몫이구나'하는 생각, 나를 제일 구석에서 일을 시키고 자기들끼리 점심을 먹고 온다든지, 보안키가 없는 나를 두고 퇴근을 해서 기다리게 한다든지, 용인에서 시굴조사 당시 토층정리 중이던 트렌치가 무너져 깔려 죽을 뻔 한적(이때 생존 기념으로 이남규 선생님이 용인 순대 맛집 데려감), 이남규 선생님과 중국 상하이 답사 당시 술에 취해 짝퉁시장 가자고 한 일, 그날 밤 선생님방 히터 끄고 나온 일, 서울 풍납토성에서 자문회의가 열릴 때면 주민들 눈치 보며 빠른 걸음으로 다녔으며 국립문화재연구소와 한양대학교와의 그 날 밤, 화성 길성리토성 보고서 쓸 때 외장하드가 망가져 눈앞이 캄캄했던 일, 용인 고림동처럼 좋은 유적을 조사할 수 있는 행운과 '더 경험을 쌓고 조사했다면 어땠을까' 하는 아쉬움, 학교 60주년 및 박물관 16년을 기념해서 박물관 전시를 준비, 국가유물점검 당시 중복된 유물사진인지 모르고 1점을 찾겠다고 온 수장고를 뒤지고 다닌 일, 찾는 김에 수장고에 있는 모든 유물을 꺼내서 보름 내내 보고서별로 정리한 일, CAD로 유구면적 계산하는 거 측량회사에서 배우고 박물관에서 시행착오 겪다 해결한 일, 답사자료집 만들면서 축척비율 조절하는 거 배운 일, 학술대회 참여로 처음 간 본 일본 후쿠오카와 지금도 최고라고 생각하는 오사카의 초밥, 그 밖에 유물복원, 유물촬영, 수장고정리, 하다못해 국가유물점검 등등 다 적을 수 없는 추억과 경험들이 오늘 날까지 내 인생에 많은 도움을 주었다. 내가 느슨해질 때면 부르셔서 공부든 일이든 항상 가열 차게 하라고 용기를 북돋아 주시기도 하셨고 끊임없이 밀어 부쳐주시던 이남규 선생님. 선생님 덕분에 묻혀 있던 이 부족한 글도 올리게 되었습니다. 늘 선생님께 감사하고 기대에 부응하지 못해 송구한 마음뿐입니다. 항상 건강하시고 앞으로 좋은 소식만 전해 드릴 수 있게 노력하겠습니다.

제6장

원삼국~한성백제기 경기지역 사주식주거 연구

신은정
백제역사문화연구원

I. 머리말

사주식주거지는 네 벽면에 기둥구멍이 있는 (장)방형계주거지로 주로 A.D.3~5세기대에 호서 및 호남지역을 중심으로 분포하는 마한계 주거지이다. 그에 따라 기존의 사주식주거지에 대한 연구도 대부분 호서 및 호남지역을 중심으로 진행되고 있다.

경기 북부와 경기 동부에서는 예계문화권의 呂·凸자형 주거가 분포하고, 경기 서부와 남부에서는 마한계 문화권의 (장)방형주거가 분포하고 있다. 하지만 최근 발굴 성과에 의하면 경기 북부에서도 사주식주거지가 소량 확인되고, 경기 남부지역에서는 呂·凸자형과 사주식주거지가 혼재되는 현상과 같은 자료들이 드러나기 시작하였는데, 이는 본래 확인되는 문화와는 다른 문화양상이라 할 수 있다.

연구대상의 공간적 범위는 현재의 경기지역(경기도, 인천광역시)이며, 시간적 범위는 원삼국~한성백제기 전체를 대상으로 하였다. 이 글은 수계를 기준으로 사주식주거지가 확인된 3개의 주권역(북부권, 서부권, 남부권)으로 설정하고자 한다. 또한, 사주식주거지에서 확인된 유의미한 속성들을 토대로 지역별 사주식주거지의 전개 양상과 지역성 및 시간성을 살펴보는 것에 목적이 있다.

II. 경기지역의 사주식주거 현황 및 검토

경기지역에서 사주식주거지는 56개소에서 총 213기가 확인되었다.

사주식주거지가 확인된 주권역은 크게 수계를 기준으로 북부권, 서부권, 남부권으로 구분할 수 있다.

북부권에서 사주식주거지는 남한강유역과 경안천유역에 위치한 양주와 문산, 남양주, 파주에 위치하며, 총 4기가 확인되었다. 북부권은 본래 포천 자작리, 양주 광석리, 남양주 장현리 등에서 呂·凸자형 주거와 육각형 주거지가 분포하고 있는 지역이다. 하지만 양주 옥정동, 문산 당동리에서 마한계 주거지와 예계의 呂·凸자형 주거지가 공존하고 있다. 이 지역은 양문화권의 경계 지역으로 볼 수 있으며, 점이지대적인 성격이 확인된다(박경신 2021).

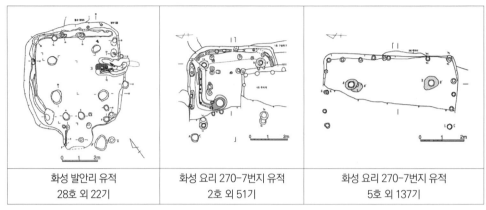

| 화성 발안리 유적
28호 외 22기 | 화성 요리 270-7번지 유적
2호 외 51기 | 화성 요리 270-7번지 유적
5호 외 137기 |

그림 1 경기지역 사주식주거지의 구분

　서부권에서 사주식주거지는 한강 하류 남안과 서해안 북부, 서해안 남부에 있는 김포, 인천, 시흥, 화성의 남양 반도 일원에 위치하며, 총 53기가 확인되었다. 서부권의 경우 남부권과 비교해 비교적 이른 시기부터 사주식주거지가 확인되며, 전역이 거의 방형 주거 분포권이다. 한강 하류 남안 유역에 해당하는 김포 양촌과 김포 운양동, 그리고 최근 김포 신곡리와 김포 태리 지역에서도 사주식주거지가 확인된다. 이 지역은 사주식주거지와 呂·凸자형 주거가 동일 유적에서 출토되고 있다. 또한, 서해안 북부유역에 해당하는 인천과 시흥지역에서 최근 남촌동과 은행동에서 사주식주거지가 확인되었는데, 시흥 은행동의 경우 면적이 100~250㎡에 해당하는 대형의 사주식주거지가 4기 확인되었고, 남촌동 고래실골 유적에서도 입구가 돌출된 사주식주거지가 확인되는 특징적인 모습이 보인다. 서해안 남부유역에 해당하는 화성의 남양 반도 지역에서는 화성 장외리와 남양동에서 사주식주거지가 확인되었는데, 서해안 남부권은 서해안 북부권과 비해 취락의 수가 현저히 낮다.

　남부권에서 사주식주거지는 발안천, 황구지천, 오산천, 진위천, 안성천에 있는 화성, 오산, 용인, 평택, 안성, 광교에 해당하며, 총 150기가 확인되었다. 남부권은 북부권과 서부권보다 훨씬 유적의 밀집도가 높다. 이 지역은 대부분 방형 주거 분포권이며, 사주식주거지가 주로 확인되는 곳이다.

　발안천 유역에 해당하는 화성 천천리, 왕림리 등에서 총 28기의 사주식주거지가 확인되었고, 발안리 유적의 경우 사주식주거지의 입지가 충적대지에 위치하고 凸자형의 돌출된 출입구 시설이 부가된 형태가 확인되는 특징을 보인다. 화성 당하리 유적이나 마하리 유적에서도 돌출된 출입시설을 결합한 예가 확인된다. 또한, 발안천 지역은 이른 시기의 경질무문토기와

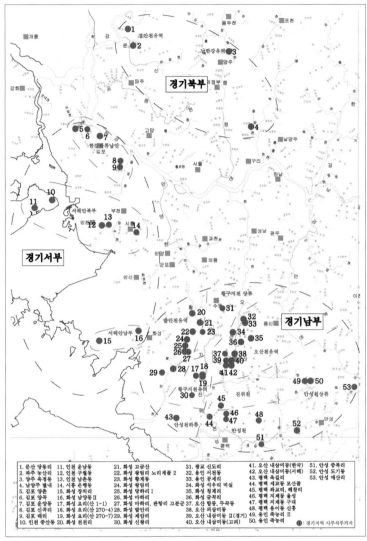

그림 2 경기지역 사주식주거지 분포 현황

1. 문산 당동리	11. 인천 운남동	21. 화성 고금산
2. 파주 능산리	12. 인천 구월동	22. 화성 왕림리 노리재골 2
3. 양주 옥정동	13. 인천 남촌동	23. 화성 황계동
4. 남양주 별내	14. 시흥 은행동	24. 화성 왕림리
5. 김포 양촌	15. 화성 장외리	25. 화성 당하리 I
6. 김포 양곡	16. 화성 남양동 II	26. 화성 마하리
7. 김포 운양동	17. 화성 요리(산 1-1)	27. 화성 마하리, 관항리 고분군
8. 김포 신곡리	18. 화성 요리(산 270-4)	28. 화성 발안리
9. 김포 태리	19. 화성 요리(산 270-7)	29. 화성 제암리
10. 인천 중산동	20. 화성 천천리	30. 화성 신왕리

31. 광교 신도리	41. 오산 내삼미동(한국)	51. 안성 중복리
32. 용인 서천동	42. 오산 내삼미동(서해)	52. 안성 도기동
33. 용인 공세리	43. 평택 육곡리	53. 안성 매산리
34. 화성 석우리 먹실	44. 평택 세교동 모산골	
35. 화성 청계리	45. 평택 좌교리, 해창리	
36. 화성 곡facebook리	46. 평택 지제동 율대	
37. 오산 탑동, 두곡동	47. 평택 지제동 구대	
38. 오산 내삼미동 II(경기)	48. 평택 용이동 신흥	
39. 오산 내삼미동 II(경기)	49. 용인 죽능리 II	
40. 오산 내삼미동(고려)	50. 용인 죽능리	
	● :경기지역 사주식주거지	

타날문토기 등을 비롯하여 직구단경호 및 고배 등 백제 한성기 양식의 토기까지 시기별로 고르게 출토되는 곳이다.

황구지천 유역에 해당하는 화성 고금산, 황계동 등에서는 총 24기의 사주식주거지가 확인되었다. 화성 요리 유적에서도 돌출된 출입구 시설이 부가된 형태가 확인되었다.

오산천 유역에 해당하는 용인 서천동, 공세리 · 화성 석우리 먹실, 청계리, 금곡리 · 오산 탑동 등에서는 총 63기의 사주식주거지가 확인되었다. 용인 지역은 대부분 사주식주거지의 평면 형태가 불분명하지만, 광구장경호 등 한성 양식의 토기가 다수 확인되었다. 화성 석우리 먹실유적은 호서형의 사주식주거지가 본격적으로 등장하는 유적이며(박경신 2021), 주거지의 면적이 100㎡ 이상으로 큰 편이다. 오산지역에서도 돌출적인 출입구와 4주혈이 부가된 형태가 확인되었다.

진위천 유역에 해당하는 평택 좌교리, 해창리 유적에서는 총 5기의 사주식주거지가 확인되었는데, 평택 좌교리 유적에서 오각형의 평면 형태를 가지는 사주식주거지가 출토되었다.

안성천 유역에 해당하는 평택 옥길리, 평택 세교동 모산골, 평택 지제동 울성, 평택 지제동 구대 등에서 총 31기의 사주식주거지가 확인되었다. 최근 평택 세교동 모산골 유적에서 원삼국~백제 한성기에 해당하는 다양하고 전형적인 呂・凸자형 주거와 방형 및 사주식주거지가 혼재된 것이 확인되었다. 사주식주거지는 凸자형에 비해 규모가 작은 편이며, 화성 발안리 유적과 유사한 모습을 보인다. 평택지역은 마한과 백제의 팽창과 관련하여 중요한 공간임에도 아직 발견된 유구의 수가 적은 편이다.

이처럼 남부권의 사주식주거지는 발안천, 황구지천 등의 하천을 따라 다수 분포되어 있다. 또한, 한강 중심의 呂・凸자형, 육각형 주거지 분포권과의 접경지대로 인식되고 있으며(권오영 2009), 이에 따라 다른 지역과 다르게 呂・凸자의 돌출된 출입구 시설과 4주혈이 부가된 특징이 보인다.

Ⅲ. 지역별 사주식주거의 구조적 특징과 형식분류

1. 구조적 특징

1) 입지

사주식주거지의 입지는 구릉성유형(평지구릉, 산지구릉)와 저지성유형(충적지)로 구분된다. 구릉성유형은 평지구릉과 산지구릉으로 구분할 수 있고, 구릉에 분포하는 주거지는 상부, 하부, 평지에서 확인되었다.

경기지역 사주식주거지의 입지는 구릉성유형과 저지성유형으로 구분할 수 있다.

구릉 사면이 총 170기로 가장 많았으며, 지역적으로는 큰 차이를 보이지 않는다. 그 외 구

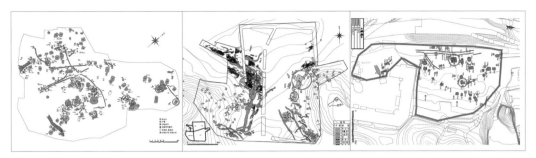

그림 3 사주식주거지 위치 유적 현황도(화성 발안리, 화성 석우리 먹실, 양주 옥정동)

릉 능선(14기) → 구릉 정상(10기) → 평지 및 충적대지순(18기)으로 고르게 분포하고 있다.

보편적으로 하천 주변 구릉 사면부에 가장 많이 위치하는데, 이는 전 시기에 걸쳐 주거 혹은 취락이 조성되기에 구릉 사면부가 가장 유리한 입지 유형임을 알 수 있다. 충적대지에 있는 사주식주거지는 모두 경기 남부권에서 확인된다.

또한, 입지에 따라 주거지 간에 면적 차이를 살펴본 결과, 구릉 능선·사면(평균 32.7㎡) 보다 충적대지(평균 48.6㎡)에 입지하고 있는 사주식주거지가 더 규모가 큰 것이 확인되었다. 이러한 입지와 규모의 차이는 결과적으로 계층화와 연결할 수 있는데, 즉, 충적대지에 입지하고 있는 사주식주거지가 대체로 계층화 단계에서 높은 등급에 있는 유적이라 할 수 있다. 이외에 구릉 사면에 있는 사주식주거지는 낮은 단계에 속한다고 볼 수 있다(송만영 2013).

또한, 입지에 따라서 사주식주거지가 있는 곳이 다르게 나타나는데, 대체로 구릉 사면에 있는 사주식주거지는 취락의 상단부나 중단부에 위치한 경우가 많았고, 평지에 위치한(구릉 평지, 충적대지)의 경우에는 사주식주거지가 취락의 중심부에 위치하는 경우가 많았다. 화성 발안리 유적의 경우 26, 28, 29호(형태: 凸)는 비교적 중앙에 있고 다른 사주식주거지(형태: 방형 혹은 장방형)는 서로 흩어져 있는데, 이는 다른 형태의 사주식주거지보다 凸+4주혈 주거가 위계적으로 더 높은 위치에 있었던 것으로 추정할 수 있다.

2) 평면 형태

경기지역 사주지주거지의 평면 형태는 대부분 (장)방형계이며, 오각형, 육각형의 형태도 확인된다.

(장)방형계주거지가 가장 많이 확인되고, 모든 경기지역에서 나타나는 것으로 보아 가장 보편적인 형태로 판단된다. 방형계 사주식주거지(118기)는 일반적인 평면 형태로 원삼국시대

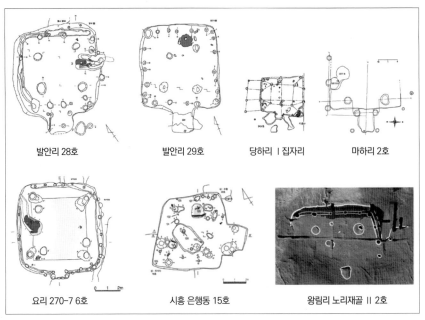

| 발안리 28호 | 발안리 29호 | 당하리 Ⅰ 집자리 | 마하리 2호 |

| 요리 270-7 6호 | 시흥 은행동 15호 | 왕림리 노리재골 Ⅱ 2호 |

그림 4 呂ㆍ凸자+4주혈 결합 주거지

이른 시기부터 백제 한성기 늦은 시기까지 지속하며, 장방형 주거지(80기)도 대부분 방형 주거지와 지속해서 공존하는 형태를 보인다.

오각형과 육각형은 경기 남부권에서만 보이는데, 오각형 주거지는 화성 발안리 유적 26호와 평택 좌교리 유적의 3지점 1호 주거지에 해당하며, 육각형 주거지는 화성 왕림리 노리재골에서 확인되었다.

또한, 서부권과 남부권에서 돌출된 출입구 시설을 가진 사주식주거지가 확인되었는데, 시흥 은행동, 화성 요리, 화성 발안리 유적 등에서 11기가 출토되었고, 화성 왕림리 노리재골 유적에서는 呂자형+4주혈 형태가 1기 확인되었다.

평면 형태는 지역별 혹은 시기별로 차이가 크게 보이지 않는다. 하지만 대체로 呂ㆍ凸자형+4주혈 형태는 백제 한성기 시기로 여겨지며, 대부분 남부권에 속하는 발안천 유역에서 다수 확인된다.

또한, 입지적으로 (장)방형계의 일반적인 평면 형태의 사주식주거지는 구릉의 사면 및 능선에 조성되어 있고, 오각형이나 돌출된 출입구를 가진 다양한 평면 형태의 사주식주거지는 구릉 평지나 충적대지와 같은 저지성 지대에 대부분 위치한 것으로 확인된다.

3) 내부시설

(1) 주공 속성 검토

사주식주거지에서 주공은 그 형태와 배치에 따라 주거지 내부공간의 사용과 상부구조를 결정짓는 중요한 요소이다. 사주식주거지의 주공은 중심주공(주주공)과 보조주공으로 구분할 수 있으며, 중심 주공으로 지붕의 하중을 지탱한다. 또한, 다른 보조기둥에 비해 기둥구멍의 크기가 비교적 큰 편이다. 보조주공은 벽체를 세우기 위한 용도로 주거지 벽 쪽에 설치되기로 하며, 중심 주공을 보조하는 용도로 만들어지기도 하나, 보조 주공이 없는 경우도 많다.

① 사주공 내 면적비

사주공 내 면적비는 주거지의 장·단축이 모두 남아 있어 4주혈이 모두 확인되는 것을 선정하여 총 43기를 중심으로 살펴보았다.

주공 면적이 0.2 이하로 주주공이 중앙쪽에 위치한 사주식주거지는 총 10기로, 인천 남촌동과 화성 발안리, 요리, 평택 좌교리 유적이 해당된다. 대부분 보조주공을 가지고 있으며, 발안리 유적과 화성 요리 유적의 경우 凸자형의 돌출된 출입구 시설을 가진 특징이 확인된다. 보조주공 여부에 따른 규모 차이는 관찰되지 않는다.

주공면적이 0.2~0.5 이하로 주주공이 벽가와 중앙부에 있는 사주식주거지는 총 22기이다. 보조 주공이 있는 것과 없는 것이 모두 확인되나, 보조 주공이 있는 사주식주거지는 면적이 192㎡·96㎡(시흥 은행동 2호·9호), 84㎡(화성 남양동 3호)로 대체로 큰 편에 속하지만, 그에 비해 보조주공이 없는 주거지는 4.3㎡(김포 신곡리 3호), 19.8㎡(인천 남촌동 18호), 14.7㎡(화성 고금산 2호) 등으로 비교적 규모가 작다.

주공면적이 0.5 이상으로 주주공이 벽가쪽에 위치한 사주식주거지도 보조주공의 여부에 따라 규모 차이가 확인된다. 보조주공이 있는 경우 78㎡(인천 운남동), 100.5㎡(화성 석우리 먹실 6호) 정도의 규모로 대형에 속하는 주거지가 형성된다.

또한, 주공이 중앙에 있는 사주식주거지(평균 면적 34.5㎡)보다 벽가에 위치한 사주식 주거(평균 면적 46.0㎡)가 비교적 주거지 규모가 크게 관찰되는데, 이는 주공이 중앙보다 벽가에 위치할 때 지붕의 하중을 더 잘 견뎌줄 수 있어서 규모를 비교적 크게 지은 것으로 판단된다.

사주공 내 면적비에 대한 지역적인 특성은 확인되지 않는다.

② 주주공의 배치양상과 보조주공

주주공의 배치양상은 중앙과 벽가로 나눌 수 있다. 경기지역에서 확인된 사주식주거지 중

사주공 내 면적비가 가장 낮은 0.13 정도에 해당하는 발안리 유적 50호는 유구 벽으로부터
약 145cm 정도, 0.3 정도에 해당하는 화성 남양동 3호는 약 137cm, 면적비가 0.8 정도에
해당하는 인천 남촌동 2호는 약 30cm 정도 떨어져 있거나, 그 외 면적비가 높은 주거지 중
에는 주주공이 유구 벽에 있는 경우도 존재한다.

   평균적으로 주거지에서 사람이 벽과 기둥 사이를 생활공간으로 사용할 수 있는 기준은 약
100cm로, 유구 벽에서 주공까지의 위치를 100cm를 기준으로 하여 주주공의 배치양상이
100cm 이하는 벽가(A), 100cm 이상은 중앙(B)으로 보았다. 또한, 보조주공은 벽에 가까이
에서 확인되는 보조주공과 벽에서 떨어져 있는 보조주공이 있는데, 벽가 쪽의 주공이 벽체와
밀접한 관련이 있다(이상걸 2013). 벽가 쪽 보조주공은 사주지주거마다 없는 경우(a)와 있는

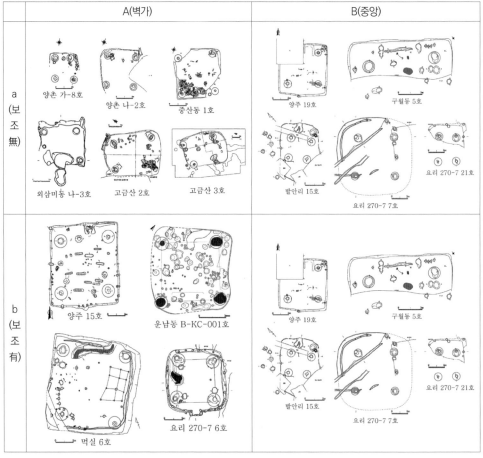

그림 5 주공 속성 분류

경우ⓑ가 둘 다 관찰된다.

　Aa(벽가, 보조 無) 주공 형태를 가진 사주식주거지는 북부권 7기, 서부권 16기, 남부권 60기로 총 83기이며 사주식주거지 주공의 가장 보편적인 양상으로 보인다. 주거지 대부분이 구릉 사면에 위치하고 (장)방형계만 확인된다. 지역별 특성은 관찰되지 않는다.

　Ab(벽가, 보조 有) 주공 형태를 가진 사주식주거지는 북부권 1기, 서부권 21기, 남부권 58기로 총 79기이다. 남부권의 경우 충적대지와 凸자형의 돌출된 출입구를 가진 주거지에서 대체로 확인되는 형태이다. 또한, 시흥 은행동, 화성 석우리 먹실과 같이 규모가 100~200㎡에 해당하는 대형주거지에서 채택된 주공 형태로 관찰된다.

　Ba(중앙, 보조 無) 주공 형태를 가진 사주식주거지는 북부권 1기, 서부권 6기, 남부권 7기로 가장 적게 확인되며, 주거지 규모도 작은 편이다.

　Bb(중앙, 보조 有) 주공 형태를 가진 사주식주거지는 서부권 11기, 남부권 25기로 총 36기이다. 화성 남양동이나 석우리 먹실과 같이 규모가 비교적 큰 주거지에서 확인되고, 충적지대와 돌출된 출입구를 가진 주거지에서 가장 많이 확인되는 형태이다.

　Ab → Bb → Aa → Ba 순으로 주거지 규모가 작아지며, 이는 앞서 언급했던 것처럼 주공이 중앙에 위치하고 보조주공이 없는 것보다 벽가에 위치하고 보조주공이 있는 것이 지붕의 하중을 더 잘 견뎌주기 때문으로 보인다. 즉, 대체로 보조주공이 있는 사주식주거지의 규모가 더 크게 나타나고, Bb형보다 Ab형이 비교적 면적이 큰데, 이는 처음 주거지를 축조할 때 면적을 크게 만든 주거지면 중앙에 기둥을 세우는 것보다 벽가에 세우는 것이 주거지의 공간 활용 면에서 더 효율성이 있으며, 비교적 벽가 기둥의 하중이 영향을 덜 받기 때문에 너 규모가 큰 것으로 판단된다. 또한, Aa와 Ba 형식의 사주식주거지는 비교적 규모가 작은데, 이는 주거지의 규모가 작으므로 보조주공을 사용하지 않고 작은 규모를 조금 더 실용적으로 사용하기 위해 벽가에 주주공을 세운 것으로 추정된다.

　또한, 형태별로 각 주거지의 주공 규모를 살펴본 결과 주주공 크기와 깊이에 있어 Ab,Bb가 Aa, Ba형보다 비교적 너비가 크다. 이는 보조주공이 없으면 상식적으로 지붕을 받치는 주주공이 더 커야 하지만, 경기지역의 사주식주거지는 보조주공이 있는 것이 주주공의 크기가 더 크다. 즉, 보조 주공의 역할이 주주공의 하중을 분산하는 기능을 한다면 보조주공이 없는 Aa, Ba의 지름이 더 커야 하지만, 반대로 이런 결과가 나타난 이유는 보조주공의 역할이 하중을 분산하는 기능보다 벽을 축조하기 위한 가설재로의 역할로 쓰였기 때문으로 보인다(이상걸 2013).

(2) 장타원형수혈

장타원형수혈은 주거지 바닥 면에서 확인되는 시설이다. 장타원형 또는 세장방형의 형태를 가지며, 대체로 하나의 주거지 내에서 1~2개의 장타원형 수혈이 일렬로 배치되는 양상을 보인다. 현재 장타원형 수혈에 대한 용도로는 사주식주거지의 등장으로 대형화되는 주거지의 내부공간 분할을 위한 칸막이 같은 기능(이은정 2007)이나 사다리 흔적(서현주 2013)으로 보기도 한다.

이러한 장타원형 수혈은 주로 호남지역에서 보이며, 경기지역에서는 양주 옥정동에서만 확인되었다. 양주 옥정동 15호의 경우 장타원형 수혈이 10개 정도 확인되며, 19호는 1개가 확인되었다. 아마 호남지역의 사주식주거지와 연관성이 엿보이는 부분으로 볼 수 있다.

(3) 취사 · 난방시설

경기지역 사주식주거지의 취사 · 난방시설은 노지 · 부뚜막(一자형구들), ㄱ자형쪽구들, 짧은 ㄱ자형 구들로 구분할 수 있다.

노지는 서로 구조적인 차이가 존재하며 구들 시설과 비교해 비교적 취사 및 난방에 있어 효율성이 떨어지는 구조이다. ㄱ자형 쪽구들은 아궁이에서 배연부까지 한 줄 또는 여러 줄의 고래를 길게 조성해 주거 내부를 난방하는 시설로 구들 부분이 주거지 벽체를 따라 맞닿는 구조이다. 부뚜막은 구들의 길이가 짧고 아궁이가 벽체에서 일직선 형태를 가지는 구조로 취사 · 난방에 효율적이다.

다음 〈그림 6〉 경기지역 사주식주거지에서 확인된 취사 · 난방시설에 대한 모식도이다.

경기지역 사주식주거지에서 배치 위치에 따른 취사 및 난방시설 유형은 총 7가지이며, 85기가 확인되었다.

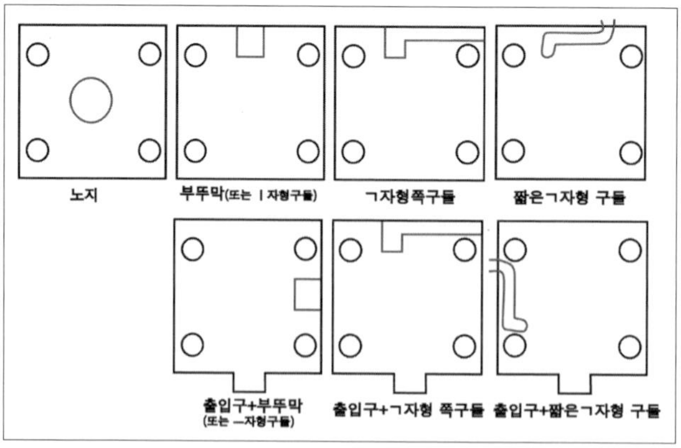

노지는 총 66개 유구에서 확인되어, 가장 보편적으로 사용한 것으로 보인다.

부뚜막(또는 1자형구들) 시설과 출입구+부뚜막 시설을 가진 유구는 총 12기로 주거지의 후벽 중간지점이나, 간혹 凸자형 주거 측벽에 부뚜막이 배치되는 예도

그림 6 경기지역 사주식주거지 취사 · 난방시설 모식도

있다. 서해안 북부유역에서는 시 은행동(B-2, 3, 8, 9호)과 인천 남촌동 고래실골(1호), 화성 제암리(1호), 오산 탑동·두곡동(14-4호), 안성 매산리(2호), 화성 발안리(15, 50호)에서 주거지 후벽 중간지점에서 부뚜막 시설이 확인되었는데, 벽체와 직교하게 一자형으로 배치되어 있다. 발안천 유역의 화성 발안리(26, 28호)에서는 凸자형의 출입구를 가진 주거지 측벽에 부뚜막이 배치되어 있다. 26호의 경우 점토가 사용되었고, 28호는 후렁이바닥 좌우로 부뚜막 축부 중간지점까지 석재를 세운 뒤 점토를 바르고, 연도는 점토만을 사용해 만들었다.

ㄱ자형 쪽구들 시설과 출입구+ㄱ자형 쪽구들 시설을 가진 유구는 총 3기로 모두 주거지 후벽에 배치되어 있다. 양주 옥정동(15호), 화성 장외리(2호), 김포 운양동(2호)이 이에 해당한다. 양주 옥정동(15호)의 경우 출입구가 있고 ㄱ자형 쪽구들이 북벽의 중앙에 위치하며, 아궁이 부분이 주거지 벽체 중간에서 ㄱ자형으로 약간 꺾인다. 또한, 구들의 길이가 한쪽 벽체 전면을 차지하지 않고 중간 정도까지만 위치한다. 축조재료로는 황갈색 점토를 이용하여 조성하였다.

짧은 ㄱ자형 구들과 출입구+짧은 ㄱ자형 구들은 주거지 내 위치에 따라 측벽배치와 후벽배치로 구분할 수 있다. 이 형식은 고래가 측벽과 후벽에서 일정한 거리로 벌어진 구조로 벽체의 거의 중앙에 구들이 배치되며, 아궁이와 배연부가 주거지의 모서리까지 이어지지 않고 배연부가 과하게 주거지 외부로 돌출되거나 굴광선 바깥까지 빠져나가는 특징을 가진다(이병훈 2011).

짧은 ㄱ자형 구들은 화성 석우리 먹실(6, 7호)에 해당하며, 돌출된 출입구는 없고 장방형의 형태에서 확인되었다. 구들의 위치는 모두 후벽에 배치되어 있으며, 모두 북쪽에 위치한다. 축조재료는 구들 점토+아궁이 석재가 사용되었다. 이병훈(2011)에 의하면 구릉 사면이나 능선상에 입지하고 있는 주거지에는 주로 (장)방형계+ㄱ자형 구들 유형이 확인된다고 한다. 하지만 경기지역 사주식주거지에서는 구릉 사면에서 (장)방형 형태에 ㄱ자형 구들이 확인되기도 하지만, 화성 먹실유적의 경우 충적대지상에서 ㄱ자형 구들의 모습을 확인할 수 있다.

출입구+짧은 ㄱ자형 구들은 요리 270-7번지(2, 7호)에 해당하며, 주거 측벽에 배치되어 있다. 출입구는 凸자형으로, 2호는 북쪽에 구들이 위치하고, 7호는 출입구는 남쪽에, 구들은 서쪽에 위치한다. 두 주거지 모두 벽체를 마사 토질의 사질토에 한 번 깔고, 그 위에 점토 둑을 시설하였다. 입지는 2호는 구릉 사면, 7호는 구릉 평지에 위치한다.

4) 출토유물

경기지역 사주식주거지에서는 원삼국시대의 경질무문토기부터 백제 한성기 유물에 속하

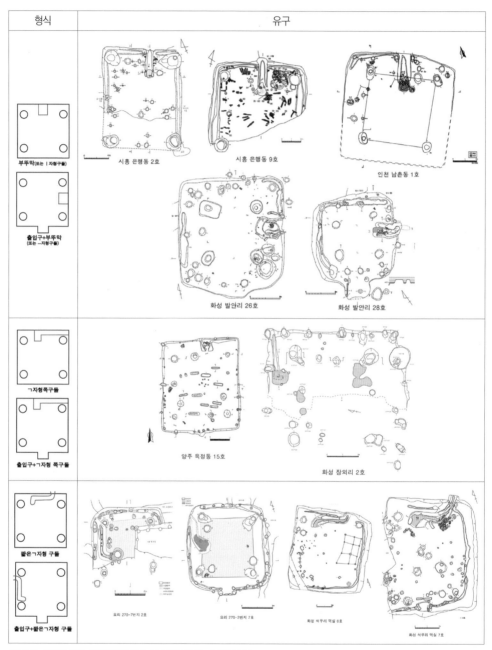

그림 7 경기지역 사주식주거지 형식별 취사 · 난방시설

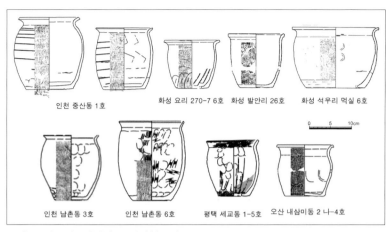

그림 8 사주식주거지 출토 심발형토기

는 광구장경호, 고배 등이 다양하게 확인되었다. 하지만 유물 대부분이 편으로 출토되어 문화적인 양상이나 지역성을 살피기엔 한계가 있다고 본다.

사주식주거지에서 출토된 여러 가지 토기의 양상에 대해 살펴본 결과 토기 기종 구성에 따라 시간적 변화가 보이는 기종은 심발형토기, 장란형토기, 대옹, 완, 시루이다.

박순발(2006)에 의하면 심발형토기는 한강유역과 중서부 북부지역이 서로 다르게 변화한다. 대체로 저부 정면 방식은 정지깎기 → 회전깎기로 변화하며, 문양은 승문+선 문양이 원삼국~한성백제기의 전체 기간 사용되었고, 승문 단독은 승문+선보다 늦은 단계에 등장하며, 이후 평행선문의 시문 방식도 확인되었다(한지선 2003). 양주 옥정 15호나 인천 중산동 1호, 김포 양촌 나-9호의 경우 회전깎기가 주로 사용되었고, 승문+선 시문 방식이 사용되었는데, 크기로 보아 옥정 15호 심발은 5세기 전반경으로 편년된다. 인천 중산동이나 인천 남촌동의 경우 승문+선, 승문, 평행선문, 사격자문, 집선문 등 다양한 시문 방식을 가진 심발이 확인되어 시기의 폭이 넓었을 것으로 추정된다. 왕림리 3호, 요리 270-7 8호, 먹실 7호는 격자문이 시문 되어 있고 회전깎기, 정지깎기의 방식, 소형의 크기로 보아 3세기 중반경으로 추정되며, 그 외 다른 주거지의 심발은 승문+선(먹실 6호, 외삼미동, 내삼미동 등) → 승문(발안리 26호, 먹실 6호 등)으로 변화하였을 것으로 보인다.

장란형토기의 구연부 형태는 구연이 짧게 꺾이는 단순구연과 구연부가 길게 외반하면서 경부의 경계가 드러나는 구연으로 구분되며 구순형태는 각진 구순·넓은 구순·하단 돌출 구순·뾰족 구순이 확인된다. 문양은 격자문 → 교차승문+격자문 → 승문+격자문/승문+교

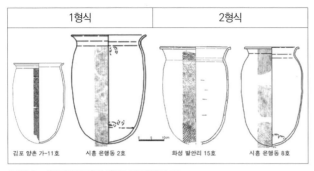

그림 9 사주식주거지 출토 장란형토기

차승문 순서이다. 그리하여 경기지역 사주식주거지의 장란형토기는 2가지 형식으로 구분할 수 있다.

1형식은 구연부가 짧게 꺾이는 단순구연형태이며, 원형에 가까운 듯한 각진 구순이다. 문양은 격자문과 교차승문+격자문이 타날 되어 있다. 김포 양촌 가-9호, 가-11호 2기, 인천 중산동 1호 등이 이에 해당한다.

2형식은 구연부가 길게 외반하면서 경부의 경계가 드러나는 구연 형태이며, 구순 형태는 넓은 구순, 하단 돌출 구순, 뾰족 구순이 확인되었다. 동체의 폭이 1형식에 비해 넓어졌으며 저부도 원저에 가까운 형태를 가진다. 문양은 승문+격자가 대부분이며, 승문+교차 승문의 문양도 1기가 보인다. 오산 내삼미동, 화성 발안리 15호 등이 이에 해당한다.

구연부는 장란형토기에서 시간적인 변이를 잘 보여주는 속성으로 경부의 유·무에 따라 구분할 수 있는데 경부가 없는 형태 → 있는 형태로 변화되는 모습을 보이고, 구순부는 짧게 외반하는 형태에서 길게 곡선을 이루며 c자형에 가깝게 외반하는 변화를 보인다. 그리하여 경기지역 사주식주거지의 장란형토기는 1형식 → 2형식으로 변화하는 것으로 판단된다(박순발 2006).

완은 기형 및 제작 기술 유형 등에 따라 3가지 종류로 분류할 수 있다.

경기지역 사주식주거지에서는 외반형(A)과 직립형 중 각이 진 형태(B)만 확인되며 B형식보다 A형식이 비교적 이르다. 또한, 완은 저부의 정면방식(회전깎기, 정지깎기, 물손질, 마연)에 따라

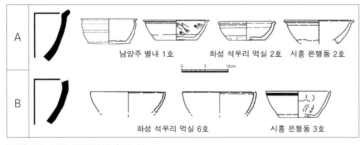

그림 10 사주식주거지 출토 완

서도 구분할 수 있는데 여기서는 회전깎기, 정지깎기, 물손질흔이 확인되었다. 구연부 형태에 있어서 직립한 형태가 비교적 많으며, A식은 대부분 진회색 혹은 흑갈색 연질로 이루어져 있으며 사격자문·평행선문이 확인되고, B식은 회색연질 및 회색경질로 이루어져 있다. 완의 분류 결과 대부분 A의 형태로 이루어져 있으며, 저부 정면 방식이 남아 있는 것이 적어 변화의 순서를 알기는 어렵지만 다른 유구에 비해 먹실 6호는 비교적 시기가 늦다는 것을 알 수 있다.

시루는 증기공이 바닥에 뚫려 있는 토기로 대표적인 취사 용기이다. 박순발(2006)은 시루를 3단계로 구분하였는데, 첫 번째 원삼국시대 시루는 평저로 문양이 없는 무문평저시루이며, 두 번째 3세기 후반~4세기 전반 한성 I 기의 시루는 바닥이 둥근 승문의 타날이 있는 원저 타날문 시루라고 보았다. 세 번째 4세기 후반 이후 한성 II 기 시루는 바닥이 평저이며 격자문이 타날된 격자타날 평저시루에 해당한다고 보았다.

경기지역 사주식주거지에서는 모두 구연이 외반한 형태만 확인되며, 저부도 모두 말각평저의 형태만 보인다. 저부에 있어서 A유형은 말각평저이며, 파수 형태는 a식은 봉형, b식은 우각형이며 a → b식으로 변화한다. 증기공 형태는 3가지 형태로 구분되는데 1식은 지름 3cm 이하 불규칙한 원형 증기공, 2식은 지름 3cm 이상의 증기공으로 중앙을 기준으로 원형 배치된 형태이다. 증기공 형태에는 뚫는 방식인 원형 투공이 가장 많이 사용되었는데 1 → 2식으로 변화한다. 문양의 경우 원삼국시대 시루에서는 무문이 확인되고, 이후 교차승문+격자, 평행선문 → 승문+격자 순으로 확인되었다.

대옹은 굽의 형태, 견부 문양대, 내저면 흔적 등으로 분류할 수 있는데, 사주식주거지에서 출토된 대옹은 구순 형태와 굽의 형태만 확인되었다. 구순 형태는 각진 구순(A)과 뾰족 구순

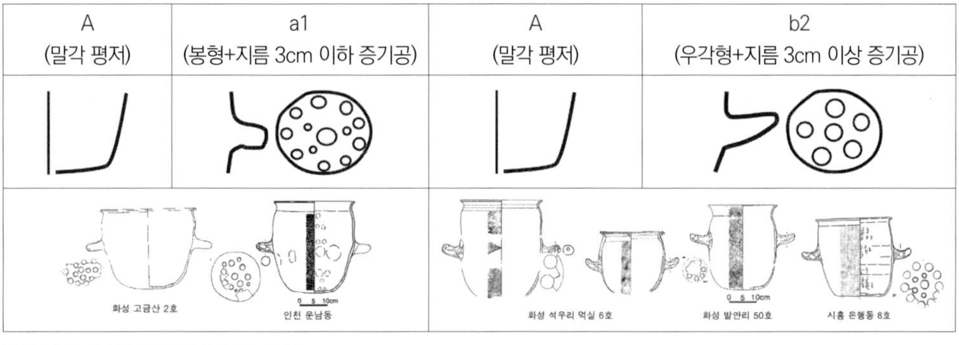

그림 11 사주식주거지 출토 시루

⒝으로 구분되며, 굽의 형태는 굽 일체형⒜과 굽 무형⒝으로 구분된다. Aa 형식은 중산동 1호 주거지에 해당하며 인천 운남동 유적에서도 A형식이 보이지만 저부가 남아 있지 않아 확인하기 어렵다. 하지만 중산동 1호 주거지와 구연부, 구순, 동체부 형태 등을 비교해 보았을 때 비슷한 점이 많아 아마 운남동 유적의 대옹도 굽이 있었을 것으로 추정된다. 굽 a형식은 b형식에 비해 시기가 좀 더 빠르다(국립문화재연구소 2011). Bb 형식은 화성 석우리 먹실 6호에 해당하며 뾰족 구연이 확인되고, 저부의 굽이 보이지 않는다. 한지선(2003)에 따르면 대옹은 시기가 늦어짐에 따라 점차 경질화 및 대형화가 되고 펑만한 어깨를 가진(동최대경: 상부) 모습을 보인 후 점차 원통형화, 첨저화+동최대경 중부의 형태가 보인다고 설명한다. 이처럼 Bb 형식은 뾰족구연과 굽의 無형식, 그리고 동최대경이 상부에 위치하는 것으로 보아 한성백제 Ⅰ기 정도 에 속한다고 판단된다.

이 외에도 한성백제기 초기 기종 중 하나인 광구단경호는 양주 옥정동(경부 짧고, 구연부 직립, 구순 둥글고 저부 편평 평저), 인천 중산동, 화성 석우리 먹실(구순부 평평)에서 출토되었고, 직구호는 화성 석우리 먹실(구경이 작고 직립된 구연이 약간 김)이나 용인 서천동(구경 큼) 등에서 출토되었다. 광구장경호는 돌대나 파상선문 등 목부분의 세부적인 특징에서 시간의 경과에 따라 목의 벌어진 정도가 점점 커지고 돌대 無 → 有 → 多의 변화가 확인되었다. 사주식주거지의 광구장경호는 발안리 26호가 비교적 서천동 9호보다 구경이 넓고 외반도가 더욱 크며 구연단의 凹凸면과 돌대로 보아 발안리 26호가 비교적 시기가 늦은 것으로 판단된다.

표 1 토기별 속성 분류

형식	토기 속성	형식	토기 속성
1	장란형 1형식	2	장란형 2형식
	대옹 Aa식		대옹 Bb식
	완 A식		완 A식 · B식
	시루 1형식		시루 2형식

이처럼 대체로 1형식에 속한 토기 속성은 원삼국~한성백제 Ⅰ기 정도에 해당하며, 2형식에 속한 토기 속성은 한성백제 Ⅰ~Ⅱ기 정도에 해당한다. 이른 시기에는 경질무문토기, 장란형 1형식 등과 같이 1형식의 단순한 토기 구성이 보이지만, 점차 시간이 지나면서 2형식의 토기 기종과 함께 광구단경호, 고배, 광구장경호와 같은 백제 한성기의 다양한 기종이 확인되었다.

이러한 시간성을 가지는 토기를 기반으로 하여 경기지역 사주식주거지의 구조에서 시간적 변화가 있는지 살펴본 결과 대체로 모든 속성이 전 시기에 걸쳐 존속하는 것으로 확인되었기 때문에 뚜렷하게 시기별 변화를 판별하는 것은 어려웠다. 하지만 약간의 점진적인 변화의 추세는 살펴볼 수 있었다.

경질무문토기 호나 옹, 심발형토기 a형(격자문 타날) 등 비교적 이른 단계의 토기가 출토된 김포 운양동, 문산 당동리 등 이른 시기의 유적들은 대부분 구릉 사면과 능선에 고르게 분포해 있다. 또한, 평면 형태로는 방형과 장방형을 고르게 사용하나, 대체로 방형이 많이 사용되고, 중·소형의 주거지가 대다수이다. 주공의 경우 주주공은 벽가에 위치하고 대부분 보조주공을 배치하지 않았다.

백제 한성기의 유물인 광구단경호나 소량의 경질무문토기와 함께 심발형토기 a형·b형(승문+격자)·c형(승문 및 횡침선)이 확인되는 시기로 구릉사면에 입지한 경우가 가장 많았다. 또한, 방형은 여전히 선호하는 평면 형태이고, 장방형의 사용수도 점차 증가하는 것으로 보인다. 凸자형의 돌출된 출입구 시설을 가진 사주식주거지도 소량 확인된다. 60~100㎡ 정도의 대형주거지가 등장하기 시작하며, 주공의 속성은 Aa형식이 대부분이지만 Ab형식과 Bb의 형식도 증가하였고, 보조주공을 사용하는 수도 늘어났다.

광구장경호, 직구단경호, 고배 등이 출현하는 시기쯤 사주식주거지의 입지는 구릉 사면이 일반적이지만 충적대지나 구릉 평탄지에서 확인되는 수가 많아졌다. 이러한 충적대지나 평탄지에서 출토된 사주식주거지는 대부분 凸자형+4주혈을 가진 형태로 확인된다. 100㎡ 이상의 초대형 주거지가 등장한다. 주공의 경우 고르게 분포하지만 Bb형식이 비교적 많이 보이며, 이 시기에는 보조주공이 없는 것보다 보조주공이 있는 사주식주거지의 수가 비교적 더 많아진다. 오산천 유역의 대부분 사주식주거지가 이 시기에 해당한다.

즉, 사주식주거지의 구조적 특징의 변화 양상을 살펴보면 다음과 같다.

평면 형태의 경우 이른 시기에 Ⅱ(장방형) 형식도 확인되지만, 대부분 Ⅰ(방형) 형식이며, 시기가 지나면서 Ⅱ형식이 점차 증가한다. 이후에는 Ⅰ, Ⅱ형식이 함께 공존하면서 Ⅲ(그 외) 형식이 등장하는데, 이전과는 다르게 돌출된 출입구를 사용하여 조성한 모습이 확인되었다. 주공의 경우 A→B, a→b 형식으로 변하는 모습이 관찰된다. 이른 시기 사주식주거지에서 주주공이 중앙(B)에 위치하는 형식이 확인되지 않는 건 아니지만, 벽가(A)에 위치하는 것보다는 비교적 그 수가 적다. 또한, 보조주공도 점점 시기가 늦을수록 사용량이 증가한다. 이는 시간이 지남에 따라 주거지의 규모가 커지고 4주혈에 집터 가장자리를 따라서 보조기둥을 추가하고 보강함으로써 좀 더 복잡하고 견고한 천정가구를 구성하는 경향이 강해진 것으로 보인다(서울대학교박물관 2005).

연대	부뚜막	ㄱ자형 쪽구들	짧은 ㄱ자형 구들
AD 100		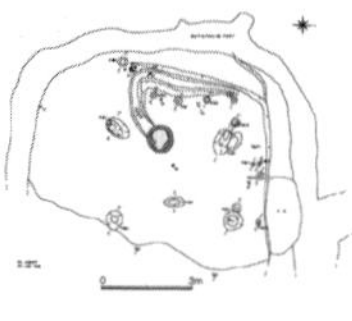 김포 운양동	
AD 250	 시흥 은행동 2호, 9호 화성 발안리 15호	 양주 옥정동 15호	 요리 270-7 2호, 7호
AD 350 AD 475	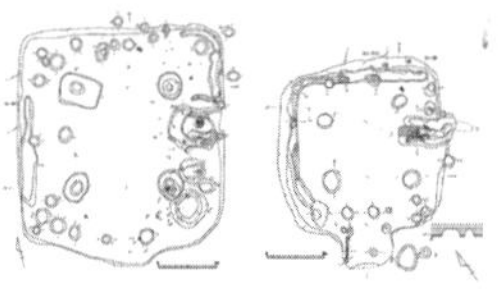 화성 발안리 26호, 28호	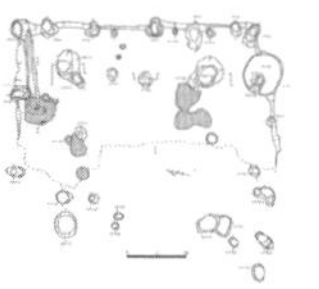 화성 장외리 2호	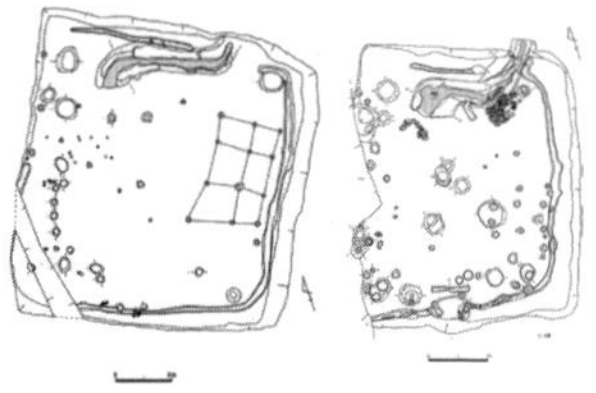 화성 석우리 먹실 6호, 7호

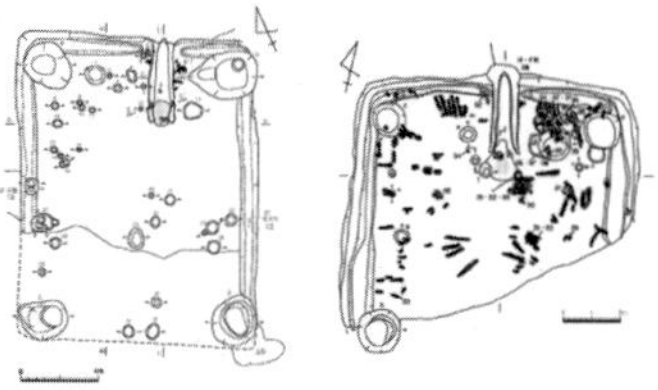

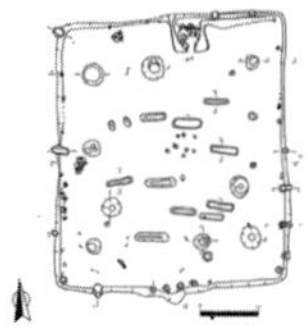

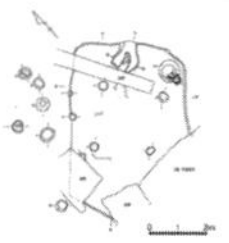

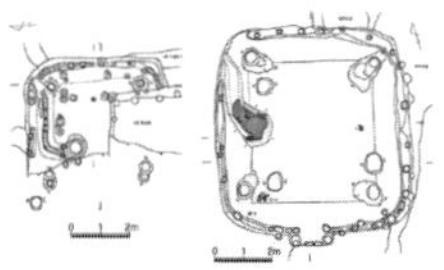

그림 12　시기별 취사·난방시설

　　입지의 경우 시간상으로 구릉의 상부(ⅰ)로부터 구릉 평지나 충적대지(ⅱ) 낮은 곳으로 변화한다. 즉, 입지 유형은 시기가 늦어짐에 따라 구릉의 상부 → 하부 → 평지로 내려왔음을 알 수 있다. 또한, 평지로 내려올수록 규모의 변화도 함께 확인되는데, 중소형의 면적에서 100㎡ 이상의 초대형으로 점차 규모가 대형화된다. 최근 시흥 은행동에서는 면적이 약 190~250㎡ 정도 되는 초대형의 사주식주거지가 확인되고 있다. 이렇게 상부에서 하부 및 평지로의 변화는 농경사회가 발달하고 대형의 주거지가 필요했기 때문에 이동한 것으로 볼 수 있다(정일 2006).

　　취사·난방시설은 노지와 부뚜막, ㄱ자형 쪽구들, 짧은 ㄱ자형 구들이 확인된다. 노지는 전시기에 걸쳐 지속해서 보인다. 이른 시기에는 ㄱ자형의 쪽구들이 확인되고, 3세기 중반경에는 부뚜막과 ㄱ자형 쪽구들이 함께 공존하는 모습을 보인다. 약 4세기 초중반에 이르면 짧은 ㄱ자형 구들이 등장하고, 이후 4세기 중반~5세기 말까지 부뚜막 및 ㄱ자형 쪽구들과 같이 공존한다. 짧은 ㄱ자형 구들과 부뚜막(측벽)은 대부분 凸자형의 출입구를 가진 사주식주거지에서 확인된다.

지금까지 경기지역 사주식주거지의 구조적 특징에 따른 시기적 변화 그리고 출토유물 속성을 토대로 사주식주거지의 편년을 작성해보았다. 다음 〈표 2〉와 같다.

표 2 경기지역 사주식주거지 유적 편년표

지역	유역	구분	형식(개수)	AD 100–250 (원삼국시대)	AD 250–350 (한성 I 기)	AD 350–475 (한성 II 기)
서부	한강하류남안	김포 운양동	I Aa i (1)	███		
남부	발안천	화성 고금산	II Aa i (2)	██		
북부	경안천	문산 당동리	I Aa i (1)	██		
남부	발안천	화성 왕림리(능선)	I Aa i (2) II Aa i (1)	██		
남부	발안천	화성 당하리 I	III Bb i (1)	██		
서부	한강하류남안	김포 양촌	I Aa i (8) I Ab i (2) II Aa i (1) II Ab i (1)	███		
남부	안성천	평택 지제동 구대	I Bb i (2)	███		
남부	발안천	화성 마하리 24 1호	I Bb i (1)	████		
북부	한강하류남안	파주 능산리	II Aa i (1) II Ab i (1)	███		
서부	서해안북부	인천 운남동	I Ab i (1)	██		
남부	오산천	오산 내삼미동(서해)	III Ab i (2) II Bb i (1)	████	████	
남부	안성천	평택 지제동 울성	I Bb i (1) II Ab i (1)	██	████	
남부	황구지천상류	광교 신도리	II Ab i (2)		██	
남부	오산천	화성 청계리	I Aa i (32) I Ba i (1)		████	
남부	황구지천상류	화성 천천리	II Ab i (1)		████	
북부	남한강유역	양주 옥정	I Ab i (1) I Bb i (1)		████	
남부	오산천	화성 금곡리	I Aa i (1) II Aa i (1)		████	
서부	서해안북부	시흥 은행동	II Aa i (1) II Ab i (5) III Ab i (1)		███	███
서부	서해안북부	인천 남촌동 고래실골	I Aa i (1) I Ab i (6) I Ba i (2) I Bb i (4) II Aa i (1)			█████
남부	오산천	오산 내삼미동 II	I Ab i (2) II Ab i (5) II Bb i (1)		███	████
서부	서해안북부	인천 중산동	I Aa i (1)		██	

지역	유역	구분	형식(개수)	AD 100~250 (원삼국시대)	AD 250~350 (한성 I 기)	AD 350~475 (한성 II 기)
서부	서해안북부	인천 구월동	II Aa i (1) II Bb i (1) II Ba i (3)		█	
남부	황구지천	화성 요리 270-4	I Aa i (1) I Ba i (1)		█	
남부	발안천	화성 마하리 · 관항리	II Aa i (4) II Ab i (5)		█	
남부	발안천	화성 왕림리(사면)	II Aa i (2)		█	
남부	오산천	오산 내삼미동	II Aa i (2)		█	█
남부	황구지천 상류	화성 황계동	I Ab i (1)		█	█
남부	황구지천	화성 요리 270-7	I Aa i (1) I Ab i (8) I Ba i (2) I Bb i (3) III Ab i (1)		█	█
남부	안성천상류	안성 매산리	I Ab i (7) I Bb i (2)		█	█
남부	오산천	용인 공세리	II Aa i (2) II Ab i (2)		█	█
남부	발안천	화성 마하리 23	I Bb i (1)		█	█
남부	안성천	평택 옥길리	II Aa i (1)		█	█
남부	안성천	평택 용이동	II Ab i (1)		█	█
남부	안성천	평택 세교동 모산골	I Aa i (1) II Ab i (4)		█	█
서부	한강하류남안	김포 신곡	I Aa i (1)		█	█
서부	한강하류남안	김포 태리 848-18번지	I Ab i (1)		█	█
남부	서해안남부	화성 남양동	I Ba i (1) I Bb i (1) II Ab i (2) II Bb i (1)		█	█
남부	발안천	화성 발안리	I Bb ii (1) II Bb ii (1) II Ba ii (1) III Bb ii (2)		█	█
남부	발안천	화성 마하리 24 2호	III Ab i (1)			█
남부	진위천	평택 좌교리,해창리	I Aa i (2) II Bb i (1) III Ba i (1)			█
남부	황구지천	화성 요리 1-1번지	III Bb i (1)			█
남부	발안천	화성 노리재골 II	I Aa i (1) III Bb i (1)			█ █
남부	안성천	용인 죽능리 2	II Ab i (3)			█
북부	중랑천	남양주 별내	I Aa i (4) II Ab i (2)			█
남부	오산천	오산 탑동,두곡동	I Ab i (1)			█
남부	오산천	오산 외삼미동	I Aa i (1)			█
남부	오산천	용인 서천동	I Ab i (1)			█
남부	오산천	화성 석우리 먹실	II Ab ii (3) II Bb ii (3)			█
남부	발안천	화성 제암리	I Ab i (1)			█
남부	안성천	안성 도기동	II Aa i (1)			█
남부	안성천	용인 죽능리	II Aa i (1) II Ab i (5기)			█
남부	서해안남부	화성 장외리	II Bb i (2)			█
남부	오산천	오산 내삼미동(한국)	II Bb i (1)			█

Ⅳ. 경기지역 사주식주거의 지역적 특성과 전개과정

사주식주거지는 천안 지역에서 약 2세기에 등장하여 3세기 전·후반에 백제의 영역 확장으로 사주식주거지를 사용한 집단이 호서·호남지역으로 남하하여 확산한 것으로 보고 있다. 경기지역에서 확인된 사주식주거지는 원삼국시대부터 백제 한성기Ⅱ기까지 지속해서 확인된다.

원삼국~한성백제기 시기 경기지역의 정치제 등 당시의 상황에 대해서 간단히 살펴보면, 현재 경기지역 원삼국시대는 연천-양평-남한강을 잇는 선을 경계로 동쪽은 예계의 중도유형문화권, 서쪽은 마한의 문화권으로 분류하고 있다(한국고고학회 2015). 예계의 중도유형문화는 서부지역과 안성천 유역을 경계로 중부지역에서 토기(경질무문토기, 타날문토기), 주거지(呂·凸자형 주거지), 분묘(즙석식적석묘)의 요소를 가지는 문화로, 이는 이후 한성백제의 기흥문화이자 종족적으로는 예계집단의 문화라 여겨진다(박중국 2012).

마한은 지금의 서울, 경기, 충청, 전라지역에 존재한 소국 연맹체로, 삼한 중 가장 강성하며 진왕(辰王)이 다스리는 목지국(目支國)을 비롯하여, 신분고국(臣濆沽國)·백제국(伯濟國) 등 50여 개의 정치체로 이루어져 있다.

경기지역 원삼국시대는 마한은 서쪽에서 사주식주거지와 분구묘 문화, 예계는 동쪽에서 중도유형문화, 그리고 일정 정도 낙랑계 문화까지 공존하는 형태이다.

하지만 3세기 무렵 백제국(百濟國)은 고이왕(古爾王, 234~286) 시기에 서울 강남지역을 중심으로 마한의 중심세력인 목지국을 병합하고 고대 국가 단계로 진입을 하게 된다. 즉, 마한의 소국이던 백제국은 세력을 키우고 영역을 넓혀감으로써 기존의 마한 세력을 흡수 통합해가며 영역을 확장하였고, 이에 따라 경기지역의 원삼국시대 마한문화 및 예계문화에서 변화가 일어난다.

마한을 병합하면서 백제는 동북방면과 서남부방면으로 영역 확장을 한다. 이처럼 3~4세기 백제는 북쪽의 낙랑, 대방, 고구려와 싸우며 영역을 넓혀나갔고, 남쪽으로는 경기, 충청, 전라도 지역에 있는 마한의 소국들을 흡수 및 통합해 나가며 빠르게 성장한다. 백제는 남쪽으로 점점 영역을 확장했고, 이러한 영역 확장은 일시에 이루어졌을 가능성보다 백제 중심지에서 가까운 지역부터 순차적으로 이루어졌을 것이다(임영진 2013). 최근에는 경기 남부지역에서 백제의 편입 순서에 있어 탄천·경안천·발안천 → 안성천 → 황구지천 하류 및 오산천 유역 순으로 편입된 것으로 보고 있다(이계만 2015). 즉, 대체로 백제지역과 지리적으로 근접한 세력들을 먼저 편입하기도 하였지만, 안성천은 호서 및 호남지역으로 진출하기 좋은 요충지였기 때문에 황구지천 하류와 오산천 유역보다 더 이르게 편입시킨 것으로 보고 있다. 이처럼 원삼국~한성백제기의 경기지역은 원삼국시대에는 마한계 문화(사주식 주거지)와 중도유형문화(呂·凸자형), 낙랑계문화가 공존하였으며, 이후 한성백제기에 들어서면서 원삼국문화는 백제에 병합되면서 점차 남하하게 된다.

1. 지역적 특성

서부의 사주식주거지는 I(방형)형식 다수 → I, II(장방형) 형식 공존·A형식(벽가) 다수 → B형식(중앙) 다수이며, 남부는 i(구릉 사면 등 상부) 형식 → ii(구릉 평지 및 충적대지) 형식 등장, i형식 지속·I형식 다수 → I, II형식 공존 → I, II형식 공존, III(돌출된 출입구 등) 형식 등장·A형식 다수 → A형식 지속, B형식 공존의 특징을 보인다. 특히 남부의 사주식주거지는 돌출된 출입구 시설과 4주혈이 결합한 주거지가 보인다는 점에서 지역적인 특징을 보인다. 북부의 사주식주거지는 다른 지역에 비해서 비교적 발견된 수도 적고 변화하는 양상도 크게 보이지 않는다. 하지만 다른 지역과는 다르게 양주 옥정동 유적의 사주식주거지 형태가 다르게 나타난다는 점에서 지역적 특이성을 보인다.

2. 전개과정

지역별로 사주식주거지의 존속 기간을 살펴보면 〈표 3〉과 같다.

표 3 경기지역 사주식주거지 지역별 존속 기간

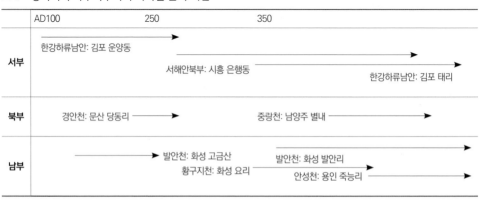

1) 서부

경기 서부는 해상 무역로 상에 위치하고 있어, 다른 지역과의 접촉 양상 및 변화상을 보기에 적합한 곳이다. 남부 및 북부지역과 비교해 비교적 이른 시기(약 2세기 전, 후반)부터 사주식주거지가 등장하기 시작한다. 김포 운양동 유적 2-9지점 5구역 2호주거지의 경우 경질무문토기와 함께 이른 형식의 타날문토기편이 출토되었다. 이전 연구에서 서부지역은 인천 구월동 유적(3세기 후반~4세기 초반)을 기점으로 하여 소멸하는 것으로 판단하였으나, 발굴 조사의 성과에 의해 현재 김포 신곡리나 김포 태리에서 4~5세기까지 존속된 것으로 확인된다. 최근 시흥 은행동이나 인천 남촌동에서 사주식주거지가 다량 출토되고 있으며, 시흥 은행동의 경우 초대형 또는 대형 규모, 돌출적인 출입구를 가진 형태의 사주식주거지가 확인된다.

서부지역 주거지 형식은 ⅠAaⅰ→ⅡBbⅰ순으로 변화되는 경향을 보이지만, 다른 형식의 주거지도 고르게 분포하고 있는 것으로 파악되었다. 다만, ⅠAaⅰ형식의 주거지가 다수 확인되어 이 형식이 서부지역의 일반적인 형식이었던 것으로 판단된다.

서부지역에서 이른 시기부터 사주식주거지가 조성되는 이유는 충청 서해안 지역과 연관된 것으로 추정된다. 이 지역은 당진(삼화리 유적, 가곡리 유적), 서산(부장리 유적, 언암 낫머리 유적)에서 보고되었듯이 원삼국시대 초부터 사주식주거지와 非사주식주거지가 함께 조성된 것으로 확인되었다. 그리고 충청 서해안을 중심으로는 분구묘가 넓게 분포하고 있다(이택구 2008).

서부지역은 남부지역과는 상이하게 주구토광묘가 아닌 방향계 주구를 가진 분구묘 분포권이다. 즉, 서부지역에 이른 시기부터 사주식주거지와 분구묘가 확인된다는 점은 이 지역이 초기철기시대에 재지계 방형주거지가 유지되고 있던 상황에서 약 2세기 전~중반경 충청 서해안지역의 마한 세력에 의해 사주식주거지와 분구묘 등 마한 문화가 서부지역으로 유입된 것으로 이해할 수 있다. 즉, 충청 서해안지역을 중심으로 발달해온 사주식주거지와 분구묘가 서부지역에 영향을 주어 이른 시기부터 발견될 수 있었던 것으로 판단된다(권오영 2009).

즉, 경기 서부지역의 사주식주거지는 충청 서해안지역 사주식주거지 문화의 전파 및 확산에 의한 결과로 생각된다.

2) 남부

경기 남부는 사주식주거지의 수량이 가장 많이 확인된 지역으로, 호서지역 및 백제와의 정복 양상을 종합적으로 살펴보기에 적합한 지역이다. 원삼국시대 이른 시기(2세기 중, 후반)부터 한성Ⅱ기까지 계속 이어지고, 대부분 한성Ⅰ~Ⅱ기에 가장 많이 분포한다.

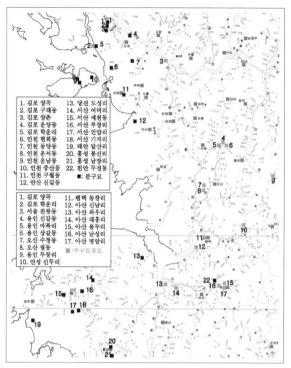

그림 13 분구묘 및 주구토광묘 분포 현황

1. 김포 양곡
2. 김포 구래동
3. 김포 양촌
4. 김포 운양동
5. 김포 학운리
6. 인천 원퇴동
7. 인천 동양동
8. 인천 운서동
9. 인천 운남동
10. 인천 중산동
11. 인천 구월동
12. 안산 신길동
13. 당진 도성리
14. 서산 여미리
15. 서산 예천동
16. 서산 부장리
17. 서산 언암리
18. 서산 기지리
19. 태안 달산리
20. 홍성 봉신리
21. 홍성 남장리
22. 천안 두정동

■ : 분구묘

1. 김포 양곡
2. 김포 학운리
3. 서울 천왕동
4. 용인 신갈동
5. 용인 마북리
6. 용인 상갈동
7. 오산 수청동
8. 오산 궐동
9. 용인 두창리
10. 안성 신두리
11. 평택 동창리
12. 아산 신남리
13. 아산 와우리
14. 아산 대흥리
15. 아산 용두리
16. 아산 남성리
17. 아산 명암리

■ : 주구토광묘

남부지역의 사주식주거지는 원삼국시대에 발안천(화성 고금산)에서 발생하여 오산천유역(오산 탑동, 오산 외삼미동, 용인 서천동, 화성 석우리 먹실 등)이나 안성천 유역(안성 도기동, 용인 죽능리)을 기점으로 점차 사라지게 된다.

또한, 최근 안성천 유역인 평택 지제동 울성, 평택 용이동, 평택 세교동 모산골 등에서 사주식주거지가 다량으로 확인되고 있다.

주거지 형식은 대체로 ⅠAaⅰ, ⅡAaⅰ→ⅠBbⅰ, ⅡBbⅰ→ⅠBbⅱ, ⅡBbⅱ→ⅢBbⅰ, ⅢBbⅱ순으로 확인되며, 다른 지역에 비해 확인되는 형식이 다양하다. 대체로 모든 형식이 전 시기에 걸쳐서 고르게 분포하나, 평면형태의 경우 방형과 장방형이 공존하다 이후 육각형이나 오각형의 평면형태가 보이고, 늦은 시기에 가면 대체로 장방형이 주를 이룬다. 또한, 입지는 ⅰ→ⅱ로 변화하고, 대체로 주공은 A식이 대다수이지만 시기가 늦을수록 B형식이 많이 확인되었다. 평면 Ⅲ형식에서 대부분 주공 Bb식이 확인되는 것으로 보아 주거지 공간에 있어 효율적인 측면과 연관성이 있는 것으로 판단된다. 취사·난방시설의 경우 노지, ㄱ자형 쪽구들 → 짧은 ㄱ자형 구들로 변화하는 양상이 확인되었다.

남부지역은 한강과 안성천 사이에 위치하여 원삼국시대와 백제 한성기에 마한의 중심세력인 목지국(천안, 아산 지역)과 백제 중앙인 한성과 지리적으로 가까이에 있어 시기에 따라 영향력이 다르게 미쳤던 점이지대이다(김길식 2016).

원삼국시대 남부 지역은 재지계의 방형주거지가 유지되고 있던 상황에서 사주식주거지가 2세기 중·후반 화성 고금산 유적에서 등장하기 시작한다. 이는 원삼국시대에 마한의 중심 세력인 목지국의 영향과 관련이 있다고 판단된다. 이렇게 판단하는 이유는 목지국의 위치로 여겨지고 있는 천안·아산 지역의 분묘 및 출토유물과의 연관성 때문이다. 목지국은 천안·아산 지역(권오영 2009)에 있는 마한 소국 중의 하나로,[01] 천안·아산 지역에서는 2세기 전반부터 사주식주거지가 확인되었으며 분묘는 주구토광묘를 사용하는데, 이러한 분묘는 남부지역과 같은 양상을 가진다. 부장 유물상에서 약간의 차이를 보이긴 하지만, 기본적으로 남부지역에서 등고선이 평행한 주구토광묘에 타날문단경호와 심발형토기가 출토되어 천안·아산지역의 분묘문화와 동일한 것으로 보인다(서현주 2016).

이렇게 분묘와 출토유물이 남부지역과 천안, 아산지역이 동일한 양상을 보인다는 점에서 2세기 중, 후반경에 사주식주거지도 목지국의 직, 간접적인 영향을 통해 남부로 넘어왔을 것으로 판단된다. 또한, 원삼국시대 전, 중반에는 주구토광묘가 남부의 한정적인 지역에서만 보이지만 이후에는 남부 전역에서 확인되는 것처럼, 사주식주거지도 시기가 늦어질수록 넓게 확산하는 모습을 보인다. 이러한 모습은 원삼국시대에 마한 중심 세력(목지국)의 영향권이 경기 남부 전역에 미치고 있었음을 나타내고(김길식 2016), 사주식주거지도 이러한 영향을 통해 등장한 것으로 판단 할 수 있다(권오영 2016).

이후 약 3세기 후반~4세기에 이르면 한강 유역에서 백제가 성장하고, 백제가 남부지역을 장악하기 시작하면서 마한의 세력들을 흡수, 통합시킨다. 하지만 여기서 주목되는 점은 통합시킨 이후에도 마한의 문화인 사주식주거지는 한성Ⅱ기까지 지속해서 사용되었으며, 한강유역과 영서지역에서 주로 확인되는 呂·凸자형의 돌출된 출입구를 가진 사주식주거지가 등장한다는 점이다.

돌출된 출입구+4수혈의 구조는 수로 남부권에서 확인되는 현상으로 4세기 전엽경 발안천(화성 발안리)과 4세기 후엽경 진위천(평택 좌교리, 해창리), 황구지천(화성 요리) 등으로 확산된다.

결합형주거지가 등장하게 된 원인을 살펴보면 다음과 같다. 백제의 건국집단이 영역 확장을 하면서, 확장한 지역으로 이주를 하였을 때 그들이 정착한 공간은 기존 중도유형문화권 내에 존재하고 있었으며, 그들이 그 공간 내에서 사용했던 주거지는 재지민들이 사용하고 있던 '출입구 시설이 돌출된 주거 양식'이었다. 또한, 경질무문토기 등 원삼국시대 기존 물질문화가 한성백제기까지 지속하였다. 즉, 백제는 영역 확장을 하는 과정에서 중도유형문화권으로 이주를 하는 경우가 있었고, 그 지역에 존재하고 있던 呂·凸자형 주거지와 경질무문토기 및 타날문토기 등 원삼국시대 문화를 계승하고 발전시켰다고 할 수 있다(한지선 2013). 이

---

01) 목지국의 위치는 익산, 직산, 인천, 예산, 나주 반남면, 천안과 아산, 전북 고부 등 다양한 주장이 제기되고 있으나, 필자는 천안·아산의 위치를 따르고자 한다(권오영 1996).

후 백제는 남부지역을 영역 확장하는 과정에서 呂·凸자형 주거지를 가지고 내려오게 되고, 남부지역은 사주식주거지를 비롯해 오각형 또는 육각형의 呂·凸자형 주거지가 혼재하게 된다. 더 나아가 재지 문화인 사주식주거지에 呂·凸자형의 돌출된 출입구 시설이 부가된 형태도 확인되었다. 이는 백제계 주거문화의 확산에 따른 문화 접변 현상으로, 사주식주거지에 출입시설을 채용한 것으로 판단된다(송만영 2012).

이렇게 마한계 사주식주거지와 呂·凸자형 주거지가 공조하는 과정에서 사주식주거지 집단이 돌출된 출입구가 부가된 형태를 채택하였을 가능성이 크다고 할 수 있다. 그러나 돌출된 출입구 시설을 가진 사주식주거지의 수는 많지 않고, 지속기간도 짧았던 것으로 보아, 사주식주거지와 돌출된 출입구 시설 두 문화의 접목은 기능적인 면에서 활용도가 낮았던 것으로 보인다(이상걸 2013). 또한, 다른 사주식주거지 구조와 구별되는 특징이 적은 것으로 보아 급하게 소멸하여 존속 기간이 짧은 상황으로 인해 呂·凸자형+4주혈 주거지만의 독창적인 특징이 만들어지기 어려웠던 것으로 보인다.

또한, 사주식주거지가 지속해서 확인되는 건 분명히 백제가 피정복지역의 문화를 일정 부분 수용하였다는 의미로 해석할 수 있는데, 이렇게 재지적인 문화가 지속할 수 있었던 이유는 백제가 피정복지를 지배체제 속에 편입시킨 방법에 있다고 판단된다. 백제는 고대국가로 성장하는 과정에서 마한의 소국들을 병합해가면서 단순히 정복 전쟁으로만 영역 확장을 하지 않고 일정 부분을 인정하면서 유연하고 다양한 방법으로 마한 세력을 흡수하고 통합시켰다. 대표적인 예로써 백제의 접경지대였던 화성 왕림리 유적이나 화성 당하리 유적에서는 불에 탄 주거지가 발견되지 않는다는 점으로, 이는 백제가 통합할 때 정복 전쟁보다는 상호 우호적인 방법으로 흡수했을 가능성을 보여준다(한성백제박물관 2013). 또한, 화성 향남 요리유적에서 경기지역 최초로 금동관모와 금동식리가 출토되었다는 점도 백제(중앙 권력)가 화성 권역 수장의 존재를 인정하였다는 증거가 될 수 있다(한국문화유산연구원 2018).

이처럼 경기남부지역은 재지적인 마한계 사주식주거지가 백제의 영역 확장에 의해 소멸하지 않으며, 呂·凸자형 주거지와 함께 혼재한다. 또한, 돌출된 출입구 시설을 가진 사주식주거지의 등장이나 위세품 사여, 한성백제의 영향을 받은 유물 등을 통하여 볼 때 이 지역은 백제와 우호적인 관계를 맺으며 마한계 문화가 지속하였던 것으로 판단된다. 이처럼 남부지역은 원삼국시대 마한 문화(사주식주거지)의 바탕 위에 새로운 백제의 문화들이 융합되는 형태로 확인되며, 이는 이 지역에 대해 백제의 영역 확장에 따른 통합과 흡수 및 지배가 상호 융합에 의해 자연스럽게 이루어졌음을 의미한다.

3) 북부

경기 북부에서 서부와 가까이에 있는 문산 당동리 유적의 사주식주거지 시기는 약 2세기 후반~3세기 중반이며,[02] 呂·凸형 주거지와 육각형주거지의 주공간에 있는 양주 옥정동 유적과 남양주 별내 유적의 사주식주거지의 시기는 약 3세기 중반~ 4세기 중·후반경에 해당한다.

이 지역은 본래 원삼국~한성백제기에 呂·凸자형 주거지와 육각형주거지가 존재하는 공간이다. 하지만 최근 들어 그 공간에 해당하는 문산, 파주, 양주, 남양주 지역에서 사주식주거지가 확인되고 있다. 이들은 예외적이고 고립적인 사례로서, 이주집단에 의해 형성된 취락으로 판단된다. 이 지역의 사주식주거지는 경기서부 및 남부지역의 주거지와 대체로 비슷한 양상을 가지지만, 양주 옥정동 유적의 사주식주거지는 경기권에 존재하는 일반적인 사주식주거지와는 다른 특징이 확인되었다.

다음 〈그림 14〉는 양주 옥정동 유적과 전주 장동 유적의 사주식주거지를 비교한 것으로, 호남지역의 전형적인 사주식주거지와의 구조적 유사성이 확인된다. 이 유구의 특징은 4주혈과 장타원형수혈이 있다는 점이다. 장타원형수혈은 주로 호남지역 사주식주거지에서 보이는 중요한 속성 중에 하나로, 현재 주거지 내부의 공간 운용을 위한 구조물로 판단하고 있다(전북문화재연구원 2009). 전주 장동 유적의 사주식주거지를 살펴보면 양주 옥정동 유적과 평면 형태·규모·주주공의 위치·보조주공의 여

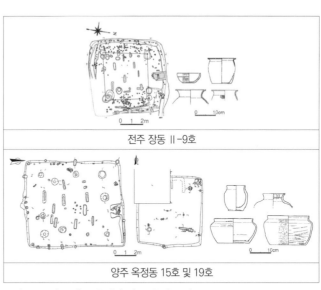

전주 장동 II-9호

양주 옥정동 15호 및 19호

그림 14 전주 장동 유적과 양주 옥정동 비교

---

02) 문산 당동리 유적의 8호 주거지가 확인된 1지점의 시기를 보고서상에서는 2세기대로 보고 있다. 그러나 8호 주거지는 6·17호 수혈, 2호 구와 중복 관계에 있어 가장 늦은 것으로 보아 2세기 늦은 시기로 추정할 수 있으나 불확실하다.

부 · 장타원형의 개수 및 배열 위치 · 취사시설 등에 있어서 대체로 비슷한 특징을 가진다. 이처럼 양주 옥정동 유적의 사주식주거지는 호남과의 연관성을 가지는 것으로 추정할 수 있다. 하지만 유적 내에서 호남형의 토기가 확인되지 않는다는 점과 옥정동 이외에는 북부지역에서 비슷한 형태의 사주식주거지가 확인되지 않는다는 점에서 호남형의 특징이 경기 북부지역에서 어떻게 출토되는지에 대한 설명을 명확하게 하기에는 아직은 부족하다고 본다.

경기 북부지역의 사주식주거지는 약 2세기 후반부터 5세기 전반까지 확인되었다. 이후 사주식주거지가 확인되지 않는 것은 발굴 조사 미비에 따른 문제일 수도 있지만, 경기 북부지역이 呂 · 凸자형 주거지와 육각형 주거지의 지역권이기 때문에 자연스럽게 그 지역의 주거지에 흡수되어 소멸한 것으로 추정하고자 한다.

지금까지 경기지역을 서부, 남부, 북부로 나누어 지역적 특성과 전개 과정을 살펴보았으며, 정리하면 〈그림 15〉와 같다.

지역적으로 사주식주거지는 큰 차이가 확인되지 않는다. 즉, 구조적 특징에 있어 지역적 차이가 낮아 대체로 동일한 형식을 가진다. 이는 이 지역의 사주식주거지 집단들이 대체로 동질적인 성격을 가진 것으로 판단되며, 이에 따라 지역적으로도 통합적인 모습을 보인 것으로 확인된다.

〈그림 15〉에서 살펴보면, 서부의 서해안 북부 · 남부유역, 남부 일부 지역은 사주식주거지만 확인되는 사주식주거지의 주공간이며, 이 외에 한강유역(서울 암사동, 풍납토성, 몽촌토성) 및 파주,연천,포천 등의 영서 지역은 呂 · 凸자형 주거지와 육각형 주거지의 주공간이다. 이 외의 공간인 서부의 한강하류남안유역, 남부의 황구지천, 안성천, 발안천 유역 등은 사주식주거지와 呂 · 凸자형 주거지와 육각형 주거지가 공존 및 공유하는 공간이라 칭할 수 있다. 특징적으로 이 공간에서는 화성 발안리에서 呂 · 凸자형 주거지와 육각형 주거지, 사주식주거지가 모두 확인되고, 화성 발안리 및 요리, 평택 좌교리 · 해창리 등에서 凸자형의 돌출된 출입구 시설에 4주혈이 접목되어 확인되기도 한다. 또한, 최근 서부의 한강 하류 남안 유역에 있는 시흥 은행동이나 김포 신곡리 등에서도 凸자형 주거지와 사주식주거지가 함께 확인되고 있다.

이로써 경기 남부지역은 그 이남의 마한 중심지와 이북의 한성백제 사이의 점이지대로서 두 지역의 연결고리 역할이자 교두보 역할을 했을 것으로 보인다(김길식 2016).

또한, 呂 · 凸자형 주거지와 육각형 주거지의 주공간인 경기 북부지역에 있는 양주 옥정동과 남양주 별내에서 사주식주거지가 출토되었다는 점은 큰 의미가 있다.

이로써 이러한 연구를 토대로 기존 선행되었던 사주식주거지와 呂 · 凸자형 주거지와 육각

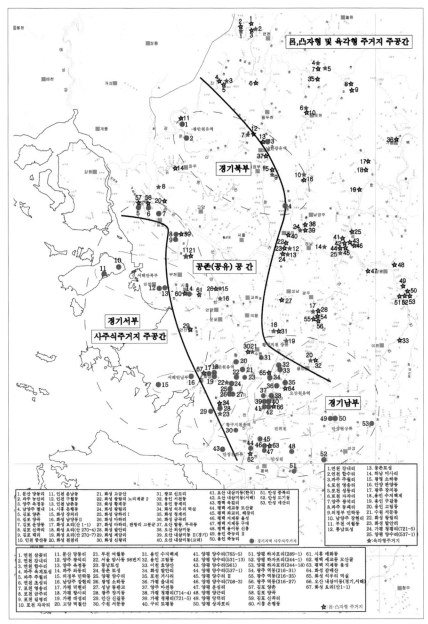

그림 15 원삼국~한성백제기 경기지역 사주식주거지의 양상 및 전개분포

형 주거지의 경계선을 수정할 요인이 되었으며, 최근 지속해서 경기 서부지역과 북부지역에서 사주식주거지가 확인됨에 따라 화성지역으로 경계로 삼고 있던 북한계선을 올려야 한다고 판단된다.

V. 맺음말

지금까지 경기지역 사주식주거지를 구조적 특징을 살펴보고, 시기 및 지역별로 전개 양상을 확인해보았다.

경기지역의 사주식주거지는 총 213기 확인되었으며, 시간상으로 뚜렷한 변화양상이 보이진 않지만 약간의 점진적인 변화의 추세는 살펴볼 수 있었다. 입지(ⅰ→ⅱ)·평면 형태(Ⅰ→Ⅰ·Ⅱ→Ⅰ·Ⅱ·Ⅲ)·주공 속성(A→B·a→b)·취사·난방시설(노지, ㄱ자형쪽구들 → 부뚜막, ㄱ자형 쪽구들 공존→ 짧은 ㄱ자형 구들) 등의 변화를 확인 할 수 있었다.

또한, 지역적으로도 큰 차이를 보이지 않는데, 이는 이 집단들이 대체로 동질적인 성격을 가진 것으로 볼 수 있으며, 이에 따라 지역적으로도 통합적인 모습을 보인 것으로 판단된다.

서부지역은 다른 지역과 비교해 비교적 이른 시기(약 2세기 전, 중반)부터 사주식주거지가 확인되었다. 이는 충청 서해안 지역과 연관된 것으로 볼 수 있는데, 이 지역은 원삼국시대부터 사주식주거지와 분구묘가 분포하는 곳이다. 서부지역도 분구묘 분포권으로 초기철기시대의 재지계 방형주거지가 유지되고 있던 상황에서 약 2세기 전~중반경에 충청 서해안지역의 마한 세력에 의해 사주식주거지와 분구묘 등 마한 문화가 유입된 것으로 이해할 수 있으며, 이에 따라 사주식주거지가 경기 서부에서 이른 시기부터 존재했던 것으로 판단된다.

남부지역은 사주식주거지가 원삼국시대 2세기 중·후반경부터 한성Ⅱ기까지 지속하는데, 원삼국시대의 사주식주거지의 경우 천안·아산지역의 목지국의 영향과 관련이 있다고 본다. 이는 천안·아산 지역과 경기 남부의 분묘 및 출토유물과의 연관성 때문으로 두 지역은 주구토광묘 등 동일한 양상을 가진다. 이처럼 원삼국시대에는 목지국의 영향을 받아 등장한 것으로 판단된다. 이후 한성백제기에 들어서면 백제가 경기 남부지역을 장악하였음에도 재지적 문화인 사주식주거지는 한성Ⅱ기까지 지속해서 사용되며, 더 나아가 呂·凸자형의 돌출된 출입구 시설이 4주형과 결합하여 조성된다. 이는 백제가 呂·凸자형 주거지를 가지고 확장하면서 경기 남부지역에 있는 사주식주거지와 공존을 하게 되고, 시간이 흐르면서 사주식주거지 집단이 돌출된 출입구가 부가된 형태를 채택하였을 가능성이 크다. 또한, 경기 남부에서 재지적인 문화가 지속할 수 있었던 이유는 백제가 일정 부분 마한의 문화를 인정하면서 유연하고 다양한 방법으로 마한 세력을 흡수하고 통합시킨 것으로 판단된다. 즉, 원삼국시대 마한문화의 바탕 위에 백제의 새로운 문화들이 융합되면서 백제에 흡수되었던 것으로 판단된다.

경기 북부의 경우 사주식주거지가 약 2세기 후반경부터 등장한다. 이 지역은 본래 呂·凸

자형 주거지와 육각형주거지의 주 공간으로 여겨졌으나 현재 사주식주거지가 소량 분포하고 있다. 또한, 양주 옥정동 유적의 사주식주거지는 장타원형수혈과 같은 특징이 확인되는데, 이는 호남과의 연관성을 추측해 볼 수 있다. 하지만 호남형의 토기가 확인되지 않고 옥정동 이외에는 장타원형수혈이 확인되지 않는다는 점에서 호남과의 연관성을 자세히 설명하기에는 한계가 있다고 판단된다.

이처럼 경기 서부의 서해안 북부, 남부유역, 경기 남부 일부 지역은 사주식주거지만 확인되는 사주식주거지의 주공간이며, 이 외에 한강 유역 및 영서 지역은 呂·凸자형 주거지와 육각형 주거지의 주공간이다. 이 외의 공간인 서부의 한강하류남안유역, 남부의 황구지천, 안성천, 발안천 유역 등은 사주식주거지와 呂·凸자형 주거지와 육각형 주거지가 공존 및 공유하는 공간이라 할 수 있다.

이러한 연구를 토대로 기존 선행되었던 사주식주거지와 및 呂·凸자형 주거지와 육각형 주거지의 경계선을 수정할 필요성이 있으며, 화성지역을 경계로 삼고 있던 북한계선을 올려서 봐야 한다고 판단된다.

제7장

3~5세기 오산천유역 묘제양상과 분묘 축조집단의 성격

정경화
중부고고학연구소

Ⅰ. 머리말

기존의 고고학적 시기 구분에서는 3세기 후엽을 기점으로 백제 한성기가 시작되는 것으로 보았으나, 최근까지 이루어진 발굴조사 성과를 살펴보면 원삼국시대와 백제 한성기를 획일적으로 구분하는 것이 어려워졌다. 백제 한성기 지방에 해당되는 마한 문화권 일부 지역에서는 백제 중앙의 문화양상이 유입되면서도 기존의 재지문화가 지속되는 점이 확인되고 있는 것이다.

경기 남부지역을 포함하여 중부지역에서는 분묘유적의 밀집도가 높은 편이며, 묘제의 양상 또한 각 수계를 중심으로 전통적 분묘가 지속되거나 단절, 백제계 묘제로 전환 및 새롭게 조성되는 등 다양한 양상으로 확인된다(이혁희 2021). 그중에서 재지사회의 전통적 분묘로서 2세기 후엽부터 충청 내륙지역을 중심으로 조성되어왔던 주구토광묘가 다수 확인되었다. 본고에서 살펴볼 오산천유역 일대에 조성된 주구토광묘는 묘광의 장축 방향이 등고선과 거의 직교되도록 조성되며 석곽묘와 같은 백제식 묘제가 확산되던 5세기 무렵까지 지속되는 점이 특징이다. 이러한 묘제의 지역성은 다수 연구자들에 의해 주목되어왔으나 백제 한성기 지방사회 문화상 및 주구토광묘제에 관한 연구에서 주로 다루었고, 묘제와 더불어 부장유물에 대한 분석 및 축조집단에 대한 검토는 상대적으로 미진하였다.

분묘는 인간의 생활 전반에서 가장 마지막 단계에 행해지는 장례의 결과물이며 부장유물은 당시 상장례의 결과물로 볼 수 있다. 특히 집단과 사회의 정체성을 잘 반영하는 묘제는 원삼국시대부터 백제가 한강 본류를 중심으로 고대국가로 성장하여 세력을 확산해 나가는 시점에도 지역에 따라 다양하게 존재했다. 지역에 따라 다양한 양상으로 전개되었던 묘제는 곧 지방사회의 다양성을 보여준다고 할 수 있다. 본고는 이러한 관점에서 백제 한성기 지방사회에 해당되었던 오산천유역에서 조사된 분묘유적들의 유물부장 양상을 검토하여 해당 지역집단 묘제[01]의 특징을 파악하고자 한다. 이를 통해 백제 한성기 지방사회를 구성했던 지역집단의 성격에 대하여 시론적으로 고찰해보고자 하였다.

---

01) 본문에서 '묘제'의 개념을 분묘의 구조와 부장유물의 양상을 모두 아우르는 개념으로 사용함을 밝혀둔다.

주구토광묘는 천안 청당동 유적이 조사되면서 본격적으로 연구가 이루어지기 시작했으며, 주구토광묘제의 등장과 확산 및 소멸, 변천양상에 관한 연구가 지속적으로 이루어져왔다. 주구토광묘는 3세기부터 등장하여 충청 내륙지역을 중심으로 조성되기 시작하고, 이후 단순 토광묘, 석곽묘, 석실묘 등 백제계통 묘제가 이입되는데 이것이 곧 백제의 마한 통합과정을 보여주는 고고학적 자료로 이해되었다(박순발 1994). 최근에는 분포양상을 통해 지역권을 설정하여 보다 세분화된 연구가 진행중이다.

주구토광묘는 성토분구묘와 함께 마한 문화권에서 장기간 조성되었던 대표적 묘제로, 연구대상의 공간적 범위는 기본적으로 묘광의 장축방향이 등고선과 직교하는 '묘광 직교형 (주구)토광묘'[02]가 조성되었던 오산천유역 분묘유적을 대상으로 한다.[03] 시간적 범위는 주구토광묘가 본격적으로 조성되기 시작하는 3세기 전엽을 시작으로 하며, 새롭게 유입된 백제 한성기 문화와 공존하며 조성되었던 5세기 중엽을 끝으로 하는 시기를 범위로 설정하였다.

II. 오산천유역 분묘유적 현황

오산천은 용인시 동백동 일대에서 발원하여 평택시 서탄면에서 남쪽의 진위천으로 유입되는 하천으로, 황구지천과 함께 경기 남부지역을 북-남 방향으로 관통하는 주요 하천이다. 동쪽의 광주산맥과 서쪽의 황구지천 사이에 낮은 잔구성 구릉지대와 충적지가 형성되어 있으며, 지류 하천의 중심으로 원삼국시대부터 삼국시대 이후까지 주거·생산·분묘 등 다양한 성격의 유적들이 분포하며 최근까지 그 조사성과가 지속적으로 보고되고 있다. 탄천-오산천-진위천으로 이어지는 수계망은 삼국시대 한성백제의 중심지였던 서울·경기지역에서 아산만을 통해 충청지역으로 통하는 최적의 루트 중 하나였다. 오산천 상류 지역은 현 행정

---

02) 묘광의 방향이 등고방향과 평행하게 조성된 주구토광묘와 구분하기 위해 편의상 설정한 용어이다. 그동안 주구의 형태에 주목하여 '마제형 주구를 갖춘 주구토광묘' 혹은 '마제형 주구토광묘' 등으로 불렸으나, 본고에서는 매장주체부의 조성방식에 초점을 맞추어 이와 같은 용어로 명칭하였음을 밝혀둔다.

03) 검토대상 유적에는 주구가 확인되지 않은 토광묘(목관묘)도 포함되며, 묘광의 방향이 등고방향과 직교하여 기존 원삼국시대 토광묘의 양상과 다른 점을 주목하였다. 아울러 대상 유적들이 모두 경사면에 조성되는 점을 감안할 때 단순토광묘로 보고된 유구 또한 본래 주구를 갖춘 주구토광묘였을 가능성이 높다.

그림 1   3~5세기 오산천유역 분묘유적 분포

구역상 용인시 기흥지역에 해당되며, 이 일대에서 발원하여 성남을 거쳐 서울 강남지역으로 유입되는 탄천이 시작되는 지점과 가깝다. 중하류 지역은 현재의 오산시 일대에 해당되며 지리석으로 화성·평택과 가까운 지역이다.

　오산천 상류지역에서 묘광 직교형 (주구)토광묘가 확인된 유적은 크게 4개소로, 용인 마북동,[04] 신갈동,[05] 구갈동,[06] 상갈동[07] 일대로 구분된다. 묘광 직교형 (주구)토광묘가 주로 조성되는 가운데 신갈동 269번지 유적과 상갈동 유적에서는 일부 묘광 평행형 (주구)토광묘가 혼재하는 양상이 확인된다. 전체적으로 중하류역 지역 분묘유적에 비해 개별 유구의 수량이 적지만, 대단위로 조사가 이루어지지 않은 점을 감안하면 이들 유적군 주변으로 묘광 직교형

04) 畿甸文化財硏究院, 2005, 『龍仁 麻北里 百濟 土壙墓』.

05) 京畿文化財硏究院, 2010, 『龍仁 新葛洞 周構土壙墓』; 韓國文化遺産硏究院, 2018, 『龍仁 新葛洞 269番地 遺蹟』.

06) 畿甸文化財硏究院, 2003, 『龍仁 舊葛里 遺蹟』.

07) 高麗文化財硏究院, 2008, 『龍仁 上葛洞 遺蹟』.

(주구)토광묘들이 대규모로 분포하고 있을 가능성이 높다. 유물은 토기의 경우 저부가 평저화된 단경호와 함께 직구단경호나 직구광견호 등 백제계 토기가 부장되는 가운데 상갈동 유적에서는 백제계 토기 부장이 확인되지 않았다. 철기는 주로 겸·착·도자·부와 같은 농·공구류가 부장되는 가운데 신갈동 유적에서는 주조괭이가 부장되고, 마북동과 상갈동 유적에서는 목관 내에 환두도가 부장되는 점에서 세부적인 차이가 있다. 상갈동 9호 목관묘에 부장된 환두도는 관부 형성이 미약하고 환두부가 일체형으로 제작된 반면, 마북동 3호 토광묘에 부장된 환두도는 환두부가 결합형으로 제작되었으며, 병연금구가 조성되어 있는 점으로 보아 시기적으로 상갈동 유적의 연대가 보다 이른 것으로 판단된다.

오산천 중하류지역에서 묘광 직교형 (주구)토광묘가 확인된 유적은 오산 수청동,[08] 궐동,[09] 청학동,[10] 탑동·두곡동[11] 일대의 4개 유적권으로 구분된다. 이들 유적군은 행정구역상 세교 지역 일대에 분포하고 있으며, 대규모 택지개발에 따른 발굴조사로 확인되어 타지역보다 비교적 다수의 분묘유구가 확인되었다. 특히 오산 수청동 유적에서는 경기지역에서 가장 많은 수량의 분묘가 높은 밀집도를 보이며 분포하는 양상이 확인되어 그간 연구자들에게 많은 주목을 받아왔다. 궐동 유적은 일찍이 원삼국시대 후기에 해당하는 2세기 후엽부터 유개대부호와 원저심발형토기, 진·변한계통 철제무기들이 부장되는 분묘들이 조성되었던 것으로 알려져 있다. 원저단경호와 심발형토기의 조합, 철제 농·공구가 부장되는 묘광 직교형 (주구)토광묘는 궐동 유적의 가장 마지막 단계인 3세기 전엽부터 조성되는데 그 이전까지 등고에 평행한 (주구)토광묘가 조성되었던 점으로 보아 묘광 직교형 묘제는 오산천 중하류역을 중심으로 형성되어 주변으로 확산되었을 가능성이 높다고 생각된다. 이러한 묘광 직교형 (주구)토광묘는 3세기 중엽부터 4세기 중엽까지 오산 청학동과 탑동·두곡동 유적 일대를 중심으로 조성되었던 것으로 파악된다. 청학동 유적은 15호 묘의 무문심발형토기와 부장된 환두도가 무관식의 일체형인 점으로 보아 3세기 중엽경 일대에 묘역이 조성되었던 것으로 추정된다. 그 외 분묘에서는 마구류가 공반되거나 유관직기·연미형 철모가 부장되는 점으로 보아 중심연대는 3세기 말~4세기 중엽 사이의 시기로 판단된다. 탑동·두곡동 유적은 궐동 유적과 마찬가지로 묘광 직교형 분묘와 평행형 분묘가 지점을 달리하여 별도의 묘역으로 조성

---

08) 京畿文化財研究院, 2012,『烏山 水淸洞 百濟 土壙墓』.

09) 中央文化財研究院, 2013,『烏山 闕洞遺蹟』.

10) 겨레문화유산연구원, 2013,『오산 청학동 유적』.

11) 기호문화재연구원, 2013,『烏山 塔洞·斗谷洞 遺蹟』.

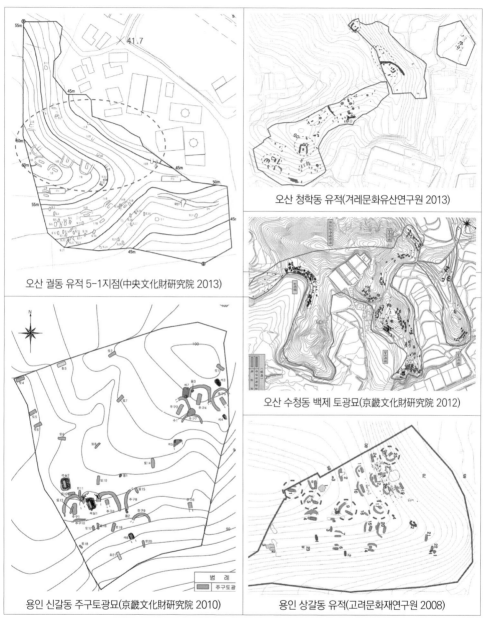

오산 궐동 유적 5-1지점(中央文化財研究院 2013)

오산 청학동 유적(겨레문화유산연구원 2013)

오산 수청동 백제 토광묘(京畿文化財研究院 2012)

용인 신갈동 주구토광묘(京畿文化財研究院 2010)

용인 상갈동 유적(고려문화재연구원 2008)

그림 2 3~5세기 오산천유역 분묘유적 내 (주구)토광묘 입지양상

되어 있다. 청학동 유적과 탑동·두곡동 유적에서는 일부 발형토기 대신 평저호나 난형호가 부장되는 경우를 제외하면 대부분 이전 시기부터 지속적으로 부장되어왔던 원저단경호+심발형토기의 조합상이 확인된다. 부장된 철기들은 일부 환두도나 철모 등의 무기류를 제외하고 대부분 농·공구류에 해당된다. 구릉 사면부를 중심으로 단일유적 내에서 가장 많은 수량의 분묘가 조사된 수청동 유적에서는 목관묘와 주구목관묘가 밀집도 있게 조성되었으며 모두 일률적으로 묘광 직교형의 양상을 보인다. 금동관모와 같은 최고급 위세품이 부장되지는 않았지만, 백제 중앙에서 이 일대 재지세력의 수장에게 하사한 것으로 보이는 청자 반구호가 확인되어 주목받았다. 오산천 중하류역 일대에서 가장 마지막 단계에 조성되는 수청동 유적의 분묘들은 부장유물의 편년을 참고하면 3세기 후엽부터 묘역이 조성되기 시작해 4세기~5세기 전엽에 이 일대 구릉사면부에 분묘가 지속적으로 조성되고, 묘역이 점점 확대되어갔던 것으로 파악된다. 부장되는 토기와 철기의 수량적인 면에서 기존의 분묘유적들보다 월등한데, 특히 원저단경호를 대부분 10개 내외로 별도의 부장공간내에 빼곡히 부장하는 점이 보이며, 농공구류에 주로 치중되있던 부장철기 구성에 피장자의 지위를 보여주는 환두도가 부장되는 사례가 많다. 전체적으로 부장된 철기의 수량이 많아 중부지역의 원삼국~백제 한성기 철기를 연구하는데 있어 중요한 자료를 제공한다.

III. 유물 부장양상 검토

부장유물은 매장의례와 관련하여 피장자의 사회적 역할 및 위계를 내포하는 유물로서 피장자의 위계를 나타내는 위세품과 집단구성원이 정신적으로 공유했던 매장의례의 결과물에 해당되는 공헌품으로 그 성격을 구분할 수 있다. 부장유물은 대다수가 토기류와 철기류로 구성되어 있으며 일부 분묘의 위계에 따라 금공품이나 중국제 도자기와 같은 위세품이 부장되기도 한다. 본 장에서는 부장유물 중 가장 빈도수가 많아 패턴을 어느 정도 파악할 수 있는 토기류와 철기류에 대하여 부장양상 검토를 진행하였다.

토기와 철기를 비롯한 유물의 부장패턴은 부장위치에 따라 크게 목관 내 부장, 목관 외 부장, 부장공간 내 부장의 3가지로 구분이 가능하다. 목관 내에 부장되는 유물은 피장자와 가장 가까운 곳에 부장되는 것으로서 신분이나 권위를 상징하는 물품이 주로 부장된다. 주로 이식과 경식, 대금구 등 장식성을 갖춘 착장품이 이에 해당되는데, 피장자가 생전에 착장했던 환두도(목병도)가 일반적으로 부장된다. 이외에도 패용도자와 지석이 부장되기도 하며 철

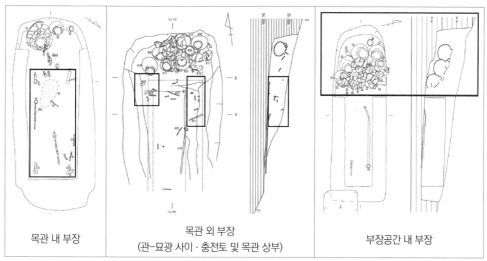

| 목관 내 부장 | 목관 외 부장
(관-묘광 사이 · 충전토 및 목관 상부) | 부장공간 내 부장 |

그림 3　분묘 내 유물 부장패턴

정이 피장자를 기준으로 네 모서리에 부장되는 양상이 확인되기도 한다.[12]

　목관 외에 부장되는 유물은 관과 묘광 사이 바닥에 부장되는 경우와 충전토 혹은 목관 상부에 부장되는 경우로 나누어볼 수 있다. 후자의 경우 관(곽)과 떨어져 주로 내부퇴적토에서 출토되는 유물들이 해당되며 이는 피장자 안치 후 이루어지는 부장으로서 일종의 매장의례 결과물로 해석된다. 목관과 묘광 사이 바닥에는 보통 철제 농 · 공구류나 무기류(철모 및 철촉), 마구류 혹은 성시구등 철기류들이 주로 부장된다. 목관 상부 및 충전토에 부장되는 유물은 토기류와 철기류가 두루 확인된다. 토기의 경우 그 자체가 공헌품을 담는 용기에 해당되기 때문에 대다수가 완형품으로 출토되지만 철기류는 의도적으로 파쇄되어 부장되는 경우도 다수 확인된다. 이렇게 파쇄 부장되는 유물은 피장자 안치 후 이루어지는 매장의례와 관련된 공헌품일 가능성이 높다.

　한편 부장공간 내에 부장되는 유물들은 대다수가 토기류에 해당되며 다수의 원저단경호

---

12) 오산 수청동 유적 5-2지점 18 · 20 · 21호 주구토광묘에 부장된 4개의 철정은 출토위치를 볼 때 관내 모서리에 부장되었던 것으로 파악된다. 반면 평택 해창리Ⅳ 유적 4호 주구토광묘와 화성 요리유적 1지점 1호 목곽묘에 부장된 철정은 충전토 바로 앞에서 출토된 점으로 보아 목관 외, 묘광 네 모서리에 부장되었던 것으로 파악되어 철정의 부장 위치는 관 내, 관 외 등으로 다양하게 이루어졌던 것으로 추정된다.

에 발형토기 및 평저호나 직구호 등의 조합으로 부장된다. 공헌품에 해당되는 토기들을 한 군데에 모아서 부장하는 것으로 볼 수 있으며 대부분 완형으로 부장이 이루어진다. 본문에서 다루는 오산천유역을 포함하여 중부지역에서 확인되는 마한~백제 한성기의 (주구)토광묘는 피장자의 두부 상단에 공헌 토기들을 모아서 부장하는 별도의 부장공간이 조성된다.[13] 주로 부장되는 유물은 완형의 토기들이지만 겸·착·부와 같은 철제 농·공구류의 부장도 이루어진다. 분묘 내 부장공간은 신라·가야지역 토광묘처럼 별도의 부장곽을 조성하지 않지만 목관이 안치되는 지점보다 비교적 바닥 레벨이 높게 조성되어 있으며, 단면상으로 완만하게 경사져 올라가는 양상이 확인되기도 한다. 특히 오산 수청동 유적에 조성된 분묘에서 이러한 양상이 뚜렷하게 확인되며 묘광의 모서리를 평면상 직각에 가깝게 굴착한 것과 달리 말각 혹은 타원형태로 굴착한 점에서 형태적 차이가 주목된다.[14]

다음으로 분묘 부장유물의 대부분을 차지하는 토기류와 철기류를 중심으로 그 부장양상을 살펴보고자 한다. 먼저 집단의 정체성을 비교적 뚜렷이 반영하는 토기는 분묘 부장품 중에서 가장 많은 수량을 차지한다. 부장토기는 보통 일상에서 사용되었던 용기를 매장의례 과정에서 사용했던 일종의 공헌품으로 보는 것이 주지의 사실이며, 의례에 참여했던 사회 구성원의 의식이 반영된 물품이다. 분묘에 부장된 토기에 관한 연구는 주로 토기의 형식학적 선후 관계를 파악하고, 단일유적 내 유구의 시간적 순서를 잡아 지역별 유적의 편년 및 지역상을 파악하고자 하는 연구였다(成正鏞 2006; 조은하 2010; 이현숙 2011; 조상기 2014). 본문에서는 토기의 부장양상을 검토하는 과정에서 기존에 연구되었던 주요 연구자들의 중부지역 마한·백제 토기의 형식분류안과 편년안을 활용하고자 한다.

우선 부장토기의 기종은 원저단경호가 검토대상 유적에서 가장 많은 수량이 확인되며 공반되는 토기들을 포함하여 피장자의 두부 상단에 조성된 부장공간에서 확인된다. 원저단경호는 원삼국시대부터 일상생활 전반에 사용되었던 토기로서 오산천유역을 포함해 중부지역

---

13) 피장자의 두향은 본문에서 연구대상으로 삼은 '묘광 직교형 (주구)토광묘'의 주축 방향이 북향에 가까우며, 일반적인 매장프로세스상 구릉 사면부에 묘가 조성될 경우 피장자의 두향은 발치보다 높은 곳에 위치하도록 안치하는 점을 감안하여 북쪽 혹은 해발고도가 더 높은 곳으로 설정하였다. 한편 묘광 평행형 (주구)토광묘의 경우 피장자의 두향을 파악하는데 상대적으로 어려움이 있는데 관 내 부장유물 중 출토맥락이 확실한 착장형 장신구의 위치, 도검의 패용방향 등을 고려하여 파악할 수 있을 것이다.

14) 말각(타원)형태의 부장공간은 지역적 특징으로 볼 수 있으나 오산 수청동 유적의 연대를 감안하면 오산천유역에 조성되었던 묘광 직교형 (주구)토광묘의 가장 완성형인 것으로 추정된다.

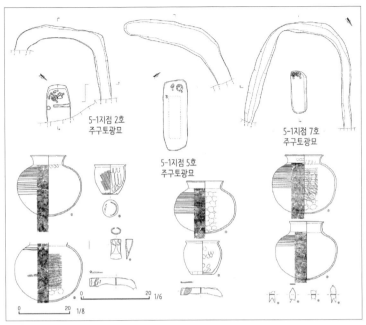

그림 4 오산 궐동 유적 주구토광묘 부장유물(3세기 전엽)

마한문화권 내 분묘에 심발형토기와 함께 가장 보편적으로 부장되는 기종이다. 오산천유역
권에서 묘광 직교형 (주구)토광묘가 형성되는 단계로 파악되는 오산 궐동 유적 5-1지점 III단
계 주구토광묘는 피장자의 두부 일대에 무문심발형토기 1점과 원저단경호 1~2점이 부장되
어 마한문화권 내 묘제전통이 3세기 전엽까지 지속되어 온 것으로 볼 수 있다. 이후 조성되
었던 분묘에서는 부장공간에 단수 부장되는 심발형토기, 복수 부장되는 원저단경호의 양상
이 보이며, 원저단경호의 부장 수량은 점차 증가하여 오산 수청동 분묘군이 조성되는 단계에
는 분묘 한기에 10점 내외에 해당되는 수량이 부장된다. 이러한 심발형토기(무문→격자타날)+
원저단경호의 토기 조합상은 수청동 유적의 가장 늦은 단계까지 확인될 정도로 마한사회 전
통의 상장례가 5세기 무렵[15]까지 오산천유역 일대에서 지속되었던 것으로 볼 수 있다. 한편
일부 심발형토기가 부장되지 않고 대형화 및 저부가 평저화된 원저단경호와 직구단경호, 평
저호 등 백제계 토기가 함께 부장되는 양상이 확인된다. 신갈동 14호 주구토광묘에 부장된

---

15) 오산 수청동 유적의 부장유물 중 백제토기와 공반되는 성시구의 형식을 주목하여 가장 마지막 단
    계를 4세기 후엽~5세기 전엽으로 비정한 연구사례(이창엽 2007)를 참고하였다.

평저직구호는 제작기법상 백제 중앙의 흑색마연토기를 모방하여 제작된 것이며, 마북리 3호 토광묘와 수청동 4지점 25호 목관묘에 부장된 직구단경호는 동체부 최대경이 상단부에 위치하고 직립된 구연을 갖춘 것으로 백제 한성기에 자주 확인되는 기종이다. 한편 수청동 4지점 14호 목관묘 내에서는 중국제 청자 반구호가 출토되어 큰 주목을 받은 바 있는데, 백제 중앙에서 오산천유역 재지세력에게 사여한 물품으로 보는 것에 큰 이견이 없다. 이와 공반하는 토기들은 심발형토기+원저단경호의 전통적 조합상을 취하고 있어 백제계통 문화가 이입되는 상황에서도 전통적 장례문화를 유지해갔던 것으로 볼 수 있다.

철기는 토기와 다르게 고대사회에서 제작과 소유가 자유롭지 않았던 특수한 재화에 해당되었다. 분묘에 부장된 철기는 피장자가 생전에 사용했던 도구일 가능성이 크며, 토기와 다르게 피장자의 사회적 성격과 역할을 비교적 뚜렷이 보여주는 고고학 자료에 해당된다. 이러한 부장철기에 관한 연구는 주로 지역 단위 유적에서 출토된 철기들을 집성하여 형식분류 하고 공반되는 토기의 연대를 기초로 하여 편년을 시도한 연구(성정용 2000; 이보람 2011)가 있으며, 이러한 연구성과를 토대로 분묘에 부장된 철기의 지역성을 파악한 연구(성수일 2017; 최영민 2021)가 진행되었다.[16] 주로 부장된 철기의 기종별 빈도수와 조합 관계 등에 주목하여 원삼국시대 마한에서 백제 한성기로 이행되는 과정에서 보이는 변화를 파악하였다. 한편 피장자의 성별과 관련하여 무기류의 부장이 이루어지지 않고 철제 농·공구류가 장신구 및 방추차와 함께 부장될 경우 피장자를 여성으로 파악하기도 하였다(이창엽 2007). 특히 패용지석의 경우 주로 목관 내부에 환두도와 함께 부장되는 것으로 보아 도검류와 관계된 유물로서 피장자의 성별을 남성으로 볼 수 있으며, 방추차는 여성이 담당했던 직물 생산에 사용된 도구라는 점에서 철제무기가 부장되지 않고 방추차가 부장되는 분묘의 피장자를 여성으로 비정하기도 하였다(차윤환 2013).

토기와 마찬가지로 본문에서는 부장된 철기의 출토맥락과 당시 매장의례 속에서 가지는 의미를 살펴보는 데 목적이 있으므로 철기의 형식분류와 편년은 선행된 연구성과들을 참고하고자 한다. 철기의 부장은 궐동 유적 5-1지점의 III단계 주구토광묘에서부터 보이기 시작하며 기종은 겸과 부의 부장되는 단순한 조합상이 보인다. 일부 철촉이 부장되는 경우를 제외하면 무기류는 부장되지 않아 이전의 I·II단계 분묘에 철검과 철모 등이 부장되는 양상과 큰 차이를 보인다. 겸·부·착·도자 등 철제 농·공구류는 5세기 전엽까지 지속적으로

---

16) 이외에도 철제 농·공구, 철제 무기, 철정 등 개별 기종에 관한 연구들은 주로 분묘 출토품을 대상으로 진행되어 왔다.

분묘에 부장되며 토기와 함께 부장공간에 부장되거나 목관 내부의 피장자 족부에 부장 혹은 목관 외부 공간 및 충전토에 부장되는 등 부장패턴에 일정한 규칙성이 보이지 않는다. 특히 목관 외부 공간과 충전토에 부장되는 경우 인부가 결실된 상태로 부장이 이루어지는 등 의도적인 파쇄행위가 추정되며, 이는 매장의례의 결과물일 가능성이 크다. 반면에 도자는 대부분 목관 내에 부장이 이루어지는데 일부 패용지석과 공반되어 부장되기도 한다. 출토되는 위치로 보아 피장자의 신부 중앙 부분으로 추정되며, 패용된 상태로 매장이 이루어진 것으로 볼 수 있다. 한편 4세기 이후 분묘에 부장되는 철제 농·공구류 중에는 기존에 보이지 않던 새로운 기종이 일부 부장되기 시작한다. 주조괭이와 삼칼(麻刀)이 대표적 사례이며 평저직구호, 직구단경호, 뚜껑 등의 백제 토기들과 공반되는 점으로 보아 백제 물질문화가 유입됨에 따라 새롭게 부장이 이루어진 것으로 볼 수 있다.

대표적인 기경구로서 백제 한성기 농경문화가 확산되면서 보급이 이루어졌던 주조괭이는 오산천 유역권 분묘유적에 제한적으로 부장되었던 것으로 보인다. 오산천 상류역에 해당되는 용인 신갈동 3·4호 주구토광묘, 용인 대덕골 13호 토광묘에서 일부 부장이 이루어지지만, 오산천 중하류역권 분묘에는 전혀 부장이 이루어지지 않는다. 주조괭이는 백제의 철기문화가 재지사회로 유입되면서 보편화 되기 시작하며 그 출토율과 수량은 서울 및 한강 본류에서 출토된 수량보다 당시 백제의 지방에 해당되는 지역의 수량이 더 적은 것으로 알려져 있다. 주조괭이는 백제 중앙에서 제작과 보급에 관여했던 물품으로 풍납토성을 중심으로 약 50km 범위 내에서 다량 보급되며, 국가가 주도하는 관영 수공업에 의한 생산 보급의 유통체계가 발달한 것으로 추정되기도 한다(이희경 2018). 도성과 비교적 가까운 위치에 있는 서울 우면동, 하남 미사리, 광주 장지동, 용인 수지, 남양주 장현리, 포천 자작리 취락에서는 주조괭이 출토비율 높지만 상대적으로 멀리 있는 화성 석우리 먹실, 발안리, 오산 내삼미동 등 경기 남부지역은 출토비율이 낮아 백제의 지방에 해당되었던 지역에서는 빈약한 출토율을 보인다는 것이다(이희경 2018). 오산 수청동 유적에서는 300여 기가 넘는 분묘에서 다종 다량의 철기가 출토되었으나 주조괭이는 단 한점도 확인되지 않았다.

삼칼(麻刀)은 연구자에 따라 형태적 특징에 주목하여 요(凹)형철기로 부르기도 하지만 본문에서는 철기의 기능적 측면에 주목하여 해당 유물을 삼칼로 명명하고자 한다. 삼의 껍질을 벗겨내는데 사용되었던 삼칼은 경기·충청 지역을 포함한 중부지역 일부 분묘에 부장되며, 출토사례가 많은 편은 아니다. 오산천유역에서는 용인 마북리 3호 토광묘, 수청동 4지점 14·25호 목관묘, 5-1지점 67호 주구토광묘에서 백제 토기 및 마구, 성시구 등 새롭게 부장되는 유물들과 공반되어 확인된다. 그 이외 지역에서는 화성 요리 1지점 2호 목관묘, 청주 신봉

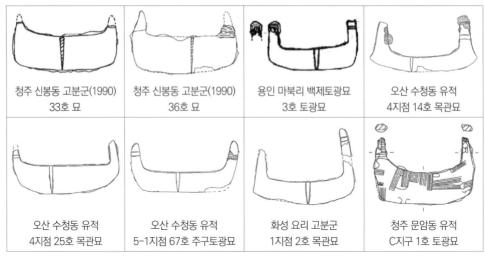

청주 신봉동 고분군(1990) 33호 묘	청주 신봉동 고분군(1990) 36호 묘
용인 마북리 백제토광묘 3호 토광묘	오산 수청동 유적 4지점 14호 목관묘
오산 수청동 유적 4지점 25호 목관묘	오산 수청동 유적 5-1지점 67호 주구토광묘
화성 요리 고분군 1지점 2호 목관묘	청주 문암동 유적 C지구 1호 토광묘

그림 5 4세기 이후 중부지역 분묘 출토 삼칼(麻刀) 사례(축척부동)

동 33 · 36호 토광묘, 청주 문암동 C지구 1호 토광묘 등 4세기 이후로 편년되는 분묘에서 부장되는 사례가 확인된다. 삼칼은 주조괭이와 마찬가지로 4세기 이후 백제 한성기 물질문화가 확산됨에 따라 새롭게 부장되었던 기종인 것으로 판단된다.[17]

무기류는 3세기 후엽부터 오산 청학동, 용인 상갈동 유적의 사례에서 볼 수 있듯이 목관 내부에 피장자의 좌측 혹은 우측으로 환두도가 부장되는 양상이 보이기 시작한다. 출토맥락을 보면 대부분 피장자와 가장 가까운 위치에 부장되어 있고, 착용했을 당시의 모습처럼 인부가 족부를 향하도록 부장된 점으로 보아 생전에 사용하던 것을 착용한 상태로 매장이 이루어졌던 것으로 추정된다. 한편 오산 수청동 유적이 조성되는 단계에 들어서면 환두도를 비롯한 무기류의 부장률이 증가하고 부장공간 내 마구류가 부장되는 양상 또한 새롭게 보이기 시작한다. 수청동 유적에서는 하나의 분묘 내에 피장자 좌 · 우측으로 환두도를 두 점 부장한 사례도 확인되는 등 개별 분묘 내 환두도 부장비율이 월등히 증가하는 점이 보인다. 수청동 유적에서 출토된 환두도 6점에 대한 금속학적 분석을 실시한 결과, 3세기 후엽으로 편년되는 일체형 환두도를 제외한 나머지 5점은 반복적인 겹침단조 및 담금질을 통하여 정연하

---

17) 삼칼은 오산 수청동 유적의 사례로 볼 때 보편적으로 부장되는 기종이 아닌 것으로 판단된다. 분묘에 부장되는 농 · 공구류는 거의 실생활품에 해당되는 점으로 볼 때 삼칼이 부장된 분묘의 피장자는 삼의 재배 및 관리와 관련된 역할을 했을 가능성이 크다.

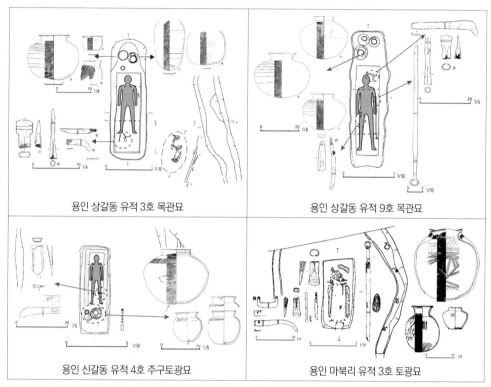

용인 상갈동 유적 3호 목관묘

용인 상갈동 유적 9호 목관묘

용인 신갈동 유적 4호 주구토광묘

용인 마북리 유적 3호 토광묘

그림 6 오산천 상류역 분묘 내 유물 부장양상의 대표사례(보고서 도면 인용 후 가필)

게 인부를 조성하지 않은 것으로 파악되었다.[18] 즉 4세기 이후로 편년되는 분묘에 부장된 환두도는 형태만 갖추도록 제작된 것으로, 이는 3세기 후엽까지 분묘에 부장된 환두도가 무기로서의 기능을 갖춘 실용품인 것에 반해 4세기 이후가 되면 단순 부장용으로 제작되기도 함을 보여준다. 실제 피장자가 생전에 착용 및 사용했던 것을 부장하는 것에서 피장자의 사회적 신분 및 위신을 표현하기 위한 수단으로서 환두도를 의도적으로 제작하여 부장하는 것으로 상장례 관념의 변화가 발생한 것으로 해석될 수 있다. 철모는 주로 피장자의 족부 혹은 목관 외부 공간에 주로 부장된다. 유관직기형 및 유관연미형에 해당되는 부장철모는 대부분 신부와 공부의 길이 비가 1 : 1 이하로서 신부의 길이가 상대적으로 짧은 편인데, 오산 수청동 4지점 1호, 5-2지점 9호 목관묘에서 출토된 유관직기형 철모는 신부 : 공부 길이 비율이 이

---

18) 신경환·이남규·장경숙·이창엽·남수진, 2012, 「오산 수청동 분묘군 출토 환두대도에 대한 금속학적 분석 연구」『烏山 水淸洞 百濟土壙墓』, 京畿文化財研究院.

그림 7 오산천 중하류역 분묘 내 유물 부장양상의 대표사례(보고서 도면 인용 후 가필)

전의 관부돌출형 철모와 유사한 1 : 1 이상의 것이 확인되어 원삼국시대 철모 제작 메커니즘이 남아있던 것으로 추정하기도 하였다(정경화 2021b).

Ⅳ. 3~5세기 오산천유역 분묘 축조집단의 성격

본문의 연구대상 지역인 오산천유역을 포함하여 경기 남부지역 정치체의 성격에 대한 연구는 원삼국시대와 백제 한성기 중앙에서 지방으로 백제 세력이 확산되는 양상에 대한 연구 속에서 꾸준히 논의가 이루어져 왔다. 그 가운데 중서부지역을 중심으로 강력한 세력권을 형성했던 마한의 영역(북한계선)을 경기 남부지역 일부와 한강 중·하류역 일대로 설정하기도 하였다. 특히 오산 수청동 유적을 중심으로 하는 재지세력의 성격을 한강유역 집단과 마한 중심집단 사이의 교두보로 파악하였다(차윤환 2013).

한편 문헌 기록에서는 정시(正始) 7년 마한의 나해국(那奚國) 등 수십 국이 군현에 항복한 기록[19] 등을 보아 경기 남부지역 일대가 마한 소국 중 한강유역 집단과 마한 중심세력[20] 사이에 존재했었던 나해국(那奚國)으로 비정하기도 한다(노중국 2003; 김수태 2004). 그러나 경기 남부지역 중 안성천·진위천유역 일대에서 확인되는 주거·분묘 양상은 마한 중심세력권에서 주로 보이는 사주식주거 및 주구토광묘와 같고,[21] 곡교천·안성천 일대 분묘와 오산천·황구지천 등 그 북쪽 지역의 분묘는 장축방향에 차이가 있으며 이것이 축조세력이 서로 상이하

---

19) 『三國志』魏書 齊王芳紀, "正始七年 春二月 幽州刺史毌丘儉討高句麗 夏五月 濊貊 皆破之 韓那奚等數十國 各率種落降."

20) 마한의 중심세력은 문헌 기록상에도 언급되어 있듯이 현재 천안·아산 지역(곡교천유역)을 중심으로 존재했던 것으로 비정되는 목지국(目支國)으로 파악된다. 최근까지 이루어진 호서지역에 대한 발굴조사 결과, 미호천·무심천 일대에도 목지국에 버금갈만한 유력한 정치체가 존재했던 것에 거의 이견이 없으나 본문에서는 경기 남부지역과 지리적으로 인접한 곡교천유역에 존재했던 것으로 비정되는 목지국을 마한의 중심세력으로 설정하여 논지를 전개하였다.

21) 3~5세기 안성천·진위천 유역권에 조성된 분묘는 모두 묘광 평행형에 해당되며, 주구토광묘는 평택 해창리Ⅳ 유적(湖南文化財研究院 2020)을 제외하고 4세기 이후엔 보이지 않는다. 또한 안성 도기동 고분군(기남문화재연구원 2019), 안성 도기동 산18번지 유적(누리고고학연구소 2017)과 같이 백제의 직접적인 진출에 따라 백제계 분묘군이 조성된다는 점에서 오산천 유역권 분묘 양상과 차이점이 있다.

다는 점이 지적되었다(박경신 2021).[22] 또한 진위천유역의 평택 가곡리 유적에서 생산된 철이 아산만을 건너 목지국 일대로 공급된 것으로 보는 견해(김길식 2017; 정경화 2021a)를 참고할 때 마한 중심세력권의 북쪽 경계는 안성천유역 일대로 보는 것이 타당하다고 생각된다. 정리하면 3~5세기 오산천유역 일대에서 묘광 직교형 (주구)토광묘를 조영하던 세력들은 목지국으로 비정되는 마한 중심세력과는 구분되며 마한 사회를 구성하던 다수의 외연세력 중 하나였을 것으로 생각된다.

이와 관련하여 오산천유역 분묘 축조집단의 성격과 관련하여 한가지 주목되는 점은 중서부지역 주구토광묘 분포권역에서 굉장히 높은 빈도로 부장되는 마형대구가 오산천유역의 묘광 직교형 (주구)토광묘에서는 전혀 확인되지 않는 점이다. 마형대구가 원삼국시대부터 이어지는 마한의 표지 유물에 해당되는 점은 모든 연구자들이 동의하는 사실이다. 아산·천안·청주 일대를 중심으로 가장 높은 부장률을 보이며 그 분포범위는 동쪽으로는 충주, 남쪽으로는 세종, 공주 지역의 금강 중하류역에 이르러 일정한 분포범위를 보인다. 마형대구 분포범위의 북쪽 경계는 현재까지의 조사성과로 볼 때 안성천 일대를 넘지 못한다.[23] 최근 이러한 마형대구가 마한 중심세력의 집단 혹은 종족을 상징하는 물품이며, 출자 및 계통과 같은 집단의 동질성을 표현하는 상징성을 강하게 반영하고 있는 것으로 해석되기도 하였다(김중엽 2021). 실제로 마형대구가 가장 많이 출토되는 아산·천안·청주 지역에서는 아산 북수리 유적, 청주 봉명동 유적, 청주 문암동 유적과 같이 4~5세기에 조성된 분묘에 백제토기 및 철기와 공반되는 양상이 확인되어 이러한 견해를 뒷받침해준다. 특히 비교적 최근에 조사가 이루어진 청주 문암동 유적에서는 4~5세기대 분묘에 청동제 마형대구는 물론 일부 위계가 낮은 분묘에서는 토제 마형대구가 다수 출토되어 주목된다. 토제 마형대구 중 일부는 표면을 흑색마연처리하여 금속제품과 같은 질감을 표현하기 위한 의도가 보이고 있어 마형대구가 가지는 의미가 상당했던 것으로 판단된다. 오산천유역 분묘에 이러한 마형대구가 부장되지 않는 점으로 보아 지역 집단의 성격은 목지국의 중심세력권에서 벗어나 외연을 구성하던 세력이었던 것으로 해석해 볼 수 있을거 같다.

지금까지 묘제의 양상과 부장유물을 검토한 결과 오산천유역 집단들은 주구토광묘라는

---

22) 박경신(2021)은 오산천유역의 묘광 직교형 분묘들의 계보를 초기철기시대에 조성된 분묘에 두었으며, 이 일대 집단이 토착적 분묘의 주축 방향을 계승하여 그 전통을 유지한 것으로 보았다.

23) 이마저도 평택 마두리 유적 2호 묘에서 출토된 마형대구(유입품)와 안성 인지동 수습유물 등을 제외하면 사실상 경기지역에서 마형대구가 출토된 사례는 거의 찾아보기 힘들다.

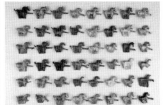
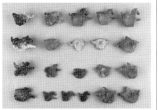

아산 북수리 유적[24] 145호 묘 출토유물	청주 문암동 유적[25] 출토 청동제 및 토제 마형대구

그림 8 4~5세기 분묘 부장 마형대구

마한사회 내에서 전통적으로 이어져 온 묘제를 고수하지만, 마제형 주구를 조성하고 묘광을 등고방향에 직교하도록 조성하는 등 지역성이 강한 분묘를 조성해나갔다. 공헌품으로 부장되는 토기의 경우 대부분 큰 기종의 변화 없이 전통적으로 부장되었던 기종들이 확인되는 등 재지의 전통적 요소가 유지된다. 이러한 전통성 고수는 토기 뿐만 아니라 일부 철기류에도 확인된다. 오산 수청동 4지점 25호 목관묘와 5-1지점 18호 주구토광묘, 5-2지점 18·20호 주구토광묘에서는 피장자를 중심으로 네 모서리에 철정이 부장된 양상이 확인되었다. 중서부지역 철정은 4세기 중엽부터 백제가 남한강유역의 제철기지를 통해 철 생산을 주도하면서 제작했던 세장방형의 봉상철정의 형태였던 것으로 추정되는데(정경화 2021a), 상기한 유적에서 출토된 철정들은 모두 판상철정에 해당된다. 부장된 판상철정들은 이전 시기보다 소형화되긴 했지만 큰 틀에서 백제의 세장방형 봉상철정과 형태적으로 다르기 때문에 철정 부장에 있어 기존의 전통이 유지되었던 것으로 판단된다.

4세기 이후 한강유역의 백제 세력이 확산됨에 따라 중부지역에서 마한이라는 강력한 정치체는 사실상 소멸하게 된다. 오산천유역보다 남쪽에 위치한 진위천·안성천 일대는 4세기 중엽 이후 재지의 전통적 묘제가 단절되고 석곽(실)묘와 같은 백제계 묘제가 새롭게 조성된다. 곡교천·미호천·금강유역 일대 또한 4세기 이후 주구토광묘는 완전히 소멸하고 백제계 토광묘나 석곽묘가 주로 조성된다. 안성 도기동 산성, 아산 갈매리 유적, 천안 용원리 고분군 등 4세기 이후 기존 마한의 고지에 한성백제 세력이 확산되어가는 상황에서 마한을 구성했

---

24) 中部考古學硏究所, 2018, 『牙山 北水里 遺蹟』.

25) 충청북도문화재연구원, 2021, 『淸酒 外北洞·文岩洞 遺蹟』.

던 각 지역 집단은 한성백제의 지방사회를 구성하게 된다. 오산천유역은 이러한 상황에서 재
지 묘제가 단절되지 않고 꾸준히 지속되는데, 분묘유적 주변으로는 화성 석우리 먹실, 오산
외삼미동, 용인 마북동, 수지 유적과 같이 4세기 이후 새롭게 조성된 취락들이 분포하는 점
으로 보아 백제의 직접지배를 받는 지역임에도 불구하고 그들의 상장례 전통의 자율성을 보
장받았던 것으로 추정된다.

오산 수청동 4지점 25호 목관묘에서 출토된 청자 반구호는 백제 중앙에서 사여한 물품으
로 알려져 있으며, 4세기 중엽 이후 묘광 직교형 주구토광묘를 축조하던 집단들과 백제 중앙
간의 상호 교섭을 추론할 수 있다. 이러한 사여품에 대하여 분묘에 부장된 백제 중앙양식 토
기와 중국제 도자기의 양상을 해당 지역 집단이 정치적으로 백제 중앙에 복속된 상태였던 것

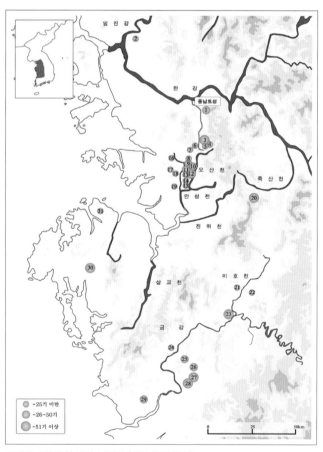

그림 9 백제 한성기 저장수혈군 유적의 분포(김왕국 2016)

이 아니라 백제의 정치적 포섭으로 보기도 하였다(金成南 2006). 수청동 유적에서 보이는 재지 묘제가 5세기 전엽까지 지속됨과 동시에 백제 중앙에서 위세품을 사여 받았던 정황은 이전부터 축적되어온 지역 집단의 정체성과 세력이 백제를 중심으로 하는 새로운 질서 속에서 유의미하게 작용되었던 것임을 시사한다(이성준 2021).

이러한 백제 한성기 오산천유역 일대의 정치·사회적 의미와 관련하여 분묘와 인접한 지역에 한성백제의 관영 창고시설로 사용되었던 저장수혈 유적들이 다수 분포하고 있는 양상이 주목된다. 오산천을 따라 조성되어 있는 저장수혈군은 지역 집단이 백제에게 있어 국가적으로 중요한 물류 시스템상에 위치했던 것을 보여주는 자료이다(金王國 2016). 특히 한강으로 흐르는 탄천과 인접한 오산천 상류 지역에는 마북동 일대를 중심으로 저장수혈들이 가장 밀집분포 하고 있어 농경을 주로 담당하던 지역에 해당되며, 4세기 후반부터 백제의 남쪽 지배루트와 철 자원 확보를 위한 교통로가 자리잡으면서 중앙에서 직접 지배하게 된다(韓濬伶 2014). 이상의 내용을 통해 3~5세기 오산천유역의 분묘 축조집단은 기존 마한 중심지(목지국)의 외연 세력으로 존재했고, 4세기 이후 한성백제의 중요 경제적 물류거점지로 재편됨에 따라 백제 중앙과의 지속적인 상호작용(정치적 포섭)을 했던 집단으로 그 성격을 생각해 볼 수 있다. 백제의 직접적인 영향 아래에 있었으나 과거 마한 중심지의 외연 세력으로 오랫동안 자신들만의 세력권을 형성해왔고, 백제의 중요 물류거점지와 관련하여 해당 지역의 지정학적 중요성 등이 고려되어 재지 묘제의 전통을 지속적으로 유지할 수 있었던 것으로 해석된다.

V. 맺음말

본문에서는 3~5세기 오산천유역 일대에 조성되었던 묘광 직교형 (주구)토광묘의 전개과정과 부장유물의 양상을 중심으로 묘제의 특징을 검토해보았으며, 이러한 특징적 묘제를 지속시켜나갔던 지역 집단의 성격에 관하여 시론적으로 고찰해보고자 하였다. 이에 따라 오산천유역에 분포하는 3~5세기대 분묘 유적들의 양상을 확인하고 출토유물의 기종과 부장양상에 대하여 살펴보았다. 본 장에서는 지금까지 전개했던 핵심 내용들을 요약하는 것으로 맺음말을 대신하고자 한다.

오산천유역은 3세기 전엽부터 원저단경호와 심발형토기 조합을 기본으로 하는 묘광 직교형 (주구)토광묘가 지역의 특징적 묘제로 형성되어 5세기 전엽까지 단절없이 지속된다. 오산 궐동 유적의 마지막 단계에 조성되기 시작하는 묘광 직교형 (주구)토광묘는 부장유물의 연대로 볼 때 오산천 중하류 지역에서 조성되기 시작하여 확산되어 갔던 것으로 판단된다. 4세기 이후 백제의 세력 확장에 따라 오산천유역 일대에 새로운 백제계 취락이 형성되던 단계에는 오산 수청동 일대에 대단위 분묘군이 조성되어 다수의 유물이 부장되고 꾸준히 묘역이 확장되어가는 것으로 파악된다.

부장유물의 양상을 검토해본 결과, 우선 매장의례 과정에서 공헌품에 해당되는 토기들은 피장자를 기준으로 두부 상단에 별도로 마련된 부장공간에 완형으로 모아서 부장이 이루어진다. 기종을 살펴보면 (무문/격자타날)심발형토기와 원저단경호의 조합을 기본으로 부장이 이루어지며 시기가 늦을수록 부장되는 원저단경호의 수량이 증가한다. 이와 같은 부장토기의 조합상은 중부지역 일대에 백제계 토기가 확산되던 4세기 중엽이후에도 지속되며, 일부 분묘에서만 심발형토기 대신 직구단경호나 평저호 등 백제계 토기가 부장되는 점이 보인다. 철기류의 경우 3세기 전엽부터 5세기 중엽에 이르기까지 겸·부·착·도자와 같은 단순한 농·공구류들이 별도의 규칙성 없이 다양하게 부장이 이루어진다. 무기류는 3세기 후엽부터 분묘에 부장되기 시작한다. 피장자가 생전에 착용하고 사용했던 환두도는 주로 관 내부에 1점씩 착용된 상태로 부장이 이루어지며, 수청동 유적 단계에 들어서 부장률이 급증하는 양상이 확인된다. 철모는 주로 피장자의 족부 혹은 목관 외부 공간에 부장되며, 유관직기형 혹은 유관연미형에 해당된다. 4세기 이후 백제 문화가 지역에 유입되면서 주조괭이, 삼칼, 마구 및 성시구와 같이 기존에 보이지 않던 새로운 기형들이 부장되는 등의 변화가 발생한다.

3~5세기 오산천유역에 묘광 직교형 (주구)토광묘를 축조했던 집단의 성격은 문헌상에서 보이는 기록과 마한의 중심세력권에서 집단의 정체성을 반영하는 상징적 유물인 마형대구가 부장되지 않는 점을 통해 중부지역에서 마한사회를 구성했던 하나의 외연세력으로 추정하였다. 4세기 이후 오산천유역 일대는 중부지역에서 백제 한성기 관영 창고시설로 파악되는 저장수혈들 다수가 하천을 따라 밀집 분포하고 있는 지역으로 백제 한성기 물류 거점지와 관련하여 전략적으로 중요한 지역에 해당된다. 이 시기는 중부지역에서 백제가 세력을 확대해감에 따라 각 지방으로 백제 문화가 유입되어 새로운 묘제가 조성되는데, 그 상황 속에서 오산천유역 집단들은 자신들의 전통적 상장례를 고수하였다. 이는 원삼국시대부터 오산천유역 일대에서 지속적으로 세력권을 형성해왔으며 이 일대의 사회·경제적 중요성 등을 고려하여 지역 집단과 백제 중앙간의 정치적 교섭에 의한 결과로 해석된다.

〈후기〉

　제가 이남규 선생님을 처음 뵈었을 때가 2015년 고고학전국대회였던 것으로 기억합니다. 당시 자유 패널 분과에서 제철복원실험과 관련된 여러 발표가 진행되고 있었습니다. 저는 당시 학부 3학년이었고, 고고학을 전공하겠다고 결정은 했지만 세부전공은 정하지 않은 상태에서 단순한 호기심으로 같이 학회에 온 학우들과 발표를 듣고 있었습니다. 그때 쉬는시간이 주어지자 선생님께서 당시 일면식 없던 저를 비롯한 타 대학교 학생들에게 먼저 다가오셔서 어느 학교 학생들이냐고 물어보셨고, 발표장 밖에 전시되어 있던 제철복원실험 결과물들을 하나하나 자세히 설명해주셨습니다. 그리고 앞으로 이 분야의 젊은 연구자들이 많이 나오길 바라며 연구의 중요성 등을 말씀해주시며 학생들을 독려하셨습니다. 당시 선생님의 열정적이고 친절한 설명과 독려를 계기로 제철을 비롯한 철기문화에 관심을 가지게 되었고, 이 분야로 반드시 석사 논문을 쓰겠다 다짐하며 대학원을 진학하게 되었습니다.

　이후 이남규 선생님과 다시 인연을 맺게 된 것은 2018년 여름으로, 충주 용교리 유적 발굴조사 현장에 삼국시대 제철유물들이 다수 확인되어 선생님을 자문위원으로 모시게 되었을 때입니다. 당시 날씨가 폭염경보에 이를 정도로 매우 더웠는데, 선생님께서는 쉬지도 않으시고 조사단에게 열심히 제철유물에 대해 설명해주시고 올바른 조사방법에 대한 지도를 아끼지 않으셨습니다. 그때 조사단의 막내 보조원이었던 제가 소심하게 제철유적으로 논문을 쓰고자 한다고 말씀드렸는데, 논문작성의 방향에 대한 고견을 주시고 이왕 전공하기로 마음먹었으니 보고서 작성도 잘 마무리 하길 바란다며 격려해 주셨습니다. 이러한 선생님의 격려 덕분에 3년 뒤 중부지역 제철유적으로 무사히 석사논문을 쓰고, 용교리 유적 보고서 또한 잘 마무리할 수 있게 되었습니다. 타 대학에서 석사학위를 받은 사람임에도 간혹 학술대회나 조사현장에서 선생님을 만나 뵙게 되어 인사드리면 저를 '용교리 유적 조사성과 발표한 사람', '용교리 유적 보고서 쓴 사람' 등으로 기억해 주시고 반갑게 인사해주셨습니다.

　지는 작년 하반기에 박사과정에 입학하게 되어 뒤늦게 '헌신고고학'과 인연을 맺게 되었습니다. 석사졸업을 하고 바로 박사과정에 진학한 것에 여러 이유가 있었지만, 앞서 이남규 선생님과 맺어온 학문적 인연들이 가장 큰 동기부여가 되었습니다. 지금도 매 수업시간마다 강의와 함께 연구자가 지녀야 할 올바른 태도, 학문적 자세 등에 대한 따끔한 일침을 많이 해주셔서 직장과 학업을 병행한다는 핑계로 타성에 젖어 있던 저를 정신차릴 수 있게 해 주십니다. 학교에 올때마다 수시로 학위논문의 계획과 개인연구 진척사항에 대해 물어보시며 채찍질을 하시기에 게으름을 피울 틈을 주지 않으십니다. 저의 공부량이 아직 일천하고 글재주가 좋지 않아 선생님의 기대에 부응하지 못해 부끄러울 따름입니다.

　제가 입학하기 전에 정년퇴임을 하셔서 제때 축하를 드리지 못했는데, 이렇게 뒤늦게라도 선생님의 퇴임을 진심으로 축하드리며, 항상 건강하시고 행복하시길 기원합니다. 선생님의 기대에 부응할 수 있도록 남은 박사과정 기간동안 더욱 열심히 공부하겠습니다. 항상 제자들을 위해 지도편달을 아끼지 않으시는 선생님께 존경과 감사하는 마음을 지면을 빌어 전해드립니다.

제8장

원삼국~한성백제기 오산천유역문화의 지역성

-주거와 분묘를 중심으로-

최지훈

청구고고연구원

I. 머리말

주거와 분묘는 당시 사람들의 생활상과 사후의식을 살펴보는데 가장 중요한 자료이다. 주거지는 주거의 유형부터 그 안에서 출토되는 각종 유물을 통해 당시 인류의 삶을 추정할 수 있다. 분묘는 장제과정을 통해 정치·사회적으로 통합된 집단의식을 고취하기에 당시 사람들의 사후 세계관을 잘 표현하는 자료이다. 이러한 공통된 문화를 공유하거나 전파되는 과정을 통해 정치·사회적 통합과정이 이뤄진다.

특히 오산천유역을 포함한 경기 서·남부지역에서 기존의 인식과 달리 호서지역의 마한문화를 대표하는 유구와 유물이 다수 확인되었다. 더 나아가 백제가 고대국가단계로 성립된 뒤 주변지역을 복속·통합하는 시기의 오산천유역은 기존의 마한문화가 큰 변동없이 존속되고 있다. 이는 마한문화가 존재하던 타지역과 비교해도 특수한 사례라고 할 수 있다. 획일적이지는 않지만 마한문화가 존재하던 타지역은 백제에 의해 복속·통합이 되면 백제 중앙의 문화가 빠르게 이식·대체되기 때문이다. 그러나 경기 서·남부지역의 마한문화를 대표하는 유구·유물의 확인으로 인해 백제의 영역화와 동시에 재지의 문화를 대체한다는 기존 인식을 재고하게 되었다

이러한 인식의 변화는 백제의 영역화 과정이 획일적인 것이 아니며, 정치·사회적인 여건에 따라 다양한 사례가 적용되었음을 반영한다. 이에 맞춰 다양한 영역화 양상에 대한 연구가 진행되고 있다.

오산천유역은 재지문화를 고수하는 유적이 다수 확인되어 재지문화의 전통이 오랫동안 유지되는 것으로 확인된다. 이에 본고에서는 재지문화의 전통이 오랫동안 존속할 수 있었던 이유를 규명하고, 이러한 문화적 특수성이 지역성으로 판단되는지 주변 수계와 비교하여 살펴보고자 한다. 마지막으로 백제 중앙과의 상호작용을 통한 변화양상을 확인하고자 한다.

원삼국~삼국시대 한성백제기 주거지와 분묘에 대한 연구는 주로 중부지역을 대상으로 한 권역별 유형분석과 출토유물에 따른 편년에 맞춰져왔다. 이에 권역별로 대략적인 편년 및 유형분석이 틀을 잡았다.

오산천유역을 포함한 원삼국~삼국시대 한성백제기 중부지역의 고고학적 연구는 백제의 영역화 과정과 그에 따른 변화상에 초점을 맞춘 연구가 진행되었다. 영역국가로서 백제의 영

역화와 복속지역의 재편은 고대사 연구에 중요한 기점이다. 이러한 이유때문에 백제 물질자료의 유입과정을 기준으로 이에 대한 편년을 설명하기 위한 연구가 다수 진행되고 있다. 이러한 경향에는 백제의 물질자료들의 편년이 지표로의 중요성과, 지역별 재지문화 물질자료의 부족이 일정 정도 작용하기도 한다.

물론 백제의 영역화 과정에 대한 연구의 중요성을 부정하는 것은 아니지만, 지역별로 백제의 물질자료를 수용하는 집단에 대한 인식이 전제되지 않은 상태에서 진행되는 연구는 한계가 있다고 판단된다. 이에 지역별 수용집단에 대한 연구가 공반 공반된다면 백제의 영역화 과정에 대한 규명이 한층 발전할 것으로 보인다.

이러한 문제의식 하에 백제 물질자료를 받아들이는 주체로서 독립된 오산천유역문화의 성격과 변화상에 집중한 연구가 필요한 것으로 보인다.

II. 오산천유역의 주거와 분묘

1. 오산천유역의 유적현황

오산천유역은 동쪽의 광주산맥과 서쪽의 황구지천 사이에 낮은 구릉지와 충적지가 넓게 분포하고 있다. 오산천의 지류들은 사행천(蛇行川)으로 구릉과 산지 사이를 동서로 흘러 오산천과 합류한다. 오산천과 지류하천의 주변으로는 비옥한 토양이 퇴적된 평탄지가 형성되었다. 이러한 점들을 고려하면 오산천유역은 시기를 막론하고 사람들이 거주하는데 선호되었던 지역으로 판단된다.

여기에 더해 오산천유역은 지리적으로 한강유역과 호서지역을 연결하는 주요 교통로이기도 하다. 한강의 지류인 탄천에서 오산천, 진위천으로 이어지는 경로는 지리적으로 한강유역에서 호서지역으로 가는 중요 경로중 하나이다. 특히 백제의 중심지인 풍납토성에서 아산만으로 통하는 최단 경로이다.

오산천유역에서는 주거지 · 저장수혈 · 토기가마 등 생활 · 생산유적 뿐만 아니라 대규모의 묘역이 조성된 분묘유적이 확인되었다. 오산천유역에서 연구대상으로 삼고자 하는 대상유적은 총 18곳이며, 총 유구 수는 총 605기이다.

그림 1 오산천유역의 원삼국~한성백제기 유적현황

표 1 오산천유역의 유적별 유구현황

유적 번호	유적명	주거지					분묘						비고
		방형계		원형계	呂·凸 자형	미상	주구묘			비주구묘			
		사주식	비사 주식				목곽묘	목관묘	토광묘	목곽묘	목관묘	토광묘	
주거 유적	화성 감배산유적		10	18	1	1							
	화성 청계리유적	40	62	11		4							토기가마
	화성 금곡리유적	1	5										
	용인 공세리유적	5											
	화성 석우리 먹식유적	6	9	3	1								저장수혈
	오산 가수동유적		3										저장수혈
	오산 외삼미동유적	3	11	3									저장수혈
	오산 내삼미동유적(고려)	1	2										저장수혈 백탄요
	오산 내삼미동유적(경기)	1	26		1	1							저장수혈 백탄요
	오산 내삼미동유적(한국)	1	3										저장수혈

유적번호	유적명	주거지					분묘						비고
		방형계		원형계	呂·凸자형	미상	주구묘			비주구묘			
		사주식	비사주식				목곽묘	목관묘	토광묘	목곽묘	목관묘	토광묘	
분묘유적	오산 탑동·두곡동유적	3	2				1	3	5			3	저장수혈 백탄요
	평택 마두리유적											3	
	오산 궐동유적							12			24		
	평택 가곡리유적(한울)							1	1		3	2	토기가마 제철로
	평택 가곡리유적(삼강)							37			7		
	오산 청학동유적						1	6			12	9	
	오산 수청동유적							1			3	3	
	오산 수청동 백제분묘유적						2	145	9	2	95	21	
합계		61	133	35	3	6	4	205	15	2	144	41	
		238					411						
		649											

2. 주거유적의 분석

오산천유역에서 확인된 주거유적들은 원삼국단계부터 한성백제기까지 지속적으로 구릉에 입지하고 있다. 생업관점에 따라 유적 내 주거지의 입지선정에서 우선순위가 달라졌으며, 그에 따른 배치가 이루어진 것으로 보인다. 또한 이른 시기부터 유적 내 주거지간의 위계화

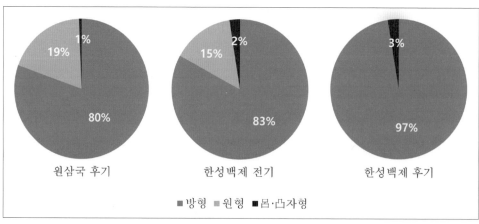

원삼국 후기   한성백제 전기   한성백제 후기

■ 방형 ■ 원형 ■ 呂·凸자형

그림 2   시기별 오산천유역 주거지의 평면형태 비율

가 나타난다.

오산천유역의 주거입지를 주변지역과 비교하면, 한강본류지역보다는 호서지역과의 친연성을 보인다. 여기에 더해 시간이 경과함에 따라 주변 지역의 주거입지가 평탄지로 이행하는 것과 별개로 오산천유역의 주거입지는 지속적으로 구릉에 입지한다.

평면형태의 비율로 보면 방형계가 193기(81.1%), 원형계가 36기(15.1%)로 방형계가 압도적인 다수를 차지하고 있다. 평면형태의 변화상을 살펴보기 위해 시기별로 유적을 취합하여 살펴보았다. 평면형태의 구성비율은 시간이 경과할수록 원형계의 비율이 점차 감소하다 한성백제 2기에는 확인되지 않으며, 방형계는 전시기에 걸쳐 주된 평면형태로 지속한다. '몸·凸'자형의 경우 소수로 확인되어 주된 평면형태가 아닌 것으로 판단된다. 즉, 오산천유역은 전시기에 걸쳐 방형계가 선호되었다.

표 2 유적별 주거지의 주공배치 현황

	감배산	청계리	금곡리	공세리	탑동·두곡동	석우리 먹실	외삼미동	내삼미동 (고려)	내삼미동 (경기)	내삼미동 (한국)	가수동	계
사주식	0	32	1	3	3	2	2	1	1	1	0	46
벽주식	0	0	1	0	2	6	0	1	0	1	1	12
결합식	0	0	0	1	0	4	0	0	0	0	0	5
계	0	32	2	4	5	12	2	2	1	2	1	63

오산천에서 확인된 주거지들은 주공배치의 정형성이 확인되지 않거나 주공이 확인되지 않는 것이 다수를 차지한다. 사주식이나 벽주식이 아닌 경우 2개의 주공이 확인되거나 3개의 주공이 확인되기도 한다. 이는 유구의 삭평으로 인해 유구의 전면을 확인치 못한 물리적인 이유일 수도 있으나 주공의 위치를 고려하였을 때 주거지 여건에 따라 이주식이나 다주식으로 응용된 것으로 보인다. 주공이 확인되지 않은 경우는 주거지 상면에 바로 기둥을 세우거나 부여·공주·완주 등에서 확인되는 초석 위로 기둥을 놓는 방식[01]이 적용되었을 수도 있다. 특히 주거지의 규모가 상대적으로 소형인 경우에는 상부구조의 하중부담이 적었던 이유로 주공을 굴착하지 않고 기둥을 세웠을 것으로 보인다. 혹은 주거지의 사용기한이 단기간이었을 경우에는 주거지 축조에 소요되는 공력을 최소화하기 위해 주공 굴착과정이 생략

---

01) 박신명, 2012, 「원삼국~한성백제기 육각형주거지 축조방법의 변화」, 한신대학교 대학원 석사학위논문.

되었을 가능성도 있다.

오산천유역에서 정형성이 확인된 주공의 형태를 살펴보면 크게 사주식과 벽주식으로 구분되며 이 두 가지가 복합적으로 확인되는 것도 있다. 오산천유역에서는 사주식(46기, 73.0%)이 다수를 점하며 벽주식(12기, 19.0%)도 확인된다.

이전 시기의 주거유적이 확인되지 않아 단언할 수 없지만 청계리유적부터 사주식이 채용된 것으로 보이며, 석우리 먹실유적에서는 '呂·凸'자형이 사주식과 결합되었다. 주변지역과 비교하면 주변지역은 시간이 경과하면서 '呂·凸'자형이 정착되고 비율상 증가하지만, 오산천유역에서는 규모가 있는 유적 당 1기씩 정도만이 확인되며 재지의 문화적 전통과 결합되는 모습이다.

오산천유역에서 확인된 사주식의 배치형태는 크게 벽면과 가깝게 설치되는 것이 특징이다. 이는 상부구조의 축조를 염두한 것으로 보인다. 주공의 배치에는 주거지의 면적과 지형여건 등 다양한 요소가 고려되었으며 주공배치방식에 맞춰 축조되었을 것으로 생각된다. 여기에 더해 각 주공배치방식이 갖는 장점을 결합하여 결합식이 등장한 것으로 보인다. 주거지 축조에 드는 공력과 자재가 증가함으로서 이를 뒷받침할 대형의 주거지에서 주로 확인되는 양상이다. 이러한 특징들은 경기지역 사주식주거지들의 공통적인 경향을 반영한 것으로 해석된다.

오산천유역은 벽면에 근접하여 주공을 배치하고 상부구조를 축조하는 방식을 선호하였던 것으로 볼 수 있다. 이후 내삼미동유적이 조성되는 시기에는 정형화된 주공배치양식이 비율면에서 감소하고 불규칙적이거나 주공이 확인되지 않는 주거지가 다수로 확인된다. 주거지

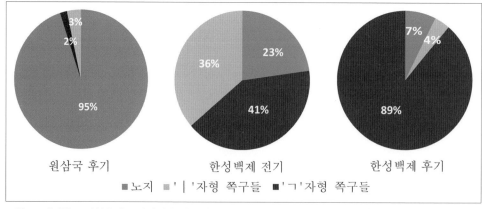

그림 3   시기별 오산천유역 주거지의 취사 · 난방시설 비율

축조에서 일종의 변화가 있었던 것으로 보인다.

취사·난방시설이 확인되지 않는 주거지를 제외하면 108기의 주거지에서 취사·난방시설이 확인된다. 오산천유역에서 확인된 취사·난방 시설은 노(爐), 'ㅣ'자형 쪽구들, 'ㄱ'자형 쪽구들로 구분할 수 있다. 비율상으로 노가 가장 많이 확인되며, 다음으로 'ㄱ'자형 쪽구들, 'ㅣ'자형 쪽구들 순으로 확인된다.

다음으로 오산천유역에서 확인된 취사·난방시설을 평면형태와 함께 살펴보면 노지는 방형계, 원형계, '呂·凸'자형에서 모두 확인된다. 'ㅣ'자형 쪽구들이 확인된 주거지 12기의 평면형태를 살펴보면 방형계가 10기, 원형계가 2기이다. 'ㄱ'자형 쪽구들이 확인된 주거지는 '呂·凸'자형 주거지 1기를 제외하고 모두 방형계로 확인된다. 평면형태 방형계에 'ㄱ'자형 쪽구들이 설치된 주거지는 오산천유역의 주된 주거지형태로 판단된다.

오산천유역을 포함한 경기남부지역의 주거지들은 쪽구들의 축조재료에서도 한강본류지역과 다른 점이 확인된다. 쪽구들의 축부 조성시 석재와 점토를 함께 사용하는 것과 달리 점토만을 사용하여 쪽구들을 조성하는 방식이 선호되며,[02] 또한 쪽구들을 조성하기 위해 기반토를 주거지 굴착시 부분적으로 남겨 두고 남겨진 기반토를 부분적으로 굴착하여 쪽구들을 조성하는 방식이 사용된다.

오산천유역은 전 시기를 통틀어 지속적으로 노지가 사용되며, 이른 단계에는 노지가 보편적으로 사용되는 중에 구들이 등장한 것으로 보인다. 석우리 먹실유적단계가 되면 구들이 본격적으로 사용되며, 비율상 'ㅣ'자형 쪽구들이 우세한 모습을 보인다. 다음으로 내삼미동유적단계가 되면 수량면에서 노지보다 'ㄱ'자형 구들이 우세를 섬하게되면서 구들의 사용이 보편화된 것으로 보인다. 이는 경기지역의 'ㅣ'자형 구들이 보편화되는 전반적인 양상과 다른 모습이다. 축부조성에 있어서도 점토식과 기반토식의 전통이 지속된다. 평면형태상 방형계 주거지와 'ㅣ'자형 쪽구들·'ㄱ'자형 쪽구들의 결합이 다수 확인된다. 즉 오산천유역에서는 어느 시점에 'ㄱ'자형과 'ㅣ'자형 쪽구들이 출현하였으며, 한성기가 되어 'ㅣ'자형 쪽구들자형의 우세 속에 'ㄱ'자형 쪽구들도 사용되는 모습을 보인다. 이후 시간이 경과하여 'ㄱ'자형 쪽구들의 우세가 확고해진다.

오산천유역은 주거지 내 전면에 벽구를 시설한 주거지는 확인되지 않으며, 벽면의 일부에만 벽구를 설치하였다. 벽구가 시설된 면의 수에 따라 특별한 경향성은 확인되지 않고 고르게 확인된다. 또한 벽구가 시설된 주거지와 그렇지 않은 주거지간의 주목할 만한 차이점도

---

02) 송만영, 2012, 「경기남부 마한계 주거지의 변천」 『古文化』 80호, 한국대학박물관협회.

확인되지 않는다. 다만 비율상 사주식의 구조를 가진 주거지에서 벽구가 다수 확인된다. 오산천유역에서 확인된 벽구는 이러한 사항들을 고려하면 벽구는 배수나 집수보단 벽체조성을 위해 설치된 것으로 보인다. 오산천유역은 호서북부지역과 동일한 양상으로 파악된다.

　오산천유역의 주거유적의 단계를 설정하기 위해 주거지에서 출토된 유물을 살펴보고자한다. 오산천유역의 주거유적에서 출토된 토기의 경우 주로 편으로 출토되어 기형을 추정하기 힘들며, 철기류는 그 출토수량이 적어 변화상을 간취하기 힘든 점이 있다. 대상유물은 등

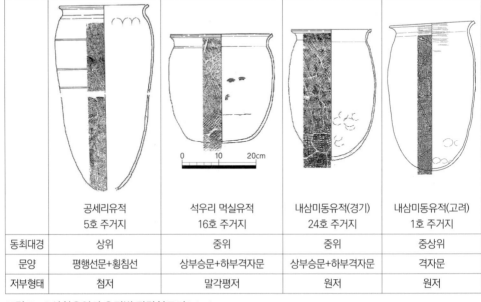

동최대경	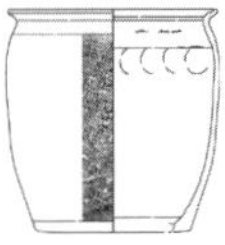 금곡리유적 5호 주거지	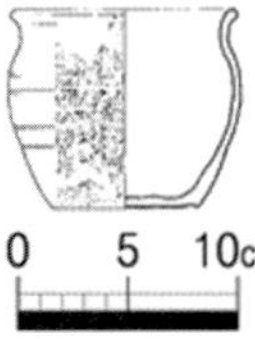 외삼미동유적 나-3호 주거지	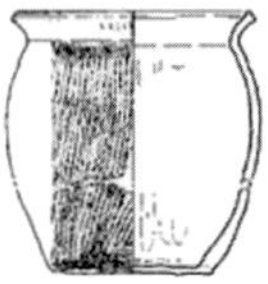 내삼미동유적(경기) 19호 주거지
동최대경	중상위	중위	중상위
문양	평행선문+횡침선	승문+횡침선	전면승문

그림 4　오산천유역의 유적별 심발형토기

	공세리유적 5호 주거지	석우리 먹실유적 16호 주거지	내삼미동유적(경기) 24호 주거지	내삼미동유적(고려) 1호 주거지
동최대경	상위	중위	중위	중상위
문양	평행선문+횡침선	상부승문+하부격자문	상부승문+하부격자문	격자문
저부형태	첨저	말각평저	원저	원저

그림 5　오산천유역의 유적별 장란형토기(1/10)

장이나 소멸과정에서 분기가 가능하거나, 지속적으로 사용되면서 형태 변화나 제작기술변화가 뚜렷한 유물을 대상으로 하고자 한다. 여기에 백제토기가 확인되는 것으로 분기를 삼을수 있다.

오산천유역에서 확인되는 심발형토기를 살펴보면 금곡리유적 출토 타날문심발형토기는 전면에 사격자문이 타날되었으며, 동최대경은 동체 중상위에 위치하고 기고에 비해 저부가 넓어진 모습이다. 한성백제 전기에 해당하는 유적들에서는 승문+횡침선, 평행선문이 시문된 심발형토기가 확인된다. 한성백제 후기에 해당하는 유적들의 심발형토기는 전면 승문의 심발형토기가 다수이며, 평행선문은 소수 확인된다. 동체승문+저부격자문도 1점 확인된다. 이를 종합하면 오산천유역의 타날문심발형토기는 격자문계의 전통이 지속되면서 승문계의 수용이 확인된다.

오산천유역에서 확인된 장란형토기는 문양면에서 격자문계의 전통이 지속된다. 백제토기가 등장하는 시점부터 승문비율도 증가한다. 동최대경은 점차 중위로 내려오며, 저부의 형태도 첨저에서 원저로 변화하는 모습을 보인다.

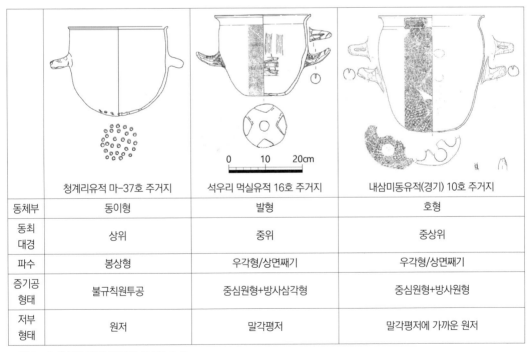

	청계리유적 마-37호 주거지	석우리 먹실유적 16호 주거지	내삼미동유적(경기) 10호 주거지
동체부	동이형	발형	호형
동최대경	상위	중위	중상위
파수	봉상형	우각형/상면째기	우각형/상면째기
증기공형태	불규칙원투공	중심원형+방사삼각형	중심원형+방사원형
저부형태	원저	말각평저	말각평저에 가까운 원저

그림 6 오산천유역의 유적별 시루(1/10)

오산천유역에서 확인된 시루는 이른 시기에는 저부는 원저이고, 증기공은 불규칙 투공인 것으로 확인되며, 시간이 경과하면서 중심원형+반타원형이나 중심원형+삼각형의 증기공이 소수 확인된다. 중심원형+방사원형의 증기공은 한성백제 후기까지 지속적으로 사용되는 것으로 확인되었다. 결과적으로 오산천유역은 원저의 불규칙증기공에서 중심원형+방사원형의 흐름으로 파악된다. 파수 상면째기는 상대적으로 늦은 한성백제기 이후에만 확인된다. 기형은 동이형에서 발형이나 난형호형이 혼재하는 큰 흐름이 확인된다.

3. 분묘유적의 분석

오산천유역 분묘유적은 마두리유적을 제외하고 오산천 인근 해발 40~65m 사이의 구릉상에 위치한다. 구릉상에서도 주로 능선사면에 다수가 위치하며, 일부는 구릉정상부에 위치한다. 매장형태나 주구의 유무, 시기적으로 구별되는 선호 입지는 없었던 것으로 보인다. 장축방향은 이른 시기부터 직교와 평행이 공존하나, 수청동 백제분묘유적에서는 직교가 선호되었다. 이러한 양상은 매장주체부가 등고선과 직교한 것이 선호된 경기지역과 평행한 것이 주된 호서지역의 문화적 점이지대로서 두 양상이 공존하다 직교로 통합된 것으로 보인다.

표 3   유적별 분묘의 입지 현황

	마두리유적	궐동유적	가곡리유적	청학동유적	탑동·두곡동 유적	수청동 백제분묘유적	계
구릉정상부	-	5	2	5	6	14	32
능선사면	3	31	52	23	6	267	382
능선말단부	-	-	-	-	-	-	0
계	3	36	54	28	12	281	414

오산천유역에서 확인된 분묘유적의 매장형태는 토광묘, 목관묘, 목곽묘로 분류할 수 있다. 이 중 목관묘가 압도적인 비율(76.8%)을 보이며, 토광묘가 다음의 비율(20.5%)로 확인되며, 목곽묘(2.7%)는 소수 확인된다. 마두리유적과 궐동유적에서는 토광묘의 비율이 비교적 높게 나타난다. 유실로 인해 매장주체부의 확인이 어려운 점도 고려돼야 하지만 단순토광묘가 지속적으로 사용된 것으로 판단된다. 목관은 궐동유적에서 확인된 이후로 지속적으로 사용이 되고, 오산천유역의 주된 매장형태로 자리잡는다.

오산천유역에서 확인된 분묘들은 부장공간이 따로 마련된 경우, 부장공간에 있어서 공통점을 보인다. 토광묘와 목관묘는 묘광 단축의 한쪽에 치우쳐 시신이나 목관을 안치한 뒤 남는 공간에 부장품을 안치하였으며, 목곽묘도 목곽의 단벽에 치우쳐 목관을 안치한 뒤 남는 공간에 부장품을 안치하였다. 등고선과 직교하거나 평행한 분묘 모두 공통적으로 단벽 한쪽 공간에 부장품을 안치하였다. 주목되는 것은 등고선과 평행한 분묘들의 경우 시신안치공간과 부장공간간의 큰 해발차가 보이지 않으며, 등고선과 직교한 경우에는 시신안치공간과 부장공간 간의 해발차이가 있는 것이 다수이다. 오산천유역에서 확인된 분묘들은 대부분 등고선과 직교하여 연결형태에 있어 경사나 단차가 확인된다. 즉 매장주체공간과 부장공간 간의 경사나 단차는 분묘의 입지와 관련된 것으로 보인다.

표 4 유적별 분묘의 주구형태 현황

	궐동유적	가곡리유적	청학동유적	탑동 · 두곡동 유적	수청동 백제분묘유적	계
'━ · |'자형	−	−	−	−	19	19
'ㄱ, ‖, ハ' 자형	1(ㄱ)	14	−	−	16	31
'⌒'형	4	9	−	6	34	53
'∩'형	6(3)	15	7(5)	1	104	133
'□ · ○'형	−	−	−	2	1	3
계	11	38	7	9	174	239

주구가 시설된 분묘는 총 239기이다. 대부분 주구의 형태가 부분적으로 유실되어서 원형을 추정하여 분류하였다. 주구의 형태별 분류는 매장주체부를 기준으로 주구가 위치한 면의 수에 따라 1면, 2면, 3면, 4면으로 설정하고, 여기에 눈썹형으로 호칭되는 '⌒'형 주구형태까지 포함하여 5가지의 형태로 분류하였다. 오산천유역에서 주된 주구 형태는 '∩'형이 133기로 압도적이며, 다음으로 '⌒'형이 53기 확인되었다.

오산천유역에서 주구의 채용은 공반유물을 통해 볼 때 3세기 전반경에 등장하며, 5세기 중 · 후엽까지 지속적으로 사용되는 것으로 판단된다. 장기간에 걸친 주구의 사용은 오산천유역이 다른 지역과 비교되는 특수성이다. 인천 · 김포지역도 오산천유역처럼 기존의 재지묘제가 백제한성기 이후에도 상당기간 존속하는 공통점이 있다.

주거유적과 달리 분묘유적의 경우 부장품으로 확인되는 출토유물의 기형복원이 가능하며 시간적 변화가 뚜렷하다. 대상유물은 등장이나 소멸과정에서 분기가 가능하거나, 지속적으로 사용되면서 형태변화나 제작기술변화가 뚜렷한 유물을 대상으로 하고자 한다.

오산천유역에서 확인된 유물 중 이른 시기에 부장되다 소멸하는 것으로 확인된 유물은 유개대부호와 원형심발형토기가 있다. 유개대부호는 마한세력의 중심지로 비정되는 아산·천안지역의 호서북부와 경기남부, 영남지역에서 확인되는 특수토기이다.[03] 뚜껑과 대부호가 세트로 구성되며, 대부호만 부장된 양상도 확인되었다. 원저심발형토기는 주로 중서부지역의 관·곽토광묘에서 유개대부호와 공반되서 출토되며, 주구토광묘에서는 확인되지 않는다. 오산천유역의 유개대부호는 관·곽토광묘군에서만 부장되며, 주구의 채용과 함께 더 이상 부장되지 않는다. 원저심발형토기는 총 6점으로 모두 궐동유적에서 확인된다. 주구가 없는 단순토광묘나 관·곽토광묘에서만 출토되었다. 이 두 기종을 참고하면 주구의 채용과 함께 부장품에 있어 변화가 있었던 것으로 파악된다.

원저단경호는 원삼국시대 중서부지역의 특징적인 유물로서 분묘유적에서 주요 부장품으로 확인되고 있다. 중서부지역의 분묘유적에서 원저단경호는 매우 높은 출토비율을 보이며, 마한의 분묘문화를 살피는데 중요한 유물이다. 오산천유역에서 확인된 원저단경호는 대부분 분묘부장품이다. 원저단경호는 2세기 전반부터 부장되기 시작하며, 백제토기가 부장품으로 대체되는 4세기 중·후반까지 확인된다. 공반된 심발형토기의 변화상을 참고하였을 때, 원저단경호의 존속기간은 최소 4세기 후반까지로 판단된다.

심발형토기는 원저단경호와 함께 주요 부장품으로 확인되는 기종이다. 마한문화권 내 부장품의 구성은 시기와 지역에 따라 기종별 부장수량의 차이 같은 세세한 차이점이 있지만, 크게 보면 원저단경호와 심발형토기가 부장품으로서 공반되는 공통점이 있다. 여기에 더해 부장품의 구성은 경기지역이 원저호나 평저호가 1점씩 부장되는 것에 반해, 호서 서해안·호서 서남부·호남지역에서는 다양한 특수기종들이 2~3점씩 부장되는 것이 대별된다.

오산천유역에서 확인된 심발형토기는 경질무문심발형토기만이 확인되는 단계에서 동최대경이 점차 중·중상위로 내려가며, 이와 함께 타날문심발형토기가 등장한다. 새로이 등장한 타날문심발형토기는 격자문과 사격자문이다. 이후 시간이 경과하면서 경질무문심발형토기가 소멸하고 승문과 평행선문심발형토기가 등장한다. 이와 함께 점차 백제토기의 부장이 증가하면서 심발형토기를 대체하는 것으로 확인되었다.

철기류는 농공구류와 무기류가 있으며 토기에 비하면 그 수량은 매우 적다. 농공구류는 철부,[04] 철도자이며, 무기류의 경우 철검·도, 철모, 철촉이 출토되었다. 오산천유역에서는

---

03) 서현주, 2016, 「마한 토기의 지역성과 그 의미」 『先史와 古代』 50호, 한국고대학회.

04) 철부는 유물의 성격상 농공구와 무기로서 양기능을 동시에 갖고 있으며, 일반적으로는 무기로서

관·곽토광묘에서 철검의 부장이 많으며, 주구토광묘가 조영되면서 환두도가 다수 부장된다. 먼저 마두리유적에서 철검이 확인되는데, 영남지역과 비교하면 가장 이른 단계의 형식으로 확인된다. 이후 궐동유적에서는 철검의 부장이 지속적으로 확인되며, 청학동단계가 되면 본격적으로 환두도가 부장된다. 청학동유적에서 확인된 환두도는 관부의 발달이 미약한 환두도와 편관의 환두도가 확인되어 무관식에서 편관식으로 이행되는 과정을 보여준다. 수청동유적에서는 해당유적의 조영쇠퇴기로 편년된 4지점-14호 목곽묘에서 은상감환두도가 확인되었다. 은상감장식 환두도는 4세기 후반에 출현한다.[05]

철모는 관·곽토광묘와 주구토광묘에서 모두 출토된다. 신부는 대부분 능형으로 확인되며, 관부는 평택 마두리 2호 토광묘 출토 철모의 경우만 이단관식이다. 평택 마두리 2호 토광묘 출토 철모는 공반 유물의 형태와 조합양상에 있어서 영남지역 목곽묘 초기 단계와 매우 흡사하여 2세기 전반으로 편년되기도 한다.[06] 궐동유적은 대부분 일단관식이며, 시기에 따른 형태변화는 없는 것으로 보인다. 묘제에 따른 차이점도 확인되지 않는다. 수청동유적에서는 공부직기형에서 연미형으로 변화상이 간취되며, 청학동유적에서는 공부연미형 철모만이 확인된다.

철촉은 마두리유적과 궐동유적에서 무경식의 역자형만이 확인된다. 공세리유적에서는 신부가 결실되었으나 1단경식의 철촉이 출토되었다. 2단경식의 철촉은 청학동유적과 석우리 먹실유적에서부터 등장한다. 내삼미동유적과 수청동유적에서는 다양한 형태의 철촉이 확인되고 전체적으로 세장화된 모습이다.

III. 오산천유역의 변화양상과 지역성

1. 단계설정

본 장에서는 분석으로 도출된 특징 및 변화상을 조합하여 단계를 설정한다. 여기서 말하

의 역할보다 실생활에서 농공구로서 역할이 더 비중이 큰 것으로 판단하여 농공구로 분류하였다.

05) 이현정, 2007, 「3~6세기 마한·백제지역 출토 환두도 연구」, 충남대학교 대학원 석사학위논문.

06) 김새봄, 2011, 「원삼국후기 영남지역과 경기·충청지역 철모의 교류양상」, 영남대학교 대학원 석사학위논문.

는 단계는 오산천유역에 한하여 확인되는 변화상을 기준으로 설정한다. 각 단계별 연대설정은 공통된 특징이나 변화상이 확인되는 유적들의 편년를 종합하여 설정한다. 연대설정에는 앞서 분석한 안정적인 편년을 갖춘 유물이나 시간성이 명확한 속성을 중심으로 한다. 이는 오산천유역의 단계설정을 통하여 변화상을 살피는데 목적이 있다.

1단계에는 분묘유적만이 확인되고 주거유적은 확인되지 않는다. 분묘는 입지상 구릉 사면부에 입지하고, 장축방향은 등고선과 평행·직교한 것이 모두 확인된다. 분묘는 단순토광묘와 함께 관·곽을 채용하는 토광묘가 증가하며, 주구는 등장하지 않은 시기이다. 부장공간은 단축에 부장공간을 마련한 것과 부장공간을 고려하지 않고 매장주체부에 부장품을 부장한 것으로 나누어 볼 수 있다.

1단계를 구분하는 뚜렷한 기준은 유물에 있어서 특정 기종의 존속기간이며, 그 대상 기종은 유개대부호·원저심발형토기이다. 두 기종과 함께 경질무문심발형토기가 확인된다. 타날문심발형토기는 3세기경이 돼야 등장하며, 원저단경호는 이른 형식인 능형만이 확인된다.

철기는 이른 형식의 마형대구가 확인되며·영남지방 출토품과의 비교를 통해 2세기 중반에서 3세기 사이로 편년되었다.[07] 철모는 가장 이른 형식인 이단관식이 마두리유적에서 확인되었으며, 공부형태 직기형만이 확인된다. 철검은 시간이 경과하면서 세장해지는 경향을 보이는데,[08] 마두리유적에서는 신부가 짧은 철검이 확인되었고, 철도는 아직 등장하지 않았다. 철촉은 무경식의 역자형만이 확인되며, 철도자는 관부가 없는 무관식만이 확인된다.

1단계에 해당하는 유적은 마두리유적, 관·곽토광묘군 조성단계의 궐동유적이 해당된다. 1단계의 연대설정은 기원전·후부터 1세기대 유적의 부재로 상한을 뚜렷이 설정할 수 없다. 다만 기존의 비교연구를 참고[09]하여 상한은 유개대부호와 원저심발형토기가 등장하고 본격적으로 부장되는 2세기 전반으로 설정하였다. 하한은 원저심발형토기와 유개대부호가 소멸하고, 주구토광묘와 사주식주거지가 등장하기 이전인 2세기 후반으로 설정하였다.

2단계의 주거는 구릉사면에 입지한다. 평면형태상 방형이 주된 형태이며, 원형도 일부 확

---

07) 현남주·권윤경, 2013, 「중서부지역 출토 마형대구의 검토」 『先史와 古代』 35호, 한국고대학회.

08) 이용범, 2014, 「2~3세기 마한과 진변한의 철제무기 교류와 그 배경」, 용인대학교 문화재대학원 석사학위논문.

09) 박형열, 2015, 「원삼국시대 유개대부호의 편년」 『湖南考古學報』 50호, 湖南考古學會; 차승연, 2016, 「중서부지역 원삼국시대 원저단경호의 변천과 지역성」, 한국전통문화대학교 대학원 석사학위논문.

인된다. 주공배치는 사주식이 등장하여 비율상 점차 증가하고, 벽주식도 일부 확인되지만 소수이다. 취사·난방시설은 쪽구들이 등장하지만 소수이며, 노지의 사용이 주를 이룬다. 벽구의 사용이 이후 단계에 비해 높으며, 벽체조성과 관련된 것으로 추정된다.

분묘는 입지면에서 장축방향이 등고선과 평행·직교인 것이 혼재하나, 가곡리유적은 평행만이 확인되고, 수청동유적은 이 단계부터 직교 일색이다. 이 단계 분묘의 가장 큰 특징은 주구가 새로이 채용된다는 점이다. 주구의 형태는 다양하게 확인되며, 그 중에서 '∩'형이 다수이다. 매장형태는 목관의 사용이 보편화되며, 토광묘도 지속적으로 조성되지만 소수이다.

유물에 있어서 가장 큰 변화는 특정기종이 소멸하고 새로운 기종이 등장한다는 것이다. 먼저 주거유적에서는 타날문토기의 제작 및 사용 비율이 점차 증가하며 경질무문토기에서 타날문토기 제작방식의 영향을 받는 모습이 확인된다. 이와 함께 장란형토기와 시루로 대표되는 취사용기가 등장한다. 장란형토기는 대부분 격자문계이며, 시루는 저부 원저의 불규칙 다수투공인 경질무문토기이다. 청계리유적출토 대옹은 풍납토성과 진천리 요지의 출토품과 교차편년을 통해 3세기 중반으로 편년되었다. 부장품에서는 원저심발형토기와 유개대부호가 사라지고 원저단경호와 심발형토기로 대체되면서 두 기종의 부장이 형식화된다.

2단계에 해당되는 주거유적은 감배산유적·청계리유적·금곡리유적이다. 분묘유적은 주구토광묘군 조성단계의 궐동유적, 가곡리유적, 직기형철모와 무관식 환두도가 확인되는 단계의 청학동유적, 경질무문심발형토기와 격자문심발형토기가 출토되는 수청동유적이 해당한다.

2단계의 상한은 주구의 채용, 유개대부호와 원저심발형토기의 소멸, 환두도의 등장, 격자문계 타날문토기의 등장 등을 통해 볼 때 3세기 전반으로 판단된다. 하한은 백제가 고대국가로 성립하는 3세기 후반으로 설정할 수 있다. 이 단계까지는 백제의 문화적 영향력이 확인되지 않고, 오산천 자체의 문화적 변동양상만이 확인되기 때문이다. 더욱이 백제의 고대국가 성립과 함께 정치·사회·문화적 영향력이 오산천유역에 바로 전파되는 것이 아니며, 일정정도의 낙차가 존재할 것으로 보인다.

3단계의 주거는 구릉상 입지가 지속되는 가운데, 석유리 먹실유적에서는 구릉말단부에 조성된다. 주거는 평면형태 방형에 주공배치 사주식이 지속적으로 사용되며, 이전 단계에 비해 비율상 감소하였으나 원형계도 확인된다. 이와 함께 평면형태는 '呂·凸'자형·원형계에 주공배치는 벽주식인 한성백제 주거도 등장한다. 더 나아가 재지의 주공배치인 사주식과 평면형태 '呂·凸'자형의 결합도 확인된다. 사주식을 채용한 주거의 경우 주공을 벽면에 근접하여 조성하는 특징이 이전단계에 이어서 지속된다. 취사·난방시설은 노지가 감소하고, 쪽구들의 사용이 증가한다. 쪽구들의 형태별로 보면 'ㅣ'자형이 비율상 높게 확인된다. 여기에 더해 쪽구들 축부조성시 기반토를 굴착하여 활용하거나, 점토로만 축부를 축조하는 것이 특징이다.

분묘는 입지상 주로 구릉사면에 입지하며, 구릉정상부에서도 일부 확인된다. 분묘의 장축방향은 수청동유적의 경우 직교가 압도적이며, 청학동유적은 직교와 평행이 혼재한다. 매장형태는 기존의 목관묘가 주매장형태로 조성되고, 목곽묘의 조성도 확인된다. 관·곽토광묘와 주구토광묘 모두 수량면에서 급증한다. 또한 이전 단계에 비해 규모면에서 커지는 경향이다. 부장공간을 구분하여 조성하는 경향이 강해지고, 장축방향이 직교하는 분묘가 증가함에 따라 부장공간과 매장주체부간의 경사나 단차가 다수 확인된다. 주구의 형태는 다양하게 확인되지만 'ᑎ'형과 'ᑎ'형이 다수를 차지한다.

유물은 주요 기종에서 경질무문토기를 타날문토기가 대체하면서 경질무문토기의 비율이 감소한다. 타날방식으로 제작된 장란형토기와 심발형토기에서는 승문의 비율이 증가한다. 부장품에서의 변화는 직구단경호·고배·완으로 대표되는 백제토기들이 부장된다. 그러나 부장품이 백제토기로 완전히 대체되는 것이 아니고, 원저단경호와 심발형토기의 공반부장이 다수를 점하고 있다. 철기에 있어서 이 시기의 특징은 마구와 같은 다양한 종류의 철기가 부장된다는 점이다. 환두도는 편관식이 주류를 이루며, 무관식은 확인되지 않는다. 철모는 연미형만이 확인된다. 철촉은 다양한 형태로 확인되며 1단경식과 2단경식이 모두 확인된다. 철도자는 편관형이 지속되는 가운데 양관형이 등장한다.

3단계에 해당하는 유적은 공세리유적, 석우리 먹실유적, 외삼미동유적, 복수의 원저단경호·편관형 환두도·공부연미형 철모가 부장되는 청학동유적과 수청동유적, 탑동·두곡동유적이다.

3단계 연대 상한은 경질무문토기의 수량 감소, 타날문토기 내 격자문의 비율 감소 및 승문의 증가, 백제토기가 확인되는 3세기 말부터이다. 하한은 본격적으로 백제토기가 부장되고 백제토기의 기종구성[10]이 완성되기 전인 4세기 후반이다. 이 단계는 기존연구에서 한성백제 전기로 구분된다.

4단계의 주거는 이전 단계부터 지속된 구릉상 입지이다. 평면형태는 내삼미동유적(경기) 'ᑎ'자형 14호 주거지를 제외하면 모두 방형계이며, 주공배치는 사주식을 채용한 주거지의

---

10) 박순발, 2013, 「한성기 백제와 화천」 『백제의 변경-화천 원천리유적』, 한림대학교 한림고고학연구소; 한지선, 2013, 「漢城百濟期聚落과 土器遺物群의 變遷樣相 -서울과 경기권 편년수립을 위하여」 『중앙고고연구』 12호, 중앙문화재연구원.

비중이 감소한다. 호서지역에서도 이 시기에 사주식의 비중이 감소하는 양상과 유사하다. 취사·난방시설은 노지와 'ㅣ'자형 쪽구들도 일부 확인되지만 'ㄱ'자형 쪽구들이 다수이다. 쪽구들 축조방식은 기존의 기반토식이 지속적으로 활용된다. 벽구는 이전 단계에 비해 크게 감소하는데, 이는 정형화된 주공배치의 감소와 연동되는 것으로 판단된다.

분묘는 장축방향이 직교로 정착된다. 관·곽토광묘와 주구토광묘가 지속적으로 사용되지만 수량면에서 감소하며, 규모도 작아지는 모습이다. 주구는 '∩'형이 주된 형태이다. 이 단계를 끝으로 수청동유적을 대체하는 새로운 묘역은 확인되지 않는다. 주변지역이 석곽묘에서 석실묘로 이행하는 데 반해, 오산천유역에서는 석실묘의 조영이 확인되지 않는다.[11]

유물의 변화상을 살펴보면 경질무문토기가 일부 확인되지만 일정시점 이후에는 소멸하는 것으로 판단되며, 대부분 타날문토기로 대체된다. 심발형토기와 장란형토기는 격자문계에서 승문계로 대체된 것으로 보인다. 심발형토기는 승문·승문+횡침선·동체승문+저부격자문과 같은 승문계가 다수이며, 선문계도 일부 확인된다. 장란형토기도 심발형토기와 같이 승문계가 다수로서 주로 동체승문+저부격자문 조합이다. 이와는 별개로 내삼미동(고려)에서 확인된 장란형토기는 전면 격자문으로 확인되어 격자문계 전통이 지속되고 있음을 보여준다. 분묘 부장품에 있어서 원저단경호와 심발형토기가 감소하고 직구호류나 평저호류같은 백제토기가 기존의 부장품을 대체한다. 원저단경호는 장동화되는 경향을 보이며, 심발형토기는 승문이나 평행선문이다. 백제토기는 직구단경호·광구장경호·고배·유개고배·완·대부배·단경병·대합 등이 다양하게 확인된다.

철기는 환두도가 지속되면서 장식성이 가미된 은상감환두도가 확인되며, 철도의 관부 형태만을 보았을 때 모두 양관이다. 철모는 공부 연미형이 지속된다. 철촉은 유엽형·능형·착두형 등과 같이 다양하며, 경부의 형태는 1단경식과 2단경식이 모두 확인되나 2단경식이 다수를 차지한다. 철도자는 편관형과 양관형이 확인된다.

4단계에 해당하는 유적은 내삼미동유적군, 백제토기가 부장되는 수청동유적이다. 4단계의 상한은 백제문화의 본격적인 유입과 함께 유물상에 한하여 기존의 재지양식이 대체되는 과정을 기준으로 한다. 백제토기의 완성 후 어느 정도의 낙차를 가지고 확산되었을 것으로 보이기 때문에, 이 단계의 상한을 4세기 말로 설정하였다. 하한은 기존의 한성함락 및 웅진

---

11) 발안천유역, 안성천유역, 탄천유역이 해당하며, 황구지천의 경우 석실묘는 확인되지 않으나 석곽묘로의 이행이 확인되어 이러한 양상에 있었던 것으로 보인다.

천도를 기점으로 삼지만, 최근 연구성과에 따라 한성함락 이후에도 경기지역에서 기존의 문화가 상당기간 존속하는 것으로 보아 단정짓기 어렵다.

2. 변화양상과 지역성의 의미

오산천유역은 유구와 유물의 변화상에 따라 4단계가 설정되었다. 오산천유역은 그 변화과정 속에서도 사주식과 주구광묘로 대표되는 주거·분묘양식이 지속된다. 이에 오랫동안 주거와 분묘가 존속할 수 있던 이유와 그 의미를 살펴보겠다.

1단계는 오산천유역이 마한문화의 공간범위에 포함됨을 보여주는 단계이다. 오산천유역을 포함한 경기남부지역은 호서북부지역과 세부적인 차이점도 확인되지만, 대체적으로 큰 의미의 동일문화권으로 설정된다.

마한지역은 부장품에 있어서 느슨한 마한연맹단계를 대변하듯 각 지역별로 선호하는 특수기종이 다양하게 확인된다.[12] 곡교천유역으로 대표되는 호서 북부지역은특수기종인 원저심발형토기와 유개대부호가 공반되는 것이 특징으로, 오산천유역에서도 유개대부호·원저심발형토기의 공반부장이 확인된다. 여기에 더해 초현기 모습이 확인되는 마형대구·철검·철모·철촉 등이 동일하게 확인되어 두 지역이 2세기 전반부터 동일한 문화를 공유하고 있음이 밝혀졌다.[13] 다만 이 단계 오산천유역의 분묘는 장축방향이 등고선과 직교하는 것으로 확인되어 호서지역과 차이를 보인다.[14]

1단계는 분묘유적이 확인되는 것을 볼 때, 그에 준하는 주거유적의 존재도 상정할 수 있다. 시기적으로 앞서는 유적이 조사되거나, 동일 시기의 주거유적이 보고될 경우 새로운 양상이 추가될 가능성이 있다. 이와 관련하여 초기철기시대부터 시작하여 1세기대까지의 유적의 감소나 부재와 같은 문화적 단절상황에 대해서는 한군현의 기미책(羈縻策)과 이이제이책

---

12) 서현주, 2016, 「마한 토기의 지역성과 그 의미」『先史와 古代』 50호, 한국고대학회.

13) 서현주, 2016, 「호서지역 원삼국시대 분묘유물의 변천과 주변지역과의 관계」『호서고고학』 35호, 호서고고학회; 이용범, 2014, 「2~3세기 마한과 진변한의 철제무기 교류와 그 배경」, 용인대학교 문화재대학원 석사학위논문; 이현정, 2007, 「3~6세기 마한·백제지역 출토 환두도 연구」, 충남대학교 대학원 석사학위논문.

14) 김희중, 2015, 「馬韓 周溝墓의 類型과 時·空間的 展開過程 -京畿·忠淸地域을 中心로」『百濟研究』 62권, 충남대학교 백제연구소.

(以夷制夷策)이 강하게 작용한 것으로 보며, 이로 인해 중부지역 정치세력의 발전이 저해된 결과로 해석한다.[15]

2단계는 마한문화 내 변화가 일어나는 시기로 새로운 형식의 유구와 유물이 등장한다. 주거에서는 사주식이 등장하고, 분묘는 주구가 채용된다. 사주식주거와 주구토광묘는 마한문화의 대표적인 주거와 분묘로 곡교천유역에서 2세기 말에서 3세기 전반경에 등장[16]하는데 오산천유역도 동일한 양상이다.

2단계의 또 다른 변화는 대규모의 주거유적과 묘역의 조성이다. 이전 단계에서는 확인되지 않던 중·대형규모의 주거유적이 등장한다. 대규모 주거유적(취락)의 등장은 취락의 전문분업화로 연결된다. 기존의 토기·철기생산방식은 취락별로 소규모의 자체생산방식이었지만, 이 단계의 일정시점부터 전문적인 생산취락이 등장한다. 특히 규모면에서 큰 중·대형이상의 취락일수록 생산유구의 공반이 높아지는 경향이다.[17] 일례로 전남지역에서는 소규모의 토기전문생산 취락을 제외하면 대부분 중·대형 이상의 취락에서 토기생산유구나 철기생산유구가 확인된다.[18]

오산천유역에서 토기생산시설이 확인된 유적은 청계리유적(7기)과 농서리유적(4기)이며, 모두 대옹가마로 확인되었다. 가마의 수량은 다른지역과의 비교에서도 많은 숫자이다. 또한 가마 내에서 보수흔 및 재사용흔이 확인되어 장기간에 걸쳐 운영된 것으로 판단된다. 이 단계의 주거유적 중 청계리유적은 규모면에서 중·대형이다. 감배산유적과 마주보는 구릉에 위치하며 출토유물의 편년상 동시기에 운영되었던 것으로 보이며, 하나의 동일한 취락으로 판단된다. 청계리유적의 가마와 공방은 약경사의 능선사면에 우선적으로 배치하고, 주거는 비교적 급경사의 능선사면이나 능선정상부에 배치하였다. 이는 대옹생산을 위한 가마의 배

---

15) 이남규, 2005, 「한반도 서부지역 원삼국시대 철기문화 -지역성과 변천양상의 특성-」 『원삼국시대 문화의 지역성과 변동』 제29회 한국고고학대회 발표문, 한국고고학회.

16) 박중균, 2010, 「周溝土壙墓의 時·空間的 分布와 樣相」 『忠北史學』 24호, 충북대학교 사학회; 성정용, 2016, 「마한 백제지역 분구묘의 출토유물과 성격」 『先史와 古代』 48권, 한국고대학회; 이남석, 2016, 「경기지역 3-5세기대 묘제환경의 검토」 『중앙고고연구』 21호, 중앙문화재연구원.

17) 송만영, 2010, 「韓半島 中部地域 聚落의 發展과 政治體의 成長 -青銅器時代 漢城百濟期를 중심으로」, 숭실대학교 대학원 박사학위논문.

18) 김승옥, 2014, 「전남지역 마한 제국의 사회 성격과 백제; 취락으로 본 전남지역 마한 사회의 구조와성격」 『백제학보』 11권, 백제학회.

치가 취락조성에서 1순위로 작용한 것으로 해석된다.[19] 이처럼 청계리유적은 가마와 주거간의 입지에서 확인되듯이 가마를 이용한 전문생산 취락이었던 것으로 보인다. 즉, 청계리유적은 규모면에서 중·대형이고, 생산시설이 확인되는 것으로 보아, 이 단계 오산천유역의 중심취락으로 추정된다. 철기생산시설이 확인된 가곡리유적에서는 제철로가 확인되었다. 백제의 영역화 이전 마한세력의 자체적인 제철생산유적으로 주목된다.

분묘는 이전 단계부터 조성된 궐동유적에서 주구토광묘의 조영이 시작되며, 이와 함께 가곡리유적, 청학동유적, 수청동유적에서 분묘가 조성된다. 먼저 궐동유적을 중심으로 살펴보면 관·곽토광묘가 지속되지만 주구토광묘가 주요 분묘로 조영된다. 부장품에 있어서도 유개대부호와 원저심발형토기를 대신하여 원저단경호와 심발형토기의 공반부장이 정형화된다. 주구의 채용과 원저단경호·심발형토기의 공반부장은 호서 북부지역과 동일한 양상으로 이전 단계부터 지속된 호서 북부지역과의 문화적 친연성이 지속되는 것을 나타낸다.

여기에 더해 철기 부장이 수량면에서 증가하며, 특히 무기류의 부장이 급증한다. 철기의 부장증가는 이 단계에서 확인되는 특징으로 3세기대 경기·호서지역의 공통적인 현상으로 알려져 있다.[20] 특히 오산천유역과 곡교천유역은 다른 지역에 비해 비율상 농공구류의 비율이 높게 나타나며, 후술할 다음 단계가 되면 점차 농공구류의 비율이 증가하고 무기류의 비율이 감소한다.[21] 철기의 부장증가는 군사적 긴장감의 증가, 그에 따른 무기의 수요증가, 이를 뒷받침할 수 있는 제철생산능력의 발전을 전제하고 있다.

다음으로는 수청동유적이 이 단계부터 조성되기 시작한다. 수청동유적은 장기간에 걸쳐 조성되는 대규모 묘역으로 이러한 배경에는 사회적 합의나 정치적 의도성이 전제된다. 먼저 오산천유역에서 성장한 수장층 혹은 정치체의 존재를 상정할 수 있다. 수장층은 수장층의 권위향상과 오산천유역 거주민들의 결속을 위해 분묘를 조성하며, 일종의 의례과정을 수반한다. 이러한 의례과정과 묘역의 조성으로 공동체의식을 고양하고 수장층에 대한 정통성을 확보하고자 하기 때문이다. 이러한 배경 하에 다음 단계가 되면 수청동유적에서는 규모면에

---

19) 강아리, 2009, 「漢城百濟時代 大甕 가마 硏究 : 화성 청계리 大甕 가마를 중심으로」, 단국대학교대학원 석사학위논문.

20) 이용범, 2014, 「2~3세기 마한과 진변한의 철제무기 교류와 그 배경」, 용인대학교 문화재대학원 석사학위논문.

21) 성수일, 2016, 「중서부지역 원삼국~백제 한성기 분묘출토 철기 부장양상 연구」, 충북대학교 대학원 석사학위논문.

서 대형의 분묘가 조성되고, 양·질적으로 차별화되는 부장품들이 부장된다.

고고학적으로 확인되는 대형취락의 등장과 생산시설의 공반·대규모 묘역의 조성·부장품 내 철기류의 높은 부장비율 등은 당시 마한연맹체의 발전상을 반영하는 것으로 해석된다. 이와 관련하여 환단지말(桓·靈之末)의 한·예(韓·濊)의 강성기사[22]와 경초(景初)연간의 기리영전투[23]기사가 주목된다. 이 두기사에서 확인되는 것은 당시 한반도의 한·예가 기리영전투 이전부터 한군현의 통제를 벗어나며, 경초 연간이 되면 한(韓)이 한군현과 직접적인 군사충돌을 불사한다는 것이다. 한·예에 대한 한군현의 통제력 약화는 후한말 중원의 혼란으로 중앙의 지원이 감소한 것도 한 원인이겠지만, 무엇보다도 마한사회의 내적인 발전이 더 주요하였을 것으로 생각된다. 이전까지 한군현은 간접적인 영향력 행사를 통해 마한사회를 통제하였지만, 마한사회의 자체적인 발전과 역량증가로 인해 이전단계처럼 효과적인 통제가 어려워졌다. 대상주체[24]의 여부를 떠나 한군현과 직접적인 군사충돌을 가능케 한 배경인 한(韓)의 강성은 앞서 확인한 고고학자료를 통해 확인되며, 오산천유역도 그러한 과정하에 있었던 것으로 판단된다.

2단계는 오산천유역 마한문화의 자체적인 발전과 그로 인한 변화를 보여주는 단계이다. 사주식과 주구토광묘의 등장은 오산천유역과 곡교천유역으로 대표되는 호서북부지역과 문화적 친연성이 지속되고 있음을 보여주며, 세부적으로는 오산천유역의 특수성이 확인되기도 한다. 또한 이전시기 대비 발전된 변화상은 전문생산취락 혹은 집단의 등장·대규모 묘역의 조성·철기의 증가 등과 같은 고고학자료를 통해 드러난다. 이러한 오산천유역의 모습들은 당시 마한사회 내 군사·경제적 발전상을 반영하고 있다.

3단계는 기본적으로 주거나 분묘가 큰 틀에서는 변화하지 않지만, 일부 속성과 유물상의

---

22) 桓·靈之末, 韓濊彊盛, 郡縣不能制, 民多流入韓國. 建安中, 公孫康分屯有縣以南荒地爲帶方郡, 遣公孫模·張敞等收集遺民, 興兵伐韓濊, 舊民稍出, 是後倭韓遂屬帶方.
『三國志』卷30 魏書 30 東夷傳 30 韓條.

23) 部從事吳林以樂浪本統韓國, 分割辰韓八國以與樂浪, 吏譯轉有異同, 臣智激韓忿, 攻帶方郡崎離營.
時太守弓遵·樂浪太守劉茂興兵伐之, 遵戰死, 二郡遂滅韓.
『三國志』卷30 魏書 30 東夷傳 30 韓條.

24) 마한연맹체를 대표하는 당시 전쟁주도세력에 대해선 목지국설(이병도 1976), 신분고국설(윤용구 1998), 백제설(노중국 2003)이 제시된 이래로 다양한 후속연구가 진행되고 있다.
이병도, 1976, 『韓國古代史硏究』, 박영사; 윤용구, 1998, 「『三國志』韓傳 對外關係記事에 대한 一檢討」『백제연구』6호, 충남대학교 백제연구소; 노중국, 2003, 「馬韓과 樂浪·帶方郡과의 군사 충돌과 目支國의 쇠퇴」『大邱史學』71집, 대구사학회.

변화가 간취된다. 이 단계부터 오산천유역은 백제의 정치·문화적 영향력하에 편입된 것으로 보이며, 기존의 재지문화 위에 한성백제의 문화가 결합되는 양상이 나타난다. 이전 단계에 등장한 사주식주거와 주구토광묘는 지속적으로 조성되며, 이와 함께 한성백제의 주거양식·백제토기·대규모의 수혈군이 등장한다. 특히 주목되는 것은 대규모의 저장수혈이 등장이다. 저장수혈은 백제의 영역화지역에서 확인되는 특징적인 유구[25]로 오산천유역이 백제의 영향권에 편입되었음을 강하게 나타낸다.

3단계에는 백제의 색채가 강하게 확인되는 유적이 등장한다. 석우리 먹실유적은 재지의 주거속성과 한성백제의 주거속성이 결합된 주거지가 확인되는데, 해당 주거지들은 규모면에서는 모두 대형이다. 유물상으로도 다양한 기종의 백제토기가 출토되며, 이와 함께 내박자가 출토되어 자체적인 토기생산이 있었던 것으로 판단된다. 반면에 구들의 형태나 조성방법 및 재지기종의 존속 등에서 확인되는 것처럼 완전히 백제의 주거양식과 유물로 대체된 것은 아니며, 기존의 재지속성과 한성백제의 속성이 결합된 모습으로 비율상 그 주된 기반은 재지의 속성이다. 이처럼 유구와 유물을 보았을 때 석우리 먹실유적은 재지의 문화 위에 한성백제의 문화적 수용이 확인되는 3단계의 중심취락으로 판단된다.

분묘는 청학동유적, 수청동유적, 탑동·두곡동유적에서 전단계부터 지속된 주구토광묘와 관·곽토광묘의 조성이 수량면에서 크게 증가하며, 규모면에서도 대형의 목관과 목곽이 비율이 증가한다. 수청동유적에서는 이 단계부터 다음 단계까지 찰갑, 성시구 등의 위세품이 확인되지만 관모나 신발 등의 최고급 위세품은 확인되지 않는다. 비록 최고급 위세품은 확인되지 않지만 오산천유역의 정치체는 백제로부터 적정선의 대우를 받은 것으로 보인다. 백제의 입장에서는 영역화의 진전 정도, 정치군사적 중요도 등 여러 변수에 따라 지역사회를 분리 조종할 필요가 있었다.[26] 또한 백제의 통치능력 한계상 직접적인 지배보다는 간접적인 지배를 통해 지배의 효율성을 높이고 복속된 지역의 불만과 같은 부정적인 요소를 억제하고자 하였다. 지역정치체의 편입 후 직접적인 통치가 가능하기 전까지는 어느 정도의 유대관계를 위해 적정선의 위세품을 사여하게 되고, 수청동유적에서 확인되는 부장품들이 이러한 유대관계의 결과물로 해석된다.

---

25) 김왕국, 2016, 「百濟 漢城期 貯藏施設 擴散의 動因 -단면 플라스크 저장수혈을 중심으로」 『百濟研究』 63호, 충남대학교 백제연구소.

26) 권오영, 2009, 「원삼국기 한강유역 정치체의 존재양태와 통합양상」 『고고학』 8권, 서울·경기고고학회.

오산천유역의 백제 편입은 군사적 복속보다는 외교적 복속으로 추정된다. 단적인 예로 오산천유역에서 확인된 화재주거지는 석우리 먹실유적에서 확인된 2기뿐이다. 호서지역이나 영동지역의 경우 화재주거지가 일정 비율로 확인된 연구[27]과 비교하면 오산천유역의 화재주지의 비율은 매우 저조한 수치이다. 더구나 석우리 먹실유적의 화재주거지는 백제토기와 승문심발형토기가 출토되어 백제의 영향력하에 조성된 주거이기 때문이다.

오산천유역 정치체의 입장에서는 백제의 위협 앞에 전략적 선택을 취했을 것으로 추측된다. 오산천유역의 정치체는 백제가 제시한 자율성이 보장되는 새로운 관계를 수용하였다. 반면에 오산천보다 남쪽에 위치하고 곡교천유역과 맞닿은 안성천에는 백제의 다른 전략이 적용된 것으로 보인다. 안성천에는 3세기 후반부터 평면형태 철자형 및 육각형에 벽주식과 '一'자형 구들이 조합된 백제 중앙의 주거지가 확인되고, 분묘는 주구토광묘에서 석곽묘·석실묘로 이행한다. 이러한 모습은 안성천유역이 당시 호서지역공략을 위한 백제의 최전방지역으로 백제의 직접적인 관리가 필요했기 때문에 나타나는 것으로 보인다.[28] 또한 한강 하류유역은 4세기 이후 분구묘의 조영중단, 이형토기의 소멸, 대형규모 주거의 부재 등에서 확인되듯이 백제의 영역화와 함께 기존 수장층의 해체과정이 동반되었다. 백제의 입장에서는 한강 하류역이 지리적으로 대외교역의 요충지이기 때문에 직접지배를 실시하고자 했던 것으로 판단된다.[29]

이를 참고하면 오히려 오산천유역이 안성천유역이나 한강 하류유역과 같은 지역과의 전략적 중요성을 감안하여 백제중앙과의 합의가 이뤄진 것으로 생각된다. 전단계에서 확인되는 묘역과 주거유적의 규모를 참고하였을 때, 오산천유역은 일정정도의 세력을 갖추었을 것으로 추측된다. 당시 백제의 입장에서는 오산천유역의 정치체가 군사적 위협이 크지 않거나 직접지배를 통한 전략적 이득이 없었기 때문에 일종의 자치권을 보장하고 복속하는 형태로 갔던 것이다. 또한 상대적으로 후방이기에 안정적인 물자의 생산 및 보급지정도로 그 역할이 고정되었다. 그러한 모습은 이 단계에서 폭발적인 증가를 보이는 저장수혈군과 주거유적에

27) 송만영, 2000, 「중부지방 원삼국시대~한성백제시대 전쟁 양상의 변화 -화재주거지 자료를 중심으로-」『한국고고학보』 43호, 한국고고학회.

28) 이계만, 2015, 「3~5세기 백제 지방 편제 과정 연구 -경기 서남부지역을 중심으로」, 단국대학교대학원 석사학위논문.

29) 송만영, 2016, 「한강 하류 마한 취락의 편년과 전개」『崇實史學』 36호, 숭실사학회.

서 확인되는 백탄요[30]를 통해서 추정할 수 있다. 여기에 더해 오산천유역은 백제권역내 수계 별 저장수혈의 분포밀도 및 조성비,[31] 백제의 영역화 전후의 인구 분포상을 추정한 결과 오산천유역과 탄천유역이 높은 밀집도를 보이는 것으로 확인[32]되어 이를 뒷받침한다.

3단계를 종합하면 백제는 전략적 중요성을 포함하여 기존 수장층의 해체 및 직접지배시의 이득과 간접지배를 통한 이득 사이에서 후자를 택한 것으로 판단된다. 이러한 전략적 고려를 통해 오산천유역의 간접지배가 지속될 수 있었고, 주변지역에 비해 오산천유역에서 재지문화가 존속될 수 있었다. 또한 백제문화로 이행되지 않고 일정정도의 영향만이 확인되는 이유이다.

4단계는 기존의 특징적인 속성들이 지속되기도 하지만 일부는 쇠퇴 혹은 감소하는 양상이다. 또한 이전단계에 비해서 오산천유역에서 백제의 영향이 강하게 확인되는 단계이다. 주거유적과 분묘유적에서 백제토기의 출토량이 수적으로 증가하고 기종이 다양화된다. 또한 동일 기종내에서도 기존 재지양식을 한성백제양식이 대체한다. 그러나 주거와 분묘는 형태적인 변화없이 기존의 양식을 고수하며 속성별로 변화상이 일부 확인되고, 문화간 결합양상이 지속된다

4단계는 유적들은 모두 오산천과 지류하천에 인접하여 구릉상에 위치하고 있다. 취락의 입지와 관련하여 선행연구를 참고하면 평지 입지 취락은 상당한 규모의 중심거점취락으로 분류되며, 구릉에 입지한 취락은 상대적으로 위계가 낮은 것으로 본다.[33] 오산천유역에서는 중심거점취락으로 볼 수 있는 평지 입지 유적이 확인되지 않는다. 오산천유역에서 확인되는 구릉 입지 취락의 성격이 원삼국시대부터 지속된 취락입지선정의 전통인지, 한성백제기에 위계가 낮은 취락의 특징인지는 고려해 볼 대상이다. 이와 관련하여 내삼미동유적(경기)이 주목된다.

---

30) 오산천유역에서 확인되는 백탄요는 탑동·두곡동유적, 내삼미동유적(경기), 내삼미동유적(고려)에서 확인되었다. 백탄요의 경우 제철유적과 관련하여 백탄의 공급을 위해 운영되었던 것으로 추정한다. 오산천유역에서 확인된 백탄요를 기안리유적의 백탄공급지로 설정한 연구가 있어 주목된다. 이민우, 2013, 「한성기 백제의 백탄생산과 소비방식」, 대전대학교 대학원 석사학위논문.

31) 김왕국, 2016, 위의 논문.

32) 박지영, 2017, 「백제의 확장과 주변부 취락 재조직 : 방사성탄소연대와 GIS 공간 분석을 활용하여」, 서울대학교 대학원 석사학위논문.

33) 송만영, 2011, 「한반도 중부지역 취락의 발전과 정치체의 성장 -청동기시대 한성백제기를 중심으로」, 숭실대학교 대학원 박사학위논문.

주거유적인 내삼미동유적(경기)은 주거나 저장수혈이 다른 유적에 비해 수량면에서 우위를 보인다. 주거지 중에는 규모면에서 대형인 '凸'자형 주거지와 사주식주거지가 1기씩 확인되었다. 또한 내삼미동유적은 다양한 기종의 백제토기는 물론이고, 무기류와 농·공구류도 다양하게 출토되었다. 이는 동일단계 타유적에 비해 다양한 구성으로 이전 단계 석우리 먹실유적과 공통된 특징이다. 여기에 더해 '凸'자형 주거지에서는 금제이식이 출토되어 동일 유적 내 주거지간의 위계는 물론 내삼미동유적의 위치를 대변하는 것으로 생각된다. 내삼미동유적은 다른 수계에 위치한 평지취락과 입지상의 차이를 제외하고는 중심취락으로서의 모습을 충분히 갖추고 있으며, 오산천유역의 입지전통이 지속되는 것으로 추정된다. 즉, 내삼미동유적은 이 단계 오산천유역의 중심취락으로서 기능하였던 것으로 판단된다.

여기에 더해 주변수계에서는 취락의 입지·주거의 형태·새로운 분묘로의 이행과 같은 변화가 확인되는데 반해, 오산천유역은 재지양식으로 볼 수 있는 평면형태 방형계·'ㄱ'자형 기반토식 구들이 지속적으로 사용되고, 주구토광묘도 수청동유적에서 꾸준히 조영되는 차이점이 있다. 이와 함께 주거유적에서는 저장수혈이 공반되고 있어 이전단계부터 지속된 생산 및 보급지로서의 기능이 지속된다. 기존의 문화양상이 크게 변화하지 않고, 유지되는 것이 오산천유역의 특수성으로 판단된다.

수청동유적은 분묘가 지속적으로 조영되고 부장품도 다양하게 확인된다. 주구토광묘는 지속적으로 조영되고, 부장품은 동진제 청자, 금제이식, 은상감환두도, 구슬 등의 다양한 위세품이 출토된다. 당시 오산천유역은 백제 중앙에서의 사여 혹은 교류과정 하에서 백제의 유통시스템에서 일정정도의 비중을 점하고 있었던 것으로 해석된다. 이는 오산천유역 수장층의 영향력이 감소하기보다는 오히려 유지되었던 것으로 판단된다. 앞서 언급했듯이 직접지배를 위한 전략적 중요성이 오산천유역 정치체의 반발을 감내할 만큼 중요하지 않았으며, 일정기간에 걸친 간접지배를 통해 백제중앙과 오산천유역간의 안정적인 관계가 안착된 것으로 해석된다.

여기에는 당시 백제 중앙의 혼란스러운 역사적 상황이 작용한 것으로 보인다. 백제는 전단계의 근초고왕에서 근구수왕으로 이어지는 전성기를 보낸 뒤, 진사왕 이후로 고구려와의 군사적 대립과 내부적인 정쟁과정 속에서 국력이 점차 소비되었다. 특히 고구려와의 군사적 대립[34] 속에서 고구려의 남하를 저지하려 하였으나 실패하고, 고구려에게 예성강일

---

34) 『三國史記』卷25 百濟本紀3 辰斯王 2年; 『三國史記』卷25 百濟本紀3 辰斯王 5年.

대와 경기 북부지역을 내주게 된다.[35] 백제는 고구려에게 잃은 예성강일대와 경기 북부지역을 탈환하고자 노력하였지만 번번이 실패하였고,[36] 국가전반에 걸쳐 피로가 누적되었다.[37] 이러한 과정에서 귀족층과 왕권의 대립[38] 및 왕의 시해[39]로 대표되는 정쟁이 반복되면서 내부적인 결속이나 통치체계의 정비는 힘든 상황이었다. 이러한 백제 중앙의 상황으로 인해 오산천유역에서는 주거와 분묘의 전통이 지속될 수 있었던 것으로 판단된다.

4단계를 종합하면 이전 단계부터 지속된 간접지배가 당시 백제의 상황과 맞물려 유지되었고, 이에 오산천유역의 문화적 정체성이 지속될 수 있었다. 이전 단계의 정치·문화적 정체성이 지역성으로 변화된 것으로 판단된다. 한성함락을 전후하여 오산천유역에도 일정 정도의 영향이 있었을 것으로 추론되며, 이로 인해 수청동유적의 조영이 중단되었던 것으로 추정된다.

Ⅳ. 맺음말

오산천유역은 2세기 대부터 호서 북부지역과 동일한 문화를 공유하며, 백제의 영역화 이후에도 존속된다. 이러한 문화적 양상이 가능하였던 이유를 살피기 위해 주거와 분묘의 변화상을 살펴보았다. 여기에 더해 시간성이 확인되는 유물을 선정하여 시간적 변화기준을 제

---

35) 『三國史記』卷25 百濟本紀3 辰斯王 8年 7月; 『三國史記』卷25 百濟本紀3 辰斯王 8年 10月.

36) 『三國史記』卷25 百濟本紀3 阿莘王 2年; 『三國史記』卷25 百濟本紀3 阿莘王 3年; 『三國史記』卷 25 百濟本紀3 阿莘王 4年; 『三國史記』卷25 百濟本紀3 阿莘王 7年; 『三國史記』卷25 百濟本紀3 蓋鹵王 15年.

37) '왕이 고구려를 공격하기 위하여 군사와 말을 대대적으로 징발하니, 백성들이 병역을 고통스럽게 생각하여 많은 사람들이 신라로 도망하였고, 이 결과로 호구가 줄었다.'
『三國史記』卷25 百濟本紀3 阿莘王 8年.

38) 대표적으로 불교수용에 관한 왕실과 귀족층의 대립이다. 왕권강화를 목표로 하는 왕실주도의 불교수용과정은 귀족세력들의 반발로 쉽게 백제사회에 정착되지 못한 것으로 해석된다.
길기태, 2010, 「특집 : 百濟의 地方과 對外交流 : 漢城百濟의 對外交流와 佛敎」 『백제연구』 55권, 충남대학교 백제연구소.

39) 왕들의 짧은 제위기간은 당시 왕권의 불안정성을 반영하는 것으로 해석한다.
천관우, 1976, 「삼한의 국가형성」 하, 『한국학보』 3, 일지사; 노중국, 1988, 『백제정치사연구』, 일조각; 양기석, 1990, 「백제전제왕권성립과정연구」, 단국대학교 대학원 박사학위논문.

시하고 단계를 설정하였다. 이러한 과정에서 주변지역과의 비교를 통해 오산천유역의 특수성을 찾고자 하였다. 또한 단계별 변화를 특수기종과 문헌사료를 참고하여 살펴보고자 하였다.

오산천유역은 주거, 분묘, 생산, 저장과 관련된 유구들이 다양하게 확인된다. 이 중 마한문화의 특징적인 요소인 주거와 분묘를 통해 오산천유역의 변화양상을 살펴보았다. 먼저 오산천유역에서 확인된 주거는 이른 단계부터 구릉에 입지하는 경향이 지속된다. 평면형태는 방형계·원형계·'呂·凸'자형이 확인되며, 이중 방형계가 이른 단계부터 다수를 차지하며 지속적으로 선호된다. 원형계는 점차 감소하며, '呂·凸'자형의 경우 재지의 주거양식과 결합된 형태가 확인된다. 주공배치방식은 사주식·벽주식·결합식으로 확인된다. 사주식은 3세기경부터 등장하여 지속적으로 사용되다가 늦은 단계가 되면 비율상 감소한다. 오산천유역에서 확인되는 사주식은 주공이 벽면에 근접하거나 밀착하여 배치되는 것이 특징이다. 이는 상부구조 및 주거의 면적과 관련된 것으로 보인다. 또한 주공배치방식에 따라 주거의 상부구조도 다른 모습일 것으로 추정된다.

취사·난방시설은 노지가 이른 단계부터 꾸준히 사용되나, 쪽구들의 등장과 함께 점차 비율이 감소한다. 'ㄱ'자형 쪽구들의 경우 이른 단계부터 꾸준히 사용되며, 'ㅣ'자형 쪽구들은 오산천유역의 백제 편입 이후에 사용이 증가하다 시간이 경과하면서 감소한다. 반면에 'ㄱ'자형 쪽구들은 지속적으로 사용된다. 쪽구들의 조성방식에서도 기반토를 굴착하거나 점토만을 사용하여 축부를 조성하였는데. 이러한 축부조성방식은 마한문화권의 특징이다. 벽구는 기능상 벽체조성을 위한 것으로 판단되며, 주거지 전면에 시설되지 않고 일부에만 시설된다.

주거지 출토유물의 경우 장란형토기·심발형토기·시루·철도자를 대상으로하여 시간적 변화상을 파악하였다. 토기의 대체적인 흐름은 재지의 제작방식에서 백제의 토기제작방식으로 대체되며, 시간적 변화상이 간취된다.

분묘는 입지상 구릉사면에 입지하며, 장축방향이 등고선과 평행하거나 직교하는 형태가 이른 시기부터 모두 확인된다. 특히 장축방향 직교는 호서지역과 비교하면 오산천유역을 포함한 경기남부의 특징적인 모습이다. 매장형태는 이른 시기부터 토광묘가 확인되며, 목관의 사용이 보편화되어 지속된다. 목곽은 목관과 시차를 두고 등장하며 규모나 부장품에서 차별성이 확인된다. 부장공간에 있어서는 부장공간과 매장주체부 사이의 단차나 경사가 확인되며, 이는 장축방향이 직교하는 것과 관련이 있다. 주구는 다양한 형태가 확인되며, 이중 눈썹형과 마제형이 주된 형태이다.

분묘 부장품 중 시간성을 반영하는 토기는 특수기종과 원저단경호·심발형토기를 대상으로 하였으며, 철기류는 무기류를 대상으로 철검·철도·철모·철촉을 대상으로 하였다. 특수기종인 유개대부호와 원저심발형토기는 오산천유역이 이른 단계부터 마한문화의 범위에 속한다는 것을 보여준다. 이후 두 특수기종을 대신하여 원저단경호와 심발형토기의 공반부장이 정형화된다. 무기류는 기존 경기·호서지역의 변화상을 반영하고 있는 것으로 확인된다. 부장품 중에는 양이부호·이중구연호와 같은 특수기종에서부터 청자반구호·은상감환두도·마구류·성시구류 등의 위세품도 확인되고 있다.

이러한 분석들을 바탕으로 오산천유역의 분기를 크게 4단계로 구분할 수 있다. 1단계는 오산천유역이 마한문화의 공간범위에 포함됨을 보여주는 단계이다. 오산천유역을 포함한 경기남부지역은 호서북부지역과 큰 의미의 동일문화권으로 설정할 수 있지만 세부적인 차이점이 확인된다. 1단계의 상한은 2세기 전반이며, 하한은 2세기 후반이다. 1단계는 분묘유적의 존재를 볼 때, 그에 준하는 주거유적의 존재도 상정할 수 있다. 시기적으로 앞서는 유적이 조사되거나, 동일 시기의 주거유적이 보고될 경우 새로운 양상이 추가될 가능성이 있다.

2단계는 오산천유역 마한문화의 자체적인 변화가 확인되는 단계이며, 새로운 형식의 유구와 유물이 등장하는 것이 특징이다. 주거에서는 사주식이 등장하고, 분묘는 주구의 채용·목관의 보편화·철기의 부장증가와 같은 변화가 확인된다. 이와 함께 전문생산취락이 등장하고, 대규모의 묘역이 조성되기 시작한다. 이러한 변화상은 당시 마한사회 내 군사·경제적 발전상을 반영하고 있다. 또한 이전 단계부터 확인된 곡교천유역과의 문화적 친연성이 지속되고 있다. 2단계의 상한은 3세기 전반이며, 하한은 3세기 후반이다.

3단계는 기본적으로 주거나 분묘의 근본적인 변화가 없이 지속되지만, 일부 속성과 유물상의 변화가 간취된다. 이는 한성백제의 주거양식·새로운 기능의 수혈·백제토기의 등장으로 대표되며, 오산천유역이 백제의 영향력하에 편입되었음을 나타낸다. 여기에 더해 기존의 재지문화 위에 한성백제의 문화가 결합되는 양상도 확인된다. 이러한 변화에는 백제와 오산천유역 정치체간의 합의가 있었던 것으로 판단된다. 백제의 통치능력상 한계·오산천유역의 상대적인 전략적위치·직접지배시의 불필요한 반발과 저항이 종합적으로 고려된 것으로 판단된다. 이러한 전략적 고려를 통해 오산천유역의 간접지배가 지속될 수 있었고, 주변지역에 비해 오산천유역에서 재지문화가 존속될 수 있었다. 3단계의 연대는 3세기 말엽부터 본격적으로 백제토기가 부장되는 4세기 후반이다.

4단계는 기존의 특징적인 재지의 속성들이 지속되기도 하지만 일부는 쇠퇴 혹은 감소하는 양상이다. 주거유적과 분묘유적에서 백제토기의 출토량이 증가하고 기종도 다양화된다. 동일 기종내에서도 기존의 재지양식을 한성백제양식이 대체한다. 그러나 주거와 분묘는 형

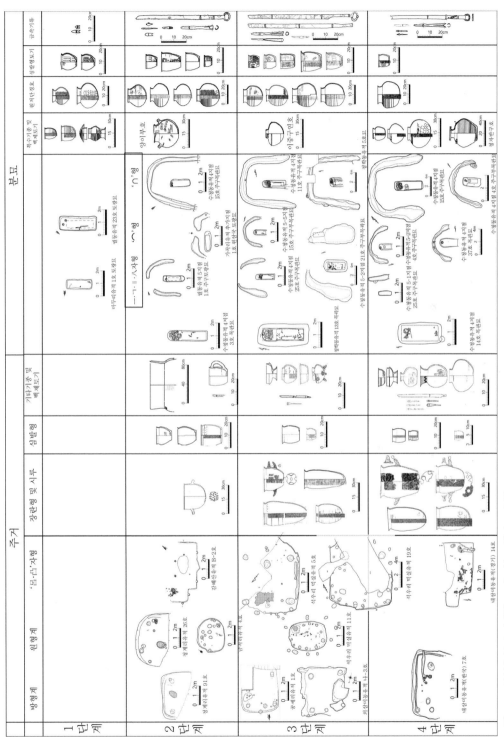

그림 7 오산천유역의 단계별 주거·분묘 및 출토유물

태적인 변화없이 지속되고 있다. 이는 앞단계에서 합의된 오산천유역과 백제 중앙과의 간접 지배관계가 당시 백제의 상황과 맞물려 지속된 것으로 해석된다. 이러한 배경하에서 기존의 재지문화가 존속할 수 있었으며, 이전단계의 정치·문화적 정체성이 지역성으로 변화하였다. 4단계의 분기는 4세기 말부터이며 하한은 한성함락을 전후한 시점으로 주변지역과의 비교를 통해 정확히 단정하기 어려운 것으로 보인다.

오산천유역은 이처럼 다양한 변화과정 속에서도 기존의 문화를 고수하였다. 이는 기존의 재지문화가 정체된 것이 아니며, 시대적 변화에 따라 곳곳에서 다양한 요소들이 확인되었다. 이와 함께 여러 문화속성간의 결합양상들 또한 확인된다. 이는 백제의 영역화 과정이 일방적이고 단편적인 영역화과정뿐만 아니라 지역·정치상황별로 다양하게 존재함을 말해준다. 또한 오산천유역 정치체의 입장에서 취한 전략적 변화나 대응도 고려할 수 있었다.

제9장

충주 칠금동 제철유적 제련로의 구조와 특징

정낙현

국립중원문화재연구소

I. 머리말

충주 칠금동(392-5번지 일대) 제철유적이 위치한 중원지역은 고대부터 제철생산의 중심지였다. 특히 충주 일대는 예로부터 수계를 통한 교통이 발달했으며 인근에 철광산이 많이 산포해있어 중원지역에서도 최고의 철 생산지의 조건을 갖추고 있다. 이를 증명하듯 충주 칠금동, 대화리 유적에서 제련로가 확인된 제철유적이 조사되었고 탄금대토성, 문성리 유적에서는 다량의 철정(鐵鋌)이, 탑평리 유적에서는 철괴 덩어리가 나온 바 있어 충주에서 고대부터 철 생산이 활발했다는 것이 밝혀지고 있다.

이러한 위상을 증명해주는 유적이 칠금동 제철유적이다. 칠금동 제철유적은 2016년부터 2021년까지 총 4차에 걸쳐 발굴조사가 진행되었으며 제련로 31기를 비롯하여 제철과 관련된 부속유구들이 1,000㎡ 내외의 좁은 공간에서 다수 확인되는 성과를 얻을 수 있었다. 제철 생산 유적 특성상 출토되는 유물 대부분이 제철 공정에서 나온 폐기물들이라 유물로 연대를 추정하기는 어렵지만 AMS 연대측정, 고고지자기 측정 등 과학적인 분석결과 유적의 대략적인 연대는 3세기 전반부터 4세기 중후반이며 중심 연대는 4세기 초중반 정도로 추정된다. 다만 하층 유구인 5호 제련로에서는 AMS 분석 결과가 2세기 말까지 올라가는데 5호 하부구조에서 슬래그가 혼입된 것으로 보아 칠금동 제련로의 조업은 이보다 더 오래전부터 시작되었을 가능성도 있다.

칠금동 제철유적은 지금까지 국내에서 조사된 제철유적 중 유구의 밀집도가 가장 높으며 기반 토층인 점토층을 비롯하여 그 위로 퇴적된 3개 이상의 다양한 슬래그 폐기층에서 제련로가 확인되어 100년이 훌쩍 넘는 긴 시간에 걸쳐 이곳에서 집약적인 철 생산이 이루어졌던 것이 확인되었다.

이런 장시간의 조업이 가능했던 이유로는 우선 유적의 입지가 큰 영향을 끼쳤다고 할 수 있다. 앞서 말했듯이 칠금동 제철유적 주변은 제철 조업에 필수적인 원료, 연료 산지 다수가 인접해있고 노체의 주재료인 점토 또한 풍부한 곳이다. 또한 남한강 달천의 합수지점이 있는 탄금대 구릉 하단에 위치해 하천과 인접했기 때문에 원료, 연료 수급과 생산품 공급에도 유리한 위치였다. 유적이 있는 구릉 정상부에 위치한 탄금대 토성(중원문화재연구원 2008)에서는 중간 소재인 철정이 40매와 송풍관, 슬래그 등이 출토되어 탄금대 일대가 제련뿐 아니라

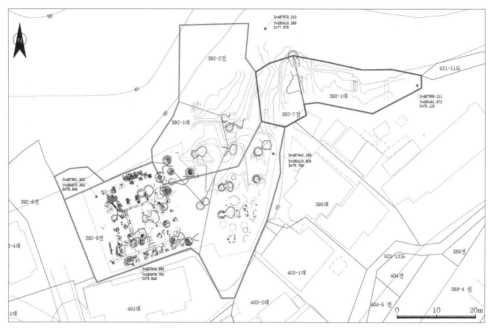

그림 1 칠금동 제철유적 제련로 분포도(국립중원문화재연구소 2021)

이후의 공정(정련, 단련)까지 이루어진 복합제철생산지였던 것으로 추정된다. 여기에 더해 고지형분석 결과(이홍종·안형기 2016) 과거에는 이곳이 방어에 유리한 하중도였던 것으로 확인되어 당시 귀했던 철과 생산 인력을 관리하기에는 최적의 입지였던 것으로 생각된다. 이렇듯 원료, 연료의 수급 및 생산품의 공급, 방어 및 관리의 유리함 등은 100년이 넘는 긴 시간동안 이곳에서 조업이 이어져갈 수 있었던 원동력이었다.

발굴조사 결과 칠금동 제철유적 제련로는 중원지역 제련로의 특징을 고스란히 가지고 있을 뿐 아니라 더 나아가 고유의 특징들을 가지고 있는 것이 확인되었다. 이 글에서는 지난 2016년부터 진행된 칠금동 제철유적 발굴조사의 성과들을 정리하면서 칠금동 제련로의 구조적인 특징들을 간단하게 보여주고자 한다.

II. 칠금동 유적 제련로의 규모와 구조

현재 유적에서 잔존하는 고대 제련로는 반지하식이 대부분이며 그마저 지상 부분은 인위적인 폐기나 파괴로 일부분만 확인되고 있다. 따라서 노의 형태 및 규모의 완전한 복원은 어려운 상황이며 기껏해야 노의 직경, 노벽의 두께, 지하구조 및 하부구조 정도만 확인할 수 있는 상황이다. 이번 장에서는 유구로 잔존한 노에서 드러나는 노의 크기, 지하구조와 하부구조의 특징 등을 통해 칠금동 제철유적 제련로의 구조와 특징을 알아보겠다.

1. 제련로의 규모

표 1 　중원지역 제철로 제원비교(국립중원문화재연구소 2021)
　　　(CG 칠금동(연구소), SJ 석장리, SD 송두리, DH 대화리, YJ 연제리, GS 구산리, CG(院) 칠금동(연구원))

단위 : cm

내경 150 이상	내경 140 이상	내경 130 이상	내경 120 이상	내경 100 이상	내경 90 이상
			SD 3-5-14(128)		
			SD 7-2-7(126)		
			SD 7-2-9(127)		
			SD 4-1-9(120)		
			SD 7-2-10(120)	SD 111	
SD 4-1-6(152)		SD 3-5-2(135)	SD 4-1-14(122)	SJ A-2(110)	
SD 7-2-8(170)		SD 7-2-2(135)	SD 4-1-14(122)	SJ A-3(115)	
SD 4-1-7(156)	SD 7-2-6(140)	SD 4-1-12(130)	SD 3-5-14(128)	SJ B-23(115, 최후)	
SJ B-23(180, 최초)	SD 7-2-11(140)	SD 4-1-5(135)	SD 7-2-7(126)	SJ A-1(115)	
GS 2(154)	SD 4-1-8(147)	SD 3-5-13(138)	YJ 1(120)	GS 1(114)	
DH 2(150)	CG 30(148)	CG 12(139)	CG 3(124)	CG 16(116)	
DH 1(150)	CG 22(142)	CG 15(137)	CG 14(123)	CG 4(115)	
GS 3(150)	CG 2(142)	CG 25(136)	CG 31(122)	CG 23(114)	
CG 24호(153)	CG 11(140)	CG 13(136)	CG 1(122)	CG 5(112)	
CG(院)(150)	CG 7(140)	CG 19(134)	CG 6(120)	CG 10(110)	
CG 20호(150)	CG 8(140)	CG 18(130)	CG 7(120)	CG 28호(107)	CG 24(98)
내경 150 이상	내경 140 이상	내경 130 이상	내경 120 이상	내경 100 이상	내경 90 이상

중원지역 제련로의 평균 크기는 영남지역에서 확인되는 제련로의 평균 크기보다 2배 정도이며 이러한 대구경의 내경을 가진 제련로는 영남지역 제련로와 차별되는 가장 큰 특징이라고 할 수 있다. 이러한 현상은 중원지역의 제련조업이 영남지역이나 다른 지역보다 다량의 원료를 장입해 제련이 이루어졌음을 짐작할 수 있는 부분이다. 다만 염두할 것은 단순히 생각한다면 노의 크기가 크면 생산량이 많아질 것으로 생각되지만 실제 조업에서는 여러 가지

조건들이 맞물리기 때문에 무조건 노의 크기가 생산량과 직결된다고 보기는 힘들다(조록주 2018a).

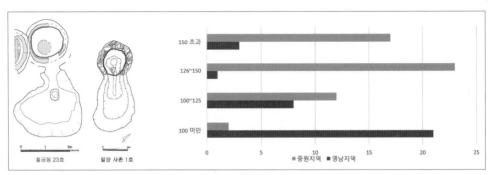

그림 2   중원지역 제련로와 영남지역 제련로의 크기 비교

　칠금동에서 조사된 제련로 31기 대부분 중원지역 제련로 특징이라 할 수 있는 내경 1m 이상의 대형 제련로로 확인되었다. 이전에 중원문화재연구원에서 조사한 칠금동 400-1번지 유적 제련로 역시 150cm 정도로 비슷한 내경을 가지고 있으며 중원지역에서 확인되는 대다수 제련로들의 크기 역시 크게 다르지 않다.

표 2   칠금동 제철유적 제련로 제원(국립중원문화재연구소 2021)

유구	제련로 제원(cm)						배재부 제원(cm)		
	내경 (최소~최대)	외경 (최소~최대)	노벽 두께 (최소~최대)	잔존 최대높이	1차 굴광 깊이	2차 굴광 깊이	길이	폭	깊이
1호	122	188	14-20	38	70	55	277	204	110
2호	142	180	15	30	45	35	114	150	35
3호	124	146	15-20	26	65	50	–	–	–
4호	115	200	25-30	32	45	30	殘220	殘223	殘65
4-1호									
5호	112	160	20-25	40	75	60	305	추260	75
6호	120	170	23-30	45	60	50	–	–	–
7호	140	170	15-25	30	60	50	–	–	–
8호	140	170	15-25	20	–	60	–	–	–
9-1호	–	–	20	25	55	45	–	–	–
9-2호	–	–	20	25	55	40	–	–	–
10호	110	150	15-20	30	65	50	310	180	150

유구	제련로 제원(cm)						배재부 제원(cm)		
	내경 (최소~최대)	외경 (최소~최대)	노벽 두께 (최소~최대)	잔존 최대높이	1차 굴광 깊이	2차 굴광 깊이	길이	폭	깊이
11호	추140	–	25	–	–	–	–	–	–
12호	116-139	175-208	26-42	40	75	50	304	?	66
13호	130~136 (최대 170)	188~210	20~44	36	58	40	–	–	–
14호	117~123	179~188	22~38	48	34	30	221	246	55
15호	131(추정) ~137	추171~208	21~36	28	36	28	–	–	–
16호	101~116	172~188	20~30	16	26	–	150	185	20
17호	112-120	160-184	18~30	30	16	–	192	220	55
18호	128-130	168-174	15~20	62	58	39	200	318	70
19호	130~134	176~198	18~24	34	64	38	–	–	–
20호	150	198	16~24	–	–	–	–	–	–
21호	–	–	–	–	–	–	–	–	–
22호	142	192	18~32	36	66	44	–	–	–
23호	114	150	14~20	40	68	40	212	220	52
24호	153	207	18	18	20	–	–	–	–
25호	136	222	24	32	20	–	–	–	–
26호	98	138	18~21	38	40	–	–	–	–
27호	미조사 (2022년 조사예정)								
28호	107	160	15~28	36	–	–	(292)	–	–
29호	137	(166)	15~18	32	–	–	243	230	(45)
30호	148	(197)	25~27	25	–	–	–	–	–
31호	122	174	17~35	32	–	–	242	297	78

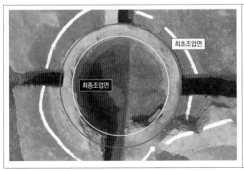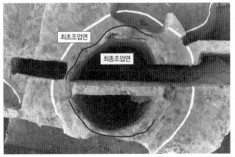

그림 3 노벽의 최초 조업면과 최종 조업면(左 12호, 右 14호)

칠금동 제련로의 크기는 내경 기준으로 98cm부터 153cm까지 골고루 분포하고 있으며 조성 당시 크기는 이보다 더 컸을 것으로 추정된다. 제련로들 대부분은 노벽 안쪽에 조업으로 인한 고열로 노벽이 용융되거나 슬래그가 용착되는 흔적인 용착면이 생성된다. 칠금동에서는 이런 용착면이 최대 10겹 가까이 붙어 있는 것이 확인되는데 조업이 진행될 때마다 용착된 슬래그 및 노 보수에 쓰인 점토로 인해 노의 내경은 점점 줄어들게 된다. 이는 현재 확인되는 노의 규모가 축조 당시 노의 규모보다 줄어들었음을 의미한다. 따라서 최초 축조되었을 당시 노의 크기는 내경이 아닌 용착면 바깥쪽을 기준으로 하는 것이 보다 더 정확하다고 할 수 있다.

한편, 조업이 완료된 후 상부구조가 폐기되는 제철로의 특성상 잔존하는 노벽은 얼마 되지 않는 편이다. 하지만 칠금동에서는 최대 60cm까지 노벽이 잔존한 제련로가 있을 정도로 노벽의 상태는 다른 유적에 비해 양호한 상태이다. 다만 송풍관 삽입 흔적은 명확하게 확인되지 않는다. 다만 송풍관 쪽이 고열이 발생하기 때문에 노벽의 용융이 가장 심한 곳에 송풍관이 삽입되었을 가능성이 제시된 바 있다(한지선 외 2016; 한지선 2018).

그림 4 노벽의 보수 흔적과 슬래그 용착면(左 6호, 右 13호)

노벽의 두께는 보통 15cm에서 30cm 사이이며 슬래그 용착면을 제외한 순수한 노벽의 두께는 20~25cm 정도이다. 노벽은 점토와 초본류를 혼합해 만들어져 있으며 유구에 잔존하는 노벽이나 출토되는 노벽편을 관찰하면 짚 등의 초본류 흔적이 명확하게 관찰된다. 노벽에 부착되는 슬래그 용착면은 1~2cm 두께로 보통 2~3겹, 최대 8겹(13호) 이상까지 확인되는 경우가 있다. 이러한 흔적은 한 번 축조된 노에서는 조업과 보수작업이 반복되었다는 것을 보여주는 증거라 할 수 있다.

2. 제련로의 축조 과정과 구조적 특징

칠금동 제철유적 제련로에서 가장 주목해야 할 점으로는 2중 굴광 구조와 노의 하부구조 아래에서 확인되는 목조구조 시설이다. 기존에 조사된 중원지역 제련로는 방습을 목적으로 만든 하부구조만 만들어 노를 조성하는 것으로 이해되어 왔다. 그러나 충주 칠금동 유적에서는 지면을 하부구조보다 더 깊게 굴착한 뒤 점토를 채운 후 재굴착하는 2중 굴광 흔적이 대부분 제련로에서 확인되었다. 또한 처음 굴광한 1차 굴광 바닥면에서는 목재가 바닥에 깔려 있는 목조구조가 다수 조사되었으며 굴광면이나 노벽 아래를 따라 노체의 지지 혹은 기반의 지정(地釘)을 목적으로 한 말뚝 시설이 확인되어 주목된다.

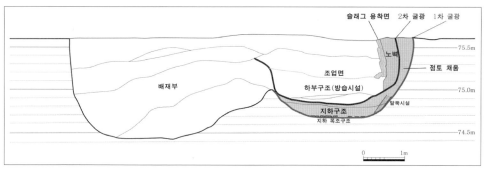

그림 5　칠금동 제련로의 구조

1) 2중 굴광 구조

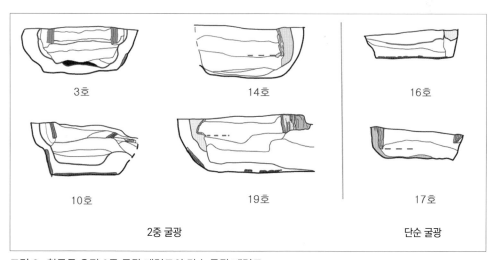

그림 6　칠금동 유적 2중 굴광 제련로와 단순 굴광 제련로

칠금동에서 확인되는 노의 굴광구조는 크게 단순 굴광과 2중 굴광으로 대별되는데 소수의 단순 굴광 구조도 확인되지만 대부분 2중 굴광 구조를 보이고 있다. 2중 굴광 구조는 계획된 노의 크기보다 크게 수혈을 굴착(1차 굴광)한 뒤 점토를 채우고 다시 재 굴착(2차 굴광)해 하부구조를 조성 후 노를 축조하는 방식으로 나타난다.

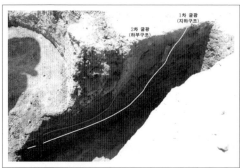

그림 7 단면에서 나타난 2중 굴광 구조

이러한 2중 굴광 구조는 칠금동 유적의 기반토가 수축과 팽창이 활발하게 작용하는 점토층이라는 점과 대부분의 노가 빠른 시간에 퇴적된 불안정한 폐기층에 축조되면서 지반이 불안정한 상태였기 때문으로 보인다. 이를 극복하고자 당시 노를 축조했던 사람들은 2중 굴광구조와 점토를 채움을 통해 노체 안정성의 상승을 꾀했을 것으로 추정되며 이러한 구조는 칠금동 유적 뿐 아니라 진천 송두리 유적(중앙문화재연구원 2020)에서도 종종 확인된다.

2) 지하 목조구조

칠금동 제철유적에서 무거운 노체를 지지를 위한 방법으로 하부구조(방습시설) 아래와 그 주변으로 노체 지지시설을 설치하는 것이다. 칠금동 제철유적에서는 조사된 전체 제련로의 2/3에서 하부구조 아래 목재로 만들어진 구조물이 확인되었다. 지하 목조구조는 칠금동 2차 발굴조사에서 처음 확인되었고 이후 3차 및 4차 발굴조사에서도 이런 지하구조를 갖춘 제련로들이 추가적으로 조사되었다. 또한 4차 발굴조사에서는 1차 발굴조사에서 지하구조를 확인하지 못했던 2호 및 3호 제련로에 대한 재조사를 실시하였는데 재조사 결과 예상대로 지하구조가 확인되었다. 상기했듯이 충주 칠금동에서는 제련로 대부분이 지반이 불안정한 슬

그림 8   5호 제련로 목조구조와 18호 제련로 지하 목조 구조(生材)

래그 폐기층 위에 노의 재구축이 반복되기 때문에 이러한 시설이 필요했던 것으로 보여진다.

　　지하 목조구조는 최초 발견 당시에는 검은색의 외관 때문에 목탄 혹은 탄화목을 사용한 것으로 보았고 이 때문에 지하구조 설치의 주목적은 방습으로 이해되어 왔다(국립중원문화재연구소 2018; 중앙문화재연구원 2020). 하지만 지하구조 목조구조에 대한 공업분석 결과 지하 목조 구조 목재의 고정탄소와 수분은 탄화목보다 일반 목재에 가까운 값을 보여 탄화목이 아닌 일반 목재(生材)를 사용해 설치했다는 것이 증명되었다(이주석 외 2021). 외관이 목탄과 유사한건 노 축조 당시 건조 작업 혹은 조업 당시 고열의 간접열을 받아 탄화되었거나 혹은 오랜 세월동안 흑화현상이 일어났기 때문으로 추정된다. 이를 증명하듯이 18호 제련로에서는 탄화 상태가 아닌 생재 상태로 남아있는 지하구조의 목재가 확인되기도 하였다.

　　생재는 습기를 머금는 성질이 있으나 다시 뱉어내며 변형되는 등 오히려 습기에 취약한 부분이 있어 수분이 많은 점토를 지반으로 하는 칠금동 제철유적에서 방습으로는 적합하지 않은 면이 있다. 따라서 생재를 사용한 지하 구조의 설치목적은 방습보다는 노체 지지의 목적이 더 컸을 것으로 추정된다.

　　방습의 역할은 지하 목조 구조까지가 아니더라도 모래, 점토, 숯 등으로 만든 방습시설(하부구조)로도 충분히 가능했다고 생각된다. 실제로 칠금동 제철유적에서 하부구조의 깊이는 평균 40~50cm 정도이고 가장 깊은 곳은 60cm 깊이까지 확인되고 있다. 또한 하부구조에는 방습에 적합한 모래와 목탄 등이 혼입된 점토 등 성질이 다른 재료로 토목시설의 성토시설처럼 층층이 채워 넣었다. 이는 하부구조의 주목적인 방습뿐 아니라 노체지지에도 보조적으로 도움이 됐을 것이라 생각된다.

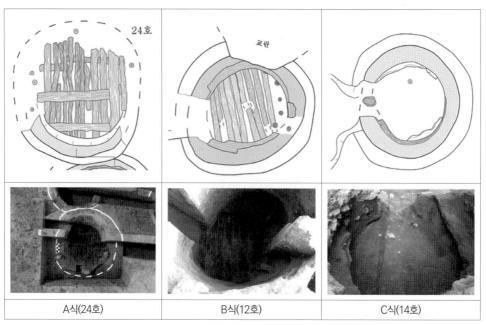

| A식(24호) | B식(12호) | C식(14호) |

그림 9　칠금동 제철유적 제련로 지하구조의 형식

표 3　층위별 하부 목조시설 양상

구분	A식	B식	C식(무시설)
하층	5, 10, 18호	–	23호
중층	6, 7, 21호	16, 22호	14, 17호
상층	3, 4, 8, 9, 13, 19, 20, 24호	12, 15호	25호

　지하구조는 목조구조의 유무, 형태에 따라 3개의 형식으로 구분할 수 있다. 가로목과 세로목이 교차되어 설치한 것을 A식, 교차 없이 한 방향으로 나열한 것을 B식, 목조구조 시설이 거의 안 되어 있거나 없는 C식으로 구분(한지선 2018)할 수 있다. 당연히 A식이 B, C식에 비해 구조가 복잡하며 공력이 많이 투입되었을 것으로 보인다. 다만 A식의 경우 더 다양한 형태를 보이나 유기물인 목재의 특성상 유실된 것이 많아 보다 세세한 분류에는 어려움이 있다. 후대에 제련로가 축조되는 상층으로 갈수록 하층에 비해 목조구조가 단순해지는 경향성을 보이는데 수 세대를 거치며 집적되며 발전한 노 축조 기술로 구조를 단순화한 것으로 보인다.

　최근 진천 송두리 유적에서 확인된 다수의 제련로에도 바닥에 목재 시설 흔적이 확인되었기 때문에 다른 유적에서도 이런 지하구조가 추가로 확인될 가능성이 충분히 높다. 또한 도면이나 사진으로 명확하게 제시되지 않았지만 과거 진천 석장리유적(국립청주박물관 2004)

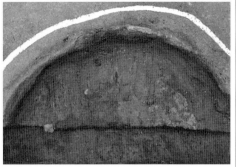

그림 10　진천 석장리 유적 B-23호, 송두리 유적의 목조구조

A-3호, B-23호 제련로 하부구조 아래에서는 탄화된 원통형의 목재가 깔려 노의 지지 시설 (爐臺)의 역할을 했다고 간략하게 언급된 바 있다. 따라서 석장리 유적뿐 아니라 과거 조사가 완료되었던 다른 중원지역 제철유적에서도 이러한 지하시설이 있었을 가능성을 생각해볼 수 있다.

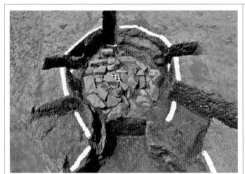
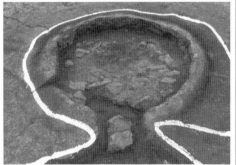

그림 11　충주 대화리 유적, 진천 송두리 유적의 할석구조

　한편, 목조구조가 아닌 할석을 사용해 노체를 지지한 시설이 나타나기도 한다. 충주 대화리 유적(중원문화재연구원 2012)과 진천 송두리 유적(중앙문화재연구원 2020)에서는 칠금동처럼 목재가 아닌 할석을 이용해 지반을 구축하는 방식이 사용된 바 있다.
　이렇듯 중원 지역의 지하구조는 목조 구조(A), 할석 구조(B), 무시설(C)로 구분(조록주 2014, 한지선 2018)할 수 있으며 칠금동에서는 목조구조와 무시설이 확인되고 있다.

3) 말뚝 시설

앞서 본 지하 목조구조 외에도 노벽 아래 굴광면을 따라 둘러지는 말뚝시설 역시 중요한 노체지지 시설이다. 칠금동 제철유적에서는 원통형 혹은 반원형 판재 나무를 노벽 아래쪽으로 말뚝처럼 땅에 박아 넣거나 반면 굴광선을 따라 둘러 배치시킨 말뚝시설이 발견되었다. 대다수가 바닥 목조시설과 함께 확인되지만 말뚝시설만 단독으로 확인되는 제련로도 있다.

이 시설 역시 처음엔 방습과 관련이 큰 것으로 여겨졌으나 공업분석 결과 생재로 확인되어 방습보다는 지반 안정화와 노체의 지지였던 것으로 보인다. 상기했듯이 칠금동 제철유적의 기반 지층은 점토이고 폐기층에서 2중 굴광을 통해 조성한 대지도 점토이다. 점토는 수분 때문에 수축 및 팽창이 반복적으로 이루어지고 침하 작용이 지속적으로 진행된다. 따라서 노체를 지지하기 위해서는 기초 공사가 필요했던 것으로 보이며 지정을 목적으로 점토에 말뚝을 박아 넣어 그 위로 노체를 올렸을 것으로 생각된다. 이 시설은 진천 송두리 유적(중앙문화재연구원 2020) 4-1지점 11호, 12호, 19호에서도 관찰되었다.

그림 12　각종 말뚝 시설(좌 : 5호, 우 : 7호)

말뚝 지정은 현대 건축에서도 다양한 말뚝 타설(piling foundation) 공법들이 사용되는데 말뚝을 지반에 설치해 지반을 다지거나 단단한 지반에 도달시켜 건물을 안전하게 지지하게 만든다. 현대에서 보통 콘크리트를 사용하나 과거에는 통나무 혹은 판재를 이용했던 것으로 추정된다. 물론 칠금동의 말뚝 지정이 현대 건축만큼 안정적일 수는 없겠지만 큰 건물이 아닌 노 정도의 축조물 하중을 견디기에는 말뚝으로도 충분했을 것으로 생각된다.

한편, 17호 제련로에서는 전혀 다른 성격의 말뚝 시설이 확인되었다. 다른 말뚝시설처럼 노벽 아래나 지하구조가 아닌 노벽이 있는 상면에서 확인되었기 때문이다. 노출된 노벽 안에

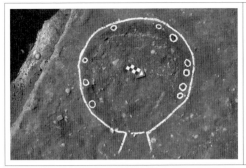

그림 13 노벽지지 시설로 활용된 말뚝(17호)

원형의 목재가 설치된 것이 확인되었는데 이 말뚝은 지정 목적과는 상관없이 상부구조인 노벽의 지지를 위한 골조 역할을 했을 것으로 추정된다.

이러한 시설들은 그동안 이루어졌던 제련로 조사방법으로는 발견될 가능성이 낮다. 칠금동 제철유적 발굴조사에서도 1차 발굴 조사에서는 이 시설을 미처 확인하지 못했으며 2차 조사부터 이 시설의 존재를 인지하게 되었다. 따라서 지표면 조사에서 노의 형태가 확인된다면 보다 넓은 구역을 확인 및 정리하면서 1차 굴광의 흔적을 찾아내는 것이 필요하며 내부 조사에 들어가서도 하부구조 깊이보다 더 깊게 절개를 해 지하구조의 여부를 최종적으로 확인하는 조사방법이 필요하다고 보여진다(곽병문 · 정락현 2020).

4) 제련로의 축조과정

유구마다 구조가 다르긴 하지만 일반적인 칠금동 제철유적 제련로의 구조(2중 굴광, 지하 목조 구조, 말뚝 시설)에 따라 축조과정을 간략히 정리해보면 다음과 같다.

① 노의 위치 선정
② 1차 굴광 : 노의 직경보다 크게 수혈을 굴착한다.
③ 목조시설 설치 : 굴광면 바닥에 목재로 만든 목조구조를 설치한다. 반원통 혹은 판재를 사용하며 설치하지 않기도 한다.
④ 점토 채우기 : 1차 굴광을 점토로 채운다. 채우는 과정에서 소결이 이루어지기도 한다.
⑤ 지정(말뚝) 시설 설치 : 말뚝 시설을 설치한다. 원통형의 목재를 말뚝처럼 노벽이 올라갈 자리 아래로 설치한다. 길이는 다양하며 반원통 혹은 판재를 사용하기도 한다. 설치하

지 않는 경우도 있고 노벽을 쌓은 후 노벽을 고정시키는 용도로도 사용할 수 있다.

⑥ 2차 굴광 : 노의 크기만큼 점토를 되판다. 되 판만큼 방습시설(하부구조)의 깊이가 된다.

⑦ 하부구조 조성 : 점토, 모래, 숯 등 재료를 채워 방습시설 축조를 한다.

⑧ 조업면 모래 깔기 : 방습시설 위로는 점토를 얇게 바른 후 얇게 모래를 깐다. 이는 원활한 생설물 배출을 위한 작업이다. 이 과정은 노가 완성된 후 조업 직전에 할 수도 있다.

⑨ 노벽 축조 : 초본류를 섞은 점토 덩어리를 사용해 노벽을 쌓아 상부 구조를 완성한다. 이 과정은 송풍관 설치도 포함된다.

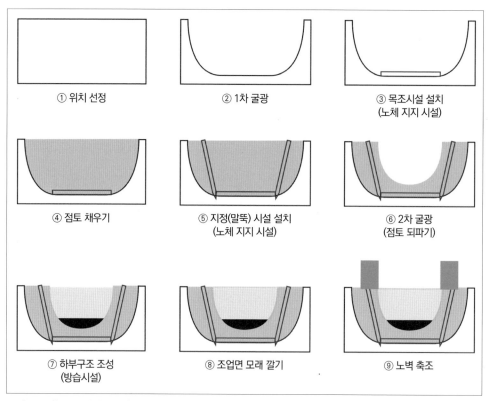

그림 14 칠금동 제련로의 축조과정(한지선 2018 수정)

위 모식도와 축조과정이 칠금동에서 조사된 모든 제련로 축조과정에 해당되지는 않는다. 노가 축조되는 상황에 맞춰 유동적으로 다양한 방법과 재료가 사용된 것으로 보인다.

표 4　칠금동 제철유적 제련로의 층위별 구조적 특징(3차 발굴조사까지)

층위	유구	굴광		지하 목조구조				지정(말뚝) 시설		
		단순 굴광	2중 굴광	有			無	○		無
				A	B	C		원통형	판재 (반원통형)	
下층	5호		○	○				○		
	10·11호		○	○				○		
	18호		○	○						○
中층	1호		○	△ 추가조사 필요				△ 추가조사 필요		
	2호		○		△			○		
	6호		○	○				○		
	7호		○	○					○	
	14호		○			○		○		
	15호		○		○			○		
	16호	○		○						○
	21호	?	○			○			○	
	22호		○		○					○
	23호		○			○				○
	24호		○	○				○		
	26호	○		△		○				
上층	3호		○	○				○		
	4호		○	○				○		
	8·9호		○		○				○	
	12호		○		○			○		○
	13호		○	○				○		
	17호	○				○		○(골조용)		
	19·20호		○	○					○	
	25호		○			○		○		

　노의 구조적 특징은 위 시설들에 따라 다양하게 구분될 수 있다. 우선 노 시설의 기초가 되는 굴광 상태에 따라 2중 굴광과 단순 굴광으로 구분 할 수 있다. 칠금동에서는 주로 2중 굴광이 확인되며 단순 굴광도 소수 확인(16호, 17호)된다.

　지하 목조구조는 목조구조의 유무 및 목재 형태, 배치 양상 등으로 구분이 가능하고 말뚝 시설은 유무 및 설치 위치, 목재의 형태 및 크기 등으로 구분된다. 다만 방습시설인 하부구조

는 채워진 재료와 조합에 따라 재각기 다양한 구성을 보이고 있기 때문에 명확한 분류는 힘
들다. 이러한 복잡한 조합이 일어나는 현상은 노를 축조할 때 상황에 맞추어 재료를 구성해
하부구조를 구축했기 때문이라 생각된다.

III. 제련로의 중층 및 중복 축조 양상

1. 중층 조성 양상

칠금동 제련로의 또 다른 중요한 특징은 중층적 조성과 반복 조업이다. 칠금동 제철유적
의 제련로의 층위는 크게 하층, 중층, 상층으로 구분할 수 있다. 하층은 기반층에 조성되었으
며 그 위로 퇴적된 슬래그 퇴적층에 중층과 상층의 제련로들이 조성되어 있다. 탄소연대측정
을 실시한 결과 상층 유구의 연대는 약 4세기 전중반대로 편년되지만 하층은 2세기 후반부
터 중층의 연대는 3세기 중후반까지로 추정된다. 일부 중복된 제련로 사이의 연대차는 존재
하지 않은 것으로 보아 선행 유구와 후행 유구 간 폐기 및 축조가 연속적으로 이루어졌던 것
으로 보인다.

하층은 칠금동 제철유적의 기반층인 점토로 이루어져 있으며 해당되는 제련로는 5호,
10(11)호, 18호 등이 있다. 중층은 초기에 쌓인 폐기층에 조성되었으며 대다수의 제련로가 이
층위에서 확인되었다. 마지막으로 상층 유구는 12호, 13호, 19호 등이 있으며 가장 후대에
쌓인 폐기층에 조성되어 있다.

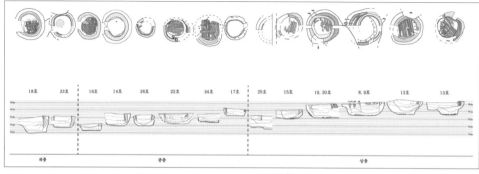

그림 15 칠금동 제련로의 층위(3차 발굴조사)

이것을 기준으로 각 층위별로 지하 목조구조의 양상을 파악해 본 결과 목조 구조가 복잡한 A식이 가장 많이 나타났다. 특히 하층에서는 목조구조가 없는 23호[01]를 제외하고 모두 복잡한 구조를 가지고 있는 A식 목조구조가 나타났다. 또한 하층 유구에는 바닥 목조 구조뿐 아니라 주변에 두르는 말뚝 시설에도 큰 공력을 들인 것으로 나타난다. 다만 A식은 하층, 중층, 상층에서 고르게 다수 확인된다. B식은 현재까지 하층에서는 확인되지 않고 중층과 상층유구에서만 확인되며 12호, 15호, 16호, 22호가 대표적이다. 중층의 말뚝 시설은 하층보다는 설치 간격이 넓게 나오는데 간소화 된 것으로 보이며 상층 유구 설치 양상도 크게 다르지 않다. 목조 시설이 확인되지 않는 C식도 층위마다 확인되고는 있다. 다만 14호와 23호로는 2중 굴광으로 지하시설이 나타나는 제련로에서 볼 수 있는 1차 굴착면이 확인되었음에도 바닥에 목조시설이 확인되지 않았고, 17호로는 단순 굴광을 통해 조성되었다는 점이 특이할 만한 점이다.

층위별 제련로의 목조시설 형태 차이에서 명확한 점은 기반층인 점토층에 조성된 제련로 지하구조에 더 많은 공력을 들인 것으로 나타나며 중층 상층으로 갈수록 목조구조가 단순화 된다는 점이다. 장기간 이곳에서 조업이 지속적으로 진행되었다는 점을 보았을 때 발전된 노 축조 기술이 후대로 이어지면서 복잡한 구조의 목조시설 도움 없이도 노를 안정적으로 축조할 수 있었던 것으로 생각된다.

2. 노의 중복 및 재사용 양상

한편, 칠금동 제철유적 제련로는 중층적 양상과 함께 노의 중복양상도 나타나는데 이런 노의 중복 축조는 비좁은 공간을 효율적으로 활용하기 위한 방편으로 보여진다. 일부 제련로(8·9호, 10·11호, 19·20호)는 선행 제련로를 사용 후 폐기된 자리 위에 바로 새로운 노를 축조하는 양상이 나타나는데 이는 기반 시설인 지하구조의 재사용을 통한 축조 효율성을 극대화 했던 것으로 생각된다. 특히 퇴적층을 되판 후 점토를 채우는 2중 굴광을 사용한 칠금동 제련로에서는 이러한 중복 축조가 유리한 점이 많다. 우선 기반시설을 새롭게 만드는 과정을 생략할 수 있고, 이전에 반복해서 조업이 이루어졌던 곳이기 때문에 방습, 보온 등 조업 조건들이 갖추어져 있는 상태이다. 여기에 노체만 올리면 노가 완성되기 때문에 비용, 시간,

---

01) 23호 제련로는 하층으로 볼 수 있지만 폐기층 일부를 굴착 후 조성되어 중층으로 볼 수도 있다.

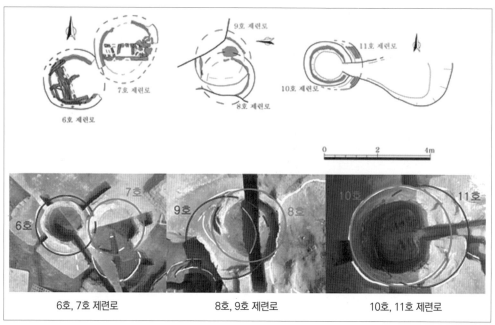

그림 16　칠금동 제련로의 중복 양상

공력 등을 절약할 수 있는 좋은 방법이라 중복 축조가 이루어졌던 것으로 보인다.

　　이런 중복 양상은 칠금동뿐 아니라 충주 대화리(중원문화재연구원 2012), 진천 송두리(중앙문화재연구원 2020), 밀양 사촌(국립김해박물관 2001), 밀양 임천리 유적(삼강문화재연구원 2014) 등여러 유적에서도 나타나는데 중복 축조의 빈도는 칠금동 유적이 압도적으로 많다. 칠금동에서는 조사가 완료된 제련로 26기 중 절반이 넘는 14기가 직간접적으로 중복양상이 나타나는데 이와 같이 높은 빈도로 제련로의 중복양상이 나타나는 이유를 보면 백제가 이곳을 철생산의 장기 조업지로 설정한 결과라 생각된다. 입지에서 언급했듯이 칠금동 유적의 위치는남한강 수운(水運)을 이용한 원료 및 연료 수급이 용이하고 생산품의 유통까지 원활하게 할수 있는 최적의 위치지만 지리적 이점에 비해 면적은 상대적으로 좁기 때문에 장기간 조업을위한 선택이었을 것이다.

　　이와 함께 대부분 노벽에서는 노의 재사용 양상을 확인할 수 있는데 앞서도 언급했지만노벽 내부에서 확인되는 슬래그 용착면은 평균적으로 2~3겹이며 10겹 가까이 확인되는 유구도 있다. 이를 통해 보통 노를 한 번 축조하면 최소 10회 이상 조업을 했던 것으로 예상되며 이는 노를 축조하는 작업에 드는 시간과 공력을 아끼기 위한 것으로 생각된다.

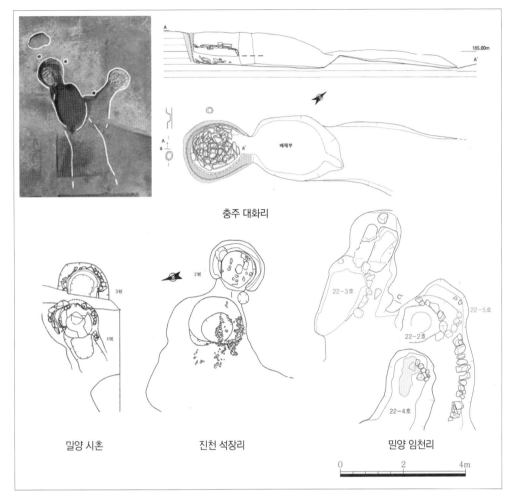

충주 대화리

밀양 시촌   진천 석장리   밀양 임천리

그림 17   여러 유적의 제련로 중복 양상

　　노의 재사용은 주로 노벽에 점토를 발라 단순하게 보수하는 단순 노벽 보수를 한다. 단순 노벽 보수는 저렴하게 노를 재사용할 수 있는 방법으로 이러한 흔적은 칠금동 유적을 비롯해 진천 석장리, 송두리 등에서도 다수 관찰되는 현상이다. 하지만 노체가 한계에 다다르면 노벽을 다시 쌓는 방법도 사용된다. 이때는 하부구조와 지하구조는 재사용하고 노체를 다시 쌓는 방법인데 이러한 현상은 칠금동을 비롯해 충주 대화리 유적에서 확인된 바 있다. 이 밖에 노를 폐기하고 그 자리에 지하구조부터 전반적으로 다시 축조하는 경우도 있는데 이는 노의 재사용이라기보다 노의 중복 축조로 보는 것이 타당할 것이다.

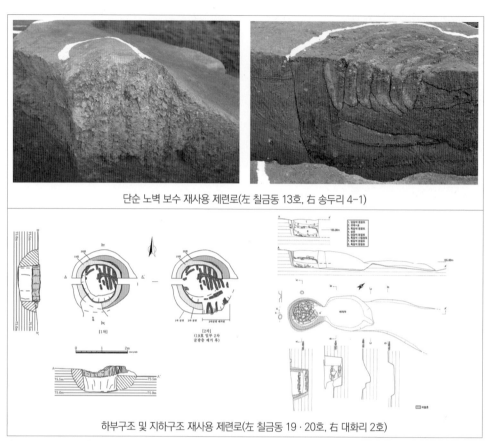

단순 노벽 보수 재사용 제련로(左 칠금동 13호, 右 송두리 4-1)

하부구조 및 지하구조 재사용 제련로(左 칠금동 19·20호, 右 대화리 2호)

그림 18 제련로의 재사용 양상

IV. 맺음말

이상으로 지난 2016년부터 4차에 걸쳐 진행되었던 충주 칠금동 392-5번지 제철유적 발굴조사 결과를 토대로 칠금동 유적의 제련로의 구조적 특징과 조성 양상 등을 정리하였다. 칠금동 유적에서는 총 31기의 제련로가 1,000㎡의 좁은 공간 안에서 중층적 양상을 보이며 밀집되어 확인되었다. 이는 국내는 물론 전 세계적으로도 손꼽힐만한 결과이다. 이는 칠금동 유적이 제철유적 입지에 가장 중요한 조건인 하천과 인접(김권일 2012)했었기 때문에 가능했고 그 결과 100년이 넘는 기간 동안 이곳에서 조업이 지속적으로 이루어질 수 있었다.

칠금동 제련로는 30기가 넘는 제련로가 나온 만큼 다양한 구조를 가지고 있으나 2중 굴광 구조에 지하 목조구조 및 말뚝 시설이 설치되는 것이 일반적이다. 2중 굴광 구조는 지반이 약한 점토 기반층에서 지반을 안정적으로 만들기 위한 조치였고 지하 목조구조와 말뚝시설 역시 불안정한 지반에서 무거운 노체를 지지하기 위한 시설이었다. 이러한 지하 목조구조와 말뚝시설은 진천 송두리 유적에서도 나오고 있어 이러한 시설은 중원지역의 보편적인 특징으로도 생각할 수 있다.

한편, 칠금동 제련로에서는 노벽에 슬래그 용착면이 보통 2~3겹에서 많게는 10겹 가까이 용착되어 있는 것이 확인되었다. 이는 노벽에 점토 등을 발라 보수한 흔적이며 노를 축조하고 반복 조업이 이루어졌다는 증거가 될 수 있다. 또한 지하구조를 공유하고 재사용되는 노가 다수 확인(4호 8·9호, 10·11호, 19·20호)되었는데 이는 좁은 공간의 재활용 목적 뿐 아니라 지하구조를 축조하는 공력, 시간, 비용 등을 절약하기 위한 방편으로 이런 현상이 나타나는 것으로 추정된다.

칠금동 유적은 국내 고대 철 생산을 이해하는데 있어 획기적인 유적이었다. 31기나 되는 다수의 제련로가 밀집되어 확인되었고 그동안 확인되지 않았던 지하구조의 존재는 제철 유적 조사방법을 발전시켰으며 중원지역 고대 제철 공정과 제련로의 구조를 밝히는데 큰 역할을 하였다. 하지만 그동안 조사에서 미진한 부분도 많이 노출되었고 앞으로 해결할 과제도 쌓여있는 상태이다. 이러한 부분들은 향후 진행될 예정인 발굴조사를 통해 채워나가도록 하겠다.

〈후기〉

2004년 신입생 때부터 2015년 학교를 떠나기까지 긴 시간을 이남규 선생님과 한신대학교 박물관과 함께 했습니다. 철없고 세상물정 몰랐던 제가 인간으로서 한층 더 성장할 수 있었던 건 이남규 선생님을 비롯한 여러 선생님들과 선후배님들이 저에게 많은 가르침을 주셨기 때문일 것입니다. 2004년 반송동 발굴부터 시작해 박물관 아르바이트, 연구원, 조교, 특별연구원을 거치며 겪은 10여 년의 경험은 지금도 큰 힘이 되고 있습니다.

저의 은사이자 은인이신 이남규 선생님의 명예로운 정년퇴임을 축하드림과 동시에 앞으로 왕성한 연구 활동과 건강하시기를 기원 하겠습니다. 더불어 지금의 저를 만들어준 한신대학교 박물관의 30주년도 진심으로 축하드립니다.

제10장

몽촌토성의 축조기술에 대한 예비적 고찰

이혁희

한성백제박물관

I. 머리말

이 글은 백제 한성기 왕성 중 하나인 몽촌토성(사적 제297호)의 축조기술에 대한 이해를 목적으로 작성되었다. 이를 위해 몽촌토성의 성벽에 대한 조사 성과를 전반적으로 살펴보고자 한다. 검토대상은 1980년대의 성벽조사지점 11개소와 성벽 관련시설인 해자, 문지, 토단이며, 2014년의 북서벽 재조사지점에 대해서 살펴보겠다. 특히 2014년 재조사지점은 국지적이지만 평면조사도 병행하였으므로, 이에 대한 고찰을 병행하고자 한다.

1983~1985년에 실시된 몽촌토성의 성벽 발굴조사는 완전한 절개조사가 아니라는 근본적인 한계가 있다. 그럼에도 불구하고 지형에 따라 성토·판축·삭토 등을 혼용한 백제 한성기의 축성술을 인식하게 하였다(夢村土城發掘調査團 1984·1985). 이를 계기로 백제 한성기 도성의 구조 및 토목기술, 나아가 한반도의 축성사 및 토목건축사 연구에 중요한 자료로 다루어졌다. 또한 성벽 외측에서 확인된 '목책'은 문헌을 통해 전해지는 백제 목책의 실체로 주목받았다(成周鐸 1988; 車勇杰 1988; 閔德植 1995). 특히 '목책'으로 추정한 유구가 조사된 지점에 대해서는 목책구조물이 복원·설치됨에 따라, 몽촌토성의 대중적 이미지의 하나로 자리 잡았다. 또한 성벽조사 이외에도 성벽과 밀접하게 관련된 시설인 해자, 문지, 토단이 조사됨으로써, 백제 한성기 왕성 중 몽촌토성이 갖는 성격을 '방어성'으로 판단하는 계기가 되었다. 나아가, 평지성과 산성이 조합된 삼국시대의 도성구조를 대표하는 하나의 사례로 인식되게 되었다.

그런데 목책구조물이 설치된 2개의 지점 가운데 북서벽의 83-서울대 트렌치 I 에 설치된 목책구조물이 유실됨에 따라, 30년 만의 재조사의 기회를 갖게 되었다. 144㎡의 소규모 조사임에도 불구하고 축조기술의 일면을 파악하는 중요한 성과를 거두었다(한성백제박물관 2016a).

여기에서는 제한된 조사이지만 총 12개소의 조사지점에서 확보된 정보를 종합하여 축조기술의 일면을 살펴보고자 한다. 우선 1980년대, 그리고 2013년부터 진행 중인 한성백제박물관의 북문지 일원 발굴조사 성과를 간략하게 정리하여 몽촌토성의 조사현황을 이해하겠다. 이어서 1980년대 11개소의 성벽 조사지점에서 확인된 정보를 지형별로 유형화하여 살펴볼 것이다. 끝으로 가장 최신 조사성과라 할 수 있는 2014년 재조사지점의 조사성과를 공정별로 살펴보겠다. 특히 이 과정에서 기존에 조사된 백제 토성의 축조기술과의 비교를 통해 몽촌토성이 갖는 특징에 대한 고찰을 시도해보고자 한다.

II. 몽촌토성의 조사현황[01]

몽촌토성은 서울시 송파구 방이동 올림픽공원 안에 위치한다. 남한산(480m)에서 북서쪽으로 내려오는 능선의 끝자락에 위치한 해발 45m(비고 15~30m) 내외의 자연구릉을 이용하여 축조된 토성이다. 성의 전체적인 형태는 자연 지형을 이용하였기 때문에 선형의 굴곡이 심하지만 남북으로 긴 마름모꼴이다. 성 내부에 가장 높은 곳은 해발 44.8m로 남서벽에서 북서벽으로 회절하는 지점의 성벽 정상부이며, 가장 낮은 지점은 북문지 일원이다. 성벽의 길이는 정상부를 기준으로 북서벽 617m, 북동벽 650m, 남서벽 418m, 남동벽 600m로 전체 길이 2,383m, 내부면적 216,000㎡이다(한성백제박물관 2014).

몽촌토성은 1916·1917년의 조사가 수록된 『朝鮮寶物古跡調査資料』를 통해 학계에 처음 알려진 이후 그 중요성이 인식되어 1982년에 사적 제297호로 지정되었다. 1985년 몽촌토성 내 민가가 철거된 이후 올림픽공원이 조성되는 과정에서 성벽은 복토공사와 산책로가 조성된 후 현재에 이르고 있다. 현재 성 내·외로 통하는 길은 3개의 문지와 남문지-동문지 사이의 성벽 단절부 2개소, 그리고 1970년대 성벽을 절개하여 개설한 서벽 중간지점의 1개소이다.

몽촌토성의 주변에는 북서쪽 약 700m 거리에 풍납토성을 비롯하여, 남쪽 능선을 따라 방이동·가락동·석촌동고분군이, 동쪽에는 하남 감일동고분군, 하남 광암동고분군이 자리한다. 한강을 따라 서울 암사동유적, 구리 토평동유적, 하남 미사리유적 등의 대규모 취락이 확인되며, 한강 북안의 아차산 일대에는 아차산성과 고구려보루군이 선형으로 배치해 있다. 최근에는 서울 삼성동토성에 대한 시굴조사를 통해 삼국시대 토축구조물을 확인하였다(한성백제박물관 2018a). 이외에도 서울 대모산성, 하남 이성산성, 남한산성 등 신라 이후의 관방시설이 위치하는 등 다양한 유적이 밀집해 있다(그림 1).

몽촌토성에 대한 본격적인 조사는 1983년부터 1989년까지 총 6차례에 걸쳐 발굴조사가 이루어졌다(그림 2, 표 1, 표 2). 조사결과 성벽, 문지, 토단(고대지), 적석유구 등 성벽관련 시설을 비롯하여 건물지, 판축대지, 제의시설, 연지, 수혈주거지, 수혈, 옹관묘 등의 유구와 삼국시대 토기, 중국 청자, 스에키, 와전, 금속기, 장신구 등이 잇따라 출토됨에 따라, 백제 초기 왕성

---

01) 몽촌토성과 석촌동고분군 등 한성백제박물관이 수행 중인 '백제왕도유적 발굴조사'의 최신 성과는 박물관 홈페이지, 유투브 채널, SNS를 통해 공개 중이다(https://baekjemuseum.seoul.go.kr).

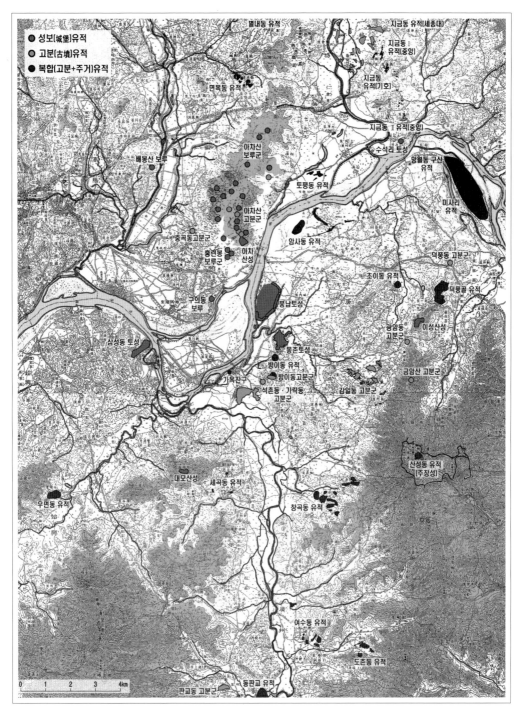

그림 1 몽촌토성 주변 삼국~통일신라시대 유적분포도(한성백제박물관 2019a 도면 1)

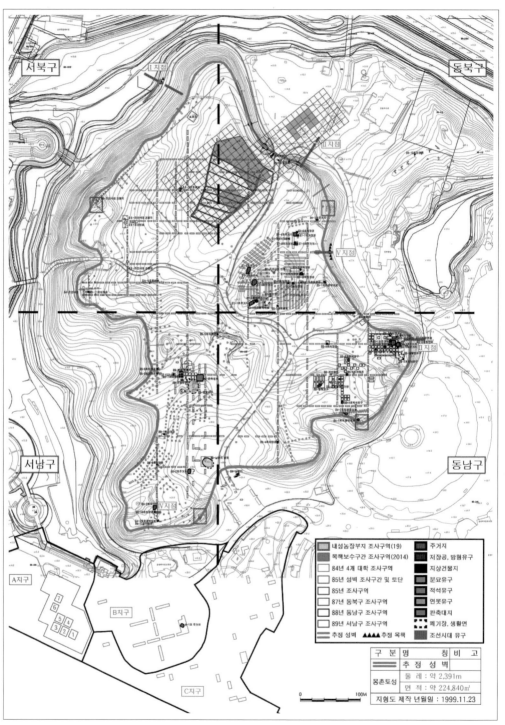

그림 2 몽촌토성 조사현황도(한성백제박물관 2019a 도면 18)

인 하남위례성의 유력한 후보지로 주목받았다(夢村土城發掘調査團 1984·1985; 서울大學校博物館 1987·1988·1989; 한성백제박물관·서울대학교박물관 2013). 그런데 1980년대 발굴조사는 많은 성과에도 불구하고 1988년 서울올림픽을 위한 정비사업적 성격을 인해 구조 및 성격 규명에 한계가 있었다. 이에 한성백제박물관은 개관 이듬해인 2013년 11월부터 미조사구역이나 다름없었던 북문지 일원에 대한 발굴조사를 착수하게 되었다.

이어서 몽촌토성의 축조와 운영시기, 성격 등을 좀 더 구체적으로 밝히기 위해 2013년 11월부터 한성백제박물관이 북문지 일원을 대상으로 발굴조사를 실시하였다. 최근까지의 조사 결과, 현재의 지표 아래 올림픽공원 조성층-근·현대 문화층-조선시대 문화층-통일신라시대 문화층-삼국시대 문화층이 층서를 이루고 있음이 드러났다(그림 3). 특히 몽촌토성 조사 성과에서 가장 주목도가 높은 삼국시대 문화층은 상층의 고구려 생활면과 하층의 백제 생활면으로 구분할 수 있다. 양 층에서 복합적인 유구 양상이 확인되었으며, 특히 격자상의 구획식 포장도로, 목곽집수지, 다수의 건물지 및 수혈 등 생활유구가 집중적으로 확인된 구역이 중요한 성과로 꼽을 수 있을 것이다.

표 1 몽촌토성의 연도별 발굴조사 현황(한성백제박물관 2016b 표 1 수정)

년도	발굴지역	발굴조사 기관	조사성과	
			유구	주요유물
1983	성벽 4개지점	서울대학교 박물관	해자, 목책 주혈, 옹관묘 2	
1984	서북, 동북, 동남, 서남지구	서울대학교 박물관 숭전대학교 박물관 한양대학교 박물관 단국대학교 박물관	조선시대 건물지, 토단, 외성 목책, '토광적석묘' 3	통형기대, 동진 자기편, 석재 도가니 등
1985	성 내부, 문지	서울대학교 박물관	주거지 2, 저장구덩이 13, 토광묘 2, 옹관묘, '토광적석묘' 등	직구호, 삼족기, 고배, 기대, 과대 금구, 골제갑옷, 서진대 전문도기
1987	동북지구	서울대학교 박물관	주거지 5, 저장구덩이 9, 옹관묘 1, '토광적석묘' 1	백제토기, 고구려토기, 중국 남조 자기벼루 조각, 백제연화문와당편
1988	동남지구	서울대학교 박물관	주거지 4, 저장구덩이 7, 적석유구 3, 생활면유구 1, 방형유구 1 등	삼족기, 뚜껑, 직구호, 난형토기, 심발, 광구장경호, 시루, 호, 옹, 기대, 광구장경사이옹
1989	서남지구	서울대학교 박물관	적심건물지, 온돌건물지, 저장구덩이, 연못지, 판축대지 등	백제토기, 고구려토기, 기와, 수막새, 중국자기, 철기 등
2013 · 2014	북문지 내측 (1차, 3,500㎡)	한성백제박물관	통일신라 주거지18, 우물 1, 도로 2 조선시대 건물지 2, 적심, 미상유구 등	백제토기(연가, 삼족반, 고배, 기대 등), 통일신라 토기(완, 호, 뚜껑 등), 중국청자 및 시유도기 등

년도	발굴지역	발굴조사 기관	조사성과	
			유구	주요유물
2015 ~ 2018	북문지 내·외측 (2차, 7,500㎡)	한성백제박물관	삼국시대 도로, 수혈, 주거지, 건물지, 목곽집수지, 통일신라 주거지 11, 공방지 1, 주혈군, 우물 1, 수혈2, 도로	백제토기, 고구려토기, 추정 사비기 백제토기, 신라토기, 통일신라시대 토기, 가야토기, 중국제 청자 및 시유도기, 스에키(TK23)
2019 ~현재	북문지 내측 (3차, 4,400㎡)	한성백제박물관	삼국시대 도로, 목곽집수지 통일신라시대 도로, 수혈, 주혈군	명문 목간을 포함한 각종 유기물, 백제토기, 고구려토기, 신라토기, 가야토기, 통일신라시대 토기 등

표 2 2015~2018 몽촌토성 북문지 일원 발굴조사 연도별 주요성과(한성백제박물관 2019b 표 1)

년도	시대	지구	유구종별	기수	조사성과 및 출토유물	비고
2015	통일신라	Ⅰ·Ⅱ	도로유구	2	방아확 등	
		Ⅰ	주거지	16	병, 완, 대부완, 뚜껑, 고드래 돌 등	
			추정공방지	1	대부완, 완, 숫돌 등	
		Ⅰ·Ⅱ	굴립주건물지	다수		
		Ⅱ	우물	1		
			수혈유구	1		
	삼국	Ⅰ·Ⅱ	도로유구	5	백제기대·고배, 돌절구, 중국 청자편, 고구려 옹, 문초석	노출된 도로면은 대부분 고구려 단계
			수혈유구	15	삼족반, 고배, 개배, 합, 뚜껑 등	백제 12, 고구려 3
2016	통일신라	Ⅲ	도로유구	1	토기편 등	북서-남동방향, 수레바퀴흔적이 상·하 2층으로 확인
			수레바퀴 흔적	1	토기편 등	북서-남동방향
			생활면 유구	2개소	사람 및 동물 발자국 밀집 분포	
	삼국	Ⅰ	도로유구	5	백제 고배·삼족기·초화문 와당편, 고구려 원통형삼족기·시루편, 돌절구, 패각, 목기	2015년도에 이어 도로의 단면조사 및 부분적으로 하층도로 조사
			주거지	7	「官」자명 百濟 직구호, 합, 뚜껑, 고려토기 등	2호와 7호는 2016년도에 이어 계속
			초석건물지	1	고구려토기 옹·발 등	고구려 3개소
			추정 목곽 집수지	2	말 머리뼈, 목기, 복숭아씨, 패각 등	고구려 이후, Pit조사에서 확인
		Ⅲ	도로유구 (고구려)	1	중국 시유도기, 百濟 고배·장경호편, 고구려토기 동체편	북문지 안쪽의 남서-북동도로와 연결, 수개축양상 확인
2017	삼국	Ⅰ	도로유구	5	백제토기, 인면문 백제토기 뚜껑 꼭지, 제첨축형 목기, 중국 시유도기편 등	고구려 도로 및 성토대지 조성방법 조사, 백제도로 시기별 선형 확인
			추정 목곽집수지	1	복숭아씨, 패각, 목재편, 목재 건축부재, 가공 목재편 등	2016년도 Pit조사에서 확인

년도	시대	지구	유구종별	기수	조사성과 및 출토유물	비고
			벽주건물지	4		
			수혈유구	13	백제토기 소호, 고구려 시루편, 가야토기 대부발(창녕양식), 석부 등	백제 1, 고구려 12
			주혈군 (굴립주건물지)	4개소	백제와 고구려 시기로 구분, 주혈은 원형이 대부분이나, 백제의 경우 각주로 추정되는 방형 주혈도 확인됨	
2018	삼국	I	수혈유구	6기	가야토기 대각편 출토(26호)	2017년도에 이어 발굴(계속)
			굴립주건물지	다수	스에키 배(90)	
		II	도로유구	남-북 대로	백제 도로폭 10m, 남동변에 잇대어 성토 다짐하여 고구려가 증축. 측구 확인 (너비140~160cm)	2015년도에 이어 발굴(계속)
				동-서 도로	서쪽 확장부에서 연장되는 도로 확인	
	통일 신라	II	도로유구	2	삼국시대 상층도로 위로 盛土하여 조성	삼국시대 도로 확인을 위해 Pit 설치한 부분만 조사
			주혈군 (굴립주건물지)	다수	N1W10·N2W10 그리드의 통일신라 동-서도로와 중복되어 확인되며, 통일신라 도로 보다 후행함	

　백제 한성기 이후 전개된 고구려 점유기의 몽촌토성은 보수 및 증축 등을 통한 재활용 양상이 뚜렷하게 감지된다. 고구려 생활면에 대한 조사과정에서 소수이지만 백제 사비기 토기가 출토됨에 따라, 551~553년간 백제가 한성지역을 회복하였던 역사적 사실과 관련된 자료가 확보되어 주목된다.

　이외에도 통일신라시대 문화층에서는 도로, 건물지, 주거지, 추정 공방지, 우물 등의 유구가 확인되었으며, 조선시대 문화층에서는 소수의 건물지, 적심 및 초석, 자연도랑 등이 조사되는 등 장기간에 걸쳐 점유되며 변화된 모습이 드러나고 있다. 한성백제박물관의 조사는 2차 발굴조사가 완료되었으며, 현재 3차 발굴조사가 진행 중이다(한성백제박물관 2020).

III. 1983~1985년 성벽 및 성벽관련 시설 조사

1. 성벽 조사지점

　몽촌토성의 성벽 발굴조사는 1983년부터 1985년 사이에 집중적으로 실시되었다. 총 11

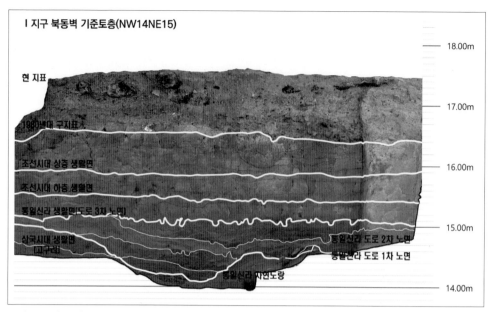

I 지구 북동벽 기준토층(NW14NE15)

현 지표

1980년대 구지표

조선시대 상층 생활면

조선시대 하층 생활면

통일신라 생활면(도로 3차 노면)

삼국시대 생활면
(고구려)

통일신라 자연노랑

통일신라 도로 2차 노면

통일신라 도로 1차 노면

18.00m

17.00m

16.00m

15.00m

14.00m

그림 3 몽촌토성 북문지 일원 기준토층(한성백제박물관 2020)

개소로 구역별로 살펴보면, 서북구 2개소, 동북구 3개소, 동남구 3개소, 서남구 2개소이며, 그리고 소위 외성 1개소에서 조사가 이루어졌다. 당시의 조사 여건 상 완전한 절개조사를 할 수 없었다는 근본적인 한계가 있지만, 몽촌토성의 축조기술을 살펴볼 수 있는 중요한 정보가 확보되었다. 당시 조사단은 城의 규모와 축조방법의 특징을 다음과 같이 제시하였다.

성벽의 규모는 상단부 폭 7.5~10.5m, 하단부 폭 21~65m, 높이 10~17m이다. 축조방법의 특징은 첫째, 자연구릉 중 높이가 다른 지점보다 낮은 부분은 판축하여 높게 하였다. 둘째, 구릉이 서로 연결되지 않은 지점에서는 서로 떨어진 양 구릉부 말단부 사이에 판축성벽을 쌓아 이어지도록 하였다. 셋째, 성벽 바로 안쪽 네 지점에는 주위보다 3~5m 정도 높게 판축하여 토단을 만들고 망루와 연락대 같은 역할을 하도록 하였다. 넷째, 성 외벽은 구릉 경사면을 깎고 다듬어서 급경사와 단을 만들고 성벽 외측 경사면에 목책을 설치하였다. 이 급경사와 段은 정상부에서 기초부까지 2~3회 되풀이 되다가 해자와 만나고 있다. 다섯째, 외성의 경우 북쪽 경사면은 본성의 외벽과 같이 인공을 가하였고 정상부에는 목책을 설치하였다.

〈표 3〉은 1983~1985년의 성벽 조사내용을 정리한 것이다. 이를 지형에 따라 정상부, 경사면, 평탄지로 구분하여 살펴보도록 하겠다.

정상부는 3~12개 층으로 확인되었으며, 최소 0.2~0.6m 또는 4m 이상의 성토층이 잔존한다. 정상부를 성토 또는 판축함으로써 볼록한 형태의 토축구조물을 조성한 것이다. 이는 84-숭전대 D구 TR.G에서 두드러진다. 당시에는 성토와 판축을 구분하지 않고 사용하던 시절이기 때문에 보고서의 내용이 실제의 기술을 반영한다고 할 수 없다. 다만 다양한 성질의 흙을 교대로 다지는 방식의 인위적인 성토를 통하여 4m 이상의 토축구조물을 조성하였음이 분명하다. 특히 여기에서 확인된 '석회포함층'에 주목하여 『三國史記』百濟本紀 蓋鹵王條의 '蒸土築城' 기사와의 연결이 시도된 바 있다(沈光注 2010). 한편, 83-서울대 트렌치 II와 트렌치 III의 정상부에서는 성벽과 관련된 증거가 미약하였다고 한다. 이에 따르면 2개 지점 부근은 별도의 성토행위가 불필요한 지형이었거나, 타지점의 조사내용을 고려하면 일부의 층은 성토층으로 재검토될 가능성이 있다.

경사면은 지표조사 시 2~3개의 단을 이루고 있었다고 한다. 이 점은 절개조사에서도 확인되었다. 즉 생토면 또는 암반면이 급경사-완경사-급경사-완경사를 반복하였다는 것이다. 보고자는 이러한 단이 인위적인 삭토에 의한 결과로 판단하였다. 경사면에서 확인된 퇴적층은 대개 0.5~0.6m의 높이를 보이고 있으나, 예외적으로 85-서울대-NE11 19Pit에서는 경사면 퇴적층의 높이가 2.5m 이상에 달하는 것으로 보고되었다. 특히 85-서울대-NE11 19Pit 도면과 사진을 면밀히 관찰하면, 이 층 전체가 과연 자연퇴적층이었는지 또는 유실된 성벽의 퇴적층이었는지 의문을 갖게 한다. 각 층의 형태, 색조, 구성물을 비롯해 퇴적층의 중간부분에 목탄층이 수평 상으로 형성된 점 등을 주목하면 인위적인 성토층이었을 가능성도 있다.[02]

표 3 1983~1985년 몽촌토성 성벽 소사시점별 조사내용(No.는 그림 4의 현황도와 일치)

No.	구역	TR명		조사내용	비고
1	서북구	84-서울대 A지구-B지구 경계의 소로	정상부	5개층. 지표면 아래 2.2~2.4m에서 생토면 노출 II층에서 조선시대 기와편 출토	
2	서북구	83-서울대 트렌치 I	정상부	4개층. 1.8m 성토, II층과 III층 일부가 오목하게 패임 II층 우각형파수, 이형토기 출토	수축?
		84-서울대 Tr.W (頂上部)	경사면	3개층. 2개의 단 확인. 1번째 단 적석유구, 2번째 단 주혈 9개 확인 (목책) 목책주변층(II-1층) 내 우각형파수, 뚜껑 꼭지, 어망추, 유엽형철촉 출토	2014년 재조사

02) 외벽의 성토에 대한 가능성에 대해, 필자는 학위논문을 작성 시에는 보고자의 결론(외벽 삭토)을 무비판적으로 수용하였다(李奕熙 2013a · b). 그런데 후술할 2014년의 성벽조사에 참여함으로써 몽촌토성의 외벽 축조방식에 대한 근본적인 재검토의 필요성을 갖는 계기가 되었다.

No.	구역	TR명		조사내용	비고
			평탄지	6개층. 지표면 아래 3m에서 남청색뻘층(VI층) 확인 흑갈색점토층(IV층) 내에서 우각형파수, 적갈색연질토기, 회백색연질토기편, 회청색경질토기 등 출토	해자?
3	동북구	83-서울대 트렌치Ⅱ	정상부	4개층	
			경사면	3개층. 40°의 급경사~완경사~평탄지로 연결 경사면은 지표면 아래 0.3~0.5n에서 생토층 노출	
			평탄지	6개층. 지표면 아래 1.2~1.4m에서 암반층 노출	
4	동북구	84-숭전대 D구 TR.G	정상부	정상부의 정점은 4m 이상의 판축층 확인 정상부로부터 외측으로 7.5m지점까지 높이 2m 이상의 판축층 확인 여러 토질의 토양을 섞어 판축. 흑색점토와 석회석포함층도 확인 판축은 성 내외에서 정상부 쪽으로 맞붙여 경사지게 쌓아 올리는 형태	교호 성토? 판축?
			경사면	판축층 확인지점 바깥 지표면 아래 0.5m에서 생토층 노출 2개의 단 확인	
5	동북구	85-서울대 NE11-19	경사면	2개의 단 확인 NE11-19는 1번째 단에서 2번째 단까지의 절개Tr. 1번째 단에서 높이 1.5m 이상의 마사토판축부-점토판축부 확인 2번째 단에서 지표면 아래 2.2~2.5m에서 주혈 3개 확인(목책) 판축부 외측으로 2.2~2.5m 높이의 4개층 확인(Ⅲ층-IV층 사이는 목탄층) 성외측 Ⅲ층에서 동진제청자, 접시 출토 (※ 성 내측(NE11-17) 성벽유실토에서 전문도기 동체부편, 대부합 출토)	
6	동남구	84-한양대 A지구 h1·h5	정상부	6개층. 지표면 아래 1.2~1.6m에서 생토면 노출. 1~1.2m 성토 2층에서 격자문, 파상문, 사선문 주류의 회청색경질토기 출토 4층에서 조질토기 출토, 5층에서 삼족기 출토	
7	동남구	83-서울대 트렌치Ⅲ	정상부	4개층	
			경사면	4개층. 35°의 급경사와 10°의 완경사 반복. 2개의 단 확인 생토면을 굴착하고 조성된 83-1·2호 옹관묘(장란형토기+장란형토기) 확인	삭토?
			평탄지	5개층. 지표면 아래 3.5m에서 담색뻘토층(IV층) 확인	해자?
8	동남구	84-한양대 A지구-D지구 사이의 성벽	정상부	12개층. A지구 토축구조물(토단)보다 흙의 다짐정도가 단단하지 않음	
9	서남구	84-단국대 S2S3Tr.	정상부	폭 9m, 높이 1m의 적갈색진흙과 고운 모래가 섞여 다져진 판축층 확인	
10	서남구	83-서울대 트렌치IV	정상부	지표면 아래 0.2~0.6m에서 암반층 노출	
			경사면	3개층. 자기편 및 기와편 출토	
11	'외성'	84-숭전대 E구 TR.G	정상부	2개층 지표면 아래 0.5~0.6m에서 생토층 노출	판축 및 축성 흔적 미확인
			경사면	단을 이루는 면 확인. 사면부 하단에서 적석유구 노출 적석유구 내에서 회색토기편, 회색연질토기, 자기편 등 출토	

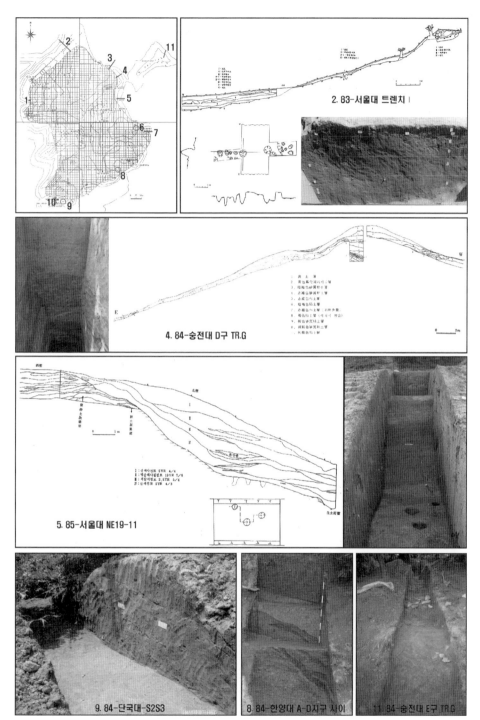

그림 4   1983~85년 몽촌토성 성벽 조사지점 위치 및 조사내용

(夢村土城發掘調査團 1984 · 1985, 한성백제박물관 · 서울대학교박물관 2013)

83-서울대 트렌치Ⅰ과 85-NE11-19Pit의 경사면 2번째 단에서 주혈이 확인됨에 따라, 외벽의 2번째 단에 목책이 설치되었던 것으로 추정되었다. 이외에도 83-서울대 트렌치Ⅰ과 소위 외성으로 알려진 북동쪽 구릉의 북쪽에 대한 조사지점(84-숭전대 E구 TR.G)에서 경사면의 성벽 진행방향을 따라 적석유구가 확인되었다.

평탄지는 1980년대 당시에도 도로로 사용되었기 때문에, 이를 제외한 구간에 대한 조사를 실시하였다. 그 결과 83-서울대 트렌치Ⅰ과 트렌치Ⅲ의 해발 8~9m를 전후한 높이에서 뻘층이 확인되었다. 이러한 뻘층은 성 외부를 감싸는 해자의 흔적으로 주목받았다.

2. 성벽 관련시설

1) 해자

현재 몽촌토성의 동문 앞 88호 수로부터 소위 외성을 돌아 토성의 남서부까지 해자가 복원되어 있으나, 이는 올림픽공원의 미적요소를 우선한 것이며 정확한 근거를 통해 복원된 것이 아니다.

몽촌토성의 해자와 관련된 흔적은 83-서울대 트렌치Ⅰ, 83-서울대 트렌치Ⅲ, 2016년 한성백제 박물관 조사지역 Ⅲ지구에서 찾을 수 있다. 먼저 83-서울대 트렌치Ⅰ의 하단부, 즉 몽촌토성 북서벽 외측 하단부에서는 1983년 당시의 구지표로부터 2.8m 아래에서 회청색 뻘이 나타났다. 몽촌토성 동벽 외측 하단부에 해당되는 83-서울대 트렌치Ⅲ에서도 구지표로부터 3.2m 깊이에서 뻘층이 확인되었

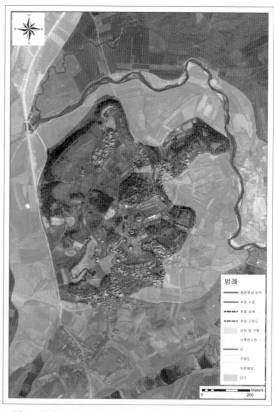

그림 5 몽촌토성 주변 고지형 분석을 통한 구하도(추정 해자)의 범위(이홍종·안형기 2020 도면 8 전재)

다(夢村土城發掘調査團 1984·1985). 다음으로 2016년 한성백제박물관 조사구역 가운데 북문지 외측 조사지점(Ⅲ지구)에서는 삼국시대 생활면에서 대형의 포장도로가 확인되었다. 이 포장도로는 북문지 내측에서 북문지를 통과한 후, 북문지로부터 40m 가량 직진한 지점에서 풍납토성 방향으로 꺾이는 것으로 밝혀졌다. 북문지 외측의 포장도로가 회절하는 지점의 내측에서 뻘층이 노출되었으며, 삼국시대 생활면으로부터 2m 이상 굴착하여도 뻘층의 바닥이 확인되지 않았다.

이상으로 살펴본 몽촌토성의 성벽 외측에 자리한 뻘층을 통하여 해자의 존재를 추정할 수 있지만, 정확한 규모와 현상에 대해서는 확인된 단계는 아니다.

한편, 몽촌토성의 해자에 대해서는 고지형 분석을 통해 추정 범위 및 규모가 제시되기도 하였다(그림 5). 이홍종·안형기(2020)는 1967년 항공사진을 이용하여 정밀한 미지형분석을 실시하였다. 분석을 통해 몽촌토성의 주변지형은 구릉지를 중심으로 산지 및 구릉, 산록완사면, 구하도로 구성되어 있다고 한다. 이 가운데 몽촌토성 주변으로 성내천을 중심으로 대규모 구하도 범위가 관찰되며, 몽촌토성 주변에서 풍납토성과 방이동 사이를 통과하여 한강까지 이어진다고 한다. 특히 구하도는 그 형태가 마치 해자처럼 성벽을 둘러싸고 있으며, 풍납토성이 자연유로를 이용하여 해자를 운용한 것처럼 몽촌토성 또한 주변의 구하도를 활용해 해자와 관련된 시설로 사용했을 것으로 추정하였다(이홍종·안형기 2020: 149).

2) 문지

1980년대 올림픽공원 조성 이전에 성 안팎을 연결하는 통행로는 총 9개소였다. 9개의 통행로 가운데 5개는 후대에 성벽을 절개하여 만들었거나 낮은 성벽을 이용한 것이며, 삼국시대에는 북동쪽의 북문, 동쪽의 동문, 남쪽의 남문이 존재하였을 것으로 추정된다. 몽촌토성의 문지에 대한 조사는 주로 소수의 트렌치 및 Pit 조사가 실시됨에 따라 정확한 구조와 축조양상을 파악하지 못하였다.

(1) 북문지(그림 6)

북문지는 올림픽공원 조성 이전에 폭 34m로 확인되었다. 1984년 숭전대와 1985년 서울대가 조사를 실시하였으며, 동문지와 남문지에 비해 조사내용이 풍부한 편이다.

1984년 조사에서는 문지 중앙부에 길이 14m, 폭 2m의 트렌치(TR.A1)와 문지의 양 측벽에 2개의 Pit(A2·A3)를 설치하였다. TR.A1 조사를 통해 문지로 추정할만한 유구는 확인되지 않았으나, 지표로부터 265cm 아래 지점에서 적석시설이 확인됨에 따라 몽촌토성의 배수시

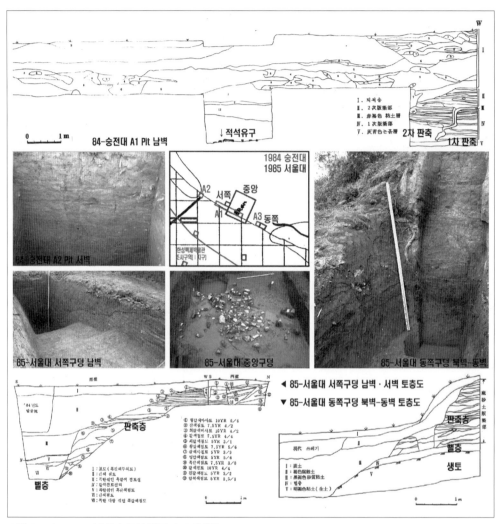

그림 6 1984 · 85년 몽촌토성 북문지 조사내용
(夢村土城發掘調査團 1984 · 1985; 한성백제박물관 · 서울대학교박물관 2013)

설의 존재 가능성을 확인하였다. 그리고 문지 양 측벽에 대한 Pit 조사에서는 판축층이 양호
하게 나타났다. 서쪽 측벽에 해당하는 A2 Pit에서는 표토 바로 아래로부터 240cm 지점까지
매우 치밀한 판축층이 확인되었다. 특기할 점은 판축층을 상 · 하로 2분하는 적갈색점토층의
존재이다. 이는 서쪽으로부터 문지 중앙부를 향해 경사지는 층으로, 조사단은 이를 기준으로
1차 판축층과 2차 판축층으로 구분하였다. 이와 달리 동쪽 측벽(A3 Pit)에서는 상하를 구분
하는 점토층이 확인되지 않았으며, 각 토층의 두께도 A2 Pit에 비해 두꺼운 편이어서 차이를

보인다.

1985년 조사에서는 1984년에 확인된 적석유구에 대한 확장조사(중앙구덩)와 문지 측벽을 찾기 위한 Pit 조사(서쪽구덩, 동쪽구덩)가 실시되었다. 적석유구는 표토로부터 250~280cm 아래에서 확인된 명갈색점토층(판축층)의 낮은 지점에서 확인되었다. 평면 타원형에 가까우며 동서 5.5m 범위로 30~50cm 크기의 할석으로 이루어졌다. 이에 대해 조사단은 정연한 구조가 아니어서 북문의 하부 구조물로 보기 어렵고 배수시설과 관련된 것으로 보는 것이 타당하다고 판단하였다. 이 적석유구의 동쪽 끝부분에서는 명갈색점토층(판축층)의 두께가 20cm에 불과하며 그 아래로는 뻘층이 이어졌다. 또한 서쪽구덩 조사에서는 표토 바로 아래에서 판축면이 나타났으며, 이는 서쪽에서 동쪽으로 진행하다가 급격히 꺾인 후 중앙구덩에서 확인된 명갈색점토층(판축층)과 연결된다고 한다. 이러한 양상에 주목한 조사단은 북문지 서쪽 성벽의 끝부분은 1985년 조사 당시의 문지 서쪽 측벽보다 약 7m가량 안쪽에 존재하였던 것으로 이해하였다. 다음으로 동쪽구덩에서는 표토로부터 320cm 지점까지 판축면이 잔존하며, 그 서쪽으로는 갈색점질의 생토가 완경사를 이루며 중앙부를 향해 낮아지는 것을 확인하였다.

이를 종합하면, 북문지 일대의 뻘층이 나타나는 부분에는 원래 두께 20cm의 명갈색점토층(판축층)을 깔고 그 위에 할석을 깔아 배수로로 삼은 다음, 서쪽으로 성벽에 붙여 폭 5m의 소로를 만들었던 것으로 판단된다고 한다. 즉 원래 성벽 사이의 문 폭은 대략 12m 내외이며, 서쪽 성벽에 면하여 폭 5m의 출입도가 있고, 나머지 7m가량은 물이 흐르는 수구로 된 구조로 이해하였다.

한편, 서쪽구덩의 조사를 통해 확인된 특기할 부분은 성벽의 축조가 한꺼번에 이루어지지 않고 2회에 걸쳐 축조되었다는 점이다. 이는 1984과 1985년 모두 확인된 것이다. 따라서 상당한 시간적 간격을 두고 부분적 보수 내지 전체적 보축을 위해 일어난 것으로 판단하였다.

(2) 동문지(그림 7)

동문지는 올림픽공원 조성 이전에 폭 18~20m로 확인되었다. 1985년 서울대학교 박물관이 5개의 트렌치를 설치하여 양상을 파악하였다. 우선 동문지의 양 측벽에 해당하는 성벽(동문지 북쪽 성벽과 동문지 남쪽 성벽)의 끝부분과 폭을 확인하였다. 이어서 NE1-23그리드의 동문지 북쪽 성벽과 직교하는 트렌치(제1구덩)를 설치한 결과(그림 7의 左), 표토 아래 30cm 깊이에서 나타난 판축면이 트렌치의 북단으로부터 4.4m 남쪽에서 급경사를 이루며 떨어지는 지점을 확인하였다. 다음으로 동문지 남쪽 성벽의 성벽 끝부분과 동문시설을 조사하기 위한 7

그림 7 1985년 몽촌토성 동문지 조사내용(夢村土城發掘調査團 1985; 한성백제박물관 · 서울대학교박물관 2013)

×5m의 Pit(제2구덩)에서도 판축층이 급격히 떨어지는 지점이 확인되었다(그림 7의 右). 조사단은 북쪽과 남쪽의 변곡점의 거리가 9.5m에 불과하므로 당시 성벽 끝부분 사이의 동문지 폭은 7m가 넘지 않았던 것으로 판단하였다.

(3) 남문지

남문지는 올림픽공원 조성 이전에 폭 35m로 확인되었다. 1985년 서울대학교 박물관이 조사하였는데, 당시 민가가 자리 잡고 있기 때문에 발굴을 전면적으로 시행할 수 없었다. 이를 피하며 설치한 총 13개의 트렌치를 통해 남문지 부근의 성벽 끝부분과 시설을 확인하고자 하였다. 조사 결과, 남문지 서쪽 성벽의 끝부분과 폭 약 10m의 추정 도로를 확인하였다 한다. 그리고 도로면으로 판단되는 생토면보다 54cm 낮은 지점에서 30~40cm의 뻘층이 확인됨에 따라 배수시설의 존재가 추정되었다.

3) 토단

몽촌토성의 성벽 회절부에 해당하는 모서리 부분에는 인위적인 성토를 통해 주변보다 높은 대지를 조성한 토단이 확인되었다. 토단은 망대지 또는 연락대 역할을 하였던 것으로 추

그림 8 몽촌토성의 동남구 토단 조사광경 및 남벽 토층

    (夢村土城發掘調査團 1984; 한성백제박물관 · 서울대학교박물관 2013)

정되며, 각 토단은 성벽 정상부를 3~5m가량 높여 축조하였으며, 모두 1984년 조사 시 확인되었다. 조사내용을 정리하면 다음과 같다(표 4, 그림 8).

표 4 몽촌토성 내 토단의 현황(夢村土城發掘調査團 1984·1985)

구역	해발고도	성토높이	축조방식 및 특징	조망권
서북구 토단 (84-서울대)	44.8m	4.5m?	A지구 조선시대 건물지 하부 축조방식 미확인	성 북반부, 석촌동, 잠실, 풍납동 등 성 서쪽
동북구 토단 (84-숭전대)	33.4m	3m 이상 추정	치밀한 판상의 토층 (98-숭전대 D구 TR.G)	'외성'을 포함한 성 동북쪽 외곽 일대
동남구 토단 (84-한양대)	37.5m	4.0~5.2m	가장 양호한 잔존상태 치밀한 판상의 토층	남한산 주변의 평탄지 일대
서남구 토단 (84-단국대)	37.3m	2~2m?	축조방식 미확인	방이동, 가락동, 석촌동 등 서남쪽 일대

IV. 2014년 북서벽 재조사 성과

1. 조사현황

2014년에 실시된 재조사지점은 1983년에 조사된 서울대 트렌치 I 의 '목책'을 근거로 복원된 '목책구조물'의 설치구간에 해당한다(그림 4와 표 3의 2번 지점). '목책'은 앞서 살펴본 83-서울대 트렌치 I 조사 시 경사면의 2번째 단에서 확인된 주혈에 근거한다. 당시 성벽 진행방향으로 확장한 결과, 총 9개의 주혈렬이 추가로 확인되었다. 주혈렬은 생토암반층을 깎아내어 만든 직경 0.4~0.5m, 깊이 0.3~0.9m의 주혈이 1.8m 간격으로 위치해 있고, 그 사이에는 보조기둥으로 보이는 소형 주혈들이 확인되었다(夢村土城發掘調査團 1984·1985).

이후 복원 목책구조물은 1983년 당시의 조사결과를 바탕으로 길이 48m에 걸쳐 설치되었다. 이 목책구조물이 노후함에 따라, 2014년 재설치 공사에 앞서 144㎡에 면적에 대한 발굴조사가 진행된 것이다(그림 9).

조사는 조사구역 전체에 대한 평면조사와 함께, 83-서울대 트렌치 I 에 대한 토층 재조사 등 4개 지점의 절개조사를 병행하였다. 조사결과, 4개의 절개조사지점에서 공원조성층(복토층) 및 자연퇴적층 아래에 인위적인 성토층의 흔적이 뚜렷하였다. 성토층은 원지반의 높이

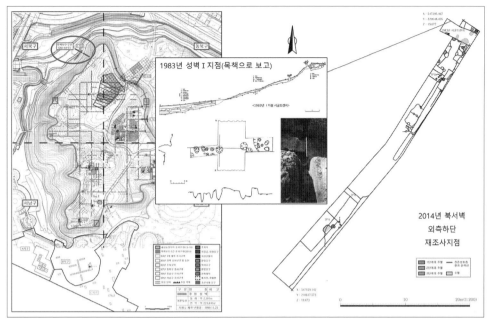

그림 9 2014년 북서벽 재조사지점의 위치 및 현황도(한성백제박물관 2016a)

에 따라, 높은 곳에서는 그 흔적이 미약한 반면 낮은 곳에서는 두껍게 확인되었다. 조사구역에서 낮은 곳에 해당하는 지점이 바로 83-서울대 트렌치 I 이다. 여기에서는 현지표로부터 0.5~0.8m 깊이까지 공원조성층 및 사면퇴적층이 확인되었고, 그 아래로 0.5m 내외의 인위적인 성토층이 확인되었다. 성토층은 다양한 물성의 흙을 섞어 다진 혼합층이었으며, 일부는 적갈색소토괴(표토블록)를 쌓아올린 양상도 확인되었다. 특히 주목할 점은 성토층 내에서 높이를 달리하며 확인된 주혈의 흔적이다. 주혈은 상하로 굴착과 매몰을 반복한 형태로 확인되었다. 잔존 성토층의 상부까지 수직선이 올라가지 않고 목주흔의 윗부분이 잘린 것처럼 나타나는 점이 특징이다. 이는 성토단위와도 맞물려 있는 형태였다. 따라서 축토단위를 반영함과 동시에 목책으로 판단하였던 주혈의 흔적이 성토와 관련된 구조물이었음을 반증하는 것이다. 이처럼 주혈이 높이를 달리하며 확인되는 점 이외에도 성벽의 축조와 관련한 다양한 증거가 확인되었다. 이를 공정별로 살펴보면 '기저부 정지-기초성토-토제 성토-체성 판축' 순으로 정리할 수 있다.

2. 기저부 정지와 기초성토

기저부 정지와 기초성토는 토성 축조에 있어 가장 중요한 공정이다. 고대한 토성이 오랜 시간 무너지지 않고 유지하려면 견고한 기초가 필수이기 때문이다. 토성은 길이가 길기 때문에 필연적으로 다양한 지형을 지나게 된다. 특히 급경사 구간이거나, 연약지반인 경우에는 지지력 부족, 불안정, 미끄러짐의 발생, 물에 의한 문제, 침하의 문제 등 토성 축조 및 유지에 다양한 문제를 야기한다. 이러한 여건을 극복하기 위해서는 지형에 따라 효과적인 기술이 발휘되어야 한다(李奕熙 2013a · b).

2014년 재조사지점은 몽촌토성에서도 성벽의 비고(比高)가 높은 지점으로, 외벽이 급경사를 이루고 있다. 자연지형 자체가 급경사였을 가능성이 높은 지점이기도 하다. 이러한 외벽을 계단상으로 정지한 점이 일관되게 확인되었다(그림 10).

성벽 축조 당시의 구지표 및 자연퇴적층을 완전히 제거하여 풍화암반을 드러냈다. 이어서 풍화암반을 'L'자형 혹은 그에 가까운 형태로 굴착하고 수평에 가까운 단을 반복적으로 정지하였다. 이는 급경사면인 성벽 경사방향뿐만 아니라 성벽 진행방향에서도 드러났다. 즉 상대적으로 높은 지형으로부터 낮은 지형으로 계단상의 지정이 여러 방향으로 진행되었다는 것이다. 이와 유사한 양상은 1983~1985년도 조사지점에서도 볼 수 있다. '성 외벽의 경사면을 깎아 급경사와 단을 만들었는데 이것이 외벽 말단부까지 연속된다는 것'에서 알 수 있다(夢村土城發掘調查團 1985).

기반토를 계단상으로 지정하는 목적은 그 상부로 축조될 성벽의 슬라이딩을 방지하는데 있다. 특히 급사면을 이루는 지형은 반복적으로 굴착하여 마찰력을 증가시키며, 수평에 가까운 단은 상부의 성토공정을 용이하게 한다.

백제 한성기 토성 가운데 계단상 기반토 정지 사례는 주로 산성에서 확인할 수 있다. 화성 길성리토성, 고양 멱절산토성, 증평 추성산성, 청주 부모산성 제1보루, 충주 탄금대토성에서

그림 10 2014년 재조사지점의 계단상 기저부 정지 양상(한성백제박물관 2016a 도면 32)

관찰된다. 웅진·사비기에는 공산성, 공주 옥녀봉성, 천안 백석동토성, 부소산성, 사비나성, 청주 부모산성 주변 보루군(학천산성)에서도 보고되었다. 모두 경사면의 풍화암반을 일정 거리에 맞춰 단을 두는 방식이다.

기저부 정지는 계단상 정지 외에도 요철면을 두거나, 단면 '∩', '∧', 말각제형으로 돌출면을 마련하기도 한다. 전자는 성토층과 기반토 간의 밀착력을 높이는 효과이며, 후자는 체성 외측이나 내측에 자리함으로써 밀림 방지의 기능을 갖는다. 이외에도 체성 판축단계에 중심 토루의 기저부 가장자리에 맞추어 2조의 구상유구를 굴착하는 형태도 있다('城壁心'). 여기에 목주를 비롯한 판축 거푸집을 설치하여 상부의 체성을 올리는 것과 연결되는데, 화성 소근산 성과 영암 성틀봉토성, 부소산성에서 확인되었다.

이렇게 마련된 정지면 위로 기초성토를 실시하였다. 나무뿌리 또는 굴착과정에서 생겨난 파인 부분을 정리한 것이다. 기초성토의 양상은 구간별로 큰 차이가 없다. 10~20cm 두께로 다짐으로써 수평에 가까운 형태로 진행된다.

3. 토제 성토와 토괴 쌓기

기저부 정지 및 기초성토로 마련된 면 위로 본격적인 체성 축조를 실시하는 첫 공정에 해당한다. 조사구역은 성벽 기저부 하단이므로 경사면 상부로부터 하부를 향해 하중이 집중될 수밖에 없는 지형이다. 이를 극복하기 위해서는 별도의 기술이 동원될 필요가 있는데, A구간을 중심으로 토제(1983년 시굴트렌치 남서벽토층)와 토괴 쌓기(1983년 시굴트렌치북동벽토층)가 확인되었다(그림 11).

토제(土堤)는 글자 그대로 흙을 볼록하게 쌓은 둑이다. 토제가 확인된 1983년 시굴트렌치 남서벽토층과 이와 유사한 볼록한 성토부를 둔 1983년 시굴트렌치 북동벽은 외벽 하단부에 해당하기 때문에 그 목적이 분명하다. 금번 조사구역 외에도 토제로 추정되는 볼록한 형태의 성토부는 1984년 숭전대 D지구 Tr.G의 중심토루 외측 하단에서 확인할 수 있다(夢村土城發掘 調査團 1985).

토제에 대한 인식은 고대 고분 축조기술에서 비롯되었다. 봉토나 분구의 가장자리를 따라 볼록한 형태의 흙둑이 확인되었는데, 이를 지칭하는 용어로서 출발하였다. 토제 외에도 堤狀盛 土, 堤狀技法, 覆鉢形盛土, 壁心 등으로도 불린다(권오영 2011·2012; 심정보 2013). 2000년대 이래 토제의 인식이 고분뿐만 아니라 토성과 제방에서도 많은 사례가 확인되고 있어, 성토구조물 축조의 중요한 기술로 판단할 수 있다.

그림 11 2014년 재조사지점의 토제 성토 및 토괴 쌓기 양상(한성백제박물관 2016a)

특히 백제 한성기의 토성에서는 토제가 일반적으로 사용되고 있음이 확인된다(李奕熙 2013a·b, 2014; 朴重均 2014). 이는 몽촌토성과 같은 산성(화성 길성리토성, 고양 멱절산토성, 이천 효양산성, 천안 동성산성, 당진 성산리산성, 세종 나성동토성, 증평 추성산성, 청주 부모산성 제1보루, 진안 와정토성)은 물론, 평지성인 풍납토성의 기저부 조성에 사용되었다. 또한 웅진·사비기의 천안 백석동토성과 사비나성 북나성 청산성구간 남벽에서 확인할 수 있다. 토제와 유사한 형태와 기능을 갖는 기저부 조성방식으로는 공주 공산성에서 흙과 돌로 쌓은 볼록한 기초와 사비나성 북나성 급사면의 기저부에 마련된 단면 말각방형의 석축부를 들 수 있다. 이렇듯 토제는 한성기 백제토성의 축조에 널리 활용된 기술이며 점차적으로 석재를 더해 보강하는 형태로 발전해 간다(李奕熙 2018).

토제가 뚜렷한 1983년 시굴트렌치 남서벽과 2m 간격을 둔 북동벽토층에서는 볼록한 형태의 층군을 이루는 성토부가 확인되지만 그 내부는 다른 방식의 기술을 사용하였다. 바로 토괴를 이용하여 성토한 것이다. 주로 적갈색소토덩어리와 명갈색사질점토덩어리로 확인되었는데, 이중 소토덩어리가 다수를 점한다.

이러한 토괴는 성토재료를 채취하는 과정에서 자연적·비의도적으로 덩어리형태를 띤 채 작업구간에 투입된 결과물일 수도 있지만, 사전에 계획적으로 생산하여 기능에 맞게 활용하는 경우가 많다.

토괴에 대해서는 孫在賢(2015)의 정리가 주목된다. 그는 축조 과정에서 활용되는 덩어리 형태의 모든 흙을 토괴로 명명하였다. 이를 다시 입자 구성 및 제작방법에 따라 ① 토낭, ② 블록(표토블록, 점토블록), ③ 브릭으로 세분할 것을 제안하였다. 이중 ② 블록은 틀을 사용하지 않고 만들어 완전 건조되지 않은 상태에서 사용되어 형태상 정형성을 찾기 힘든 토괴를 통칭한다고 한다. 블록은 표토블록과 점토블록으로 구분되는데, 이중 표토블록은 벌목한 뒤 표토에 불을 질러 이를 잘라 만든 성토재로 정의하였다. 필자 또한 위의 정의 및 분류에 깊이 공감하며, 이를 토대로 1983년 시굴트렌치 북동벽의 적갈색소토덩어리와 명갈색사질점토덩어리를 관찰하였다. 그 결과 전자는 표토블록으로 후자는 점토블록으로 변별이 가능하다.

토괴의 인식 역시 고분으로부터 출발한다. 봉토의 구획성토과정에서 구획의 경계, 혹은 봉분 자체를 토괴만으로 쌓는 경우도 있으며, 기지부에 일정 높이로 쌓아 성토기초를 이루도록 하여 상부의 하중을 지지하는 기능을 띠기도 한다.

토성에서는 주로 외측 하단부나 내측 하단부 등에서 확인되는데, 토제와 조합되는 경우가 많다. 출토 위치가 갖는 의미는 물론, 축조공정 상에서도 보강재로서의 기능이 강하다고 볼 수 있다. 주로 백제 한성기 토성에서 확인되는데, 화성 길성리토성, 증평 추성산성 남성, 충주 탄금대토성, 진안 와정토성 등의 사례가 있으며, 최근 기남문화재연구원에서 조사한 안성 도기동 성책에서 뚜렷하게 드러났기 때문에 고구려의 축성기술로서도 활용되었음을 알 수 있다(김진영 2017).

표토블록의 생산과 관련하여, 일본의 연구사례가 참고된다. 靑木 敬(2016)에 따르면 풀과 잡초가 무성한 노지(露地)에 불을 지른 후 일정 규모에 맞게 잘라 뒤집어 사용했다는 것이다. 또한 별도의 생산시설 내에서 제작하였다는 견해도 있으며(권오영 2011·2012; 李奕熙 2014), 토성 축조 이전의 취락의 주거지나 가마의 벽체를 재활용한 것으로 보기도 한다(백영종 2011; 조록주 2016). 표토블록이 확인된 백제 한성기 토성을 살펴보면 평면조사 또는 복수의 절개조사에서 표토블록이 드러나는 경우가 많다. 이를 보면 국지적이고 제한적인 범위에 시설하였다고 보기 어렵다. 주거지나 가마의 벽체만으로 감당할 수 없는 양이다. 따라서 지근거리의 넓은 노지에 불을 질러 채취하거나, 별도의 생산시설을 통해 운반되어 시설되었을 가능성이 높다.

이상의 비교사례를 통해 볼 때, 표토블록과 점토블록의 사용은 금번 조사구역에 국한된 것은 아닐 것으로 보이며, 추후 조사에서도 확인될 가능성은 충분하다. 한편 점토블록은 백제 한성기의 왕릉군인 석촌동고분군에서도 확인되었다. 보강재로 활용된 것과 달리 점토부 성토에 있어 중요한 재료로 활용되었음을 알 수 있다. 또한 풍납토성 2011년도 동성벽 조사지점의 2차 증축부는 점토블록을 벽돌처럼 쌓아올린 형태가 확인되었으며, 그 밖에 화성 길성리토성, 고양 멱절산토성, 충주 탄금대토성 등에서 발견되었다.

4. 체성 판축과 공정의 마무리

기초성토면과 외측의 볼록한 토제(상)성토부 위로 판축을 통한 체성 축조가 이루어진다. 이는 잔존성토층의 평면조사 시 2개의 방형 판괴가 확인되었으며, 1983년 시굴트렌치 바닥의 주혈을 연결하면 평면 제형의 판괴에서 추정할 수 있다. 평면에서 드러난 이 같은 양상은 토층단면에서 재확인된다. 성벽 경사방향과 진행방향 모두 수평에 가까운 성토층 내에 다수의 주혈이 드러났기 때문이다. 이 가운데 목주의 간격은 목주와 보조기둥의 변별이 용이하지 않고 구간별로 차이가 있지만 대체로 110~180cm가량이다. 이는 삼국시대 판축토성에서 보이는 목주 간격과 일치하는 부분이자, '순수판축토성'의 정의와 맞아 떨어진다(金容民 1997; 羅東旭 1996; 高龍圭 2001).

목주 사이에는 다수의 보조기둥이 조합된 것으로 보인다. 이는 1983년 시굴트렌치 조사를 통해 최초로 드러난 것이다. 당시에는 목책열로 판단하였지만 금번조사를 통해 판축구조물의 일부였음이 밝혀졌다. 1983년도 조사 도면과 사진을 살펴보면 주기둥인 목주에 비해 굴착된 깊이가 얕고 주혈의 크기가 다름을 통해 변별이 가능하다. 특징은 목주 사이에 다수의 보조기둥을 두었다는 점인데, 성벽 진행방향을 따라 노출된 1983년 시굴트렌치의 이 같은 양상은 B구간 남동벽 기준토층에서 잘 드러난다. 또한 성벽 경사방향으로도 목주와 다수의 보조기둥이 조합되었을 가능성이 높아 보인다. A구간 1Pit의 북동벽과 남서벽에서 드러난 1~3단계에 걸친 다수의 주혈이 그 근거라고 생각된다. 2개의 목주 사이에 다수의 보조기둥이 조합된 판축구조물이라는 추정은 토층단면에서 나타난 다수의 주혈과 맞아떨어지므로 이를 뒷받침한다.

흥미로운 점은 1983년 시굴트렌치에서 드러난 보조기둥의 배치 방식이다. 목주로 판단된 비교적 대형의 주혈 사이에 소형의 주혈들이 2열을 이루고 있다. 목주 사이를 가상의 선으로 연결하면, 선의 내외로 보조기둥이 세워져 있었던 모습을 유추할 수 있다. 이는 성벽 진행방향뿐만 아니라 1Pit에서 드러난 다수의 주혈을 참고하면 성벽 경사방향도 그러하였을 가능성이 높다. 이점을 부각시켜 적극적으로 해석하면 4개의 목주 사이에 판재(협판)를 대고 보조기둥이 내외로 조합된 판축구조물의 구조가 연상된다(그림 12).

각각의 판축구조물이 만들어낸 판괴는 어떻게 조합되어 판축성벽을 이루었을까? A · B구간에서 확인된 판축기법의 특징은 고정된 판축구조물을 통해 경사면을 따라 단번에 올라가는 방식이 아니라, 복수의 공정을 거쳤다는 점이다. 조사구역에서 드러난 공정은 3~5단계에 걸쳐 진행된 것으로 판단된다. 국지적인 조사를 감안하면 다수의 공정을 거쳐 완성시켰음을 알 수 있다. 각 공정별 판괴는 성벽 진행방향을 따라 연접하면서 세장방형의 육면체 덩어리를 이룬다. 그 위로 후행공정을 실시하여 앞의 과정을 반복한 것이다. 공정과 공정 사이에는 선행공정의 판축층을 굴착하여 목주 및 보조기둥을 시설하였다. 토층단면에 다수 확인되는 주혈과 목주흔은 이 같은 과정의 결과물이다. 즉, 판축이 일정 높이까지 올라간 이후에는 판축구조물을 해체하고, 선행공정의 판축토를 굴착하면서 거푸집의 재설치가 반복된다는 것이다. 북서벽 외벽 하단부에 위치한 금번 조사구역의 특성 상 선행공정보다 후행공정의 판괴가 약간씩 들여서 쌓은 점이 확인된다. 입면으로 바라보면 계단상으로 단을 이루는 형태인 셈이다. 경사방향으로 올라가는 과정은 계단상 지정면과도 맞물리며 입체적으로 진행된다(그림 12).

일정 높이에 따라 판축구조물의 해체와 재설치를 반복하는 판축기법이 몽촌토성 내에서도 금번 조사구역에 국한된 내용일 수도 있다. 그렇지만 백제토성 자료에 대한 일련의 검토 결과를 참고하면(李奕熙 2013a · b, 2014, 2016, 2018), 대체로 이와 유사한 방식으로 축조됨을 알 수 있다(그림 13).

2014년 재조사지점에서는 체성 판축 이후 공정에 대한 자료를 확보할 수 없었다. 급사면에 입지한 연유로 지속적인 유실이 발생하였을 가능성이 높다. 강수량이 높은 우리나라의 기후 특성 상 판축 성벽을 노출시킨 채 유지하기 보다는 별도의 피복 공정이 이루어졌을 것으로 짐작된다. 현재까지 백제토성 가운데 분명한 피복이 확인된 것은 풍납토성 외측의 벽면보호시설이 유일하다. 강돌과 점토를 즙석(葺石)하듯이 마무리한 형태이다.

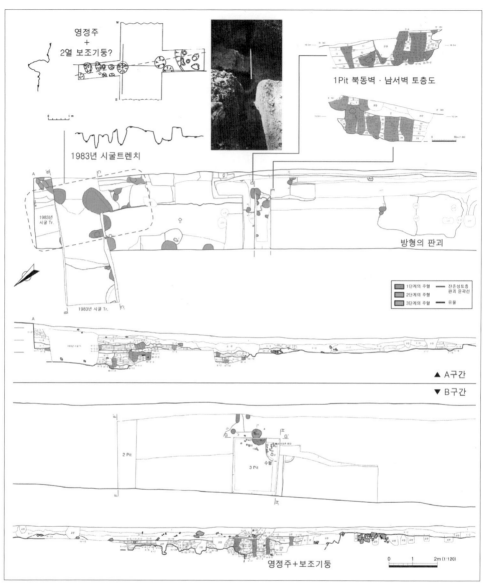

그림 12 2014년 재조사지점에서 확인된 체성 판축의 특징(한성백제박물관 2016 도면 35)

토축성벽이어도 방어력을 높이기 위해 성벽의 첨단에 여장을 부가하였을 가능성도 있다. 오랜 세월에 따라 여장의 흔적이 남은 경우가 거의 없는데, 2013년에 조사된 청주 우암산성 내성 제3곽에서 토성 상부에 석축여장으로 추정되는 구조물이 발견되어 주목된다. 판축토성에 부가한 여장의 최초 발견 사례로서 시대는 다르지만 백제토성에서도 시설되었을 가능성

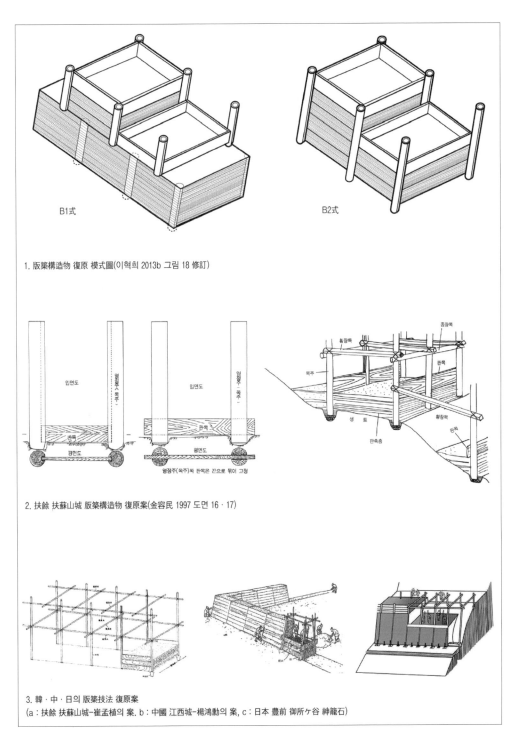

B1式　　　　　　　　　　　　　　　　　B2式

1. 版築構造物 復原 模式圖(이혁희 2013b 그림 18 修訂)

2. 扶餘 扶蘇山城 版築構造物 復原案(金容民 1997 도면 16 · 17)

3. 韓 · 中 · 日의 版築技法 復原案
(a : 扶餘 扶蘇山城-崔孟植의 案. b : 中國 江西城-楊鴻勳의 案, c : 日本 豊前 御所ケ谷 神籠石)

그림 13　판축구조물 복원 모식도 및 한 · 중 · 일의 판축 모식도(李奕熙 2018 圖 17)

이 높다.

한편 토성은 방어력 보강, 내부토지 이용 변화, 지속적인 유실 등 여러 가지 이유로 인해 증축, 개축, 수축, 보수를 실시한다. 이는 토성뿐만 아니라 석축성곽에서도 흔히 목격할 수 있다. 성곽의 특성 상 사용 주체가 자주 바뀔 수 있으며 장기간 사용하기도 한다. 따라서 초축 이후 꾸준한 유지관리의 산물인 셈이다.

2014년 재조사지점에서는 보수 내지 수축의 흔적으로 추정되는 부분이 1Pit와 3Pit에서 확인되었다. 하부의 성토층과 확연하게 구분되며, 층 두께에서도 이질적이기 때문에 이 같은 판단을 하였다. 외벽 하단부라는 입지도 복수에 걸친 보수, 수축이 추정되는데 조사구역의 한계 상 구체적으로 밝힐 수 없었다.

V. 축조기술의 예비적 고찰과 향후 과제-맺음말을 대신하여

이상으로 1980년대와 2014년에 진행된 몽촌토성의 성벽 및 성벽관련 시설에 대한 조사 성과를 정리하고, 이를 통해 축조기술의 일면을 살펴보았다. 몽촌토성의 축조기술에서 확인되는 특징에 대한 예비적 고찰과 더불어, 축조기술의 양상을 좀 더 구체화하기 위한 향후 과제를 제시함으로써 맺음말을 대신하고자 한다.

III장에서 살펴본 83-서울대 트렌치 I 이자, 2014년의 舊목책설치구간 재조사지점은 몽촌토성 내에서도 극히 일부분에 지나지 않는 면적이다. 따라서 여기에서 확인된 축조공정 및 축조기술의 특징이 해당지점만의 예외적인 현상일 수 있다. 그러나 144㎡에 불과한 면적임에도 축조공정의 상당한 부분을 복원할 수 있었다. 여기에서는 경사면의 성벽 축조방식과 48m 구간의 평면확장방식의 실마리를 찾았기 때문에 그 의미가 적지 않다. 특히 몽촌토성의 특징이자 대중적 이미지로 자리 잡은 외벽의 목책을, 판축의 목주와 보조주의 흔적으로 재검토된 점은 가장 큰 성과라고 할 수 있다.

또한 평면조사를 병행함으로써 축조공정을 구체화할 수 있었다. 이는 절개조사만으로는 목적과 기능을 밝히기 어려웠던 목주의 이해도를 높이는 중요한 성과이기도 하다. 필자는 다양한 위치의 목주와 높이가 낮은 공정단위에 주목하여 '판축구조물의 설치→해체→재설치' 흔적으로 이해하였다. 부소산성, 강화 고려중성 등을 통해 잘 알려진 판축(판축B2식)과는 다른 방식의 분류함으로써 별도의 기술유형인 판축 B1식으로 제시한 바 있다(李奕熙 2013a·b, 2016, 2018). 이러한 B1식은 경사면 이외에도 구릉의 정상부 및 완경사(화성 소근산성, 음성 망이

산성, 완주 배매산성), 심지어 평지(풍납토성, 청주 정북동토성)에서도 확인되었다. 따라서 백제 한성기의 토성 축조기술을 대표하는 기술의 하나임이 분명하다. B1식의 판축은 동시기의 백제 토성을 비롯해 백제 웅진·사비기(공주 옥녀봉성과 부여 나성), 고구려(파주 덕진산성), 통일신라시대~나말여초기(충주 호암동토성, 나주 회진토성 등)에서도 확인되었다. 최근 필자는 아라가야 왕성지로 추정되는 함안 가야리토성의 체성부에서도 위의 방식이 사용되었을 가능성을 제시한 바 있으며(이혁희 2019), 삼국시대의 한반도에서 일반화된 기술이었던 것으로 판단하고 있다.

몽촌토성에 대한 성벽 조사지점이 12개소이나 모두 부분적인 조사이므로 제한된 정보만 확보된 상황이다. 따라서 해자-성벽-성내 문화층을 연결하는 절개조사와 평면조사를 병행하여야 한다. 이를 통해 구조에 대한 이해도를 높임과 동시에 축조시기 문제 또한 해소될 것으로 기대된다. 기존에는 성벽 유실토에서 출토된 전문도기 동체부편과 성 내부의 전문도기편, 과대금구 등을 통해 몽촌토성 축조시기에 대해 논의되어왔으나 이는 직접적인 근거가 될 수 없다(권오영 2014; 김기섭 2008; 김성남 2014). 성벽 축조 이전과 축조과정에 혼입된 유물을 정확히 기록하여 분석할 필요가 있다.

한편, 2014년 재조사지점에서는 체성 판축 이후 공정의 정보는 확보할 수 없었다. 몽촌토성은 긴 점유기간동안 점유주체가 지속적으로 변화되었음이 밝혀지고 있다. 따라서 초축 이후에도 꾸준한 관리가 이루어졌을 것이다. 수축의 가능성은 83-서울대 트렌치Ⅰ 정상부의 오목하게 굴착한 흔적을 통해 추정할 수 있겠으나 분명하지 않다. 증축의 경우 북문지의 측벽조사와 성벽의 내벽부근 성토층에 혼입된 5세기대 유물군을 통하여 가능성이 타진된 바 있다(서울大學校博物館 1988; 박순발 2009). 앞서 언급한 절개조사와 평면조사의 병행을 통하여 구조를 파악할 수 있는 양호한 정보가 확보된다면 필연적으로 수축 및 증축의 횟수, 시기, 주체 등의 문제와 마주하게 될 것이다. 최근 조사 중인 북문지 일원의 발굴조사에서는 백제문화층 상부에 고구려문화층과 통일신라문화층이 확인되었다. 각 층마다 다수의 유구와 토목공사 흔적이 뚜렷하다(한성백제박물관 2019a·2020). 이외에도 또한 소수에 불과하지만 백제사비기토기, 신라토기의 존재도 주목하여야 할 것이다. 이렇듯 몽촌토성은 삼국의 각축장이며 삼국통일 이후에도 대규모 취락으로 활용되는 등, 점유주체의 잦은 변화 속에서도 지속적으로 이용되었음을 알 수 있다. 내부의 변화는 곧 성벽의 변화와 연동될 가능성이 높으므로 명확한 변별이 요구될 것이다.

제11장

석촌동 고분군 적석총 출토 기와의 현상과 용도

정치영

한성백제박물관

I. 머리말

석촌동 고분군은 백제 한성기 왕실의 묘역으로 인식되고 있으며, 적석총과 즙석분구묘, 토광묘 등이 주묘제를 이루고 있다. 현재 기단식 적석총 3기(2호·3호·4호분)와 연접식 적석총(1호), 내원외방형 적석총 1기(A호분), 즙석분구묘(5호분) 등이 정비되어 있다. 적석총인 3호분과 4호분과 그 주변에서 기와가 출토되었는데 그 개략적인 양상이 알려진 이후(龜田修一 1984; 李丙業 2008) 근래에 보고서에 수록되었다(서울대학교 박물관 2014). 최근 한성백제박물관이 실시한 석촌동 1호분 북편의 연접적석총 발굴구역에서 다량의 기와가 출토되었다. 화장 인골을 비롯하여 토기, 장신구 등 많은 유물과 함께 출토된 기와들은 형식상으로 다양한 구성을 보이고 있는데 이 중에는 고온으로 피열 변형된 개체들도 포함되어 있다(한성백제박물관 2019·2020·2021). 본고에서는 석촌동 1호분 북쪽 연접적석총의 기와 출토 상황 및 특징을 살펴보고, 3호분 및 4호분 출토품과 비교하는 한편, 기와의 용도에 대해서도 고찰해 보고자 한다.

II. 연접적석총의 구조와 기와 출토 상황

1. 연접적석총의 구조

석촌동 고분군 '1호분 북쪽 연접적석총'은 2호분과 1호분 사이에서 확인되었다. 평면 방형의 중·소형 적석묘 다수가 빈틈없이 연접되어 있는데, 선행 축조된 적석묘에 다른 적석묘를 이어 붙여 점차 확장해 나간 구조이다. 연접적석총은 개별 단위의 적석묘 외에 이들 사이의 장방형 연접부와 적석묘 기단 외곽에 마련된 매장의례부로 구성되어 있는데, 석축 기단 안쪽의 일부 또는 전부가 성토된 것과 적석된 것이 있다. 이에 따라 적석묘도 성토와 적석을 병용하여 중심부를 흙으로 쌓은 성토식 적석묘와 적석으로만 구축된 순수적석묘로 구분된다. 적석묘의 매장시설은 확인되지 않았는데, 적석총 상부가 이미 파괴되어 분구의 하부만 잔존한 상태인 점을 감안하면 매장주체부도 분구 상부에 있었을 가능성이 크다.

특히 1987년 발굴조사 당시 적석묘 2기가 연접된 형태로 파악된 석촌동 1호분과도 연

도 1   석촌동 고분군 1호분 북쪽 연접적석총 유구 배치도(한성백제박물관 2021)

결될 뿐 아니라 그 남쪽으로도 확장되는 것으로 밝혀져 총 길이 125m 이상의 규모를 보이고 있다. 현재까지 확인된 유구는 1호분을 제외하고도 적석묘 28기, 연접부 13기, 매장의례부 3기이다. 연접적석총을 구성하는 각 단위 적석묘의 남-북 축선은 일률적으로 자북 기준 8~10° 편동되어 있어 일정한 기획에 따라 축조된 것을 알 수 있다. 이 중 가장 이르게 조성된 것은 북편에 위치한 1호 적석묘와 4호 적석묘인데, 독립적으로 조성된 두 단독적석묘가 상호 연접되면서 이를 기점으로 주변 적석묘의 연접 축조가 이루어진 이후 사방으로 확장된 것으로 보인다. 연접적석총의 북편 외곽에는 북서-남동 방향으로 가로놓인 석축이 배열되어 있는데, 이 시설을 경계로 연접식 적석총은 더 이상 북쪽으로 이어지지 않는다. 북쪽 40m 거리에 위치한 2호분 일원의 묘역과 1호분을 포함한 연접적석총 묘역을 구분하는 경계시설로 이해할 수 있다.

매장의례부는 1호, 4호, 7호 적석묘 동편에 부속 연접된 시설이다. 1호 매장의례부는 1호 적석묘 동쪽기단 남측에 연접되어 있는데, 이 지점은 두 적석묘 사이의 성토식 연접부에 해당한다. 사방에 위치한 적석묘와 연접부의 석축 기단으로 둘러쌓인 장방형 공간에 다량의 유

도 2　1호 매장의례부 전경 및 기와 출토 상태

물이 폐기된 양상이다. 4호 매장의례부는 4호 적석묘의 동쪽 기단에 연접된 유구로서 성토
와 적석으로 구축된 방형의 적석부 상면에 다수의 토기와 기와를 폐기하고 그 위에 이물이
섞이지 않은 점토를 피복하였다. 7호 매장의례부 역시 7호 적석묘의 동쪽 기단에 연접한 적
석부 상부에 많은 양의 토기와 기와를 목탄, 소토와 함께 폐기한 후 점토를 덮었다. 매장의례
부에는 완형 복원율이 높은 토기와 기와, 금귀걸이와 유리구슬 등 장신구, 무기와 농공구, 꺾
쇠와 못, 그리고 무엇보다도 복수 인체의 화장인골이 매장되었다는 공통점이 있다.

2. 기와 출토 양상

　석촌동 고분군 1호분 북쪽 연접적석총에서 출토된 기와의 절대 다수는 1호, 4호, 7호 등 3
개소의 매장의례부에 집중되어 있었다. 적석부와 성토부에서도 소량 출토되었으나, 사용 맥
락을 추정할 만한 것은 아니다. 기와는 매장의례부 유물복합체의 주요 구성품을 이루고 있
다. 풍화와 토압에 의해 깨진 것들이 대부분이지만 출토 당시 완형의 양상을 간직하고 있는
것도 다수 있었으며 접합을 통해 복원된 개체도 적지 않다. 제작 도구, 제작 기법, 형태 등 여
러 측면에서 다양한 속성을 담지한 것들이 혼재되어 있었다.

　1호와 7호 매장의례부 출토 유물 중 기와가 차지하는 비율이 가장 높다. 4호와 7호 매장
의례부에는 기와가 포함된 유물 폐기층 위에 점토가 20cm 이상 덮여 있었다. 1호 매장의례

도 3   1호 매장의례부 출토 기와 복원 및 즙와 재현 상태

부는 상부가 훼손되어 점토 피복 여부를 알 수 없지만, 자연적인 함몰 외에는 교란양상을 보
이지 않아 층위적으로 안정된 유구이다.

   여기서 두 가지 사실을 인지할 수 있다. 첫째, 폐기 당시 다수 기와는 완형이었거나 완형이
파손되어 파편 상태가 된 개체가 많은 비율을 차지하고 있었다는 점이다. 둘째, 매장의례부
유물의 폐기 동시성이 인정된다는 점이다. 이는 유구의 성격 및 형성과정을 추론하는데도 중
요한 고려 요소가 된다.

III. 기와의 특징

1. 평기와의 구성과 특징

1) 최소 개체수 산출

   출토된 평기와 총량은 최소 559개체(수키와 236개체, 암키와 323개체)에 해당하는 분량으
로 산출되었다. 이는 형식은 같지만 동일개체가 아닐 가능성이 있는 파편들을 망라하여 산
출한 최소한의 개체수이다. 따라서 완형 개체를 기준으로 보면 본래의 수량은 수 천 점이었
을 것으로 추정할 수 있다. 유구별 출토량을 보면 절대 다수의 기와가 매장의례부, 그 중에서
도 1호와 7호에 96%가 집중되어 있다. 1호 매장의례부 324개체(58%), 4호 매장의례부 13개

체(2.3%), 7호 매장의례부 215개체
(38.5%)로 분포되어 있다. 총량에서
수키와와 암키와의 점유율은 42.2%
와 57.8%이다. 1호 매장의례부에서
는 42%와 58%, 7호 매장의례부는
43.2%와 46.8%로 매우 유사한 구성
비를 보이고 있다.

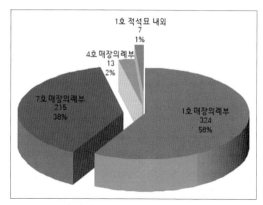

도 4 　유구별 기와 분포도

표 1 　연접적석총 내 유구별 출토 기와 수량 추산 현황

	수키와			암키와			계	
	산출수량	개체수	비율(%)	산출수량	개체수	비율(%)	개체수	비율(%)
1호 매장의례부	135.7	136	57.63	187.8	188	58.2	324	57.5
7호 매장의례부	92.5	93	39.4	121.5	122	37.8	215	38.1
4호 매장의례부	3.9	4	1.7	8.7	9	2.78	13	2.3
기타	2.2	3	1.27	2.8	4	1.22	7	1.3
합계	234.5	236		320.8	323		559	

도 5 　면적산출법을 활용한 최소 개체수 추산 과정(좌 · 중: 수키와, 우: 암키와)

2) 형식별 개체 분량

수키와와 암키와는 풍납토성 출토품에 대한 분류 기준안(鄭治泳 2007)을 수정 · 적용하여
내면과 외면의 양상을 기준으로 형식분류 하였다. 내면의 양상은 포흔이 없는 것(가), 포흔이

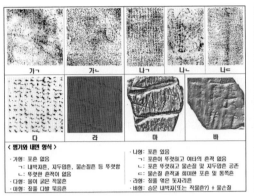

〈 평기와 내면 형식 〉

・가형: 포흔 없음
・ㄱ: 내박자흔, 지두압흔, 물손질 등 뚜렷함
・ㄴ: 뚜렷한 흔적이 없음
・다형: 올이 굵은 직물흔
・마형: 짚풀 다발 묶음흔

・나형: 포흔 있음
・ㄱ: 포흔 뚜렷하고 여타의 흔적 없음
・ㄴ: 포흔 뚜렷하고 물손질 및 지두압흔 공존
・ㄷ: 물손질 흔적과 희미한 포흔 및 동쪽흔
・라형: 짚풀 엮은 돗자리흔
・바형: 승문 내박자(또는 직물흔?) + 물손질

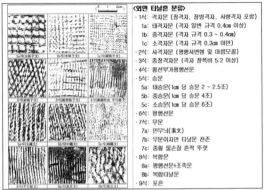

〈외면 타날흔 분류〉

・1식: 격자문 (정격자, 장방격자, 사방격자 포함)
1a: 태격자문 (격자 일변 규격 0.4cm 이상)
1b: 중격자문 (격자 규격 0.3 ~ 0.4cm)
1c: 소격자문 (격자 규격 0.3cm 미만)
・2식: 사격자문 (평행사변형 및 마름모꼴)
・3식: 종장격자문 (격자 장폭비 5:2 이상)
・4식: 횡선부가평행선문
・5식: 승문
5a: 태승문 (1cm 당 승문 2 ~ 2.5조)
5b: 중승문 (1cm 당 승문 4조)
5c: 소승문 (1cm 당 승문 6조)
・6식: 평행선문
・7식: 무문
7a: 민무늬(素文)
7b: 무문이지만 타날문 잔존
7c: 종횡 물손질 흔적 뚜렷
・8식: 복합문
8a: 평행선문+조족문
8b: 복합타날문
・9식: 포흔

도 6 백제 한성기 평기와 내외면 형식 분류안

있는 것(나), 올이 굵은 직물흔이 있는 것(다), 돗자리흔이 있는 것(라), 짚풀 다발 묶음흔(마), 승문 내박자 유사 흔적(또는 직물흔)이 있는 것(바)으로 구분된다. 외면의 양상은 유문 타날흔, 무문, 포흔을 포함하여 9종 16가지로 구분된다.

석촌동 연접적석총에서는 내면 가, 나, 다, 라형과 외면 1~8식의 특징을 가진 기와가 출토되었다. 내면 다형과 라형은 7호 매장의례부에서 극소수의 파편이 출토되었을 뿐이고, 포흔이 있는 나형과 포흔이 없는 가형이 8:2의 비율로 주종을 이루고 있다. 외면의 양상을 보면 중·소 격자문 타날흔이 있는 것(1bc식)이 50%를 차지하고, 타날흔을 지웠거나 무문인 것(7식)이 41%에 이른다. 나머지는 사격자문(2식) 4%, 횡선부가 평행선문(4식)과 평행선문(6식) 3%, 태격자문(1a식) 2%, 승문(5식) 0.2%로 적은 양이다. 복합문(8b)식은 횡선부가 평행선문과 중격자문이 중복 타날된 것이다.

내면에 포흔이 없는 가형 기와는 중·소 격자문(63.3%)과 가장 높은 상관성을 보이고, 사격자문(16.8%), 무문(14.7%), 태격자문(5%)이 일부 지분을 형성하고 있다. 승문 타날흔이 있는 파편도 1점 확인되었다. 내면에 포흔이 있는 나형 기와는 무문(46%), 중·소 격자문(43.1%)이 비슷한 비율로 높은 상관관계를 보이며 총량의 90%에 육박하는 구성을 이루고 있다. 평행선문(3.3%), 횡선부가평행선문(1%), 태격자문(0.9%)으로 소수군을 형성하며, (중)승문 타날흔도 극소수 존재한다. 사격자문(2식)은 내면 나형과는 전혀 상응하지 않는 점이 특기할 만하다. 다형은 4호와 7호, 라형은 7호 매장의례부에서 극소량 확인되며 중·소 격자문과 상응된다.

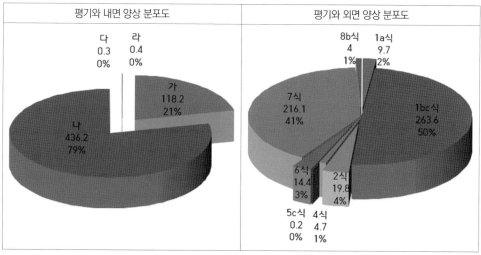

평기와 내면 양상 분포도	평기와 외면 양상 분포도

평기와 내면 양상 분포도
다 0.3 0%
라 0.4 0%
가 118.2 21%
나 436.2 79%

평기와 외면 양상 분포도
8b식 4 1%
1a식 9.7 2%
7식 216.1 41%
1bc식 263.6 50%
6식 14.4 3%
2식 19.8 4%
5c식 0.2 0%
4식 4.7 1%

도 7   평기와 내면 및 외면 속성 분포도

3) 구성상 특징

조합양상을 보면, 포흔이 없는 가1bc(중·소격자문), 가2(사격자문), 가7(무문) 형식은 수키와
와 암키와에 공통적으로 존재하며 가1a형식은 암키와에 있지만 수키와에는 해당되지 않는
다. 포흔이 있는 기와는 나1bc(중소격자문), 나4(횡선부가평행선문), 나6(평행선문), 나7(무문) 형식

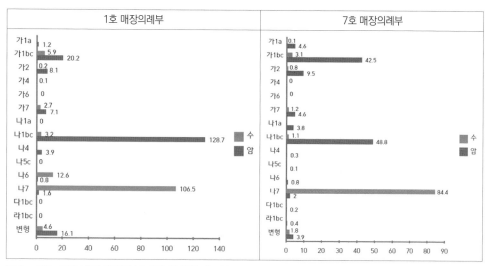

1호 매장의례부	7호 매장의례부

1호 매장의례부
가1a 1.2
가1bc 5.9 20.2
가2 0.2 8.1
가4 0.1
가6 0
가7 2.7 7.1
나1a 0
나1bc 3.2 128.7
나4 3.9
나5c 0
나6 0.8 12.6
나7 1.6 106.5
다1bc 0
라1bc 0
변형 4.6 16.1
(수 / 암)

7호 매장의례부
가1a 0.1 4.6
가1bc 3.1 42.5
가2 0.8 9.5
가4 0
가6 0
가7 1.2 4.6
나1a 3.8
나1bc 1.1 48.8
나4 0.3
나5c 0.1
나6 0.8
나7 2 84.4
다1bc 0.2
라1bc 0.4
변형 1.8 3.9
(수 / 암)

도 8   1호·7호 매장의례부 평기와 형식별 빈도분포도

이 수키와와 암키와에 공통적으로 해당되는데, 가장 높은 빈도를 보이는 것은 나1bc(중소격
자문)와 나7(무문) 형식이다. 특히 중소격자문 타날흔이 있는 것은 암키와, 무문인 것은 수키
와와 높은 상관성을 보이는 현상이 주목되는데, 1호와 7호에서 동일한 양상을 보인다. 소수
의 기와가 출토된 4호 매장의례부에서도 같은 양상을 볼 수 있다.

4) 수키와의 형태

석촌동 연접적석총에서 출토된 수키와는 모두 미구기와(Ⅰ형)이며 토수기와(Ⅱ형)는 확인되
지 않는다. 1호 매장의례부의 수키와를 비교해 보면 와신과 미구가 언강을 경계로 뚜렷한 단
차를 보이는 것(A식)과 단차가 크지 않거나 거의 없는 것(B식)으로 구분된다.

단차가 뚜렷한 A식은 외면과 내면의 언강 위치에 따라 3가지(a, b, c)로 구분되며, 외면 언
강에 돌대 유무를 기준으로 세분된다. 단차가 뚜렷하지 않은 B식은 미구의 고저차와 표현 방
식에 따라 3가지(α, β, γ)로 구분할 수 있으며, 언강 표현 방식에 따라 세분할 수 있다.

분류 기호			형태(표지유물)	속 성		
Ⅰ				Ⅰ. 미구기와		
	A			A. 미구 내외면 단차 확연함		
		(a) 1	——— 94	(a) 외면 언강이 내면보다 후방에 있음	1. 돌대 없음	
		2	——— 111		2. 돌대 배치	
		(b) 1	——— 54	(b) 외면과 내면의 언강이 동위에 있음	1. 돌대 없음	
		2	——— 101		2. 돌대 배치	
		(c) 1	——— 106	(c) 외면 언강이 내면보다 전방에 있음	1. 돌대 없음	
		2	——— 131		2. 돌대 배치	
	B			B. 미구 내외면 단차 미약 또는 없음		
		(α) 1	——— 143	(α) 미구를 약간 낮게 처리	1. 돌대 없음	
		2	——— 129		2. 돌대 배치	
		(β) 1	——— 128	(β) 고저차 거의 없음	1. 언강에 횡물손질 홈 배치	
		2	——— 119		2. 언강에 돌대 배치	
		3	——— 145		3. 횡물손질만 실시	
		(γ) 1	——— 15	(γ) 미구 두께 줄임	1. 미구 낮게 처리 (내면 가형)	
		2	——— 33		2. 미구 두께 축소 (내면 나형)	

도 9 1호 매장의례부 출토 수키와 형식분류도(유물번호는 한성백제박물관 2020 참조)

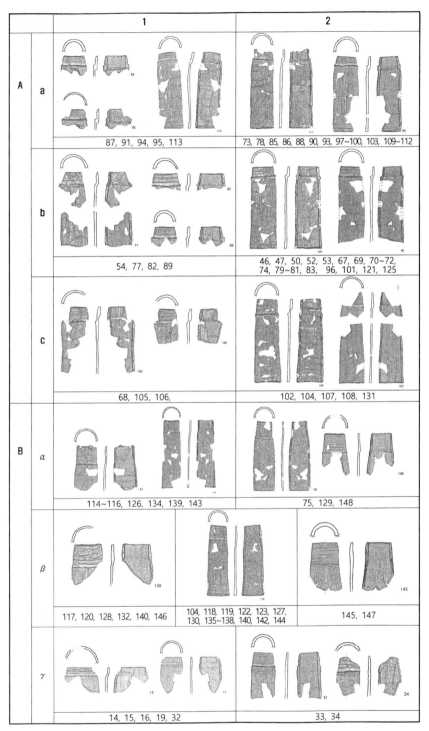

도 10 1호 매장의례부 출토 미구 수키와 형식별 대표 개체(유물번호는 한성백제박물관 2020 참조)

이와 같은 수키와의 미구 표현 방식에서 두 가지의 공통적 특징을 지적할 수 있다.

첫째, 와신과 동체가 점토띠 성형으로 일체 제작되었다는 점이다. 즉 와신 성형 후 미구부를 별도로 성형하는 분리 공정의 흔적을 볼 수 없다. 둘째, 강한 횡향 물손질로 미구를 성형하였다는 점이다. 와신은 모두 종향 물손질로 타날을 지우거나 정면되었고, 하단 외연이 깎기 조정이나 물손질처리 된 것이 일반적이다. 언강의 돌대나 횡방향 홈은 횡향 물손질 과정에서 형성된 것인데, 특히 B식에서는 미구의 두께와 고저차가 물손질 정도에 따라 달라진 것을 볼 수 있다. B(β)3식은 미구와 와신의 고저차가 없는데, 미구에 돌대나 홈은 물론 요철도 없고 횡향 물손질 정면 흔적만 남겨두었다. 이는 미구의 흔적기관에 해당하는 것으로도 볼 수 있어 토수기와(II형)의 발생 과정을 시사하는 것일 가능성도 배제할 수 없다.

B(γ)1식을 제외한 수키와는 모두 내면에 포흔이 있는 나형에 해당한다. 이는 제작시 와통을 이용하였다는 것을 의미하는 것이므로 미구의 형태와 고저차는 와통의 형태와 밀접한 관련이 있는 것이다. 따라서 형식을 달리하는 수키와는 다른 모양의 와통을 써서 제작된 것이고, 이는 제작 당시부터 일정한 기획이 있었음을 의미한다.

이상과 같은 평기와의 양상과 구성상의 특징은 풍납토성 경당지구(權五榮・鄭治泳・羅惠林 2008)나 미래마을부지(197번지, 소재윤・김경애 2012)의 상황과 매우 흡사할 뿐만 아니라 개별 기와가 갖고 있는 특징도 거의 일치한다. 이를 통해 석촌동 고분군의 기와가 풍납토성의 것과 동일한 생산환경에서 제작되었음을 알 수 있다.

5) 변형품

평기와 중에는 기형이 심하게 변형된 것이 다수 포함되어 있는데, 3기의 매장의례부에 공통적으로 분포되어 있다. 온전한 기와의 크기를 기준으로 할 때 수키와 7점, 암키와 20점에 해당하는 양으로, 전체 기와 출토량의 약 4.83%를 차지한다. 이들은 강한 열을 받아 암회색이나 흑청색을 띠며, 경도가 높아 단단하고, 심하게 뒤틀려 곡률이 달라지거나, 심지어 다른 개체와 달라붙고 기벽이 부풀어 올라 매우 가벼운 것도 있다. 제작기법과 타날흔은 온전한 기와와 같은 특징을 공유하고 있어 동일 형식의 제품 중 일부 또는 한 개체의 특정 부위만 고열로 인해 변형된 것을 알 수 있다.

1호 매장의례부에서는 전체의 6.48%에 해당하는 양의 변형기와가 출토되었는데, 수키와 7점(3.4%), 암키와 20점(5.6%) 분량이다. 내면에 포흔이 없는 것(가형)과 포흔이 있는 것(나형)이 두루 확인된다. 수키와는 중・소격자문(1bc식), 횡선부가 평행선문(4식), 평행선문 타날 후 지움(4식), 무문(7식)의 특징을 갖고 있고, 홍두깨흙이 고착된 것도 있다. 암키와는 중・소격자

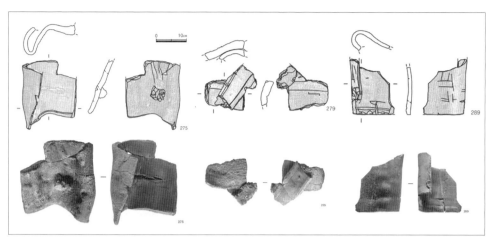

도 11　피열 변형 기와

문, 이중횡선부가 평행선문, 무문 기와가 포함된다. 기면이 일그러져 타날흔 구분이 어려운 것은 물론 암·수 구분이 어려울 정도로 기형 변형이 심한 것도 있다.

2. 수막새의 특징

수막새는 1호 매장의례부에서만 출토되었고 수량은 총 13점이다. 주연이 있으며 막새면에 문양이 압인된 동범와(Ⅰ형) 10점, 주연 없이 편평한 막새면(Ⅱ형)에 첨필로 문양을 새긴 것 1점과 문양을 두지 않은 것 2점이다.

Ⅰ형 수막새는 막새면보다 높고 외반된 주연부를 갖추고 있다. 뒷면 하반부에는 돌출된 돌대가 부착되어 있어 '원통(부착 후) 절재법'으로 제작된 것을 알 수 있다.

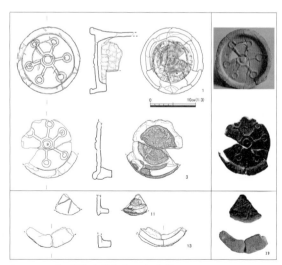

도 12　1호 매장의례부 출토 수막새(1/6)

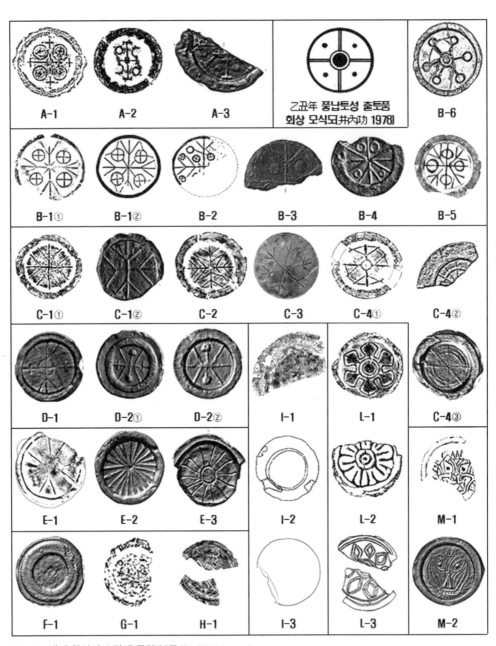

도 13 　백제 한성기 수막새 문양 분류도(정치영 2021a)

색조는 대부분 등색 계열이지만, 흑색을 띠는 것도 있다. 발색 물질이 무엇인지 명확하지 않은데 동범임에도 이러한 차이가 발생한 원인도 찾아볼 필요가 있다. 문양은 동일사례가 없는 신종으로서, 막새면 중심부에 돌기를 감싼 육각형 중방의 모서리에서 뻗은 여섯 갈래의 가지 끝에 원문이 배치된 문양을 갖고 있다. 이로써 백제 한성기 수막새의 문양은 총 11종 34식으로 확대되었다. 이 문양에 대해서는 풍납토성 출토품들과 더불어 중국 하북성 업성(鄴城) 출토품과 비교하는 견해도 있지만(박순발 2017) 그 기원과 의미는 전문 막새의 한 부류(B-6식)로 분류할 수 있다고 판단된다. 동그라미는 동전을 형상화한 여러 무늬(◎⊗●○) 중 하나로 풍납토성의 수막새 여러 문양에서 그 사례를 볼 수 있다. 백제 한성기 수막새의 주류를 이루는 전문 막새는 사구획 구도를 기본으로 하지만, 이를 변형한 여섯 갈래 문양이 풍납토성에서 출토된 바 있다(C-3식). 이러한 구도 변화의 배경을 명확히 알 수 없으나 예술적 산물이라는 점과 함께 풍납토성과 몽촌토성 수막새의 연화문이 6엽인 점을 상기해 두고자 한다(정치영 2021a).

Ⅱ형 수막새는 주연이 없고 와범에서 전사된 문양이 없는 점, 원통 절재법의 등기와 성형 등 제반 특징이 C-3식, I-3식과 공통된다. 특히 첨필로 문양을 새긴 시문 수법은 C-3, E-3, F-1, H-1과도 같은 것으로, 이 역시 백제 한성기 수막새의 일반적인 특징이라 할 수 있다.

3. 4호분 출토품과의 비교

3호분과 4호분에서도 1,200여 점의 기와편이 출토된 바 있다(서울대학교 박물관 2014). 대부분 내면에 통보흔이 선명한 나형이고, 수키와 외면은 무문(7식), 암키와 외면에는 격자 타날흔(1bc식)을 남긴 것 일색이어서 연접적석총 매장의례부에서 출토된 기와의 다양성과 대비된다. 소수에 국한되지만 굵은 직물을 통보로 삼아 만든 기와(다형)가 공존한다.

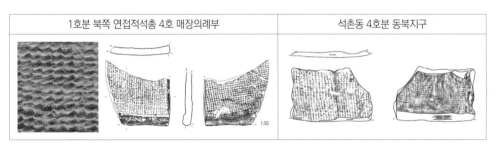

| 1호분 북쪽 연접적석총 4호 매장의례부 | 석촌동 4호분 동북지구 |

도 14   내면에 올이 굵은 직물흔이 있는(내면 '다'형) 기와

도 15 4호분 출토 수막새

4호분과 그 주변에서도 전문 A-1식 문양을 가진 수막새 2종이 출토된 바 있다. 이와 동일한 문양의 막새가 풍납토성에서도 출토되었으며 제작기법 또한 동일하다. 백제 한성기의 수막새는 뒷면에 원통을 붙인 후 하반부를 잘라내어 등기와를 성형한 것이 가장 일반적인데, 접합 효과를 높이기 위해 원통의 앞부분을 약간 남겨두고 잘라내는 것이 특징이다. 석촌동에서 출토된 수막새는 이와 같이 백제 한성기의 전형적인 제작기법이 반영된 것으로서 풍납토성과 같은 문화적, 기술적 맥락에서 제작되었음을 알 수 있다.

Ⅳ. 기와의 용도

기와는 점토를 가공, 소성하여 제작된 목조 건물의 조립식 건축부재이다. 내수성과 내화성을 갖고 있어 방수, 방화에 유리할 뿐 아니라 뛰어난 장식성으로 건물의 권위와 품격을 드러내 준다. 기와 제작 공정에 소요되는 노동력과 재화를 감안하면 기와를 사용한 건물의 소유주 및 운용주체의 권세와 재력을 상징하는 기물이기도 하다. 이와 같이 기와는 실용성과 함께 위세품적 성격을 가진 건축부재라 할 수 있다. '주거는 반드시 산골짜기에 있는데 모두 띠나 풀로 지붕을 덮고, 오직 불사, 신묘와 왕궁, 관부에만 기와를 쓴다'라는 『구당서(舊唐書)』 동이열전 고구려조의 기록은 고대 와즙건물의 위상을 단적으로 드러내 줄 뿐 아니라 기와 사용이 최상위 계층의 전유물이었음을 시사한다.

이와 같은 상황은 백제 한성기 사회에도 부합된다. 한강유역을 위시한 한반도 중서부지역에서 원삼국~백제 한성기 기와가 출토된 유적은 40여 개에 이르지만(정치영 2014·2021a), 와전문화의 실체를 보여주는 자료는 도성인 한성의 풍납토성과 몽촌토성, 석촌동 고분군에 집중되어 있고 여타의 유적에서는 그 편린만 산발적으로 보여지고 있다. 왕성인 풍납토성에서는 기와를 사용한 건물과 보수 후 폐기한 수혈 등 일반화된 와전문화의 양상을 파악할 수 있다. 몽촌토성은 성 내부의 전면 발굴조사가 이루어지지 않아 출토량이 많지 않으나 수막새를 비롯한 기와가 출토되고 있다. 석촌동 고분군에서도 3호분과 4호분 일대와 함께 1호분 북쪽 연접적석총에서 다량의 기와가 출토되었다. 기와의 출토 상황에 비추어 보더라도 석촌동 고분군의 위상을 미루어 볼 수 있다. 다만 기와가 지붕의 건축부재임에도 고분군에서 적잖이 출토되므로 그 용도에 대한 논의가 이어져 왔다.

1. 석촌동 3호분 · 4호분 일대

기단식 적석총인 3호분과 4호분 일대에서 출토된 기와 1,200점 중 대다수는 4호분 제2단 및 제3단 적석부에서 주로 수습되었고, 동편 주거지 추정시설에서도 다수 출토되었다. 하지만 기와의 사용 맥락을 알려주는 명확한 단서는 나오지 않았다. 발굴보고서는 4호분 출토 기와가 주로 최상부인 3단에서 쓸려 내려왔을 것으로 보고 '장군총의 경우처럼 봉토 위에 한 겹 깔았던 것'일 가능성을 제기하였다(서울大學校博物館 · 考古學科 1975: 20).

한편, 석촌동 적석총에서 출토된 기와가 능묘 위에 세운 건물에 사용되었을 것으로 보고 이를 능상종묘(陵上宗廟)인 향당(享堂)으로 해석한 견해가 있다(李亨求 1993). 고구려 적석총의 분구에서 기와가 출토되고 있으므로(吉林省文物考古研究所 · 集安市博物館 2004) 이를 통해 상정한

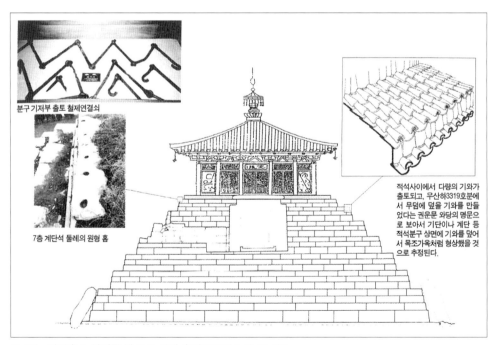

분구 기저부 출토 철제연결쇠

7층 계단석 둘레의 원형 홈

적석사이에서 다량의 기와가 출토되고, 우산하3319호분에서 무덤에 덮을 기와를 만들었다는 권운문 와당의 명문으로 보아서 기단이나 계단 등 적석분구 상면에 기와를 덮어서 목조가옥처럼 형상했을 것으로 추정된다.

도 16 장군총 능각건물 및 분구 즙와 추정도(강현숙 2013: 73)

묘상건물을 향당으로 본 관점(李亨求 1982)과 맥을 같이 한다. 이에 비해 묘상건물을 인정하되 제의(祭儀) 기능의 향당보다는 능침(陵寢)으로 보고 수묘(守墓)와 관련된 상징적 기능을 추정한 견해도 있다(耿鐵華 1993). 이러한 견해는 묘상건축에 대한 중국학계의 두 학설(양관 2005; 黃曉芬 2006)의 연속선상에 있지만 관건은 묘상건물의 존재여부와 성격이다. 대표적인 반론은 천추총, 태왕릉, 장군총 등 계단식석실적석총 상부에 목조건물을 상정하지만 무기단의 계장식석광적석총, 계단식광실적석총 등 대부분의 적석총 상부에는 건물이 없었거나, 임시가설물이었을 것으로 보는 견해이다. 분구 위 건물은 제사보다는 매장주체부를 보호하는 기능과 함께 왕릉의 상징물 기능을 가졌을 가능성에 무게를 두고 있다. 다만 대부분의 적석총에서 출토된 기와는 방수와 방습으로 매장주체부를 보호하기 위해 분구에 덮었던 것으로 추정한다(강현숙 2013: 72~75; 2018). 우산하 3319호에서 출토된 '丁巳'명 수막새에 명기된 '…造盖墓瓦…'라는 문구는 기와로 무덤을 덮었던 근거로 지목되고 있다.

석촌동 4호분의 분구에서 명확한 건물의 단서가 확인되지 않았으므로 분구에 직접 쌓거나 깔았을 가능성을 주목할 수 있다(鄭治泳 2010). 고분의 방수를 위해 봉토에 기와가 쓰인 예로 고구려 석실묘인 평양 경신리 1호분(朝鮮總督府 1929)과 백제 석곽묘인 화성 화산고분군 SM4호분(권오영 2001)이 지목되고 있다. 석촌동 2호분과 4호분은 상부에 흙을 덮은 봉토부를 갖고 있었으며 그 위에 기와가 덮힌 '즙와 적석총'일 가능성도 제기되고 있다(강현숙 2017).

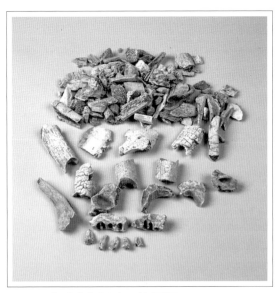

도 17 4호 매장의례부 출토 화장인골(한성백제박물관 2021)

확실한 증거는 없지만 모종의 건축 구조물이 존재하였을 여지도 여전히 열려 있다.

4호분 중심부로부터 동남쪽 20m 지점에서 확인된 주거지 추정 유구에 대해서 발굴자는 빈소(殯所)나 수직소(守直所) 또는 고분 축조시 인부들의 임시 거처 등의 가능성을 거론한 바 있다(서울大學校 博物館 1975: 21). 소형임에도 기와가 사용된 점, 왕실묘역 내에 위치하는 점, 일본의 유사 사례 등을 근거로 빈전(殯殿)일 가능성이 유력히 검토되기도 하였으며

(權五榮 2000), 필자는 소규모 사당(祠堂)일 가능성을 제기한 바 있다(鄭治泳 2010). 석촌동 4호분 동편에 다수의 중소규모 고분이 연접양상을 띠며 밀집 분포하였던 1917년도의 유구배치도를 상기하면 주거지의 위치 역시 고분군 내, 더 정확히 말하면 고분들의 사이에 해당한다. 장군총, 마선구 2100호분, 천추총의 서남쪽 100~300m 지점에서 확인된 건물지를 무덤에 부속된 제사건물지인 능묘(陵廟)로 추정하는 견해도 있다(강현숙 2018). 양자를 직접 비교하기는 어렵지만, 막새가 출토되는 공통점을 가진 적석총의 제사시설이라는 측면에서 거론해 두고자 한다.

2. 매장의례부 출토 기와와 화장(火葬)의 상황

석촌동 1호분 북쪽 연접적석총의 기와들은 3개소의 매장의례부, 특히 1호와 7호에 집중되어 있었다. 기와 파편들은 접합률이 매우 높아 본래의 형태로 복원된 것이 매우 많다. 협소한 유구 내에 다양한 양상의 평기와가 막새와 함께 매몰되어 있는 점은 이들이 동시에 사용되었던 정황을 보여준다. 이와 같은 상황을 볼 때, 1호분 북쪽 연접적석총에서 출토된 기와는 모종의 구조물에서 실제 사용되다가 다른 유물과 함께 매장의례부에 의도적으로 묻힌 것을 알 수 있다. 적어도 분구 위에 직접 와즙하거나 묘상건물에 쓰인 것이 붕락된 상황과는 거리가 멀다.

자연과학적 분석 결과, 기와들은 900℃ 내외의 온도에서 소성되었지만 변형된 기와는 1,100~1,200℃의 고온에 노출되었던 것으로 파악되었다. 변형된 기와 중에는 서로를 밀착하기 위한 접합재료로 썼던 홍두깨흙이 달라붙은 채 구워진 것도 있는데, 이 역시 1,100℃ 내외의 열로 소성된 것으로 밝혀졌다(진홍주·장성윤·이재성·김수경·김한슬·이명성 2020). 이는 기와가 시공된 상태에서 강한 화염이 작용하였으며 일부에는 더 높은 열이 집중적으로 가해졌다는 것을 의미한다(정치영 2021b). 화장 인골은 고인골학(하대룡 2019)과 법의학 분야의 분석(김이석·한훈섭 2019)을 통해 700℃에 이르는 온도로 '화장된 인골'로 판명되었고, 자연과학적 분석을 통해서도 입증되었다(박세린·유지아·신지영 2020).

매장의례부에서는 많은 양의 소토도 출토되었는데, 이 중에는 억새나 조릿대를 엮어 구성한 골격에 점토를 덧붙여 미상한 벽체 파편이 다수 포함되어 있다. 이와 같은 정황들은 지붕에 기와를 인 흙벽의 목조 구조물이 강한 화염에 휩쌓인 상황을 방증한다. 다량의 목탄과 재가 함께 출토된 점도 이를 뒷받침한다. 꺽쇠와 못은 이와 같은 목조 구조물 또는 주검을 안치한 목관이나 시상을 결구하는데 쓰였을 가능성이 있다. 일부 소토편에는 금동 기물이 녹아 융착되어 있는 점도 분석을 통해 확인되었다(진홍주·장성윤·이재성·김수경·김한슬·이명성 2020). 매장의례부에서 금귀걸이와 달개 장식, 유리 구슬 등이 출토된 점으로 볼 때 장신구 중 일부가 열에 의해 망실된 것으로 추정된다.

이와 같은 정황을 종합하면, 매장의례부는 막새를 포함한 기와 지붕 또는 상부구조와 흙벽으로 만들어진 목조 구조물 내에서 장신구를 착장한 시신을 화장한 후 잔존물을 모아 매납한 유구일 가능성이 크다. 분골한 화장뼈가 다량 포함되어 있다는 점에서 매장시설로 볼 여지도 있다. 완형으로 복원된 많은 토기와 철기들은 상장례에 사용한 뒤 함께 매납한 것으로 볼 수 있다. 요컨대, 석촌동 1호분 북쪽 연접적석총에서 출토된 기와들은 화장과 관련한 상장례 시설의 상부 또는 지붕에 시공되었던 것으로 추정할 수 있다. 피열 변형 기와의 공존은 3개 매장의례부의 유물복합체가 동일한 맥락으로 시행된 행위의 결과물임을 시사하는 근거라 할 수 있다. 뿐만 아니라 변형품 중에 여러 형식의 기와가 포함되었다는 점도 이들의 사용 또는 폐기 맥락이 같다는 것을 의미한다. 화장 인골이 형성된 상황에서 기와가 사용되고 있었다는 정황이 보다 명확해진 것이다.

매장의례부에서 출토된 피열 변형 기와는 고구려 적석총에서 출토되고 있는 용석(鎔石)과 비교되는 유물이다. 용석은 기와가 열에 녹아 변형되거나 돌과 응결된 것으로, 현재까지 알려진 적석총 중 약 60%에서 확인되고 있다고 한다. 하지만 화장보다는 매장을 완료한 후 적석 분구를 조성하는 과정에서 불을 붙이고 기와를 얹은 '번소의식(燔燒儀式)'의 결과물로 이해하기도 하므로(강현숙 2013: 232~235쪽) 양자의 생성 배경을 곧바로 등치시키기도 쉽지 않다. 고구려의 용석이 적석총의 분구 위나 석광 함몰부에서 발견되며, 석광에 불탄 흔적이 있는 점은 석촌동 연접적석총의 매장의례부 상황과 다른 점이다. 다만 매장의례부에서 직접 불을 피운 흔적이 확인되지 않고 화장인골을 포함한 유물복합체를 점토로 피복한 점은 다른 곳에서 화장한 후 옮겨와 매장한 상황을 반영하기 때문이다. 화장이 시행된 곳은 적석총 외부의 별도 장소이거나 적석총 분구의 어느 지점일 수도 있다. 고구려 적석총에서 보이는 용석의 생성 배경과 석촌동 매장의례부의 형성 맥락이 무관치 않을 가능성도 열어 두어야 하는 까닭이다.

V. 맺음말

석촌동 1호분 북쪽 연접적석총에서는 수막새와 수키와, 암키와가 다량 출토되었다. 적석총 성토층에서 극소수 파편이 출토되었고, 절대 다수는 매장의례부에 집중되어 있었다. 형식상으로는 2종, 문양으로는 3종으로 구성된 수막새에서 전문(錢文)으로 분류할 수 있는 새로운 문양이 추가되었다. 평기와는 두 갈래 제작전통이 반영된 가형과 나형 기와의 공존, 격자문(주로 암키와)과 무문(주로 수키와)을 중심으로 한 다종의 타날흔이 반영된 외면 양상, 미구의 단차가 뚜렷한 것과 미약한 것의 강약이 공존한 미구기와 등을 특징으로 한다.

3호분과 4호분 일대에서도 막새를 포함한 다량의 기와가 출토된 바 있지만 제반 특징이 비교적 단순하다. 연접적석총의 기와들은 이 점에서 차이를 보이는데, 풍납토성에서 보이는 다양성과 부합한다. 특히 풍납토성 경당지구나 197번지 마-1호 건물지 출토 기와들과 비교될 만한 점이 많다. 다만, 연화문이나 수면문 막새가 없는 점, 점토판 소산품이 확인되지 않는 점은 큰 차이점이다.

종래 석촌동 고분군에서 출토된 기와의 용도에 대해서는 적석총의 묘정건축물이나 의례 관련 부속 건물의 지붕 부재 또는 4호분과 같은 성토식 적석총 상부의 봉토를 덮었을 것으로 추정한 견해들이 제기된 바 있다. 다만 이를 입증할 만할 근거가 부족한 상황이어서 연구의 진전에 한계가 있다.

본고에서 분석한 석촌동 1호분 북쪽 연접적석총의 기와는 출토 맥락이 보다 명확한 자료이다. 필자는 유구의 상황과 유물의 현상, 공반 유물의 양상을 고려하여 화장이 이루어진 상장례 시설인 목조 구조물의 지붕이나 상부에 시공되었을 것으로 추정하였다. 비교 연구를 통한 검증과 토론을 통해 적석총의 구조 및 상장의례와 함께 고대 와전문화에 대한 진전된 성과가 축적되기를 기대한다.

〈후기〉

결연함, 기대감, 약간의 위축감, 그리고 어쩔 수 없는 어색함... 2003년 봄 한신대 박물관에 처음 찾아간 날을 회상합니다. 기억의 저편에 잠들어 있던 20년 전 그날의 감성이 떠오르리라곤 생각지 못했습니다.

오랜 고심 끝에 고고학 공부에 삶을 걸어보겠다는 결심으로 시작한 길이었지만, 나이 서른이 넘었음에도 할 줄 아는 것이 없는 초보의 창피함, 열등감, 그로 인한 압박감이 먹구름처럼 드리워 왔습니다.

이남규, 권오영 두 분 은사님은 그런 사람을 받아 주시고 기다려 주셨습니다. 공부할 자료를 제시해 주시고, 어느 자리에서도 소외되지 않는 박물관의 일원으로 챙겨주셨습니다. 비단 저 뿐 아니라 박물관의 누구든 그리 대해 주셨습니다.

두 분 교수님은 비좁은 박물관 공간을 연구원들과 나누어 쓰시면서도 날마다 많은 시간을 함께 보내시고 모든 일을 공유하셨지요. 사안에 대한 이견과 불편함이 없었겠습니까마는 두 분은 결코 갈등과 불목의 상황을 보이지 않으셨습니다. 선생님들께서 그러하시건데, 어찌 그 아래에 '알력'이나 '파벌'이 생길 수 있었겠습니까? 오히려 저희 안에 그러한 조짐이 보일라치면 선생님들은 준엄하게 꾸짖으시며 화목을 도모하셨습니다. 관장을 역임하신 유봉학, 이세영, 안병우 선생님도 그러하셨지요. 이러한 분위기 속에서 박물관 구성원들은 즐겁고 가벼운 마음으로 일과 공부에 전념할 수 있었습니다.

박물관은 일터임과 동시에 진정한 대학이었습니다. 다소 더디고 부족한 제자라하더라도 실력을 기를 수 있도록 지도해 주셨습니다. 갈대가 약하다 하여 부러뜨리지 않으셨고 심지가 깜박인다하여 등불을 꺼버리시지 않는 자상함을 견지하셨습니다. 그 덕에 우리 박물관은 진정 사람을 키우는 요람이 되었습니다.

하지만, 일에 임하면 결코 작은 것 하나 소홀히 하지 않으셨습니다. 시작부터 마침까지 과정 하나하나를 충실히 이행하게 하셨습니다. 발굴에 임해서는 더 조사하고, 다시 찾아보고, 끝까지 확인하는 훈련을 시키셨습니다. 유물 한 점으로 거대한 유적을 읽을 수 있도록 하셨고, 잘려나가는 유적을 지키려 온 몸을 던지는 용기도 몸소 보여주셨습니다.

이남규 선생님은 '기와 공부에는 통시대적인 안목이 필요하다. 백제 기와를 전공한다해서 백제 것만 알아서는 안 된다'고 늘 강조하셨습니다. 덕분에 저는 풍납토성 뿐 아니라 용인 성복동과 마북동 유적의 기와 상자를 수시로 들여다 보아야 했습니다. 권오영 선생님은 한국, 중국, 일본의 논문 등 자료를 몽땅 내어 주셨습니다. 이러한 공부법은 연구자로 성장을 꿈꾸는 저의 노선이 되었습니다.

이와 같은 선생님들의 가르침은 한신대 박물관의 전통이 되었고, 그 출신들의 일과 연구의 양식이 되었으며, 오늘날까지 고고학의 명맥을 잇는 대학박물관의 자리를 지켜온 기조가 되었다고 확신합니다. 참으로 보기 드문 대학박물관 입니다!

저는 한신대 박물관의 역사에 아무것도 기여한 바가 없습니다. 그러나 한신대 박물관은 저의 삶에 새로운 지평을 열어 주었습니다. 은사님들께 머리숙여 감사드립니다. 저를 한신대 박물관에 추천해 주신 김무중 선생님, 그리고 선배, 동료, 후배들께도 깊이 감사드립니다.

매일 저녁 한지선이 지어 주던 맛난 밥을 함께 먹고, 연구 자료와 유물을 보며 토론하던 그 시절이 눈에 선합니다. 선생님들의 건강하심, 그리고 모든 한신인들의 건승을 기원합니다.

제12장

4~5세기 백제유적 출토 중국제 반구호 연구

한지수

한성백제박물관

I. 머리말

백제유적에서 출토된 중국제 반구호는 구연부가 小盤의 형태를 가지는 호를 말한다. 중국제 반구호는 삼국시대~남북조시대에 이르기까지 제작되었고, 기형은 작고 납작한 형태에서 길고 세장한 형태의 호로 발전하였다. 유색은 흑유와 올리브유로 시유되어 있고, 일부 褐彩 장식[01]도 확인되고 있으며, 유약은 붓으로 바르거나 담가서 시유하였고, 정질에 가까운 자기를 말한다.

중국제 도자기에서 반구호는 시기별 유행 변화가 다른 호(사이호, 이부호, 계수호 등)에 비해 형식상의 변화가 빠르게 나타나는 것으로 보인다. 특히, 중국제 반구호는 중국의 삼국시대 말~서진시기에 등장하여 남조에 이르기까지 출토되었고, 한국에서도 4~5세기 백제유적에서 출토된 호 중에서 가장 빈도수가 많고, 완형으로 출토되고 있어, 연대비교 대상으로 적합한 기종으로 판단된다.

먼저 중국제 반구호에 대한 연구는 중국학계[02]에서는 중국의 기년명자료와 비교하면서 편년을 설정하였고, 중국도자기의 기종 및 기형을 분기별 양상과 특징으로 비교하여 시대별 변천과정을 연구하는 것이 주를 이루고 있다. 국내학계[03]에서는 중국의 기년명 자료를 통해

---

01) 褐彩 장식은 청색에서 벗어나 서진후기에 출현하다가 동진과 남조시기에 유행하였고, 특히 동진시기에 크게 성행하였다고 한다. 기물의 구연부, 뚜껑, 입, 손잡이 및 견부와 동체부에 點褐彩를 장식하거나 기물에 도안을 褐色點彩로 처리하는 2종류가 있다고 한다(魏楊菁, 2011, 「六朝靑瓷의 特徵에 대하여」『中國六朝의 陶磁』, 국립공주박물관·남경시박물관, 138쪽).

02) 魏正瑾·易家胜, 1983, 「南京出土六朝靑瓷分期探討」『考古』第4期, 科學出版社; 劉建國, 1989, 「東晉靑瓷的分期與特色」『文物』第6期. 文物出版社; 浙江省博物館, 2000, 『浙江紀年瓷』, 文物出版社; 王俊·李軍·票中斌, 2008, 『馬鞍山六朝墓葬發掘與硏究』, 科學出版社; 韋正, 2010, 『六朝墓葬的考古學硏究』, 國家哲學社會科學成果文庫, 北京大學出版社; 魏楊菁, 2011, 「六朝靑瓷의 特徵에 대하여」『中國 六朝의 陶磁』, 百濟文化 國外調査報告書Ⅶ, 국립공주박물관·남경시박물관.

03) 성정용, 2010, 「백제관련 연대결정자료와 연대관」『호서고고학』22, 호서고고학회; 한지선·한지수, 2011, 「제2장 유물집성 중국」『한국 출토 외래유물 1』, 한국문화재조사연구기관협회; 임영진, 2012, 「中國 六朝磁器의 百濟 導入背景」『韓國考古學報』第83輯, 한국고고학회; 土田純子, 2014, 『百濟土器 東아시아 交叉編年 硏究』, 한국고고환경연구소 학술총서15, 서경문화사; 이휘달, 2014, 「백제권역 출토 중국 육조청자의 연대와 성격」『고분을 통해 본 호남지역의 대외교류와

형태적 유사성을 근거로 하여 중국도자기의 편년과 유입에 대한 연구가 다수를 차지하다가 각 기종별 구체적인 속성 분석과 형식 분류를 시도한 연구가 속속 이루어지고 있다.

본고에서는 먼저 백제유적 출토 중국제 반구호의 출토양상을 파악하고, 연대 비교를 위해 중국 기년명묘지에서 출토된 반구호의 기형 상에서 보이는 형식학적 속성을 검토하고자 한다. 다음으로 백제유적에서 출토된 중국제 반구호의 제작기법과 더 세분화된 형식 분류를 검토하고, 중국자료에서 확인되는 속성 분석을 조합하여 형식 분류를 제시하면서 4~5세기 백제유적에서 출토된 중국제 반구호의 편년적 위치를 검토하자고 한다.

II. 4~5세기 백제유적 출토 중국제 반구호의 출토양상

중국제 반구호가 출토된 백제유적에 대해 검토해 보면, 총 10개 유적에서 52개체가 확인된다〈표 1, 그림 1〉. 반구호는 백제유적에서 출토된 다른 중국제 호 중에서 가장 많은 수가 출토되고 있다. 최근에 서울 몽촌토성과 석촌동 고분군에서 반구호가 추가로 출토되면서 기형의 형태 변화뿐만 아니라 반구호편을 통해 제작기법도 관찰된다.[04]

표 1 4~5세기 백제유적 출토 중국제 반구호 출토양상

구분 번호	유적 성격	유적 · 유구명	유색	개채수 (점)		
1~4	생활유적	서울 풍납 현대연합주택 토기폐기유구	녹색유	4+		
5	생활유적	서울 풍납 현대연합주택 가-S3W1 그리드	녹색유	1		
6	생활유적	서울 풍납 197번지 나-2호 수혈		1		
7	생활유적	서울 풍납 197번지 나-25호 수혈	회색유	1		
8, 9	생활유적	서울 풍납 197번지 나-21호 수혈	올리브색유, 연황색유	2		
10	생활유적	서울 풍납 197번지 라-15호 주거지	올리브황색유	1		

연대관」, 제1회 고대 고분 국제학술대회, 국립나주문화재연구소; 김일규, 2015, 「백제 고고학 편년 연구」, 부산대학교 박사학위논문; 정상기, 2013, 「고창 봉덕리 출토 청자반구호의 제작시기 검토 : 중국 남경시 출토품과 비교검토를 통해」 『동원학술논문집』 제14집, 국립중앙박물관 · 한국고고미술연구소; 임혜빈, 2018, 「삼국시대 중국제 도자기 연구 -鷄首壺와 盤口壺를 중심으로」, 영남대학교 석사학위논문.

04) 최근 한성백제박물관에서는 서울 몽촌토성과 석촌동 고분군을 발굴하고 있으며, 중국제 도자기를 한성백제박물관의 협조로 실견하게 되었고, 기형을 관찰하면서 추가로 반구호도 확인할 수 있었다.

구분 번호	유적 성격	유적·유구명	유색	개채수 (점)	
11, 12	생활유적	서울 풍납 197번지 마-그리드	청유	2	
13	생활유적	서울 풍납 태양열주택부지 트렌치 동쪽 확장구간 백제시대 퇴적층	회올리브색유	1	
14	생활유적	서울 몽촌토성 85-2호 저장공	황녹색유	2	
15	생활유적	서울 몽촌토성 85-NE11-19EW 3층	담녹색유	1	22+
16	생활유적	서울 몽촌토성 88-S14E22-Ⅳpit 성벽판축토	올리브색유	1	
17	생활유적	서울 몽촌토성 89-S11W6-3pit 성토층	담녹색유, 녹유	2	
18	생활유적	서울 몽촌토성 내측 통일신라 5호 주거지	올리브회색유	1	
19, 20	생활유적	서울 몽촌토성 내측 백제 1호 주거지	황녹색유, 담황색유	2	
21	매장유적	서울 석촌 I (2013) 3호분 N1트렌치	황갈색유	1	
22, 23	매장유적	서울 석촌Ⅲ(2015) 즙석봉토분	황갈색유	2	
24	매장유적	서울 석촌 87-4호 석곽묘	황녹색유	2+	
25~27	매장유적	서울 석촌 1호분 북쪽연접적성층 I (2019) 15년발굴, 1호 매장의례부	흐린황등색유	3	
28	매장유적	서울 석촌 1호분 북쪽연접적성층 Ⅱ (2020) 3호 적석묘	회올리브색, 흐린황등색유	4	52+
29	매장유적	서울 석촌 1호분 북쪽연접적성층 Ⅱ (2020) 3호 연접부 상부 교란층	회올리브색, 흐린황등색유	3	
30	매장유적	서울 석촌 1호분 북쪽연접적성층 6호 연접부 상부 교란층	청유	1	
31	매장유적	서울 석촌 1호분 북쪽연접적성층 11호 적석묘	청유, 갈색점채	1	
32	매장유적	경기 오산 수청동 4지점 25호 목관묘	명황갈색유, 녹유	1	
33	매장유적	충남 천안 화성리 신고품	청녹색유, 갈색점채	1	
34	매장유적	충남 서산 부장리 6호 분구묘 주구	녹갈색유	1	
35	매장유적	충남 공주 수촌리 2지점 4호 석실분	흑유	1	30+
36	매장유적	전북 고창 봉덕리 1호분 W3S2-W3S3 남쪽 주구	청녹색유	6	
37	매장유적	전북 고창 봉덕리 1호분 4호석실	청녹색유	1	
38	매장유적	전남 나주 복암리 정촌 고분	회올리브색유	1	
39	매장유적	전남 함평 금산리 방대형 고분	연회색유	1	

서울은 편 위주로, 매장유적에 비해 생활유적에서 다수가 확인되고, 지방은 대부분 완형으로, 부장용과 제례용의 매장유적에서 출토되고 있다는 점이 주목할 만하다. 또한 완형으로 출토되는 다른 지방과 달리 전남은 편 위주로 매장유적에서 출토되는데 유물 양상이 제례와 관련된 행위를 했을 것으로 추정되고, 이는 시간적인 차이가 있을 것으로 추정된다.[05]

---

05) 한지수는 전남 함평 금산리 방대형 고분에서 출토된 청자병편은 청자반구호의 기형으로 추정하였고, 이와 공반된 흑유전문도기호의 구연부 속성과 청자연판문완의 연대를 통해 시기를 5세기 중·후엽으로 추정한다고 하였다(한지수, 2020, 「흑유전문도기로 본 장고분」 『장고분의 피장자와

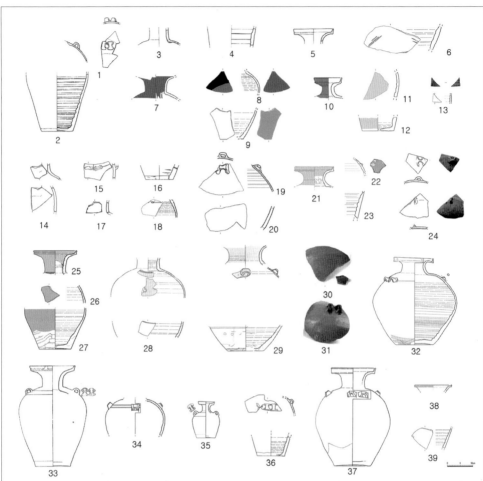

청자반구호: 1~4.풍납1 현대연합주택 및 1지구 토기폐기유구(국립문화재연구소 2001, 수정후 게재), 5. 풍납1 현대연합주택 및 1지구 가-S3W1 그리드(국립문화재연구소 2001), 6. 풍납13 197번지 나-2호 수혈(국립문화재연구 2012), 7. 풍납13 197번지 나-25호 수혈(국립문화재연구 2012), 8~9. 풍납13 197번지 나-21호 수혈(국립문화재연구소 2012), 10. 풍납15 197번지 라-15호 주거지(국립문화재연구소 2013), 11~12. 풍납15 197번지 마-그리드(국립문화재연구소 2013), 13. 풍납18 (구)태양열주택부지 트렌치 동쪽 확장구간 백제시대 퇴적층(국립강항문화재연구소2017), 14. 몽촌85 2호 저장공(몽촌토성발굴조사단 1985), 15. 몽촌85 NE11-19EW 3층(몽촌토성발굴조사단 1985), 16. 몽촌88 S14E22-IV pit 성벽판축토(서울대학교박물관 1988), 17. 몽촌89 S12W6- 3pit 성토층(서울대학교박물관 1989), 18. 석촌 I 북문지 내측 통일신라 5호 주거지(한성백제박물관 2016), 19~20. 석촌 I 북문지 내측 백제 1호 주거지(한성백제박물관 2016), 21. 석촌 I 3호분 N1트렌치(서울대학교박물관 2013), 22~23. 석촌III 즙석봉토분(서울대학교박물관 2015), 24. 석촌87 4호 석곽묘(서울대학교박물관 1987), 25. 석촌 I 1호분 북쪽 연접적석총1 15년 발굴(한성백제박물관 2019), 26~27. 석촌 I 1호분 북쪽 연접적석총1 1호매장의 레부(한성백제박물관 2019), 28. 석촌 II 1호분 북쪽 연접적석총2 3호 적석묘(한성백제박물관 2020), 29. 석촌 II 1호분 북쪽 연접적석총2 3호 연접부 상부교란층(한성백제박물관 2020), 30. 석촌 6호 연접부 상부 교란층(한성백제박물관 2016년 11월), 31.석촌 11호 적석묘(한성백제박물관 2018년 11월), 32. 경기 오산 수청동 4 지점 25호 목관묘(경기문화재연구원 2012), 33. 충남 천안 화성리 신고품(小田富士雄 1982), 34. 충남 서산 부장리 6호 분구묘 주구(충청남역사문화연구원 2008), 36. 전북 고창 봉덕리 1호분 W3S2-W3S3 남쪽주구(마한백제문화연구소 2016), 37. 전북 고창 봉덕리 1호분 4호 석실(마한백제문화연구소 2016), 38. 전남 나주 복암리 정촌 고분(국립나주문화재연구소 2017), 39. 전남 함평 금산리 방대형 고분(전남문화재연구원 2019).

측유반구호: 35. 충남 공주 수촌리 2지점 4호 석실분(충청남도역사문화연구 2007).

그림 1   4~5세기 백제유적 출토 중국제 반구호

반구호의 기형은 경부는 직립에 가까운 형태이거나 나팔형으로 이어지고, 小盤 형태의 구연부를 가진 호이다. 반구호의 태도는 대부분 정질이고, 일부 세사립이 소량 함유된 조질의 반구호〈그림 1-30, 31〉도 확인된다. 반구호는 청자 반구호와 흑유 반구호 두 종류가 있으며, 청자의 유색은 주로 회올리브색을 띠며, 청녹색유, 청황색유, 황갈색유도 있고, 흑유자기는 1점〈그림 1-35〉으로, 소형의 기종에 해당된다. 반구호의 문양장식은 弦文[06]과 褐彩가 확인되며, 현문은 7점이 확인되고, 갈채장식은 2점〈그림 1-31, 33〉이 확인된다.

III. 중국 기년명 묘지 출토 반구호 변천양상 검토

1. 중국 기년명 자료 출토유적

백제유적에서 출토된 중국제 반구호를 확인하기 전에 연대를 비교하기 위해 중국내에서 출토되는 江蘇省, 浙江省, 安徽省, 湖北省의 기년명 자료를 먼저 검토해 보겠다.

표 2   4~5세기 중국 기년명 묘지 출토 반구호 참고자료

도면 번호	시기	연대	묘지명	출처
1, 2	서진	294	江苏句容西晉元康四年墓	『考古』第6期, 1976
3		302	江苏南京板桥镇石闸湖晉墓	『文物』第6期, 1965
4		308	安徽馬鞍山桃冲村M3墓	『馬鞍山六朝墓葬發掘與研究』, 2008
5, 6	동진	329	江苏南京北郊東晉溫僑M9墓	『文物』第7期, 2008
7		전기	江苏南京市雨花臺宁丹路東晉M9墓	『東南文化』第6期, 2014
8, 9		348	江苏南京人台山王兴之夫妇墓	『文物』第6期, 1965
10		355	浙江黄岩秀领水库古墓 墓44	『考古学报』第1期, 1958
11		359	江苏南京象山王丹虎3号墓	『文物』10期, 1965
12, 13		367	江苏南京象山王仚之8号墓	『文物』第7期, 2000

축조배경』, 마한연구원 총서8, 마한연구원, 252 · 254쪽). 이는 중국제 공반유물을 통해 전남 지역에서 출토되는 반구호는 다른 지방과 달리 시간적 차이가 나는 것으로 추정된다.

06) 弦文은 중국도자기 호에서 관찰되는 문양장식으로 횡침선문을 말한다. 경부와 동체부 경계면과 견부에서 확인된다. 문양 장식뿐만 아니라 귀를 부착하기 위해 견부에 현문을 그어 그 위에 귀를 붙이는 용도로도 쓰이는 것으로 보인다.

도면 번호	시기	연대	묘지명	출처
14, 15	동진	371	江苏南京象山王建之妻劉媚9号墓	『文物』第7期, 2000
16		379	江苏南京雨花台东晋太元四年墓	『文物』第12期, 2008
17~19		중기이후	江苏南京北郊東晉汽輪電机厂大墓	『考古』第4期, 1983
20, 21		392	浙江溫州市甌海區麗塘東晉太元十七年墓	『溫州文物』第15輯, 2017
22		만기	江苏南京鐵心橋塼瓦一廠司家山M3墓	『文物』第7期, 2000
23, 24		만기	江苏南京鐵心橋塼瓦一廠司家山M2墓	『文物』第7期, 2000
25		만기	江苏南京市雨花台区姚家山東晉M3墓	『考古』第6期, 2008
26		만기	江苏南京市雨花臺區警犬研究所六朝墓	『東南文化』第2期, 2011
27		406	江苏南京南郊六朝谢溫墓	『文物』第5期, 1998
28, 29		407, 416	江苏南京鐵心橋塼瓦一廠司家山謝救夫婦4号墓	『文物』第7期, 2000
30		동진만기~유송전기	江苏南京市雨花臺宁丹路M9墓	『東南文化』第6期, 2014
31, 32	유송	421	江苏南京雨花台区鐵心橋謝琉6号墓	『文物』第5期, 1998
33		427	浙江東陽縣李宅鎭劉宋元加四年墓	『考古』第8期, 1991
34, 35		439	江蘇句容春城南朝宋元嘉十六年墓	『東南文化』第3期, 2010
36		447	浙江黄岩秀領水库古墓 墓49	『考古学報』第1期, 1958
37, 38		유송중만기	江苏南京隱龍山南朝M1墓	『文物』第7期, 2002
39		455	湖北武漢地區四座南朝宋孝建二年M207墓	『考古』第4期, 1965
40		455	湖北武漢地區四座南朝宋孝建二年M206墓	『考古』第4期,1965
41~43		유송만기	江蘇泰州市西郊 土坑	『文物』第11期, 1996
44, 45		유송만기~제전기	江苏南京市栖霞區東楊坊南朝M1墓	『考古』第6期, 2008
46	제	483년	浙江新昌縣大麕南朝齊永明元年墓	『浙江紀年瓷』, 2000
47			江蘇南京市花神廟南朝墓	『考古』第8期, 1998

2. 중국 출토 반구호의 속성 분석과 변천 양상

1) 속성 분석

반구호는 다른 중국도자기 호에 비해 시기별 형식상의 변화가 뚜렷하게 확인된다. 속성 중에는 구연부~경부의 형태, 귀 형태, 견부문양대가 있고(임혜빈 2018: 50~58), 동체부 형태도 속성의 시간적 차이를 반영하고 있는 것으로 보인다.

반구호의 기형은 시간의 변화에 따라 세장한 동체부로, 경부도 세장한 형태로 변해간다. 동체부에서 동최대경 고도비율[07] 값이 시간에 따라 변화가 보이고, 그 비율이 서진시기에는

---

07) 권준현은 계수호의 동체속성 중 동최대경의 고도비율은 동체부최고점~동최대경고/동체부최하점

1:1~1.4 정도, 동진시기에는 1:1~1.9 정도, 유송시기 이후에는 1:1~2.5 정도로 동체부의 세장한 경향이 뚜렷하게 보인다.

동체부 형태는 편구형, 구형, 타원형, 장타원형으로 변화가 보이고, 서진시기에는 편구형, 구형으로, 동체부고보다는 동최대경폭이 커지고, 동진시기에는 편구호, 구형, 타원형으로, 동체부고가 동최대경폭보다 더 커지며, 유송·제시기에는 구형, 타원형, 장타원형으로, 세장한 동체부로 변화해 간다. 특히, 동진시기에는 동체부의 기형이 다양하게 확인되고, 동시기에 다른 속성들이 겹쳐서 나타나고 있는 것이 특징이다. 유송시기를 전후로 해서 구연부와 경부의 길이가 길어지는 반구 형태로 변화 양상이 보인다.

반구호의 문양은 서진시기에는 견부에 다양한 문양(포수문, 사격자문, 연주문 등)과 귀 상면에 문양이 있는 것이 많이 보인다. 서진~동진중기에는 견부에 사격자문이 찍힌 형태가 보이고, 귀 상면에 문양이 있는 것도 보인다. 동진전기부터는 횡침선의 현문이 보이기 시작하고, 동진중기부터는 점채 장식이 확인된다. 서진시기의 견부 문양대가 동진시기에는 현문으로 바뀌는 변화 양상을 보인다. 견부에 부착한 귀의 형태는 대형의 반구호에서는 종·횡방향의 둥근고리형 귀가 부착되어 있고, 소형의 반구호는 2개의 귀가 확인된다. 귀의 형태는 서진, 동진, 남조시기에 둥근고리형 귀가 보이고, 사각고리형 귀는 동진만기부터 남조시기에 확인된다.

(1) 구연부~경부 형태

반구호의 구연부~경부 형태는 3가지 속성[08]으로 확인된다. A형, B형, C형으로 구분되고, 반구의 형태에 따라 더 세분화된다〈표 3〉.

A형은 단경으로, 경부가 직립하고, 구연부~동체부의 형태가 'ㄷ'자형이다. A1형은 구연부에서 견부까지 각진 형태이다. A2형은 구연부에서 견부까지 'C'자형이고, 소형의 반구호가 A2형에 해당된다.

B형은 단경과 장경이고, 경부가 곧게 올라가거나 직립에 가까운 형태로, 반구가 나팔형을 띤다. B1형은 경부가 곧게 올라가거나 직립에 가깝고 반구가 나팔형이고, 반구 내면 쪽에 홈

~동최대경고라고 하였다(권준현, 2018, 『東晉南朝瓷器形態單一化問題研究 -以鷄首壺和碗類器爲例』, 南京大學 석사학위논문, 32~33쪽). 이 동최대경 고도비율은 중국 육조시대 반구호 동체부에 대비해 보면, 동체부최고점~동최대경고까지의 높이가 1일때, 편구형은 동체부최하점~동최대경고는 1~1.4 정도, 장타원형은 2.3~2.5 정도로, 동체부가 점점 세장해짐을 확인할 수 있다.

08) 반구호의 구연부~경부형태를 임혜빈(2018: 52~53)은 구연부~견부 연결 형태로 표현하였고, 3가지 형태(A, B, C형)로 나누고, 각각 a, b형으로 세분화된다고 하였다.

선이 돌아간다. B2형은 경부가 직립에 가깝고, 반구가 나팔형으로 벌어지는 형태이다. 경부가 곧게 올라가거나 직립 형태에 가깝고 반구가 나팔형인 B1형이 시기가 내려갈수록 경부에서 구연부까지 나팔형으로 벌어지는 B2형로 변해간다. B3형은 경부가 곧게 올라가거나 직립에 가깝고, 나팔형으로 벌어지다 반구 쪽으로 꺾이고, B1형과 B2형에 비해 늦은 단계로 추정된다.

C형은 단경과 장경으로, 'C'자형의 곡선을 띤다. C1형은 부드러운 곡선이거나 'C'자형을 띠고, 반구 쪽으로 꺾인 형태이다. C2형은 반구 쪽이 꺾여서 위로 올라가는 형태이다.

표 3 반구호의 속성; 구연부~경부 형태

형식 구분	A형('ㄷ'자형)		B형(나팔형)			C형('C'자형)	
	1	2	1	2	3	1	2
구연부 ~ 경부 형태	경부가 직립하고, 'ㄷ'자형	'C'자형, 소형의 반구호가 여기에 속함	경부 곧게 올라가거나 직립에 가깝고, 반구가 나팔형, 반구 내면쪽 홈선이 있음	경부 직립에 가깝고, 반구가 나팔형으로 벌어짐	경부 직립에 가깝고, 나팔형으로 벌어지다 반구쪽이 꺾임	경부는 'C'자형의 곡선형태	경부 'C'자형, 반구쪽이 꺾여서 위로 올라감

C2형은 B3형과는 반구 쪽이 위로 올라가는 형태로 유사하지만, B3형과 비슷한 시기이거나 더 늦은 시기로 추정된다. B형과 C형은 시기가 늦을수록 구연부와 경부 길이가 길어지는 반구 형태로 변화되고 있다.

(2) 동체부의 형태

동체부의 형태는 동최대경의 고도비율 값을 가지고, 4가지 속성으로 구분된다. A'형, B'형, C'형, D'형이고, 동최대경의 위치에 따라 동체부 형태는 더 세분화된다〈표 4〉.

A'형은 단경의 편구형으로 동최대경은 상위에 위치하고, 동최대경 고도비율은 1:1.2~1.4이다.

B'형은 구형으로, 단경과 장경으로 구분되고, 동최대경은 중위에 위치하고, 동최대경 고도비율은 1:1~1.35이다.

표 4 반구호의 속성; 동체부 형태

구분	A'형 (편구형)	B'형(구형)	C'형(타원형)			D'형 (장타원형)
			1	2	3	
동체부 형태						
동최대경 고도비율	1:1.2~1.4	1:1~1.35	1:1.5~1.6	1:1.5~2.0	1:1.35~1.7	1:2.3~2.5

C'형은 타원형으로, 단경과 장경으로 구분된다. C'1형은 동최대경은 상위에 위치하고, 동최대경 고도비율이 1:1.5~1.6이고, 소형의 반구호[09]가 해당한다. C'2형은 동최대경은 상위에 위치하고, 동최대경 고도비율이 1:1.5~2.0이고, C'3형은 동최대경은 중위에 위치하고, 동최대경 고도비율이 1:1.35~1.7이다.

D'형은 장타원형으로, 경부는 장경이다. 동최대경은 상위에 위치하고 동최대경 고도비율이 1:2.3~2.5이다.

이와같이 동최대경 고도비율 값을 보면, 동체부 형태에 따라 비율 차이가 뚜렷하게 나타나고, 형태가 점점 세장해지는 변화 양상이 확인된다. 동체부의 형태는 A'형(편구형) → C'1·C'2형(타원형) → D'형(장타원형)으로, B'형(구형) → C'3형(타원형)으로 변화해 가는 것을 확인할 수 있다.

(3) 귀 형태와 견부문양

귀 형태는 2가지[10] 속성이 확인된다. I형, II형으로 고리 형태를 띤다.

I형은 둥근고리형으로, I a형은 고리 폭이 넓고, 귀 상면에 초엽문이 새겨져 있다. 서진~동진중기까지 보이고, 일부 동진만기에도 보인다. I b형은 귀 상면에 문양이 없고, 둥근고리형으로, 서진, 동진, 남조시기에 전시기에 걸쳐 보이는 형태이다. II형은 사각고리형으로, 평

---

09) 김일규(2015: 11)는 반구호의 기형은 계수의 유무를 제외하면 계수호와의 기형이 거의 유사한 변화상을 가진다고 하였다.

10) 임혜빈(2018: 57~58)은 귀의 형태를 2가지로 세분화하였고, 귀 부착 형태가 6개 이하와 이상으로 구분된다고 하였다.

면은 장방형, 측면은 제형이다. 제형의 귀는 동진만기부터 남조시기에 확인된다.

표 5 반구호의 속성; 귀 형태와 견부 문양

귀 형태						
Ⅰ (둥근고리형 귀)						
번호	시기	형식	사진		귀	특징
1	서진 294	a			2개	종방향 귀, 귀 상면에 초엽문, 귀 아래에 현문, 연주문, 포수문, 사격자문, 귀 폭이 넓음
12	동진 367	b			4개	종방향 귀, 귀 상면 문양 없음, 귀 아래에 현문
32	유송 421				6개	횡방향 귀, 귀 상면 문양 없음, 귀 아래에 현문
	남조			11)	4개	종방향 귀, 귀 상면 문양 없음
Ⅱ (사각고리형 귀)						
번호	시기	형식	도면		귀	특징
	동진 만기			12)	2개	횡방향 귀, 측면 제형
40	유송 455				4개	횡방향 귀, 측면 제형
43	남조				6개	횡방향 귀, 측면 제형

A2형과 동체부C'1의 반구호의 귀는 횡·종방향의 둥근고리형 귀(Ⅰb형)가 각 1개씩 2군데에 부착되어 있고, 소형의 반구호가 이에 해당된다. B형과 동체부C'2형·D'형의 반구호의 귀

---

11) 남조의 청자반구호 사진은 南京 中央門 新寧磚瓦廠 2号墓의 귀 형태이다(국립공주박물관·남경시박물관, 2011, 『中國 六朝의 陶磁』, 百濟文化 國外調査報告書Ⅶ, 70쪽).

12) 동진만기의 청자반구호 사진은 南京市雨花台区姚家山東晉M1墓의 귀 형태이다(南京市博物館, 2008, 「南京市雨花台区姚家山東晉墓」 『考古』 第6期, 中国社会科学院考古研究所).

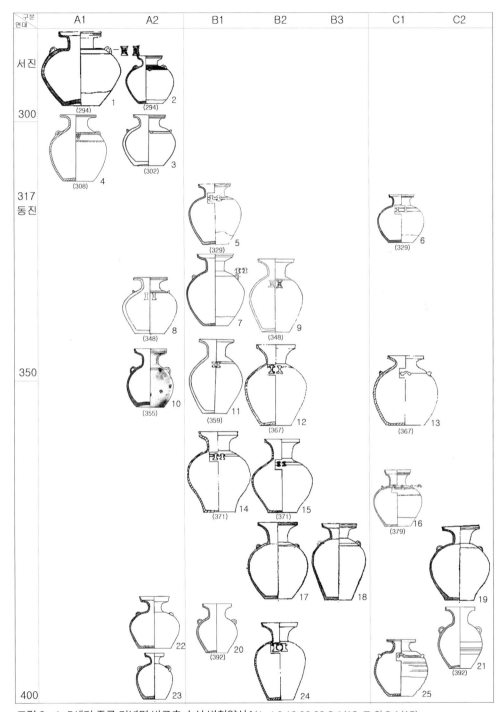

그림 2   4~5세기 중국 기년명 반구호 속성 변천양상1(1~4,8,10,22,23 S:1/12, 그 외 S:1/15)

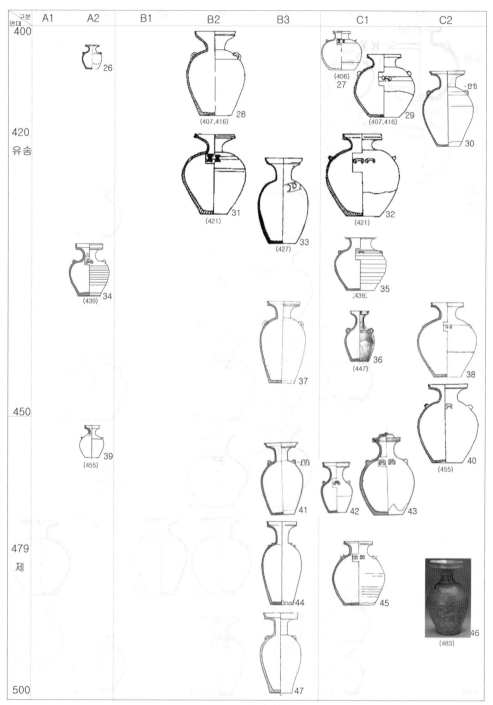

그림 3　4~5세기 중국 기년명 반구호 속성 변천양상 2 (26,34,39 S:1/12, 46은 축적부동, 그 외 S:1/15)

는 종방향 둥근고리형 귀(I형)이 2개씩 2군데에 부착되어 있고, A2형·C형과 동체부B'형·C1'형·C3형의 귀는 사각고리형 귀(II형)가 2~6개로 부착되어 있다. 또한 사각고리형 귀(II형)은 시기가 내려갈수록 귀의 수가 많아지는 것으로 보인다. 특히, 시기가 늦어질수록 귀 부착 위치가 견부에서 경부 쪽으로 가깝게 이동해간다. 귀 부착의 위치는 서진~동진시기에는 견부에 부착되다가 남조시기 이후로 갈수록 경부 쪽에 더 가깝게 부착되고 있음을 알 수 있다.

표 6   4~5세기 중국 기년명 출토 반구호 속성표

구분번호	유적명	연대	구연부~경부~견부 형태							동체부 형태						귀 형태			귀부착 갯수		
			A		B			C		A	B	C			D	I		II	2개	4개	6개 이상
			1	2	1	2	3	1	2			1	2	3		a	b				
1	江苏句容西晋元康四年墓 1	294	●							●						●				●	
2	江苏句容西晋元康四年墓 2			●						●							●		●		
3	江苏南京板桥镇石闸湖晋墓	302		●						●							●		●		
4	安徽馬鞍山桃冲村M3墓	308	●								●						●				
5	江苏南京北郊東晋溫僑M9墓 1	329			●							●					●			●	
6	江苏南京北郊東晋溫僑M9墓 2						●					●					●				
7	江苏南京市雨花臺宁丹路東晋M9墓	전기			●							●					●				
8	江苏南京人台山東晋兴之夫妇墓 1	348		●						●							●				
9	江苏南京人台山東晋兴之夫妇墓 2					●						●				●					
10	浙江黄岩秀领水库古墓 墓44259	355		●									●				●				
11	江苏南京象山東晋王丹虎3号墓	359									●						●			●	
12	江苏南京象山王仚之8号墓	367			●							●					●				
13	江苏南京象山王仚之8号墓					●					●						●				
14	江苏南京象山王建之妻劉媚墓9号墓	371			●							●					●				
15	江苏南京象山王建之妻劉媚墓9号墓				●						●						●				
16	江苏南京雨花台东晋太元四年墓	379				●					●						●				●
17	江苏南京北郊東晋汽輪電机厂大墓 1	중기이후			●						●						●			●	
18	江苏南京北郊東晋汽輪電机厂大墓 2						●					●					●				
19	江苏南京北郊東晋汽輪電机厂大墓 3							●			●						●				
20	浙江溫州市甌海區麗塘東晋太元十七年1	392						●			●						●				
21	浙江溫州市甌海區麗塘東晋太元十七年2							●			●						●				
22	江苏南京鐵心橋塼瓦一廠司家山M3墓	만기		●						●							●				
23	江苏南京鐵心橋塼瓦一廠司家山M2墓	만기										●					●				
24	江苏南京鐵心橋塼瓦一廠司家山M2墓					●						●					●				
25	江苏南京市雨花台区姚家山東晋M3墓	만기				●					●						●				
26	江苏南京市雨花臺區警犬研究所六朝墓	만기		●							●						●				
27	江苏南京南郊六朝谢溫墓	406				●					●						●				●

구분 번호	유적명	연대	구연부~경부~견부 형태							동체부 형태						귀 형태			귀부착 갯수		
			A		B			C		A	B	C			D	I		II	2개	4개	6개 이상
			1	2	1	2	3	1	2			1	2	3		a	b				
28	江苏南京鐵心橋塼瓦一廠司家山謝救夫婦4号墓	407, 416				●						●				●				●	
29	江苏南京鐵心橋塼瓦一廠司家山謝救夫婦4号墓							●			●					●				●	
30	江苏南京市雨花臺宁丹路M9墓	동진 만기 ~유송 전기							●						●	●				●	
31	江苏南京雨花台区鐵心橋谢琉6号墓 1	421				●						●				●				●	
32	江苏南京雨花台区鐵心橋谢琉6号墓 2	421						●			●					●					●
33	浙江東陽縣李宅鎮劉宋元加四年墓	427					●								●	●				●	
34	江蘇句容春城南朝宋元嘉十六年墓 1	439		●						●							●			●	
35	江蘇句容春城南朝宋元嘉十六年墓 2							●			●						●			●	
36	浙江黄岩秀领水库古墓 墓49	447						●						●			●			●	
37	江苏南京隱龍山南朝M1墓 1	유송 중만기 이후				●								●			●			●	
38	江苏南京隱龍山南朝M1墓 2							●						●			●			●	
39	湖北武漢地區四座南朝宋孝建二年207墓	455		●								●					●		●		
40	湖北武漢地區四座南朝宋孝建二年206墓	455						●						●			●			●	
41	江蘇泰州市西郊 土坑 1	유송 만기				●									●		●				●
42	江蘇泰州市西郊 土坑 2							●			●						●				●
43	江蘇泰州市西郊 土坑 3							●						●			●				●
44	江苏南京市栖霞區東楊坊南朝M1墓 1	유송 만기~ 제전기				●								●			●				●
45	江苏南京市栖霞區東楊坊南朝M1墓 2							●			●						●				●
46	浙江新昌縣大塅南朝齊永明元年墓	483						●						●			●			●	
47	江蘇南京市花神廟南朝墓						●					●					●			●	

중국 출토 반구호는 서진시기와 남조시기의 반구호는 형태 변화가 확연하게 나타나고 있음을 〈그림 2·3〉과 〈표 6〉을 통해 알 수 있다. 동진시기에는 반구호의 경부와 동체부 형태가 기형상의 다양한 변화 양상이 확인되고, 또한 각 기형마다 동시기에 겹쳐서 출토되는 양상이 나타나는 것이 특징이다. 유송시기를 전후로 해서 경부와 동체부가 점점 세장해지고, 구연부와 경부의 길이가 길어지는 반구 형태로 변화하고 있음을 확인할 수 있다.

IV. 4~5세기 백제유적 출토 중국제 반구호의 제작기법과 형식분류

4~5세기 백제유적 출토 중국제 반구호는 총 10개 유적에서 52개체로, 〈표 1〉과 〈그림 1〉을 통해 확인하였다. 먼저 4~5세기 백제유적에서 출토된 반구호에서 확인되는 구연부~경부 형태(C형)와 제작기법의 속성을 파악해보고, 중국의 기년명 자료를 통해 기형상의 형식 분류와 속성을 조합하여, 4~5세기 백제유적 출토 중국제 반구호의 형식 분류와 편년적 위치를 검토해 보고자 한다.

1. 4~5세기 백제유적 출토 중국제 반구호의 속성

1) 반구호의 구연부~경부 형태

4~5세기 백제유적 출토 중국제 반구호에서 구연부~경부 형태 속성 중 C형이 서울 석촌동 고분군에서도 확인되고,[13] C형의 속성이 더 세분화되고 있음을 알 수 있다.

표 7　4~5세기 백제유적 출토 중국제 반구호 구연부~경부 형태(C형) 속성

구분	C형			
	1		2	
	ⓐ	ⓑ	ⓐ	ⓑ
구연부~경부 형태				
동체부 형태	동체부B'형			동체부C'3형
그림	1-29	1-21	1-32	1-37

---

13) 한성백제박물관의 협조로 최근 서울 석촌동 고분군 출토 중국도자기를 실견하였다. 그 중 청자반구호의 구연부~경부 형태(C형)를 관찰하였고, C1ⓐ형의 구연부~경부 형태의 도면을 실측하여 실었다.

구연부~경부 형태 C형은 〈표 3〉을 통해 보면, 중국 출토 반구호의 속성에서는 2가지로 구분하였다. 하지만 백제유적 출토 중국제 반구호에서는 C형이 4가지(1ⓐ형, 1ⓑ형, 2ⓐ형, 2ⓑ형)로 세분화되고 있다〈표 7〉.

C1ⓐ형은 부드러운 곡선 형태로, 반구 외반이 살짝 사선으로 올라가다가 구연부에서 직립한 형태이다. C1ⓑ형은 C1ⓐ형보다는 경부가 'C'자형이고, 반구 쪽에서 꺾이고 구연부에서 직립한 형태이다. C1ⓐ형과 C1ⓑ형은 중국 출토 반구호 구연부~경부 형태 중 C1형식에 해당한다.

C2ⓐ형은 경부가 'C'자형이고, 반구에서 꺾여서 위로 올라가고 구연부가 직립한 형태이다. 구연부~경부의 형태인 C1ⓐ형과 C1ⓑ형, C2ⓐ형은 동체부 형태가 B'형(구형)으로 확인된다. C2ⓑ형은 경부가 장경이고, 'C'자형으로 반구 쪽이 꺾여서 위로 올라가는 형태이고, 동체부 형태가 동최대경이 중위에 위치하는 C'3형(타원형)이다.

C2ⓐ형과 C2ⓑ형은 반구 쪽이 꺾여서 위로 올라가는 형태로 유사하지만, 동체부 형태가 각각 동최대경이 중위에 위치한 B'형(구형)과 C'3형(타원형)으로 구분된다.

C1ⓐ형은 〈그림 1-29〉이고, C1ⓑ형은 〈그림 1-21〉로, 이 2개체는 서울 석촌동 고분군에서 출토되었다. C2ⓐ형은 〈그림 1-32〉이고, 경기 오산 수청동 25호 목관묘에서 출토되었다. C2ⓑ형은 〈그림 1-37〉이고, 전북 고창 봉덕리 1호분 4호석실에서 출토되었다.

이는 중국 출토 반구호의 속성과 비교해 보면, C1ⓐ형이 C1ⓑ형과 C2ⓐ형, C2ⓑ형보다는 이른 시기로 추정되고, 동체부 형태가 B'형(구형)은 C1ⓐ형 → C1ⓑ형 → C2ⓐ형 순으로 시기가 늦어지는 것으로 추정된다.

2) 반구호의 제작기법

4~5세기 백제유적 출토 중국제 반구호의 제작기법의 속성은 기형의 내면과 외면, 저부를 통해 확인 할 수 있고, 〈표 8~10〉과 같다.

반구호의 제작기법 중 내면에서 경부와 동체부를 접합하는 방식은 구연부~경부 형태(A형~C형)에서 다 확인이 되고, 3가지(i 형, ii형, iii형)로 구분된다〈표 8〉.

i 형은 B2형의 내면에서 확인되고, 접합방식은 먼저 점토띠 위에 도구(목판구)로 꾹꾹 누른 후 경부 내면에 점토띠를 덧대고, 물레성형으로 동체부와 접합한 방식이다. 점토띠 접합흔이 경부 단면에 관찰된다. 도구 자국은 경부와 동체부의 결합을 하기 위해 접착제 역할을 하는 것으로 추정된다. i 형은 서울 석촌동 2호 석곽묘의 흑유 계수호편(서울대학교박물관 2013, 〈삽도 40-2〉, 〈사진 47-1〉)은 내면의 경부와 동체부의 접합방식과 유사한 것으로 확인된다.

표 8 4~5세기 백제유적 출토 중국제 반구호 내면 경부~동체부 접합방식

형식 구분	i	ii	iii			
사진						
도면						
	B1형 내면	C1ⓑ형 내면	A2형 내면	B2형 내면	B3형 내면	
특징	먼저 점토띠 위에 도구로 꾹꾹 누른 후 경부 내면에 점토띠를 덧대고, 물레성형으로 동체부와 접합, 점토띠 접합흔 확인됨.	점토띠를 덧대고 경부가 곡선으로 올라가면서 물레성형으로 동체부와 접합할 때 굴곡이 생김.	경부에 점토띠를 덧대고, 동체부와 접합하면서 고속의 물레성형으로 점토띠가 동체부에 접혀서 덧댄 흔적이 보임. 접합흔 확인됨. A2형과 B2형은 점토 밀린 흔적이 일부 또는 전체가 보임.			
그림	1-25	1-21	1-10	1-7	1-28	1-3

ii형은 C1ⓑ형의 내면에서 확인된다. C1ⓑ형의 내면은 점토띠를 덧대고 경부가 곡선으로 올라가면서 물레성형으로 동체부와 접합할 때 굴곡이 생긴 것으로 보인다.

iii형은 A2형·B2형·B3형의 내면에서 확인된다. 경부에 점토띠를 덧대고, 내면의 경부~동체부가 'ㄴ'자로 꺾이면서 고속의 물레성형으로 점토띠가 동체부에 접혀서 접합하는 방식이다. 고속의 물레 성형으로 내면의 경부와 동체부 경계에 점토띠 덧댄흔이 보이고, 동체부 쪽에는 점토띠가 넓게 덧댄 것이 관찰된다. A2형의 내면은 경부가 좁아 고속의 물레성형으로 반구 쪽에는 점토가 밀린 흔적이 보이고, 동체부 쪽에 점토띠가 짧고 동그랗게 덧대어 있다. 소형의 반구형이 이에 해당된다.

i형은 경부를 따로 만들어 결합한 방식으로 추정되며, iii형과는 다른 방식으로 접합한 것으로 보인다. 4~5세기 백제유적에서 출토된 반구호의 내면 접합방식을 보면, 제작기법의 기술력과 시간적인 연관성이 있을 것으로 추정한다.

반구호의 내면 제작기법 중 조정흔은 물레성형의 회전 속도와 내면에 도구로 조정하면서

생기는 요철흔을 통해 3가지(ㄱ형, ㄴ형, ㄷ형)로 구분된다〈표 9〉.

ㄱ형은 B1형+동체부C'2형〈그림 1-27〉의 내면에서만 관찰된다.

ㄴ형은 B2형+동체부C'2형〈그림 1-30, 31〉과 C1ⓐ형+동체부B'형〈그림1-29〉의 내면에서 관찰되고, B1형〈그림 1-27〉보다는 강하고, B3형〈그림 1-2, 23, 36〉보다는 약하며, 중간 정도의 요철흔이 관찰된다.

ㄷ형은 B3형+동체부D'형〈그림 1-2, 23, 36〉의 내면에서 관찰되고, 〈그림 1-2〉의 조정흔은 도구를 가지고 동체부 내면을 직선에 가깝게 올리는 제작 방식으로, 요철흔의 굴곡이 심해지는 형태가 보인다. ㄷ형에서 〈그림 1-23〉과 〈그림 1-2〉는 강한 고속회전을 통해 요철흔이 강하게 나타나지만 부위별 강약의 정도가 있을 것으로 추정된다. ㄷ형과 유사한 조정흔은 〈그림 1-4, 9, 12, 23, 36〉으로 관찰된다.

물레성형의 요철흔이 B1형은 약하게, B3형은 강하게 나타나는 것은 물레성형의 기술력과 시간적인 차이에서 생기는 것으로, 제작기법에서 기형을 조정할 때 동체부의 형태에 따라 물레성형의 요철흔에도 차이가 나는 것으로 추정된다.

표 9　4~5세기 백제유적 출토 중국제 반구호 내면의 조정흔; 물레성형의 요철흔

구분	물레성형의 요철흔			
	ㄱ.약	ㄴ.중		ㄷ.강
사진				
	B1형 내면	B2형 내면	C1ⓐ형 내면	B3형
그림	1-27	1-30, 31	1-29	1-23, 2, 36

반구호의 저부 형태는 오목한 평저이고, 요면한 정도에 따라 3가지(①형, ②형, ③형)로 확인된다〈표 10〉.

①형은 B1형+동체부C'2형〈그림 1-27〉으로 약간 오목한 평저이다.

②형은 C2ⓐ형+동체부B'형〈그림 1-32〉으로 요면하게 오목한 평저이다. 저부 중앙에 원형으로 암회색을 띠고, 가장자리에 이물질을 떼어낸 흔적이 보인다.

③형은 C2ⓑ형+동체부C'3형〈그림 1-36〉으로 요면이 깊어 중앙이 오목한 평저로, 저부를 따로 제작하여 접합한 흔적으로 추정된다.

오목한 저부의 요면한 정도는 〈그림 1-27〉보다는 〈그림 1-36〉이 더 깊은 요면으로 중앙이 오목한 평저이다. 이를 통해 반구호의 오목한 평저(①형→②형→③형)에도 제작기법상 시간차가 있음을 알 수 있다.

표 10 4~5세기 백제유적 출토 중국제 반구호 저부 형태

오목한 평저		
①	②	③

	①	②	③
사진		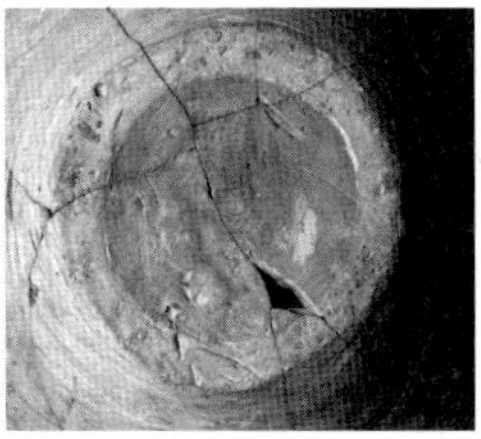	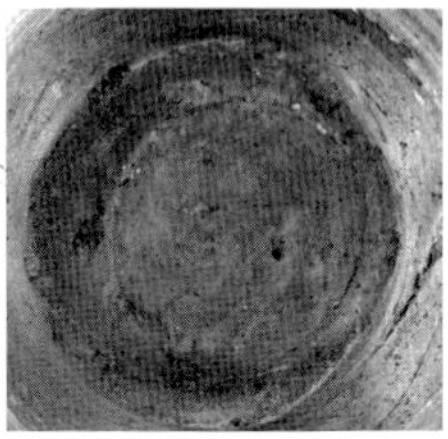
그림	1-27	1-32	1-36

2. 4~5세기 백제유적 출토 중국제 반구호의 형식 분류

4~5세기 백제유적 출토 중국제 반구호의 속성은 완형(4점)과 완형에 가까운 반구호, 나머지 구연부~경부 형태와 동체부 형태의 속성이 확인되는 것을 정리하면, 〈표 11〉과 같은 속성 조합이 확인된다.

서울 석촌동 1호 매장의례부〈그림 1-25~27〉는 경부가 직립에 가깝고, 구연부~경부 형태가 나팔형인 B1형이고, 동최대경은 중위에 위치하고, 타원형(C'2형)으로 추정된다. 경부의 단면에 도구 자국이 선명하고, 내면의 경부을 따로 만들어 동체부에 접합한 방식(i형)으로, 단면에 도구 자국과 점토 접합흔이 보인다. 내면의 조정이 약한 요철흔(ㄱ형)이 보이고, 저부는 약간 오목한 형태(①형)이다.

서울 석촌동 3호 연접부 상부교란층〈그림 1-29〉은 경부가 부드러운 곡선 형태(C1ⓐ형)로, 반구 외반이 살짝 사선으로 올라가다가 구연부에서 직립한 형태(C1ⓐ형)이다. C1ⓐ형은 동체부 형태와 속성 조합되는 것은 구형(B'형)이고, 이를 통해 동체부 형태가 구형으로 추정된다. 귀 형태는 둥근고리형 귀(Ib형)이고 횡방향의 귀가 1개가 부착되었지만, C1ⓐ형의 속성 조합을 보면, 귀 개수는 6개 이상으로 추정된다. 내면의 조정이 중간정도의 요철흔(ㄴ형)이 보인다. 이와 유사한 기형은 서울 석촌동 87-4호 석곽묘〈그림 1-24〉로, 구연부~경부 형태는 없

지만, 귀 형태와 외면의 물레성형흔의 속성이 유사하다.

서울 석촌동 3호분 N1트렌치〈그림 1-21〉는 경부가 'C'자형으로 반구 쪽에서 꺾이고, 구연부가 직립한 형태(C1ⓑ형)이다. 내면의 접합방식은 점토띠를 덧대고, 물레성형으로 경부가 곡선으로 올라가면서 동체부와 접합할 때 굴곡(ⅱ형)이 보인다.

충남 천안 화성리 신고품〈그림 1-33〉은 경부가 직립에 가깝고, 반구가 나팔형으로 벌어지는 형태(B2형)이다. 동최대경 고도비율이 2.0 정도로, 동최대경이 상위에 위치한 타원형(C'2형)이다. 귀 형태는 종방향의 둥근고리형 귀(Ⅰb형)로, 2개씩 2군데에 있다. 현문이 귀 아래로 2조 돌아가고, 갈채장식은 구연단과 귀 상면에서 확인된다.

서울 풍납토성 197번지 나-25호 수혈〈그림 1-7〉은 반구가 나팔형으로 벌어지는 형태(B2형)이다. 경부에 점토띠를 덧대고, 경부~동체부가 'ㄴ'자로 꺾여, 고속의 물레성형으로 점토띠가 동체부에 접혀서 접합하는 방식(ⅲ형)으로, 동체부 쪽에 점토띠 덧댄 흔적이 넓게 관찰된다.

서울 석촌동 11호 적석묘〈그림 1-31〉는 동체부 형태가 타원형(C'2형)으로 추정한다. 귀 형태는 종방향 둥근고리형 귀(Ⅰb형)로, 2개씩 1군데만 남아있고, 현문이 귀 아래로 2조 돌아가고, 갈채장식은 귀 상면에서 확인된다. 내면의 조정이 중간정도의 요철흔(ㄴ형)이 보인다. 서울 풍납토성 나-25호 수혈과 서울 석촌동 11호 적석묘는 충남 천안 화성리 신고품과 기형과 제작기법의 속성이 유사한 것으로 보인다.

충남 공주 수촌리 2지점 4호 석실분〈그림 1-35〉은 흑유자기이고, 경부가 직립하고, 구연부에서 견부까지 'C'자의 형태인 A2형을 띤다. 동최대경의 고도비율은 1:1.5 정도로, 동최대경이 상위에 위치한 타원형(C'1형)이다. 귀 형태는 종방향의 둥근고리형 귀(Ⅰb형)로 1개씩 1군데이고, 소형의 반구호로, A2형에 해당된다. 이는 서울 풍납토성 197번지 라-15호 주거지〈그림 1-10〉와 구연부~경부 형태(A2형)가 유사하지만, 소형 기종으로 구연부와 경부가 길어지는 형태를 보아 시기가 공주 수촌리 것보다는 늦은 것으로 추정된다.

경기 오산 수청동 4지점 25호 목관묘〈그림 1-32〉는 경부가 'C'자형이고, 반구에서 꺾여서 위로 올라가고 구연부가 직립한 형태(C2ⓐ형)이다. 동최대경 고도비율이 1:1.25 정도로, 동최대경이 중위에 위치한 구형(B'형)이다. 횡방향의 둥근고리형 귀(Ⅰb형)는 2개씩 4군데로 8개가 있다. 도구를 가지고 기형을 조정하면서 내면의 조정이 강한 요철흔(ㄷ형)이 뚜렷하게 보인다. 저부는 요면하게 오목한 평저(②형)이다.

서울 풍납토성 현대연합주택 토기폐기유구〈그림 1-1~3〉와 가-S3W1그리드〈그림 1-5〉는 동일개체로 추정된다. 경부가 직립에 가깝고, 나팔형으로 벌어지다 반구 쪽이 꺾이는 형태인 B3형이다. 동최대경이 상위에 위치한 장타원형(D'형)이다. 귀 형태는 종방향의 둥근고리형 귀(Ⅰb형)로, 2개씩 1군만 남아있고, 귀와 귀 사이의 간격이 벌어져 있다. 서울 석촌동 11호 적석묘보다 귀의 폭이 넓고 갈채장식이 없다. 특히, 내면의 조정이 강한 요철흔(ㄷ형)이 뚜렷하게 보인다.

전북 고창 봉덕리 1호분 W3S2-W3S3 남쪽 주구〈그림 1-36〉는 동최대경이 상위에 위치한 장타원형(D'형)이다. 종방향의 둥근고리형 귀(Ⅰb형)가 2개씩 1군데 남아 있고, 쌍이가 붙어 있으며, 내면의 조정이 강한 요철흔(ㄷ형)이 뚜렷하게 보인다. 서울 풍납토성 토기폐기유구와 전북 고창 봉덕리 1호분 남쪽 주구의 기형은 유사하지만, 귀와 귀 사이 간격이 붙어 있다.

전북 고창 봉덕리 1호분 4호석실〈그림 1-37〉은 경부가 장경이고, 'C'자형으로 반구 쪽이 꺾여서 위로 올라가는 형태(C2ⓑ형)이다. 동최대경 고도비율은 1:1.5 정도로, 동최대경이 중위에 위치하는 타원형(C'3형)이다. 귀 형태는 횡방향의 사각고리형 귀(Ⅱ형)로, 평명 장방형의 측면 제형을 띤 귀로, 2개씩 2군데와 1개씩 2군데로 6개가 부착되어 있다. 귀와 귀 사이의 간격이 붙어 있다. 저부는 요면이 깊어 중앙이 오목한 평저(③형)이다.

전남 함평 금산리 방대형 고분〈그림 1-39〉은 내면의 조정흔이 강한 요철흔(ㄷ형)으로 추정된다.

이를 통해 반구호는 4~5세기 중국의 기년명 자료를 통한 기형상의 형식 분류(구연부~경부의 형태, 동체부 형태, 동최대경 고도비율, 귀 형태)와 백제유적에서 출토된 중국제 반구호에서 나타나는 구연부~경부 형태(C형), 제작기법(내면의 경부~동체부 접합방식, 내면의 물레성형의 요철흔, 저부 형태)의 속성을 조합하여 종합적으로 검토해 보면, 다음과 같이 3형식으로 구분할 수 있다.

- 1형식: B1+동체부C'2+ⅰㄱ①
- 2형식: C1ⓐ형+동체부B'형+Ⅰbㄴ, C1ⓑ형+ⅱ, B2+동체부C'2+Ⅰb,
  A2+동체부C'1+Ⅰb(소형)
- 3형식: A2+ⅲ형(소형), C2ⓐ형+동체부B'+Ⅰbㄷ②, B3+동체부D'+Ⅰbⅲㄷ,
  C2ⓑ형+동체부C'3+Ⅱ③

1형식은 구연부~경부 형태가 B1형이 속한다. 동최대경이 중위에 위치한 타원형이고, 경부가 직립에 가깝고, 반구가 나팔형이다. 내면의 경부와 동체부 접합방식이 도구 자국+점토 접합흔(ⅰ형)으로, 따로 만들어 접합한 방식으로 추정된다. 내면의 조정흔이 약한 요철흔(ㄱ형)이 보이고, 약간 오목한 저부(①형)이다. 이는 서울 석촌동 1호 매장의례부가 해당되고, 반구호 중에서 가장 이른 시기로 추정된다.

표 11   4~5세기 백제유적 출토 중국제 반구호의 형식분류(*( )는 동최대경 고도비율)

번호	유적명	개체수	형식	형식분류
1	서울 석촌 1호분 북쪽연접적성총 15년발굴, 1호 매장의례부	3	1식	B1형+동체부C'2형추정 + ⅰ형 접합방식 + ㄱ형 조정흔 + ①형 저부
2	서울 석촌 1호분북쪽연접적성총 3호 연접부 상부 교란층	3	2식	C1ⓐ형+동체부B'형추정+Ⅰb형 귀 + ㄴ형 조정흔
3	서울 석촌 3호분 N1트렌치	1		C1ⓑ형 + ⅱ형 접합방식
4	서울 풍납 197번지 나-25호 수혈	1		B2형 + ⅲ형 접합방식
5	서울 석촌 1호분 북쪽연접적성총 11호 적석묘	1		동체부C'2형 + ㄴ형 조정흔
6	충남 천안 화성리 신고품	1 완형		B2형+동체부C'2형(2.0)+Ⅰb형 귀
7	충남 공주 수촌리 2지점 4호 석실분	1 완형		A2형+동체부C'1형(1.5)+Ⅰb형 귀
8	서울 풍납 197번지 라-15호 주거지	1	3식	A2형 + ⅲ형 접합방식
9	경기 오산 수청동 4지점 25호 목관묘	1 완형		C2ⓐ형+동체부B'형(1.25)+Ⅰb형 귀 + ㄷ형 조정흔 + ②형 저부
10	서울 풍납 현대연합주택 토기폐기유구, 가-S3W1 그리드	4		B3형+동체부D'형+Ⅰb형 귀 + ⅲ형 접합방식 + ㄷ형 조정흔
11	전북 고창 봉덕리 1호분 W3S2-W3S3 남쪽 주구	2		동체부D'형+Ⅰb형 귀 + ㄷ형 조정흔
12	전북 고창 봉덕리 1호분 4호석실	1 완형		C2ⓑ형+동체부C'3형(1.5)+Ⅱ형 귀 + ③형 저부
13	전남 함평 금산리 방대형 고분	1		동체부C'3형 추정 + ㄷ형 조정흔

2형식은 구연부~경부 형태는 C1ⓐ, C1ⓑ, B2, A2형이 속한다.

C1ⓐ형+동체부B'형+Ⅰbㄴ형은 경부가 곡선 형태이고, 동최대경은 중위에 위치한 구형이다. 횡방향 Ⅰb형의 귀가 있고, 내면의 조정흔이 중간정도의 요철흔(ㄴ형)이 보인다. 서울 석촌동 3호 연접부 상부교란층의 3점과 서울 석촌동 87-4호 석곽묘의 2점이 이에 속한다.

C1ⓑ형+ⅱ형은 경부가 'C'자형이고, 반구 쪽에서 꺾인 형태로, 내면의 경부와 동체부의 접합방식이 점토띠를 덧댄 흔적과 물레성형(ⅱ형)으로 굴곡이 보인다. 이는 서울 석촌동 3호분 N1트렌치 1점이 이에 해당한다.

동체부가 구형인 C1ⓐ과 C1ⓑ형은 C1ⓐ형 → C1ⓑ형으로 시기가 내려가고 있다.

B2+동체부C'2+Ⅰb형은 경부가 나팔형으로 벌어지는 형태이고, 동최대경이 상위에 위치

한 타원형이다. 종방향 Ⅰb형의 귀가 있거, 현문이 2조 돌아가고, 갈채 장식은 구연단과 귀 상면에서 확인된다. 내면은 ㄷ형의 조정흔이 강한 요철흔이 있다. 이 형식은 서울 풍납토성 197번지 나-25호 수혈의 1점, 서울 석촌동 11호 적석묘의 1점, 충남 천안 화성리 신고품의 완형 1점이 해당되고, 기형의 속성과 제작기법이 유사하다.

A2+동체부C'1+Ⅰb형은 소형의 반구호이다. 경부가 직립하고, 구연부에서 견부까지 'C'자 형이다. 동최대경이 상위에 위치한 타원형이고, 종방향의 Ⅰb형의 귀가 있다.

3형식은 A2, C2ⓐ, B3, C2ⓑ형이 이에 속한다.

A2+ⅲ형은 소형의 반구호이다. 경부가 직립하고, 구연부에서 견부까지 'C'자형이다. 경부 가 좁아 고속의 물레성형으로 반구 쪽에는 점토가 밀린 흔적이 보이고, 동체부 쪽에 점토띠 가 짧고 동그랗게 덧대어 있다(ⅲ형). 이 제작기법은 계수호도 유사한 양상을 보인다. 서울 풍 납토성 197번지 라-15호 주거지가 이에 속한다. 구연부와 경부가 공주 수촌리 4호 석실분 보다 더 길어지는 형태를 띤다.

C2ⓐ형+동체부B'+Ⅰbㄷ②형은 경부가 'C'자형이고, 반구에서 꺾여서 위로 올라가는 형태 이다. 동최대경이 중위에 위치한 구형이다. 횡방향의 Ⅰb형의 귀가 있고, 내면은 ㄷ형의 조정 흔이 강한 요철흔(ㄷ형)의 강한 물레 조정흔이 뚜렷하게 보인다. 요면하게 오목한 평저 ②형 이다. 이는 오산 수청동 25호 목관묘가 속한다.

B3형+동체부D'+Ⅰbⅲㄷ형은 경부가 직립에 가깝고, 나팔형으로 벌어지다 반구 쪽이 꺾 이는 형태이다. 동최대경이 상위에 위치한 장타원형이고, 종방향Ⅰb형의 귀가 있다. 내면은 ㄷ형의 강한 물레 조정흔이 뚜렷하게 보인다. 고속의 물레 성형으로 경부와 동체부 내면 경 계에 점토띠가 'ㄴ'자로 꺾이는 ⅲ형으로, 동체부 쪽에 점토 덧대흔이 넓게 확인된다. 서울 석 촌동 11호 적석묘보다 귀의 폭이 넓고 갈채 장식이 없다. 이는 서울 풍납토성 현대연합부지 토기폐기유구와 가-S3W1 그리드의 5점이 해당된다. 전북 고창 봉덕리 1호분 W3S2-W3S3 남쪽 주구 6점은 이에 속하지만, Ⅰb형의 귀가 붙어 있는 형태로, 시간적 차이가 나타나는 것 으로 추정된다.

C2ⓑ형+동체부C'3+Ⅱ③형은 'C'자형의 장경이고, 반구 쪽이 꺾여서 위로 올라가는 형태 이다. 동최대경이 중위에 위치한 타원형이고, 횡방향의 Ⅱ형의 귀로 측면 제형이다. 요면이 깊어 중앙이 오목한 평저 ③형이다. 이는 전북 고창 봉덕리 1호분 4호 석실에 해당한다.

C2ⓐ형과 C2ⓑ형은 형태가 유사하지만, 동체부 형태가 B'형(구형)과 C'3형(타원형)으로 나 누어진다.

제작기법상 내면의 경부와 동체부의 접합 방식은 따로 만들어 접합한 방식인 ⅰ형과 고속의 물레성형으로 경부와 동체부 내면 경계에 점토띠가 'ㄴ'자로 꺾여 점토띠가 덧댄 흔적이 보이는 ⅲ형으로 구분된다. ⅰ형이 ⅲ형보다 시기가 가장 이른 것으로 보인다.

내면의 물레 조정흔은 시기가 늦어질수록 물레 성형의 강도가 약 → 강으로 ㄱ형 → ㄴ형 → ㄷ형순으로 요철흔의 굴곡이 심해진다. 오목한 저부도 시기가 늦어질수록 ①형 → ②형 → ③형으로 오목한 저부에서 깊은 요면이 생기면서 중앙이 오목한 저부로 변화된다.

3. 4~5세기 백제유적 출토 중국제 반구호의 편년적 위치

반구호는 4~5세기 중국의 기년명 자료를 통해, 다른 기종에 비해 동일시기에 공반된 속성 조합이 확인되고 있으며, 백제유적에서 출토된 반구호의 제작기법 속성이 더해지면서 종합 적으로 검토해 보면, 3단계로 편년적 위치를 설정할 수 있다

1단계는 4C3/4후반~4C4/4에 해당하는 시기이다. 구연부~경부 형태B1형, 동체부C'2형, 내면의 경부~동체부 접합방식은 ⅰ형, ㄱ형의 물레 조정흔, ①형의 오목한 저부가 속성에 해 당되며, 서울 석촌동 1호 매장의례부〈그림 4-1〉가 속한다. 전체적인 기형은 江苏 南京 象山 王仚之 8号墓(367년)〈그림 2-12〉와 유사하고, 구연부~경부 형태는 江苏 南京 象山 王建之妻 劉媚 8号墓(371년)〈그림 2-14〉와 유사함으로, 4C3/4 후반~4C4/4로 추정한다.

2단계는 4C4/4~5C1/4에 해당되는 시기이다. 구연부~경부 형태는 C1ⓐ/ⓑ형, A/B2형 이고, 동체부는 B'형, C'1/2형이고, Ⅰb형 귀, 내면의 경부~동체부 접합방식 ⅱ/ⅲ형, ㄴ형의 물레 조정흔이 속성에 해당된다.

C1ⓐ형과 동체부B'형인 서울 석촌동 3호 연접부 상부교란층〈그림 4-2〉은 浙江 溫州市 甌 海區麗塘 東晋太元十七年墓(392년)〈그림 2-21〉과 江苏 南京 南郊 谢溫墓(406년)〈그림 3-27〉 의 기형 속성이 유사함으로 4C4/4~5C1/4로 추정한다. C1ⓑ형인 서울 석촌동 3호분 N1트 렌치〈그림 4-3〉는 江苏 南京市 雨花台区 姚家山 东晋M3墓(동진만기)〈그림 2-25〉와 江苏 南 京 鐵心橋塼瓦一廠 司家山 謝救夫婦4号墓(407, 416년)〈그림 3-29〉와 구연부~경부 형태가 유 사함으로 4C말~5C1/4로 추정한다.

B2형과 동체부C'2형인 서울 풍납토성 197번지 나-25호 수혈〈그림 4-4〉과 서울 석촌동 1호분 북쪽 연접적석총 11호 적석묘〈그림 4-5〉, 충남 천안 화성리 신고품〈그림 4-6〉은 江 苏 南京 鐵心橋 塼瓦一廠 司家山 M2墓(동진만기)〈그림 2-24〉와 전체적인 기형이 유사하고, 江 苏 南京 鐵心橋 塼瓦一廠 司家山 謝救夫婦4号墓(407, 416년)〈그림 3-28〉와 동체부가 유사함 으로 4C4/4~5C1/4로 추정한다.

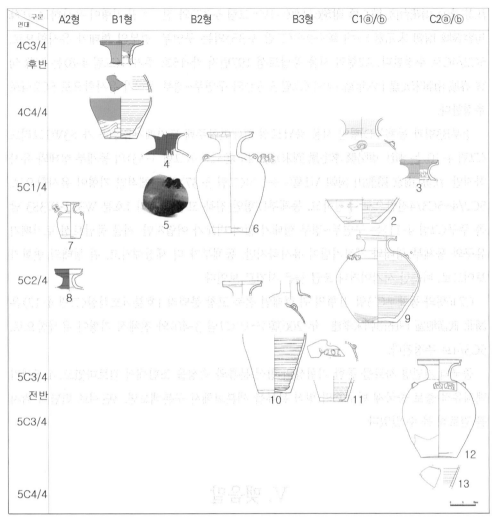

구분 연대	A2형	B1형	B2형	B3형	C1ⓐ/ⓑ	C2ⓐ/ⓑ
4C3/4 후반						
4C4/4						
5C1/4						
5C2/4						
5C3/4 전반						
5C3/4						
5C4/4						

그림 4　4~5세기 백제유적 출토 반구호 편년적 위치

　A형과 동체부C'1형인 충남 공주 수촌리 2지점 4호 석실분〈그림 4-7〉은 江苏 南京市 雨花臺區 警犬研究所 六朝墓(동진만기)의 기형 속성과 유사하여, 5C1/4~5C2/4 사이로 추정된다.

　3단계는 5C2/4~5C3/4에 해당되는 시기이다. 구연부~경부 형태는 A2형, B3형, C2ⓐ/ⓑ형이고, 동체부B'형, C'3형, D'형이고, Ⅰb/Ⅱ형 귀, 내면의 경부~동체부 접합방식 ⅲ형, ㄷ형의 물레 조정흔, ②/③형의 요면이 강한 오목한 평저가 속성에 해당된다.

　C2ⓐ형과 동체부B'형인 경기 오산 수청동 4지점 25호목관묘〈그림 4-9〉는 江苏 南京 鐵

江苏 南京 雨花台区 鐵心橋 谢琉6号墓(421년)〈그림 3-32〉와 전체적인 기형이 유사하고, 江蘇 句容春城 南朝 宋元嘉十六年墓(439년)〈그림 3-35〉와는 구연부~경부의 형태가 유사함으로, 5C2/4C로 추정한다. A2형인 서울 풍납토성 197번지 라-15호 주거지〈그림 4-8〉는 江蘇 句容 春城 南朝宋元嘉十六年墓(439년)〈그림 3-34〉와 구연부~경부 형태가 유사함으로 5C2/4로 추정한다.

경부B3형과 동체부D'형인 서울 풍납토성 현대연합주택 토기폐기유구과 가-S3W1그리드〈그림 4-10〉는 浙江 東陽縣 李宅鎭 劉宋元加四年墓(427년)〈그림 3-33〉의 동체부 형태와 유사하지만, 江苏 南京 隱龍山 南朝 M1墓(유송중기)〈그림 3-37〉와 전체적인 기형이 유사함으로, 5C2/4~5C3/4전반으로 추정하고, 동체부D'형인 전북 고창 봉덕리 1호분 W3S2-W3S3 남쪽 주구〈그림 4-11〉는 구연부~경부 형태가 없어 비교가 어렵지만, 서울 풍납토성 토기폐기유구와 동체부 형태와 제작기법이 유사하지만, 동체부가 더 세장해지고, 귀 형태의 변화가 보이므로, 비슷한 시기이거나 조금 늦은 시기로 보인다.

C2ⓑ형와 동체부C'3형, II형의 귀 형태인 전북 고창 봉덕리 1호분 4호석실〈그림 4-12〉은 湖北 武漢地區 四座南朝宋孝建二年 206墓(455년)〈그림 3-40〉와 전체적 기형이 유사함으로, 5C3/4로 추정된다.

중국의 기년명 자료를 통한 기형상의 형식 분류와 속성을 조합해서 검토하였고, 4~5세기 백제유적 출토 중국제 반구호의 형식 분류를 세분화해서 구분해보면, 3단계로 편년적 위치를 검토해 볼 수 있었다.

V. 맺음말

이를 통해 4~5세기 백제유적 출토 중국제 반구호는 서진, 동진, 유송, 제 시기의 중국 기년명 자료를 통해 기형상의 형식 분류로 구연부~경부의 형태, 동체부 형태, 동최대경 고도비율, 귀 형태를 살펴 보았다. 동시기의 백제유적에서 출토된 중국제 반구호에서 나타나는 제작기법을 통해서도 내면의 경부~동체부 접합방식, 내면의 물레성형 조정흔, 저부 형태를 확인할 수 있었다. 이 속성의 조합을 통해 종합적으로 형식 분류를 하면 3단계의 편년적 위치를 확인할 수 있었다.

이번 연구를 통해 중국제 반구호는 중국 기년명 자료를 통해 기형 상에 나타나는 속성 중 구연부~경부의 형태와 동체부 형태를 확인할 수 있었다. 특히, 동최대경의 고도비율을 통해 동체부의 기형이 시기가 늦어질수록 더욱 더 세장해지는 것을 확인할 수 있었다.

또한 백제유적 출토 중국제 반구호의 제작기법을 통해, 3가지의 내면 경부~동체부 접합방식을 확인할 수 있었다. 접합방식은 먼저 점토띠 위에 도구(목판구)로 꾹꾹 누른 후 경부 내면에 점토띠를 덧대고, 물레성형으로 동체부와 접합한 방식(ⅰ형)과 내면은 점토띠를 덧대고 경부가 곡선으로 올라가면서 물레성형으로 동체부와 접합할 때 굴곡이 생긴 것(ⅱ형), 긴 경부가 직립하면서 경부~동체부가 'ㄴ'자로 꺾이면서 점토띠가 접혀서 동체부와 접합한 방식(ⅲ형)이다. ⅲ형에서 점토 밀린 흔적이 일부 또는 전체가 보이는 것이 확인되었고, ⅰ형은 경부와 동체부를 따로 만들어 결합한 제작기법으로 추정된다. 조정흔은 물레성형의 강도와 도구에 의한 요철흔이 생기는 방식으로, ㄱ형〈 ㄴ형〈 ㄷ형 순으로 물레성형의 강도가 강해지고, 동체부 내면에 요철흔의 굴곡도 심하게 나타난다.

특히, 이런 제작기법을 통해 기형의 형식 분류와 시간적 위치에서 주요한 속성 요소임을 다시 한 번 확인하게 되었다.

앞으로도 중국도자기의 다른 기종에서 형식 분류와 시간적인 연관성을 설정하는데 다각적으로 접근할 수 있는 계기가 되었으면 한다.

〈후기〉

이남규 선생님의 정년 퇴임을 진심으로 축하드립니다.

뜨거운 열정과 시명감을 몸소 보여주시고 제자들을 이끌어주신 이남규 선생님께 무한한 감사의 마음을 전하며, 앞으로도 하시는 모든 일에 행복과 기쁨이 가득하시길 바라겠습니다.

제13장

영산강유역 옹관묘의
피장자를 보는 시각

권오영
서울대학교 국사학과

Ⅰ. 머리말

2021년도에 함평 신덕 1호분의 발굴성과가 공개되면서 피장자의 성격에 대한 궁금증이 더해지고 있다. 이 고분은 외형이 전방후원형이며 석실이 왜계임에도 불구하고 금동관, 금송제 목관 등이 출토되면서 피장자의 성격을 추정하기 어려운 상태이다.

그런데 단지 이 무덤만이 아니라 영산강유역의 고분 중에는 그 피장자의 성격을 추정하기 어려운 경우가 매우 많다. 대표적인 사례로 나주 다시면 복암리 3호분 96호 석실(국립문화재연구소 2001)을 들 수 있다. 이 고분이 다시면 일대 최고 수장 가계가 남긴 무덤이란 점은 분명해 보이는데 문제는 석실의 구조가 왜계란 점이다. 진지한 고민 없이 96호 석실을 왜계 고분에 포함시키는 연구성과들을 접하면서 의문은 더 커졌다. 옹관묘의 축조와 매장으로 시작된 복암리 3호분이 점차 대형화되고, 어느 단계에 가서 지역 최고 수장층이 왜계 고분에 매장된 셈인데(조근우 2006)[01] 그 의미는 무엇일까? 왜계 석실에 매장되었으니 왜인이라고 할 것인가, 아니면 지역 수장층이 왜계 석실을 채택한 것이라고 설명할 것인가? 문제를 더 복잡하게 만드는 것은 이 석실 내부에 4기의 전용 옹관이 장구로 채택되었다는 점이다. 대형의 전용 옹관은 영산강유역 고분문화의 가장 큰 특징이기 때문에 왜계 석실과 공존하는 현상에 대한 설명이 필요해졌다.

필자가 지니고 있던 이 오래된 의문을 해결하지 못하고 있는 도중에 또 하나의 의문에 직면하였다. 발해 고분을 정리하는 총서 작업(중앙문화재연구원 편 2017)을 진행하면서 함경북도 청진 일대에 분포하는 일부 발해 석실묘에서 나타나는 독특한 평면구조, 그리고 석관의 사용 이유를 설명할 수 없었던 것이다.

발해 중심부의 묘제는 기본적으로 고구려계 횡혈식 석실묘 내부에 목관을 사용하는 것이 대세이다. 돈화 육정산고분 석실묘(吉林省文物考古硏究所 · 敦化市文物管理所 編著 2012)는 관정을 이용한 목관 사용으로 가장 고구려다운 묘제를 반영한다. 상경 용천부와 관련된 영안 홍준어장 고분군에서도 횡혈식 석실묘 내부에는 목관에 시신을 안치하는 양상이 확인된다(黑龍江

---

01) 최초 옹관묘를 조영하던 집단과 석실을 축조한 집단이 연속성을 갖고 있음은 대부분의 연구자가 동의하고 있다.

省文物考古研究所 編著 2009).

　그런데 왜 청진 부거리 다래골과 연차골의 발해고분에서는 석관이 사용되었을까? 게다가 이 지역의 발해 고분은 횡혈식석실묘이지만 현실의 평면형이 원형이나 타원형, 혹은 다각형을 띠고 있다. 방형이나 장방형이 아닌 다른 형태의 평면형을 보이는 석실은 이 고분군의 피장자군이 발해인이라도 고구려, 말갈 이외의 제3자, 예컨데 거란족의 존재를 보여주는 것은 아닐까 하는 생각도 해 보았다. 이 과정에서 고대 무덤에서 피장자의 종족석 정체성을 가장 잘 보여주는 지표는 무엇일까 하는 고민을 하게 되었다.

　고분 피장자의 남녀 성별 구분은 비교적 용이한 편이다. 신라 고분에서 남녀 성별 구분은 특정 장신구나 무기류의 존재 여부를 통해 추정할 수 있다. 간혹 방추차와 같은 특정한 기물의 존재, 유리구슬의 다과 등도 중요 기준이 된다.

　피장자의 정치적 위계는 특정한 장신구 부장 여부를 통해 추정할 수 있다. 신라 최고 지배층의 상징물로서의 금관, 백제 지방 수장층에게 분여된 금동제 관모와 신발, 사비기 이후 관료의 표상인 은제 화형 관식 등이 좋은 예이다.

　그렇다면 고대 무덤에서 종족적 정체성은[02] 어떻게 표현될까? 일단 외형, 즉 墳形을 중요시하는 입장이 있다. 방분과 원분 같은 외형의 차이를 피장자의 출신과 계통의 반영으로 읽으려는 시도(都出比呂志 2000), 전방후원분의 피장자는 그 외형으로 인해 기본적으로 왜인이라는 견해(박천수 2011)가 여기에 속한다.

　그 다음은 석실의 구조에 주목하는 견해가 있다. 왜계 석실의 피장자는 일단 왜인으로 보려는 시도(홍보식 2006)가 대표적이다.

　마지막으로 몸에 착장한 장신구나 위세품을 중시하는 입장이다. 예를 들어 일본 고분시대에 귀금속제 장신구를 착장한 피장자는 한반도계 이주민일 가능성이 높다는 주장이다. 여기에 유리구슬로 만든 장신구를 착용한 피장자도 포함시킬 수 있다.

　그런데 이러한 복수의 기준이 서로 상충될 경우에는 어떻게 판단할 것인가? 무엇이 기본적인 기준이고 무엇이 세부적인 기준인가? 여기에 대해서는 아직 논의가 이루어진 바 없다.

---

02) 고고학적 물질문화와 종족성, 족적 정체성에 대한 논의(박순발 2006; 이성주 2018) 과정을 통하여 양자를 직접적으로 결부하는 방법론의 문제점은 지적된 바 있다. 그럼에도 양자의 관련성을 전면 부정하는 논자는 찾아보기 힘들다. 이 글에서 "종족성"이란 용어 대신 "종족적 정체성"이란 용어를 사용하는 이유는 삼국시대의 종족 개념에 대한 근본적인 논의가 부족한 현실, 그리고 당시 주민집단이 스스로 인식한 종족적 정체성, 타자가 인지한 정체성, 실제의 종족성이 반드시 일치하는 것은 아니라는 문제의식(권오영 2010)에서 비롯되었다.

II. 피장자의 종족적 정체성은 어떻게 나타나는가?

삼국시대와 남북국시대 무덤 피장자의 종족적 정체성을 추정하기에 가장 유효한 기준은 무엇일까? 여기에서 고구려계와 말갈계 주민의 이원적 구성론에 큰 반론이 없는 발해 고분이 유효한 분석 대상이 될 수 있다. 발해의 횡혈식 석실묘 중에는 목관을 사용한 사례가 매우 많다. 고구려의 경우도 횡혈식 석실묘에서 목관 사용은 일반적이며, 적석묘에도 목관의 흔적이 잘 보이지는 않지만 목질과 관정, 고리가 발견되므로 목질 장구가 있었음은 분명하다. 따라서 고구려와 발해의 횡혈식 석실묘는 목관을 장구로 사용하는 것이 일반적이라고 전제할 수 있다.

그런데 왜 유독 함경북도 청진 부거리의 다래골(그림 1)과 연차골 고분군에서는 횡혈식 석실묘의 현실 내부에 석관이 마련되어 있을까? 부거리 내에서도 합전지구, 토성지구, 옥생동

그림 1 함경북도 청진 부거리 다래골 5호묘(좌)와 9호묘(우) (축척부동)

지구에서는 이런 현상이 보이지 않는다. 오직 다래골과 연차골에서만 보이는 현상이다. 회령 궁심지구에서는 횡혈식 석실묘와 석관묘가 혼재하는데, 현실 내에 판석으로 관대를 설치하는 경우는 있으나, 석관이 현실 내부에 자리잡는 현상은 보이지 않는다(동북아역사재단 편 2015). 함경북도 내에서도 지역차가 있는 셈인데, 크게 보아 석관이 현실 내부에 안치되는 경우, 석실과 석관이 공존하는 경우로 나눌 수 있다.

그런데 두만강유역은 청동기시대 이후 석관묘가 발전한 지역임을 유념할 필요가 있다. 연길 소영자유적(서울대학교박물관 2009)을 비롯하여 옥저지역에서 석관묘 전통이 강함을 인정한다면,[03] 옛 옥저지역에 조영된 발해 고분에서 석실 내부에 석관이 사용되거나, 아니면 석실과 별도로 석관이 공존하는 현상을 이해할 수 있을 것이다. 여기에 묻힌 피장자들이 국적으로는 발해인이라 하더라도 이 지역의 옥저 이래의 매장 전통을 간직하고 있었던 것 같다. 반면 영길 대해맹과 사리파, 유수 노하심 등 말갈계 무덤에서는 목관묘와 목곽묘, 그리고 관곽이 없는 토광묘가 주 묘제이고 돌을 이용한 경우는 드문 것으로 보인다.

그렇다면 발해 국가 내에서 고구려계 주민은 횡혈식 석실 내부의 목관에, 옛 옥저계 주민은 횡혈식 석실 내부의 석관이나 석실 없이 독립적인 석관에 묻히고, 말갈계 주민은 석실 없이 목관, 목곽묘에 매장되는 것이 대세였다고 볼 수 있다. 그렇다면 석관을 사용하지만 횡혈식 석실묘를 채택한 청진 부거리 일부 지역의 발해 고분은 수혈식 목곽묘를 사용하던 말갈계 무덤에 비해서는 상대적으로 발해 중앙의 무덤에 더 가깝다고 볼 수 있다.

참고할 수 있는 사례로서 북조와 수당에 들어온 소그드인의 묘제를 보자. 山西省 太原 虞弘墓에는 592년에 매장된 우홍과 598년에 매장된 부인이 합장되어 있다. 우홍 부부는 현실에 마련된 가옥 모양의 관곽 안에 안치되어 있는데 이는 소그드족의 종교인 조로아스터교와 관련된 것(服部等作 2006), 즉 옷사리를 표현한 것이다. 관곽은 흰 대리석으로 병풍처럼 벽을 가구한 구조인데, 표면에는 다양한 생활상이 부조로 묘사되어 있다. 가장 중심적인 장면은 주인공 부부가 좌상에 앉아서 주연을 즐기는 모습이다. 이 좌상은 소그드인들의 무덤에서 자주 발견된다. 서안의 북주 安伽 묘(陝西省考古研究所 編著 2003)에서도 병풍을 돌린 좌상, 즉 圍屛石楊이 설치되어 있다. 돌로 만든 평상 위에 벽석을 세운 위병석탑은 일본의 미호박물관, 프랑스의 기메동양미술관 등지에도 소장되어 있는데 중국에 들어온 소그드인의 상징처럼 되어 있다. 조로아스터교 신자로서 옷사리에 매장되었어야 할 소그드인들이 동쪽으로

---

03) 『삼국지』에 소개된 옥저의 묘제가 지상에 설치된 목곽을 연상시킨다는 점은 이 글의 논지와 모순되는 점이다. 하나의 목곽에 복수의 시신이 안치되는 다인장 풍습은 발해에서 재현된다.

와서 새로운 장묘문화의 분위기 속에서도 자신들의 고유한 묘장제를 위병석탑식의 관곽으로 변형시킨 것은 아닐까?

종족적 정체성이 관곽에 반영된다는 가설을 다른 지역에 대입해 보자. 일본 고분시대 중기의 수장층은 다양한 형태의 석관을 장구로 사용한다. 그런데 오사카(大阪)부 카시와라(柏原)시 다카이다야마(高井田山)고분은 납작한 할석으로 구축한 궁륭상 석실, 우편재 연도, 현실 장축에 따라 2개의 목관을 병렬배치한 점에서 한반도, 특히 백제 판교형 석실묘의 모습을 충실히 따르고 있다. 이런 까닭에 발굴 담당자들은 이 고분의 피장자를 백제계 왕족으로 보고 있다(安村俊史·桑野一幸 1996). 여기서 일단 일본 고분시대에 목관의 사용이 한반도계 이주민의 정체성과 관련되었을 것이란 가설을 세울 수 있다.

그런데 분명한 백제계 기술로 만든 금동 신발(吉井秀夫 1996)이 부장된 시가(滋賀)현 카모이나리야마(鴨稲荷山) 고분 피장자는 백제계 이주민으로[04] 간주하지 않는다. 역시 백제계 금동 신발이 부장된 나라(奈良)현 후지노키(藤ノ木) 고분(奈良縣立橿原考古學研究所 1990) 피장자 역시 백제계 이주민으로 보기 어렵다. 금동제 장신구 이외의 여러 부장품, 문헌 기록과 각종 전승을 고려할 때 한반도 각국과 밀접한 관련성을 갖고 있음은 분명하지만 이주민이라고 보기는 어렵기 때문이다. 이런 까닭에 전자는 케이타이(繼體)와 관련된 오오미(近江) 지역 수장층 중 1인으로, 후자는 2인의 피장자를 1남1녀(泉森皎 2001)로 보건 2남으로 보건, 대왕가와 관련된 인물로 보고 있다. 그런데 카모이나리야마고분과 후지노키고분은 모두 석관이란 공통성을 가지고 있다. 석관의 사용은 한반도계 이주민에 어울리지 않음을 알 수 있다.

한편 백제계 금동 신발이 출토된 오사카 이치스카(一須賀)고분군 WA1호분(大阪府立近つ飛鳥博物館 2004)은 비록 석관을 사용하였지만 이른바 도래문화의 색채가 짙은 것으로 인정된다. 이 고분은 직경 30m 급의 원분으로서 횡혈식 석실 내에 가형 석관이 안치되고 부장품으로서 스에키와 하지키, 미니어처 부뚜막, 순금제 이식, 녹색과 황색의 유리구슬, 금동제 관편, 금동제 식리편, 금동장 단룡문환두대도 등이 출토되었다. 이치스카고분군은 오사카 동남부에 한반도계 이주민들이 남긴 6세기 대의 대표적 군집분으로서, 200기 정도가 확인되었는데(花田勝廣 2005), 미니어처 취사용기 세트와 한식계 토기가 부장되는 비중이 매우 높으며 석관과 목관이 혼재한다. WA1호분은 석관을 제외한 대부분의 부장품이 한반도, 특히 백제계 이

---

04) 일본 학계에서는 "백제계 도래인"이란 표현을 사용한다. 도래인은 "바다를 건너 온"의 의미를 담고 있는데, 일본 입장에서는 합당하지만 한국사의 입장에서는 맞지 않는다. 이런 까닭에 필자는 "백제계 이주민"이란 용어를 사용하고 있다.

그림 2 나라현 사쿠라이시 아카오쿠즈레다니 고분군과 출토유물

주민의 특성을 강렬하게 보여주지만, 석관이란 나머지 요소와 충돌한다. 이 무덤의 피장자가 전체 이주민 집단의 수장격에 해당되어 특별히 석관의 사용을 허락받았다는 주장도 가능할 것이다.

나라현 니자와센즈카(新澤千塚) 고분군(奈良縣立橿原考古學硏究所 1981)은 키나이(畿內) 지역의 대표적인 한반도계 이주민 집단 묘역이다. 600기 정도의 소형분으로 구성되었는데 분형은 전방후원형, 원형, 방형이며 매장주체부는 목관이 많다. 그 중에서도 126호분은 장방형 분형에 할죽형 목관을 사용하였는데 부장품의 종류가 유리 용기세트, 금동제 관식, 이식, 머리장식, 청동다리미 등 신라고분과 유사하다. 이런 까닭에 이 고분의 피장자에 대해서는 신라계 인물로(박천수 2007・2014) 보는 데에 이견이 없다. 이 경우는 목관의 사용이 한반도계 이주민의 종족적 정체성을 잘 보여주는 사례로 들 수 있다.

나라현 사쿠라이(櫻井)시 아카오쿠즈레다니(赤尾崩谷) 고분군(그림 2)은 직경이 10m 조금 넘는 소형분들로서 방분 4기, 원분 1기로 구성되었다. 장구로는 목관을 사용하였는데(충청남도・충청남도역사문화연구원 2017), 일본에서는 유례가 드물게 11,000점이 넘는 구슬류가 발견되었다.[05] 이 고분군의 피장자들을 한반도 남부에서 이주한 사람들로 보는 데에 이견이 없다. 인근의 아카오쿠마가다니(赤尾熊ヶ谷) 고분군(1~3호분)은 한변이 10m 정도의 소형 방분으로서

---

05) 1호분(방형)에서 3,617점, 2호분(원형)에서 4,625점, 3호분(방형)에서 2,832분이 출토되었다. 일본 고분시대에 이렇게 다량의 구슬, 특히 유리구슬이 발견되는 경우는 드물다. 1호분에서는 조족문이 타날된 단경호도 출토되었다.

목관이 사용되었는데, 다량의 철기류가 부장되어 있어서 역시 한반도계 이주민의 무덤일 가능성이 높다.

오사카부의 나가하라(長原) 고분군 역시 대표적인 이주민 집단묘역이다(京嶋覺 1997). 200기 이상이 확인되었고, 인근의 나가하라 취락(田中淸美 2005)과 관련되었다. 매장주체부가 제대로 확인된 것은 18~19기 정도인데, 석관은 한 기도 없고 목관이나 하니와(埴輪)관 일색이다. 이 고분군의 피장자들의 위계가 그다지 높지 않기 때문에 석관을 사용하지 않았다고 볼 수도 있으나, 다른 사례들과 종합하면 한반도계 이주민들이 목관에 매장되는 것이 대세였음을 알 수 있다. 다만 이치스카 WA1호분의 석관을 고려할 때 목관과 석관의 선택이 종족성을 판단할 절대적 기준은 아니라고 보아야 한다. 즉 피장자의 종족적 정체성에도 불구하고, 사회적 위계가 높을 경우 석관에 매장되는 경우가 있었다고 추정된다.

고구려, 백제, 신라, 가야 모두 공통적으로 피장자를 안치하는 장구는 목관이다. 이런 점에서 일본열도의 한반도계 이주민 무덤에서 목관의 사용이 현저한 것은 분명 주목되는 현상이다. 어찌보면 횡혈식 석실묘, 철기와 스에키, 귀금속제 장신구보다도 목관의 사용이 한반도계 이주민들의 종족적 정체성을 가장 강하게 표현하는 방식이었다고 판단된다.

III. 영산강유역 고분 피장자의 종족적 정체성

남해안일대에 분포하는 5~6세기대 고분은[06] 분형에서 원형과 방형, 전방후원형 등으로 나뉘며, 매장주체부는 횡혈식 석실, 수혈식 석관과 석곽, 횡구식 석곽 등이 있으며 최종적으로 피장자를 모신 장구는 목관, 석관, 그리고 옹관이다. 외형(평면형, 단축, 즙석, 주구 등)과 매장시설, 부장품이나 장신구, 장제 등의 대응관계는 매우 복잡하다.

예를 들어 영암 옥야리 방대형고분(국립나주문화재연구소 2012)의 경우 분형은 방형, 매장시설은 목관, 석곽, 옹관, 석실 등이어서 왜계 요소는 없다. 그러나 분구에 원통형의 하니와형 토제품을 수립한 점은 왜계 속성이다. 이 경우 하니와형 토제품만을 근거로 이 고분을 왜계 고분, 피장자를 왜인으로 보는 연구자는 없다. 고분을 구성하는 여러 속성 중 한가지만을 기준으로 삼아 피장자의 종족성을 추정할 수 없음을 잘 보여준다.

---

06) 이하 발굴보고서를 구체적으로 거론하지 않은 경우는 3권의 자료(목포대학교박물관·전라남도 1996; 국립나주문화재연구소 2010; 전라남도 2020)를 참고하였음을 밝혀둔다.

석실의 종류나 형태가 결정적인 기준이 될 수 없음은 이미 무령왕릉에서 입증되었다. 터널형의 전실묘라는 구조만 본다면 무령왕릉은 중국 남조 귀족의 무덤으로 오인될 만하다. 하지만 무령왕릉은 분명히 무령왕 부부의 무덤이다.

분형이 결정적인 증거가 될 수 없다는 사실을 필자는 이미 주장한 바 있다. 영산강유역을 포함한 한반도 남부에서 왜계 요소가 인정되는 고분이라 하더라도 일률적으로 그 피장자의 정체성을 단정할 수 없고 대략 6가지로 구분된다고 주장하였다(권오영 2017; 權五榮 2019). 구조와 장법, 유물이 모두 일본적인 경우(고흥 야막, 신안 배널리), 전방후원분을 모방한 구조와 장법을 보이지만 재지적 요소와 백제적 영향이 공존하는 경우(대부분의 전방후원형 고분), 구조와 장법에서 일부 일본적인 요소가 보이지만 재지산 유물, 혹은 백제 중앙산 위세품이 존재하는 경우(나주 복암리 3호분 96호 석실, 고흥 길두리 안동고분), 구조는 재지적이지만 장법과 유물에서 일본적 특성이 강한 경우(함평 금산리 방대분[07]), 일본산 유물이 소량 보이지만 구조와 장법이 재지적인 경우(고창 봉덕리 1호분), 스에키와 유사한 토기가 부장된 횡혈묘(공주 단지리) 등으로 나누었던 것이다.

한반도 남부의 5~6세기 무렵 고분 전체를 대상으로 할 때, 고흥 야막고분, 신안 배널리 3호분(동신대학교문화박물관 2015)은 입지와 구조, 부장품 등 모든 면에서 왜인이 묻혀 있을 가능성이 높다는 점에 변함이 없다. 그 대척점에 방대형 분구와 대형 전용 옹관이 사용된 나주와 영암의 많은 옹관고분들이 위치하며, 그 내부에는 재지 수장층이 묻혀 있을 것으로 판단된다. 이 사이의 공간에 수많은 고분들이 다양한 스펙트럼을 보이며 배치될 것이다. 즉 재지색이 좀 더 강한 경우와 약한 경우, 외래계 요소가 강한 경우와 약한 경우 등이 혼재하는 것이다.

일본 고분시대 중기 키나이지역에서 목관, 특히 금속제 관고리와 관정으로 결구한 목관을 사용한 집단이 한반도계 이주민임을 인정할 수 있다면, 역으로 한반도에 매장된 왜인들은 일본열도의 고유한 장구, 즉 석관을 사용하였을 것이란 가설을 세울 수 있다. 의령 경산리 M1호분은 직경 24m 급의 원분으로서 장방형 평면에 중앙연도식의 횡혈식 석실묘가 마련되어 있다. 현실 안벽에 잇대어서 석관을 설치하였는데 큐슈의 이시야가타(石屋形) 석관, 세키쇼(石障形) 석관과 상통한다.

이시야가타 석관(그림 3-좌)은 구마모토(熊本)현 북서부의 키쿠치카와(鞠智川) 유역에서 출현

---

07) 금산리 방대분의 발굴조사가 진전되면서 분구 표면에 즙석을 실시한 사실이 밝혀졌다. 따라서 필자의 종전 분류안은 수정되어야 한다.

그림 3 일본 구마모토현의 석관(좌), 시마네현의 열린 관(우)

하여 6세기 이후 주변으로 확산되었다(藏富土寬 2009). 경산리 석관의 장벽은 그 일부가 U자형으로 가공되었는데(경상대학교박물관 2004), 그 형태나 원리가 일본의 이른바 "열려져 있는 관(그림 3-우)"과 연결되고, 큐슈지역 석관과도 연결된다.[08] 경남에서는 이외에도 의령 운곡리 1호분, 사천 선진리고분과 향촌동 Ⅱ-1호분, 거제 장목고분, 고성 송학동 1B-1호분 등이 왜계 석실로 인정되는데(김준식 2020), 사천 향촌동의 경우는 역시 열린 관의 일종인 세키쇼 석관에 해당된다.

최근 발굴조사가 진행된 해남 장고봉고분의 경우도 현실 내부가 심하게 훼손되었지만 원래 "열려져 있는 관"이었을 것으로 추정되었다(최영주 2021).

광주 월계동 1호분은 분형이 전방후원형이어서 원분인 경산리 M1호분과 다르다. 하지만 석관의 사용이란 점에서는 공통적이다. 월계동 1호분은 전방후원형의 분형, 왜계 석실, 그리고 석관의 사용이란 점에서 3요소가 모두 왜계에 속한다. 한반도 남부에서 발견되는 왜계 석실은 대개 큐슈(九州)계로 인정되고 있다(洪譜植 2009).

순천 덕암동에서는 5기의 삼국시대 무덤이 발견되었는데(그림 4), 그 종류는 매우 다양하다. 옹관묘, 석곽옹관묘, 관정과 관고리로 결구한 목관을 납입한 수혈식석곽(실), 가야 토기가 부장되고 꺾쇠로 결구한 목관이 납입된 석곽 등으로 구분된다. 일단 관정과 관고리로 결구한

---

08) 약 100m 정도의 거리를 두고 떨어져 있는 M2호분(의령군·극동문화재연구원 2018)의 경우는 즙석의 존재, 석실의 형태 등에서 일부 M1호분을 닮은 점이 있으나 石屋形이 사라지고 돌로 만든 관대가 마련된 점이 다르다. 왜계 고분의 현지화 과정의 단면일 가능성이 있다.

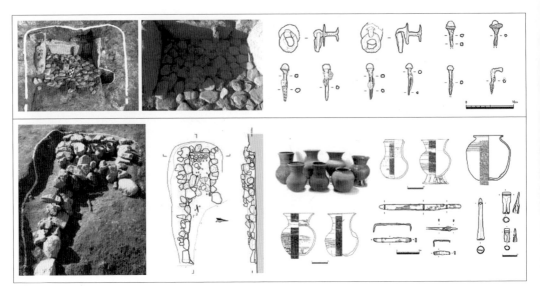

그림 4 순천 덕암동 4호묘(위: 백제) 및 6호묘(아래: 가야)

목관은 백제 고분, 꺾쇠를 사용한 목관은 가야 고분으로 분류된다. 웅진-사비기에 백제 중앙인 공주, 부여에서는 관고리와 관정으로 결구한 목관을 현실 안에 배치하는 방식이 일반적이었다(공주시 · 충청남도역사문화연구원 2009). 덕암동고분군에서 남겨진 한가지 문제는 옹관묘와 석곽옹관묘의 존재이다. 이 지역의 묘제가 분명치 않은 점이 있으나 이 고분군의 구성이 매우 다원적임은 분명하다.

고흥 야막고분, 해남 외도고분과 신월리고분, 신안 배널리 3호분은 왜인이 묻힌 것으로 보는 것이 학계의 대세인데(김낙중 2013), 목관이 사용되지 않았다는 공통점이 있다. 고흥 길두리 안동고분에서는 한성양식 금동관과 식리가 출토되었으나(임영진 2006), 관정, 꺾쇠의 흔적은 보이지 않는다. 반면 화순 천덕리 회덕 3호분, 해남 만의총은 일부 왜계 요소가 존재하지만 관정과 관고리로 결구한 목관의 존재가 주목된다.

이런 점에서 해남 지역의 양상은 매우 흥미롭다. 용두리(조현종 · 은화수 · 조한백 · 임동중 2011)와 방산리고분은 분형과 석실 구조가 왜계로 보이며 목관의 흔적이 없다.[09] 왜계 고분일 가능성이 있는 신월리 방대분은 석관형 석실로서 목관을 사용하지 않았으며, 용일리 용운고분

----

09) 철제 관정이나 관고리, 꺾쇠로 결구한 목관이 없다는 의미일 뿐, 할죽형 목관이나 목제 나비장으로 결합된 목관의 존재 가능성은 남아 있다.

군 역시 목관 흔적이 없다. 매장주체부의 종류가 불분명하지만 즙석과 형상 하니와의 존재에서 왜계 속성이 뚜렷한 금산리 방대형고분(전남문화재연구소 2015)도 주목된다. 반면 월송리 조산고분은 왜계 석실이지만 목관이 사용되고 있다.

함평의 경우는 분형이 전방후원형인 마산리 표산고분에서는 목관 흔적이 없는 반면, 월계리 석계고분군(횡혈식과 횡구식 공존)에서는 관고리와 관정으로 결구한 목관이 사용되었다. 신덕 1호분은 전방후원형 분구에 왜계 석실이면서도 관고리와 관정으로 결구한 목관이 사용되었다(국립광주박물관 2021).[10]

장성 만무리고분은 원형 분구, 횡장판정결판갑이 출토된 석실묘인데 목관 흔적은 없었다. 반면 학정리 6호 석실묘는 백제식 과대금구가 출토되었으며 관못도 확인된다.

영암에서는 전방후원형인 자라봉고분, 방분인 옥야리 방대분(전용호 2014)에서는 관정이 보이지 않는 대신, 내동리 쌍무덤 1호 석곽과 2호 석곽에서는 관정이 출토되었다. 특히 2호 석곽에서는 나주 신촌리 9호분 출토품과 유사한 금동관이 발견되었다.

전방후원형 고분만 한정해서 살펴보면, 광주 월계동 1호분은 석관, 함평 신덕 1호분은 목관이 사용되었다. 월계동 1호분에는 왜인이, 신덕 1호분에는 재지인 내지 백제와 관련된 인물이 매장되었을 가능성이 높다. 나머지 전방후원형 고분들은 목관의 사용 가능성이 추정되더라도 철제 관정과 관고리는 발견되지 않았다. 왜계 요소가 확인되는 고분들은 대개 목관의 흔적이 없었지만, 해남 월송리 조산고분에서는 목관의 흔적이 확인된다.

그렇다면 목관의 사용 여부를 가지고 피장자의 종족적 정체성을 판단하려는 시도는 유효한 것인가? 절대석인 기준은 될 수 없으나 일부 유효하다고 본다. 백제적인 요소가 농후한 함평 월계리 석계, 장성 학정리의 석실묘, 영암 내동리 쌍무덤, 그리고 나주 대안리 4호분, 송제리 고분에서는 모두 관고리와 관정으로 결구한 목관 흔적이 확인되기 때문이다.

한가지 더 주목되는 점은 백제 중앙이 최고급 위세품(귀금속제 장신구류)을 준 대상은 나주 신촌리 9호분(국립나주박물관·나주시 2017), 송제리고분, 복암리 정촌고분(국립나주문화재연구소·국립나주박물관 2019), 영암 내동리 쌍무덤(전남문화재연구소 2019), 함평 신덕 1호분, 고창 봉덕리 1호분(馬韓百濟文化硏究所·高敞郡 2016)이다. 이 고분들에서는 모두 목관이 사용되었으므로 본고의 기준에 의하면 이 무덤의 피장자들은 왜인이 아니다. 전방후원형 고분은 비록 그 규모가 크고 중국제 청자나 흑갈유도기는 출토되지만, 신덕 1호분을 제외하면 백제 중앙의 최

---

10) 신덕고분의 목관은 관못, 관고리로 결구한 것 이외에 못과 고리가 없는 별도의 목관(판?)이 하나가 더 있었던 것 같다. 이 문제와 결부시켜 매장 프로세스에 대해서는 별도의 기회를 갖고자 한다.

석실 내부(남동)

그림 5 나주 복암리 3호분 96석실(전라남도 2020에서)

고급 위세품은 부장되지 못하였다. 이는 피장자의 종족적 정체성과 함께 백제 중앙의 의도를 보여준다.

이상의 내용을 종합해 보면 분형과 옹관의 존재는 재지적, 석실은 왜계인 복암리 3호분 96석실(그림 5)의 피장자는 재지인일 가능성이 높다. 분형이 전방후원형이건 원형이건, 때로는 왜계 석실을 채택하더라도 목관, 특히 금속제 관고리와 관정으로 결구한 목관을 사용한 경우는, 백제 중앙의 위세품을 소지할 개연성이 높다. 이러한 고분 피장자는 왜인이 아니고 재지인 내지 백제 중앙과 관련된 인물일 가능성이 높다.

Ⅳ. 맺음말

처음 이 글을 작성하게 된 계기는 나주 복암리 3호분 96호 석실의 피장자 문제였다. 그런데 2021년 학술대회 과정에서 새로운 사실을 인식하게 되었다. 발표자로 참가한 이영철 선생의 지적대로 96호 석실의 금동 신발은 옹관 내부에서 나온 것이 아니다. 게다가 이 석실 내부에는 철제 관정도 존재하고 있었다. 그렇다면 옹관 4기의 안치 이전에 이미 금동신과 관련된 피장자, 그리고 목관이 존재하였던 셈이다. 영산강유역에서 목관이 옹관으로 자연스럽게 이행하였다는 견해가 맞다고 하더라도 이 석실의 매장 프로세스는 여전히 미해결 상태가 된다.

게다가 학술대회 과정에서 목관을 사용하는 집단과 옹관을 사용하는 집단의 병존, 전자의 쇠락과 후자의 대두라는 틀을 견지하는 연구자가 의외로 적지 않음을 알게 되었다. 그럴 경우 함평 만가촌 분구묘와 영암 옥야리 방대분 등 목관과 목곽, 옹관 등이 혼재하는 고분의 해석은 곤란해진다. 목관에서 옹관으로의 이행이라는 필자의 틀과는 전혀 다른 이해인 셈이다.

필자는 영산강유역에서 대형의 전용 옹관이 유행하는 이유에 대해 거듭되는 추가장 과정에서 선행하는 묘와 친족 구성원의 유해가 훼손되는 모습을 목도한 결과 이를 방지하기 위한 고안이 아닌가 하는 생각을 해 본 적이 있다. 그 결과 목관이나 목곽 대신 부식되지 않는 옹관을 채택하였을 가능성을 고려한 것이다. 이 문제는 간단히 정리할 것은 아니고 앞으로의 과제로 삼고 싶다.

다만 한가지 분명한 사실은 고분 피장자의 종족적 정체성을 분형이나 분구 장식,[11] 매장시설, 착장형 장신구 중 한 두 가지를 임의로 선택하여 결정할 수는 없다는 점이다. 피장자의 종족적 정체성은 분형이나 분구 장식을 통해 외형적으로 드러날까? 아니면 매장시설 안에 은밀하게 표현될까? 다양한 경우의 수를 상정할 수 있다. 따라서 분형이나 석실의 계통을 가지고 종족적 정체성을 판정하는 데에는 신중할 필요가 있다. 묘제와 부장품, 장제가 하나의 방향을 보여주면 문제는 간단하지만 서로 어긋날 경우가 많은 것도 현실이다. 이럴 경우 비록 바깥으로 드러나지는 않으나 피장자를 지근거리에서 감싸고 있는 관이 가장 중요한 변수라고 생각한다. 하지만 많은 자료를 체계적으로 분석한 결과는 아니고, 가설적 차원의 주장인 만큼 앞으로 수정될 부분이 많을 것으로 예상된다. 앞으로 시야를 확대하여 동북아시아의 다양한 사례를 검토해 보고자 한다.

〈후기〉

1. 이 글은 2020년 11월 27일에 국립나주문화재연구소에서 진행된 "대형 옹관 장송의례 복원 및 활용"이란 국제학술대회에서 발표한 『옹관사용의 전통과 계승의 의미』란 발표문을 수정, 보완한 글임을 밝혀둔다.

2. 경기지역 고중세 역사와 문화 조사와 연구에 큰 역할을 하신 이남규 교수님의 명예로운 정년퇴임, 그리고 필자가 17년동안 몸담았던 한신대학교 박물관 개관 30주년 기념을 진심으로 축하합니다.

---

11) 즙석, 단축, 하니와나 목제 위의구 등 각종 분구 수립물을 의미한다.

제14장

서울 용마산 2보루의 성격

박동선

중부고고학연구소

Ⅰ. 머리말

용마산 2보루는 용마봉에서 남쪽으로 뻗은 능선에 돌출된 해발 약 230m의 작은 봉우리에 위치한다. 행정구역상 서울특별시 광진구 중곡동 산 3-68번지에 해당한다. 보루의 북쪽 용마봉에는 용마산 3보루, 남쪽에 인접한 봉우리에는 용마산 1보루가 위치하며, 동쪽의 아차산 일대에 아차산 보루군이 열상으로 배치되어 있다.

용마산 2보루는 1942년 조선총독부에서 실시한 조사를 통해 처음으로 보고되었다.[01] 당시 보고문에는 용마산 1보루에서 약 300~550m 정도 떨어진 곳에 토기 파편이 출토되는 계란모양의 평탄지가 있었다고 하는데 용마산 2보루를 지칭하고 있는 것으로 추정된다.[02] 하지만 이 일대의 고고학적 조사는 1994년 구리문화원에 의해 지표조사가 실시될 때까지 거의 전무하였다. 이후 2005년과 2006년 서울대학교 박물관에 의해 발굴조사가 이루어져 보루의 전모가 드러나게 되었다.

용마산 2보루는 남쪽으로 구의동 보루와 홍련봉 1·2보루 및 아차산성, 서쪽으로 중랑천변 일대와 한강 줄기 및 서울의 중심부가 한눈에 조망되는 전략적 요충지이다.[03]

발굴조사가 실시되기 전 보루 내부는 무덤과 산불감시초소 및 등산객 편의시설 등으로 이미 훼손된 상태였으며, 남쪽 사면은 1970년대 사방공사로 인해 성벽이 이미 사라진 상태였다. 내부조사 결과, 석축성벽과 남쪽의 치, 동북쪽의 방어시설과 건물지 4동, 부속시설 1기, 저수시설 2기, 저장시설 1기, 창고시설 1기, 수혈 1기 등이 확인되었다. 유물은 고구려 중·후기에 해당하는 토기류와 철기류가 거의 모든 유구에서 출토되었다.

---

01) 朝鮮總督府, 1942, 『朝鮮寶物古蹟調査資料』, 2쪽.
02) 최종택, 2013, 『아차산 보루와 고구려 남진경영』, 서경문화사, 65쪽.
03) 최종택, 2013, 앞의 책, 66쪽.

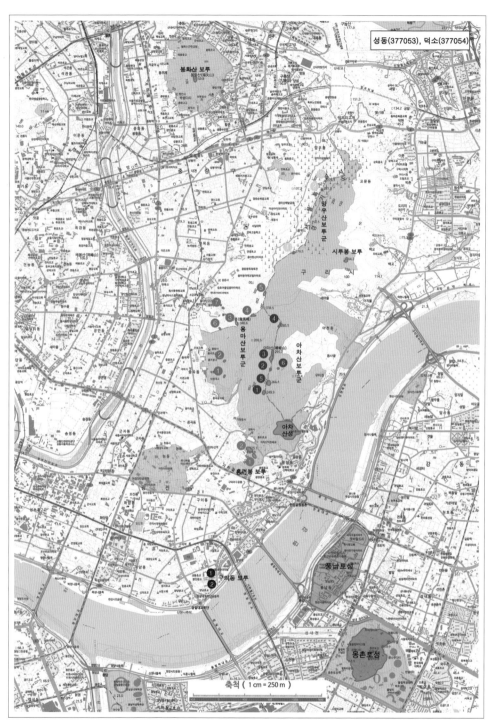

지도 1 아차산 일대 고구려 보루 분포도
(안성현 · 박동선, 2019, 「아차산 일대 고구려 보루의 구조에 대한 재검토」, 한국고대사탐구 32, 429쪽)

II. 용마산 2보루의 현황 및 내부시설[04]

1. 보루의 입지와 층위

용마산 2보루는 용마봉에서 남쪽으로 뻗은 능선 상에 돌출된 구릉 정상부와 사면에 축조되었다. 동북-서남 방향으로 긴 장타원형의 봉우리와 사면을 활용하여 축조하였다. 이는 아차산 일대의 고구려 보루들이 정상부의 평탄한 대지에 축조한 것과 차이를 보인다. 용마산 2보루는 해발 약 230m 정도로 높진 않지만 아차산 일대 고구려 보루에서 보이지 않는 서쪽의 중랑천 일대를 조망하기에 탁월한 입지를 가지고 있다.

보루는 사방공사로 인하여 성벽이 대부분 유실되어 정확한 양상은 파악하기 어렵지만 보고서의 기술된 내용으로 본다면 규모는 남-북 길이 60m, 동-서 길이 42m 정도이다.

사진 1　용마산 2보루 전경

04) 안성현 · 박동선, 2019, 「아차산 일대 고구려 보루의 구조에 대한 재검토」『한국고대사탐구』32, 439~443쪽의 내용을 일부 보완하였음을 밝혀둔다.

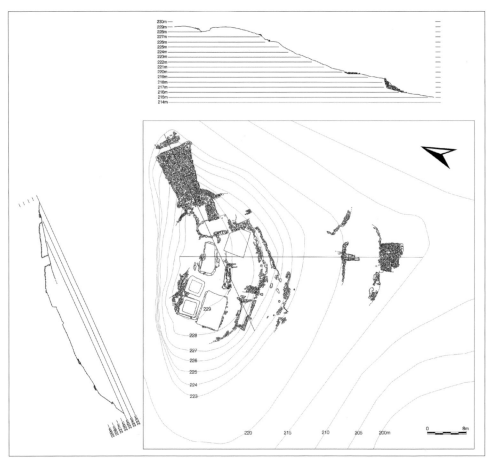

도면 1 용마산 2보루 평면 및 단면도

　보루의 층위는 토층도가 제시되어 있지 않아 정확한 퇴적 양상은 알 수 없다. 다만 보고서에 기술된 층위 설명을 살펴보면 몇 가지 사실을 유추할 수 있다. 층위는 크게 5개 층으로 구분되며, 보루의 생활면(구지표)과 관련된 층은 3·4층이다. 보고서의 내용을 보면 3층은 목탄이 섞인 흑갈색 사질토층으로 벽체편으로 추정되는 점토덩어리가 섞여 있다고 한다. 이에 조사단은 보루의 폐기 이후 화재가 있었을 가능성을 언급하였다. 그리고 4층은 토기와 철기 등 유물이 다량 출토된 층으로 보루 폐기 시점의 생활면으로 추정하였다.

　이밖에 5층은 유물이 출토되지 않는 생토층, 2층은 유구 폐기 이후 퇴적층, 1층은 현대 교란층으로 파악하고 있다. 이러한 층위 기술로 볼 때 용마산 2보루의 생활면은 최소 1차례 이상 변화하였음을 짐작할 수 있다. 3층에 대한 기술이 보루 폐기 이후 화재로 인한 층으로 본

점은 필자와 생각이 다르지만 생활면을 구분하였음은 의미가 있다. 그리고 고구려 유물이 3층과 4층에서 집중적으로 출토되고 있어 용마산 2보루의 축조는 층위 상 3·4층에 해당하며, 보루는 한차례 사용되다가 일정 기간 시간이 흐른 후 재사용되었을 가능성이 높다. 또한 현 지표 아래에서 바로 유구가 확인되는 것으로 볼 때 상당 부분 삭평이 이루어진 것으로 판단된다.

2. 내부시설

내부시설은 크게 성벽과 방어시설 및 내부의 건물지, 저수시설, 저장시설 등으로 구분된다. 이 절에서는 성벽과 방어시설, 내부시설로 구분하여 살펴보도록 하겠다.

1) 성벽과 방어시설

용마산 2보루의 성벽은 60~70년대 이루어진 전면적인 사방공사로 인하여 대부분 유실되었으며, 동북쪽의 방어시설 주변과 남쪽 치 주변에서 극히 일부분만 확인되었다. 성벽은 치석된 화강암 석재를 이용하였으며, 현재 남아있는 최대 높이는 2.4m, 최대 11단이 확인되었다.

방어시설은 형태나 기능적인 측면은 치와 유사하지만 3중 구조인 점에서 치와 차이를 보인다. 아차산 4보루에서 이와 유사한 구조의 유구가 확인되었으며, 조사단에서는 이중구조 치로 보고하였다.[05]

용마산 2보루의 방어시설은 3중 구조로 길이는 약 15m, 폭 7m 정도이다. 1차로 치를 구축한 후 일정한 간격을 두고 2차 구조물을 설치하였으며, 다시 약간의 간격을 두고 차단벽을 설치하였다. 이 방어시설은 보루의 동북쪽에 설치되었으며, 2보루로 진입하는 길목하기 때문에 군사적 목적으로 설치한 것으로 보고하고 있다.

방어시설은 잔존 성벽을 계단상으로 굴착한 후 가축되었다. 성벽의 하단부에는 외벽이 남아있지만 중·상단부에는 적심만 확인되고 있다.[06] 방어시설의 남쪽 성벽과 방어시설의 연접부에는 부채꼴 형태의 성벽이 확인되는데 보축성벽으로 추정된다.

남쪽의 치는 용마산 1보루에서 2보루로 접근하는 등산로 상에 위치한다. 평면 형태는 방

---

05) 국립문화재연구소, 2009, 『아차산 4보루 발굴조사 보고서』.

06) 안성현·박동선, 2019, 앞의 글, 439쪽.

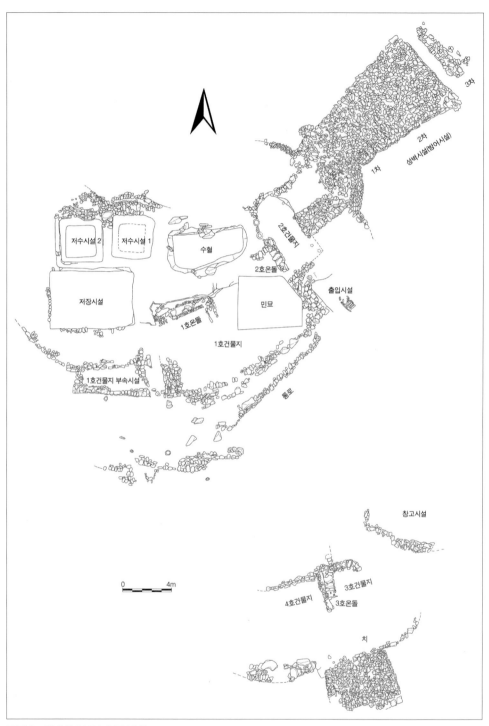

저수시설 2
저수시설 1
수혈
2호건물지
1차
2차
3차
성벽시설(방어시설)

2호온돌
저장시설
민묘
출입시설
1호온돌
1호건물지

1호건물지 부속시설
통로

창고시설

0   4m

4호건물지
3호건물지
3호온돌

치

도면 2 용마산 2보루 유구 배치도

사진 2 방어시설 및 성벽 연접부

사진 3 남쪽 치와 성벽 연접부

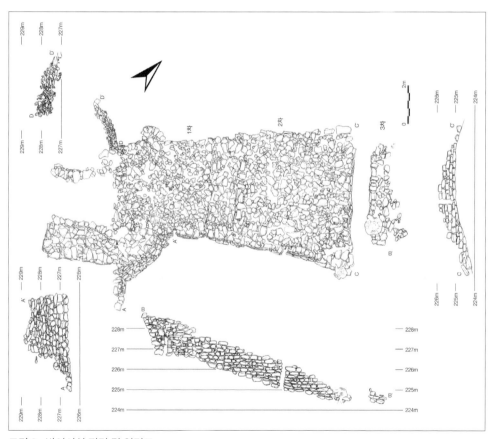

도면 3 방어시설 평면 및 입면도

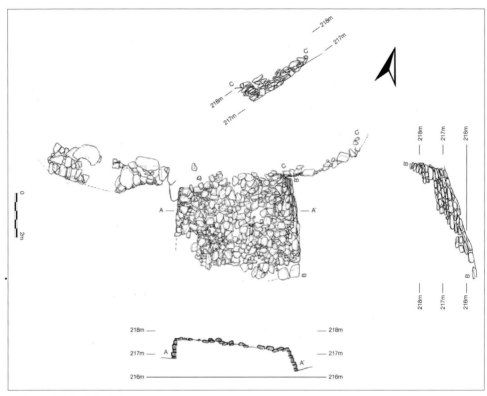

도면 4 남쪽 치 평면 및 입·단면도

형, 규모는 길이 5m, 폭 5.5m 정도이다. 치와 성벽 연접부를 살펴보면 성벽이 정연하게 남아 있어 공정상의 차이일 가능성과 후대 수축 시 축조되었을 가능성이 공존한다. 축조 시기는 성벽의 접합부 바닥에서 단서를 찾을 수 있는데, 바닥에 보강토나 퇴적토로 보이는 점토층이 미약하게 잔존하는 점을 감안할 때 공정상의 차이로 보기 어렵고 시기 차이로 보여진다.[07]

2) 내부시설

용마산 2보루에서는 건물지 및 부속시설, 저수시설, 저장시설, 수혈 등이 확인되었다.

건물지는 총 4동으로 정상부에서 2동, 남쪽 사면부에서 2동이 확인되었다. 정상부에는 1

---

07) 안성현·박동선, 2019, 앞의 글, 440쪽.

·2호 건물지가 있으며, 온돌시설이 조사되었다. 1호 건물지와 1호 온돌은 동일유구로 볼 수 있으나 2호 건물지와 2호 온돌은 다르다. 2호 건물지의 남서쪽 중앙에 'ㄱ'자형 온돌이 남아 있는데, 'ㄱ'자형으로 꺾인 부분이 매끄럽게 연결되지 않고, 양쪽 고래의 바닥면의 레벨이 약 20cm 정도 차이를 보인다. 조사단도 2호 온돌이 'ㄱ'자형으로 조성된 것인지, 직선으로 만든 온돌에 동서방향 온돌을 덧붙인 것인지 확신할 수 없다고 기술하였다. 하지만 온돌의 레벨 차이가 확연하고 아궁이가 모두 확인되는 것으로 볼 때 중복된 유구임을 알 수 있다.

남쪽 사면부에는 3·4호 건물지가 중복되어 있다. 소위 공유벽이라는 개념을 사용하여 동시기에 사용한 건물지로 판단하고 있다. 도면을 살펴보면 3호와 4호 건물지의 공유벽은 3호 아궁이의 서쪽 가장자리에 위치하며, 면을 4호 건물지(서쪽) 방향으로 맞추었다. 이러한 양상은 3호 건물지가 폐기된 이후 4호 건물지가 축조되었다고 보는 것이 합리적이다.[08]

한편, 구릉 정상부에는 저수시설 2기와 저장시설이 남쪽으로 약 50cm 정도 이격된 지점에 위치한다. 저수시설에 대한 보고서의 기술은 "축조방식이나 크기가 거의 비슷한데, 약 50cm 간격을 두고 조성되어 있다. 1호 저수시설은 조사 전부터 이미 지표에서 범위를 확인할 수 있을 정도였으며, 2호 저수지는 약 30cm 두께의 표토를 제거한 뒤 윤곽을 확인할 수 있었다"고 기술하고 있다. 도면에서도 저수시설의 상면의 레벨 차이가 확인되기 때문에 동시기의 유구로 보기 어렵다. 즉 생활면이 높아진 이후에 설치되었다고 보는 것이 합리적이다.[09]

저장시설은 저수시설의 남쪽에 인접하며, 주축방향은 저수시설에 비해 북쪽으로 약간 틀어져 있다. 1호 저수시설과 저장시설 남쪽 가장자리의 해발은 약 100cm 정도 차이를 보인다. 이들 유구 역시 레벨 차이와 인접하게 조성되었음을 감안할 때 동시기의 유구가 아닐 가능성도 있다. 특히 1·2호 저수시설의 보고서 기술 등을 감안할 때 보루의 생활면은 최소 2개의 생활면이 있었으며, 동일한 생활면에서도 중복이 이루어졌음을 시사한다.[10]

한편 2호 건물지 남쪽에서는 화재로 폐기된 나무사다리가 확인되었는데 인접한 곳에 방어시설과 등산로 등이 있어 출입시설로 판단하였다. 다만 치는 적의 접근을 조기에 관측하고 전투 시 성벽으로 접근하는 적을 약쪽 측면에서 공격하여 격퇴할 수 있도록 성벽의 일부를 밖으로 돌출시켜 쌓은 시설이다.[11] 따라서 성문과 같은 출입시설로 사용할 수 없다. 유구

08) 안성현·박동선, 2019, 앞의 글, 440쪽.

09) 안성현·박동선, 2019, 앞의 글, 443쪽.

10) 안성현·박동선, 2019, 앞의 글, 443쪽.

11) 국립문화재연구소, 2011, 『한국고고학전문사전 -성곽·봉수편-』, 695·1201쪽.

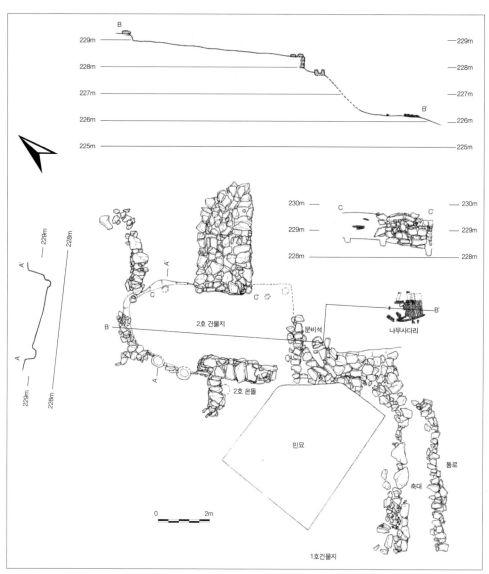

도면 5 2호 건물지 평면 및 입·단면도

배치도와 2호 건물지 도면을 살펴보면, 2호 건물지 남서쪽에 문비석이 잔존하고 나무사다리
가 남아있는 것으로 볼 때 현문이 존재하였을 가능성이 높다. 현재는 성벽이 유실되어 정확
한 양상은 알 수 없지만 이러한 근거로 볼 때 현문이 존재하였을 가능성이 높다.

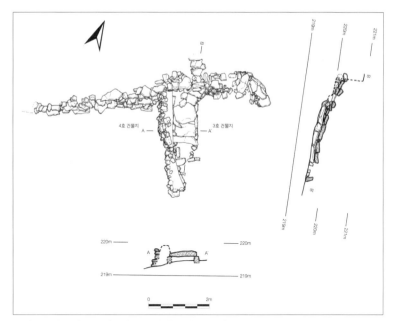

도면 6 건물지 3 · 4호 건물지 평면도 및 입 · 단면도

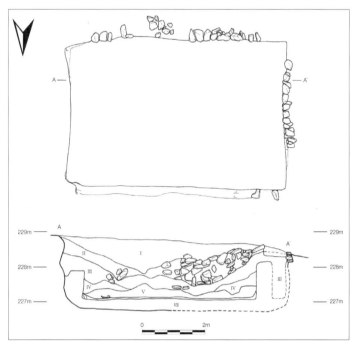

도면 7 저장시설 평면 및 토층도

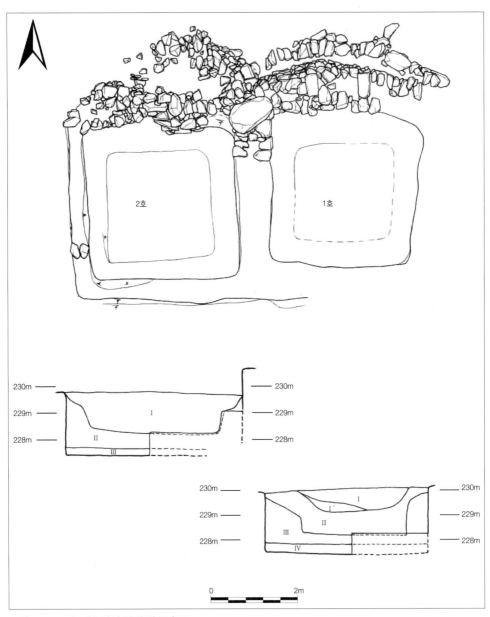

도면 8 1·2호 저수시설 평면 및 토층도

Ⅲ. 용마산 2보루의 구조와 성격

1. 용마산 2보루의 구조

용마산 2보루는 용마산 정상부(용마산 3보루)에서 남쪽으로 뻗은 능선의 해발 약 230m 지점의 돌출된 작은 봉우리에 위치한다. 보루는 동북-서남 방향의 긴 타원형 봉우리와 이를 둘러싼 사면을 활용하여 성벽을 축조하고 내부에 건물지와 저수시설 등의 내부시설을 설치한 구조이다. 특히 보루는 인접한 아차산 일원의 보루들과는 입지와 구조 등에서 약간의 차이를 보인다. 그 이유는 용마산 2보루가 입지한 봉우리는 정상부가 비교적 좁고 암반이 노두되어 있어 건물 축조 공간이 부족하여 사면의 자연 지형을 최대한 활용하였으며, 성벽 역시 정상부에서 약 14m 하단에 축조되었다.[12]

보고서에 따르면 성벽은 사면을 따라 타원형으로 축조하였으며, 축조방식은 경사면을 정리하고 그 상부에 석축을 쌓고 안쪽을 흙과 돌로 채워 넣은 내탁식(內托式)으로 축조하였다. 그리고 성벽은 지점별로 차이를 보이는데 대부분 기반암을 깎아 기초를 조성하였으며, 일부 구간은 퇴적토를 정지한 후 불을 놓아 다지거나 그대로 성벽을 쌓았다. 성벽 축조에 사용된 석재는 정연하게 다듬은 것과 아닌 것으로 구분되는데, 치와 방어시설 일대의 성벽은 비교적 다듬은 석재를 사용하였다고 보고하였다.[13]

여기서 알 수 있는 사실은 ① 용마산 2보루는 노두된 암반을 정지하고 자연 경사면을 최대한 활용하여 성벽을 축조 ② 성벽의 기저부는 지점별로 차이를 보이지만 대부분 기반암을 깎아 조성 ③ 성벽 축조에 사용된 석재는 정연하게 다듬은 것과 아닌 것으로 구분 ④ 치와 방어시설 일대는 비교적 다듬은 석재를 사용하여 축조하였다.

이러한 양상으로 볼 때 용마산 2보루의 치와 방어시설은 성벽보다 후대에 가축되었으며, 방어시설은 붕괴된 성벽을 절개하고 축조되었기 때문에 보루의 재사용 시기와 연결될 가능성이 높다.[14]

아차산 일대 고구려 보루의 구조에 대한 견해는 크게 세 가지 견해로 나누어진다.

---

12) 서울大學校博物館, 2009, 「Ⅴ. 고찰」『龍馬山 第2堡壘-發掘調査報告書-』, 135쪽.
13) 서울大學校博物館, 2009, 앞의 책, 135쪽.
14) 안성현·박동선, 2019, 앞의 글, 482쪽.

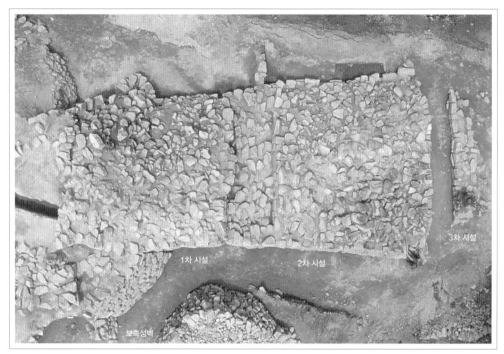

사진 4 방어시설 전경(최종택, 2013, 앞의 책, 69쪽)

사진 5 방어시설 측면 석축상태(최종택, 2013, 앞의 책, 69쪽)

① 목책에서 석축성벽으로 변화하였다는 견해

② 토심석축공법(土芯石築工法)으로 토축부와 석축부가 동시에 축조되었다는 견해

③ 토성에서 석축성벽으로 개축되었다는 견해

첫 번째 견해는 양시은이 주장해왔던 것으로 성벽의 기저면에 존재하는 목주흔을 방어시설인 목책으로 추정한 것에서 비롯되었다. 연천 호로고루, 연천 전곡리 목책유구, 청원 남성골산성 등에서 순수 목책성의 존재가 확인되었으며, 특히 호로고루의 경우 목책을 폐기한 이후 석축성벽을 쌓은 것이 확인되었기 때문에 아차산 4보루와 시루봉 보루에서 확인된 석축성벽 아래의 목주흔 역시 목책으로 판단한 것이다. 하지만 홍련봉 1·2보루 추가 발굴조사에서 심광주[15]가 지적한 바와 같이 이들 목주흔이 방어용 목책이 아니라 석축성벽 안쪽의 토축부를 지지하기 위한 영정주(희생목)로 기능했을 가능성이 더 크다고 판단하여 기존 견해를 철회한 바 있다.[16]

두 번째 견해는 목책의 존재를 인정하지 않고 성벽의 토축부와 석축부가 동시기에 축조되었다는 것을 전제로 한다. 소위 토심석축공법으로 성벽의 기저부와 중심부를 흙으로 쌓고, 외벽 혹은 내외벽을 석축으로 축조한 기법이다. 토성과 석성의 장점을 결합한 형태로 판단하고 있다. 토심석축공법의 핵심은 토축부의 응력(應力)과 지지력(支持力)이 역학적 평형상태를 유지하도록 하는데 있으며, 여기에는 판축토성의 축성법을 응용한 토축부의 영정주가 중요한 역할을 하게 된다. 시멘트 건물 속의 철근이나 보강토 옹벽의 앵커공법처럼 나무기둥을 깊게 박아 토압을 견디도록 한 것으로, 암반이나 생토면을 1.5m 내외의 간격으로 1.5m 이상 깊게 파게 직경 25cm의 굵은 원목을 박아 견고하게 고정시킨 후 종장목과 횡장목으로 연결하게 된다. 1열의 영정주만으로는 과도한 토압을 견뎌내기 어렵기 때문에 영정주열은 최소한 2열 이상이 되어야 한다. 그리고 영정주와 종장목 등은 희생목으로 흙 속에 파묻히게 되는데, 조밀하게 설치한 영정주가 토축부의 붕괴나 침하를 막고 성벽의 내구성을 높여주게 된다.[17] 이 견해는 안식각의 영향으로 토성벽을 40° 넘게 쌓지 못하기 때문에 성벽의 견고성을 높이기 위해 토축부와 석축부를 동시에 쌓았다고 보고 있는 것이다.

---

15) 심광주, 2014, 「고구려 성곽 발굴조사 성과와 축성기법」 『아차산 일대 보루군의 역사적 가치와 보존방안』, 한강문화재연구원, 32~34쪽.

16) 양시은, 2016, 『고구려 성 연구』, 진인진, 97쪽; 양시은, 2020, 「한강유역 고구려 보루의 조사 성과와 연구 쟁점」 『고고학』 제19권 제2호, 49쪽.

17) 심광주, 2014, 앞의 글, 34~41쪽; 양시은, 2020, 앞의 글, 50~51쪽.

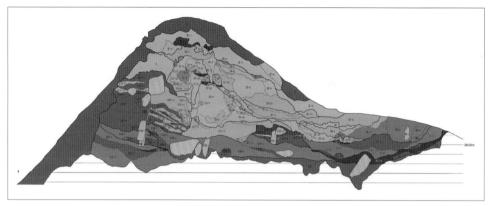

도면 9 고양 멱절산 유적 4Tr 서면 토층도(중앙문화재연구원, 2014, 『고양 멱절산유적(1차)』, 29쪽)

하지만 이 견해에 반하여 토성벽의 기울기가 40°를 넘는 성벽이 확인되어 주목된다. 고양 멱절산 토성으로 잔존부의 외벽 기울기가 62° 정도로 안식각보다 가파르다. 따라서 이 견해에서 토성벽에 대한 일반화보다 다양성이 존재할 가능성을 염두에 둘 필요가 있다고 생각된다.

세 번째 견해는 토성을 개축하여 석축성벽을 조성하였다는 견해로 안성현이 주장하였다.[18] 그 근거로 ① 성벽의 토축부와 석축부 사이의 절개선이 확연하다는 점 ② 다짐토 상부에 석축의 기저부가 위치한다는 점을 들었다. 따라서 토축부의 기저부를 보강하기 위해 석축을 덧대어 쌓았다기보다 석축부가 설치된 부분만큼 절개한 후 성벽을 축조하였다고 보는 것이 합리적이며, 일반적인 토성벽의 수축부와 동일한 것으로 파악하였다.[19] 특히 홍련봉 2보루 성벽 곳곳에서 목주흔이 잔존하며, 남벽과 북벽에서 횡장목흔이 확인되기 때문에 성벽의 토축부를 토성벽으로 볼 수 있다.[20] 순수 판축토성의 영정주 간격은 100~220cm 내외가 일반적이며, 아차산 일원의 고구려 보루에서 확인된 영정주의 간격은 순수 판축토성과 동일하다.[21]

---

18) 안성현, 2016a, 「남한지역 토성벽에 잔존하는 석축부에 대한 연구」『야외고고학』 제25호, 10쪽; 안성현, 2016b, 「홍련봉 1 · 2보루의 축조방식과 구조에 대한 연구」『百濟文化』 第55輯, 132쪽; 안성현 · 박동선, 2019, 앞의 글, 480~481쪽.

19) 안성현, 2016a, 앞의 글, 10쪽.

20) 안성현, 2016b, 앞의 글, 124쪽.

21) 안성현 · 박동선, 2019, 앞의 글, 480쪽.

물론 용마산 2보루의 경우 1970년대 사방공사 등으로 인해 성벽이 유실된 구간이 많아 홍련봉 2보루와 같이 전면적인 조사는 이루어지지 않았다. 다만 서쪽 성벽의 적심이 노출되어 있고, 방어시설이 성벽을 절개하고 가축되었기 때문에 시기 차이가 존재한다고 보여진다. 그리고 서쪽 성벽에 노출된 적심을 볼 때 토축부를 절개한 흔적이 보이기 때문에 용마산 2보루 역시 토성으로 초축한 이후 일정 기간이 경과한 후 석축 성벽으로 개축되었을 가능성이 높다. 따라서 세 번째 견해가 좀 더 타당하다고 판단된다.

또한 보고서에서는 방어시설을 출입시설을 겸하는 것으로 보고 있다. 방어시설이 용마산의 주봉인 용마봉과 연결되는 지점에 위치하며, 탄화 목제 사다리가 확인되기 때문에 출입시설로 판단하고 있는 것으로 추정된다. 하지만 목제 사다리는 오히려 방어시설보다 2호 건물지 방향으로 놓여 있다. 그리고 2호 건물지 남쪽에 문비석이 잔존하며, 목재 사다리 역시 2호 건물지의 주축 방향과 동일하다. 따라서 방어시설보다 2호 건물지 쪽으로 현문이 존재했을 가능성이 높은 것으로 추정된다.

내부시설은 건물지, 저수시설, 저장시설, 수혈, 통로, 나무사다리 등이 확인되었다. 보고서에서는 내부시설이 동일한 시기에 조성된 것으로 추정하고 있는 듯 하다. 하지만 2호 건물지의 경우 남동쪽에 탄화된 목제 사다리와 문비석이 등이 잔존하며, 남서쪽으로 'ㄱ'자형 온돌이 건물지 외곽으로 연장되어 있다. 앞서 살펴본 바와 같이 2호 건물지는 출입시설로 볼 여지와 건물지가 중복되었을 가능성이 높다고 판단된다.

사진 6 2호 건물지 및 탄화 목제 사다리 노출 전경(최종택, 2013, 앞의 책, 70~71쪽)

사진 7 1·2호 저수시설(최종택, 2013, 앞의 책, 72쪽)

그리고 3·4호 건물지의 경우 벽체를 공유한 것으로 동시기에 사용된 건물지로 보고 있다. 하지만 앞서 살펴본 것과 같이 3호와 4호 건물지의 공유벽은 3호 아궁이의 서쪽 가장자리에 위치하며, 면을 4호 건물지(서쪽) 방향으로 맞추었다. 이러한 양상은 3호 건물지가 폐기된 이후 4호 건물지가 축조된 것으로 판단된다.

이외에 구릉의 북쪽 정상부에 저수시설과 저장시설이 조성되어 있는데 1호와 2호의 레벨 차이가 나는 것이 분명히 확인된다. 이러한 사실로 볼 때 1호 저수시설은 2호 저수시설이 폐기된 이후 일정 기간이 경과한 뒤 조성되었을 가능성이 높다. 저수시설 내 토층 역시 완만한 'U'자 상으로 자연퇴적되어 있기 때문에 유구 내 시기 차이가 상존한다고 보여진다. 그리고 저수시설의 북쪽에 평면 상 굴곡이 있는 석축이 확인되는데 이 석축은 저수시설과의 관련성이 낮아 보인다. 이는 저수시설의 주축 방향이 다르며, 저수시설의 상부를 덮고 있기 때문에 후대의 유구로 보여진다.

따라서 3·4호 건물지의 중복관계, 2호 건물지와 수혈유구, 그리고 2호 건물지 내부의 2호 온돌의 배치 양상으로 보아 중복이 분명하다. 그리고 집수시설과 저장시설은 인접해 있으나 배치 양상과 해발고도를 감안할 때 동시기에 사용되었을 가능성은 낮다. 특히 이들 유구 내부의 토층은 자연퇴적층으로 보이므로 집수 및 저장시설이 동시기가 아닐 경우 용마산 2

보루는 일정기간 동안 폐기되었고, 동일한 생활면에서도 중복이 이루어졌음을 알 수 있다.[22]

2. 용마산 2보루의 성격

지금까지 아차산 일원의 고구려 보루의 성격은 교통로를 조망하는 군사 거점적인 성격과 지방지배를 연계하여 해석되어져 왔다.

특히 475년 '한성공함'『三國史記』역사 기록을 절대 연대로 사용되어져 왔으며, 현재도 남한지역 고구려 성곽유적의 성격을 해석하는데 있어 주요한 지표로 활용되고 있다. 그리고 고구려 토기를 고구려 집안 일대의 고분 부장품과의 교차 편년을 통하여 아차산 일원 고구려 보루의 연대를 설정하고 기능과 성격에 대한 논의가 진행되었다. 최종택은 아차산 고구려 보루에서 출토된 고구려 토기의 구연부 형태는 4가지 유형으로 구분하고 집안 일대의 고구려 고분 출토품과 교차 편년을 실시하였다. 그 결과를 바탕으로 아차산 일원 고구려 보루의 시기를 4세기 말~5세기 중엽으로 폭 넓게 편년하였다.[23]

박순발은『三國史記』蓋鹵王 21년조의 간첩 도림 사건을 토대로 당대의 역사상을 파악하였다. 『삼국사기』에 따르면 장수왕은 백제 침공에 앞서 간첩 도림을 백제에 보내 내부사정을 염탐하게 하고, 개로왕을 부추겨 대규모 공사를 하여 백제의 국력을 소진케 하였다. 이같은 역사적 기록을 근거로 아차산 일원에 고구려 보루가 존재했을 가능성이 낮다고 보았다. 한강 북안에 고구려 보루가 존재하였다면 육안으로 백제 풍납토성의 내부가 훤히 조망되기 때문에 간첩 도림 사건은 일어나기 어려웠다고 보는 것이 합리적이라고 보았으며, 최종택의 토기 편년을 비판하였다.[24] 이후 아차산 일원 고구려 보루의 연대는 한성공함이 발생한 475년 이

구연형태	A형	B형	C형	D형

도면 10   고구려 토기 호 · 옹류 구연형태 분류

---

22) 안성현 · 박동선, 2019, 앞의 글, 482쪽.

23) 崔鍾澤, 1998, 「고고학상으로 본 고구려의 한강유역 진출과 백제」『百濟研究』제28집, 141~155쪽.

24) 朴淳發, 1999, 「高句麗土器의 形成에 대하여」『百濟研究』제29집, 15쪽.

후로 점차 인식되었다.

현재는 아차산 일원 고구려 보루에 대한 전면적인 발굴조사가 이루어지고 고고 자료의 축적으로 인해 성격에 관련된 연구도 지속적으로 이루어졌다. 다만 홍련봉 2보루에서 출토된 '庚子'명 토기[25]를 근거로 아차산 일원의 고구려 보루의 연대가 6세기 중엽 이후로 하향 조정되기도 하였다.[26] 하지만 '경자'명 토기가 보루의 2층에서 출토되어 근본적으로 고구려 유구와 관련성이 있는지 의문이다.

다시 용마산 2보루와 돌아와 보루의 연대와 성격을 살펴보면 다음과 같다. 보고서에 따르면 유구에서 수습된 목탄을 통해 확인된 방사성연대 측정값과 역사 기록을 통해 추정하였다. 즉, 한강유역 고구려 유적은 475년부터 551년, 몽촌토성 내 고구려 건물지의 중심 연대가 5세기 후반에 해당한다. 그리고 아차산 일원 고구려 보루들의 중심연대가 6세기 전반~중반에 해당한다는 기존의 연구 성과와 함께 홍련봉 2보루에서 출토된 '경자'명(520년 추정) 토기를 고려해 볼 때 용마산 2보루의 중심 연대는 6세기 전·중반으로 추정된다. 보루에서 수습된 목탄시료를 통한 방사성탄소연대 측정결과 중심연대 보정치가 대체로 6세기로 이러한 추정을 뒷받침한다고 판단하고 있다.[27]

이러한 근거를 통해 남한지역 고구려 보루의 축조 시기를 살펴보면 475년 이후 몽촌토성을 제외한 지역은 공지로 고구려 유적이 존재하지 않으며, 6세기 중엽경에 아차산 일원에 고구려 보루가 축성된다고 볼 수 있다. 다만 예성강부터 한강 북안까지 공지를 어떻게 활용하였는지 의문이 들 수밖에 없다.

현재까지 연구성과를 검토해 볼 때 나제동맹군에 의해 한강유역을 상실하기 이전까지 고구려 보루가 활용되었음은 분명하다. 다만 고구려 보루의 초축이 언제부터 이루어졌는지 불

---

25) 고려대학교고고환경연구소, 2007, 『홍련봉 제2보루 -발굴조사종합보고서-』.

26) 신광철, 2010, 「고구려 남부전선 주둔부대의 편제와 위계:한강유역의 고구려 보루를 통해서」『고고학』9-1호; 신광철, 2010, 「고구려 남부전선 주둔부대의 생활상 -한강유역의 고구려 보루를 통해서-」『高句麗渤海硏究』38輯; 신광철, 2019, 「아차산 보루군의 변천사와 고구려 남진경영」『高句麗渤海硏究』第63輯; 양시은, 2010, 「남한에서 확인되는 고구려의 시·공간적 정체성」『고고학』10-2호; 양시은, 2012, 「아차산 고구려 보루의 구조 및 성격」『고문화』79집; 양시은, 2020, 「한강유역 고구려 보루의 조사 성과와 연구 쟁점」『고고학』19-2호; 이정범, 2010, 「감시권역 분석을 통해본 경기북부지역 보루의 사용주체와 기능」『高句麗渤海硏究』37輯; 이정범, 2015, 「5~6세기 고구려의 한강유역 지배형태」『高句麗渤海硏究』第51輯; 이정범, 2019, 「한강유역 고구려 보루의 축조방식과 성격」『軍史』第113號.

27) 서울大學校博物館, 2009, 앞의 책, 147쪽.

분명하다.

용마산 2보루 역시 역사적 기록을 중심으로 475년 이후에 축조된 것이라고 본다면 활용 시기는 그 이후가 될 것이다. 여기서 이정범의 연구 성과를 주목할 필요가 있다.

이 글에서는 경기 북부지역 보루의 감시권역을 분석하였다. 용마산 2보루는 아차산 일대의 남서쪽에 해당하는 지역으로 남동쪽으로 한강 너머 풍납토성 일대가 일부 조망된다. 그리고 남서쪽으로 지금의 서울특별시 광진구 뚝섬 일대, 북서쪽으로 동대

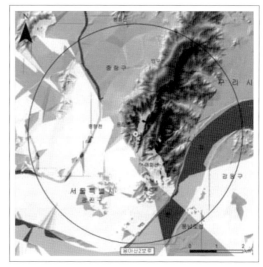

도면 11　용마산 2보루 가시권역

문구 전농동에 위치한 배봉산 일대까지 조망된다.[28]

필자도 용마산 2보루를 답사한 결과 남쪽으로 풍납토성, 북쪽으로 배봉산 일대가 조망됨을 확인한 바 있다. 이러한 결과로 볼 때 용마산 2보루는 남쪽 한강 일부와 중랑천 일대를 조망하던 군사거점으로 판단된다. 다만 현재까지는 언제 활용되었는지는 정확하게 알 수 없지만 고구려군이 한성을 함락한 시기와 그 이후인 6세기로 볼 수 있다. 특히 보루의 유구간 시기 차이가 있음을 확인하였고, 중복 양상도 확실하기 때문에 일정 기간 사용되다가 폐기된 이후 필요에 의해 재사용되었을 가능성이 높다.

그리고 용마산 2보루는 경사가 심하고 암반이 노두된 지형에 축조된 성곽으로 장기간 사용되었을 가능성이 높지는 않은 것 같다. 다만 방어력을 높이기 위해 석축성벽이 부가되거나 방어시설이 길어지는 등 지속적인 수·개축이 이루어지는 것으로 볼 때 필요에 의해 재축성된 것으로 볼 수 있다.

하지만 용마산 2보루가 아차산 일원의 여타의 고구려 보루와 지형적인 차이가 있는 것으로 볼 때 성격을 달리 볼 수도 있지만 그러한 양상은 분석 결과 찾아보기 어렵다. 앞서 언급한 바와 같이 한강 남안 일원과 중랑천변을 조망하기 위한 보루로 추정할 수 있으며, 군사들이 상주하기 위한 내부시설들이 구축되었다고 볼 수 있다.

---

28) 이정범, 2010, 앞의 글, 135쪽.

Ⅳ. 맺음말

지금까지 용마산 2보루의 구조와 성격에 대해 간략하게 살펴보았다. 용마산 2보루는 용마봉에서 남쪽으로 뻗은 능선에 돌출된 해발 약 230m의 작은 봉우리에 위치한다. 용마산 2보루는 남쪽으로 한강 남안과 중랑천 일대를 조망하기 좋은 전략적 요충지이다.

유적을 분석해 보면 층위에서도 최소 두차례의 생활면이 확인되며, 유구의 중복도 확인된다. 그리고 성벽 또한 최소 한차례 이상 수·개축이 이루어졌으며, 방어시설은 방어력을 높이는 방향으로 개축이 이루어졌다.

내부시설을 살펴보면 저수시설의 경우 레벨 차이가 존재하고, 토층이 자연퇴적 되어 있어 일정기간 폐기된 이후 재사용된 것으로 판단된다. 특히 탄화된 목제 사다리가 2호 건물지의 남동쪽에서 확인되어 현문식 성문이 존재하였을 가능성이 높다.

이러한 보루의 구조적 변화는 475년 한성공함 이후 지속적으로 사용되었다기 보다 일정기간 폐기된 이후 다시 재사용되었음을 의미한다. 그리고 성벽에서 드러나 듯이 방어시설과 서쪽 성벽의 연접부에 적심이 노출되어 있고, 그 토축을 절개하고 석축 성벽이 가축된 점과 미미하지만 다짐토 상부에 석축성벽이 축조된 것으로 볼 때 용마산 2보루 역시 토성으로 축조되었다가 방어력을 높이기 위해 토성벽을 절개하고 석축성벽으로 개축된 것으로 보인다.

용마산 2보루 뿐 아니라 아차산 일원의 고구려 보루의 축성과 관련한 논의는 아직 완결되지 않았다. 여전히 논쟁 중이며, 향후 지속적인 분석과 발굴조사를 통하여 당시 고구려의 보루 축성 방식과 성격, 운영방식, 지방지배 등 당대 역사상을 복원할 수 있는 연구를 기대해 본다.

제15장

신라 지방 거점지역의 고고학적 연구
-용인지역의 문화사적 연구 활용을 중심으로-

이자연

겨레문화유산연구원

I. 머리말

한강유역은 신라의 최북단으로, 삼국시대에는 고구려·백제와 분쟁지역이었다. 또한 삼국 통일 후 나당전쟁에도 군사적 긴장감이 강했고, 이러한 상황을 바탕으로 6세기 중엽 이후 최고로 주목받는 지역이었다. 신라는 국력이 팽창함에 따라 거점성을 중심으로 영역을 넓혀 나갔다(박성현 2010: 30·31). 그런 와중에 삼국전쟁·당과의 항쟁을 거치며 각 지역의 거점성을 잃고, 확보해 나갔을 것이다. 전쟁 종료 후 본격적인 통일신라 시기가 되면서 한강유역은 안정적인 상황이 되었다. 이러한 상황에서 거점성이 있던 곳이 군이나 현으로 편제가 되고 군사·통치 거점지역이 되었을 것이다.

하지만 신라지방 거점지역에 대한 연구는 성지 중심의 관방연구가 다수였으며, 고분군이나 취락유적의 경우 부수적인 참고 자료로만 언급할 뿐이었다. 또한 군이나 현으로 편성된 거점 지역의 경관에 대한 연구는 되지 않고, 개별 단위 유적과 편년에 대한 연구만 이루어져 왔다. 이러한 배경에는 성지의 발굴이 이른 시기부터 진행되었고, 많은 수가 조사된 반면, 상대적으로 평지 발굴이 적어 다른 성격의 유적이 다양하게 확인되지 않은 이유도 있었을 것이다. 하지만 1990년대 이후로 한강유역, 그중에서도 한강 이남지역에서는 대규모 택지개발 사업으로 발굴조사가 진행되었다. 그 결과, 고고학 자료가 폭발적으로 증가하였으며, 신라와 관련된 자료도 쌓이고 있다.

이에 본고에서는 한강 이남지역 중 신라 유적이 다량 조사되고, 유적의 성격이 다양하게 확인된 용인지역, 즉 신라의 구성현-거서현 지역을 공간적인 범위로 설정하였다. 시간적 범위로는 신라가 점유하고 멸망하기까지를 중심으로 논지를 전개해 나갈 것이다. 구성현-거서현에서 확인된 신라유적은 관방 및 치소지, 생활유적, 생산유적, 분묘유적, 종교유적으로 성격을 분류하였다. 우선 성격별로 분류된 신라 유적이 용인지역의 지리적 배경에 어떻게 분포하고 있는지 살펴볼 것이다. 다음으로 용인지역의 신라 유적의 성격별로 활용시기를 알아볼 것이다. 마지막으로 신라의 지방 거점 지역의 공간 구조를 복원하고 시간에 따른 문화변천 양상을 검토해 보고자 한다. 더 나아가 거점지역 간의 관계에 대해서도 간단하게 살펴보고자 한다.

Ⅱ. 지리적 배경과 신라유적 조사현황

먼저 용인지역의 지형은 대체로 몇 개의 지형구(地形區)로 나누어진다. 지형구를 구분하면 서쪽에서 동쪽으로 형제봉·청계산 산계, 탄천·신갈천 하곡, 석성산 산계, 경안천·진위천 하곡, 봉래산·독조산 산계, 양지·백암 분지 등 여섯 개의 지형구로 나눌 수 있다. 용인지역의 지형구는 남북방향으로 길게 발달한 형태이다. 이러한 요인으로는 용인지경 내에 원천단층, 신갈단층, 용인단층, 원삼단층 등 네 개의 단층선이 교차하며, 산지와 곡저평야가 반복되어 나타는 지형적 특성에 의한 것이다. 신라의 구성현-거성현의 위치는 용인지역의 지형구에서 형제봉·청계산 산계와 탄천·신갈천 하곡, 석성산 산계에 위치한 것으로 추정된다.

용인지역의 지리적 특징은 한강이남 경기지역의 중앙에 위치에 있다는 위치적 중요성과 함께 사방(四方)으로 이동하기 유리한 지형에 있다는 것이다. 용인지역의 지형은 교통망이 연결되기 쉬웠는데, 이러한 도로망을 간략하게 살펴보면 다음과 같다. 탄천 수계로 한강 본류까지 통하게 되며, 경안천 수계로 광주지역과 연결된다. 또한 진위천 수계는 평택과 안성지역과 연결되고, 신갈천·오산천 수계는 수원과 화성 오산으로 연결된다. 그리고 석성산 산계는 많은 인부가 발달하여 죽전·수원·오산 등 서쪽지역, 더 나아가 서해안과 동부내륙지방을 연결하는 지역으로 교통을 수월하게 하였다. 이렇듯 용인지역의 위치적 중요도와 지형적 이점이 작용하여 경기지역과 한강유역 어디로든 향할 수 있는 교통의 요지였다.

용인지역은 큰 강이 흐르지는 않지만, 소규모 하천의 발원지로 용수의 획득이 용이해 가뭄의 피해와 재해가 적었다. 하천의 영향을 받은 낮은 구릉과 충적지 등은 사람이 살기에 좋은 조건을 갖춘 지역이다. 때문에 일찍이 선사시대부터 사람이 살았던 흔적을 곳곳에서 확인해 볼 수 있으며, 삼국시대 이후로는 지형적 이점, 자연 환경적 용이함으로 이곳에 거점 지역이 생성되게 된다.

다음으로 용인지역, 즉 신라의 구성현-거서현 지역[01]에서 조사된 신라유적을 성격별로 구분하고, 구분된 유적의 분포와 조사현황을 살펴보고자 한다.

---

01) 본고에서 다루는 신라의 지방 거점지역인 구성현-거서현 지역은 박성현이 제시한 거점성을 기준으로 그 영역을 추정해 설정한 것으로, 구성현 지역의 대응되는 거점성은 할미산성이 있다. 한강이남 경기지역에서 신라의 군현과 거점성을 대응해 보았을 때, 할미산성을 반경으로 동쪽은 설봉산성, 남쪽은 무봉산성, 남서쪽으로 독산성, 북서쪽으로 호암산성, 북쪽으로 이성산성이 위치하고 있으며 이 반경 내에서 신라의 거점성 및 그와 대응되는 거점성이 보이지 않고 있다. 이에 따라 다른 거점 지역과 겹치지 않게 구성현-거서현 지역의 반경을 용인지역에 한정해서 보고자 한다.

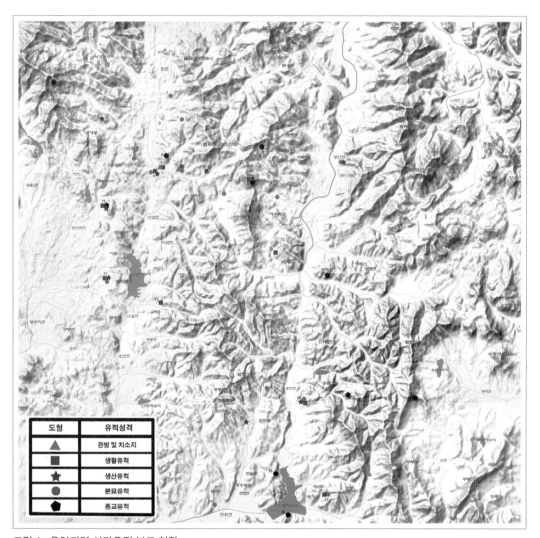

그림 1 용인지역 신라유적 분포 현황

1.서봉사지 2.동천동 유적 3.성북동 통일신라 요지 4.죽전 대덕골 고분군 5.마북동 고분군 6.보정동 고분군 7.마북리 사지 8.마북동 취락 · 경작유적 9.마북동 중세취락 · 건물지 유적 10.용인 언남리 유적 11.청덕동 유적 12.백련사 13.삼계리 24-1번지 유적 14.마성리 · 영문리 고분군 15.할미산성 16.석성산성 17.동백동 고분군 18.구갈동 고분 19.영덕동 유적 20.하갈동 유적 21.서천동 유적 22.고매동 223 · 224번지 유적 23.역북동 산10-1번지 유적 24.역북동 25.서리 도장골 · 사기막골 유적 26.고림동 사지 27.제일리 고분군 28.문수사지 29.용덕사지 30.덕성리 유적 31.완장리 유적 32.남사(아곡) 유적 33.오산 독산성 34.봉무리 666-1번지 유적 35.송전리 사지 36.금단사지 37.어비리 유적

용인지역에서 확인되는 신라 유적은 관방 및 치소지·생활유적·생산유적·분묘유적·종교유적 등 기능적 성격으로 구분했으며, 분포[02]는 〈그림 1〉과 같다. 관방 및 치소지는 지역의 방어적인 성격과 치소로서 조건을 갖고 있는 성지와 관아의 성격을 갖는 평지 치소지를 아우른다. 생활유적은 사람들이 일상생활을 하는 일련의 장소들을 모두 포함하는 취락·주거·수혈유적 등을 포함한다. 생산유적은 생산품을 만들어 내었던 곳으로 식량생산을 하던 경작유적과 토기나 기와·제철 등 물품을 생산했던 유적으로 나누었다. 분묘유적은 석실묘·석곽묘를 포함한 고분군 및 개별 분묘를 포함하며, 종교유적은 관방·분묘·수로·저수유적에서 시행한 토속적인 제사유적과 불교와 관련된 유적인 사지 및 기념물을 포함한다.

용인지역의 관방 및 치소지 유적은 할미산성과 석성산성으로 확인된 관방유적과 용인 마북동 건물지와 언남리 유적의 건물지로 추정되는 평지 치소지[03]가 있다. 관방 및 치소지에 대한 조사현황은 〈표 1〉과 같다.

표 1 용인지역 관방 및 치소지 조사현황

속성 유적명	형태	형식	축성 재료	규모(m)		부속유구							
				해발	둘레	적심 건물지	굴립주 건물지	고상식 건물지	수혈 주거지	집수시설 /우물	(매납) 수혈	가마	제단 시설
할미산성	성지관방	퇴뫼식	석축	349	651	6	2	2	68	2/	42	1	1
석성산성	성지관방	퇴뫼식	토석축 혼합	471.4	1650	·	·	·	·	·	·	·	·
마북동 중세취락· 건물지 유적	평지 치소지	건물지	·	83~84	·	2	1	·	8	/2	2	·	·
언남리 유적 04)	평지 치소지	건물지	·	100· 111~113	·	1	·	·	17	·	61	·	·

02) 인근 지역에 같은 성격의 유적이 조사된 경우 같은 생활 범위로 추정해 같은 유적으로 보았다.

03) 본고에서는 다음의 근거로 이들 유적을 평지 치소지로 추정하였다. 첫째, 마북동 일대는 지역의 중심으로 고려 이후로 현 치소지가 위치했다는 역사적 이유 때문이다. 둘째, 신라~통일신라시대에 기와를 사용한 건물지의 조사가 극히 희소하며, 기와를 사용한 건물지는 다른 건축물보다 격이 높은 건물지로 추정된다는 것이다. 셋째, 이 건물지가 위치한 구릉 말단부와 완경사 지대는 마북동 일대의 생활유적을 조망할 수 있는 위치에 조영되었다는 것이다. 이러한 이유로 두 유적을 평지 치소지로 추정해 본고를 정리하였다.

04) 언남리 유적은 언남리 통일신라 생활유적을 중심으로 인근에서 조사된 유적(언남리 유적·언남동 315번지 유적·309번지 일원 유적)을 같은 유적으로 보았다.

할미산성과 석성산성의 위치는 현재 영동고속도로 마성 터미널을 사이에 두고 북쪽의 할미산(해발 349m)과 남쪽의 석성산(해발 472m)에 위치한다. 할미산과 석성산은 남한산성이 있는 청량산(해발 470m)에서 석성산으로 연결된 산줄기의 끝자락에 위치한다. 두 산성의 동쪽으로 금학천·운학천·양지천이 발원하여 경안천과 합류한 후 한강으로 북류하며, 남쪽으로는 석성산에서 발원한 신갈천이 오산천·진위천과 합류한 후 남서류하여 서해안으로 유입된다. 또한 할미산에서 서쪽으로 탄천이 북류해 한강으로 합류한다. 이렇듯 용인지역의 관방이 위치한 곳에서 발원한 수계는 크게 세 방향으로 흘러 나간다. 이곳은 내륙수로의 출발점이며, 두 산성 사이를 지나가는 백현(잣고개)을 통해 동서방향의 교통로를 통제할 수 있는 교통의 요지이자 거점지역이다.

평지 치소지의 위치는 동서방향으로 흐르는 탄천 북쪽, 법화산 남서쪽 자락에 위치한 구릉 말단부에 평지 치소지로 추정되는 건물지가 확인된다. 건물지는 구릉 말단부에 생활유적과 경작유적을 조망할 수 있는 위치한다. 또한 신라에서 기와 건물지가 사용된 건축물은 격이 높은 건축물로 보는 것이 일반적이다.[05] 마북동과 언남리 건물지는 상태가 양호하지 않아 정확한 규모와 형태는 파악하기 어렵지만, 기와를 사용한 건물지라는 점과 각종 토기, 금속류의 출토로 미루어 보아 일반적인 주거 형태의 건물지는 아닌 격이 높은 건축물이었던 것으로 보인다.

용인지역의 생활유적은 용인지역 곳곳에 분포하고 있다. 그 중에서도 탄천이 곡류하는 마북 일대에 집중적으로 위치해있으며, 이와 함께 송전천과 진위천 유역에서도 유적이 확인되었다. 생활유적은 할미산성 내부의 주거유적·마북동 취락유적·마북동 중세 취락유적·언남리 유적·청덕동 유적·영덕동 유적·서천동 유적·고매동 유적·역북동 유적·덕성리 유적·어비리 유적 등이 조사되었다. 생활유적 내부에는 수혈주거지를 중심으로 건물지와 굴립주 건물지·수혈·소성유구·우물·구상유구·도로유구·석렬 등이 조사되었다. 용인지역의 생활유적에 대한 조사현황은 〈표 2〉와 같다.

생활유적은 할미산성을 제외하면 해발고도 100m 이하 지역의 탄천·신갈천 하곡과 경안천·진위천 하곡을 따라 조성되었다. 이곳은 한강유역과 용인지역 남쪽과 서해로 향하기 유

---

05) 기와 제작에는 체계적인 공정과정과 경제력 등이 필요하기 때문에 신라에 기와가 도입된 이후 궁궐이나 관청 등 국가와 관련된 건축물에 기와를 제한적으로 사용해야 했을 것이다(최맹식 2006; 이인숙·전은희 2014). 이런 상황을 미루어 봤을 때 신라의 지방 거점지역인 구성현-거서현 지역에 기와를 사용한 건물을 사용했다는 것은 그만큼 건물의 격이 높았던 것임을 알 수 있는 근거라고 볼 수 있다.

리한 교통로에 위치한다. 생활유적은 하천을 따라 조성된 하천 충적지나 구릉 말단부에 위치하고 있다. 생활유적이 위치한 곳은 북서쪽의 광교산, 북동쪽의 법화산, 동남쪽의 보라산 자락이 흘러 내려오는 지역으로 대부분 생활유적 배후에 위치하고 있다.

표 2 용인지역 생활유적 조사현황

유적 \ 유구종류	건물지	굴립주 건물지	고상식 건물지	수혈 주거지	수혈	소성 유구	화덕 유구	우물	저수 시설	목주혈	주혈군 및 주공·소혈	석렬 유구	도로 유구	매납 유구	구상 유구	적석 유구	경작 유구	가마	제의 유구
할미산성	6	2	2	68	42	·	·	·	2	1	8	1	·	1	·	·	·	1	·
마북동 취락· 경작 유적06)	·	12	·	27	43	·	·	1	·	·	·	·	2	·	10	2	27	·	·
마북동 중세취락 · 건물지 유적	2	1	·	8	31	5	1	2	·	·	·	1	·	2	1	·	·	·	·
언남리 유적	1	·	·	17	61	·	·	·	·	·	·	·	·	·	2	1	·	·	·
청덕동 유적	·	·	·	3	·	·	·	·	·	·	·	·	·	·	·	·	·	·	·
영덕동 유적	·	1	·	26	155	1	·	3	1	1	105	·	·	·	2	1	1	·	1
서천동 유적	·	·	·	22	12	·	·	·	·	·	1	·	·	·	2	1	·	·	·
고매동 223 · 224번지 유적	·	·	·	3	28	2	·	·	·	·	4	·	·	·	·	·	·	·	·
역북동 산10-1번지	·	·	·	1	·	·	·	·	·	·	·	·	·	·	·	·	·	·	·
덕성리 유적	·	·	·	1	·	·	·	·	·	·	·	·	·	·	·	·	·	·	·
어비리 유적	·	1	·	7	·	·	·	1	·	·	·	·	·	·	·	·	·	·	·

용인지역의 생산유적은 경작유구과 가마 두 가지로 구분 할 수 있다. 경작유구가 조사된 유적은 마북동 취락유적·영덕동 유적·서천동 유적이 있다. 경작유구은 다시 수전 경작유적인 마북동 취락유적과 밭 경작유적인 영덕동 유적·서천동 유적으로 나누어진다. 한편 가마가 조사된 유적은 할미산성·성복동 통일신라 요지·삼계리 24-1번지 유적·덕성리 유적·남사(아곡) 유적이 있다. 용인지역의 생산유적에 대한 조사현황은 〈표 3〉과 같다.

경작유적은 탄천·신갈천 하곡에서 조사되었으며, 구릉 사이의 하천변 충적지와 사면 말단부 저평지에 자리하고 있다. 경작유적은 생활유적과 함께 조성된 것이 특징적이다. 이것은

06) 마북동 취락·경작유적은 북쪽으로 탄천부터 남쪽 영동고속도로까지를 범위로 조사된 신라유적으로, 동일 생활권으로 볼 수 있다. 때문에 대규모 주거지 및 생활유적 공간(마북동 취락유적·마북동 502-233번지 유적), 경작유적 공간(마북동 경작유적·425-14번지 유적·446번지 유적), 분묘유적 공간(신갈동 주구토광묘 유적)을 함께 마북동 취락·경작유적으로 묶어 보고자 한다.

생활유적 내에서 소비되는 농산물을 경작하기 위한 것으로 추정된다.

표 3 용인지역 생산유적 조사현황

유적명	종류	유구명	형태	수량
할미산성	가마	토기가마	등요	등요1
성북동 통일신라 요지	가마	토기·기와가마, 탄요	평요, 등요	평요(탄요)1, 등요6
마북동 취락유적	경작유적	수전·배수로·경계말목·족적군 등	수전	수전27면·배수로3·경계말목1
삼계리 24-1번지 유적	가마	토기가마	등요	등요2
영덕동 유적	경작유적	밭 경작	밭 경작	밭 경작1
서천동 유적	경작유적	밭 경작	밭 경작	밭 경작1
덕성리 유적	가마	토기가마	등요	등요2
남사(아곡) 유적	가마	토기·기와가마	등요	등요5

　　가마유적는 할미산성에서 조사된 가마를 제외하면 탄천·신갈천 하곡과 경안천·진위천 하곡에 인접해 조사되었고, 산지의 사면에 위치한다. 탄천·신갈천 하곡에는 형제봉 산계에 자리한 성북동 통일신라 요지가 위치하고, 경안천·진위천 하곡에는 석성산 산계에 자리한 남사(아곡) 유적과 봉래산·독조산 산계에 자리한 삼계리 24-1번지 유적·덕성리 유적이 위치하고 있다.

　　용인지역의 분묘유적에서는 석실묘와 석곽묘가 조사되었다. 탄천·신갈천 하곡과 인접해 보정동 고분군과 죽전 대덕골 고분군·마북동 고분군·마북동 취락유적·언남리 유적·청덕동 고분군·동백동 고분군·구갈동 고분·하갈동 유적·서천동 유적이 위치해 있다. 또한 경안천·진위천 하곡과 인접해 삼계리 24-1번지 유적·마성리·영문리 고분군·역북동 유적·서리 도장골 사기막골 유적·덕성리 유적·완장리 유적·봉무리 66-1번지 유적·어비리 유적이 자리한다. 분묘의 수량과 규모면에서 경안천·진위천 하곡에 인접한 분묘유적 보다 탄천·신갈천 하곡에 인접한 분묘유적의 규모가 크고 다량의 고분군이 조사되었다. 분묘유적은 하천과 인접한 구릉 능선 정상부와 사면부에 산재되어 조사되었다. 용인지역의 분묘유적에 대한 조사현황은 〈표 4〉와 같다.

표 4 용인지역 분묘유적 조사현황

유적명	유구명	수량	출토유물[07]	비고
동천동 유적	석실묘	7	합	·
죽전 대덕골 고분군	석곽묘	2	파수부배, 완, 철부	·
마북동 고분군	석실묘, 석곽묘	3	완, 철도자	·

유적명	유구명	수량	출토유물[07]	비고
보정동 고분군[08]	횡혈식석실묘, 석곽묘	석실묘33, 석곽묘18	고배류, 대부완류, 완, 부가구 연대부장경호, 유개대부완, 유개대부발, 단경호, 철도자, 철겸, 철부, 과대금구	수량은 발굴되어 확인된 것을 기준으로 한 것이고 지표조사 결과 100여 기가 넘는 고분이 분포되어 있는 것으로 파악
마북동 취락·경작유적	석실묘, 석곽묘	석실묘2, 석곽묘5	뚜껑, 철도자	·
언남리 유적	석곽묘	5	연질합	·
청덕동 고분군	석실묘	3	·	1호분 쌍분
삼계리 24-1번지 유적	석곽묘	4	대부장경병, 유개합, 과대금구	·
마성리·영문리 고분군	석실묘, 석곽묘	석실묘1, 석곽묘1	·	·
동백동 고분군[09]	석실묘, 석곽묘	횡구식석실묘1, 석곽묘2	완, 철도자	·
구갈동 고분	석실묘	1	·	·
하갈동 유적	석실묘, 석곽묘	석실묘1, 석곽묘2	대부완, 대부장경병, 과대금구	·
서천동 유적	석곽묘	14	고배류, 완, 발, 병	·
역북동 유적	석실묘, 쌍실분	석실묘2, 쌍실분1	·	·
서리 도장골·사기막골 유적	석곽묘	석곽묘1	대부합	·
제일리 고분군	석곽묘	석곽묘1	개, 편구병	·
덕성리 유적	석실묘, 석곽묘	석실묘1, 석곽묘1	개, 유개고배, 대부장경호	·
완장리 유적	석곽묘	1	·	·
봉무리 666-1번지 유적	석실묘	1	대부장경호	·
어비리 유적	석실묘	2	·	·

용인지역의 종교유적은 제의와 관련된 유적과 불교와 관련된 유적으로 나눌 수 있다.

제의와 관련된 유적은 할미산성과 영덕동 유적이 있다. 할미산성에서는 3동의 다각형 건물지가 조사되었고, 이러한 다각형 건물지는 조사례가 드물다. 할미산성의 다각형 건물지에 대해 조사자는 팔(八)이라는 숫자가 불교적 의미와 천문우주관에 입각한'하늘과 땅의 소통을 포괄하는 중간자'라는 의미로 고대 종교 및 제사 의례와 관련하여 대표적인 상징 건물로 인

---

07) 분묘유적에서 확인되는 출토유물은 유적 형성 시기를 파악할 수 있는 유물을 기준으로 특기할 만한 유물을 위주로 작성하였다.

08) 보정동 고분군은 소실봉에서 남쪽 삼막골 쪽으로 뻗은 능선을 포함하는 범위에서 조사된 유적(보정동 고분군·보정리 소실유적·보정동 신갈동 유적·보정동 442-1 유적·988-1번지 유적·보정동 고분군(라-16호분)·삼막골 유적)들을 같은 유적으로 보았다.

09) 동백동 고분군은 동백동·중리 유적과 동백 로얄듀크 신축예정 부지 내 유적에서 조사된 석실묘와 석곽묘를 하나의 유적으로 보았다.

식되고 있다고 보았다(강병희 2010; 이상국 2015). 영덕동 유적에서는 생활유적과 경작유구가 확인된 곳에서 함께 조사되었다. 유구 내부에서 농공구가 매납되어 있어 농사와 관련된 제의 유구로 추정하고 있다.

용인지역은 불교가 비교적 융성했던 것으로 보이는데, 불교관련 유적은 서봉사지·마북리 사지·백련사·고림동사지·용덕사지·문수사지·송전리사지·금단사지·박곡사지 등 절 터가 있으며, 통일기의 양식으로 보이는 용덕사 석조여래입상·동도사 석불좌상·동도사 삼 층석탑의 석조 기념물 등이 있다. 하지만 이러한 불교유적은 대부분 지표조사에 그쳐 있고, 그중 발굴조사가 진행된 곳은 2곳뿐이기 때문에 불교유적에 관한 자세한 양상의 파악은 어 려운 실정이다.

용인지역의 종교유적에 대한 조사현황은 〈표 5〉와 같다.

표 5　용인지역 종교유적 조사현황

유적명	위치	종류	형태	수량	비고
할미산성	포곡읍	제의유적	다각형 건물지	3	
영덕동 유적	영덕동 일원	제의유적	수혈	1	농공구매납. 농사와 관련된 매납시설 추정
서봉사지	수지구 신봉동	불교유적	사지	·	
마북리사지	기흥구 마북동	불교유적	사지-건물지, 석축유구, 소형유구7	·	통일신라 유구는 6호 유구로 석축으로 추정되며 잔존상태가 불량
백련사	포곡읍 가실리	불교유적	사찰	·	·
고림동사지	고림동	불교유적	사지	·	·
용덕사지	이동면 묵리	불교유적	사지, 석불입상	·	용덕사 석조여래입상
문수사지	원삼면 문촌리	불교유적	사지	·	·
송전리사지	이동면 송전1리	불교유적	사지	·	·
금단사지	이동면 어비리	불교유적	사지, 석불좌상, 삼층석탑	·	동도사 석불좌상, 동도사 삼층석탑 (경기도 문화재자료 제43호)
박곡사지	백암면 박곡리	불교유적	사지, 석불입상	·	석불입상

III. 신라유적의 변화 양상

용인지역 신라 유적의 시기 구분은 비교적 신라 편년 자료로 활발하게 사용된 토기를 위 주로 설정하였으며, 기존에 신라토기의 시기구분에 대해 연구된 것을 인용하여 사용하고

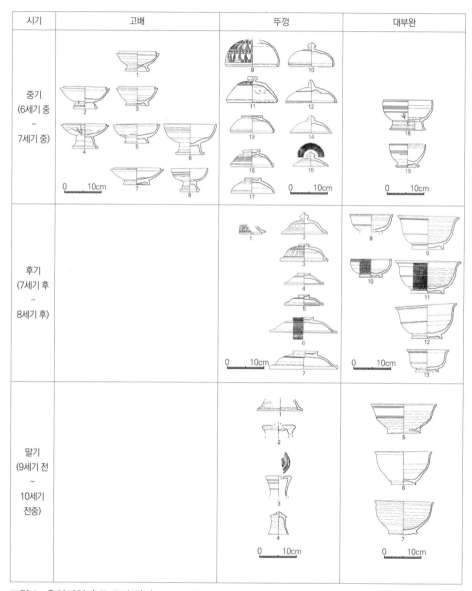

시기	고배	뚜껑	대부완

그림 2 용인지역 출토 토기 편년(S=1/10, 말기8:S=1/12, 말기12:S=1/16)

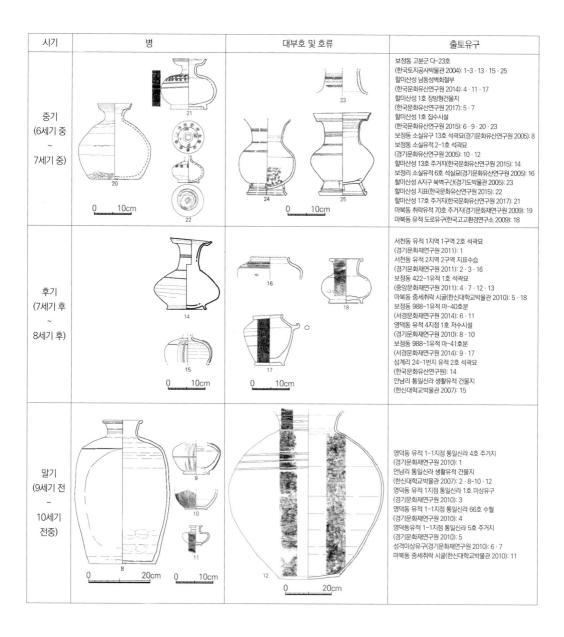

시기	병	대부호 및 호류	출토유구
중기 (6세기 중 ~ 7세기 중)			보정동 고분군 다-23호 (한국토지공사박물관 2004): 1~3·13·15·25 할미산성 남동성벽회절부 (한국문화유산연구원 2014): 4·11·17 할미산성 1호 장방형건물지 (한국문화유산연구원 2017): 5·7 할미산성 1호 집수시설 (한국문화유산연구원 2015): 6·9·20·23 보정동 소실유구 13호 석곽묘(경기문화유산연구원 2005): 8 보정동 소실유적 2-1호 석곽묘 (경기문화유산연구원 2005): 10·12 할미산성 13호 주거지(한국문화유산연구원 2015): 14 보정리 소실유적 6호 석실묘(경기문화유산연구원 2005): 16 할미산성 A지구 북벽구간(경기도박물관 2005): 23 할미산성 지표(한국문화유산연구원 2015): 22 할미산성 17호 주거지(한국문화유산연구원 2017): 21 마북동 취락유적 70호 주거지(경기문화재연구원 2009): 19 마북동 유적 도로유구(한국고환경연구소 2009): 18
후기 (7세기 후 ~ 8세기 후)			서천동 유적 1지역 1구역 2호 석곽묘 (경기문화재연구원 2011): 1 서천동 유적 2지역 2구역 지표수습 (경기문화재연구원 2011): 2·3·16 보정 422-1유적 1호 석곽묘 (중앙문화재연구원 2011): 4·7·12·13 마북동 중세취락 시굴(한신대학교박물관 2010): 5·18 보정동 988-1유적 마-40호분 (서경문화재연구원 2014): 6·11 영덕동 유적 4지점 1호 저수시설 (경기문화재연구원 2010): 8·10 보정동 988-1유적 마-41호분 (서경문화재연구원 2014): 9·17 삼계리 24-1번지 유적 2호 석곽묘 (한국문화유산연구원): 14 안남리 통일신라 생활유적 건물지 (한신대학교박물관 2007): 15
말기 (9세기 전 ~ 10세기 전중)			영덕동 유적 1-1지점 통일신라 4호 주거지 (경기문화재연구원 2010): 1 안남리 통일신라 생활유적 건물지 (한신대학교박물관 2007): 2·8-10·12 영덕동 유적 1지점 통일신라 1호 미상유구 (경기문화재연구원 2010): 3 영덕동 유적 1-1지점 통일신라 66호 수혈 (경기문화재연구원 2010): 4 영덕동유적 1-1지점 통일신라 5호 주거지 (경기문화재연구원 2010): 5 성격미상유구(경기문화재연구원 2010): 6·7 마북동 중세취락 시굴(한신대학교박물관 2010): 11

자 하였다. 신라의 대표 기종인 토기(고배·개·대부완(합)·장경호·병 등)로 윤상덕의 안[10](윤상덕 2011·2014)을 기준으로 구분하였고, 후기 이후 새롭게 등장하는 주름문병의 편년(변영환 2007: 7)[11])을 참고해 부족한 편년을 채우고자 했다. 이러한 토기 편년을 바탕으로 용인지역의 신라 유적은 윤상덕의 편년 안에서 중기~말기에 해당하는 특징을 보여주고 있다. 〈그림 2〉는 윤상덕의 안으로 편년한 용인지역 출토 토기를 도식으로 구분해 놓은 것이다.

토기 편년을 기준으로 용인지역에서 조사된 신라유적을 성격별로 나누어 변화양상을 살펴보고자 한다.

---

10) 윤상덕은 신라토기를 크게 전기-중기-후기-말기로 시기 구분하였다. 자세한 내용은 다음의 신라 토기 시기구분 시안과 같다.

신라토기의 시기구문 시안(윤상덕 2014, 표2 인용)

분기	주기종	문양	묘제	시기
前期樣式	長脚高杯, 臺附長頸壺	그은 문양	적석목곽분	4C 후반~6C 전엽
中期樣式	短脚高杯, 臺附瓶	인화문 사용 시작	석실분(일부 화장묘)	6C 중엽~7C 3/4
後期樣式	臺附盌, 印花文 骨壺	인화문 본격 유행	석실분·화장묘	7C 4/4~8C 말
末期樣式	各種 瓶, 大壺, 舞文 骨壺	무문화	화장묘(일부 석실분)	9C 초~10C 전엽

위와 같은 윤상덕의 안에 기본적으로 동의하며, 윤상덕의 편년 안을 활용하지만, 용인지역을 포함한 한강유역은 진흥왕의 북진으로 553년 이후에 신라의 영향력 아래에 놓이게 되므로 6세기 중엽 이후인 중기 양식 이후부터 활용하고자 한다.

11) 변영환은 진죽리 유적에서 출토된 주름문 토기의 문양 양식에 따라 크게 4가지, 세부적으로 6가지 형식으로 분류하였다. i 1형은 인화문만 표현된 것, i 2형은 점토대와 짧은 길이 점열문이 결합된 것, i 3형은 점토대 사이에 점열문이 있는 것이다. ii형은 단순 점토대 주름문, iii형은 점토대 사이에 한 줄의 점열문이 시문된 경우(다치압인 주름문), iv형은 점토대가 생략되고 세로 방향 음각문이나 점열문이 촘촘하게 시문된 것(다치압인 주름문, 음각 주름문)으로 설정하였다.
i형-중심연대 8세기 후엽, ii·iii형-중심연대 9세기 초, iv형-중심연대 9세기 중엽 경으로 편년.

i (인화문)			ii	iii	iv
i 1	i 2	i 3	(점토대)	(점토대+점열문)	(점열문)

1. 관방 및 치소유적

용인지역의 관방 및 치소지 중 관방유적은 할미산성과 석성산성이 있다. 할미산성의 경우 신라가 한강유역에 진출한 후인 6세기 중엽 이후부터 통일 이전인 7세기 전·중엽까지 활용했던 것으로 보인다. 할미산성 내부에서 조사된 유구 중 시기가 파악되는 수혈주거지 내부에서 나타나는 난방시설이 무시설식과 '一'자형과 'ㄱ'자형 구들이 있으며, 'T'자형 구들은 나타나지 않는다. 시기가 파악되는 유물은 토기의 조합상으로 나타나는 단각고배, 드림부의 단면이 'ㅏ'자형인 뚜껑과 삼각집선문과 원점문이 시문 된 뚜껑, 부가구연대부장경호 등이 있으며, 반대로 대부완이나 드림부의 단면이 'ㅅ'자형인 뚜껑과 인화문 시문이 보이지 않고 있다. 이러한 유구와 유물의 조합 상에서 보았을 때 7세기 중엽 이전, 즉 통일신라 이전까지만 활용했던 것으로 보인다.

다른 관방유적인 석성산성은 발굴조사가 전면적으로 진행되지 않아 전체적으로 파악하기에는 부족하지만, 수습된 유물을 살펴보면 가장 이른 시기 유물이 윤상덕의 말기 단계의 토기편과 기와편이 나타나므로, 약 9세기 전엽부터 활용된 산성으로 보인다.

이러한 양상을 보면 신라의 산성유적의 활용은 신라의 한강유역 진출 직후부터 통일 직전까지 활용되었다. 이후 통일신라 말엽부터 다시 성지 유적이 활용되기 시작했다. 특기할 만한 것은 7세기 중후반 이후부터 9세기 이전까지 산성유적이 활용되지 않았다는 것이다.

평지 치소지로 추정되는 마북동 건물지의 경우 건물지의 중심 시기는 고려 12세기 이후로 보이지만, 고려 건물지와 주축 방향이 다른 석렬 주변에서 수습된 유물은 통일신라 유물이다. 현재 남아 있는 건물지의 상태는 불량하지만, 통일신라에도 건물지가 있었다는 것을 뒷받침하는 자료라고 할 수 있다. 시기를 파악할 수 있는 신라 토기는 기면에 점열문과 국화문이 시문된 신부의 단면 'S'자형인 대부완과 신부가 '凸'자형이고, 드림부의 단면 형태가 'ㅅ'자형인 뚜껑, 편병, 주름문병 등이 출토되었다. 또한 기와에서는 격자문과 선문이 타날 된 평기와가 출토되었다. 이러한 유물 조합 양상은 건물지의 시기가 7세기 후엽부터 9세기 후엽 경까지로 볼 수 있게 만든다.

언남리 유적 건물지는 현재 남아 있는 상태가 불량해 석렬만 남아 있다. 시기를 파악할 수 있는 신라 토기는 종형 뚜껑과 한 면이나 네 면이 편평한 편병, 주름문병, 대형호가 출토되었고, 기와는 격자문과 선문이 타날된 평기와가 확인되었다. 이러한 유물의 조합은 9세기 전엽부터 10세기 전엽까지로 시기를 추정해 볼 수 있다. 건물지에서도 다양한 철기유물이 확인되었지만, 건물지와 인접한 수혈에서 다량의 철기유물이 매납 되었다. 통일신라에도 금속 농경구가 굉장히 귀했던 것으로 이 건물지는 이러한 철기 유물의 관리 등과 관련된 치소 건물지로 추정할 수 있다.

구성현-거서현 지역의 평지 치소지로 추정되는 건물지는 마북동과 언남리 일대에서 확인되고 있으나, 잔존상태가 불량해 건물지의 양상을 파악하기 어렵다. 하지만 마북동과 언남리 일대에 평지 치소지가 자리했다는 가능성을 제시하고 있다. 평지 치소지는 신라가 이 지역에 진출한 직후 이른 시기에는 나타나지 않지만, 통일신라 이후 7세기 후엽부터 10세기 전엽까지의 기간 동안 확인된다.

2. 생활유적

구성현-거서현 지역 생활유적은 할미산성 내부에 위치하는 생활유적을 제외하면 대부분 하천과 인접한 얕은 구릉이나 충적지에 위치하고 있다.

생활유적에서 유적 내부의 시기를 파악할 수 있는 유구는 수혈주거지가 있으며, 주거지 내부시설인 난방시설의 형태 구분으로 주거지의 변화 양상을 파악할 수 있다. 변화는 7세기 후엽에서 8세기 전엽을 기점으로 보았다. 앞선 시기는 난방시설의 평면형태가 'ㅡ'자형 연도와

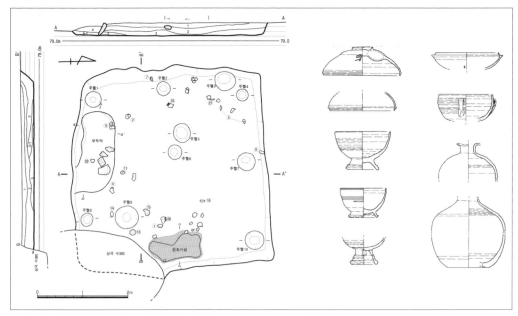

그림 3 중기단계 생활유적 주거지와 출토유물(마북동 취락유적 70호 주거지)

고래가 없거나 외줄 고래인 경우, 부뚜막 시설만 있는 경우가 확인된다. 나중 시기는 구들시설의 평면형태가 기존에 확인되는 'ㅡ'자형에 새로 나타나는 'ㄱ'자형, 'T'자형 구들이 추가되고, 고래의 수도 외줄 고래에서 새롭게 두 줄 고래가 추가된 것으로 보았다(신유리 2011; 박수미 2015).

생활유적을 주거지의 변화와 토기의 편년과 같이 중기-후기-말기단계를 살펴보고자 한다. 중기단계는 수혈주거지 내부의 난방시설이 부뚜막 시설만 있는 것과 'ㅡ'자형 구들이 나타난다. 또한 시기가 파악되는 토기의 조합 양상은 단각고배, 드림부의 단면이 'ㅏ'자형 뚜껑과 부가구연대부장경호 등이 출토되었다. 이러한 시기적 특징이 나타나는 생활유적은 할미산성 내부의 유적과 마북동 취락·경작 유적·청덕동 유적·영덕동 유적·역북동 산10-1번지 유적이 있다. 이 유적들은 탄천유역과 탄천·신갈천 하곡의 하천변에 위치하고 있다.

후기단계는 수혈주거지 내부의 난방시설이 이전 시기에 나타나는 기존의 'ㅡ'자형 구들과 함께 새롭게 'ㄱ'자형·'T'자형 구들이 나타난다. 시기가 파악되는 신라 토기는 소량의 단각고배와 단면 형태'S'자형인 대부완과 인화문이 시문된 대부완이 있다. 또한 점열문이 시문된

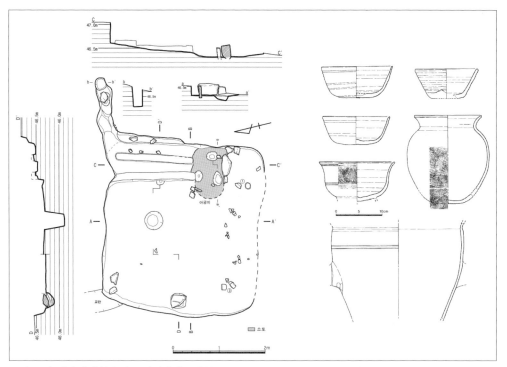

그림 4 후기단계 생활유적 주거지와 출토유물(서천동 유적 2지역 1구역 5호 주거지)

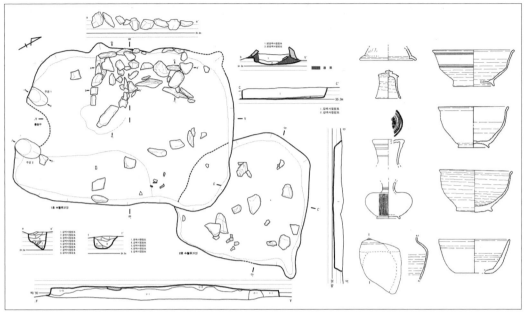

그림 5 말기단계 생활유적 주거지와 출토유물(영덕동 유적 1지점 1호 주거지 및 1지점 출토유물)

신부가 '凸'자형이고, 드림부의 단면이 '入'자형인 뚜껑과 주름문병편 등이 함께 출토되었다. 이러한 특징이 나타나는 생활유적은 마북동 중세취락 · 건물지 유적 · 서천동 유적 · 고매동 223 · 224번지 유적 · 어비리 유적이 있다. 이 유적들은 중기 단계와 같이 탄천 · 신갈천 하곡에 위치하기도 하지만 경안천 · 진위천 하곡의 하천변에도 소규모 취락으로 조성되었다.

　말기단계는 수혈주거지 내부의 난방시설이 이전 단계에 이어서 'ㄱ'자형 · 'T'자형 구들이 나타난다. 시기가 파악되는 신라 토기는 대부완과 뚜껑, 병류와 대호가 있다. 대부완은 신부의 단면 형태가 완만한 'S'자형인 것에서 배신부가 직선으로 변화한 형태가 나타나며, 뚜껑은 신부가 '凸'자형이고, 드림부의 단면이 'ㄱ'자형인 뚜껑과 종형 뚜껑이 출토되었다. 병은 동체에 4면의 각을 두고 견부에 횡침선을 두른 편병과 점토 띠를 덧붙인 주름문과 선문을 시문한 주름문병이 출토되었다. 또한 경부에 파상문을 시문하고 동체에 돌대를 두른 대호도 확인된다. 이러한 특징이 나타나는 생활유적은 마북동 중세취락 건물지 유적 · 언남리 유적 · 영덕동 유적 · 덕성리 유적 · 어비리 유적이 있다. 이 유적들은 이전 단계에 이어서 탄천 · 신갈천 하곡 유역에 계속 조성 되었고 경안천 · 진위천 하곡의 하천변에서 소규모 취락으로 조성되었다.

생활유적의 활용시기를 살펴본 결과 구성현-거서현의 생활유적은 신라가 이 지역에 진출한 이후부터 고려 이전까지의 기간 동안 계속 이어진다. 다만, 마북동과 영덕동을 제외하고 한 지역에서 생활유적이 계속 유지되지 않고 구서현-거서현 지역 내에 장소를 달리해서 조성되고 있다. 또한 생활유적은 내부에서 확인되는 수혈 주거지와 출토된 토기의 조합으로 보았을 때 3기로 나누어 볼 수 있다. 먼저 Ⅰ기는 6세기 중엽부터 7세기 전·중엽까지의 시기이며, 중기 단계에 해당하고, 할미산성 내부의 생활유적과 탄천이 곡류하는 곳에 위치한 마북동 취락·경작 유적이 이 시기에 해당된다. Ⅱ기는 후기 단계로, 7세기 후엽에서 8세기 후엽까지의 시기이며, 탄천 유역의 마북동 중세취락·건물지 유적과 신갈저수지와 신갈천의 서쪽에 위치한 서천동 생활유적이 이 시기에 해당된다. Ⅲ기는 9세기 전엽부터 10세기 전·중엽까지의 시기이며, 탄천 유역의 언남리 유적과 원천리천에 의해 생성된 충적대지 상에 조성된 영덕동 생활유적이 이 시기에 해당된다. 이렇듯 신라가 이 지역에 진출한 직후 거점성 인근과 마북동 일대 생활유적이 조성된다. 7세기 중·후엽 이후 마북동과 언남동 일대에 생활유적이 유지되며, 점차 이 지역을 벗어나 탄천·신갈천 하곡과 경안천·진위천 하곡으로 중·소규모로 생활유적이 조영된 것으로 보인다.

3. 생산유적

구성현-거서현 지역에서 나타나는 생산유적은 경작유적과 가마가 있다. 경작유적은 수전 경작유적과 밭 경작유적이 있다. 유구의 형태로 시기를 구분하기에는 어려움이 있지만, 경작유구 내부에서 수습된 토기편과 경작유구와 함께 조성된 생활유적의 활용 시기를 참고해서 그 시기를 파악할 수 있다.

먼저 마북동 일대의 수전 경작유적은 내부에서 신라에서 통일신라로 이어지는 토기편이 수습되었다. 수전 경작유적 북쪽으로 마북동 취락·경작유적이 자리하고 있다. 물론 수전 경작유적은 한성백제 때부터 조선시대까지 경작되었던 것으로 추측되지만, 신라와 관련된 수전층의 조사와 내부 수습 유물로 신라 진출 이후 이른 시기부터 통일신라 말엽까지 신라의 전 시기에 걸쳐 경작되었던 수전 경작유적으로 추정된다.

밭 경작 유적은 서천동 유적과 영덕동 유적에서 조사되었다. 생활유적과 인접하게 위치하고, 생활유적과의 중복관계가 보이지 않아 생활유적과 같이 조성되어 경작되었던 것으로 보인다.

또 다른 생산유적 중 하나인 토기·기와 가마가 있다. 가마유적은 성복동 통일신라 요지

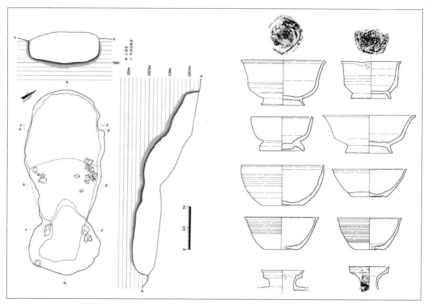

그림 6 생산유적 가마 및 출토유물(성북동 통일신라 요지 12호 가마 및 폐기장 출토유물)

를 제외하면 내부 출토유물로 시기를 파악하기 어려워 방사성탄소연대측정이나 고고지자기 연대측정으로 연대를 추정하였다. 출토된 토기와 자연과학적분석으로 측정한 연대로 살펴 본 가마의 사용시기는 먼저 6세기 전엽에서 7세기 중엽까지의 시기에 할미산성과 같이 활용 된 할미산성 내부 가마가 있다. 또한 7세기 후엽에서 활용된 덕성리 유적 가마가 있고, 8세기 이후부터 10세기 이전까지 활용된 삼계리 24-1번지 유적 가마, 8세기 중·후엽부터 10세기 전·중엽까지 조성된 성북동 통일신라 요지와 남사(아곡) 유적의 가마가 있다.

구성현-거서현 지역에서 가마는 신라 진출부터 조성되었으나 후기 단계 이후에 본격적으 로 등장하기 시작한다.

4. 분묘유적

구성현-거서현 지역의 분묘유적은 신라가 이 지역을 점령한 이후부터 멸망하기까지 나 타나지만, 통일신라 말기 단계의 분묘는 잘 나타나지 않는다. 통일신라 말기가 되면 통일신 라 전역에 석실묘의 축조가 적어지고 화장묘가 유행했던 시기이다. 신라의 변방 지역인 구성 현-거서현 지역에서는 화장묘가 아직까지 조사되지 않았지만, 통일신라 말기의 이러한 시기

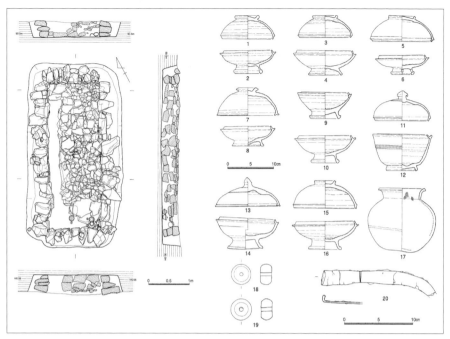

그림 7 중기단계 분묘유적 석곽묘와 출토유물(보정동 소실유적 2-1호 석곽묘)

적 분위기에 맞춰 이 지역에서도 분묘의 조영이 감소하게 되는 것으로 보인다. 구성현-거서현 지역에서 조사된 분묘유적은 탄천·신갈천 하곡과 경안천·진위천 하곡의 하천 유역 구릉 정상부나 사면에 자리하고 있다.

소실봉 일대에 조성된 보정동 고분군에서는 횡구식석실묘와 횡혈식석실묘, 수혈식석곽묘가 조사되었다. 현재까지 조사된 고분 외에도 지표조사 결과 약 100여 기의 고분이 분포하는 것으로 파악된다. 횡구식석실묘에서는 2차례 이상 추가장을 하였으며, 유물의 출토 양상으로 최초 축조시기를 파악할 수 있었다. 고분 내부에서 출토된 유물은 단각고배, 드림부의 단면이 'ㅏ'자형 뚜껑과 부가구연대부장경호와 기면에 삼각집선문과 원문의 조합의 인화문이 시문 되어있는 이 지역에서 가장 이른 단계의 유물이 출토되었다. 또한 배신의 단면 형태가 'S'자형인 대부완과 신부가 '凸'자형이고, 드림부의 단면이 'ㅅ'자형과 'ㄱ'자형 뚜껑과 기면에 점열문이 주로 시문 된 토기가 출토되고 있다. 보정동 고분군에서 출토된 토기의 조합 양상으로 볼 때 보정동 고분군은 신라가 이 지역에 진출한 6세기 중엽 이후부터 9세기 이전까지 분묘가 조성되었던 것으로 보인다. 한편 이 시기에 죽전 대덕골 유적·덕성리 유적·봉무

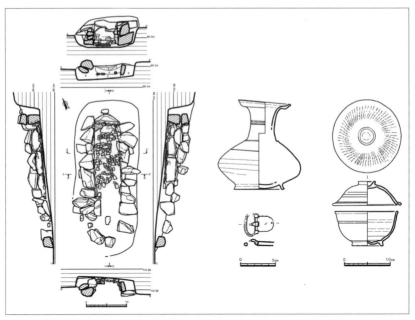

그림 8　후기단계 분묘유적 석곽묘와 출토유물(삼계리 24-1번지 유적 2호 석곽묘)

리 666-1번지 유적에서 1~2기의 정도의 석실·석곽묘가 분포하기도 한다.

7세기 중엽 이후가 되면 구서현-거서현 지역의 분묘유적은 보정동 고분군을 벗어나 소규모로 조영되기 시작한다. 이 시기에 조성된 고분군은 동천동 고분군·마북동 고분군·마북동 취락·경작 유적·언남리 유적·청덕동 고분군·삼계리 24-1번지 유적·마성리 영문리 고분군·동백동 고분군·구갈동 고분·하갈동 유적·서천동 유적·역북동 유적·서리 도장골 사기막골 유적·제일리 고분군·어비리 유적이 있다. 이 시기의 분묘유적에서는 보정동 고분군과 같이 대규모로 군집되는 양상을 보이지 않으며, 10기 미만 혹은 단독으로 조영된다. 내부에서는 횡혈식석실묘와 횡구식석실묘, 수혈식석곽묘가 조사되었으며, 대부분 횡혈식석실묘와 수혈식석곽묘가 확인된다. 고분 내부에서 출토된 유물은 박장으로 출토되지 않거나, 적은 수량만 확인된다. 부장량이 감소하는 이유로는 시간이 지남에 따라 고분이 축소되는 이유도 있었을 것이나, 고분의 상태가 양호하지 않아 유물이 유실되거나, 도굴되었을 가능성도 있다. 고분군에서 출토된 유물은 간헐적으로 출토된 단각고배와 대부완, 신부가 '凸'자형이고, 드림부의 단면이 '入'자형 뚜껑이 있으며, 기면에 점열문이 시문 되어 있다. 이러한 출토 토기의 조합이 확인되는 고분군의 조영 시기를 7세기 중·후엽에서 8세기 중·후엽으로 추정할 수 있게 한다.

이후 9세기 이후가 되면 구성현-거서현 지역의 분묘유적은 잘 나타나지 않는다. 말기 단계의 매장 양상이 화장묘로 변화하는 단계로 석실묘가 소멸되어가며, 석곽묘의 축조도 감소하는데 이 지역 또한 이런 영향을 받은 것이 아닌가 한다. 이 시기에 조성된 고분은 마북동 취락·경작 유적의 분묘와 완장리 유적이 있으며, 이 분묘유적은 고려시대까지 이어져 석곽묘가 조영된 것으로 추정된다.

이렇듯 구성현-거서현 지역의 분묘유적은 신라가 이 지역에 진출한 이후부터 조영되어 고려시대 이전까지 확인되는 양상을 보이지만, 8세기 후엽 이후부터는 분묘의 수가 급감하면서 분묘문화가 잘 나타나지 않는다. 분묘유적은 처음에 이 지역에 진출한 직후 보정동 고분군에 석실·석곽묘를 중심으로 대규모로 군집된 양상으로 조영되기도 하고, 1~2기의 석실·석곽묘가 소규모로 분포되기도 한다. 이후 7세기 중엽 경이되면 보정동 고분군 외에도 탄천·신갈천 하곡과 경안천·진위천 하곡의 하전 유역 구릉 능선에 소규모 고분군이 조성되게 된다. 고분군은 횡혈식석실과 수혈식석곽묘가 중심으로 조영되었으며, 소규모로 군집으로 이루거나 단독으로 조성되었다. 8세기 후엽 이후는 분묘의 양상이 잘 나타나지 않으며, 석실묘가 소멸되고 석곽묘가 간헐적으로 확인되는 양상을 보이고 있다.

5. 종교유적

구성현-거서현 지역에서 확인된 신라의 종교유적은 전통적인 종교유적과 불교 유적이 있다. 신라의 전통적인 종교유적은 할미산성의 다각형 건물지와 영덕동 유적의 철기 매납 제의유구가 있다. 할미산성은 내부에서 확인된 유구와 유물의 조합으로 활용시기가 6세기 중·후엽부터 7세기 전·중엽까지 활용되었고 그것은 종교유적인 다각형 건물지도 시기를 같이한다고 추측된다. 영덕동 유적의 제의 유적 또한 영덕동 생활유적과 생산유적과 함께 하며 그 시기는 9세기 전엽을 전후한 시기부터 10세기 전엽까지로 보인다.

구성현-거서현 지역의 다른 종교유적 중 하나인 불교유적은 실제 발굴 조사된 것이 마북리사지와 서봉사지 2사례 밖에 되지 않는다. 사지에서 확인되는 신라의 유구의 상태는 매우 불량하고 중심 시기는 고려 이후로 파악된다. 마북리사지와 서봉사지에서 수습된 신라 유물은 토기편은 주름문병과 대호편이 있으며, 기와는 선문과 격자문 기와가 출토되었다. 이러한 토기와 기와편의 수습 양상은 발굴조사가 시행되지 않은 다른 사지의 지표조사에서도 수습되었는데, 이렇게 수습된 유물은 사지의 초축 연대를 9세기대로 볼 수 있게 하였다. 탑이나 불상 등의 석조유물들의 조성시기 또한 9세기를 전후해서 조영되었다.

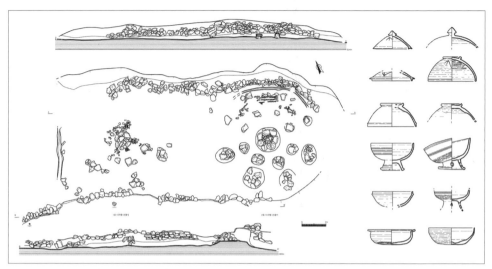

그림 9 종교유적 다각형 건물지와 출토유물(할미산성Ⅳ 1 · 2호 다각형 건물지)

　　종교유적의 양상을 보았을 때 전통적인 종교유적인 다각형 건물지의 경우 할미산성과 시기를 같이 하며, 제일 이른 시기에 확인되었다. 영덕동 유적에서 확인되는 매납 제의 유구는 농경과 관련된 유구로 추정되며, 그 시기는 영덕동 생활유적과 경작유적과 함께한다. 이러한 농경관련 제의유적은 다른 경작유적에서도 충분히 발견될 가능성이 있다고 생각된다. 이후 통일신라 내부가 안정되고, 경덕왕의 재임과 도선국사의 활동으로 지방의 불교문화가 활발하게 되는데 이러한 영향은 구성현–거서현 지역 내부에서도 있었을 것으로 보인다. 때문에 그 이전까지 불교유적이 확인되지 않고 있지만, 9세기를 전후로 해서 많은 사찰이 이 지역에 조성된 것으로 보인다.

　　다음의 〈표 6〉은 앞서 용인지역의 신라 유적에서 확인된 유구와 출토된 토기 분석을 바탕으로 신라 유적들을 성격별로 시기 구분한 것이다.

표 6 용인지역 신라 유적 시기구분 표

성격별 유적	시기	7세기		8세기	9세기	10세기
관방 및 치소지	할미산성	▨	▨			
	석성산성					▨
	마북동 중세취락 · 건물지 유적			▨	▨	
	언남리 유적				▨	▨

성격별 유적		7세기	8세기	9세기	10세기
생활유적	마북동 취락·경작유적				
	청덕동 유적				
	영덕동 유적				
	서천동 유적				
	고매동 223·224번지 유적				
	역북동 산10-1번지 유적				
	덕성리 유적				
	어비리 유적				
생산유적	마북동 취락·경작유적				
	영덕동 유적				
	서천동 유적				
	성북동 통일신라 요지				
	할미산성				
	삼계리 24-1번지 유적				
	덕성리 유적				
	남사(아곡) 유적				
분묘유적	동천동 유적				
	죽전 대덕골 고분군				
	마북동 고분군				
	보정동 고분군				
	마북동 취락·경작유적				
	언남리 유적				
	청덕동 유적				
	삼계리 24-1번지 유적				
	마성리·영문리 고분군				
	동백동 고분군				
	구갈동 고분				
	하갈동 유적				
	서천동 유적				
	역북동 유적				
	서리 도장골·사기막골 유적				
	제일리 고분군				
	덕성리 유적				
	완장리 유적				
	봉무리 666-1번지 유적				
	어비리 유적				

성격별 유적		시기	7세기	8세기	9세기	10세기
종교유적	할미산성		▨		▨	▨
	영덕동 유적				▨	▨
	서봉사지				▨	
	마북동사지				▨	
	백련사				▨	
	고림동사지				▨	
	용덕사지				▨	
	문수사지				▨	
	송전리사지				▨	
	금단사지				▨	

IV. 고고학적 변천과 지방거점 운영

앞에서 최근까지 용인지역에서 조사된 신라와 관련된 유적과 유물을 바탕으로 유적의 성격을 구분해 유적의 성격별 분포를 알아보았다. 또한 유적의 입지와 조사된 유구, 출토유물을 통해 유적의 활용시기를 파악해보았다. 여기서는 앞에 살펴보았던 내용을 바탕으로 구성현-거서현 지역 내부에서 신라문화가 어떻게 변화되고 운영되는지 살펴보고자 한다.

구성현-거서현 지역에서 신라의 물질문화는 신라가 이 지역에 진출한 553년 이후부터 신라가 멸망한 935년 이전까지 나타나고 있다. 이 기간 동안 신라의 물질문화는 크게 3단계에 걸쳐 변화하게 된다. 변화 단계는 유적의 내부에서 조사된 유구와 유물의 조합으로 구분하였으며, 상대적으로 편년 연구가 활발히 진행된 신라 토기를 기준으로 하였다. 또한 물질물화의 변화단계와 함께 나타나는 신라의 역사적 변동도 살펴보고자 한다.

용인지역을 포함한 한강 하류지역을 신라가 점령한 시기는 553년(진흥왕 14) 무렵으로, 이 지역을 영역화하며 신주를 설치하였다. 이 배경으로 551년에 나제동맹으로 백제의 한강 하류의 공격과 맞물려 신라가 한강 상류지역인 남한강과 북한강 사이의 고구려 10군을 수복한 것에 있다.[12] 이렇듯 한강 상류지역을 먼저 수복한 것은 향후 한강 하류지역과 그 이외의

---

12) 『三國史記』卷4 新羅本紀4 眞興王 12年條 "王命居柒夫等侵高句麗, 乘勝取十郡."
   『三國史記』卷44 列傳4 "十二年辛未, 王命居柒夫及仇珍大角湌·比台角湌·耽知迊湌·非西迊湌·奴夫波珍湌·西力夫波珍湌·比次夫大阿湌·未珍夫阿湌等八將軍, 與百濟侵高句麗. 百濟人先攻破平壤. 居柒夫等乘勝, 取竹嶺以外高峴以內十郡."

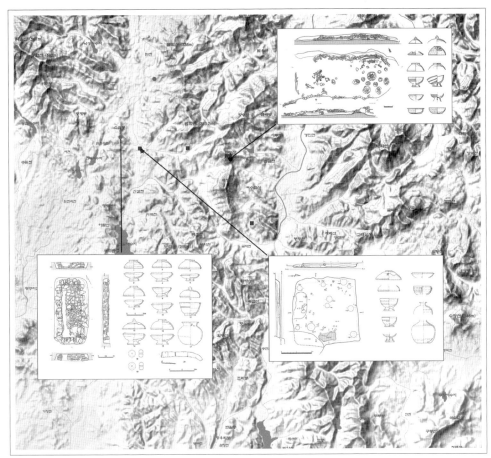

그림 10   1단계 신라유적 분포 및 기준 유구와 출토유물

지역에 대한 정복 사업과 영토 확장에 초석이 되었다(정운용 2015: 281). 이후 2년 뒤에 백제가 고구려에게 회복한 한강 하류지역인 한성 지역을 신라에게 다시 빼앗기게 된다. 그리고 신라는 이 곳에 신주를 설치하고 김무력을 군주를 삼아 통치하게 하였다.[13] 한강유역을 점유하는 과정에서 신라는 북쪽으로 고구려의 공격을, 남쪽으로 백제의 공격을 방어하면서 거점지역의 지배력을 유리하게 하기 위해 산성의 축조를 중요하게 여겼졌다. 이러한 배경을 바탕으로 신라가 용인지역에 진출한 이후인 1단계에 가장 두드러지게 나타나는 유적은 할미산성으로 대표되는 관방 및 치소지이다.

---

13) 『三國史記』卷4 新羅本紀4 眞興王 14年條 "秋七月, 取百濟東北鄙, 置新興校勘, 以阿湌武力爲軍主."

1단계는 신라가 구성현-거서현 지역에 진출한 직후인 6세기 중엽부터 통일신라를 전후한 7세기 중엽 경에 해당되는 시기로, 말기단계에 해당한다. 신라의 진출기인 이 단계에 가장 중요한 유적은 앞서 언급했듯이 산성이다. 산성은 새로운 지역에 진출해 점령한 곳을 방어하기 위해 만들어진 시설이며, 진출 후 불안정한 이 지역을 방어하고, 주민을 다스리기 위한 역할을 하였다. 할미산성은 구성현-거서현 지역에서 제일 먼저 확인되는 신라의 산성관방 유적이다. 산성의 내부에는 장방형 건물지와 다각형 건물지·굴립주 건물지·집수시설·수혈주거지·원형수혈·가마·매납유구 등이 조사되었다. 할미산성의 축조기법과 내부에서 확인되는 수혈주거지의 형태, 출토유물의 조합으로 보았을 때 이 단계에 조영되어 활용되었던 것으로 추정하였다.

할미산성은 관방의 역할을 하였던 성곽과 더불어 치소지로 추정되는 장방형 건물지도 조사되었다. 집수시설의 양 옆으로 건물지가 조영되었으며, 전체적으로 산성의 중앙에 입지해 있어 성곽 내부 어디에서나 접근성이 좋은 곳에 위치해 있다. 또한 할미산성에서 조사된 다각형 건물지는 팔각 2동, 육각 1동이 조사되었는데, 신라의 종교 유적 중 하나로 보인다. 육각 또는 팔각의 다각형 건물지는 성곽의 동벽과 서벽을 가로지르는 축대 위와 남동쪽 하단부에 산성의 정상부를 배후에 두고 자리하고 있다. 다각형 건물지가 자리한 곳은 석성산과 마주하는 곳으로, 성내 조망이 자유로운 입지조건을 가지고 있다.

할미산성과 함께 마북동 일대에서 생활유적과 경작유적이 조성되었다. 이 단계의 생활유적에서는 부뚜막만 시설되거나 '一'자형 구들이 시설된 수혈 주거지가 조사되었다. 표지 유물의 조합은 단각고배와 드림부의 단면이 'ㅏ'자형 뚜껑, 부가구연대부장경호가 출토되고 있다. 생활유적이 마북동 일대의 탄천유역에 이른 시기에 나타난 건 할미산성으로 가는 길목에 위치하기도 하지만 기존의 한성백제의 생활유적을 그대로 이용하기 위한 점도 있다고 생각된다.

생산유적은 마북동 생활유적과 함께 조성된 경작유적인 수전이 있고, 할미산성 내부에서 가마가 조사되었다. 경작유적은 생활유적의 배후에 조성되었고, 출토된 유물이 마북동 생활유적과 같은 양상을 보이고 있어 생활유적과 같은 시기에 조성되어 경작된 것으로 보인다. 할미산성 내부의 가마 또한 산성 내부와 같은 시기에 조성되어, 필요한 물품을 직접 생산하기위해 활용된 것으로 보인다.

분묘유적으로는 소실봉의 사면에 조성된 보정동 고분군이 대규모 공동묘역으로 이용되었던 것으로 보인다. 한편 죽전 대덕골 고분군·덕성리 유적·봉무동 666-1번지 유적에서는 1~2기 정도의 소규모로 분묘가 조성되기도 했다. 이 단계에 조성된 고분은 횡구식석실묘와 수혈식석곽묘가 있으며, 고분의 내부에서는 유개고배세트와 대부배, 배 등이 출토되었다. 보정동 고분군에서 출토된 토기는 할미산성과 마북동 일대 생활유적에서 출토된 토기와 비슷한 시기의 토기들이 출토되고 있다.

이 단계의 보정동 고분군에서 출토되는 토기는 형태적인 변화 외에 토기의 형태·성형·소성 등의 요소로 두 가지로 그룹으로 구분되었다. 1그룹은 왕경 또는 왕경의 토기제작기술을 활용한 가마에서 생산된 이입품, 2그룹은 재지 공인에 의해 생산된 토기로 추정된다. 여기서 확인되는 1그룹의 이입품은 신라의 한강유역 진출 이후 용인지역으로 사민의 근거가 되기도 한다. 반입된 토기의 기종 및 토기에 문양이 거의 없다는 것, 그리고 보정동 고분군의 주묘제가 횡구식석실묘라는 특징은 신라 서북부 지역과 비슷한 점으로 신라 서북부지역에서 사민 되어 이주되었을 것으로 추정하기도 한다(홍보식 2005: 318~322). 이입품과 재지품의 출토 비율도 같거나 거의 비슷하게 나타나고 있다.

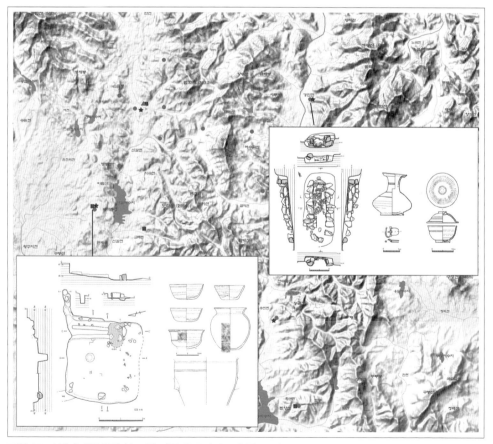

그림 11　2단계 신라유적 분포 및 기준 유구와 출토유물

1단계의 유적은 탄천유역의 마북동과 보정동·신갈동 일대에 대규모로 분포하고 있다. 탄천의 남동쪽 하천 남쪽 충적지와 얕은 구릉에는 생활유적이 조성되었고, 탄천유역을 바라보는 구릉 사면에는 분묘가 형성되었다. 그 외에 할미산성 주변에 소규모로 조성된 유적이 조사되기도 했다.

2단계는 통일신라 직후로 7세기 후엽부터 8세기 후엽까지의 기간에 해당한다. 이전 단계의 할미산성에 위치한 관방 및 치소 유적은 이 단계가 되면 활용되지 않고, 다른 산성 유적 또한 확인되지 않고 있다. 반면 탄천 북쪽의 마북동 일대에서 이 시기의 건물지가 조사되어서 평지 치소지로의 이동 가능성을 제시하였다. 그 이유로는 마북동 일대에 신라의 생활유적이 다량 조사 되었고, 건물지가 이러한 생활유적을 조망할 수 있다는 점, 기와를 사용한 건물지가 조사되었다는 점이 있다. 그 외에도 고려 이후부터 이 지역에 치소지가 유지된다는 것도 그 이유를 뒷받침하고 있다. 마북동 건물지에서 조사된 건물지는 형태를 파악하기 어렵지만, 통일신라 건물지로 추정되는 석렬에서 배신부의 단면이 'S'자형인 대부완과, 점열문이 시문된 '凸'자형 뚜껑이 출토되었다.

마북동 일대의 생활유적은 이 단계가 되면 수혈주거지에서 이전 단계의 부뚜막 시설과 'ㅡ'자형 구들시설이 확인되는 주거지가 급격하게 감소하게 된다. 또한 마북동 중세 취락유적과 서천동 유적은 이 단계의 생활유적의 중심유적이 된다. 생활유적 내부에서는 부뚜막시설과 'ㄱ'자형·'T'자형 구들이 모두 확인된 수혈주거지가 조사되었다. 이러한 구들시설의 변화는 통일 이후 고구려 유민들의 영향으로 구들시설이 발달되었다고 추측하였다. 주거지 내부에서 표지유물인 배신부가 'S'자형인 대부완과, 점열문이 시문된 '凸'자형 뚜껑, 병 등이 출토되었다. 또한 서천동 생활유적과 함께 조성된 것으로 보이는 밭 경작유적이 생활유적이 자리한 능선 하단부에서 조사되었다. 한편 경안천·진위천 하곡의 하천유역에 위치한 삼계리 24-1번지 유적과 덕성리 유적에서 토기가마가 조사되기도 하였다.

이 단계에 분묘유적은 보정동 고분군 외에도 10기 미만의 소규모 고분군이 탄천·신갈천 하곡과 경안천·진위천 하곡의 하천유역으로 확대되는 양상을 보이고 있다. 고분군은 이전에 단계에 이어 횡구식석실묘와 수혈식석곽묘가 조영되며, 횡혈식석실묘도 소량 조사되었다. 고분 내부에서는 1단계에 이어서 유개고배세트와 신부가 '凸'자형이면서 드림부의 단면이 '入'자형 뚜껑이 등장한다. 또한 단각고배의 출토 빈도가 점차 줄어들고, 배신에 인화문이 시문된 대부완과 보정동 고분군에서는 아직 사례가 없지만 삼계리 24-1번지 유적과 하갈동 유적에서 편구병이 새롭게 출토되기 시작한다.

보정동 고분군에서는 1단계에서 출토되었던 이입된 토기가 부장되지 않는다. 한강유역에 신라토기의 제작기술이 충분히 구현되어 재지 생산품으로 대체된 것으로 볼 수도 있으며, 이

단계부터 보정동 고분군의 분묘 조영이 급속히 줄어드는 것도 그 이유를 들 수 있을 것이다. 또한 이곳으로 옮겨온 사민 1~2세대가 사라지고, 한강유역에서 태어난 사민 3세대에 들어서면서 재지의 기술력이 높아져 더 이상 외부 공급품이 필요하지 않게 되어 재지 생산품으로 교체된 것으로 추정된다(홍보식 2005: 320).

2단계의 유적은 치소지와 생활유적은 연속적으로 마북동 일대에서 유적이 확인된다. 또한 탄천유역과 할미산성 인근을 벗어나 탄천·신갈천 하곡까지 유적의 조성범위가 넓어졌으며, 경안천·진위천 하곡의 하천유역 일대에도 유적이 소규모로 조성된 것을 확인할 수 있다. 특히 분묘유적이 용인지역 전역에서 확인되기 시작한다.

3단계는 통일신라 말기로 9세기 전엽부터 10세기 전·중엽까지의 기간으로 상정된다. 이 단계의 관방 및 치소지는 산성 관방유적과 평지 치소지 유적으로 추정되는 건물지가 모두 확인되고 있다. 산성 관방유적는 할미산성의 남쪽 석성산에 위치한 석성산성이 있다. 석성산성은 발굴조사가 봉수대 인근 일부만 진행되어 정확한 내부 사항을 파악하기 어렵지만, 수습된 대형 호류편과 선문 기와편 등의 유물과 정상부의 남아있는 성벽으로 보아 이 단계에 초축되어 활용된 산성관방 치소지로 추정된다.

평지 치소지로 추정되는 유적은 언남리 유적의 건물지가 있다. 언남리 유적의 건물지는 석렬 밖에 남아있지 않아 전체적인 건물지의 형태는 알기 어렵지만, 유적 내부와 건물지에서 출토된 유물의 조합 양상으로 볼 때 유적의 조성 시기가 3단계에 해당된다고 보았다.

관방 및 치소지는 전 단계의 평지 치소지가 유지되면서 산성 관방유적이 다시 등장한다. 산성 관방유적의 등장은 통일신라 말엽의 불안한 왕권에 의한 현상과 관련된 것으로 보인다. 중앙의 지방 지배력이 약해지고, 각 지방 거점지역에 호족들의 세력이 커지면서 거점 지역을 지키기 위해 다시 산성을 축조한 것으로 추정된다. 이렇듯 이 단계의 관방 및 치소지는 평지 치소지와 산성 관방 치소지가 함께 운용되며, 비상시에는 석성산성을 활용했던 것으로 보인다.

생활유적은 이 단계에 들어서면 언남리 유적과 영덕동 유적이 중심 유적이 된다. 영덕동 유적은 원천리천 유역에 조성되었다. 수혈주거지 내부에서 나타나는 난방시설은 부뚜막시설과 '一'자형·'ㄱ'자형·'T'자형 구들이 시설되고 있다. 생활유적 내부의 다른 유구와 수혈주거지에서 출토된 표지유물은 신부의 단면이 직선인 대부완과 종형 뚜껑, 편병, 주름문병, 대호의 조합으로 나타난다. 출토된 유물의 조합으로 보아 9세기를 전후한 시점에 조성되어 10세기를 전후한 기간까지 활용된 생활유적으로 추정된다. 수혈주거지는 우물을 중심으로 수혈과 함께 배치되었다. 이 외에도 생활유적과 함께 밭 경작유적이 능선 하단부에서 조사되어 농경생산물을 생활유적 내에서 자급자족했던 것으로 보인다.

3단계에 확인된 토기·기와가마 생산유적은 성복동 통일신라 요지가 있다. 성복동 요지는

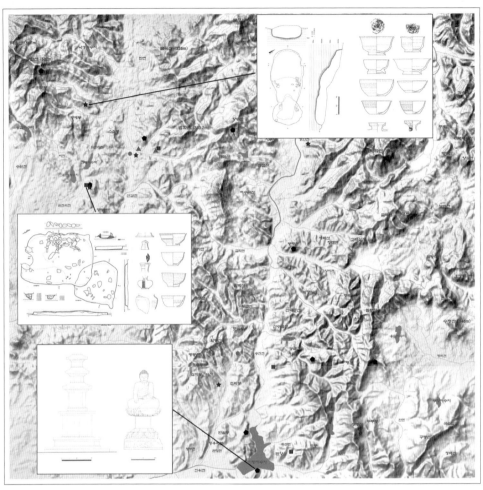

그림 12   3단계 신라유적 분포 및 기준 유구와 출토유물

3단계 기간에만 한시적으로 운영된 것이 가마 내부와 폐기장에서 출토된 토기와 기와로 나타난다. 이 곳에서 생산된 토기와 기와는 연질 기종이 대부분으로 구성현-거서현 지역 내부 조업을 위한 것으로 추정된다.

이 단계의 분묘유적은 분묘의 수가 급격하게 감소하고 분묘문화가 잘 나타나지 않는다. 신라 말엽 단계에 이르면 신라 전역에 석실묘의 축조가 소멸하고, 화장묘가 유행하게 된다. 신라의 변방 지역인 구성현-거서현 지역의 분묘문화도 이러한 통일신라 말엽의 시기적 분위기에 맞춰 영향을 받게 된 것으로 보인다. 이 지역에서 아직까지 화장묘가 조사되지 않았으며, 석실묘는 새롭게 축조되지 않는다. 그리고 석곽묘만 간헐적으로 조사되었으며, 석곽묘가 조영된 고분은 통일신라 말엽부터 고려에 이어지는 소규모 고분군만 조성되었다.

종교유적은 이전 단계와는 다르게 전통적인 종교유적과 불교유적이 함께 확인되고 있다. 전통적인 종교유적인 제의유구는 영덕동 유적에서 경작유구와 함께 조사되었으며, 내부에 철제 농경구의 매납 양상으로 보아 경작과 관련한 제의유구로 추정된다.

불교와 관련된 유적과 기념물은 이 단계부터 나타나기 시작한다. 불교유적은 이 지역의 다른 성격의 유적과는 다르게 구서현-거서현 지역 전역에 분포하는 양상을 보이고 있다. 불교유적은 발굴조사가 진행되지 않은 곳이 더 많고, 발굴조사가 진행되었어도 사지의 초축 연대를 알 수 있는 유물조합이 파악될 뿐 정확한 가람배치 또는 사지의 전체적인 양상 파악은 불가능하다. 불교유적은 이 단계에 한정적으로 운영되지 않고, 고려 이후까지 계속 유지된 것으로 보인다. 사지 내부에서 조사된 건물지의 중심 시기가 고려 이후로 나타나고 있어 통일신라 말엽에 창건되고, 시간이 지남에 따라 증축되면서 사찰이 유지되었던 것으로 추측된다.

3단계 유적은 치소지와 생활유적은 연속적으로 마북동 일대와 언남동에서 유적이 확인된다. 또한 유적은 탄천·신갈천 하곡과 경안천·진위천 하곡의 하천유역 일대 용인지역 전체에서 분포하는 것을 확인할 수 있다. 특징적인 것은 불교유적이 새롭게 등장하게 된다.

용인지역에서는 다른 지역과 다르게 단계가 지나감에 따라 유적의 성격별로 거의 대부분 연속되어 나타나고 있다. 1단계에는 할미산성 주변과 할미산성과 탄천유역이 연결되는 길목인 마북동과 보정동·신갈동에서 유적이 집중적으로 조성되었다. 이곳은 관방 및 치소지인 할미산성과 한강유역으로 이동이 용이한 탄천유역의 길목이다. 2단계는 기존의 탄천유역에 유적이 계속 조성되면서 남쪽으로 향하는 신갈천 유역까지 유적의 조성범위가 넓혀진다. 그 외에 탄천·신갈천 하곡을 벗어나 경안천·진위천 하곡의 하천유역 주변에서 유적이 소규모로 조성되며, 분묘유적이 용인지역 전체에서 분포한다. 3단계는 1·2단계에 이어서 탄천유역에 치소지와 생활유적이 언남동으로 이동해 계속 조성된다. 또한 탄천·신갈천 하곡과 경안천·진위천 하곡의 하천유역에서 분포하며, 용인지역 전체에서 유적이 확인된다. 그 외에도 새로운 종교유적인 불교유적이 용인지역 산 중턱에서 전체적으로 등장한다. 이렇듯 신라가 안정기에 들어서면서 점차 용인지역 전역으로 유적이 확대되어 가는 양상을 보여준다.

V. 맺음말

이상으로 신라 지방 거점지역인 구성현-거서현 지역에서 지금까지 조사된 고고학 자료를 바탕으로 시간에 따른 공간 구조를 복원해 알아보고자 했다. 공간적 범위는 한강유역에서 상대적으로 고고학 자료가 다량으로 조사되었고, 유적의 성격이 골고루 확인된 용인지역을 대상으로 하였다. 시간적 범위는 신라가 한강유역에 진출한 이후인 553년 이후부터 신라가 고려에 멸망하기 전인 935년 이전으로 하였다.

먼저 대상지역인 구성현-거서현 지역에서 조사된 신라 유적을 관방 및 치소지·생활유적·생산유적·분묘유적·종교유적의 5가지 성격으로 구분하고, 유적의 분포와 조사현황에 대해 파악하였다.

구성현-거서현 지역에서 조사된 유적의 성격별로 유적 내부의 유구와 출토유물을 바탕으로 유적의 시간성을 파악해 유적의 시기구분을 하였다. 유적의 시기구분을 중심으로 시간의 흐름에 따른 유적의 위치 변화에 대해 검토하였다.

이러한 내용을 바탕으로 구성현-거서현 지역 내부의 시간의 흐름에 따른 변화단계를 유형화하였다. 그 결과 구성현-거서현 지역의 신라 문화는 크게 3단계에 걸쳐서 진행되었다고 보았다.

1단계는 6세기 중엽~7세기 중엽 경에 해당하는 시기이다. 이 단계의 유적은 주로 탄천유역의 마북동과 보정동 일대와 할미산성 인근에 분포하고 있다. 할미산성이 관방 및 치소지로 축성되어 운영되었으며, 내부에는 주거지로 대표되는 성곽내 생활유적과 내부 생산품을 제작했던 가마, 제의를 행했던 다각형 건물지가 조사되었다. 또한 마북동 일대에 생활유적과 수전 경작유적이 함께 조성되었고, 소실봉 일대에 보정동 고분군이 조영되었다. 이 단계의 표지유물은 신부가 반구형에 드림부의 단면이 'ㅏ'자형 뚜껑, 단각고배, 부가구연대부장경호 등이 있으며, 나타나는 문양으로는 반원점문과 삼각집선문이 있다.

2단계는 7세기 후엽~8세기 후엽 경에 해당하는 시기이다. 이 단계의 유적은 탄천·신갈천 하곡과 경안천·진위천 하곡의 하천 유역 일대에 분포하고 있어 기존에 탄천유역에 주로 조성된 유적이 용인지역의 다른 곳에서 확인된다. 치소지는 마북동 일대의 평지 치소지로 치소지가 이동한다. 생활유적은 이전 단계에 이어 마북동에 조성되고, 탄천유역을 벗어나 신갈천과 원천리천 유역인 서천동 유적에서 생활유적이 밭 경작유적과 함께 조성되기 시작한다. 또한 경안천·진위천 하곡의 하천 유역에서 가마가 소규모로 조영되었다. 분묘유적은 이전 단계의 보정동 고분군을 벗어나 탄천·신갈천 하곡과 경안천·진위천 하곡의 하천 유역 일대의 구릉 사면에 단독이나 소규모 고분군이 조성되었다. 종교유적은 따로 확인되지 않는다. 이 단계의 표지유물은 신부가 '凸'자형에 드림부의 단면이 'ㅅ'자형 뚜껑, 단면이 'S'자형이거나 직립하는 대부완 등이 있으며, 확인되는 문양은 수적형문, 점열문 등이 점차 연속문으로 나타나기 시작한다.

3단계는 9세기 전엽~10세기 전·중엽에 해당하는 시기이다. 이 단계의 유적은 탄천·신갈천 하곡과 경안천·진위천 하곡의 하천유역에 인접한 용인지역 전역에서 나타나고 있다. 관방 및 치소지는 이전 단계에 이어 평지 치소지로 언남리 유적에서 계속 유지되며, 새롭게 석성산성이 축성되었다. 생활유적은 언남리 유적과 영덕동 유적에서 확인되었으며, 영덕동 유적에서 생활유적과 함께 밭 경작유적이 조성되었다. 또한 토기와 기와를 생산한 가마가 이전 단계와는 다르게 대규모로 등장한다. 분묘유적은 이 단계에 급속도로 감소하고, 조영된 분묘유적은 그 양상을 파악하기 힘들다. 종교유적은 영덕동 경작유적과 관련된 것으로 추정되며, 새롭게 불교유적이 창건되기 시작한다. 불교유적은 용인지역 전역에서 확인되고 있다. 이 단계의 표지유물은 종형 뚜껑, 병의 면이 편평한 편병과 주름문병, 경부에 파상문이 시문된 대호류가 있으며, 확인되는 문양은 점열문이 간헐적으로 나타나며, 무문화된다.

용인지역에서는 다른 지역과 다르게 단계가 지나감에 따라 유적의 성격별로 거의 대부분 연속되어 나타나고 있다. 이것은 구성현-거서현 지역이 도시개발로 발굴조사의 양이 많은 것도 있지만 주치의 속현이었으며, 당성으로 향하는 교통의 길목에 있고, 한강 이남의 중앙에 위치한 지리적 중요점이 있었기 때문으로 보인다.

이상 신라의 지방 거점지역인 구성현-거서현 지역의 고고학 자료를 중심으로 하여 신라 지방 거점지역에서 시간이 지남에 따라 변화하는 신라문화양상을 파악해 보았다. 다만, 현재까지 발굴 조사된 유적을 중심으로 논고를 전개하였기 때문에 상대적으로 개발이 활발히 진행된 용인지역의 서쪽에 집중되어 전개하였고, 반면 용인지역의 동쪽으로는 빈약하게 분석되었다. 또한 조사된 유적을 성격별로 시간에 따른 분포와 변화양상에 대해여 포괄적으로 전개하여 미흡한 부분이 다수 나타난다는 한계가 있다. 향후 새로운 자료가 축적되고, 각 성격별 유적의 세부적인 연구의 추가와 보완이 필요할 것이다.

<후기>
이남규 교수님 안녕하세요. 자연입니다.

제가 석사논문을 작성하기 시작하고, 부족한 공부 량과 직장과 논문 작성의 병행으로 더딘 논문 진행 상황 등 참 답답하고 막막한 상황이 논문 작성을 진행하는 내내 계속되었습니다. 하지만 교수님이 논문을 지도해 주시면서 연구의 방향을 제시해 주시고, 필요한 자료를 언급해 주시면서 조금씩 논문의 작성을 진행할 수 있었습니다. 교수님 덕분에 제가 포기하지 않고 끝까지 논문 작성을 마무리할 수 있었습니다. 항상 감사하고 있습니다.

늦은 감이 있지만 퇴임 진심으로 축하드리고, 그동안 제자들의 소중한 대학·대학원 생활을 든든하게 지켜주시느라 너무나 고생하셨습니다. 늘 교수님의 행복과 건강을 기원하겠습니다. 앞으로도 왕성하게 좋은 연구 활동 많이 해주세요.

제16장

오산 독산성의 고고학적 조사현황과 성과

서승완

한양문화재연구원

I. 머리말

오산 독산성은 사적 제140호(1964.08.29)로 지정되어 있으며, 오산시의 북서쪽에 위치한다. 독립성 구릉인 '독산(禿山)'(해발 208m)의 7~8부 능선을 둘러쌓은 테뫼식(또는 산봉형) 산성으로 성벽의 둘레는 1,095m(복원성벽 기준)이다. 성 내에서 확인되는 주요시설물은 성문 4개소, 암문 1개소, 치 8개소, 보적사, 세마대지이다. 성의 주변에는 해발 200m 이하의 낮은 구

그림 1 독산성의 위치와 경기지역 관방유적의 현황

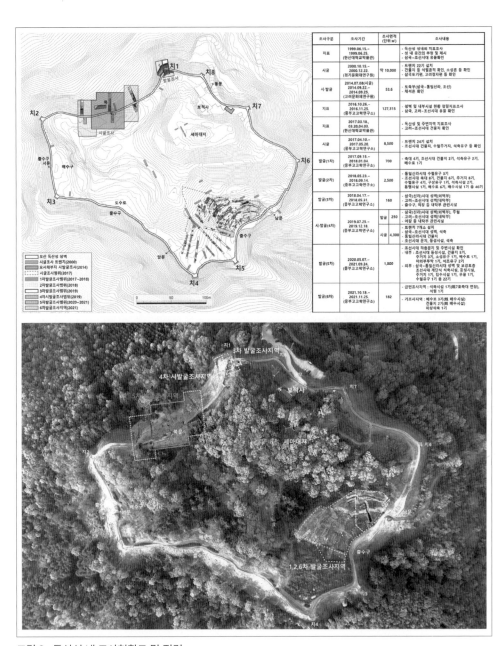

조사구분	조사기간	조사면적(단위:㎡)	조사내용
지표	1999.06.15.~1999.06.25.(한신대학교박물관)		- 독산성 성내외 지표조사 - 성 내 공간의 추정 동 제시 - 삼국~조선시대 유물採集
시굴	2000.10.15.~2000.12.22.(경기문화재연구원)	약 10,000	- 트렌치 22기 설치 - 건물지 등 석렬훈적 확인, 소성흔 등 확인 - 삼국초기관, 고려청자편 확인
시·발굴	2014.07.08(시굴)2014.09.22.~2014.09.25.(고려문화재연구소)	53.6	- 독축부(삼국~통일신라, 조선) - 채석흔 확인
지표	2016.10.26.~2016.11.25.(중부고고학연구소)	127,315	- 성벽 및 내부시설 현황 정밀지표조사 - 삼국·고려·조선시대 유물 확인
지표	2017.08.18.~03.20,04.03.(한신대학교박물관)		- 독산성 및 주변지역 지표조사 - 고려~조선시대 건물지 확인
시굴	2017.04.10.~2017.05.20.(중부고고학연구소)	8,500	- 트렌치 24기 설치 - 조선시대 건물지, 수혈주거지, 석축유구 확인
발굴(1차)	2017.09.15.~2018.01.04.(중부고고학연구소)	700	- 축대 4기, 조선시대 건물지 2기, 석축유구 2기, 배수로 1기
발굴(2차)	2018.05.23.~2018.09.14.(중부고고학연구소)	2,500	- 통일신라시대 수혈유구 1기 - 조선시대 축대 2기, 건물지 6기, 주거지 8기, 수혈유구 4기, 구상유구 1기, 석축시설 2기, 통일신라 1기, 배수로 6기, 배수시설 1기 총 40기
발굴(3차)	2018.04.17.~2018.05.31.(중부고고학연구소)	160	- 삼국(신라)시대 성벽(외벽부) - 삼국(신라)시대 성벽(내벽부) - 출수구, 대암 등 내탁부 관련시설
시·발굴(4차)	2019.07.25.~2019.12.18.(중부고고학연구소)	발굴 250 / 시굴 4,300	발굴: - 삼국(신라)시대 성벽(외벽부), 주혈 - 고려~조선시대 성벽(내벽부) - 여장 등 내탁부 관련시설 시굴: - 삼국~조선시대 성벽, 석렬 - 독산시대 문지, 등성시설 석축
발굴(5차)	2020.05.07.~2021.09.24.(중부고고학연구소)	1,800	- 조선시대 학술발굴 및 구룡시설 확인 내부: 조선시대 등성시설, 건물지 5기, 주거지 3기, 소성유구 1기, 배수로 1기, 아궁부유형 1기, 석축유구 2기 외부: 삼국~통일신라시대 성벽 및 보강토루, 조선시대 계단식 석축시설, 등성시설, 주거지 1기, 담수시설 1기, 우물 1기, 수혈유구 1기 총 22기
발굴(6차)	2021.10.18.~2021.11.25.(중부고고학연구소)	182	- 급경사대지부: 석축시설 1기(제7호축대 연장), 석렬 1기 - 기초대지역: 배수로 3기(배수시설), 건물지 2기(배수시설), 미상석축 1기

그림 2 독산성 내 조사현황도 및 전경

릉성 산지와 평야지대가 위치하고, 사방으로 약 10km 이상 떨어진 용인과 오산, 화성의 산곡지역과 평야지대를 관망할 수 있는 중요한 교통로 상에 위치하고 있다.

독산성은 1964년 처음 사적 140호로 지정되었으며, 1970년 이후 지속적으로 성벽 및 내부에 대한 복원 및 정비가 이루어져 왔다. 성벽의 경우 일부구간은 조선시대의 성벽이 양호하게 잔존하고 있는 구간이 있는 것으로 알려져 왔다. 독산성에 대한 연구는 문헌연구를 통해 밝혀진 역사적 가치에 비하여 고고학적 연구는 다소 부족하였다. 최근 정밀발굴조사가 성 내부에서 본격적으로 이루어지면서 새로이 연구가 진행되고 있는 상태이다.

본 고에서는 독산성에서 지금까지 이루어진 고고학적 조사성과의 현황을 정리한 후, 현재까지 소개되었던 주요 고고학적 성과를 중심으로 고고학적 · 역사적 가치에 대해서 살펴보도록 하겠다.

II. 독산성의 고고학적 조사현황

독산성은 1964년 사적으로 지정된 이후 현재까지 지속적으로 보수 · 정비가 이루어져 왔다. 이후, 성 내의 복원정비와 함께 독산성의 문화재, 고고학적 조사자료를 확보하여 초축 및 수축, 그리고 조선시대의 역사적 경관에 대한 기초자료를 수집하여야 할 필요성이 제기되었다. 따라서 1999년 처음 지표조사가 이루어진 이후 이를 바탕으로 시굴조사와 같은 부분적인 조사가 이루어졌으나 구체적인 조사가 이루어진 것은 아니었다. 최근 2016년부터 2021년까지 6차례에 걸친 정밀발굴조사가 실시되어 독산성의 역사적 가치를 해석할 수 있는 1차적인 기초자료를 얻을 수 있게 되었다. 지금까지 독산성에서 이루어진 고고학적 조사는 〈그림 2〉로 정리하였고, 각 조사내용의 개략적인 현황과 고고학적 성과에 대해서 살펴보도록 하겠다.

1. 1982년도 간이발굴조사[01]

독산성의 사적지정 이후, 1979년에 들어서 성벽 및 내부에 대한 복원 · 정비가 이루어지기 시작하였다. 1982년 동문과 북문 일대에 대한 보수가 진행되면서 간이발굴이 이루어졌다.

---

01) 이용범, 2018, 「독산성과 세마대지의 변천-보수기록을 통하여」 『오산학연구(II)』, 오산향토문화연구소.

| 암문지 간이발굴 | 서문지 간이발굴 |
| 입수구 | 북문지 일대 잔존성벽 | 북문지 일대 복원공사 |

그림 3 독산성 간이발굴조사 및 과거 모습(출처 : 화성시 포토갤러리)

직접적인 보고서가 남아있지 않아 정확한 내용을 확인할 수 없는 상태이지만 당시의 사진을 통해서 조사결과에 대해서 간접적으로만 살펴볼 수 있다. 간이조사는 현재 서문과 암문에 대해서 이루어졌다.

암문에 대해서는 바닥에 잔돌이 시설된 양상이 확인되는 것으로 보인다. 그러나, 돌의 양상이 고르지 못하고 작업중인 사진으로 볼 때, 간이발굴 당시의 모습은 기록으로 남지 않은 것으로 판단된다. 서문지는 문지바닥이 확인되어 있고 바닥은 편평한 할석을 이용하여 박석이 되어 있다. 문지방석, 문확석이 확인된다. 내부쪽으로는 석축이 계단상으로 확인된다. 현재는 문확석의 높이까지 복토한 후, 바닥의 박석과 유사하게 할석으로 바닥을 채워 복원되어 있다. 그러나 현재 계단은 노출되어 있지 않다. 북문지에서 확인된 문지구조와 바닥면을 할석을 이용하여 조성하였던 양상과 동일한 것으로 보인다. 그러나, 북문지 내부에서 확인되지 않았던 문지방석과 내부로 연결되는 석축의 단시설들은 차이가 확인되며 서문지 주변의 조사를 통한다면 이와 관련된 석축시설 및 건물지들이 확인될 가능성이 높을 것으로 판단된다.

이러한 복원 정비사진 및 간이발굴조사 등의 사진자료를 통해 성벽 및 관련시설이 정확히 어떤 부분까지 조선시대에 남아있었다가 현재의 모습으로 복원하였는지에 대한 이해가 필요하다. 복원 당시의 기록을 보면 원성벽은 일부만이 잔존하고 있다고 알려져 있다. 성벽의 복원하는 과정의 사진을 통해 살펴보면 성벽 일대를 해체한 후 새로이 쌓는 양상으로 볼 때, 성

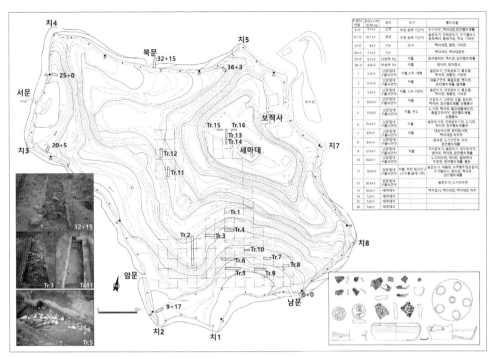

그림 4 2000년 시굴조사 현황

벽의 기저부 및 일부 구간만 남아있을 가능성이 높다. 문지의 기저부는 그 흔적은 남아있었던 것으로 볼 때, 성벽이 크게 변동되지 않고 위치는 그대로이며 유실된 상부만을 복원하였던 것으로 판단된다. 치의 경우 또한 복원정비 당시의 성벽 관련 도면을 살펴보면 치와 성벽이 대부분 허물어져 있는 상태이고, 발굴조사에서도 기저부에 콘크리트 보강의 양상이 확인되어 치의 위치를 토대로 새로이 복원을 한 것으로 파악된다. 따라서, 기존 성벽의 축조선은 조선시대 최후대의 성벽과 크게 달라지지 않았으며 기저부는 일부 잔존하고 있을 가능성이 있으나, 현재 성벽의 외벽, 치의 축조양상은 조선시대 후기의 모습은 아닐 것으로 판단된다.

2. 2000년도 시굴조사[02]

독산성 성 내에서 이루어진 가장 최초의 고고학적 조사라고 할 수 있다. 시굴조사 전 독산

---

02) (財)畿甸文化財研究院, 2001, 『오산 독산성·세마대지 시굴조사보고서』.

성 일대에 대한 지표조사가 이루어졌으며 백제~조선시대 유물이 수습되었으며 성 내에 조선시대 건물지가 다수 존재하는 것을 확인하였다. 문헌분석을 통해 관청건물지는 남문지 일대의 평탄지 및 구릉사면부에 위치하는 것으로 추정하였다.[03] 이러한 지표조사의 내용을 토대로 하여 성벽의 조사를 위해 성의 외벽 2곳과 내벽 4곳에 트렌치를 설정하여 체성 상태를 조사하였다. 또한 성 내부 공간에 대해서는 그리드법을 이용하여 성 전체를 10×10m 그리드로 구획하고 남문일대에 Tr.1~12, 세마대지를 중심으로 Tr.13~16, 총 22기의 트렌치를 설치하여 조사를 실시하였다. 조사결과, 성벽을 조사하기 위한 트렌치에서는 건물지로 추정되는 석렬 등이 확인되었으나 명확한 특징을 파악하기는 어려웠다. 내부 공간은 지표조사에서 남문지 일대에 관청건물지가 존재하였을 것으로 추정한 것을 토대로 남문지 일대에 대해 트렌치를 설치하였다. 또한 암문일대, 장대지인 세마대지 일대에 대해 트렌치를 설치하여 조사를 실시하였다. 조사결과, 남문지와 암문지 일대의 트렌치 내에서 석렬이 노출되었고, Tr.1 · 3 · 5에서는 소토와 재층이 확인되어 생활유구 및 관련시설이 존재할 가능성이 높을 것으로 추정되었다. Tr.11은 보고서에서는 확인할 수 없으나 슬래그편이 확인된 것으로 보고되어 생산유구의 존재가능성이 높은 것으로 추정되었다. 세마대지 일대에서는 Tr.15에서만 원형 석렬이 확인되어 건물지의 존재 가능성에 대해 파악되었다.

출토유물은 무문토기부터 백자까지 다양한 시기에 걸쳐 유물이 확인되었고 그 중 조선시대 도기류, 백자류, 기와류가 다수를 차지한다. 이외에 소량의 백제토기편이나 신라의 주름무늬병, 대부완, 인화문토기와 고려의 청자편, 12세기 때의 것으로 추정되는 화문접시가 출토되었다. 또한 70여 점의 원판형 토제품이 무리지어 발견되었으며, 이 중 지표수습된 토제품 중 '儀方'명으로 양각된 것이 확인되었다. 기와는 대부분 청해파문의 조선시대 기와편이 중심을 이루고 있다. 이 외에는 이중 Tr.32+15에서 황갈색 연화문수막새편이 수습되었으며 고려초~중기 정도로 판단되었다. 또한 등면에 '水'자문이 타날된 명문와편이 수습되었다.

독산성에 대한 가장 직접적인 고고학적 조사이지만 트렌치조사로 일부의 양상만이 확인되었다. 성 내 유구에 대한 존재가능성을 직접적으로 살펴볼 수 있었으며, 특히 내부에서 여러 시기에 걸친 다양한 유물들이 확인되어 독산성의 시간성에 대해 살펴볼 수 있는 기초적인 자료를 제공하였다.

---

03) 한신대학교박물관, 1999, 『독성산성 지표조사 결과보고서 -독성산성 내부를 중심으로-』.

3. 2014년 요사채 부지 시발굴조사[04]

보적사 요사채 증·개축을 위해 일대에 대한 고고학적 조사를 실시하였다. 시굴조사에서는 적심 또는 초석으로 추정되는 석재가 확인되어 유적의 유존여부와 석재의 정확한 성격규명을 위한 정밀발굴조사를 실시하였다. 발굴조사 결과, 삼국~통일신라시대와 조선시대 토축부가 확인되었다. 또한 채석흔이 확인된 암괴가 확인되어 초축당시에는 소, 대형의 암괴가 곳곳에 노출되었다가 서문지, 동문지 등에서 채석작업이 이루어진 것으로 파악하였다. 한편, 독산성의 동쪽에 위치한 보적사와의 관련성 또한 살펴보았는데 고려시대 문화층이 확인되지 않았으며, 조선시대 층 상부에는 보적사를 위한 다짐층(복토층)이 확인되어 보적사가 현대에 건립되었을 가능성을 제시하였다. 그러나 보적사의 사역의 외곽에 해당하므로 사역전체의 양상으로는 볼 수 없어 사찰의 세부적인 변화양상은 조사지역의 주변에 대한 추가조사가 필요할 것으로 판단하였다.

유물은 삼국 및 통일신라시대 층위에서 기와편과 토기편이 출토되었다. 대부분 소편들이라 정확한 특징을 파악하기는 어렵지만, 삼국시대 층에서 출토된 기와편들은 승문이 타날된 것이 다수를 차지한다는 점이 특징적이다. 상부층에서는 조선시대 유물 또한 출토되었다.

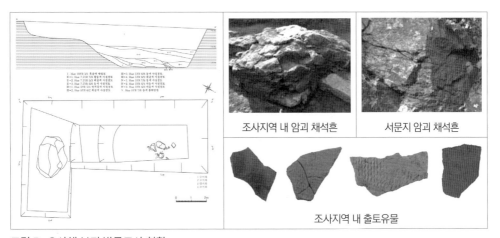

그림 5 요사채 부지 발굴조사 현황

04) (財)高麗文化財研究院, 2016, 『烏山 禿山城 -오산 보적사 요사채 증·개축부지 문화재 시(발)굴조사』.

조사지역이 협소하여 성벽의 명확한 특징을 파악하지는 못했지만, 토축부를 확인하여 성벽 축조양상에 대한 자료를 확보하였고 채석작업에 대한 흔적을 확인하였다.

4. 2017~2021년도 발굴조사

2017년부터는 성벽 및 세마대지의 정비복원을 목적으로 기초자료를 확보하기 위한 정밀발굴조사가 시작되었다. 발굴조사 전 정밀지표조사를 통해 성 내의 현황을 확인[05]한 후, 이를 바탕으로 정밀조사를 실시하였다. 시·발굴조사는 크게 독산성의 남문지 일대, 북동치, 북문지 내·외부 일대를 중심으로 이루어졌다. 각 조사내용은 각 지역별로 정리하여 살펴보도록 하겠다.

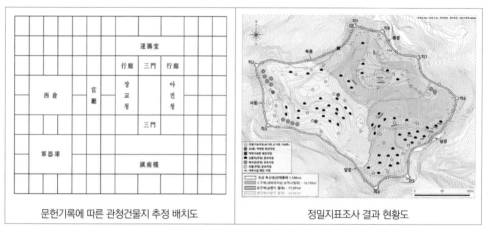

| 문헌기록에 따른 관청건물지 추정 배치도 | 정밀지표조사 결과 현황도 |

그림 6 관청배치도 추정 배치도 및 지표조사 결과 현황도

1) 남문지 일원 평탄지 시·발굴조사(1차 시·발굴조사, 2차·6차 발굴조사)

남문지 일대에는 지표조사와 시굴조사를 통해 관청건물지가 있을 것으로 추정되어진 지역이다. 또한 평탄지와 완만한 구릉이 노출되어 있으며, 조사 전부터 부분적으로 석축이 노출되어 있었고, 남문지와 인접하고 있어 건물지의 유존 가능성이 높은 지역이었다.

05) (재)중부고고학연구소, 2016, 『오산 독산성과 세마대지 정밀지표조사』.

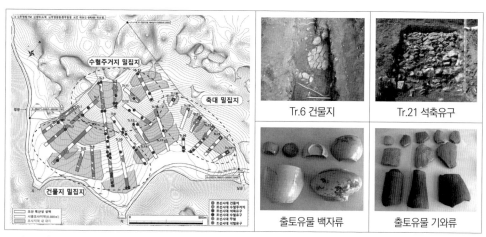

그림 7 남문지 일원 2017년 시굴조사 현황

조사는 전체적인 유존범위를 확인하기 위하여 먼저 시굴조사(8,500㎡)를 실시하였다. 조사결과 트렌치는 24기를 설치하였으며 대부분의 트렌치에서 유구와 유물이 확인되었다. 확인된 유구는 수혈주거지와 수혈유구, 주혈, 건물지 등의 흔적이 노출되었다. 특히 암문 동쪽의 남향사면부 일대의 Tr.1~6 내에서는 석렬과 계단, 기단석, 터다짐흔적 등 건물지와 관련된 유구가 집중적으로 확인되었고, 기존에 석축이 노출되어 있던 북동쪽사면부의 Tr.18~24 내에서는 석축의 기단부와 석렬 등이 확인되었다. 유물은 도기소호편, 도기시루편, 도기파수편 등의 도기류와 백자소호편, 백자발편, 백자접시편, 백자잔편 등의 백자류, 연질의 선문기와편, 격자문, 청해파문 등의 기와편과 전편 등이 출토되었다. 이와 같이 확인된 유구와 유물 등을 참고하면 고려~조선시대에 해당되는 생활유적이 존재할 것으로 판단되었다.[06]

이러한 시굴조사 결과를 통해 북서쪽에 노출되어 있는 축대 일대에 대한 발굴조사(1차, 700㎡)를 먼저 실시하였다. 조사결과 확인된 유구는 조선시대 축대 4기, 건물지 2기, 석축유구 2기, 배수로 1기 등 총 9기의 유구가 확인되었다.

축대는 전체적으로 4단이 확인되었고, 자연경사면을 계단상으로 정지한 후 흙을 이용하여 대지를 조성한 후 그 상면에 축대를 조성하였다. 높이는 약 1~3m 정도이며, 부분적으로 하단부에는 단면 삼각형 모양으로 보축을 쌓아 보강하였다. 건물지는 대부분 바닥만이 확인되었고, 내부시설은 아궁이와 수혈이 확인되었다. 남쪽일대에서 확인되었던 석축유구는 물

---

06) (재)중부고고학연구소, 2017, 『오산 독산성과 세마대지 발굴(시굴)조사 용역 약식보고서』.

과 관련된 층이 확인되어 물과 관련된 시설로 추정되었다. 유물은 대부분 조선시대 도기편과 백자편, 기와편이 주류를 이루며, 토제품, 철정, 청동숟가락, 단석 등과 고려시대 청자편, 통일신라시대 연화문수막새편과 인화문토기 구연부편, 대부완편, 타날문토기편 등 다양하게 출토되었다. 특히, 인화문토기편은 조선시대 문화층 아래인 축대의 하부에서 출토되어 조선시대 이전의 문화층의 존재에 대해 확인하였다.[07]

1차 발굴조사에 이어 조사범위를 서쪽으로 확장하여 조사를 실시하였다(2차, 2,500㎡). 조사결과, 1차 발굴조사와 연결되는 조선시대 축대 8기, 건물지 6기, 수혈유구 7기, 석축시설 2기, 통행시설 1기, 배수시설 1기, 배수로 6기, 구상유구 1기 총 40기의 유구가 확인되었다.

유물은 통일신라시대 인화문토기편, 파상문토기 구연부편, 수막새 편, 고려시대 청자편 등이 확인되었으며, 대부분 조선시대 도기편, 백자편, 기와편이 다량으로 확인되었다. 또한 원

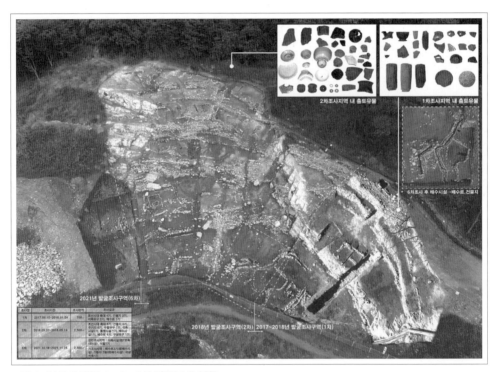

그림 8 남문지 일원 1 · 2 · 6차 발굴조사 현황

07) (재)중부고고학연구소, 2018, 『오산 독산성과 세마대지 정비사업부지내 유적 약식보고서』.

판형토제품, 상평통보, 철정, 철도끼 등도 출토되었다.

출토유물로 볼 때 대부분의 유구는 조선시대 후기에 조성이 이루어진 것으로 판단된다. 축대는 내부는 토축으로 채우고 외벽을 석축으로 허튼층으로 쌓았다. 전체적인 형태는 계단상으로 조성되어 있다. 일부 석축 단은 계곡부를 향하여 '∩'형태로 조성하고 다단의 축대를 폭을 짧게 하여 축조한 것으로 볼 때 계곡부에서 내려오는 유수의 영향을 최소화하기 위한 것으로 보이며 이러한 축대는 건물지의 축조 공간을 조성하기 위한 것으로 추정된다. 또한 조사지역의 상단부에는 수혈유구가, 하단부에는 초석이나 기단을 갖춘 건물지로 구분되는 양상이 보이는데, 이는 공간적으로 서로 차별적인 공간배치가 있었을 것으로 추정되었다. 통행시설은 조사지역의 상단부에서 확인되었는데 평면형태는 'L'자형이다. 축대의 측면에 연접하여 조성되었고 부분적으로 단상을 이루고 있는 것으로 보이며, 상단으로 계속 이어지는 양상으로 볼 때 건물 사이를 통행하며 각 건물지를 연결하는 시설로 판단되었다. 배수로는 주로 하단의 평탄면에서 주로 확인되어 상단에서 흘러내리는 유수를 성 외부로 배수하기 위한 시설로 추정되었다. 5호축대의 내부에서 확인된 수혈유구 내부에서는 통일신라시대 기와만이 집중적으로 출토되어 축대 및 시설물의 축조 이전에 통일신라시대의 선대유구가 존재할 수 있는 가능성 또한 확인되었다. 가장 하단부에는 배수시설로 추정되는 석축시설과 이에 연결되는 배수로가 1차조사에 이어 확인되었다.[08]

2차 발굴조사에 이어지는 축대의 연결 양상의 확인과 배수시설의 보완조사, 추가적인 유구의 존재여부의 확인을 위하여 조사가 이루어졌다(6차, 182㎡). 조사결과, 석축시설(旣7호 축대 연장) 1기, 석렬 1기, 배수로 3기(旣배수시설), 건물지 2동(旣배수시설), 미상석축 1기가 확인되었다. 유물은 대부분 조선시대 도기편, 백자편, 기와편이 주류를 이루며, 전, 철기, 동전 등 다양하게 출토되었다. 1·2차 조사에서 확인되었던 2호석축유구·배수시설로 보고되었던 유구의 재조사를 통해 건물지와 2·3호 배수로가 중복되어 있는 양상을 확인하였다. 이들 유구의 퇴적층의 양상으로 볼 때 선대유구의 존재가능성 또한 높을 것으로 판단하였다.[09]

남문지 일대의 조사는 계곡부에 위치하고 있기 때문에 유구의 잔존양상이 양호하지 않아 특징을 파악하기 어려우나 기존에 추정해왔던 바와 같이 하부 평탄지를 중심으로 건물지들이 다양하게 조성되어 있는 것이 특징이다. 조선시대 후기에 조성이 이루어진 것으로 보이

---

08) (재)중부고고학연구소, 2018, 『오산 독산성과 세마대지 2차 정밀발굴조사 용역 약식보고서』.

09) (재)중부고고학연구소, 2021, 『오산 독산성과 세마대지 정비사업부지내 유적 8차 학술자문회의 자료집』.

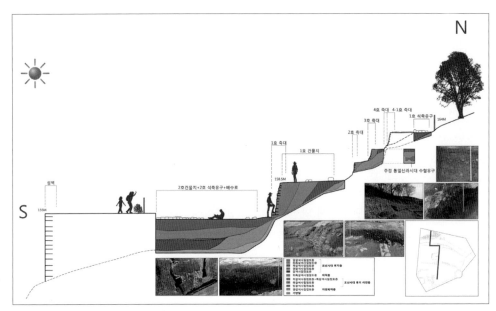

그림 9 남문지 일대 축조양상 모식도

며, 독산성 내의 공간을 최대한 활용하기 위하여 축대를 조성하여 공간을 조성하고 그 상면에 다양한 시설을 조성하였던 것이 특징적이다. 한편, 현재 노출된 조선시대 하부에 이전 시기의 문화층의 존재여부가 여러 차례에 걸쳐 확인이 되었다. 이러한 양상은 성 내의 좁은 공간을 효율적으로 이용하기 위한 공간을 여러 시대에 걸쳐 사용하였던 것으로 보이며 삼국~통일신라, 고려시대의 문화층의 확인을 위해서는 조선시대 유구 하부에 대한 조사가 필요하다. 또한 독산성의 성내 탐방로로 인해 남쪽 일대까지 연결되는 유구에 대한 조사는 아직 이루어지지 않아 유구의 전체적인 잔존양상 및 특징, 기능 등을 전부 파악하기에는 아직 어려움이 있다. 더불어 남문 및 성벽과의 연계조사가 이루어진다면 보다 명확한 특징들을 파악할 수 있을 것이다.

  2) 북동치 일원 시·발굴조사[3차 발굴조사, 4차 발굴조사]

  북동치 일원에 대한 시·발굴조사는 배부름현상이 확인되어 붕괴우려가 있는 북동치에 대한 복원정비 전 치와 성벽 등의 기초적인 학술적 자료를 확보하기 위하여 조사를 실시하였다. 먼저 북동치 일원를 해체한 후 일대에 대한 발굴조사를 실시하였다(3차, 160㎡). 조사결과, 기존에 알려져 있지 않던 삼국~통일신라시대 원성벽이 확인되었다. 그 상면에 조선시대에

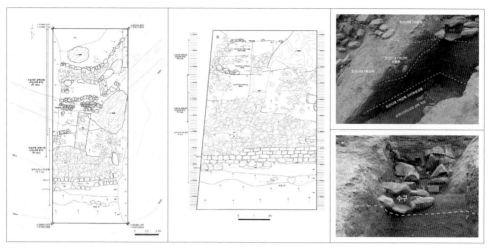

그림 10 3차 시굴조사 현황

수축하여 성벽을 축조한 것을 확인하였다. 세부적으로 삼국(신라)시대 체성벽(외벽+적심)-기단
보축-보강토, (추정)치와 조선시대 전기~후기 체성벽(외벽+적심), 내탁부, 여장(출수구)가 중층
의 양상으로 확인되었다.[10]

　　이후 원성벽 일원에 대한 삼국~조선시대 성벽의 연결양상 및 구조파악, 치의 존재여부 및
구조 파악, 복원정비에 필요한 성벽과 관련된 기초자료 확보를 목적으로 추가발굴조사(4차,
250㎡)가 이어졌다. 조사결과, 3차조사에 확인되었던 삼국~조선시대 성벽이 연장되어 확인
되었다. 출토유물은 통일신라시대 토기편, 기와편, 연화문수막새편, 고려~조선시대 자기편,
화분형토기편, 도기편, 기와편(무문, 청해파문, 복합문), 철정 등이 확인되었다.[11]

　　삼국~통일신라시대 성벽은 체성벽+기단보축의 구조이며, 전체적으로 기반층을 계단상으
로 정지한 후 성벽을 쌓아올린 편축형으로 축조되었다. 동쪽 일대는 장방형과 방형의 잘 가
공된 성돌을 이용하여 바른층쌓기한 양상과 기단보축, 그리고 기저층을 L자형으로 굴착하
고 가구목의 흔적으로 추정되는 주혈이 확인되었다. 반면, 서쪽의 기저부에서는 세장방형의
성돌이 5~6단 정도 확인되며 기저부에 바로 성돌을 쌓았다. 가장 하부에서 확인되는 것으
로 볼 때, 초축시점과 관련된 성벽의 흔적으로 판단된다. 세장방형과 장방형 성돌의 사이 기

---

10) (재)중부고고학연구소, 2019, 『오산 독산성과 세마대지 3차 정밀발굴조사 용역 약식보고서』.

11) (재)중부고고학연구소, 2019, 『독산성과 세마대지 4차 정밀발굴조사 용역 약식보고서』.

저부에는 돌출된 성돌이 1개 확인되고 있는데, 축조 및 수축의 구분점으로 추정되어진다. 기단보축은 현재 1~2단만이 잔존하고 있으며, 크고 작은 할석을 이용하여 채웠다. 단면 삼각형의 형태로 덮은 것으로 추정되나 유실이 심하여 정확하지 않다. 그리고 부분적으로 토사를 이용하여 기저부를 보강하였다.

　　조선시대 성벽은 체성벽(외벽+적심)+내탁부로 이루어져 있고, 내탁부 상면에 단시설이 조성되었다. 최상단에는 여장이 확인되었다. 조선시대 성벽은 크게 2차성벽으로 구분되는데 1차성벽은 삼국시대 성벽의 상면에 토축부를 조성하여 외벽 면석을 조성하였던 것으로 확인된다. 면석은 대부분 박락되어 그 세부적인 양상을 추정하기 힘들다. 2차성벽은 1차성벽을 정지한 후 그 위에 한번 쌓아올렸다. 1차성벽과 2차성벽 사이에서 암거형의 출수구가 노출되었다. 내부에서 입수구는 확인되지 않았던 것으로 볼 때 내탁부를 조성하면서 수구의 기능을 폐기하였던 것으로 판단된다. 내탁부는 조선시대 성벽 외벽과 함께 축조되었으며 전체적으로 단상을 이루고 있어 등성시설로 사용된 것으로 보인다. 최상단의 여장은 1단으로 낮게 쌓여있고, 석렬 가운데에 비어있는 공간으로 볼 때 타구나 총구안의 기능을 하였던 부분으로

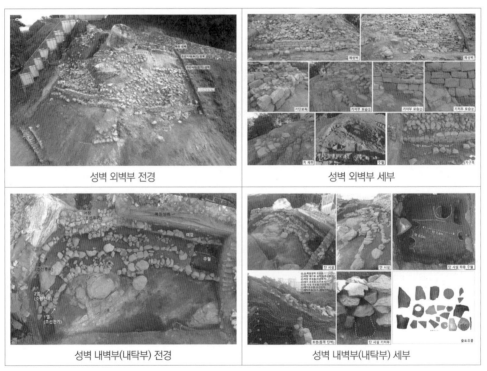

| 성벽 외벽부 전경 | 성벽 외벽부 세부 |
| 성벽 내벽부(내탁부) 전경 | 성벽 내벽부(내탁부) 세부 |

그림 11　4차 발굴조사 성벽 조사현황

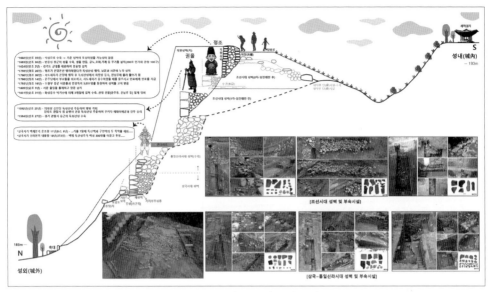

그림 12 북동치 일원 삼국~통일신라시대 성벽 초축 및 수축과정 모식도

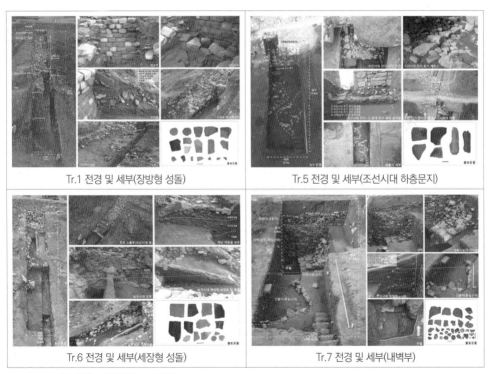

| Tr.1 전경 및 세부(장방형 성돌) | Tr.5 전경 및 세부(조선시대 하층문지) |
| Tr.6 전경 및 세부(세장형 성돌) | Tr.7 전경 및 세부(내벽부) |

그림 13 4차 시굴조사 주요 조사현황

추정된다. 그리고 조사지역 동쪽 끝부분에 Pit조사를 실시한 결과, Pit 바닥에서는 주혈 5기가 확인되었다. 내부에서 확인된 삼국시대 토기편들로 볼 때, 삼국시대 성벽이 축조될 때 조성된 것으로 보는 것이 합리적이겠으나, 그 이전 시기의 유구 흔적의 가능성 또한 배제할 수 없다.

3) 북문지 일원 발굴조사(4차 시굴조사, 5차 발굴조사)

북문지 일대에 대한 조사는 북문지 주변 복원성벽의 정비가 필요하여 해체보수 전 선대성벽 및 문지의 존재여부를 파악하여 북문지 일원에 대한 기초자료 확보를 목적으로 4차 발굴조사와 함께 시굴조사를 실시하였다(4차, 4,300㎡). 트렌치를 7개 설치하여 조사를 실시한 결과, Tr.1·6·7에서 삼국~통일신라시대 외벽과 내벽부의 성벽이 확인되었다. 조사에서 확인된 성벽은 크게 세장방형성돌[발굴조사지역 서쪽, Tr.6]과 방형 및 장방형계통[발굴조사지역 동쪽, Tr.1]으로 나누어지며 세장방형성돌에서는 기단보축은 확인되지 않고 보강토만 확인되었으며, 방형 및 장방형계통에는 기단보축이 덧붙어 확인되었다는 차이가 있다. 내벽은 4차 시굴조사 Tr.7에서 처음 확인되었으며 크고 작은 할석을 이용하여 거의 수직에 가깝게 쌓았다. 내벽은 기저부까지 이어지고 있는 것으로 볼 때, Tr.4의 세장방형 성돌로 축조된 외벽과 함께 축조가 이루어진 것으로 판단된다. 또한, 내벽에 덧대어진 방형의 석축시설이 확인되는데 기저부에 장방형의 성돌로 면맞춤을 하였으며 성 내측으로 비스듬하게 경사를 이루며 잔존하고 있는 것으로 볼 때 내벽 상부로 오르내릴 수 있는 등성시설로 추정된다. 이후, 내벽을 완전히 매몰하고 단면 삼각형으로 흙을 덧붙여 보강 및 수축한 양상이 확인되며 이후 조선시대 성벽을 그 상면에 축조하였던 것으로 판단된다.

이외에 Tr.7에서는 통일신라시대 건물지가 확인되었다. Tr.4에서는 조선시대 등성시설이, Tr.5에서는 조선시대 문지가 확인되었다. 유물은 삼국시대 타날문토기편, 단각고배, 호와 기와편(승문·선문), 통일신라시대 토기편(대부완, 인화문토기편), 도기편, 기와편, 고려시대 반구병, 청자편, 조선시대 도기편·백자편·옹기편·기와편(무문, 청해파문, 복합문) 등이 출토되었다.[12]

이러한 시굴조사를 토대로 북문지 주변에 대한 흔적을 구체적으로 확인하기 위해 발굴조사를 실시하였다(5차, 1,800㎡). 조사결과, 조선시대 문지를 중심으로 내부에서는 조선시대 등성시설, 건물지 5동, 주거지 3기, 배수로 1기, 야외 부뚜막 1기, 석조유구 2기가, 외부에서는

---

12) (재)중부고고학연구소, 2019, 『독산성과 세마대지 4차 정밀발굴조사 용역 약식보고서』.

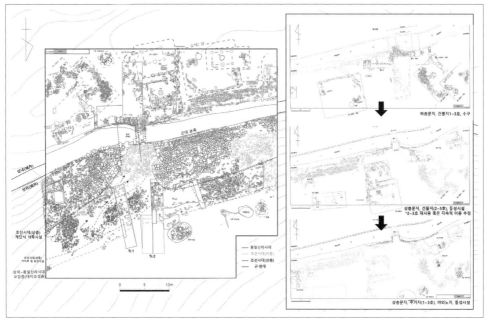

그림 14 독산성 5차 발굴조사 현황 및 내부 공간의 변화

삼국~통일신라시대 성벽 및 보강층(혹은 대지조성층), 조선시대 계단식석축시설(보축성벽), 등성
시설과 성벽 외부에 근접하여 집수시설 1기, 주거지 1기, 수혈유구 1기, 유물 1기가 성벽에
근접하여 조성된 것을 확인하였다.

통일신라시대 성벽은 동쪽편 Pit에서 부분적으로 확인되었다. 부분가공된 장방형의 할석
을 이용하여 바른층쌓기 하였으며 기반층 위에 바로 축조하였다. 기저부에는 단면 삼각형
의 기단보축이 확인되었다. 외부는 돌을 2단정도 쌓았으며, 내부는 할석을 주로 이용하여 채
웠다. 암갈색과 황갈색사질점토층을 교차하여 성토하여 전면에 보강토층을 조성하였다. 보
강토층 상면으로 성벽을 허튼층으로 수축성벽을 쌓은 것이 확인된다. 다시 이에 덧대어 7~
15m 정도의 두터운 보강층을 조성하였다. 이러한 두터운 보강층은 조사지역 하단부에서 출
수되는 지하수로 인해 기저부를 보강하기 위한 것으로 판단된다.

조선시대 계단식석축시설은 통일신라시대 성벽 상면을 피복하고 확인되었다. 전체적으로
'L'자형이고 계단상으로 축조되었다. 암갈색사질점토를 뒤채움으로 이용하였고 가공하지 않
은 할석을 이용하여 단상을 축조하여 최대 24단 정도를 쌓았다. 기저부에는 크게 60~90cm
의 거대한 할석을 이용하고 그 상면에는 작은 할석을 이용하여 쌓았다. 외벽이 확인되지 않
고 복원성벽의 기저부와 맞물리는 것으로 볼 때, 조선시대 성벽 기저부의 보강을 위한 시설

| 동쪽 Pit내 삼국~통일신라시대 성벽 | 조선시대 계단식석축시설 | 집수시설 |
| 4호 건물지 | 5호 건물지 | 3호 주거지 |

그림 15 독산성 5차 발굴조사 주요 시설

로 추정된다. 북문지를 중심으로 동쪽과 서쪽이 호상을 이루며 만입되며 문지와 연결되고 있는 양상으로 볼 때, 북문지를 염두에 두고 축조가 이루어진 양상이 확인된다. 석축시설의 기저부를 할석과 폐기와를 이용하여 보강한 양상이 확인된다.

조선시대 문지는 크게 하층문지와 상층문지(現 북문지)로 구분된다. 하층문지는 발굴조사를 통해 처음 확인되었고 개거식의 형태이다. 문지의 규모는 너비 4.0m, 측벽은 50~100cm의 잘 다듬은 대형 할석을 이용하였고 현재 1단만 확인되었으며 직선형을 이루고 있다. 바닥은 할석을 이용하여 박석하였다. 상층문지(現 북문지)는 하층문지를 약 50cm 점토를 이용하여 복토한 후 그 상면에 축조하였다. 너비는 약 2m로 하층문지보다 좁혀 축조하였으며, 확석이 확인되며 하층문지보다 더 가공된 방형의 대형석재를 이용하여 쌓았다. 문지의 변화에 따라 내부의 건물지는 크게 3번 이상의 공간의 변화가 있었을 것으로 추정되었다.

등성시설은 계단식석축시설의 보강층과 정면부를 이용하여 자연스럽게 통행할 수 있게 조성한 것으로 보이며 계단으로 추정되는 석축열이 3~4단 정도 확인된다. 내부의 등성시설은 성벽의 내탁부에 해당하며, 성벽으로 오르내리기 위해 조성하였다. 북동치의 양상과 다소 차이가 있다. 이에 접하여 배수로가 조성되어 있으며 입수구로 추정되는 부분이 확인되는데 출수구는 확인되지 않았다. 건물지는 5동이 확인되었는데 기단을 갖춘 건물지와, 축대를 조성한 건물지, 적심건물지가 확인된다. 주거지 내에는 일부 고래열들이 확인되었다.

III. 독산성의 시대별 고고학적 특징

전 장에서는 독산성의 전반적인 고고학적 조사현황에 대해서 살펴보았다. 본 장에서는 고고학적 특징 중 현재 비교가능한 고고학적 자료를 살펴보고 각 시대별 고고학적 특징에 대해 분석하도록 하겠다.

1. 삼국(백제)시대

조선시대 이전에 독산성과 관련된 것으로 알려진 문헌기록은 삼국사기에서 온조왕11년 때 독산과 구천에 두 개의 목책을 설치하여 낙랑의 통로를 막았다(設禿山狗川兩柵以塞樂浪之路)는 기록과, 내물왕 18년 백제의 독산성주가 3백명을 이끌고 항복했다(百濟禿山城主 率人三百來投)는 기록이 있어 오산 독산성을 이와 연결하려는 의견도 있다. 그러나, 독산(禿山)이라는 지명은 '나무가 없어 헐벗은 산'으로서 오산뿐만 아니라 서울 독산동, 광주 등에서도 확인할 수 있고, 혹은 한강 이북에 삼국사기의 독산성이 위치하였던 것으로 보기도 한다. 따라서 이러한 지명이 일치하는지에 대해서는 앞으로의 연구나 조사를 통해 이에 대한 검증이 필요한 부분이다. 한편, 독산성 내부에서는 지표조사, 시굴조사, 발굴조사 등에서 백제토기편이 수습됨으로써 삼국시대에 초축 혹은 관련 생활이 이루어진 것으로 파악되었다. 그러나 시굴조사와 발굴조사에서 관련 문화층이 구체적으로 확인되지 않았기 때문에 삼국(백제)시대 때 성곽의 축조가 이루어졌는지에 대해서는 아직 명확한 검증이 어려운 상태이다.

그러나 성 내부에서 수습된 백제토기 편이나 Tr.7 내에서 출토된 거치문 대옹편과 타날문

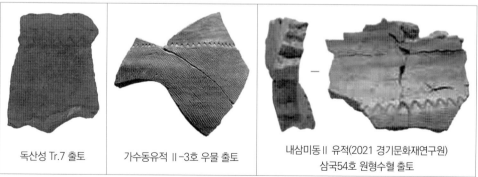

| 독산성 Tr.7 출토 | 가수동유적 Ⅱ-3호 우물 출토 | 내삼미동Ⅱ 유적(2021 경기문화재연구원)
삼국54호 원형수혈 출토 |

그림 16 독산성 Tr.7 출토 거치문 대옹편과 오산지역 내 출토 대옹편

토기편이 확인되었다. 이러한 거치문 대옹은 대체로 한성백제 4~5세기로 분류되고 있다.[13] 독산성 주변에서도 오산 내삼미동·외삼미동을 중심으로 백제 저장수혈이 다수 확인되고 있다. 비록 편이지만 대옹이 출토된 것으로 볼 때, 독산성 내에 저장을 위한 대옹의 공급이 이루어졌던 것으로 추정된다. 이러한 양상들로 미루어 볼 때, 가장 정상부인 세마대지 일대를 중심으로 목책성, 고지성취락 등 소규모 방어시설이 존재할 가능성이 높을 것으로 판단된다.

2. 삼국(신라)~통일신라시대

신라~통일신라시대에서는 독산성의 관련된 기록이 없었기 때문에 기존에는 그 문화적 존재조차 알려지지 않은 상태였다. 따라서 최근 이루어진 발굴조사의 성과를 통해 조선시대 이전에 신라가 점유한 후 축조한 원성벽이 확인된 것은 매우 중요한 고고학적 자료라고 할 수 있다.

확인된 성벽의 축조양상을 살펴보면 기저부에 바로 쌓거나, 'L'자형으로 굴착하고 턱을 조성하여 쌓았다. 160~180cm의 주혈이 확인되는데 성벽의 축조와 연관되는 가구목의 흔적으로 보인다. 구조는 편축식(북동치 일대)과 협축식(Tr.6-7)이 모두 확인되었다. 대부분의 외벽은 약 2~10단 정도 잔존하고 있다. 외벽은 세장방형으로 쌓은 부분과 방형(북동치 서쪽부분, Tr.6)과 잘 가공된 방형·장방형(북동치 동쪽부분, 5차 동쪽Pit 성벽, Tr.1)의 성돌을 이용하여 대체로 바른층쌓기로 쌓았다. 뒤채움석이 상단부까지 존재하고 있는 것으로 볼 때, 외벽의 높이는 현재보다 더 높았을 것으로 추정된다. 기단보축은 대체로 단면 삼각형으로 추정되며, 외벽은 1~2단만 남아있다. 내부는 주로 할석을 이용하여 채웠다. 외벽 전면부에는 보강토로 한번 더 보강하거나, 석축으로 보강한 수축흔(Tr.1, 5차 동쪽Pit)이 확인되기도 한다. 또한 외벽 전면으로 길이 약 7~15m의 단면 삼각형의 기저부보강층을 넓게 조성한 것이 주목된다.

삼국시대 성벽은 6세기 후반[세장방형 계통의 성벽]-7세기 중반[방형, 장방형계통]-8세기 이후 수축이 이루어진 것으로 추정된다. 이러한 세장방형 계통의 축조양상은 음성 수정산성, 용인 할미산성과 비교해 볼 수 있다. 장방형계통의 성돌은 파주 덕진산성,[14] 양주 대모산성,[15] 인

---

13) 이화진, 2022, 『원삼국~한성백제기 중부지역 대옹의 변천과정 연구』, 서울시립대학교 일반대학원 석사학위논문.

14) (財)中部考古學研究所, 2018, 『坡州 德津山城Ⅱ』.

15) 翰林大學校博物館, 2002, 『양주 대모산성-동문지·서문지-』.

북동치 외벽(장방형계 성돌)	북동치 외벽(세장방형계 성돌)	오산 독산성 북문지 Pit내
음성 수정산성(2018)	용인 할미산성(2016)	파주 덕진산성 북성벽(2018)
서울 양천고성 서성벽(2016)	음성 망이산성 6구간 성벽(2013)	정읍 고부구읍성 북동성벽(2013)

그림 17 독산성과 경기지역 신라산성 성벽 외벽축조양상 비교

천 계양산성,[16) 서울 양천고성,[17) 서울 호암산성[18) 등이 있으며 대체로 7세기 초~중엽에 축조가 이루어진 것으로 파악된다. 잘 가공된 방형의 성돌을 이용하여 축조한 산성은 음성 망이산성,[19) 정읍 고부구읍성[20) 등이 있으며 8~9세기에 축조가 이루어진 것으로 파악된다. Tr.7에서는 내벽이 확인되었는데 다른 부분의 조사에서는 아직 확인되지 않아 지형에 따라 일부 구간에만 내벽이 축조하였던 것으로 보인다. 이러한 내벽양상은 한강유역 진출전인 6

---

16) (재)겨레문화유산연구원, 2011, 『계양산성Ⅱ-4차 시·발굴조사 보고서』.

17) (재)한얼문화유산연구원, 2016, 『서울 양천고성 종합보고서』.

18) 서울大學校博物館, 1990, 『한우물』.

19) (財)中原文化財研究院, 2013, 『陰城 望夷山城Ⅱ-忠北區間 發掘調査 報告書』.

20) (재)전북문화재연구원, 2013, 『井邑 古沙夫里城-종합보고서(1~5차 발굴조사)』.

| 독산성 Tr.7 내벽부 | 대전 계족산성 북벽 내벽부(2019) |

그림 18 독산성 Tr.7 내벽과 비교자료

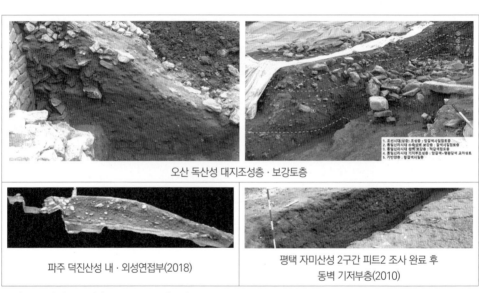

| 오산 독산성 대지조성층 · 보강토층 | |
| 파주 덕진산성 내 · 외성연접부(2018) | 평택 자미산성 2구간 피트2 조사 완료 후 동벽 기저부층(2010) |

그림 19 기저부 보강층(대지조성층) 비교자료

세기 초엽에 축조된 것으로 보고된 대전 계족산성의 내벽 축조양상[21]과 유사하여 주목된다. 따라서, 이러한 특징들로 미루어 볼 때, 삼국시대~통일신라시대에 걸쳐 성벽을 처음 축조한 이후, 여러 차례에 걸쳐 수축이 이루어진 양상이 확인된다. 또한 북문지 일대의 성벽이 축조 기법이 상이하게 확인되는 것으로 볼 때, 북문지 일대의 성벽이 여러 차례 부분적으로 수축

---

21) (財)中原文化財研究院, 2019,『大田 雞足山城-曲城 發掘調査-』.

이 시기를 달리하며 이루어졌던 것으로 추정된다.

또한 북문지 일대의 조사과정에서 특징적인 점은 전면에 대지조성층 혹은 체성벽 및 수축
성벽을 보강하기 위한 성토층을 조성하였던 것이 확인되었다. 이러한 대지조성층 혹은 보강
층의 축조에 대해서는 전면적인 토층이 존재하지 않고 부분적인 정황만 파악되어 있기에 정
확히 파악하기에는 현재로서는 어렵다. 이러한 두터운 보강층의 조성이유는 체성벽이 급경사
면에 축조되었고, 조사지역의 중단부 일대에서는 계속 지하수가 용출되는 현상으로 인하여
두텁고 폭 넓게 보강이 이루어진 것으로 판단된다. 성벽 기저부의 전면에 두텁게 보강토를 덧
붙이는 보강방식은 평택 자미산성,[22] 파주 덕진산성[23] 등에서 그 사례를 비교해 볼 수 있다.

신라~통일신라시대 유물은 본격적인 문화층이 노출되지 않아 출토 수량은 많지 않으나
일부 수습이 되었다. 연질 완, 단각고배, 수막새, 인화문토기, 암기와편 등이 출토되었다.

단각고배는 남문지, 북문지 Tr.6과 Tr.4 내부에서 확인되었다. 단각고배는 6세기 중엽에 출
현하는 신라 중기양식토기의 대표적인 기종이다. 단각고배는 신라토기 고배가 전체적으로 시
기가 내려오면서 키가 낮아지고 소형화되면서, 대각의 높이가 낮은 종류를 단각고배라 부를
수 있다. 대체로 6세기 2/4분기 이른시기 등장하기 시작하며 대체로 굽단부의 형태가 살짝
말린 형태에서 직립하는 형태로 변하고 배신도 점차 납작하는 것으로 변화한다. 투공 또한 점
차 없어지는 것으로 보인다. 7세기 후반 무렵에는 인화문토기로 변화하는 것으로 보인다.[24]
독산성에서 확인되는 단각고배는 다양한 형태가 확인되고 있는데 대체로 7세기부터 후반까

독산성 북문지 일대 출토 단각고배편

독산성 주변 출토 단각고배편

오산 양산동유적   오산 가수동유적(중앙자연수로II)   오산 내삼미동II(2021, 경기
                                                    문화재연구원) 석곽묘

그림 20 독산성 및 주변지역 출토 삼국~통일신라시대 단각고배 비교자료

22) (재)한백문화재연구원, 2010, 『평택 자미산성 2차 발굴조사 보고서』.

23) (財)中部考古學研究所, 2018, 『坡州 德津山城II』.

24) 최병현, 2011, 「신라후기양식토기의 편년」 『嶺南考古學』 Vol.59, 영남고고학회.

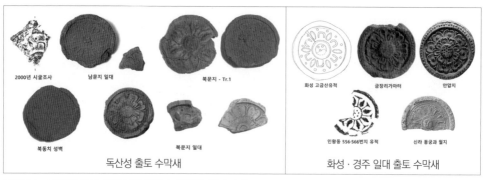

그림 21   독산성 출토 통일신라시대 수막새와 비교자료

지의 것으로 보인다. 독산성 주변의 오산 양산동유적,[25] 오산 가수동유적,[26] 오산 내삼미동
Ⅱ유적[27]에서도 유사한 형태의 고배가 확인되고 있는 것으로 볼 때, 독산성의 고배들 또한
비슷한 시기의 것들로 볼 수 있을 것이다.

또 주목할만한 유물들은 수막새들이다. 출토된 수막새는 대체로 연화문이 주로 확인되었
다. 수막새의 편년을 살펴보면 대체로 연화문의 구성에 따라 고식은 단판으로 이루어지다
가 7세기 후엽부터 중판으로 변화하고, 점차 세판문 문양의 문양이 8세기 이후 유행하기 시
작한다.[28] 첨저한 삼각형 형태의 연화문은 경주에서 확인되는 유물들로 볼 때 연화문보다는
수량이 적은 비주류에 속하며 신라 초기부터 후기까지 확인되다가 점차 소멸하는 것으로 보
인다. 경주 일대의 수막새들과 비교했을 때 재질이 다양하고 문양적 특징에서 다소 차이가 있
는 것으로 볼 때 지방색이 일부 나타나는 것으로 판단된다. 한편, 시굴조사와 북문지에서 확
인된 와당편은 화성 고금산유적에서 출토된 고구려 와당으로 알려진 것과 유사하여 주목된
다.[29] 현재로서는 고구려의 기술적 영향을 받아 신라에서 모방하여 제작된 것으로 판단된다.

이러한 유물들로 볼 때 대체로 7~9세기 대의 통일신라시대 유물이 확인되고 있는 것으로
볼 수 있으며 확인된 삼국~통일신라시대 석축성벽의 축조 및 수축, 운영시기와 연관될 것으
로 보인다.

---

25) 한신대학교박물관, 2009, 『烏山 陽山洞 新羅 遺蹟』.

26) (財)畿甸文化財硏究院, 2007, 『烏山 佳水洞 遺蹟』.

27) (재)경기문화재연구원, 2021, 『오산 내삼미동Ⅱ 유적』.

28) 이인숙, 2012, 「경주지역 출토 통일신라시대 수막새 편년」 『韓國考古學報』 vol.54, 한국고고학회.

29) 서울대학교박물관, 2002, 「화성 고금산유적」.

3. 고려~조선시대

독산성과 관련된 고려시대의 문헌기록은 아직 확인되지 않았다. 그러나, 성 내부에서는 고려시대 유물이 출토되고 있다. 시굴조사 당시 확인된 청자편, 화문접시편 등이나, 4차시굴조사 Tr.2에서 출토된 반구병 등을 통해 고려시대에 어떠한 활동이 존재하였던 것을 추정해 볼수 있다. 북쪽에 인접하고 있는 수원고읍성의 존재로 미루어 볼 때 고려시대의 배후성으로 기능했을 가능성이 있으나, 구체적인 비교는 아직 어려운 상태이다. 조선왕조실록 초기 기록에서도 고성(古城) 등의 언급이 없으며,[30] 아직까지 고려시대의 구체적인 문화층이 확인되지 않은 것으로 볼 때 통일신라시대 이후 고려시대에는 거의 폐성되어 국가에 의한 직접적인 관리가 이루어지지 않던 상태일 가능성이 높을 것으로 판단된다.

조선시대는 독산성이 가장 중심적으로 활용된 시기이며 주로 임진왜란 이후 지속적으로 경기도 남부의 중요 군사거점으로 운영되어왔다. 출토유물의 대다수가 조선시대 후기에 집중되어 있다. 자기편, 도기편, 옹기편, 기와편, 전돌 등이 다량으로 확인되어 성 내에 조선시대 생활이 이루어졌음을 쉽게 파악할 수 있다. 자기 중 소량이지만 분청사기가 출토되기도 하며, 또한 철화문, 청화문의 문양이 시문된 자기편들도 확인된다.

현재까지의 조사를 살펴보면 조선시대 성벽의 축조양상은 뚜렷하게 확인되지 않았다.[31]

그림 22 독산성 출토 고려시대(左)~조선시대(右) 출토유물

---

30) 『朝鮮王朝實錄』, 世宗實錄 148券 地理志, 京畿, 水原都護府.

31) 1831년, 1860년 문헌기록에 의하면 성의 관리상태가 좋지 못했으며, 풍천유향에 의하면 "주먹만한 돌과 흙덩이로 낮게 쌓았기 때문에 사람들이 도보로 걸어서도 올라갈 수 있는 상황에 있으며, 여장의 높이가 겨우 몇자에 불과하여 그 모양을 제대로 갖추지 못하였고, 총안이 지나치게 크며 포혈을 어지럽게 뚫어놓아 아이들 장난과도 같으니…"라고 설명하고 있는 것으로 볼 때, 조선시대 19세기에 이미 성벽의 잔존양상이 좋지 않았던 것으로 판단된다.

오산 독산성 계단식석축시설　　　　　남한산성 암문아래 기단보축성벽(2007)

남한산성 치성하부 기단보축성벽(2007)　　　　북한산성 계단식 석축(2019)

그림 23　계단식석축시설 비교자료

독산성 북문지　　　　　　　　　　나주읍성 북문지(2017)

거제 사등성 동문지(2018)　　　　　홍성 결성읍성 동문지(2021)

그림 24　조선시대 문지 비교자료

북동치 일대에서의 조사에서 1, 2차성벽과 내탁부가 확인되었으나 외벽이 유실되어 명확한 양상이 확인되지 않았다. 한편, 보적사 일대의 조사에서 조선시대 토축부가 확인되었다는 것을 함께 살펴본다면, 토성의 축조가 이루어졌다가 조선시대 후기에 본격적으로 관리가 이루어지면서 석축으로 개축되었을 가능성 또한 상정해 볼 수 있을 것이다.

표 1   조선시대 독산성 수축 및 현황관련 주요 문헌기사 정리표

시대	내용	문헌출처
1592(선조 25)	권율이 독성으로 군사를 진출하여 왜군을 막음.	조선왕조실록
1593(선조 26)	독성산성, 석축. 둘레 1,800보. 선조26년 계사년에 쌓음.	만기요람 군정편
1594(선조 27)	경기 관찰사 유근이 독산성을 수축.	조선왕조실록
1597(선조 30)	방어사 변양걸이 독성 위에 흙을 쌓아 위를 평평하게.	조선왕조실록
1602(선조 35)	변응성이 독산성을 수축하고 관청건물을 세움.	화성지, 월사집
1610(광해군 2)	(중략)..수원의 독성만이 꾸준히 수리되어 왔다..(후략)	조선왕조실록
1690(숙종 16)	독성에 봉수를 더 설치하도록 함.	비변사등록
1760(영조 36)	신해년에 성첩과 성문을 중수하였다.	수원군읍지
1776 이전	수원 독성산성은 옛 감영의 동쪽 7리 되는 곳에 있는데, 석축이다.	연려실기술
1787(정조 11)	(운주당)정조 정미년에 개건하였다.	화성지
1790(정조 14)	(운주당)경술년에 중수하였다. (삼문)운주당의 앞쪽에 있다. 경술년에 개건하였다. 편액은 독성 아문이라 하였다.	화성지
1792(정조 16)	독산성성을 수축하여 토신에게 고유하였다.	조선왕조실록
1792(정조 16)	1792년 7월 25~9월 13일. 성의 둘레가 1004보, 신축 732보, 수축한 것이 272보, 수문 3곳은 모두 개축. 사태가 난 12곳은 길이 101보, 너비 10보로 돌을 채워 신축하였으며, 여장 309첩 모두를 신축하고 벽돌을 덮어 회를 발랐다. 남장대 6칸은 3척을 안쪽으로 옮겨 이건하면서 단청을 다시 하였다. 4곳은 문 가운데 남문은 8칸 문루를 갖추어 들보위에 회를 발랐고, 문의 확쇠 1개를 새로 갖췄다. 서문 역시 8칸 문루의 기와를 수보하였다. 북문과 동문의 좌우 석축을 고치고 문짝 2개씩을 다시 갖췄으며, 서문은 학쇠 1개를 새로 마련하였다.	일성록
1805(순조 5)	건릉 능역으로 인해 서북쪽에 잡인의 출입을 제한, 암문 축조.	일성록
1805(순조 5)	관청(4칸 반), 군기고 개건(28칸 반)	화성지
1807(순조 7)	중군 이문철이 3개월치 삭료를 출연하여 무너진 문루와 공해를 수리함.	일성록
1831(순조 31)	간간이 빈곳을 수축하니 성의 밑부리가 반은 무너졌다. 여장은 흔적이 없고 남문에 이르러 서는 거의 거꾸로 넘어졌다. 성은 작지만 비용이 많이 들었다. 8월에 시작해서 10월에 끝마쳤다. 공역을 감독한 자는 총리중군 김상순이다. 김상순이 그 사실을 널반지에 쓰기를 청하기에 나는 따랐다. 신묘년 10월 유수 박기수(朴綺壽)는 기한다.	화성지
1860(철종 11)	독성산성은 신묘년에 수축한 이후로 성첩과 해사가 다 무너졌습니다. ... 내년 봄이 되거든 역사를 시작하게 해야 하겠습니다.	비변사등록

한편, 북문지의 하부에 노출되었던 계단식석축석렬은 층위상 가장 늦은 시기까지 노출되어 있었던 성벽과 관련된 시설로 볼 수 있다. 일반적인 조선시대 산성의 성벽은 석축의 축조

방식은 다소 조잡하더라도 크고 작은 할석을 허튼층으로 쌓아올리는 양상이 확인되며 대체로 외벽은 수직을 이루고 있다. 또한 방어적인 개념에 있어서도 계단식으로 성벽을 축조한 것은 일반적인 성벽으로는 판단하기 어려운 부분이 있다. 이러한 계단식 석축석렬의 사례가 현재 많지 않지만 남한산성,[32] 북한산성[33]에서 확인된 것과 유사하여 비교가 가능하다. 남한산성에서 확인된 것은 암문 하부에서 확인된 것으로, 체성벽의 기단 보축성벽으로 보고되었으며 40~50단이며 높이는 10m 정도이며 층단을 이루며 축조되었으며, 17세기 무렵에 축조되었을 것으로 보고되었다. 치성 동쪽부 치성벽 하부에서도 기단보축성벽이 확인되었는데 43단 정도이며 높이는 8.2m 정도이다. 북한산성에서 확인된 것은 부왕동암문 성벽 하부조사에서 확인되었으며 계단식 석축으로 보고되었다. 폭은 최대 7m 정도이며, 높이는 약 4m 정도 확인된다. 이들과의 유사성을 인정한다면 독산성의 계단식석축시설은 17~18세기에 현

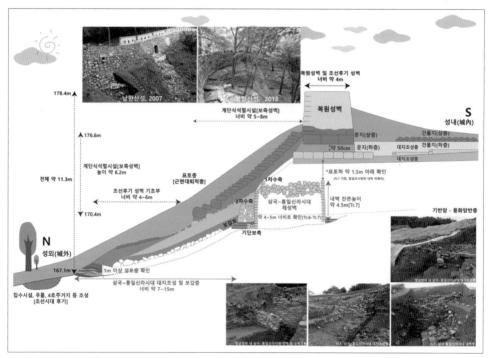

그림 25 북문지 주변 성벽 및 시설 조성 및 변화과정 모식도

32) (財)中原文化財研究院, 2007, 『南漢山城-암문(4)·수구지 일대 발굴조사』.

33) (재)경기문화재연구원, 2018, 『사적 제162호 북한산성 성벽 및 부속시설 3차 발굴조사』.

재 대부분 유실된 조선시대 후기 성벽의 기저부를 보강하기 위해 축조된 보축성벽으로 이해될 수 있다.

다음으로 북문지 일대의 공간변화를 통해 변화과정을 살펴보겠다. 북문지는 조선시대 읍성에서 확인되는 문지와 축조양상이 비슷하게 나타난다. 또한 하층문지와 관련된 층위에서 청해파문, 무문기와편이 다수 확인되고 있는 것으로 볼 때 조선시대 전기 무렵에 이미 축조가 이루어졌을 가능성이 높을 것으로 추정된다. 상층문지(現북문지)는 성돌이 일부 흐트러졌으나, 위치나 기저부의 축조양상은 크게 벗어난 것이 없는 것으로 보인다.

문헌기록을 살펴보면, 조선시대 독산성의 문헌기록속에서 본격적인 출현은 1592년 권율이 독산성으로 진출하여 왜군을 막았다는 기록부터이다. 이후, 독산성은 군사적거점으로 언급되며 여러 차례 수축이 이루어진 기록이 확인되는데, 중요기록을 살펴보면 1602년 변응성에 의해 수축 → 1792년 정조에 의해 수축 → 1807년 중군 이문철 문루와 공해 수리 → 1831년 유수 박기수에 의해 수축 → 1860년 수축이 확인된다. 그 중 1792년의 수축은 정조에 의해 대대적인 수축이 이루어졌으며, 관청건물에 대한 개축도 많이 이루어졌다. 그 중 북문과 동문의 좌우 석축을 고치고 문짝 2개씩을 갖추었다는 기록으로 볼 때, 북문지[상층]의 축조는 1792년 이전에 이루어진 것으로 판단된다. 북문지에 대한 기록은 없지만 변응성의 독산성에 관련된 축조기록을 보면 역시 대규모의 보수공수가 이루어진 것으로 볼 때, 1602~1792년 사이에 축조가 이루어진 것으로 판단된다. 따라서, 현재 북문지[하층]은 조선시대 16세기 말 이전에 축조가 이루어지고, 17세기 이후에 북문지[상층]이 축조된 것으로 추정된다. 이러한 문지의 변화와 맞물려 성 내부에서도 변화가 확인된다.

북문지 일대의 Pit조사를 통해 두 차례 이상의 대지조성층이 확인되었으며, 그와 맞물리는 건물지 및 부속시설들이 중층양상으로 확인되었다. 먼저 ① 조선시대 하층[하층 문지+건물지(1~3호)3기, 배수로 1기, 수구 등]으로 하층 문지를 중심으로 사용된 시기이다. 주로 대형의 건물지들이 축조되었다. 현재 잔존하고 있는 유구의 하부에 부분적으로 노출되고 있어 전체적인 양상의 파악은 어려운 상태이다. 문지와 일정간격을 두고 있는 것으로 볼 때 성벽이 구체적으로 기능하고 있고, 이에 따른 성곽의 관리가 본격적으로 이루어지고 있는 것으로 보인다. 이후 ② 북문지를 좁혀 쌓으면서[북문지 상층, 현재의 북문지] 등성시설을 축조하고, 4·5호 건물지를 새로 조성하였다. 2·3호 건물지는 재사용한 것으로 추정된다. ③ 이후 성벽 및 등성시설을 해체하거나, 건물지 상면을 이용하여 부분적으로 해체하여 소규모 생활유구[주거지, 야외노지, 석조유구 등]가 조성되어 크게 3차례 이상의 공간적인 변화가 존재하였던 것으로 추정된다. 성 외부에서 확인되었던 주거지와 집수시설, 우물[34] 또한 이 시기에 조성된 것으로 판단된다. 북문지가 좁혀지고 이와 관련된 유구들의 축조양상이 이전 시기에 비해 조잡하거나, 이전 시기의 유구를 파괴하고 조성되는 경우가 많은 것으로 볼 때, 성곽의 관리 및 보수방식이 기존과 달라졌던 것으로 판단된다. 남문지에서 확인되었던 유물들의 양상 또한 대체로 북문지 일원에서도 유사하게 확인되고 있어 유사한 시기에 조성이 이루어진 것으로 추정된다.

이러한 북문지 일대의 공간의 변화는 성 내 유구 상면을 바로 이용하고 있고, 중복된 유구들 사이에서 유물이 대체로 대동소이한 것으로 볼 때, 오랜 폐기기간이 없이 지속적으로 이용되었던 양상을 이루고 있는 것으로 판단된다. 특히 1831년과 1860년 문헌 기록에 의하면 성의 상태가 양호하지 않은 것으로 기록되고 있는 것으로 볼 때, 조선 후기로 갈수록 독산성의 관리가 부실해졌던 것으로 보인다. 또한 성벽에 바로 인접하여 내·외부에서 시설이 조성되는 것 또한 관리가 소홀해지고 관방으로서의 기능이 축소되면서 이러한 변화과정으로 이어졌던 것으로 추정된다.

Ⅳ. 독산성의 입지적 특징

독산성은 오산의 북쪽에 위치하고 있다. 북서쪽으로는 황구지천, 남동쪽으로는 오산천이 흐르고 있다. 주변은 대체로 평탄지로 이루어져 있다. 특히 북쪽과 남쪽으로는 대부분 평야지대로 사방의 조망이 매우 용이한 곳이다. 또한 황구지천을 따른 교통로를 상정해본다면 의왕과 수원, 그리고 현재의 경부고속도로를 따라 이어지는 교통로상에 위치하고 있어 중요한

---

34) 일반적인 조선시대 우물과는 축조양상이 매우 틀려 우물로 판단하기에는 어려운 부분이 있으나, 조사지역 구릉 하단부에서 지속적으로 지하수가 용출되고 있으며, 우물로 명명한 석축시설 내에서도 물이 계속 용출되어 약 30분내에 물이 가득차는 양상이 확인되었다. 그리고 풍천유향에 의하면 "성안에는 비록 6~7곳의 작은 우물이 있기는 하지만, 조금만 가물면 곧 물이 말라버린다. 그러므로 성 안에 있는 민가들도 평상시 성문 밖에 나가 물을 길어다가 조석을 해결하고 있는 형편이다. … 성 밑에서 멀지 않은 지역에 샘물이 솟아나오고 있으며, 동, 남, 북에는 마르지 않는 식수원이 있는데, 지형을 보면 본성보다는 약간 낮은 듯하지만 바라볼 때에는 또한 꽤 높고 험준하다. 만일 그 지형을 따라 얕은 담장(우마장)을 빙 둘러쌓아서 물긷는 길을 통하게 한 뒤에 비밀통로를 내어서 적이 우리의 태만한 틈을 타 공격하는 것을 방비하게 한다면…"라는 내용으로 미루어 볼 때, 5차조사지역 성 외부에서 확인된 내용과 유사한 시설로서 우물로 판단된다.

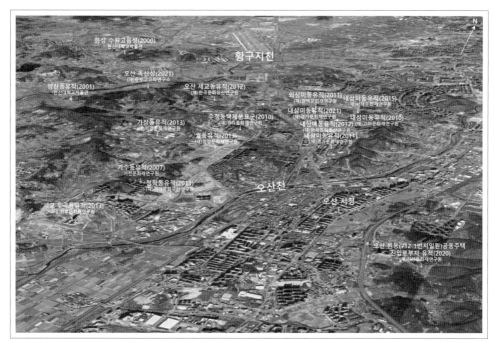

그림 26 독산성 주변유적 현황(구글어스)

방어기능을 갖춘 거점이라고 할 수 있다. 삼국시대 이후 전쟁이 활발하게 이루어지지 않던 임진왜란 이전에는 이러한 가치에 대해 점차 잊혀졌으나, 임진왜란 이후에는 경기 및 도성의 방어체계로서 파사성, 문수산성 등과 함께 도성을 방어하는 중요한 성으로 그 군사적 가치가 계속되어 언급되었다. 따라서, 이러한 군사적 가치는 비단 조선시대에만 국한되는 것이 아니라 삼국시대에도 마찬가지가 될 것이다.

신라의 북진과정을 살펴봤을 때, 한강을 점유하게 된 시기는 6세기 후반으로 볼 수 있을 것이다. 이후 어떠한 과정을 거쳐 신라가 한강을 장악했는지에 대해서는 여러 해석이 필요하지만 독산성 주변에서 확인되고 있는 당성,[35] 할미산성[36] 등으로 볼 때는 독산성이 속한 경기 남부에 진출하게 된 시기는 아무리 늦어도 6세기 후엽~7세기 초로 볼 수 있을 것이다.

독산성에 분포한 유적을 살펴보면 백제-신라-통일신라의 순으로 유적의 변화들이 확인된

---

35) 한양대학교 박물관, 2021, 『唐城-6차 발굴조사 보고서-』.

36) (재)한국문화유산연구원, 2007, 『龍仁 할미산성(Ⅳ)』.

다. 백제 이전에도 내삼미동 유적에서는 구석기가 출토되거나, 청동기주거지들이 확인되었다. 오산 궐동유적에서는 토광묘 36기가 확인되고 출토된 유물들은 2~3세기의 편년이 이루어고 있어[37] 한성백제 이전부터 다양한 생활이 이루어지는 것을 알 수 있다. 이후 오산 수청동 백제분묘군[38]이나 내삼미동·외삼미동 일대를 중심으로 백제의 4~5세기의 생활유적과 분묘유적이 다수 확인되고 있다. 이후 신라는 6세기 말부터 그 흔적이 확인된다. 대체로 생활유적이 주를 이루며, 석실묘, 석곽묘가 함께 확인된다. 특히 가수동유적에서는 백제과 신라의 취락이 이어지는 양상을 보이고 있으며, 다양한 취락과 관련된 시설들이 종합적으로 확인되어서 중요한 유적이라고 볼 수 있다.[39] 이렇듯, 오산지역에서 확인되는 다수의 유적들은 선사시대부터 백제, 신라까지 계속적으로 생활권이 큰 변동없이 이어지는 것이 확인되어진다. 또한, 내삼미동 일대의 유적들에서는 저장수혈이 한성백제에서 조사된 저장수혈 중 2/3 이상이 대규모로 밀집하여 분포하고 있는데 중앙의 창고운영시스템이 물류거점으로서 파급된 결과로 보인다.[40] 따라서, 독산성 일대는 삼국시대에도 조선시대와 같이 백제의 교통로의 중요거점으로 볼 수 있다.

한편, 신라가 이 일대를 장악하면서 6세기 후반 무렵부터 점차 신라유적이 확인된다. 대체로 생활유적과 석실묘에 해당되며 오산 양산동유적에서 철기생산의 흔적이 확인[41]된 것을 제외하면 통일신라시대의 건물지나 생활유적은 본격적으로 확인되지 않고 있다. 그러나 독산성은 백제 이후 성벽을 새로 축조하였으며, 여러 차례 수축하여 지속적으로 운영이 이루어졌다. 특히, 독산성 내에서 출토된 다수의 연화문수막새로 볼 때 이 일대의 주요 거점으로서 다수의 중요건물이 위치하고 있었을 가능성이 높다. 북쪽에 위치한 수원고읍성과의 관계를 살펴봐야 하겠지만, 황구지천과 오산천의 사이에 독산성 및 주변유적들이 위치하고 있어 이러한 지형적인 측면에서 본다면 이 일대는 독산성을 중심으로 하는 일정 범위의 행정 영역이 존재할 가능성이 높다. 원동의 소규모 조사에서 횡구식 석실묘 1기가 확인[42]된 것을 제외하

---

37) (財)中央文化財研究院, 2013, 『烏山 闕洞遺蹟』.

38) (財)京畿文化財研究院, 2012, 『烏山 水淸洞 百濟 墳墓群』.

39) (財)畿甸文化財研究院, 2007, 『烏山 佳水洞 遺蹟』.

40) 김왕국, 2013, 『百濟 漢城期 物流體系 形成과 그 社會·經濟的 背景 硏究 : 京畿南部 地域 竪穴 倉庫(群)의 分析』, 용인대학교 문화재대학원 석사학위논문.

41) 한신대학교박물관, 2009, 『烏山 陽山洞 新羅 遺蹟』.

42) 한성문화재연구원, 2020, 『오산 원동(712-1번지 일원) 공동주택 진입로부지 내 유적 시·발굴조

며 삼국시대에서 통일신라시대에 이르는 대규모 유적은 본격적으로 확인된 바가 없다. 따라서 현재는 오산시청을 중심으로 시가지가 구성이 되어있으나, 삼국시대와 통일신라시대에는 독산성을 중심지로 하고 있었을 가능성이 높을 것으로 보인다.

이러한 양상들을 종합적으로 비교해보면 선사시대부터 통일신라시대까지 생활에 있어 유리한 지역이었으며, 특히 경기도 남부와 서울을 연결하는 중요 교통로 상에 독산성이 위치하고 있는 것으로 파악되며, 과거부터 수원 남부지역 일대의 중요 거점지역이었을 것으로 보인다.

V. 맺음말

독산성은 임진왜란 이후 조선시대에 있어 한양 도성의 방어체계에 있어 중요한 기능을 담당하고 있어 조선시대 후기 관방·도성방어체계에 있어 매우 중요한 성으로 여겨져 왔다. 본고에서는 지금까지 보고된 독산성의 고고학적 현황을 정리한 후 역사적·고고학적 성과에 대해서 살펴보았다.

독산성은 삼국시대부터 조선시대까지 지속적으로 이용된 것으로 확인되었다. 삼국시대에는 유물로 볼 때 백제가 방어시설을 축조하였을 것으로 추정되나 그 실체는 아직 파악되지 않았다. 이후 신라가 7세기 무렵 진출하여 성벽을 새로 쌓아서 거점으로 활용하였다. 이후 고려시대에는 어떠한 활동이 확인되지 않다가 임진왜란 이후로 다시금 운영되며 조선시대 경기남부 및 도성방어체계의 중요한 군사적 거점으로서 운용되었다. 남문지와 북문지 일대를 중심으로 건물지 및 생활공간을 조성하였고 성벽 및 문지의 수축과 함께 생활공간 또한 다양한 변화가 확인되었다.

지금까지의 고고학적 조사성과·문헌기록을 통해 독산성의 고고학적·역사적인 가치를 검토하였다. 아직까지 독산성의 전체가 조사가 이루어지지 않았으며 금번에는 지금까지 소개된 자료를 중심으로 분석을 실시하였다. 차후 정밀분석이 이루어지면 더욱 구체적인 사실이 밝혀질 것으로 기대된다. 또한 독산성과 관련한 삼국~조선시대 유적이 소재할 것으로 보이는 독산성 주변 지역에 대한 조사 또한 많이 이루어지지 않았다. 따라서 앞으로 이루어질 독산성과 주변지역의 고고학적 조사를 통해 차후 본고에서 미비하였던 부분을 보완하고자 한다.

사 약식보고서』.

표 2   부록 - 독산성 관련 주요 연구성과 목록

연구자	제목	내용	출처
김병남	백제 성왕대 북방영역 관련 지명의 분석	삼국사기 지명 '독산성' 분석 및 위치 문헌적 검토	2006, 한국상고사학보 52호, 한국상고사학회, 5~23p.
정해득	정조시대 현륭원 조성과 수원 이읍 연구	수원 이읍과정 및 배경, 결과에 대한 종합적 연구 중 독산성에 대한 의미 문헌적검토	2008, 경기대학교 대학원 석사학위논문.
황부연	조선후기 산성 수축과 운영의 재정구조	조선후기 주요성곽의 검토와 문헌검토를 통해 조선시대 산성운영에 관한 문헌적 검토	2012, 충북대학교 대학원 석사학위논문.
심승구	임진왜란 중 독산성 전투와 그 역사적 의의-전술적·전략적 가치를 중심으로	독산성 관련 전투경과 및 의미 등 세부적 문헌적 검토	2012, 한국학논총vol.37, 국민대학교 한국학연구소, 121~154p
유연성	임진왜란기 한성 주변 전투의 전략적 의의	독산성 관련 전투경과 및 의미 등 세부적 문헌적 검토	2014, 한일관계사연구 48권, 한일관계사학회, 93~130p.
이용범	독산성의 세마대지의 변천	조선~보수자료의 기록을 통해 독산성의 변천과정에 대한 문헌적 검토	2016, 오산학연구Ⅱ, 오산향토문화연구소, 33~72p.
이용범	독산성 진남루 위치에 대한 재검토-문헌기록을 중심으로	독산성 진남루에 대한 위치고증을 위한 문헌적검토	2017, 오산학연구Ⅲ, 오산향토문화연구소, 93~118p.
이형원, 강정식, 정지영	오산 독산성 백제·신라 유물의 고고학적 의의	독산성 출토 백제~신라 유물에 대한 고고학적 검토	2018, 오산학연구Ⅳ, 오산향토문화연구소, 13~44p.
노태호	오산 독산성 축대와 건물지와 성격과 양상	독산성 남문지 일대 발굴조사 시 조사된 건물지의 고고학적 검토	2018, 오산학연구Ⅳ, 오산향토문화연구소, 45~70p.
박현준, 서승완	오산 독산성 성벽의 축조방법과 변화양상에 대한 소고	독산성 북동치 일대 발굴조사시 조사된 성벽의 고고학적 검토	2019, 오산학연구Ⅴ, 오산향토문화연구소, 13~38p.
김정주	오산독산성의 가치성 연구	독산성의 역사적, 가치성 검토	2019, 오산학연구Ⅴ, 오산향토문화연구소, 39~66p.
강정식	신라~통일신라의 오산	오산시 신라~통일신라 유적과 오산 및 독산성의 고고학적 검토	2019, 오산학연구Ⅴ, 오산향토문화연구소, 67~98p.
이용범	보적사 창건연대 및 배경에 대한 검토	독산성 내 보적사의 창건연대의 시기에 대한 검토	2019, 오산학연구Ⅴ, 오산향토문화연구소, 143~166p.
김영호	임진왜란 당시 독산성에서 활동한 사람들	독산성 임진왜란시 독산성과 관련된 인물 현황 문헌적 검토	2019, 오산학연구Ⅴ, 오산향토문화연구소, 167~186p.
박현준, 서승완	오산 독산성 발굴조사 성과	독산성 발굴조사 성과에 대한 검토	2020, 오산학연구Ⅵ, 오산향토문화연구소, 15~38p.
이용범	세마대 건립 및 변천에 대한 연구	독산성 세마대지의 현황과 변천의 문헌적 검토	2020, 오산학연구Ⅵ, 오산향토문화연구소, 55~78p.
김준혁	조선후기 독산성 방어책과 군영 경영	독산성의 조선후기 군사적 기능과 가치 문헌적 검토	2020, 문화와 융합vol.42, 한국문화융합학회, 497~525p.
심승구	임진왜란 중 독산성의 축성과 성곽사적 의미	독산성의 수축 문헌기사를 통한 성곽사적 의미 문헌적 검토	2021, 백산학보vol 119, 백산학회, 5~40p.
신영문	조선후기 도성방어체계의 추이와 독산성의 위상변화	독산성의 군사적방어적 기능 및 위치에 관한 문헌적 검토	2021, 백산학보vol 119, 백산학회, 41~70p.

연구자	제목	내용	출처
김호준	오산 독산성의 조선시대 축성사적 검토 : 경기도지역 산성과 비교하여	경기지역 성곽과 비교하여 조선시대 성벽 및 관방체계에 대한 고고학적 검토	2021, 백산학보vol 119, 백산학회, 71~106p.
김귀한	출토 백자를 통해 본 조선시대 독산성의 변천 과정	독산성 고려~조선시대 출토유물 고고학적 검토	2021, 백산학보vol 119, 백산학회, 107~132p.
박현준	오산 독산성의 고고학적 연구	독산성 발굴조사 성과 및 종합분석 등 고고학적 검토	2021, 백산학보vol 119, 백산학회, 133~170p.
윤성호	서울·경기지역 삼국시대 산성 정비와 진정성 유지 방안	경기지역 성곽의 복원에 대한 정비 현황 분석	2021, 선사와 고대 No.67, 한국고대학회, 273~306p.
서승완	오산 독산성 북문지 일원 조사성과와 변화양상	북문지 일원 발굴조사 성과에 대한 고고학적 검토	2021, 오산학연구Ⅶ, 오산향토문화연구소, 15~56p.
김영호	독산성 복원을 향한 첫걸음	독산성 수축과정에 대한 문헌적 검토	2021, 오산학연구Ⅶ, 오산향토문화연구소, 177~196p.

제17장

발해 고분 출토 구슬에 관한 시론적 검토

박준영

서울대학교 국사학과 대학원

I. 머리말

구슬은 일반적으로 보석이나 진주를 둥글게 만든 물건을 일컫는다. 진귀한 물건에 물리적으로 가공을 가하여 만들었기에 자연스럽게 귀중한 물품이라고 할 수 있다. 이 진귀한 물품은 선사부터 현대에 이르기까지 대표적인 장신구로 사용되었다. 고대에 한정해서 살펴본다면 구슬은 주로 목걸이(頸飾)로 사용되었고, 가슴 장식(胸飾)과 머리 장식에도 활용된 것으로 보인다. 구슬 자체가 장식성을 부각하는 역할을 하기에 신라 금(동)관이나 영암 내동리 쌍무덤 출토 금동관의 사례와 같이 관(冠)에 부착되는 사례도 있다. 더불어 구슬이 의례용품으로 사용되기도 하였다. 오산 수청동 고분군에서는 토광묘와 주구토광묘가 조사되었는데, 목관을 안치하기 위한 정지작업부터 봉분을 쌓기까지의 과정에서 구슬이 출토되어 의례의 가능성이 제기된 바 있다(이창엽 2012). 불교 의례의 핵심 중 하나인 사리장엄구 안에서는 공양품으로 사용되기도 한다.

이처럼 다양한 장식을 위해 사용되는 구슬은 여러 가지 재료로 만들어졌다. 선사시대에는 패각과 천하석을 재료로 환옥(環玉), 관옥(管玉), 곡옥(曲玉)을 제작하였다. 고대 이후에는 선홍빛을 띠고 줄무늬가 부가된 홍옥수, 무색 투명한 수정, 짙고 고운 색을 띠는 비취(경옥)와 같은 광물과 적갈색·청색·녹색·황색·흑색·백색의 유리로 환옥(丸玉), 관옥, 곡옥, 다면옥(多面玉) 등 다양한 형태의 구슬을 제작하였다.

구슬 연구는 근래에 급속하게 진전되고 있다. 기존에는 구슬의 형태와 색상이 연구의 대상이었다면, 최근에는 역사학·고고학·고고화학·통계학 등이 어우러진 학제간 연구가 이루어지고 있다. 특히 구슬의 화학조성과 제작기법이 파악되면서 생산지와 유통경로가 점차 복원되고 있으며, 그 결과 고대 구슬을 이해하기 위한 시각을 동북아시아에만 한정할 것이 아니라 유라시아 전체로 넓혀야 함이 인식되고 있다. 이와 같은 연구성과는 국립경주박물관에서 2020년에 개최한 '오색영롱: 한국 고대 유리와 신라'와 국립나주박물관에서 2021년에 개최한 '금은보다 귀한 옥'과 같은 특별전으로 이어져 대중들에게 차츰 녹아들고 있다.

아쉽게도 한국 고대 국가 중 하나인 발해에서 출토된 구슬은 연구의 외곽에 놓여있다. 물리적인 한계로 발해 영역이 현재 중국·러시아·북한이기에 자료의 접근성이 떨어지기도 하지만, 기본적으로 발해 장식 문화와 관련된다. 백제·신라·가야는 『三國志』魏書東夷傳 韓條[01]에서 전하듯이 구슬을 애호했던 것으로 보인다. 발굴조사 성과를 살펴보면, 한반도 남부에서는 수십만 점에 달하는 구슬이 출토되었다. 이에 반해 고구려는 비단에 수놓은 의복을 입고 금과 은으로 장식하는 문화[02]였던 것으로 기록되어 있다. 따라서 고구려 고분에서 구슬이 다량으로 출토되는 사례는 드물다. 고구려를 계승한 발해(송기호 2011)의 상황은 이와 같은 문화 전통을 그대로 반영하는 모습이다.

이를 고려하더라도 발해 고분에서 출토된 구슬 자료는 분명 소략하다. 이는 아마도 극심한 도굴 때문일 것이다. 발해 고분 중 석재로 조영한 횡구식석실이나 횡혈식석실은 대부분 지상식이기 때문에 극심한 도굴의 피해를 극심히 입었다. 실제 구슬의 부장량은 발굴조사를 통해 수습된 것보다 많았을 것으로 추정된다. 따라서 문화적으로 구슬을 다량으로 사용하지 않았고, 더불어 실제 출토량도 많지 않아서 연구자들의 관심 밖에 놓여있다고 할 수 있다.

다행히도 최근 일본에서는 연해주에서 출토된 구슬들을 대상으로 검토가 이루어졌다(河村好光 외 2016). 실물관찰을 통해 구슬을 재질별로 분류하고, 한반도와 일본열도 출토품과 비교했다는데 큰 의의가 있다. 하지만 연구 범위가 주로 연해주에 한정되어서 발해의 전반적인 구슬 문화 양상을 파악했다고는 할 수 없다. 아직까지 발해 권역 전반에 걸친 구슬에 관한 연구는 사실상 전무하다고 할 수 있다.

본고에서는 발해 권역[03]에서 출토된 구슬에 대한 시론적인 검토를 시도하고자 한다. 검토대상은 고분에서 출토된 구슬이며,[04] 발굴보고서가 간행된 자료를 중심으로 할 것이다.

---

01) 『三國志』魏書東夷傳 韓條 "…以瓔珠爲財寶, 或以綴衣爲飾, 或以縣頸垂耳, 不以金銀錦繡爲珍.…"

02) 『三國志』魏書東夷傳 高句麗 "…其公會, 衣服皆錦繡金銀以自飾.…"

03) 여기서 발해 권역은 고대 국가인 발해가 영위했던 공간 모두를 뜻한다.

04) 발해 권역 내에서 구슬은 고분, 주거지, 城 모두에서 출토되었다. 이 중 비교적 출토맥락이 안정적인 고분 자료를 중심으로 다루고자 한다. 대상은 주로 주요 고분이라고 평가되는 육정산고분군(吉林省文物考古研究所·敦化市文物管理所, 2012, 『六頂山渤海墓葬 -2004~2009年清理發掘報告-』, 文物出版社), 용두산고분군(용해구역), 홍준어장(黑龍江省文物考古研究所, 2009, 『寧安虹鱒魚場 -1992~1995年度渤海墓地考古發掘報告-』上冊, 文物出版社), 부거리일대 고분군(동북아역사재단, 2011, 『부거리 일대의 발해유적』), 회령일대 고분군(동북아역사재단, 2015, 『회령 일대의 발해유적: 2012~2013년 발굴조사 보고서』), 체르냐찌노(한국전통문화학교 외, 2009, 『연해주 체르냐찌노 5 발해고분군 I ~IV -제6차 한·러 공동 연해주 발해문화유적 발굴조사-』), 트로이츠코예를 중심으로 검토했다. 추가로 중앙문화재연구원에서 발간한 발해 고분 문화 시리즈(중앙문화재연구원, 2014, 『발해의 고분 문화 I -흑룡강성-』, 진인진; 2014, 『발해의 고분 문화II -길림

이를 통해 어떤 재질의 구슬이 출토되며, 그 의미가 무엇인지에 대해서 시론적으로 검토하고자 한다.

II. 발해 구슬의 현황

발해 고분에서 출토된 구슬의 현황은 〈표 1〉[05][06]과 같다. 구슬은 재질과 종류에 따라서 다양하게 분류할 수 있다.

유리로 제작된 구슬은 환옥과 연주옥(連珠玉) 그리고 화형옥(花形玉)이 있다. 이 중 환옥은 말 그대로 둥근 구슬로 전체 구슬 가장 흔하게 출토된다. 발해 권역에서 출토된 환옥의 색상은 감색, 벽색, 녹색, 황색, 적갈색, 흑회색으로 구성된다. 색상별 수량은 감색 169점, 벽색 23점, 녹색 33점, 황색 15점, 적갈색 1점, 흑회색 3점으로 총 244점이다. 여러 가지 색상 중 가장 많은 수량을 차지하는 것은 단연 감색이며, 녹색, 벽색, 황색이 부가되는 모습이다.

연주옥은 환옥이 잇닿아 연결된 구슬이다. 연주옥은 총 10점이 출토되었으며, 낱개로

그림 1 발해권역 출토 유리 환옥(左: 홍준어장 M2308호, 中: 체르냐치노 4구역 167호, 右: 궁심 2지구 4호)

성-」, 진인진; 2017, 『발해의 고분 문화Ⅲ』 -북한·연해주-, 진인진)를 참고했다. 다만 간행된 보고서와 자료집에서 구슬에 관한 기술이 명확하지 않은 경우에는 수량 파악에서 제외하였다. 실견하여 파악한 자료가 아니기에 증거 없이 섣부른 판단은 유보하고자 한다.

05) 구슬의 재질은 실견 또는 현미경으로 관찰을 해야 하고, 확실하지 않다면 과학적 분석이 적용되어야 한다. 하지만 발해 고분 출토품은 현재 실견할 수 없는 상황이다. 따라서 보고서의 기술과 도면의 표현, 원색 도판을 중심으로 구슬을 분류하였음을 밝혀둔다.

06) 구슬이 출토된 고분군의 현황 파악은 송기호의 연구(송기호, 2011, 「육정산 고분군과 건국집단」 『발해 사회문화사 연구』, 서울대학교출판문화원)로부터 시작했다.

는 30점이다. 색상은 감색, 녹색, 황색으로 구성된다. 환옥이 낱개가 아닌, 연달아 붙어있는 이유는 제작기법과 관련된다. 고대 한반도에서 출토되는 구슬 대부분은 늘인기법(Drawn technique)으로 제작되었다. 대표적으로 환옥, 연주옥, 중층유리구슬, 연리문구슬이 있다. 늘인 기법은 유리덩어리를 잡아당겨서 관(tube)을 만든 뒤에 기호에 맞게 자르거나, 홈을 내는 방식으로 진행된다. 이 중 환옥은 유리관을 자른 뒤에 날카로운 면을 둥글게 만들기 위해서 재가열 과정을 거친다(Francis 2002; 박준영 2016a). 한편 연주옥은 유리관을 집게로 단위마다 집어서 홈을 만드는 방식을 사용하기도 하고, 홈이 새겨져 있는 석제 틀 위에 굴리고 누르면서 제작되기도 한다(Francis 2002). 연주옥은 기호에 따라 소비지에서 구슬 단위마다 절단해서 사용하거나, 혹은 그 자체로 사용되는 경우도 빈번하다. 연주옥 자체가 장식성이 있다는 것이다.

연주옥은 환옥을 만드는 중간과정의 산물이기에 연결이 되어있을 뿐 감색과 녹색 연주옥은 사실상 환옥과 큰 차이점이 없는 구슬이다. 하지만 홍준어장 M2124호 출토 연주옥은 중층유리구슬(금박유리구슬)일 가능성이 있다. 중층유리구슬은 크기가 다른 투명한 유리관 사이에 얇은 금속박(金 또는 銀)을 포개어 마치 금제 구슬과 같은 모습을 띠는 장신구이다. 포개진 두 개의 유리관을 둥근 구슬로 제작하는 방법은 앞서 언급한 바와 같이 절단하거나, 집게 또는 석제 틀을 이용하는 것이다. 이와 같은 과정에서 완전히 분리되지 않고 연주형태로 남는 경우가 있는데, 구슬 끝단과 孔部의 마무리 형태로 알 수 있다.

홍준어장 M2124호에서는 황색으로 기술된 연주옥 3점(〈그림 2-③~⑤〉) 출토되었다. 황색이 노란색을 뜻할 수도 있지만, 금색일 가능성도 있다. 〈그림 2-⑤〉는 황색 연주옥 중 하나인데, 구슬의 윗부분에는 단이 표현되어 있다. 미세하지만 먼저 집게나 석제 틀로 홈을 내어 연주옥의 형태로 만든 뒤 잘린 면을 표현했을 가능성이 있다. 이와 같은 표현은 〈그림 2-②〉에

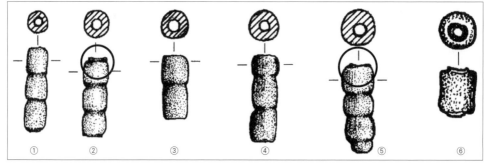

그림 2 홍준어장 출토 연주옥과 환옥(①~⑤: M2124호, ⑥: M2134호)

표 1 발해 고분 출토 구슬의 현황

유구	묘제	유리								홍옥수			수정		청동	기타 구슬	비고
		환옥						연주옥(낱알 개수)	화형 옥	환옥	관옥	다면 옥	환옥	다면 옥			
		감	벽	녹	황	적갈	흑회										
옥정산 I M2	횡혈식석실									1							
옥정산 I M3	토광묘(목관묘)	29		26				1(2)		3					1	골제 관옥 1점	
옥정산 I M14	횡혈식석실	2									1						
옥정산 II M2	석관곽?	1															
옥정산 II M4	–									2							
옥정산 II M6	횡혈식석실	6								64							
옥정산 II M15	횡혈식석실									3							
옥정산 II M48	위석토광									1		1					
옥정산 II M126	–									2							
요해구역 2호(82년)	석관곽									1			1				
요해구역 7호(82년)	석관곽												2				
홍준어장 M2001	횡혈식석실	1					2			4							
홍준어장 M2005	횡혈식전실	1															
홍준어장 M2007	횡혈식석실?																
홍준어장 M2008	횡혈식석실?									1							
홍준어장 M2020	횡혈식석실			1	1(갈)						1						-황색 환옥은 중층유리구슬 가능성有
홍준어장 M2053	횡혈식석실											1					
홍준어장 M2112	횡혈식석실									2							
홍준어장 M2124	횡혈식석실				1			5(15)		69	1					석제 관옥(2), 흑요석연주옥(1)	-연주옥 중 중층유리구슬 가능성有
홍준어장 M2126	횡혈식석실									2							
홍준어장 M2133	–	1															

유구	묘제	유리								홍옥수			수정		청동	기타 구슬	비고
		환옥				작갈	흑회	연주옥 (낱알 개수)	화형옥	환옥	관옥	다면옥	환옥	다면옥			
		감	벽	녹	황												
홍준야장 M2134	횡혈식석실	1			4												-황색 4점 중종유리구슬 가능성有
홍준야장 M2183	횡혈식석실									2							
홍준야장 M2184	횡혈식석실									2							
홍준야장 M2205	석관									1							
홍준야장 M2208	횡혈식석실									34		2					-홍옥수 환옥 중 5점은 조옥으로 분류 / -바닥시설로 煿
홍준야장 M2249	횡혈식석실?									2							
홍준야장 M2252	횡혈식석실		1						1								
홍준야장 M2261	횡혈식석실	1	1							22		4					-연주옥은 녹색 유리
홍준야건실 M2267	횡혈식건실							1(2)		3							
홍준야장 M2286	-									1							
홍준야장 M2300	-									3							
홍준야장 M2308	-	15			5		1		1	22							
다대몰 2호	횡혈식석실	5	2		1												
군검 2지구 4호	-	2	2			1											
모시노 1호	토광											1					-재질 구분이 불가능
모시노 3호	토광	1?										1					
제르 2-1구역 115호	토광									1							
제르 3-2구역 71호	횡혈식석실									2							
제르 3-2구역 105호	-	1						1(4)		27		2					
제르 3-2구역 106호	-								1	1							
제르 3-3구역 72호	-	5	2													석제 다면옥(1)	
제르 3-3구역 73호	-															석제 관옥(1)	

유구	묘제	유리 환옥 감	벽	녹	황	작갈	흑희	연주옥 (낱알 개수)	화형옥	홍옥수 환옥	관옥	다면옥	수정 환옥	다면옥	청동	기타 구슬	비고
체르냐티노 3-3구역 77호	-	33			1											석제 관옥(6)	
체르냐티노 3-3구역 104호	토광	1															
체르냐티노 3-3구역 113호	토광		1													석제 환옥(1)	
체르냐티노 4구역 121호	토광	1	1														
체르냐티노 4구역 123호	위석토광	1	3	1	1		1	2(7)								석제 환옥(1)	-연주옥은 각각 녹색과 감청색
체르냐티노 4구역 132호	토광	1	1														
체르냐티노 4구역 137호	토광									3	1						
체르냐티노 4구역 146호	토광			2						1							
체르냐티노 4구역 149호	토광	5	2	1													
체르냐티노 4구역 154호	토광	4															-청동기마 인물상 -유리구슬이 청동에 부착
체르냐티노 4구역 157호	토광	25															
체르냐티노 4구역 159호	기타	11		1													
체르냐티노 4구역 167호	토광	11		1						1							
체르냐티노 6구역 163호	토광									1	6	1		1		석제 환옥(2)	-재질을 파악할 수 없는 구슬들이 있음
체르냐티노 6구역 171호	(위석)토광									6							
체르냐티노 6구역 178호	토광	5	3		1												
체르냐티노 6구역 183호	토광	1	3	1													
체르냐티노 6구역 187호	토광		1														
트로이츠코예 274호	토광									2						석제 관옥(1)	
트로이츠코예 279호	토광															석제 환옥(1)	
트로이츠코예 280호	토광									1							

서 보다 더 명확히 볼 수 있다. 해당 구슬은 보고서에서는 백색 연주옥으로 기술되어 있는데, 중층유리구슬이 금색(황색), 은색 빛을 띠기에 이 사례도 같은 구슬로 분류되어질 가능성이 있다. 환옥 중에서도 중층유리구슬로 분류할 수 있는 개체들이 있다. 홍준어장 M2134호에서는 황색구슬 1점(《그림 2-⑥》)이 출토되었는데, 이 역시 구슬 공부에 단이 표현(확인)되어 있다. 연주옥의 형태로 만든 뒤에 낱개로 자른 흔적으로 추정된다.

비록 고분에서 출토된 유물은 아니지만, 홍준어장 채집유물 중 중층유리구슬일 가능성이 큰 자료도 있다. 중층유리구슬로 추정할 수 있는 근거는 우선 색상이다(그림 3). 황색이라고 통칭하지만, 노란색 환옥과 다르게 중층유리구슬의 색상은 특유의 金 또는 銀 빛을 띤다. 더불어 구슬의 표면에는 종방향 흰색 또는 흑색 줄이 비교적 선명하다. 유리관을 제작하기 위

그림 3 홍준어장 채집유물

해 유리를 늘리는 과정에서 불순물도 함께 늘어난다. 흰색 또는 흑색 줄은 불순물이 늘어난 흔적이다. 결정적으로 이 구슬이 중층유리구슬이라는 점은 구슬 왼쪽에 깨진 면이다. 이중의 유리관 중 외유리가 깨지면서 금속박으로 추정되는 면이 관찰된다. 금속 특유의 빛깔을 보이는데 금 또는 은박일 가능성이 있다. 이를 종합하면 이 구슬은 중층유리구슬이고, 이와 유사한 형태로 표현된 여러 황색 유리구슬도 같은 종류로 분류할 수 있다.

그림 4 발해 권역 출토 화형옥(左: 홍준어장 M2252호, 中: 체르냐치노 3-3구역 72호, 右: 홍준어장 M2208호)

추가로 유리로 제작된 화형옥도 출토되었다(그림 4). 화형옥은 구슬의 단면을 볼 때, 꽃 또는 꽃잎모양을 띠는 구슬을 지칭한다. 한반도 남부에서는 화형옥은 6세기부터 점차 출현하기 시작하고, 주로 사리장엄구의 공양구로 출토되는 구슬이다. 이후 고려·조선시대에는 흔하게 사용되었다. 발해 권역에도 소량이지만 화형옥이 유통되어 사용된 것으로 보인다. 유리 화형옥은 대부분 동그란 구슬 표면에 구멍과 같은 방향으로 홈을 내어 제작한다. 홈을 내는 방식은 구슬을 제작한 뒤 마연을 하거나, 또는 유리가 고온에서 서냉(徐冷)하기 전에 금속도구로 홈을 형성하는 방식 등 다양하다.

발해 권역에서 유리구슬보다 많이 출토된 구슬은 홍옥수구슬이다. 총 316점이며, 환옥 293점, 관옥 10점, 다면옥 13점이다.

가장 많은 수량을 차지하는 홍옥수 환옥은 유적 전반에 걸쳐 고루 출토되는 모습이다. 환옥은 세부적으로 원형에 가까운 Ⅰ형, 조옥(棗玉)으로도 분류될 수 있는 Ⅱ형, 납작한 모습인 Ⅲ형으로 나눌 수 있다. 이 중 대부분은 Ⅰ형에 속하는 모습이 발해 권역 홍옥수 환옥의 특징이다.

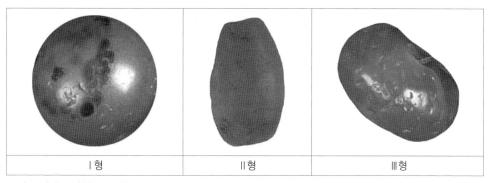

| Ⅰ형 | Ⅱ형 | Ⅲ형 |

그림 5 홍옥수 환옥의 유형

홍옥수 환옥의 제작기법은 Ⅰ형과 Ⅲ형의 경우 양쪽 모두 오목한 홈이 없고, 깔끔하게 투공된 모습이다. 구슬 공부를 형성하는 방식은 양방향으로 뚫었을 가능성과 한 방향으로 뚫었을 가능성 모두 고려해야한다. 다만 보고서에 수록된 도면 대부분은 한 방향에서 뚫은 것으로 표현되고 있어, 한 방향으로 투공했을 가능성이 조금더 높다.

한편 홍옥수 환옥 일부는 구슬 중 한쪽을 넓고 오목하게 파낸 후 투공하는 pop-out기법(Carter 2013: 123-124)이 적용된 모습도 관찰된다. 한국 구슬 연구에서 이 기법은 주로 마한-

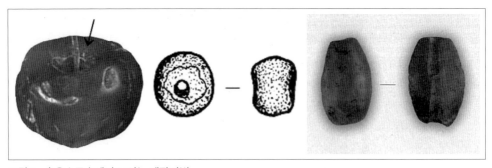

그림 6 홍옥수구슬에서 보이는 제작기법
(左: 홍준어장 M2308호, 中: 홍준어장 M2267호-이상 'pop-out'기법, 右: 트로이츠코예 280호-양쪽투공)

백제 권역에서 관찰되는 기법으로 논의되고 있다(허진아 2018). 비록 그 사례가 적지만, 발해 권역에서도 이 기법이 사용된 구슬이 분포하는 것으로 추정된다. 더불어 Ⅱ형의 경우에는 양쪽에서 투공한 모습이 관찰된다.

관옥과 다면옥은 다른 구슬보다 소량 출토되었다. 이 중 관옥은 대부분 반파된 상태이다. 그 덕분에 투공기법을 관찰할 수 있는 사례가 있다. 체르냐치노 6구역 163호 출토품인 〈그림 7〉을 볼 때, 양쪽으로 투공한 흔적이 관찰된다. 상대적으로 투명한 홍옥수 관옥은 반파되지 않았더라도 양쪽으로 투공한 모습을 쉽게 볼 수 있다.

구슬은 이외에도 수정과 흑요석 그리고 재질을 알 수 없는 석제로 제작된 관옥 환옥이 있다. 이에 대해서는 세부 사진이나 기술, 과학적 분석 자료가 없는 한 구체적인 재질과 제작기법을 추정할 수 없다.

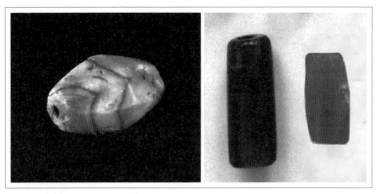

그림 7 홍옥수 다면옥과 관옥(左: 육정산 고분군 ⅡM48, 右: 체르냐치노 6구역 163호)

Ⅲ. 발해 구슬의 출토양상과 그 의미

발해 고분에서 출토된 구슬은 유리구슬과 홍옥수구슬로 대별된다. 앞서 언급한 바와 같이 유리구슬 244점이고, 홍옥수구슬로 316점으로 홍옥수구슬의 출토량이 더 많다. 다만 유적별로 보게 된다면 세부적인 특징을 추출할 수 있다.

육정산 고분군은 크게 횡혈식석실과 토광묘가 구역을 달리하며 분포하는 특징을 보이지만, 이와 관계없이 구슬은 횡혈식석실, 석관곽, 토광(목관)묘에서 출토되었다. 유리구슬과 홍옥수구슬은 각각 64점, 76점 출토되어 이 역시 큰 차이가 없다.

돌출되는 자료는 유리가 주로 출토(환옥 55점, 연주옥 1점)된 ⅠM3호 목관묘와 홍옥수 환옥(64점)이 주로 출토된 ⅡM6호 횡혈식석실이다. ⅠM3호는 육정산고분군에서 가장 규모가 크고, Ⅰ구역에서 핵심적인 자리에 위치한다. ⅠM3호는 ⅠM4호와 ⅠM5호와 삼각상으로 배치되어있고, 서북방향으로 12m 떨어져 정혜공주무덤(ⅠM2호)이 있어서 왕릉급으로 비정되는 무덤이다(중앙문화재연구원 2021: 203). ⅡM6호는 Ⅱ구역 내에서 낮은 비율을 보이는 횡혈식석실로 다른 주변 무덤보다도 위계가 높을 것으로 추정된다. 전반적으로 육정산 고분군 내 핵심적인 분묘들에 구슬이 집중되는 모습을 살펴볼 수 있다.

홍준어장은 유리구슬이 45점, 홍옥수구슬은 179점이 출토되었다. 육정산 고분군과 다르게 홍옥수구슬이 4배 이상 높은 수량을 차지하는 모습이다. 구슬은 M2124호, M2208호, M2261, M2308호에 집중적으로 출토되었다. 특히 M2124호에서는 유리 환옥, 유리 연주옥, 홍옥수 환옥, 홍옥수 관옥등 다양하게 구성되는데, 단연 홍옥수 환옥이 압도적인 비율을 차지한다.

북한 함경도지역에서는 다래골 2호와 궁심 2지구 4호에서 구슬이 출토되었는데 모두 유리구슬이다. 이와 같은 모습은 분명 앞서 육정산, 홍준어장 고분군과 대조되는 상황이다. 색상은 감색, 벽색, 황색, 적색이 출토되어 비교적 다양한 색상으로 구성되어 있다. 특히 적색(또는 적갈색) 유리구슬 1점은 연구대상 중 궁심 2지구 4호가 유일하다.

체르냐치노 고분군에서는 유리구슬이 136점, 홍옥수구슬이 54점 출토되었다. 두 종류의 구슬 모두 출토되었지만, 앞선 육정산, 홍준어장 고분군과 다르게 유리구슬이 높은 출토량을 보인다. 구슬들은 전반적으로 유구마다 골고루 분포하는 모습을 보인다.

체르냐치노 고분군에서 조사된 유구 중 3-3구역 77호 토광묘에서는 두개골을 중심으로 은제이식과 구슬류가 출토되었다(〈그림 8〉). 특히 구슬이 두개골 하단부에서 출토되었다는 점은 경식이었음을 짐작하게 해준다. 경식은 감색 환옥에 석제관옥이 부가되어 목걸이의 목줄

그림 8   체르냐치노 3-3구역 77호 출토 구슬의 출토 현황

을 구성하고 황색 환옥이 중심장식으로 쓰였을 것이다. 체르냐치노 3-3구역 77호 토광묘의
사례를 통해 발해 권역에서도 구슬을 꿰어 장신구로 사용했음을 알 수 있다.

트로이츠코예 고분군에서는 비록 3점이지만 모두 홍옥수 환옥만 출토되었다. 이외에는
재질을 알 수 없는 구슬 2점뿐이다. 로시노 고분군에서는 재질이 구분 가능한 구슬은 홍옥수
다면옥 2점과 감청색 유리 환옥으로 추정되는 1점뿐이다.

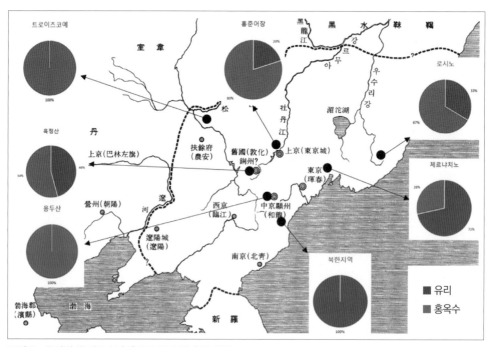

그림 9   유적별 유리구슬과 홍옥수구슬의 출토 비율

이처럼 고분군 내에서 출토되는 유리구슬과 홍옥수구슬의 비율이 의미하는 것이 무엇일까. 자료가 소략하여 성급한 가설일 수 있지만, 유리구슬과 홍옥수구슬의 유통범위와 유적 조영집단의 입수범위를 반영하는 현상일 수 있다. 유적별 유리구슬과 홍옥수구슬의 비율을 도식한 자료가 〈그림 9〉이다. 북쪽부터 홍옥수구슬 일색인 트로이츠코예 고분군, 홍옥수구슬의 비율이 상당히 높은 홍준어장 고분군, 홍옥수비율이 조금 높은 육정산 고분군, 유리구슬의 비율이 높은 체르냐찌노 고분군, 유리구슬 일색인 북한지역의 궁심과 다래골 고분군이 분포한다. 즉 내륙 깊숙이 들어갈수록 홍옥수구슬의 비율이 높고, 해안에 가까울수록 유리구슬의 비율이 높다는 것을 보여준다.

비록 시점이 다소 이르지만, 고대 한반도 남부에서 존속하였던 韓과 濊, 그리고 고대 국가인 백제, 신라, 가야의 고분에서는 수많은 구슬이 출토된다. 이 중 백제와 가야 권역에서 유리는 주로 해안을 중심으로 분포한다. 최근 경남·부산지역에서 출토된 유리구슬 전반을 조사한 연구에서는 유리구슬이 1,001점 이상 출토된 유적들의 분포범위가 해안선을 중심으로 분포한다는 지적도 있었다(박준영 2020). 이와 같은 현상으로 인해 애초에 입수 경로가 해안을 통했을 가능성이 제기된 바 있다(권오영 2019; 박준영 2016b). 따라서 유리구슬은 바다를 통해 각지로 유통되었을 가능성이 있다.

발해 권역에서도 마찬가지로 유리구슬의 분포가 해안가와 가까운 곳을 중심으로 형성되었을 가능성이 있다. 유리구슬을 입수하기 수월한 곳과 그렇지 않은 곳이 있을 것으로 추정된다. 따라서 토광묘 전통이 강한 체르냐치노 고분군과 트로이츠코예 고분군에 부장된 구슬의 구성이 달랐다고 해석할 수 있다.

육정산 고분군은 다른 관점에서 이해할 필요성이 있다. 육정산 Ⅰ구역은 발해 왕족들의 묘역으로, 발해의 중심지이기 때문이다. 따라서 구슬을 중심지로 입수하는데 일반적인 유통범위를 초월했을 것으로 추정된다. 이를 반영하는 것이 유리구슬과 홍옥수구슬이 유사한 비율로 구성하는 것이 아닐까.

한편 발해가 존속한 7세기 후반~10세기 초반 한반도 남부의 구슬 분포 양상과 비교해보면 유사한 양상이 있다. 한반도 남부에서 불교의 수용 이후 장제가 후장에서 박장으로 전환된다. 자연스럽게 고분에 들어가는 각종 물품이 줄면서 구슬 역시 소량 부장된다. 발해도 이미 불교를 수용한 시점이기 때문에 발해와 신라 모두 구슬을 소량 부장했던 것으로 보인다.

조금 더 면밀하게 검토하기 위해서는 사리장엄구에 들어가는 공양구를 살펴보아야 한다. 불교의 도입 이후 고분에 쏟던 사회적 에너지가 불교로 이동하였다. 고분에 부장될 유물들이 사리장엄구의 공양품으로 들어가는 것이다(최선아 2020). 이를 반영하듯이 미륵사, 왕궁리, 불국사, 송림사 등의 석탑과 황룡사 목탑지에서 수많은 구슬이 출토되었다. 구슬의 분포와 유통 현황을 조금 더 면밀하게 파악하기 위해서는 불교 관련 물질자료와 비교할 필요성이 있다.

IV. 맺음말

고구려를 계승한 발해는 한반도 북부에서 성장한 국가이다. 아쉽게도 발해인 스스로가 남긴 기록은 현존하고 있지 않다. 발해의 위상과 사회구조를 알기 위해서는 어쩔 수 없이 그들이 남긴 물질자료를 통해서 파악할 수밖에 없다.

대표적인 물질자료는 고분 자료일 것이다. 고분의 구조와 부장품의 종류·구성에는 발해 지배층이 갖고 있던 정체성이 고스란히 녹아있다. 따라서 횡혈식석실, 횡혈식전실, 금관, 토기, 금속장신구는 오랫동안 주목을 받아왔다. 이에 비해 구슬은 상대적으로 연구에 외곽에 있었다고 할 수 있다.

본고에서는 주요 고분을 중심으로 먼저 구슬들을 분류했다. 유리구슬은 환옥, 연주옥, 중층유리구슬, 화형옥이 있다. 홍옥수구슬은 환옥, 관옥, 다면옥이있고, 수정구슬은 환옥과 다면옥이 있다.

구슬 중 유리구슬과 홍옥수구슬은 유적마다 구성 비율이 조금씩 달랐다. 유적의 위치에 따라서 내륙 깊숙이 위치한 트로이츠코예 고분군은 홍옥수구슬 일색이고, 해안에 가까워질수록 유리구슬의 비율이 높아지는 모습을 볼 수 있었다. 이는 유리구슬과 홍옥수구슬의 유통범위를 나타내는 것이며, 특히 유리구슬이 바다 가까이에 주로 분포하는 물질자료임을 보여준다. 그런데도 육정산 고분군은 발해 왕족의 무덤이기 때문에 유통망과 관계없이 유리구슬과 홍옥수구슬이 유사한 비율로 구성된다.

지금까지 소략하지만, 보고서를 대상으로 구슬의 현황과 그 의미를 시론적으로 검토했다. 아직까지 발해 권역에서 출토된 구슬에 관해서는 관심이 너무나도 부족하다. 가장 큰 문제는 접근성 때문일 것이다. 구슬 자료가 발해 권역 전반에 걸쳐 분포하지만, 현재 중국, 러시아, 북한에서 각기 소장하고 있어 실견할 수 없다. 또한 7세기 이후 구슬은 사리장엄구에 다량 공양 되는데, 발해 권역에서는 이와 대응하여 검토할 만한 자료가 부족하다. 앞으로 이 부분이 보안되어 조금 더 풍부한 논의가 이루어지기를 기대한다.

제18장

제철유적 조사·연구 방법론의 체계적 적용

김권일
신라문화유산연구원

Ⅰ. 머리말

제철유적은 1990년대 진천 석장리, 경주 황성동 등의 대규모 유적이 조사되면서 그 사례가 급증하였으며, 시기적으로는 초기철기~근대, 지역적으로는 도심·산간·도서(島嶼) 등 폭넓은 시기와 광역적인 분포 범위를 보이고 있다. 이에 따라 최근 20여 년간 제철유적의 성격 및 제철기술의 발전양상에 대한 연구는 큰 진전을 이룬 측면이 있다. 이는 고고유적 뿐만 아니라 금속분석 등의 자연과학분석, 제철 공정체계, 제철복원실험(실험고고학), 문헌·회화·민속·장인 등 다양한 분야의 융·복합 연구 성과에 힘입은 바 크다.

그럼에도 불구하고 제철유적 조사연구 방법론은 큰 진전을 보지 못하고 있는 것이 실상인데, 그 이유는 역(逆)으로 상기한 인접 학제의 스펙트럼이 매우 넓고 이를 체계적으로 적용하기가 쉽지 않기 때문이다. 이 때문에 제철유구 및 관련 유물의 조사·분석에 있어 정밀한 프로세스가 진행되지 않을 뿐만 아니라 발굴보고서에도 유구·유물에 대한 충분한 소개 및 분석이 이루어지지 않는 경우가 많다.

본고에서는 이러한 문제의식을 바탕으로, 제철유적 발굴조사 및 연구 방법론과 관련된 다양한 자료에 대해 살펴보고, 이를 적용할 수 있는 방안에 대해 모색해 보고자 한다.

Ⅱ. 연구사 개관

제철유적 조사연구법에 대한 연구는 한손에 꼽을 정도로 적다. 2000년대 중반 처음으로 제철유적의 고고학적 특징과 관련 유구·유물의 조사방법에 대한 강좌(손명조 2005)가 개최되고, 제철유적 조사 사례연구(申鍾煥 2008) 및 보고서 작성매뉴얼(손명조 2007)이 제시된 바 있다. 하지만 이러한 검토들은 정식 논문이나 저서로 발표된 것이 아닐뿐더러, 당시까지는 제철유적 조사가 충분하지 못하였고 제철의 공정에 대한 전반적 이해가 부족했기 때문에 심도 있는 검토라 할 수 없다.

2010년도에는 제철유적의 공정별 유형에 대한 시론적 분류방법이 제시되고(김권일 2010a), 이를 토대로 한 공정별 제철유적 조사연구법이 제시되기도 하였다(김권일 2010b). 이후 제철유물 금속분석 연구의 문제점과 해결방안 및 고고유적 연구와의 융합연구 필요성을 제기한 논고(김권일·이남규 2016)가 제시되고, 제철유적의 입지적 특징 및 문헌·지표·발굴 등 전반적 조사방법에 대해 검토가 이루어진 바 있다(신종환 2019). 최근에는 전통제철의 원리 및 공정개념에서부터 구체적 유구의 조사방법, 자연과학 분석방법 등을 망라한 『제철유적 조사·분석 방법론』이라는 책자가 발간되어(국립중원문화재연구소 2020) 관련 연구사의 중요한 획기로 기록될 전망이다.

이처럼 제철유적 조사연구 방법론에 있어서는 2000년대 유구·유물에 대한 강좌로 시작해 2010년대 시론적 조사연구법이 제시된 이후 2020년대 사전조사·현장조사 및 정리와 분석에 이르는 구체적 방법론이 제시되는 등 꾸준한 진전을 보이고 있다. 다만 대부분의 논저는 제철유적의 조사 및 관련유물에 대한 자연과학분석에 초점이 맞추어져 있고, 관련 자료들의 유기적이고 체계적인 적용방법에 대한 연구는 아직 이렇다 할 만한 성과가 없는 실정이다. 이에 본고의 논지 전개는 구체적인 방법 검토보다는 제철유적 조사연구에 적용될 수 있는 다양한 학제분야에 대해 살펴보고, 이를 효과적으로 적용시킬 수 있는 방법을 중심으로 검토하고자 한다.

먼저 전통방식의 제철공정체계를 이해하지 않고서는 유구·유물의 현상을 올바로 파악할 수 없기 때문에 제철유적 조사연구 방법론을 검토함에 있어 제철공정의 이해는 반드시 필요하다. 2000년대 후반 제철공정의 종합적 프로세스에 대한 검토(이남규 2008)가 제시된 이후 관련분야는 비교적 많은 진전이 있었다. 2012년 한국문화재조사연구기관협회에서 발행한 『한반도의 제철유적』(한국문화재조사연구기관협회 2012)을 비롯하여, 원료의 채취 및 전처리 과정에서부터 제련·정련단야·초강정련·단련단야·용해주조에 이르는 철생산 기술체계 연구(신경환 외 2013), 단야의 공정을 정련단야-단련단야-성형단야로 구분한 제철공정 제시(김권일 2017a·2017b), 정련단야(괴련철 정련)와 초강정련, 용해정련(선철 정련)을 별도의 공정단계로 구분하고, 철기의 재사용과 열처리의 중요성을 부각시킨 새로운 제철공정(이남규 2019) 등이 제시된 바 있다. 고대~중세 제철공정체계에 관한 연구는 새로운 조사·연구의 진전에 따라 계속 수정·보완될 전망이다.

고고자료는 발굴조사를 통해 확인된 유구·유물을 기초자료로 하여 제철기술 연구를 이끌어가는 중추적 역할을 하고 있다. 구체적으로는 유적에 남아 있는 제철로의 구조와 각종 부속시설, 송풍관·노 벽체·철재·철괴·철기 등 각종 유물의 관찰과 분석을 통해 제철시설의 구조를 복원하고 여기에서 행해진 생산의 행위요소를 추적해 가는 것이다. 따라서 제철유적 조사연구 방법에 있어서는 중요한 선행 자료이자 적극적 표식(標式)이 된다. 지금까지 조사된 전국의 제철유적은 159개소 정도로(국립문화재연구소 2019),[01] 최근 제철유적 조사 사례가 계속 증가되는 정황을 감안한다면 현재는 160개소가 훨씬 넘을 것으로 판단된다.[02]

금속분석 자료는 1980년대까지는 주로 철기유물과 소량의 철재 분석을 기초로 철의 종류와 철재의 성분 및 철기 제조방법에 대한 연구가 주를 이루었다. 이후 제철유적에 대한 발굴조사가 증가함에 따라 유적 출토 제철관련 유물에 대한 금속학적 분석이 광범위하게 실시되어, 해당 유적에서 이루어진 철 및 철기생산의 공정과 특징에 대한 고찰이 이루어지고 있다.[03] 2000년대 후반에 들어서 제철유적 발굴 자료의 급증과 함께 관련 유물의 금속분석을 통한 고고유적 해석방법이 제시되었고(신경환 2008), 제철기술 공정체계에 대한 종합적 고찰(신경환 외 2013)이 이루어진 점은 고무적인 성과라 할 수 있다. 이러한 시도들은 금속학적 분석연구와 제철유적 조사방법을 연결시키는 의미있는 작업이라 할 수 있다.

제철유적 조사연구 방법론에 있어 빼놓을 수 없는 것이 바로 실험고고학의 한 분야인 제철기술 복원실험연구이다. 1990년대까지 금속공학·문헌에 기초한 실험이 수 회 실시되었으며(崔炷 외 1991·1994; 한국과학기술연구원 1999), 진천 석장리·경주 황성동 등 대규모 제철유적이 발굴되면서부터 유적에서 확인된 제철로와 관련유물의 검토를 통해 복원·제작된 실험로를 이용한 연구가 실시되었다(國立淸州博物館·浦項産業科學硏究院 1997; 世淵鐵博物館 2003; 정광용 2008; 조록주 외 2014; 한지선 외 2015·2017·2019; 이남규 외 2016·2017·2018a·2018b·2019).

제철기술 복원실험연구에서는 고고학·금속공학·민속학·문헌·제철 장인 등 제철기술사와 관련된 여러 인접학문의 융·복합적 연구를 망라한 실험매뉴얼이 작성되고, 각각의 공정에 대한 개념과 목표를 분명히 설정한 후 설계된 실험매뉴얼에 입각해 실험이 실시되었다. 실험의 준비와 과정 및 결과가 체계적으로 정리되고, 그 과정에서 생성·파생된 시료에 대

---

01) 2012년도에 발간된 『한반도의 제철유적』편에는 전국 179개소가 집성되어 있는데(한국문화재조사연구기관협회 2012), 이는 동일 발굴지역의 각 구역을 별개로 구분해 수록했기 때문이다. 이를 하나의 유적으로 묶을 경우 159개소가 된다.

02) 발굴조사된 제철유적의 구체적인 현황 및 성격에 대해서는 한국문화재조사연구기관협회의 『한반도의 제철유적』과 국립문화재연구소에서 발간한 『한국고고학전문사전 -생산유적편-』에 상세히 기재되어 있으며, 필자의 졸고(김권일 2020)에도 그 성격에 대한 검토가 있다.

03) 고고유적 출토 제철관련 유물에 대한 금속학적 분석연구는 해당유적의 발굴보고서에 부록으로 수록된 경우가 많으며, 국내 연구자뿐 아니라 일본 연구자에 의한 분석도 상당수 이루어졌다. 그 수가 방대해 본고에서 일일이 열거하지는 않는다.

해서는 금속학적 분석이 실시되었다. 실험과정에는 제철장인의 노하우가 반영되도록 하였고, 이러한 모든 내용은 실험보고서를 통해 공개되었다. 따라서 제철로의 구조와 원료(소재)·연료·생산품·부산물 등에 있어 제철유적과의 직접적인 비교자료가 되기 때문에 제철유적 조사연구 방법론의 정립과 적용에 큰 역할을 할 것으로 기대된다. 이상 공정체계·고고자료·금속학적 분석·제철복원실험의 네 가지 분야가 제철유적 조사연구 방법론의 가장 중요한 분야라 할 수 있다.

이 외에도 문헌·민속·회화·장인의 네 가지 분야는 상기한 자료에서 파악할 수 없는 부분을 보여줄 수 있다는 면에서 반드시 검토되어야 한다.

먼저 문헌자료를 살펴보면, 조사연구 방법 검토에 직접적으로 활용될 수 있는 문헌자료는 많지 않다. 조선시대 정조의 명에 의해 1801년 김종수(金鍾秀)가 지은 『華城城役儀軌』에는 철소재의 정련·단련 단계에 따라 그 명칭이 다르게 기재되어 있는데, 이에 의하면 대체적인 철의 가공단계는 '철광석→생철(生鐵)→수철(水鐵)→작철(斫鐵)→정철(正鐵)→강철(强鐵)→추조(麤造)→정조(精造)→정정조(精精造)'가 됨을 알 수 있다(신경환 외 2015). 한편 19세기 순조 때 이규경이 지은 『五洲衍文長箋散稿』는 총 60권, 1,400여 항목으로 구성된 방대한 박물지로, 이 중 「錬鐵辨證說」과 「異物辨證說」에는 철의 종류와 특징, 제법, 제철로 및 풀무의 구조 등 제철기술과 관련된 구체적인 내용들이 나타난다(이규경 지음, 최주 주역 2008). 이에 대해서는 생철(生鐵)·숙철(熟鐵)·수철(水鐵)·정철(正鐵)·열철(熱鐵)·신철(薪鐵) 등 철의 다양한 종류와 제조방법들에 대한 검토가 이루어진 바 있다(정해득 2020).

이 외에도 『世宗實錄』·『世宗實錄地理志』·『東國輿地勝覽』·『東京雜記』·『慶尙道地理志』·『慶尙道續撰地理志』 등 71건의 조선시대 기록에는 철과 관련된 간략한 기사가 있는데, 산철지(産鐵地)를 기록한 것이 대부분이지만 제철 체제·소관기관·산철 사정의 변화·감독관·작업 책임자·노동력·작업 시기·제련 물종(산철 종류)·원료·연료·작업장·작업 도구·철세공액·제련 비율·민간 제철 등에 관한 내용도 간략히 언급되어 있다(서성호 2012). 또한 사가(私家)의 문집이긴 하지만 조선 후기 울산지역 제철기술의 일면을 엿볼 수 있는 자료로 『求忠堂文集』이 있다(李琪炯 2000). 한편 조선 후기 호적대장의 직역(職役)란에 기재된 장인 현황을 통해서는 동리 단위의 철 생산지뿐만 아니라 이에 종사한 장인의 가족 구성 및 신분적 위상 변화 등을 파악할 수 있으며, 실제 지금의 경남 산청군을 중심으로 하는 단성현(丹城縣)의 호적대장 검토를 통해 생철장(生鐵匠)과 수철장(水鐵匠)의 기능에 대해 검토한 논고가 발표된 바 있다(양선아 2019).

민속자료로는 조선 후기~근대 전통 제철산업의 경제사적 연구(梁勝弼 1994; 권병탁 2004)와

민족문화 전승을 위한 전통대장간 조사(裵桃植 1994; 주경미 2011; 정연학·오선영 2012), 전통철물 제법 기준 마련 및 활성화 방안 연구를 위한 전통 대장간 및 대장장 기술보유 현황 자료 집성(신경환 외 2015) 등이 있다. 민속학 자료는 고고학 등에서 확인할 수 없는 기술유형과 관련된 중요한 내용들이 포함되어 있는 경우가 많다. 다만 해당조업에 참여하거나 전해 들은 회상자료는 기억의 오류가 있을 수 있고, 조업기술의 상세한 부분은 전해지지 않는 경우가 많다. 또한 자료의 교차검증이 어렵다는 점에서 결과에 대한 신중한 접근이 필요하다.

회화자료는 묘사된 작업장과 노의 구조, 참여인원, 역할 분담 등을 파악할 수 있는 유용한 자료이다. 고구려고분인 집안 오회분의 벽화를 비롯해 조선 후기 김홍도·김득신·김준근·나카무라 긴죠(中村金城) 등의 화가가 그린 풍속도에 대장간과 가마점(용해작업장)이 묘사되어 있으며, 6·25전쟁 이후 이억영·이동식 등의 풍속화에도 대장간 그림이 있다.

제철기술 관련 장인(匠人)의 노하우(knowhow)는 상기한 공정체계·고고·금속분석, 문헌·민속·회화 등의 자료에서는 알 수 없는 기술요소를 파악하는데 중요한 역할을 한다. 전통 대장간의 대장장 및 도검장(단야), 주물공장의 기술자(용해주조), 토기 제작장인(송풍관) 등이 도움이 되며, 이들이 지니고 있는 세밀한 기술요소들은 제철기술 복원실험에 큰 역할을 할 뿐만 아니라, 연구자들이 전통 제철기술의 현장감을 직·간접적으로 체득할 수 있게 해 준다.

III. 조사연구 방법론의 적용

제철유적에서는 다양한 규모·유형의 유구 및 유물이 조사되기 때문에 조사연구 방법론 역시 다양하게 검토될 수 있다. 본고에서는 전술한 바와 같이 제철 공정체계, 고고자료, 금속분석 자료, 제철복원실험의 네 가지 분야를 중심으로 하고, 문헌·민속·회화에서 나타나는 관련 자료 및 제철 장인의 노하우 등 조사연구 방법론에 주효하게 적용될 수 있는 분야에 대해 검토하고자 한다. 적용 방법에 있어서는 가능한 한 사례를 통해 접근해 나가고자 한다.

1. 제철공정 체계론의 적용

고대~중세 제철공정 체계에 관한 연구는 제철유적 발굴조사와 밀접한 관련이 있는데, 공정체계는 발굴조사 성과를 통해 연구의 천착과 검증이 가능하며, 발굴조사는 그 방법론에 있어 공정체계의 체계적 적용을 통해 발전할 수 있다. 예컨대 제철유적의 종류, 제철로의 유형,

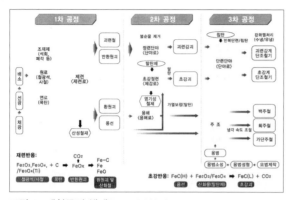

도면 1　제철공정 체계도 A(신경환 외 2013)

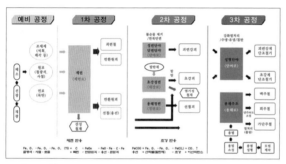

도면 2　제철공정 체계도 B(김권일 2017a)

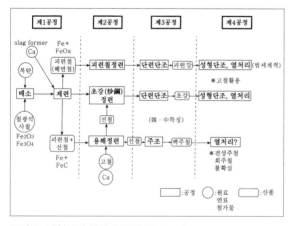

도면 3　제철공정 체계도 C(이남규 2019)

유구와 유물의 성격, 과학적 분석 방법의 적용, 유적의 종합적 해석, 보고서 작성방법 등은 공정체계의 적용을 통해서만 정확한 결과를 도출할 수 있다.

〈도면 1〉은 단야의 2~3차 공정이 정련단야와 단련단야로 구분되어 있는데, 〈도면 2〉에서는 정련단야와 단련단야가 2차 공정에, 3차 공정에는 기존에 제시된 바 없는 성형단야가 새롭게 제시되었다. 이후 〈도면 3〉에서는 정련단야-단련단야-성형단야로 단야공정이 더 세분되었다. 이러한 변화는 경주 황성동, 밀양 금곡, 진천 송두리, 청원 연제리 등 정련단야 전용으로 판단되는 제철로의 조사가 큰 역할을 하였으며, 앞서 언급한 제철복원실험에서 단련단야의 중요성이 부각된 점, 전통 대장간에서는 자동차 스프링 등 이미 정선된 소재를 사용하기 때문에 정련·단련 과정이 생략되는 점 등이 작용하였다.

이러한 제철공정체계 연구의 진전은 발굴조사 방법에 그대로 적용된다. 예를 들어 단야로의 유형이 세분되고 그 기능이 구분되면서 각 공정에서의 노 크기와 구조, 단야재의 구분과 성격, 소재와 생산품의 상정이 훨씬 더 명료해지게 된 것이다(표 1 참조).

표 1　단야유적의 조업내용과 유물·유구

구분	주요 작업내용	관련 유물	주요 유구
정련단야 (잡쇠→철괴)	합단·단접, 반복단타, 열처리보다 는 가열과 단타를 통해 불순물을 용 출 및 타출시키는 정련작업	완형재, 철괴형철재, 유리질 철재, 철괴, 대구경·소구경 송풍관	경주 황성동 537-2 7호 등, 밀양 금곡 C-27호 등, 진천 송두리 2-3 호 등
단련단야 (철괴→철정)	합단·단접, 반복단타, 열처리를 통 해 불순물을 타출시키고 조직을 강 화시키는 단련작업	완형재, 철괴, 철편, 단조박편, 입상재, 소구경 송풍관	연천 삼곶리 2호 주거지 중앙부 노 등, 밀양 금곡 B-11호 등, 망상동 III 단야로
성형단야 (철정→철기)	정제된 철 소재를 사용하기 때문에 불순물 제거와 조직 단련보다는 성 형을 통해 완성된 철기를 제작	단조박편, 입상재, 철편, 소구 경 송풍관	대구 봉무동·연경동, 경주 황성동 A~F·문산리, 문경 신기동, 충주 본리 209-1 등의 단야로
공통	가열을 통한 소재 내 불순물 제거, 단타·단접을 통한 조직의 단련과 강화, 성형을 통한 철기의 완성→주 목적과 중심 작업을 통해 세부공정 구분		

한편 용해주조 공정은 큰 변화가 없지만 주조 후 열처리 여부에 대한 중요성이 부각되는 추세이다. 다만 지금까지는 제련공정에서 선철 생산 후에 용해정련 공정이 상정되고는 있으나, 용선 상태를 거친 선철은 곧바로 용해주조 공정으로 가기 때문에 별도의 정련공정은 필요하지 않다는 의견도 있어 이에 대한 추가적인 검토가 필요하다.

2. 고고학 자료의 적용

제철유적에서는 제철로를 비롯한 다양한 유구·유물이 조사된다. 제철로는 구조·규모 등을 통해 노의 유형을 상정할 수 있으며, 제철관련 유물을 통해서는 원료(소재)·생산품 및 해당공정의 일면을 유추할 수 있다. 또한 선광장·폐기장·건물지 등의 부속유구 역시 조업의 성격을 파악할 수 있는 중요한 근거자료가 된다. 〈표 2〉는 제철유적 발굴조사에서 확인되는 각종 유구·유물의 종류와 그 특징이 나타내는 조업의 성격을 정리한 것이다.

표 2　고고유적의 각종 제철기술 관련자료

연번	구분	내용 및 관련 유물	비 고
1	제철로	구조-입지, 규모, 평면형태, 작업장 등 축조방법-굴광, 방습시설, 노상(爐床) 등	노의 유형

연번	구분	내용 및 관련 유물	비고
2	공반 유물 (원료 · 파생품 등)	채광-철광석 · 사철 · 토철 배소-철광석 제련-철광석 · 사철 · 토철, 유출재, 유리질 · 철괴형 철재, 철괴, 대구경 송풍관 단야-단조박편, 입상재, 재결합재, 모루, 철편, 대구경 · 소구경 송풍관, 단야재, 유리질 · 철괴형 철재(정련단야) · (소)철괴, 철편 용해-용범, 탕구(湯具), 유동재, 유리질철재 제강-철광석분 · 사철, (소)철괴, 철재	조업 공정
3	부속유구	채광-채광장 · 채광수혈, 채광갱 배소-배소로, 소성유구 제련-선광장, 배소시설, 배재부(排滓部), 유출재 폐기장, 광석 · 목탄 저장시설, 패각 저장 및 소성시설 단야-단타작업장, 폐기장, 주혈 · 적심 건물지 용해-용범 폐기장, 용범 가마 기타-도로, 부속건물지, 폐기장, 우물 · 도랑 · 집수장 등	조업 체계

앞에서 언급한 바와 같이 초기철기~조선시대에 이르는 제철유적 160여개소가 조사되었는데, 유적에서는 다양한 공정의 제철로와 관련유물들이 확인되었다. 앞에서 본 제철공정 체계에 의하면 노가 필요한 공정은 배소 · 제련 · 단야 · 용해 · 초강 등이다. 제철로는 다양한 양상으로 나타나는데, 발굴현장에서 이를 구분하기는 쉽지 않다. 아래 〈표 3〉은 공정별 제철로의 유형을 분류할 수 있는 기준을 제시한 것으로, 제철유적 현장조사 시 참고가 될 수 있다.

표 3   제철로의 유형분류 기준(김권일 2020에서 가필)

연번	분류기준	세부 내용	비고
1	노의 구조	평면형태, 규모, 하부구조, 노 바닥면(爐床)의 높이, 송풍시설 등	
2	철재의 용착양상	노벽철재의 유리질화 정도, 산화성 · 염기성의 구분, 자성의 유무, 요철면의 양상, 바닥재의 형태 등	
3	출토유물	배소-배소된 철광석 제련-철광석 · 사철 · 토철, 대구경 송풍관, 유출재, 유리질 · 철괴형철재, 철괴 단야-단조박편, 입상재, 재결합재, 모루, 철편, 대구경 · 소구경 송풍관 (정련단야 · 단련단야-완형재, 유리질 · 철괴형 철재, 철괴) 용해-용범, 출탕구, 원판형 토제품, 유동재, 유리질철재 등 제강-철광석분 · 사철, 철괴	다른 공정→ 동일유물 출토 가능
4	금속학적 분석결과	탄소 함량, 티탄 · 비소 · 바나듐 등 미량원소의 함량, 칼슘 함량, 기지조직의 양상, 전철량과 조재성분, 흑연화목탄, 내화도 등	종합적 검토 필요

연번	분류기준	세부 내용	비고
5	부속유구의 성격	제련-배재부, 대형 풀무터, 선광장(광석 파쇄), 배소시설, 유출재 폐기장, 패각 저장·소성시설 단야-단타작업장, 주혈·적심건물지 용해-주혈건물지, 용범 폐기장·가마 기타-폐기장, 부속건물지, 집수장 등	목탄가마, 용범 가마, 송풍관 가마→가마터에 서 생산 후 이송
6	노의 공반관계	동일유적 내 서로 다른 노의 공반관계-연속공정 상정 가능	선·후 공정

이처럼 제철유적 발굴조사에 있어 가장 우선적으로 고려해야 하는 것은 기존에 조사된 제철유적 자료이며, 앞서의 공정체계를 참고한다면 큰 틀에서 유구·유물의 성격을 파악할 수 있다.

3. 금속분석 자료의 적용

제철유물에 대한 금속분석은 유적의 성격을 파악하는데 유효한 조사연구법일 뿐만 아니라 전통제철기술 연구와 복원을 위해서도 필수적인 요건으로 자리 잡았다. 30여 년간의 연구사를 거치면서 나름대로 새로운 분석법과 해석기법도 제시되고 있다.

표 4 황성동유적 철재의 탄소함량

노의 유형	단야주거지	단야로	정련단야로	용해로	제강로
시료의 탄소함량	중(0.22~0.61)	저(0.02~0.08%)	중(1.8%)	고(1.7% 이상)	저(0~0.054%)

〈표 4〉는 경주 황성동유적 출토 철재의 탄소 함량을 나타낸 것이다. 0~0.025%, 0.025~1.7%, 1.7~6.67%를 기준으로 각각 저·중·고로 표시하였으며, 금속학적 의미에서 이는 각각 순철·강철·주철을 나타낸다(김권일 2009). 표에서 보는 바와 같이 독립 단야로와 제강로 철재는 탄소 함량이 낮고 용해로는 높은 것으로 나타나는데, 이는 괴련철 소재로 단조철기를 제작하는 단야로와 선철을 소재로 주조철기를 제작하는 유구의 성격을 볼 때 지극히 당연한 것이다. 단야주거지와 정련단야로는 탄소 함량이 중으로 나타나는데, 이는 소재의 탄소 함량이 고르지 못하거나 탈탄 과정 중의 소재일 가능성이 높기 때문이다.

한편 원삼국시대 경주 황성동 524-9번지 용해로, 황성동 907-2번지 용해로, 삼국시대 울산 천상리 평촌, 조선시대 울산 둔기리·방리, 경주 용명리 등의 제철유물에서 울산 달천광산의 특징적 미량원소인 비소(As)가 검출된 사실은 이 제철유적들에서 사용한 소재가 달천

광산에서 유래한 것임을 보여주는 것이다. 뿐만 아니라 일본 나라현 나라시(奈良市) 야마토(大和) 6호분에서 출토된 910점의 철정 중 일부에서도 비소(As)가 검출되었고(宮內廳書陵部陵墓課 2017: 208), 군마현(群馬縣) 이세사키시(伊勢崎市) 아카보리촌(赤堀村) 4호분 출토 'T'자상 철제품과 치바현(千葉縣) 이치하라시(市原市) 이나리다이(稻荷台) 1호분 출토 「王賜」銘 철검에서도 비소가 검출되어(高塚秀治 外 2010) 광역에 걸친 달천광산 산출 소재의 유통 양상을 보여준다. 한편 철 제련복원실험 시료의 산화칼슘(CaO) 함량이 유적에 비해 상당히 높게 나타나 제련과정에서는 인위적인 산화칼슘 첨가가 없었다는데 의견이 모아지고 있다.

이 외에도 제련유적 출토 철광석의 배소처리, 산화칼슘 함량으로 본 용해주조유적 조재제의 인위적 첨가, 티타늄(Ti) 함량을 통한 사철 원료 사용 등 금속분석이 아니고서는 확인할 수 없는 다양한 사실들이 이러한 금속분석 연구를 통해 나타나고 있다. 하지만 고고학과의 융합연구 문제, 분석자간 상이한 분석방법, 분석자간의 해석차 등 개선되어야 할 문제도 있다(김권일·이남규 2016).

4. 실험고고학의 적용

〈표 5〉에서 보는 바와 같이 1990년대 후반부터 제철유적의 제철로를 모델로 실험로를 제작한 제철복원실험이 실시되었다. 국립청주박물관에서는 1997년 석장리 A-4-1호와 A-3호를 모델로 각각 상자형과 원통형 제련로를 복원하여 제련실험을 실시하였고(國立淸州博物館·浦項産業科學研究院 1997), 2002년도 철박물관에서도 같은 유적 A-3호를 모델로 실험을 실시해 단조철기를 제작한 바 있다(世淵鐵博物館 2003). 한국전통문화대학교에서는 2008년 원통형과 상자형 노를 복원해 실험을 진행하였으며(정광용 2008), 중원문화재연구원에서는 2011년 충주 칠금동유적 제련로를 모델로 선철 생산을 위한 제련복원실험을 실시하였다(조록주 外 2014). 국립중원문화재연구소에서는 2014년부터 지금까지 연차적 제철복원실험을 실시하고 있는데, 충청지역 제철로를 모델로 수차례의 제련·단야·용해주조 공정을 실험하였고, 특히 5·6차 실험에서는 경주 황성동 유적 용해로를 모델로 국내 최초로 고대의 주조괭이를 제작하는 용해주조실험을 실시하였다(한지선 外 2015·2017·2019).

전통제철기술연구단에서는 2015년부터 2017년까지 세 차례에 걸친 제련실험과 두 차례의 단야실험을 실시하였는데, 제련로는 밀양 금곡 C-24호 노를 모델로 그 구조를 복원하였으며, 원통형 제련로에 철광석을 장입해 탄소함량이 낮은 괴련철 및 혼합철괴를 생산하였다(이남규 外 2017). 울산쇠부리복원사업단에서는 2016~2017년 제련~단야에 이르는 단조철기 제작공정 복원실험을, 2018~2020년에는 분광을 사용해 선철을 생산하는 실험을 실시하였다. 전자는 밀양 사촌 1호를 모델로, 후자는 조선후기 울산 대안동 쇠부리터 철 제련로를 모델로 그 구조를 복원하였다(이남규 외 2016·2018a·2018b·2019).

표 5 주요 제련복원실험의 내용(김권일 2020)

연번	기관	회차	노 형태	노 규모(cm)		원료/중량(kg)	첨가제	주요 생산품	비고(자료)
				내경	높이				
1	국립청주박물관	1	상자형	225×45	130	사철/217	–	철괴	횡방형
		2	원통형	110	186	괴광/350	–	철괴	
2	철박물관	1	원통형	125	250	괴광/480	–	철괴(선철)	괴련철 생산 목적
3	중원문화재연구원	1	원통형	60	260	괴광/220	–	선철	선철 생산 목적 최초 분광 52kg 투입
4	국립중원문화재연구소	1	원통형	80	140	괴광/220	–	괴련철	
		2		120	240	괴광/480	마사토	혼합철	단야 가능
		3		120	300	괴강/720	마사토	선철	용해 가능
		4		120	270	괴광/400	석회+마사토	혼합철	철과 슬래그 분리 미흡
		5		120	270	괴광/400	–	선철	괴련철 생산 목적
		6		120	270	괴광/300	–	괴련철	괴련철 생산 목적
5	전통제철기술연구단	1	원통형	100	200	괴광/241	황토	괴련철	
		2		100	200	괴광/410	황토	괴련철	
		3		100	200	괴광/300	패각+황토	괴련철	
6	울산쇠부리복원사업단	1	원통형	80	200	괴광/460	황토	괴련철	
		2		80	200	괴광/425	황토	괴련철	
		3		80	200	괴광+분광	황토	반환원괴	재(再) 제련 필요
		4	상자형	80	220	분광/300	패각	선철	종방형
		5		80	250	분광/380	패각	선철	
		6		90	70	분광/310	패각+슬랙	선철	

실험의 성격상 모든 실험은 그 목적을 달성한 측면이 강하다고 할 수 있으나, 결과물은 대체로 ① 노 하부에 괴련철 중심의 철괴가 생성된 경우, ② 노 하부에 선철 중심의 철괴가 생성된 경우, ③ 노 하부에 선철과 괴련철이 뒤섞인 혼합철괴가 생성된 경우, ④ 선철을 노 밖으로 유출시킨 경우 등으로 구분된다. 어느 경우가 고대 혹은 중세 철 제련기술에 가장 가까운지

는 확정하기 어려우나 괴련철 생산은 ①의 경우가, 선철 생산은 ④의 경우가 가장 합리적인 생산품이라 할 수 있다.

도면 4 괴련철 생산 실험(2016년 전통제철기술연구단 제2차 실험 ; 좌-제련로, 중-철재 유출, 우-노 내 형성물)

이러한 실험들은 당초 실험매뉴얼 자체가 유적의 제철로를 모델로 노의 구조와 송풍시설 등을 복원하였으며, 원료(소재)·연료·첨가제 등에 있어 최대한 유적의 환경을 복원하고자 하였다. 생산품 역시 유적에서 생산되었을 것으로 상정되는 결과물에 거의 가깝게 다가가고 있는 것으로 평가된다. 예컨대 괴련철 생산과 선철 생산은 거의 80% 기술복원에 다가선 것으로 평가할 수 있고, 제련실험에서 생산된 소재를 이용한 단조철기 제작 역시 몇 차례 성공적으로 실시된 바 있다. 다만 주조철기 제작을 위한 용해주조 실험은 아직 초기단계라 할 수 있어, 앞으로 더 많은 연구와 경험이 필요한 것으로 사료된다.

이와 같이 제철복원 실험연구의 형태로 진행되고 있는 실험고고학은 노의 구조와 부속유구, 송풍시설, 원료·연료·첨가제, 생산품과 파생품 등에서 제철유적과 직접적인 비교검토가 가능하므로(도면 4~7 참조), 제철유적 조사연구법에 체계적으로 적용시킬 수 있는 학문 분

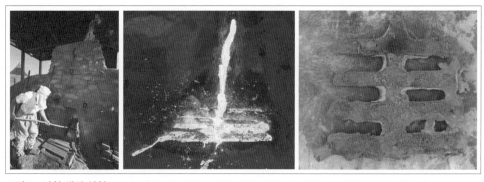

도면 5 선철 생산 실험(2020년 울산쇠부리복원사업단 제6차 실험 ; 좌-제련로, 중-선철 출탕, 우-판장쇠)

도면 6 단조철기 제작 실험(2016년 울산쇠부리복원사업단 ; 좌-정련단야로, 중-단련 · 성형 단야로, 우-생산품)

도면 7 주조철기 제작 실험(2019년 국립중원문화재연구소 ; 좌-용해로, 중-용범 쇳물 주입, 우-용범 및 주조괭이)

야라 할 수 있다. 최근 실험연구가 점점 심화되고 있으므로, 발굴조사 방법론의 적용에 있어
서도 그 역할이 증대될 것으로 전망된다.

5. 문헌 · 민속 · 회화 · 장인의 노하우

문헌자료에는 제철기술과 관련된 직접적인 내용은 거의 나타나지 않는다. 다만 『華城城役
儀軌(1801)』에는 철 소재의 정련 · 단련 단계에 따라 그 명칭이 다르게 기재되어 있는데, 이에
의하면 대체적인 철의 가공단계는 '철광석-생철(生鐵)-수철(水鐵)-작철(斫鐵)-정철(正鐵)-강철(強
鐵)-추조(麤造)-정조(精造)-정정조(精精造)'이다. 작철에서 정철을 만들면 작철 무게 70%의 정
철이, 정철에서 추조를 만들면 정철 무게 82%의 추조가, 정철에서 정조를 만들면 정철 무게
74.4%의 정조가, 정철에서 정정조를 만들면 정철 무게 50%의 정정조가 산출된다고 하는
등 정련 · 단련 정도에 따른 구체적인 회수율까지 제시되고 있다(신경환 외 2015: 365). 즉 철기

의 용도에 따라 그 소재의 정련·단련 정도가 다르고 이와 같은 구분을 엄격히 인지하였음을 알 수 있다. 고대에 이처럼 다양한 재질의 철 소재가 정형화되어 있었는지 알 수 없지만, 적어도 조질(粗質)과 정질(精質)의 소재가 있고 점점 정질화 되어가는 과정이 정련단야와 단련단야의 중요한 기능임은 분명하다.

『五洲書種博物考辨(1834)』의 「鍊鐵辨證說」에는 제철로의 축조 및 조업 방법이 기술되어 있는데, 연철로에는 9개의 송풍구를 조성하지만 선철을 제련하는 노에는 하나의 송풍구가 설치된다는 점 등이 주목된다. 전자는 김제 장흥리 은곡제철유적의 상자형로, 후자는 울산 달천광산 주변 석축형제철로의 구조와 유사하기 때문에 제철유적 조사에 있어서도 참고가 될 수 있다.

민속자료 역시 발굴조사 방법에 큰 도움이 된다. 권병탁은 달천광산을 중심으로 한 치술령·토함산·운문산 지역과 가야산·황매산 지역의 자료를 방대하게 수집하였는데, 대부분 조선 후기~일제 초기 쇠부리업에 직접 종사했던 고로(古老)와 그 후손들의 증언이다. 30년에 가까운 시간동안 200여 명을 직접 면담하였으며 각종 제철로의 파편과 철재, 단야구 등도 수집하였다. 달천광산의 토철을 제련해 판장쇠를 생산하고 이를 다시 녹여 무쇠솥을 제작하는 과정에 대한 생생한 전언자료가 소개되어 있어 울산지역 제철기술 뿐만 아니라 우리나라 전통 제철산업 연구에 크게 기여하고 있다.

이 외 지표조사 보고서에 수록된 주민들의 전언 중 달천광산의 붉은 흙(土鐵)은 조선 후기까지 가래와 괭이로 파 '오챙이채'에 담아 부근의 야철지로 운반해 제련하였으며, 철분이 산화된 이 흙은 '듬비기돌'로도 불리는데, 무거운 자갈돌[04]도 많이 포함되어 있다(文化財管理局 1987)는 내용과 울산 서사리야철지는 달천광산의 토철을 가져와 쇠붙이를 했다는 내용(蔚山廣域市 외 2003: 299), 작동리야철지는 조선 말에 언양 사람 오정철이 전주가 되어 야철을 해 장생포항을 통해 일본으로 실어 갔다(蔚山廣域市 외 2003: 317)는 등의 내용은 해당유적 조사에 빠져서는 안 될 사항이다. 민속자료를 발굴조사 및 고고학 연구에 곧바로 연결시키기 어려

---

04) 토철이 제련의 원료로 사용될 수 있는가에 대해서는 이론이 있지만, 상기의 기록 및 필자가 여러 종류의 토철을 채집하여 물세척과 자석반응 실험을 해 본 결과로 보아 선광과정을 거친다면 충분히 제련의 원료로 사용될 수 있을 것으로 판단되었다. 다만 철 광맥이 풍화된 것으로 생각되는 이 토철 중에는 5~15cm 크기의 철광석이 다수 포함되어 있어 토철과 철광석이 함께 사용되었을 가능성이 있다. 토철만 사용할 경우 노내의 밀도가 높아져 송풍에 문제가 생길 수 있는데 철광석을 함께 장입한다면 이러한 문제가 해결될 수 있을 것이다.

운 면이 있는 것은 사실이지만, 울산 달천 광산 및 그 주변지역의 경우 자료가 방대하고 구체적인 부분이 많아 신빙성이 매우 높다. 충주 등 다른 지역에서도 이러한 민속자료가 확인될 가능성이 있다.

한편 제철장인의 노하우 역시 제철유적 조사연구에 중요한 역할을 할 수 있다. 〈도면 8〉의 위는 원삼국시대 문경 신기동 6호 주거지 단야로인데, 특이하게 동·서 벽체가 모두 개방된 구조이다. 보고자는 한쪽을 배재구, 다른 쪽을 송풍구로 기술하였으나, 송풍구는 노상 위쪽에 설치되기 때문에 이처럼 낮은 곳에 설치될 가능성은 거의 없다. 이와 관련해 제철장인인 이은철 도검장은 크기가 작은 원통형 단야로의 경우 도(刀)·창·봉상철정·유자이기 등 길이가 긴 철기를 가열하는데 있어서의 불편

도면 8 뒷트임 단야로

함을 피력한 바 있고, 실제 이러한 의견을 반영해 2017년 울산쇠부리 제철기술복원실험의 단야실험에서는 노의 뒤쪽을 개방해 긴 철물을 효율적으로 가열한 바 있다(〈도면 8의 아래〉). 즉 길이가 긴 철기의 중간부를 가열하기 위해서는 아궁이 반대쪽이 개방되어 있는 것이 유리하다는 점이 증명되었고, 신기동 단야로의 뒤트임 역시 아궁이에 긴 철물을 입출시켜 가열하는 과정에서 생겨난 구조일 가능성이 높다.

회화자료에서 주목되는 부분은 노의 형태와 풀무의 구조, 작업 인원과 배치 등이다. 조선후기 대장간 그림을 보면 단야공정의 기본적인 작업인원은 5명이며, 노는 위가 약간 좁고 높은 방형의 상자형을 사용하고, 후면 지하에 매설된 발풀무나 손풀무를 1명의 풀무꾼이 작동시킨다. 침탄을 위한 담금질 열처리가 일반적이었으며, 주로 낫·도끼·칼 등의 민간 생활용품을 제작했음을 알 수 있다. 일제강점기 이후에는 단야로의 형태가 방형·원형·이동식 등으로 다양화된다. 주조작업에는 이보다 많은 인원이 필요하여 최소 8명 이상이 협업을 하였으며, 용해로는 단야로에 비해 규모가 크고 평면 원형을 띤다. 쇳물을 완전히 녹여야 하는 용해공정에서는 노 내 온도가 1,200℃ 이상이 되어야 하므로, 풀무꾼이 더 많이 필요하기 때문

으로 볼 수 있다. 아직까지 고고유적에서 조선시대 방형의 단야로나 크고 둥근 용해로가 조사된 적은 없지만 유적 조사가 아직 미미한 사정을 감안한다면 차후 이러한 형태의 노가 확인될 가능성이 높다.

표 6   제철 관련 조선 후기 풍속도 현황

연번	제목	내용	화가	시기	비고
1	대장간	단타, 연마, 발풀무	김홍도	18세기 중·후반	단야, 방형 노
2	노변단야				
3	대장간	단타, 발풀무	김득신	18세기 후반	단야, 방형 노
4	대장장이	단타, 손풀무	김준근	19세기 후반	단야, 장타원형 노
5	대장장이	단타, 담금질, 연마, 발풀무			
6	대장장이	단타, 담금질, 발풀무			
7	가마점	솥과 쟁기 주조, 발풀무			용해주조, 원추형 노
8	야장	가열, 단타, 담금질, 발풀무	나카무라 긴죠	1900년 전후	단야, 장타원형 노

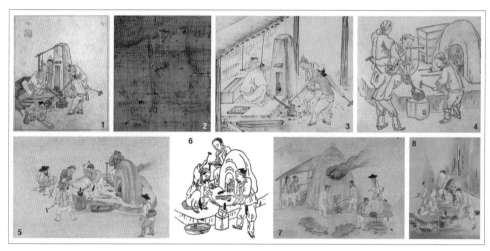

도면 9   조선 후기~일제강점기 풍속도에 보이는 제철 공정

이처럼 회화자료에 나타난 제철관련 자료는 단야와 용해의 2개 공정에 한정되어 있어 조선시대 제철업의 전반적인 양상을 둘러보기는 불가능하다. 하지만 문헌과 고고자료를 보완할 수 있는 좋은 기술사 자료가 되므로 앞으로 이에 대한 관심과 연구가 필요하다.

6. 각종 자료의 협업 분석

앞에서 본 바와 같이 제철유적 조사연구 방법론은 고고학은 물론 다양한 인접 학문 분야와 밀접하게 관련되어 있다. 이러한 제 분야는 각자 영역에서의 연구로만 끝나는 것이 아니라, 유기적 협업연구를 통해 좀더 체계적인 사실(fact)을 파악할 수 있다.

고고학 조사자가 야외(field)에서 제철유적을 조사하고 보고서를 작성할 때, 우선적으로 주변지역에서 조사된 제철유적의 유구 및 유물 현황을 숙지하

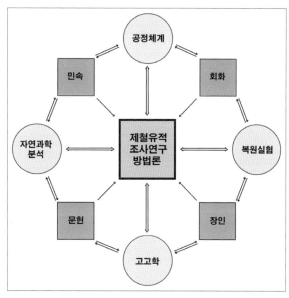

도면 10　제철유적 조사연구 방법론 체계도

게 된다. 충주를 중심으로 한 중원지역에서 조사하는 것으로 가정한다면, 중원지역에서 지금까지 조사·보고된 제철유적은 모두 120개소(지표조사-94개소, 발굴조사-26개소) 이상으로, 전국에서 가장 많은 밀집도를 보이고 있다. (원)삼국·통일신라·고려·조선시대 등 전 시기의 유적이 조사되었을 뿐만 아니라, 제련에서 단야·용해주조에 이르는 제철의 전 공정이 모두 확인되었다. 이처럼 주변지역에서 조사된 제철유적의 성격은 현장조사 시 1차적 비교검토 자료가 된다(고고학).

이 때에도 중요한 것은 단편적인 사실관계나 비교로만 검토해서는 안 되며, 제철의 전반적 공정체계를 이해하고 이를 바탕으로 조사 및 분석을 진행해야 한다는 점이다. 앞의 〈도면 1~3〉에 제시한 바와 같이 우리나라 전통 제철공정체계는 어느 정도 파악되었기 때문에, 이를 기준으로 제철유구의 유형을 분류하고 유물의 성격을 파악한다면 유적에서 일어났던 제철조업의 내용을 최대한 가깝게 복원할 수 있다(공정체계).

제철유적에서 출토된 철광석·철재·철괴·노 벽체·송풍관·목탄 등 각종 자료는 자연과학분석을 통해 그 성격을 파악하게 되는데, 특히 금속분석은 유적의 성격을 파악하는데 결정적 역할을 한다. 금속분석 시에는 시료의 조직관찰은 물론 정성분석과 정량분석을 반드시 실

시해 다른 유적 분석자료와의 객관적 비교검토가 가능하도록 해야 한다(금속분석).[05]

　1990년대 초부터 실시된 제철복원실험은 제련실험만 해도 이미 30여 차례에 달하는 등 아시아를 넘어 전 세계적으로도 가장 큰 성과를 내고 있다. 대부분의 실험이 관련 연구자들의 참관을 막지 않고 있으며, 준비-진행-결과의 상세한 과정을 보고서로 발간하고 있다. 실험 결과를 통해 노 벽체나 바닥의 양상은 물론, 철광석·첨가제(황토, 패각 등)·목탄, 철괴·반환원괴 등의 생산품, 유출재·단조박편·입상재 등의 부산물, 제철유물의 금속분석 자료 등 직접적인 비교검토가 가능하다. 대부분의 실험은 단순히 철을 생산하는 것이 아니라 유적의 현상을 최대한 복원시키는 것을 목적으로 하기 때문에, 제철기술 연구에 있어 가장 효과적인 방식이 될 수 있다(실험고고학).

　이 외에도 앞서 기술한 바와 같이 문헌·민속·회화·장인의 노하우도 소홀히 해서는 안 될 요소이다. 백제 근초고왕이 왜의 사신 니하야(爾波移)에게 철정 40매를 하사했다는 기록[06]은 충주 탄금대토성 수조유구에서 40매의 봉상철정이 출토된 상황과 연관시킬 수 있으며, 백제에서 칠지도(七枝刀)를 하사했다는 내용 및 백제 곡나철산(谷那鐵山)에서 철이 난다는 기록[07]도 있다. 고려시대 충주에 다인철소(多仁鐵所)가 설치되어 있었음이 『고려사(高麗史)』,[08]『신증동국여지승람(新增東國輿地勝覽)』[09] 등의 문헌기록에 전하는 점은 주지의 사실이다.

　앞에서 언급한 울산쇠부리나 북한 전거리의 선철 생산방식(김권일 2020), 제주도의 불미기술(국립중앙과학관 2013) 등에서 전하는 민속자료들은 이를 바탕으로 한 제철복원실험이 이루어질 정도로 이미 그 역할을 하고 있다. 또한 고구려 벽화분이나 조선시대 풍속도에 나타나는 단야로나 용해로는 발굴조사에서 확인될 가능성이 매우 높은 것으로 볼 수 있으며, 작업

---

05) 제철유물 금속분석 시 유의사항에 대해서는 필자 등의 전고(김권일·이남규 2016)를 참조할 수 있다.

06) 『日本書紀』卷 第8, 神功皇后 46年條
　　'仍以五色綵絹各一疋。及角弓箭。幷鐵鋌四十枚。幣爾波移'

07) 『日本書紀』卷 第8, 神功皇后 52年條
　　'五十二年秋九月丁卯朔丙子。久氐等從千熊長彦詣之。則獻七枝刀一口。七子鏡一面。及種種重寶。仍啓曰。臣國以西有水。源出自谷那鐵山。其邈七日行之不及。當飲是水。便取是山鐵。以永奉聖朝'

08) 『高麗史』卷56, 志10, 地理1, 楊廣道 忠州牧
　　'高宗四十二年 以多仁鐵所人禦蒙兵有功 陞所爲翼安縣'

09) 『新增東國輿地勝覽』卷14, 忠淸道 忠州牧 古跡
　　'翼安廢縣在州西三十里 本州之多仁鐵所 高麗高宗四十二年 以土人禦蒙兵有功 陞爲縣 仍屬'

장의 도구나 인원 배치를 명료하게 보여주고 있다. 단야장인의 노하우 역시 제철복원실험에서 그 진가를 발휘하고 있으며, 문경 신기동에서 조사된 뒤트임 단야로 등의 고고자료 해석에도 큰 도움을 준다.

이상과 같이 제철유적 조사연구방법은 공정체계·고고학·금속분석·실험고고학의 4대 핵심 축을 중심으로, 문헌·민속·회화·장인의 노하우 등이 유기적으로 협업관계를 이룰 때 그 시너지 효과가 최대한으로 발휘된다. 앞에서 언급한 바와 같이 최근 발간된 『제철유적 조사·분석 방법론』은 전통제철의 기본적 원리와 제철유구의 종류 및 유형에 따른 구체적인 현장조사 및 분석방법, 자연과학분석의 종류 및 금속분석의 해석과 활용방법 등을 모두 담고 있어 제철유적의 현장조사 및 연구에 많은 참고가 될 것으로 판단된다.

Ⅳ. 맺음말

본고에서는 제철유적 조사연구 방법론에 적용할 수 있는 다양한 자료들에 대해 살펴보았다. 이에 제철공정체계·고고학·금속분석·실험고고학의 4대 핵심자료를 비롯하여, 문헌·민속·회화·장인의 노하우 등의 현황 및 적용방법에 대해 검토하였다. 제철공정체계는 제철유적 조사연구에 있어 제철로 및 부속유구의 유형, 유물의 성격, 과학적 분석방법의 적용, 유적의 종합적 해석, 보고서 작성방법 등에 있어 기본적 뼈대가 된다는 점을 확인하였다.

고고학 자료는 기술사 문헌기록이 거의 없는 우리나라의 특성상 제철유적 조사연구에 있어 가장 우선적으로 참고해야 하는 것으로, 앞서 언급한 제철공정 체계의 수립 및 교차 검증의 기본 자료가 된다. 금속분석을 비롯한 자연과학분석은 제철유적의 공정 및 조업성격을 과학적으로 증명할 수 있는 중요한 분야이다. 제철복원실험은 앞서 언급한 분야의 검토가 망라된 융·복합적 연구로 자리매김 하였으며, 노의 구조와 부속유구, 송풍시설, 원료·연료·첨가제, 생산품과 파생품 등 거의 대부분 분야에서 제철유적과 직접적인 비교검토가 가능하다는 장점이 있다. 향후 제철유적 발굴조사 방법론의 수립 및 적용에 있어서도 그 역할이 점점 커질 것으로 전망된다. 문헌·민속·회화·장인의 노하우는 공정체계와 제철로의 구조, 조업환경 등 고고 및 금속분석 자료, 제철복원실험에서 온전히 파악할 수 없는 부분을 채워주는 기능을 한다.

끝으로 고고유적 발굴조사자이자 제철기술 연구자의 한 사람으로써 제철유적 조사연구

방법론에 있어 당부하고 싶은 두 가지가 있다. 하나는 제철유적 조사연구가 다소 어렵기는 해도 다른 유적에 대비한 특수성을 지나치게 강조하면 안 된다는 점이다. 발굴조사에 임하고 있는 조사원들은 유적의 종류를 불문하고 현재 조사하고 있는 유적이 가장 중요하다는 신념으로 현장조사 및 보고서 작성에 임하고 있으며, 학사적으로도 특정 분야 유적의 중요성을 지나치게 강조하는 것은 바람직하지 않다.

다른 하나는 실현 가능한 조사연구 방법론의 적용을 주문해야 한다는 것이다. 최근 발굴조사 현장은 시간적·재정적 등의 조사환경이 점점 열악해지고 있다는 것이 중론이다. 이론적·원론적 측면에서 정치(精緻)한 조사연구 방법론을 개발하고 보급할 필요는 있지만 이의 적용을 지나치게 강요하면 현장 조사자들의 외면을 받을 수 있다. 예컨대 현장유물에 대한 금속분석 필요성, 철재 등 주요 제철유물의 보고서 수록 필요성 등에 대해서는 충분히 강조할 수 있지만, 과도한 조사기간이나 비용이 수반되는 조사연구방법에 대해서는 조사기관·사업시행처·문화재청 등 유관기관과의 협의가 필요할 수 있다. 이러한 사정이 충분히 반영된 조사연구방법 적용이 매우 중요하다는 점을 강조하고 싶다.

제19장

학제간 융합적 제철기술 연구 방법의 활용 방안

최영민

아주대학교 도구박물관

I. 머리말

철은 현대에도 많은 도구를 만드는데 활용되고 있다. 이와 같이 대량의 철을 이용하는데 필요한 철의 생산은 평로와 전로의 개발과 같은 근대 혁신적인 제철기술의 변화에 기인한다. 한국에서는 이러한 기술이 20세기 전반에 들어와 현대까지 대량의 철을 공급하고 있다. 이에 현대적 제철기술에 밀린 전통 제철기술은 그 자취를 감추게 되었다.

철광석을 환원시켜 철을 얻은 다음 그 철을 가공해 철기를 만드는 일련의 과정은 한국의 고대부터 근대 이전까지 끊임없이 발전해 왔다. 이러한 발전과정을 파악하기 위해서는 고고, 민속, 문헌, 금속공학 등 다양한 학문의 학제한 연구가 필요하다. 이미 고고학에서는 문헌뿐만 아니라 자연과학적 분석, 민속학 등을 아우르는 다양한 연구방법이 소개되고 있다. 이러한 방법은 고고학을 기반으로 다른 분야의 연구결과를 취사선택할 수 있다는 문제가 잠재적으로 남아 있다.

이에 제철기술에 대한 연구를 고고, 민속, 문헌, 금속공학 등 여러 학문분야의 연구성과를 아울러 융합적으로 검토하는 연구 방법에 대한 고민과 성과, 그것을 바탕으로 한 연구 사례를 소개해 보고자 한다. 이를 통해 제철기술 연구를 위해 학제간 융합적 연구 방법의 필요성 및 타당성에 대한 많은 연구자들의 고민이 함께 할 수 있기를 기대해 본다.

II. 학제간 융합적 제철기술 연구 방법

1. 학제간 융합적 제철기술 연구 방법

학제간 융합적 제철기술 연구 방법을 활용한 제철기술 연구는 이미 1980년대 초반 고고학자인 이남규와 야금공학의 윤동석·신경환의 공동연구에서 시작되었다. 1960년대 북한에서 철기의 분석 결과를 이용해 철기에 대해 언급한 바 있으나, 이는 분석 자료의 자의적 해석에 그쳤다.

반면 이남규와 신경환은 고고학적 맥락이 확보된 자료의 분석 및 공동 해석을 통해 단조

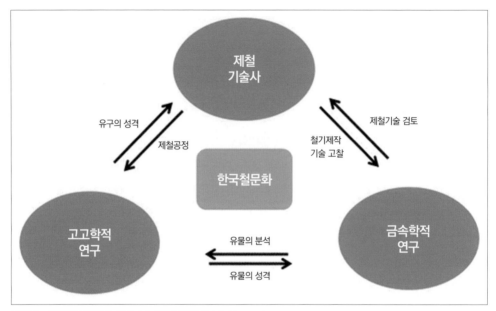

그림 1 학제간 융합적 제철기술 연구방법(신경환 외 2013)

철기와 주조철기의 구분, 한국 초기 철기문화의 특성, 제철기술의 특징 등을 파악하였다. 그
들의 연구 성과를 정리한 2013년에는 아래와 같은 학제간 융합적 연구방법을 제시하였다.

　고고학적 연구는 제철유구·유물에 대한 형태적 속성을 파악하는 것으로서 유구·유물의
형태 및 동반된 유물의 양상 등 외관상으로 나타난 제철공정의 특징을 확인하는 과정이다.
지금까지 이러한 연구방법을 통해 제철로의 형태, 철재의 종류, 철광석·철기·용범편 등의
출토 유무에 따라 제철공정이 추정되어 왔다. 특히 분석대상 유물의 출토 맥락을 명확히 하
는 것은 매우 중요하다.

　그 다음, 금속학적 연구는 유물에 대한 금속학적 분석을 통해 유물의 성격을 밝히는 것인
데, 유물에 따라 검토 사항에 차이가 있다. 철광석의 경우 배소유무, 철기는 열처리와 소재의
성격, 철재는 제철공정 및 조업방식에 대해 유추해 볼 수 있다. 특히 철재는 조업방식에서 원
료의 성분적 특성이나 조제재의 투입 여부, 조업온도, 노내 분위기 등을 알 수 있게 해준다.

　마지막으로 제철기술사 분야는 우리나라에 전통장인의 제철기술이 제대로 정리되어 있지
않기 때문에 연구의 어려움이 있다. 여기서는 현대 제철기술, 문헌에 나타난 제철기술, 잔존
하는 전통장인의 기술, 국외 연구 성과 등을 참조할 수 있다. 현대 제철기술을 바탕으로 조업
과정에서 나타나는 다양한 유물들을 용도에 따라 원료, 생산품, 부산물, 첨가제, 노관련 시설

등으로 구분할 수 있다. 당연히 이러한 자료들은 공정별로 차이가 난다. 예컨대 정련단야공정의 원료는 반환원괴[01]이지만 이것은 제련공정의 생산품이다. 따라서 이러한 구분은 각 공정별로 이루어지게 된다.

발굴 조사된 자료는 그 출토 맥락이 명확한 상태에서 금속학적 분석을 통해 그 특성을 해석함으로써 성격이 명확해진다. 제철기술상 용도에 따라 제철공정과 조업방식을 유추할 수 있으며, 이를 바탕으로 유구와 유물의 성격을 규정하게 된다. 이러한 자료들을 축적하여 다른 유적의 자료와 비교 검토함으로서 제철기술의 특징을 파악할 수 있다.

이와 같이 고고학, 금속공학적 분석 결과를 문헌·민속·현대제철기술을 기반으로 해석하여 다양한 연구성과를 제시하였다. 그 가운데, 고대 제철기술을 체계적으로 이해 할 수 있는

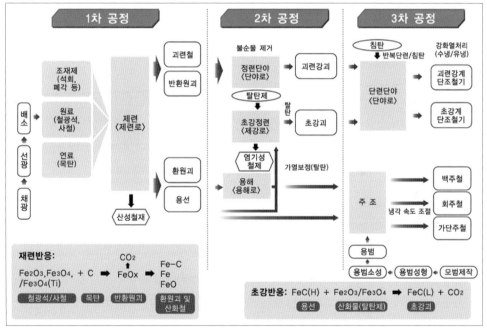

그림 2 제철공정 모식도(신경환 외 2013)

---

01) 제련공정에서 철광석이 환원되는 과정 중에 있는 상태로, 미세조직에서는 비스타이트(Wüstite)조직이 나타나며, 탄소가 검출되고, 철이 $FeOx$ 상태로 존재하는 성분적 특성을 보인다. 보통 제련공정에서 철광석의 환원을 상태를 설명하기 위해 사용되며, 제련공정의 생산품인 괴련철을 지칭한다(신경환 외 2013: 31).

고대 제철공정 모식도는 제철기술 연구를 촉진시키는 획기적 연구 성과라 할 수 있다.

〈그림 2〉의 제철공정 모식도는 이남규(2008)의 안을 지금까지 분석된 자료를 바탕으로 수정한 것이다. 제철공정을 3차 공정으로 구분하였으며, 첨가제·철재의 성격, 생산품의 성격 및 화학식이 추가되었다.

여기서는 제철공정을 원료와 연료를 준비해 철광석을 환원시키는 제련고정까지를 1차 공정, 1차 공정에서 생산된 철을 정련하여 철소재를 만드는 2차 공정, 2차 공정에서 생산된 철소재를 이용해 철기를 제작하는 3차 공정으로 대별하였다.

각 공정의 원료와 생산품, 부산물이 고고학적 자료와 금속학적 분석을 통해 검증되었으며, 공정에 사용되는 시설, 설비, 화학 반응 등 다양한 학문적 성과를 집성하여 모식도를 완성하였다. 다만 최근 발굴조사된 밀양 임천리, 진천 송두리유적의 성과를 반영하여 2차공정에서 괴련철정련공정이 추가될 필요가 있다.

2. 각 분야의 입장

최근 중원문화재연구소에서는 2020년에 『제철유적 조사·분석 방법론』(국립중원문화재연구소 2020)이라는 책을 출간하며, 고고학자와 보존과학자의 입장에서 학제간 제철기술 연구 방법에 대해 논의 하였다. 그들의 원고를 간략히 정리하고, 그 내용을 바탕으로 다음의 분석을 진행하고자 한다.

1) 유물의 금속공학적 해석 방법

보존과학을 전공하면서 철기 및 제철관련 유물의 분석을 통해 고대 한반도 제철기술에 대해 연구한 용인대학교의 김수기교수는 금속공학적 분석자의 입장에서 기존 분석 방법 및 결과의 해석에 대해 주의를 환기하였다. 그는 제철관련 산화물의 종류 분석 및 해석, 기존 분석 방법의 문제점에 대해 지적하였다. 그리고, 제철기술 연구를 위한 분석 방법을 제시하였는데, 산화물 삼원상태도, 이변량그래프, 염기도, 삼각좌표 해석 등이 있다.

2) 고고학에서의 분석결과 활용

고고학자로서 학제간 융합연구를 선도해 온 한신대학교의 이남규 교수는 고고학에서 분석결과를 활용과 개선점에 대해 역설하였다. 그 내용을 요약하면, 먼저 분석결과를 활용방법으로는 보고서 고찰, 기술공정체계 구명, 원료연료 산지추정, 발굴조사 방법, 복원실험 등에 활용되어야 한다고 보았다.

그리고 현재 고고학적 결과와 금속학적 분석결과가 함께 제철기술 연구의 성과를 이루기 위한 개선점으로는 조사자-분석자의 소통, 분석 시료의 분류 및 선정, 분석방법 해석 및 전달, 획기적 연구시스템 구축 등이 필요한 것으로 보았다.

III. 연구 성과

위의 선학이 제시한 학제간 융합 제철기술 연구의 방향을 보다 효과적으로 보여주시 위해 일부 사례에 적용해 보았다. 먼저 제철복원실험에서 염기도를 활용한 첨가제의 사용 여부 검증, 두 번째는 금속학적 분석결과를 활용한 제철공정의 파악, 세 번째는 고고학적 해석에 한 것이다.

1. 제철복원실험에 활용 예

제련공정에서 사용되는 첨가제 가운데 조재제로 산화칼슘(CaO) 성분을 사용하느냐, 아니냐의 문제는 꾀 오래전부터 논의되어 왔다. 조재제는 철재의 형성을 촉진하고, 유동성을 높여 철과 철재의 분리가 원활하게 이루어지게 만든다. 석회석이나 패각 등의 조재제를 투입할 경우 칼슘을 비교적 다량 함유한 산화칼슘계 산화물들이 확인되며, 이러한 철재를 염기성철재라고 한다. 하지만 아직까지 염기성철재라고 할 정도로 다량의 산화칼슘계 산화물을 포함한 철재는 제련공정에서 확인되지 않았으며, 부유철재의 경우 다른 철재보다 산화칼슘계 산화물의 비율이 높은 것으로 파악되었다(신경환·최영민 2012).

발표자는 유적에서 출토된 자료와 이들이 진행한 제철복원실험 자료의 금속학적 분석결과 가운데 XRF성분 분석결과의 성분 조성순서를 비교하여 조재제가 사용된 것으로 보았다.

진천 구산리유적의 철광석, 반환원괴, 철재의 성분분석 결과를 보면 철광석에는 확인되지 않았던 산화칼슘이 철재에서 세 번째 비중을 차지하는 것으로 나타났다. 이는 산화칼슘 성분이 외부로부터 투입되었을 가능성이 높음을 시사한다.

한편, 산화칼슘 성분이 노벽의 용융에 의해 이루어질 수 있다는 가정 아래 진행한 중원문화재연구원·철박물관 제철복원실험의 분석결과를 보면 철광석과 철재의 조성순서는 거의 동일하게 나타났다. 또한 노벽의 성분 조성순서에서 산화칼슘은 매우 적은 것으로 나타났다. 만약 노벽이 용융되어 철재 성분에 영향을 미쳤다면 산화칼슘보다 함량이 많은 산화칼륨이나, 알루미나의 함량도 함께 증가해야 하지만 그러한 모습은 보이지 않는다.

표 1 제련유적 및 제철복원실험 자료의 XRF분석결과 주요 성분의 조성순서(최영민 2017)

분석 대상	명칭	유구	주요성분 조성순서
진천 구산리유적 (신경환 외2010)	철광석	2호 제련로	$FeO-SiO_2-Al_2O_3-Cr_2O_3-ZrO_2-TiO_2$
	반환원괴 2	2호 제련로	$FeO-SiO_2-CaO-Al_2O_3-K_2O$
	반환원괴 3	2호 제련로	$FeO-SiO_2-CaO-Al_2O_3-MgO$
	반환원괴 5	3호 제련로	$FeO-SiO_2-CaO-Al_2O_3-K_2O$
	노바닥	3호 제련로	$FeO-SiO_2-CaO-Al_2O_3-K_2O$
	유출재	2호 제련로	$FeO-SiO_2-CaO-Al_2O_3-K_2O$
	유출재	2호 제련로	$FeO-SiO_2-CaO-Al_2O_3-K_2O$
중원문화재연구원 철박물관 (2014)	철광석 1	–	$FeO-SiO_2-MgO-CaO-Al_2O_3$
	철광석 2	–	$FeO-SiO_2-MgO-CaO-Al_2O_3$
	철재 1	–	$FeO-SiO_2-MgO-CaO-Al_2O_3$
	철재 2	–	$SiO_2-MgO-CaO-Al_2O_3-FeO$
	노벽편	–	$SiO_2-Al_2O_3-K_2O-MgO-CaO$
도의철 외 (2015)	철광석	–	$FeO-SiO_2-CaO-MgO-Al_2O_3$
	유출재 3	–	$FeO-SiO_2-CaO-Al_2O_3-MgO$
	유출재 6	–	$SiO_2-FeO-CaO-Al_2O_3-MgO$
	유출재 19	–	$FeO-SiO_2-CaO-Al_2O_3-MgO$

이를 다시 염기도를 활용해 검증해 보고자 한다. 염기도는 염기성화합물을 산성화합물로 나누어 1.1을 기준으로 구분한다. 제련공정에서 형성된 철재에는 다양한 염기성화합물과 산성화합물이 혼합되어 있다. 여기서는 김수기 교수의 의견을 좇아 염기성화합물인 산화칼슘(CaO)을 산성화합물의 대표인 이산화규소(SiO_2)로 나누어, 염기도를 측정하였다.

검토 대상 자료는 조재제를 사용하지 않았던 중원문화재연구소의 4차실험에서 출토된 철재, 조재제로 황토를 사용한 전통제철기술연구단의 제련실험의 철재, 조재제로 패각을 사용한 울산 고대 원형로 복원실험의 철재의 염기도를 고대 제련유적에서 출토된 철재의 염기도와 비교해 보았다.

표 2 중원문화재연구소 4차 제련실험 형성 철재의 염기도

시료명	SiO_2	CaO	염기도(CaO/SiO_2)
본4 슬래그1	30.6	2.9	0.094
본4 슬래그2	32.6	3.0	0.092
본4 슬래그3	30.5	2.8	0.091
본4 슬래그4	44.4	5.1	0.114
본4 슬래그5	29.9	1.5	0.050
본4 슬래그6	32.0	2.6	0.081

별도의 첨가제가 없었던 중원문화재연구소(2017) 제철복원실험의 염기도는 최고와 최저를 제외하고 평균 0.09에 수렴하고 있다. 반면 철광석(500kg)에 황토(30kg)를 투입한 전통제철기술연구단(2017)의 실험결과는 1.2 정도이다.

표 3 전통제철기술연구단 제련실험 형성 철재의 염기도

시료명	SiO_2	CaO	염기도(CaO/SiO_2)
HS-19	62.08	4.63	0.074
HS-20	62.88	3.21	0.051
HS-21	54.34	5.99	0.110
HS-22	55.55	7.55	0.135
HS-23	70.84	3.54	0.049
HS-24	47.38	7.64	0.161
HS-25	55.72	6.09	0.109
HS-26	50.21	14.44	0.287
HS-27	52.14	9.79	0.187

울산 고대 원형로 복원실험(울산쇠부리축제추진위원회 · 울산쇠부리복원사업단 2017)에서는 철광석(300kg)에 패각(68kg)과 황토(48kg)을 첨가하였다. 이 실험결과의 염기도는 0.3을 넘는다.

표 4 울산 고대 원형로 복원실험

시료명	SiO_2	CaO	염기도(CaO/SiO_2)
철재1	42.68	18.19	0.426
철재2	28.02	9.84	0.351
철재3	33.32	10.85	0.325

시료명	SiO₂	CaO	염기도(CaO/SiO₂)
출재구 철재	65.39	4.96	0.075
유출재	33.32	8.71	0.261
노벽편 1 용착철재	38.90	8.96	0.230

고대 제련유적에서 출토된 철재의 염기도는 같은 다양하게 나타난다. 하지만, 같은 유적에서 출토된 철재끼리 유사한 염기도를 보이고 있으며, 평균 1.1 정도이다.

표 5 고대 제련유적 출토 철재의 염기도

유적	시료명	종류	SiO₂	CaO	염기도(CaO/SiO₂)
밀양 임천리 (신경환 외 2015)	MK-4	유출재	26.50	4.31	0.162
	MK-5	노바닥재	28.28	1.99	0.070
	MK-6	철재	30.75	5.22	0.169
진천 석장리 (신경환 · 최영민 2015)	JS-08	유출재 1	32.49	4.63	0.142
	JS-09	유출재 2	25.21	4.16	0.165
	JS-10	철재 1	64.15	0.41	0.006
	JS-11	철재 2	40.64	0.73	0.017
화성 기안리 (신경환 외 2019)	HK-7	철재 1	68.51	2.98	0.043
	HK-8	철재 2	33.67	5.15	0.152
	HK-9	유출재 1	30.27	4.21	0.139
	HK-10	유출재 2	31.46	4.28	0.136
진천 구산리 (신경환 외 2010)	JG-3	유출재	24.01	1.75	0.072
	JG-4	노바닥	68.09	1.12	0.016
	JG2-5	유출재	16.99	3.29	0.193
충주 칠금동 (신경환 외 2008)	CT-9	유출재 1	25.55	3.95	0.154
	CT-10	유출재 2	23.28	3.74	0.160
	CT-11	노내재	33.72	3.64	0.107

따라서 고대 제련공정에서는 첨가제로 황토를 사용하였거나, 미량의 산화칼슘을 첨가한 것으로 보인다. 울산의 제철복원실험에서는 원료 : 첨가제의 비율이 1 : 0.25였는데, 산화칼슘의 비율을 낮출 필요가 있다.

다만 이는 다양한 산화물 가운데 일부만을 대상으로 한 것으로 염기성산화물과 산성산화물을 총합한 연구가 후행되어야 할 것이다. 또한 원료인 철광석의 성분도 크게 영향을 줄 수 있기 때문에 종합적 검토가 이루어져야 한다.

2. 제철공정 확인 활용 예

최근 제철공정에 대한 연구가 활발하게 진행되면서, 다양한 제철공정에 대한 연구성과가 발표되고 있다(김권일 2020; 이남규 2019). 하지만 금속학적 분석결과와 차이가 나는 부분이 있어 다시 검토되어야할 필요가 있다.

밀양 임천리유적에서 확인된 반지하식 정련로를 기반으로 괴련철정련공정에 대한 새로운 연구가 시도되었다. 이 공정을 정련단야로 하고, 이후 공정을 단련단야, 성형단야로 보거나(김권일 2020), 괴련철 정련이라하고 이후 공정을 단련단조, 성형단조로 보는 입장이 있다(이남규 2019).

먼저, 양자가 말하는 밀양 임천리유적에서 확인된 반지하식 정련로에서 이루어진 것은 괴련철을 정련한다는 동일한 기술적 목표를 기반으로 하고 있다. 하지만 이들의 공정에는 단타가 수반된다고 보는 반면, 정련은 단타가 없다는 과정상의 차이점이 존재한다.

밀양 임천리유적보다 이른 시기의 정련로로 생각되는 평택 가곡리유적의 정련로에서 출토된 철괴의 분석결과를 살펴보자. 철괴(PG 1-3)는 정련로에서 확인된 철괴로서 외면은 산화철로 덮여있었으며, 단면에는 금

| PG 1-3 ① 절단 위치 | ② 절단면 |

그림 3 철괴(PG 1-3) 절단 위치 및 절단면

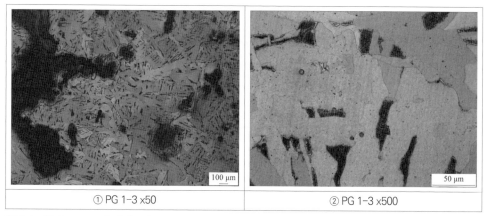

| ① PG 1-3 x50 | ② PG 1-3 x500 |

그림 4 철괴(PG 1-3)의 미세조직

속이 남아 있었다.

〈그림 4-①〉금속현미경으로 미세조직을 50배 확대하여 관찰한 결과이다. 회백색의 금속조직과 함께 검은색 공극이 크게 존재한다. 검은색 공극은 용융된 철재나 가스가 빠져나간 자리이다. 이를 단타를 통해 압착하는 과정이 필요한데, 이 철괴는 아직 단타를 거치지 못한 것을 보여 준다.

이를 통해 보았을 때, 정련로에서는 단타 없이 괴련철을 정련하는 작업만 이루어진 것을 알 수 있다.

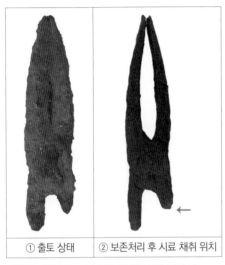

| ① 출토 상태 | ② 보존처리 후 시료 채취 위치 |

그림 5 집게(CY-17)의 절단 위치 및 절단면

다음으로, 단련단야 또는 단련단조에 대해 살펴보겠다. 이 공정에서는 정련된 철을 단타하여 철정을 제작하는 것으로 보았다. 하지만 충주 용교리유적에서 출토된 철제 집게의 단면에서는 이와 맞지 않는 결과가 확인되었다.

집게 손잡이 부분에서 채취한 시료의 미세조직(그림 6)을 보면 회색의 철조직과 함께 검은색 공극이 다수 확인되고 있다. 이는 앞서 철괴와 같이 단타가 많이 이루어지지 못하였음을 보여준다.

이는 집게의 원료가 철정 상태를 거치지

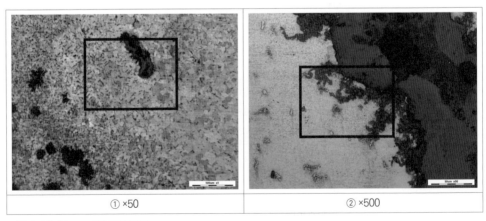

| ① ×50 | ② ×500 |

그림 6 집게(CY-17)의 미세조직

않은 것을 보여준다. 즉 삼국시대에도 철정 형태의 철소재가 주류를 이루지 못하였음을 보여준다.

표 6 단야공정 인식의 차이 및 개선안

최영민	명칭	괴련철 정련	정련단야	단련단야
	원료	괴련철	괴련철	괴련강
	생산품	정선된 괴련철	괴련강	괴련강계 단조철기
	작업		단타	단타
이남규	명칭	괴련철 정련	단련단조	성형단조
	원료	괴련철	1차 소재	강속재
	생산품	1차 소재	봉상, 판상의 강소재	철기
	작업	단타	단타	단타
김권일	명칭	정련단야	단련단야	성형단야
	원료	잡쇠	철괴	철정
	생산품	철괴	철정	철기
	작업	단타	단타	단타

앞선 검토 결과를 바탕으로 했을 때, 〈그림 2〉의 제철공정 모식도는 괴련철정련 공정을 추가할 필요가 있다. 하지만, 다른 연구자들과 제철공정의 명칭 및 기술에서 약간의 차이가 있다.

3) 고고학적 고찰에 활용

최근 원삼국시대 중서부 마한문화지역의 철제무기와 영남지역 철기를 비교하여, 영남지역에서 전래된 것으로 보는 연구가 활발하다(김새봄 2011; 김길식 2014; 李容範 2014).[02] 이는 문헌기록에 보이는 변한의 철생산 기록[03]을 토대로 양 지역 사이의 교역을 파악한 연구 성과이다. 하지만 『晉書』의 내용을 보면 진한 철기가 마한 철기와 유사하다는 내용이므로, 마한을

---

02) 이는 중부지역 원삼국시대 토기 가운데 격자문타날토기의 편년이 상대적으로 늦기 때문이다. 중부지역 토기편년의 문제에 대해서는 김장석(2014)의 글에 잘 정리되어 있다.

03) 『後漢書』東夷列傳 辰韓條
　　"國出鐵, 濊, 倭, 馬韓幷從市之. 凡諸貿易, 皆以鐵爲貨."
　　『晉書』列傳 辰韓條 "其風俗可類馬韓, 兵器亦與之同."

주체로 놓고 해석해 볼 수도 있다.

따라서 비록 일부이지만 철모의 금속학적 특성을 파악하여 김포 운양동유적(한강문화재연구원 2013) 출토 철모의 제작기술의 공통점과 차이점을 파악하고 영남지역 출토 철모의 분석결과와 비교해 보고자 한다.

김새봄(2011)은 영남지역 철모의 변천을 7단계, 중부지역 철모의 변천을 5단계로 구분하였으며 영남지역 Ⅳ-1단계와 중부지역 B-1단계의 철모 형식을 동일한 것으로 보았다. 중부지역 B-1단계에 속하는 유구로는 김포 운양동 1지구 11지점 3호 묘가 있으며, 그 다음 B-2단계에 속하는 유구로는 1지구 11지점 12호묘가 있다.

먼저 김포 운양동 1지구 11지점 3·12묘와 2지구 9지점 1호묘에서 출토된 철모에 대한 분석결과(유재은·이재성 2013)의 내용을 재검토하고, 그 다음 영남지역 포항 옥성리 고분군 78호분 출토품과 같은 형식의 포항 옥성리 고분군 18호분에서 출토된 철모의 분석결과와 비교해 보았다.

표 7   김포 운양동유적 출토 철모의 금속학적 분석결과(유재은·이재성 2013)

출토 위치	분석 번호	분석 위치	조직	경도(Hv)	제철기술	소재	사진
1-11-3호	11	인부	페라이트 펄라이트 비드만스테튼	149~201	가열단조	괴련철	
		공부	페라이트	112~114	겹침단조		
1-11-12호	14	인부	페라이트	102	–	괴련철	
		공부	페라이트 펄라이트 마르텐사이트	222~653	침탄, 담금질		
1-11-12호	15	인부	펄라이트 마르텐사이트	282~327	침탄 담금질	괴련철	
		관부	페라이트	105~198	겹침단조		
1-11-12호	16	인부	페라이트 구상 세멘타이트	–	가열단조, 겹침단조	괴련철	
		관부	페라이트 펄라이트	–	침탄		
1-11-12호	17	인부	펄라이트 구상 세멘타이트	239~265	–	과공 석강	

B-1단계인 1지구 11지점 3호묘에서 출토된 철모의 인부에서는 페라이트·펄라이트·비드만스테튼조직이 확인되었으며, 공부는 페라이트조직과 횡으로 연신된 비금속개재물이 나타났다. 별도의 처리가 이루어지지 않은 공부를 기준으로 보면 철소재는 괴련철이다. 괴련철을 단야로에서 부분적으로 정련하여 괴련강으로 성질을 개선하고 단타를 통해 인부를 성형한 것이다. 인부를 성형할 때 장시간 높은 온도(800~1000℃)에서 가열하고 침탄하였지만, 담금질은 이루어지지 않았다. 공부는 낮은 온도에서 별도의 처리 없이 만들어졌다.

B-2단계인 4점의 철모는 인부와 공부의 조직이나 제작에 이용된 기술에서 차이가 보인다. 분석번호 14·15에는 공통적으로 담금질과 침탄이 이루어졌지만, 그 위치는 각기 달랐다. 14번 철모 인부는 페라이트를 기지로 해 마이크로 비커스 경도 102Hv인 반면, 침탄과 담금질이 이루어진 15번 철모는 마이크로 비커스 경도 282~327Hv에 달하는 비교적 높은 경도치를 보이고 있다. 이러한 경도의 차이로 보아 14번 철모의 날은 실용기로 사용하기에 취약했을 것으로 추정된다. 일반적으로 담금질은 높은 경도가 필요한 인부에 베풀어지는데, 14번 철모의 인부는 페라이트기지 그대로인 채 공부에만 담금질이 이루어진 특수한 경우이다. 오산 수청동유적에서 부장전용으로 제작(신경환 외 2012)된 환두대도(그림 7-5·6)의 조직이 이처럼 페라이트조직을 기지로 하고 있는 것으로 보아, 14번 철모도 부장을 목적으로 현지에서 제작되었을 가능성이 높다.

16번 철모는 인부의 미세조직에서 구상 시멘타이트조직이 나타났다. 장시간 727℃의 온도에서(그림 7-7) 가열단조 작업이 이루어진 결과로 보인다. 또한 16번 철모도 14번 철모와 같이 인부는 페라이트조직이 기지이고, 관부에 침탄이 일어났다. 17번 철모에서는 구상 시멘타이트조직이 일부 보이고 있지만, 인부의 기지조직은 펄라이트조직으로 16번 철모와는 탄소함량에서 큰 차이가 있다.

이처럼 1구역 11지점 12호묘에서 출토된 4점의 철모는 동일한 유구에서 출토되었지만 각기 다른 기술로 제작되었다. 또한 분석번호 11·15번 철모만 인부의 경도가 높아 실용기로 사용할 수 있었으며, 14·16번 철모는 인부보다 관부나 공부의 제작에 더욱 공을 들인 부장전용품으로 자체 제작되었을 가능성이 높다.

한편 포항 옥성리 고분군에서 출토된 철모 인부의 미세조직은 펄라이트를 기지로 하고, 입계의 페라이트가 뾰족하게 변형된 과열조직인 비드만스테튼조직이 나타났다. 괴련철이나 괴련강을 소재로 높은 온도에서 침탄과 성형이 이루어졌으며, 그 결과 인부는 비교적 높은 경도를 가졌다. 따라서 앞서 살펴본 14·16번 철모와는 다르게 실용기로서 목적에 부합하는 모습이다.

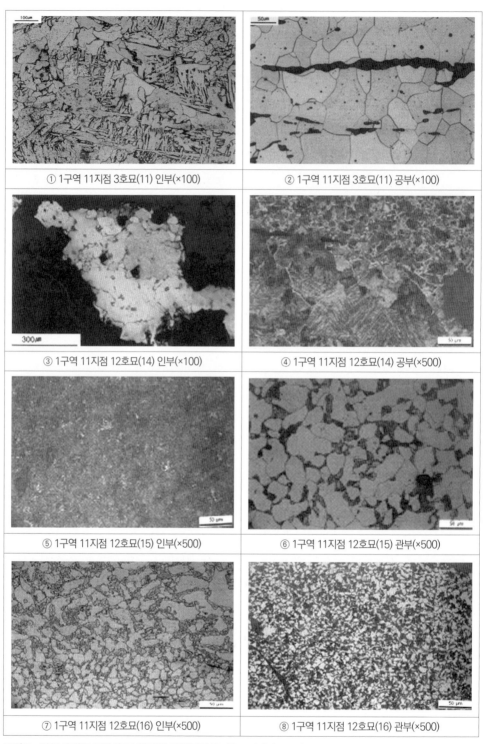

① 1구역 11지점 3호묘(11) 인부(×100)	② 1구역 11지점 3호묘(11) 공부(×100)
③ 1구역 11지점 12호묘(14) 인부(×100)	④ 1구역 11지점 12호묘(14) 공부(×500)
⑤ 1구역 11지점 12호묘(15) 인부(×500)	⑥ 1구역 11지점 12호묘(15) 관부(×500)
⑦ 1구역 11지점 12호묘(16) 인부(×500)	⑧ 1구역 11지점 12호묘(16) 관부(×500)

그림 7　김포 운양동유적 출토 철모의 미세조직(유재은·이재성 2013)

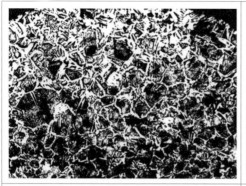 

① 18호분 출토 철모의 인부(종면 ×100)   ② 18호분 출토 철모의 인부(×400)

그림 8 포항 옥성리유적 18호분 출토 철모의 미세조직(申璟煥 · 張京淑 1998)

김포 운양동유적과 포항 옥성리 고분군 출토의 철모를 비교하였을 때, 양 지역에는 괴련철을 소재로 하여 침탄과 과열단조를 거쳐 철기를 제작하는 기술이 있었다. 하지만 하나의 유구에서 출토된 철모도 각기 다른 미세조직을 보이고 있으며, 일부 부장용 철모는 자체 제작되었을 가능성이 높다. 만약 한 곳에서 제작된 철모가 유통된 것이라면, 인부나 공부에서 공통적인 미세조직이 나타나거나 동일한 제철기술이 적용된 흔적이 확인되어야 하지만, 현재까지의 분석결과로는 차이가 있었던 것으로 나타나고 있다.

IV. 맺음말

지금까지 학제간 융합적 제철기술연구 방법에 대해 살펴 보고, 이를 활용하여 제철복원실험, 제철공정체계, 고고학적 고찰 등에 활용한 사례를 소개하였다. 이들 사례는 기존의 연구와 다른 몇 가지 사실만을 제시한 것으로 앞으로 종합적인 고찰이 필요하다.

또한 철기 및 제철관련 유물에 대한 금속학적 분석은 극히 제한된 수량만이 이루어졌기 때문에, 해석 및 활용에 있어 한계가 있다. 또한 일부 제한된 연구자들만이 활용하고 있어 충분한 논의가 이루어지지 못하고 있다.

이 글을 통해 다양한 제철관련 연구자들이 함께 전통제철기술 연구를 위해 고민할 수 있는 계기가 되기를 기대해 본다.

제20장

한국 중세 철기 주조유적 현황과 조업방식 연구

송윤정

아주대학교 인문과학연구소

I. 머리말

제철공정에서 주조유적이란 '선철을 완전히 용융시킨 용선을 용범에 흘려 부어 주조철기를 제작하는 전체 공정에 해당하는 유적(한국문화재조사연구기관협회 2012: 768)'으로서 주조철기 생산 유적과도 상통하는 의미이다. 아울러 주조유적에서의 조업방식은 '주조철기를 제작하기 위한 제 공정과 여기에 수반되는 모든 작업행위'를 의미하며 '생산방식 혹은 생산체계'와도 크게 맥락을 달리하지는 않는다.[01]

주지하다시피 철기는 단조와 주조로 구분되며 제철사에서 주조철기는 단조철기보다 늦게 등장하는데 선철의 개발로 세계에서 가장 일찍 주조철기를 만든 중국에서조차도 단조철기 생산 이후 주조철기의 등장까지는 간극이 있었다. 그러나 우리나라는 특이하게도 철 문화 개시기부터 주조철기가 보이는데 이는 중국으로부터 완성품을 들여온 결과이며 비록 자체 생산은 아니지만 일찍부터 수준 높은 주조철기문화를 공유한 것으로써 의미를 찾을 수 있다. 아울러 우리나라 주조철기의 자체 생산 시점에 대해서는 다소 이견이 있지만 주조괭이의 생산을 보여주는 용범 등 주조관련 유물과 용해정련로는 남한에서 원삼국시대, 기원후 2~3세기 무렵에는 확인된다. 따라서 고대부터 단조철기뿐만 아니라 주조철기까지도 제작할 수 있게 된 셈인데 이러한 종합적인 기술의 보유는 당시 세계에서도 한국과 중국에서만 가능했다는 점에서 그 의미가 대단히 크다(이남규 2018: 8)고 평가된다.

주조철기의 자체 생산 시점 이후에는 점진적으로 발전하다가 통일신라시대를 기점으로 실생활 중심의 다종다양한 기종이 생산되고 저변 확대가 이루어지며 대형화가 나타나는 등 크게 진전된 면모를 보인다(宋閏貞 2011: 74). 그 양상은 고려·조선시대에도 지속적으로 이어지는데 당시 제작된 대형의 불상(佛像)과 철솥, 당간지주 등이 현재에도 남아있고 발굴조사에서 '주조괭이, 보습, 볏, 철정(鐵鼎), 철부(鐵釜), 차관(車輨), 철전, 화포 등'이 출토되는 것으로서 확인할 수 있다.

---

01) 여기에는 크게 소재인 선철의 용해, 용범의 제작, 용선의 주입 방법과 생산 철기의 열처리, 정면 등의 세세한 추가 작업 및 그 외 수반되는 노의 축조, 송풍·출탕·배재 방법 등이 포함된다.

그러나 오랫동안 이어져 왔던 우리나라 주조철기 생산기술은 근대화 이후 그 원형을 파악하기 힘든 상태로서 주조철기 제작 전통은 현재 제주도에서만 '불미기술'[02]로 전승되면서 겨우 그 명맥이 유지되었을 뿐이다.[03] 그간 학계에서는 '철솥'을 중심으로 전통 주조기술을 파악하기 위한 노력(권병탁 2004; 국립중앙과학관 2003; 정동찬·윤용현·김삼기 2005; 薛俊院 2012; 윤용현 2013·2017; 윤용현·윤대식·도정만·정영상 2013)이 있었다. 하지만 이들 연구는 불미기술과 무질부리 기술을 제외하고는 대부분 현대 무쇠솥 제작기법에 크게 의존하거나 청동기 주조방법을 인용하고 있다.[04] 이를 고증할 만한 문헌자료가 절대적으로 부족한 상황에서 전통 주조철기 제작기술 혹은 조업방식을 파악하기 위해서는 무엇보다 당시, 해당 내용을 그대로 반영한 고고학적 자료, 유구·유물의 검토가 필수적이다.

주조철기 생산 체계 관련 고고학적 연구는 전체적으로 부족한 가운데 고대 제철공정 연구(金權一 2003; 崔煐珉 2016; 최영민 2017; 최영민 2018)의 일환으로 주조철기 생산 공정이 다루어지면서 해당 주조유적 출토 관련 유물과 유구의 분석을 통해 조업방식이 부분적으로 복원되기도 했다.[05] 최근에는 우리나라 고대 주조철기 생산 유적, 유물과 민속학적 자료 검토를 토대로 주조철기 제작공정이 복원되기도 하였다(김권일 강성귀 2019). 아울러 그동안 우리나라 주조철기 생산체계는 중국과 궤를 같이 할 것으로 예단되어 왔지만 주조철기의 금속학적 분석 결과 우리나라 주조철기 생산체계가 다양한 열처리 기술을 구사하던 중국과는 완전히 달랐음이 연구(崔煐珉 2016; 최영민 2017)를 통해 시사되었다. 이런 양상은 고대뿐만 아니라 조선시대까지도 거의 동일한 것으로 언급[06]되면서 선철 생산과 주조철기 열처리 기술을 수정한 고

---

02) "불미공예는 약 300여년전부터 전래된 공예 기술로서 고철을 녹여서 무쇠솥, 보습 등을 제작하는 주조 철기 제작 기술이다(덕수리민속보존회 2010: 7; 周炅美 2011: 379~380 재인용)."

03) 불미기술에서도 부분적으로는 현대화된 장비로 대신하게 됨으로써 완전히 전통적인 기술이라고는 보기 어렵지만 가장 원형에 가까운 주조기술인 것으로 볼 수 있다.

04) 아울러 철물 제작기법 연구(曺成烈 1996; 崔仁善 1998; 한나라 2014)도 있는데 이는 철불의 외상 관찰만으로 분할·밀랍 등의 주조기법을 구분하거나 방사성투과촬영을 활용해 주조기법을 확인한 정도이다.

05) 최영민의 연구(崔煐珉 2016; 최영민 2017)는 주조공정을 포함한 제철공정을 전반적으로 다룬 시론적 연구(金權一 2003)에서 진일보하였다고 볼 수 있다.

06) "한국의 경우는 고대는 물론 중세까지도 선철이 아닌 괴련철 사용을 근간으로 하는 제철 공정이 주류를 이루며 주조철기의 열처리 부분에서는 조선시대까지도 이제까지 분석된 거의 모든 제품들이 백주철 조직을 보이고 있다는 점에서 거의 전시대에 걸쳐 한국에서는 전성주철이나 회주철을 의도적으로 생산하지는 않았다."

대 제철공정도가 제시되기도 했다(이남규 2018).[07] 이처럼 많지는 않지만 고대에서 중요한 연구 성과를 내는 것과는 달리, 중세 주조철기 생산 체계는 아직까지 유적의 조사현황조차 집계되지 않았을 뿐만 아니라 금속학적 분석을 포함한 관련 유물과 유구에 대한 종합적 연구가 부재하다고 볼 수 있다.[08] 중세는 고대보다 현재에 가까이 있고 접할 수 있는 가장 전통적인 주조기술인 '불미기술, 무질부리'와도 비록 아주 긴 시간대이기는 하지만 연속선상에 서 있다. 따라서 이들 자료에는 중세 철기 주조기술의 상당 부분이 반영되었을 가능성이 앞선 시기보다는 높다고 판단된다. 이런 견지에서 본고에서는 고고학적 범주를 대상으로 주조유적 현황을 살펴보고 주조철기 생산 관련 유물과 유구의 분석을 시도하고자 한다. 아울러 불미기술과 무질부리의 주조기술을 참고하면서 중세 유적에서의 주조철기 관련 제 양상이 주조공정에서의 어떤 조업의 결과인지를 최대한 찾아보고자 한다.

II. 철기 주조유적 현황

주조유적은 주조공정이 확인되는 유적으로서 주조철기 생산 과정에는 용해[09] 공정이 반드시 수반되나 '용해'가 곧 주조공정을 나타내는 것은 아니다. 지금까지 유적에서 용해정련로나 용범·도가니 등의 유물이 출토되는 경우 주조철기 생산유적으로 보아왔으나 (반)환원괴를 용해하여 정련하는 용해정련 공정만 이루어지는 경우도 있기 때문에 용해정련로보다는 용범·범심·도가니 등이 주조철기 생산을 보여주는 직접적인 자료로 판단하기도 한다(최영민 2017: 118). 아울러 주조철기의 생산 공정에서 생성되는 철재(유리질, 다공질)도 주조공정을 보여주는 간접자료가 될 수 있으며 이를 포함한 노벽 등의 금속학적 분석을 통해서도 추정이 가능하다.

지금까지 시·발굴 조사로서 조사된 중세 제철 유적 중에서 주조철기를 생산한 것으로 확인되거나 유추 가능한 유적은 10개소 정도이다(표 1, 2).

---

07) 따라서 현재 주조철기를 둘러싼 생산체계 연구는 철 생산 전체 공정에서 뜨거운 논쟁의 중심에 서 있다고 볼 수 있다.

08) 보고서 부록의 금속학적 분석이 다수 제시되었지만 이를 종합 분석한 연구는 없다.

09) 노에 철 소재를 넣고 녹는점 이상으로 가열하여 쇳물(鎔銑, 鎔湯)을 만드는 단위공정.

표 1　중세 철기 주조유적 조사현황1

	지역	유적명	조사유형 · 조사기간	주조근거	출전
1	서울·경기	고양 벽제동	지표조사: 2005.2.4.~2005.4.4. 시굴조사: 2006.2.28.~2006.3.25. 확장시굴 및 정밀시굴: 2006.6.1.~2006.9.7. 발굴조사: 2006.11.16.~2007.12.24.	용범 등 관련 유물 출토	수원대학교박물관, 2010, 『高陽 碧蹄洞 遺蹟』
2	서울·경기	용인 남사 완장리	지표조사: 2012.9. 시굴조사: 2013.5.27.~2013.6.28. 발굴조사: 2013.10.14.~2013.12.18./ 2014.3.4.~2014.5.9.	용범 등 관련 유물 출토	中部考古學研究所, 2016, 『龍仁 南史 完庄里 남생이골 遺蹟』
3	서울·경기	평택 고렴리	지표조사: 2011년 2월, 12월 시굴조사: 2014.2.26.~2014.3.26. 발굴조사: 2014.4.23.~2014.8.29.	관련유물 (철재) 분석	中部考古學研究所, 2016, 『平澤 古念里 遺蹟』
4	강원도	동해 지가동	시굴조사: 2009.11.4.~2009.12.8. 발굴조사: 2009.6.11.~2009.12.10.	용범 등 관련 유물 출토	江原考古文化研究院, 2012,『東海 池柯洞遺蹟』
5	경상도	거창 정장리	지표조사: 2008.12.8.~2008.12.15. 시굴조사: 2009.1.6.~2009.3.15. 발굴조사: 2009.5.13.~2009.10.16.	용범 등 관련 유물 출토	경상문화재연구원, 2011, 『居昌 正莊里 遺蹟 -거창 정장리 일반공업지역 공장 조성부지 내 발굴조사-』
6	경상도	부산 지사동	지표조사: 1997.3.24.~1997.4.19. 시굴조사: 2002.8.3.~2003.2.3. 발굴조사: 2003.6.28.~2004.6.22. 2004.6.23.~2005.4.18. 2005.4.18.~2005.6.18.	용범 등 관련 유물 출토	東亞大學校博物館, 2005, 「釜山科學地方産業團地 造成敷地內文化遺蹟 發掘調査(3次) 略報告」
7	경상도	하동 탑리	지표조사: 2013.7.14.~2013.8.2. 표본조사: 2013.12.3.~2013.12.22. 발굴조사: 2014.12.1.~2015.3.30.	용범 등 관련 유물 출토	우리문화재연구원, 2017, 『-하동 영호남 화합의 광장 조성부지 내- 河東 塔里 遺蹟』
8	경상도	울산 둔기리	지표조사: 2005.5. 시굴조사: 2007.1.18.~2007.2.12. 발굴조사: 2007.7.9.~2007.11.5.	용범 등 관련 유물 출토	蔚山文化財研究院, 2009, 『蔚山 屯基里 遺蹟』
9	전라도	군산 나포리	지표조사: 1995.9. 발굴조사: 1996.10.21.~1996.12.3.	도가니 관련 유물 출토	全北大學校博物館, 2001, 『遺蹟調査報告書』
10	충청도	음성 백야리	지표조사: 2013.4.18.~2013.5.4. 발굴조사: 2014.4.28.~2014.6.6.	관련유물 (철재) 분석	中原文化財研究院, 2016, 『陰城 白也里 遺蹟』

1. 고양 벽제동 유적

벽제동 유적은 경기도 고양시 벽제동 306-11번지 일원에 위치하며 유적에서는 제철로 1기, 목탄저장시설 1기, 폐기장 2기, 건물지 2기, 석렬유구 1기, 초석유구 1기, 와적유구 1기가 조사되었으며 제철관련 유물로는 노벽, 추정 송풍관, 철재, 용범, 철괴 등이 출토되었다. 제철로는 북쪽에서 남으로 길게 노-작업장-배재구가 연결되는 구조로서 삭평의 정도가 심하며 노의 하부구조만이 잔존하는 것으로 보고되었다. 이 중 작업장은 크기 10~20cm의 판석들을 원형으로 깔아 바닥을 이루는 독특한 형태인데 노-작업장-배재구로 이어지는 구조 역시 일반적이고 효율적인 배치양상으로는 보기 어렵다. 폐기장을 중심으로 다량의 제철 관련 유물이 출토되었으며 그 중 철솥 용범이 다수 출토되는 양상을 토대로 철솥의 주조가 이루어졌을 것으로 추정되었다. 이와 함께 자기류, 도기류, 기와류 등이 공반 출토되었으며 자기류의 상당 부분이 청자로서 유적 운영의 중심 연대는 11~12세기일 것으로 보고되었다.[10] 제철관련 유물인 철괴, 철재, 노벽, 철기의 분석 결과 유적에서는 제련-용해-주조에 이르는 공정이 있었을 것으로 보고되었다(김수기 2010). 그러나 제련공정에서 발생하는 철재 등의 보고가 소략하여 제련공정을 추정할만한 충분한 근거로는 보기 어려우며 외부로부터 철 소재를 입수한 후 용해 공정을 거쳐 철솥 등의 주조철기를 생산하였을 가능성이 보다 높을 것으로 판단된다. 아울러 금속학적 분석 결과, 선철을 이용한 탄소강의 생산 가능성이 있는 것으로도 추정되었다(임주연 · 김수기 2012).

2. 용인 남사 완장리 유적

경기도 용인시 처인구 남사면 완장리 산 102번지 일원에 위치하며 1, 2지점에서 신석기시대와 고려~조선시대에 해당하는 126기의 유구가 확인되었는데 그 중 1지점의 가마, 토취 · 폐기장과 2지점 소성유구에서 노벽, 용범편, 추정송풍관, 철괴, 철재 등 제철관련 유물이 출토되었다. 특히 1지점 1호 가마와 1호 토취 · 폐기장 안에서 다수의 용범이 출토되었는데 솥 주조용 용범이 상당수를 차지한다. 원래는 용해로와 용범제작소가 있었으나 파기되었을 것이며 소성유구는 내부 피열흔 등의 양상을 토대로 주조와 관련된 유구로서 특히 세장

---

10) 조사된 유구들은 제철로의 운영과 유기적 연관성이 있을 것으로 추정되나 목탄저장시설은 방사성 탄소 연대 측정 결과 삼국시대로 추정되어 제철로의 운영시기와는 다소 차이가 난다.

방형의 7호 소성유구는 무쇠솥 제작 공정에서 용탕주입이 진행된 작업장으로 추정 보고되었다. 토취·폐기장은 원래 토취장으로 사용되다가 폐기장으로 전용된 것으로 보고되었으며 2지점에서 다수 확인되는 소형의 수혈들도 토취장으로 사용되었을 것으로 추정되었다. 공반유물로는 자기류, 도기류 등이 있으며 자기류의 경우 청자와 분청자 등 고려~조선시대 유물이 퇴적층 및 유구 내 혼재하는 양상이며 AMS와 고고지자기 연대측정 결과는 14~15세기가 중심이 되는 것으로 판단되었다. 철괴(선철), 철재(Slag), 노벽의 금속학적 분석 결과는 해당유물이 용해주조공정의 원료, 부산물, 노 관련시설인 것으로 밝혀졌으며 정선된 철을 외부로부터 입수해 철솥을 제작하였고 그 과정에서 석회 등 조재제를 사용하였음이 확인되었다(신경환·이남규·최영민 2016).

3. 평택 고렴리 유적

경기도 평택시 청북면 산 13-4번지 일원에 위치하며 총 3개 지점(1-1지점, 1-2지점, 2지점)에서 고려~조선시대에 해당하는 95기의 유구가 조사되었는데 그 중 제철관련 유구로는 2지점 건물지 석렬유구 북쪽으로 2기의 노적이 확인되었으며 그 주변에는 다수의 소성유구가 위치한다. 제철로는 건물지 폐기 이후에 조성된 것으로서 인위적 파쇄로 인해 노의 상부 구조는 모두 유실되었고 하부 구조만이 잔존한다. 아울러 노 2기 모두 판상의 석재를 세워 평행하는 2열의 하부 구조를 구축하였는데 1호 노적은 단부 일면을 기와로 막아 'ㄷ'자의 평면 형태를 나타낸다.[11] 제철관련 유물로는 철재, 철편, 반환원괴 등이 출토되었으며 이에 대한 금속학적 분석 결과(신경환·이남규·최영민 2016) 유적에서는 정련단야 공정과 용해 주조공정에 의한 단조·주조 철기가 모두 생산된 것으로 추정되었다.[12] 아울러 공반 출토된 청동편 1점은 청동기제작의 원료인 동편(銅片)으로 밝혀져 유적에서는 철기뿐만 아니라 청동기의 제작까지 종합적으로 이루어졌을 것으로 보고되었다.[13]

---

11) 단야공정의 철제 도구의 생산이 이루어졌던 평택 토진리 유적 아궁이 시설과 시기 및 조성방식에서 유사점이 보이며 충주 노계마을 야철유적 내 2호 노적도 유사 양상을 보인다.

12) 제철관련유물의 금속학적 분석결과는 주조공정의 가능성이 언급되었으나 이를 확인할 수 있는 용범과 같은 직접적인 자료는 출토되지 않았다.

13) 평택 고렴리 유적에서 주조 공정을 확인할 만한 직접적인 자료는 출토되지 않았지만 금속학적 분석 결과를 최대한 수용 게재하였다.

4. 동해 지가동 유적

강원도 동해시 지가동 산56번지 외 6필지에 해당하며 조사결과 석렬 유구 1기와 함께 반지하식의 철불 주조시설(소성유구 1호)로 추정되는 유구가 확인되었으며 해당 유구에서는 나말여초기 수막새 등 기와편과 함께 소량의 철재(Slag), 불상의 나발로 추정되는 용범조각이 출토되었다(江原考古文化研究院 2012).[14] 유구는 평면 원형에 직사각형에 가까운 돌출부가 있는 형태로서 내부에는 길이 120cm, 너비 104cm, 높이 15cm 정도의 반원형 시설이 있으며 수혈의 안쪽에는 직경 16cm의 목주가 박힌 주공이 확인되었다. 원형수혈의 바닥과 벽면 내부 시설의 벽면은 소결되었고 원형의 수혈 바닥 소결면 상부와 돌출부 위로 다량의 목탄이 깔린 형태였으며 수혈 내부에는 소토화된 벽체가 무너진 양상으로 약 1m 이상의 벽체가 있었을 것으로 추정 보고되었다. 원형 수혈의 바닥과는 달리 내부 시설의 바닥은 소결면을 이루지 않고 벽의 두께가 얇은 점으로 미루어 제철로라고 보기는 어렵다고 판단하였다. 대신 수혈 내부에 무너진 벽체의 크기와 내부 출토 나발 용범으로 보아 나말여초기 철불을 주조하였던 시설로서 현존하는 동해 지상사지 철불이 주조된 것으로 추정되었다.[15] 따라서 원형 수혈 내 반원형의 시설은 용범의 내형과 외형을 바닥에 고정하는 기초시설이며 그 중앙의 주혈은 용범을 지지하는 목심 역할을 했을 것으로 언급되었다. 또한 유구 내부에서 소량이지만 주철 소재가 확인되었으며 환원 소성된 벽체와 벽체에 부착된 슬래그가 확인되어 유구 주변에 용해로가 존재했을 가능성이 있다고 보고되었다(김영숙·엄진영 2012).

5. 거창 정장리 유적

경상남도 거창군 거창읍 정장리 71-5번지 일대(남상면 월평리 일부 편입)에 위치하며 조사 결과 나말여초기 용해로 2기, 추정 제철로 1기, 작업장 2기, 폐기장 1기 등 제철관련 유구가 조사되었으며 솥 주조용 용범, 노벽체, 송풍관 등 관련 유물도 출토되었다.[16] 제철유구는 9세

---

14) 주조시설(소성유구 1호) 주위에 위치한 소성유구 2호는 주조시설(주형유구)과 관련성이 없는 것으로 추정 보고되었다.

15) 주형시설은 국내에서 아직 확인되지 않았으나 8세기 중반 일본이 대규모 동주조공방인 鍛冶屋敷(カヅヤツキ) 유적에서 대형 불상대좌의 용범을 고정하는 기초시설이 확인되었는데 지가동 유적과 유사한 구조를 보인다(江原考古文化研究院 2012: 80).

16) 제철관련 유물의 금속학적 분석이 이루어지지 않아 상세 공정에 대한 깊은 이해가 불가한 점이 아쉽다.

기 이후 조성된 것으로 보이는 토성과 동시기 축조된 것으로 보고되었으며 토성은 지방행정 치소일 가능성이 있지만 이보다 지방 호족세력의 거점일 가능성이 높은 것으로 추정되었다. 따라서 거창 정장리 유적은 나말여초기 지방 철기 생산 기반을 가진 지방 호족 세력의 흔적 일 것으로 유추 보고되었다.

6. 부산 지사동 유적

부산광역시 강서구 지사동 일원에 위치하며 조사 결과 A~F에 이르는 6개 지구 중 A · B · C · D 지구에서 제철로 및 폐기장, 구상유구 등 제철관련 유구가 확인되었다. 제철관련 유물 로는 유출재, 유리질철재, 노벽, 용범, 주조철기편이 있다. 용범 및 주조철기편으로 보아 고려 ~조선시대 철솥을 주조하던 유적으로 확인된다.[17] 아울러 정식보고서가 배포되지 않아 상 세내용을 알 수 없으나 삼국시대와 고려~조선시대 제철로가 동일유적에서 조사된 첫 사례 이며 제련에서 용해에 이르는 대규모의 공정이 있었던 것으로 추정되기도 한다(김권일 2012: 457).

7. 하동 탑리 유적

경상남도 하동군 화개면 탑리 580-1번지 일원에 위치하며 조사 결과 조선시대 석축형 제 철로 1기, 소성유구 1기, 폐기장 1기가 확인되었는데 모두 제철 조업과 관련된 유구로 추정 된다. 노벽, 용범,[18] 철재(slag) 등 제철관련 유물과 함께 17, 18세기 백자와 옹기류 등이 출토 되었으며 조업시기도 동일한 것으로 보고되었다. 용범의 대다수는 솥을 주조하기 위한 것으 로서 제철관련 유물의 금속학적 분석결과 용해주조공정이 이루어진 곳으로 판명되었다. 비 교적 잔존 상태가 양호한 방형의 용해로와 송풍시설, 주조 공간 그리고 용범 등을 소성하거 나 건조하는 용도로 사용되었을 것으로 추정되는 소성유구 등 용해 공정과 관련된 노 내 · 외 의 구조가 잘 남아있는 것이 특징적이다. 아울러 용해로는 석축을 쌓아 올린 단상 위에 노의

---

17) 유적 D지구 맞은 편 야산에는 거괴상의 철광석 덩이가 노두에 노출되어 있어 원료로 사용 가능성 이 있다.

18) 용범은 주조면에 장석과 운모 등이 혼입된 분리사로 도포(slip)되었다.

바닥이 형성된 형태이며 출탕구의 위치도 지면에서 위에 위치하며 전체적인 석축의 크기도 다소 작아 경주 등 제련 공정이 이루어졌을 것으로 추정되는 석축형 제철로와는 다소 차이를 보인다. 금속학적 분석결과 용해주조 공정이 이루어진 것으로 판명되며 이는 용선을 만들어 솥을 제작하는 이른바 2차 조업 전용의 석축형 제철의 특징을 보이는 것으로서 중요한 의미를 지닌다(신경환·이남규·최영민 2017).

8. 울산 둔기리 유적

울산광역시 울주군 언양읍 둔기리 422-1번지 일원에 위치하며 조사결과 조선시대 용해로 1기, 단야로 3기, 범요 3기, 폐기장 1기, 수혈유구 10기가 확인되었으며 내부에서는 노벽, 용범, 철재(Slag), 철괴, 단조박편, 입상재 등 제철관련 유물이 출토되었다.[19] 유적에서는 주조와 단조 공정이 모두 이루어진 것으로 추정되며 주조철기를 생산할 수 있는 범요 3기가 확인되었다. 폐기장 내에서는 다량의 제철관련 유물이 출토되었으며 다수의 수혈 내에서는 제철과 관련된 시설은 확인되지 않았지만 피열흔, 소토, 노벽, 철재(Slag) 등이 출토되어 제철 조업과 무관하지 않거나 동 시기 특정 용도로 사용되었을 것으로 추정되었다. 유적은 조선시대 백자와 분청사기 등 조선시대 전기의 자료들이 공반 출토되었으며 목탄의 방사성탄소연대 측정 결과를 조합하여 유적은 15세기 중엽 조성되었을 것이며 15세기 이후 운영되었을 것으로 추정 보고되었다. 제철관련 유물의 금속학적 분석결과(신경환·이남규·최영민·장경숙·남수진 2009) 인근에 위치한 울산 달천광산에서 채취한 철광석을 선철이나 반환원괴의 형태로 들여와서 철솥을 용해 주조한 것으로서 우리나라에서는 처음 확인된 조선시대 무쇠솥 제작 유적으로서 그 의미를 지닌다. 아울러 분석 결과는 용해과정에서 석회석 등 조재제를 사용하였음이 확인되었다. 용범의 형태는 무쇠솥의 전, 바닥, 다리, 솥의 뚜껑이며 대략 직경 39~40cm, 전의 너비 6~8cm, 다리 길이 20cm, 너비 5cm 내·외의 솥을 생산한 것으로 추정된다. 외범이 확인되며 주조면에는 분리사로 사용될 것으로 추정되는 슬립(Slip)이 도장되었다. 토양의 분석을 통해, 해당유적지 출토 흙을 가지고 용범을 만들었을 것으로 추정되었다. 아울러 유적에서 제철조업은 조선 전기 관영 수공업 체제하에 관리되었을 가능성이 높다(성민호 2017)고 판단되기도 한다.

---

19) 성격을 규정하지 않은 다수의 수혈유구 내부에서도 피열흔과 소토, 노벽 등 생산과 유관한 양상들이 확인되었다.

9. 군산 나포리 유적

유적은 전라북도 군산시 나포면 나포리에 위치하며 해당지역은 '수철마을'로도 불린다. 조사구역의 서편에서 대·소 두 개의 수혈이 맞붙어 평면형태 '8자형'의 수혈이 확인되었다. 유구 내부는 소형의 할석으로 채워져 있었으며 이를 제거하자 대형의 수혈 내부에는 목탄과 재, 소형의 수혈에서는 출토 유물 없이 벽면이 소결된 양상으로 나타났으며 수혈 주위로도 부분적인 소결면이 형성되었다. 수혈 내에서 불과 관련된 작업이 행해지다가 할석으로 매몰 후 파기되었으며 유구의 잔존상태가 극히 불량하나 주변에서 철괴와 용범(주조틀)[20]이 출토되어 철을 이용한 주조철물 제작 공방일 것으로 추정 보고되었다(全北大學校博物館 2001). 이와 관련해서 대형의 수혈은 선철 생산이 이루어지던 제련로의 하부 구조이고 소형의 수혈은 배재구로 판단하기도 한다(유영춘 2018). 유적의 운영시기는 조선시대 후기로 보고되었다.

10. 음성 백야리 유적

유적은 충청북도 음성군 금왕읍 백야리 127번지 일원에 위치하며 조사결과 1지점에서는 탄요 2기, 배수로 1기, 2지점에서는 도기가마 1기, 탄요 1기와 함께 제철로 1기가 확인되었다. 제철로는 도기가마와 탄요 각각 1m 이격거리에 위치하며 목탄, 토기, 철기를 종합적으로 생산 유적으로 판단된다. 제철로의 잔존상태는 극히 불량하고 출토 유물이 많지 않은 가운데 조업양상의 파악이 불분명하나 제철관련 유물인 철재 2점의 금속학적 분석 결과 용해 주조공정에서 배출되는 것으로 추정되었다(신경환·이남규·최영민 2016). 제철로의 운영시기는 조선시대로 보고되었다.

표2 중세 철기 주조유적 조사현황2

	유적명	성격	시기	주철(관련) 유구	철기 생산 관련 유물
1	고양 벽제동	철솥 주조	고려시대	제철로 1기, 목탄저장 시설 1기, 폐기장 2기	용범, 노벽, 철재
2	용인 남사 완장리	철솥 주조	고려~조선시대	소성유구 4기(1지점 1기, 2지점 3기), 용범가마 1기, 토취·폐기장 2기	철재, (선)철편, 노벽편, 용범편

20) 군산 나포리 유적 보고서에서는 도가니로 소개되었으나 저부의 구멍과 내면의 양각선을 보아 도가니보다는 용범으로 보는 것이 합리적이며 용범은 뚜껑의 제작에 사용되었을 것으로 추정된다.

	유적명	성격	시기	주철(관련) 유구	철기 생산 관련 유물
3	평택 고렴리	단조, 주조	조선시대	노적 2기	반환괴, 철재,청동괴
4	동해 지가동	철불 주조	나말여초	추정 주형유구	철재, 용범편
5	거창 정장리	주조 추정	나말려초		용범 출토
6	부산 지사동	주조 추정	삼국, 고려~조선시대	제철로, 구	토제품(용범 추정)
7	하동 탑리	주조	조선시대 후기	석축형 제철로 1기	용범(솥)
8	울산 둔기리	단조, 철솥 주조	조선시대	용해로 1기, 범요 3기, 단야로 3기, 폐기장 1기 등	단조박편, 입상재, 철재, 용범
9	군산 나포리	주조	조선시대 후기	제철로 1기	용범
10	음성 백야리 유적	용해 주조	조선시대	제철로 1기	철재, 노벽

III. 철기 주조관련 유물 및 유구 분석

1. 유물

중세 유적에서 출토 유물로는 용범, 송풍관, 노벽, 철재, 철괴, 철편이 있으며 도가니는 아직까지 출토된 바가 없다(표 3).

1) 용범(그림 1~8)

용범은 '용해로에서 생성된 쇳물을 흘려 부어 주조철기를 만들기 위한 틀(한국문화재조사연구기관 협회 2012: 762)'로서 중세의 제 유적 중 평택 고렴리와 음성 백야리를 제외한 유적에서는 공통적으로 출토되었다.

용범은 모두 토범으로서 태토에는 제 유적 출토품이 거의 동일하게 석립과 사립이 혼입된 가운데 부분적으로 초본류 혼입이 확인된다. 용범은 점토를 이중 내지 삼중으로 덧바르기도 하는데 철물이 직접 닿는 주조면에는 가는 모래 혹은 석영과 장석을 덧바른 '슬립(Slip)'이 관찰되기도 한다. 용범이 실제 주조공정에 사용된 경우는 주조면이 환원되어 회청색조를 띠고 그 반대편은 환원부로 연갈색조를 띠는 경우가 대부분이며 주조면에는 철물이 용착되기도 했으나 기면은 뜯겨 나간 경우가 많다.

용범은 내·외범이 모두 확인되었으나 아직까지 속심은 출토되지 않았다. 용도로는 철솥,

그림 1 고양 벽제동 유적 출토 용범

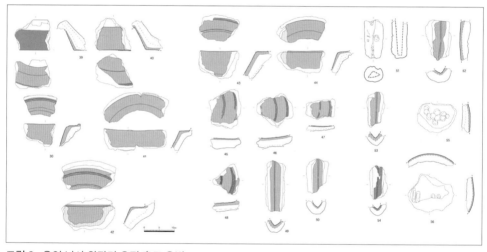

그림 2 용인 남사 완장리 유적 출토 용범

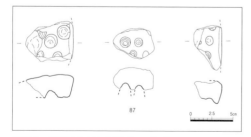

그림 3 동해 지가동 유적 출토 용범

그림 4 부산 지사동 유적 출토 용범

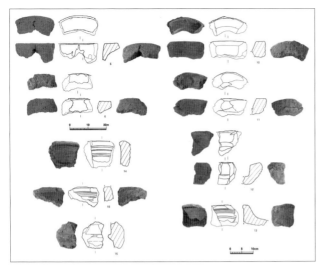

그림 5 하동 탑리 유적 출토 용범

그림 7 군산 나포리 유적 출토 용범

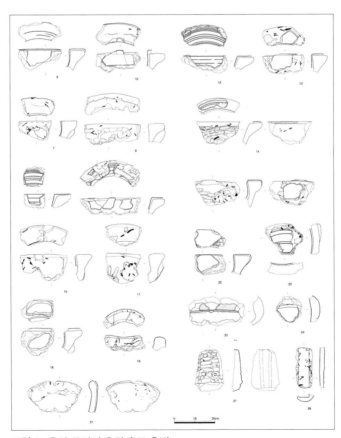

그림 6 울산 둔기리 유적 출토 용범

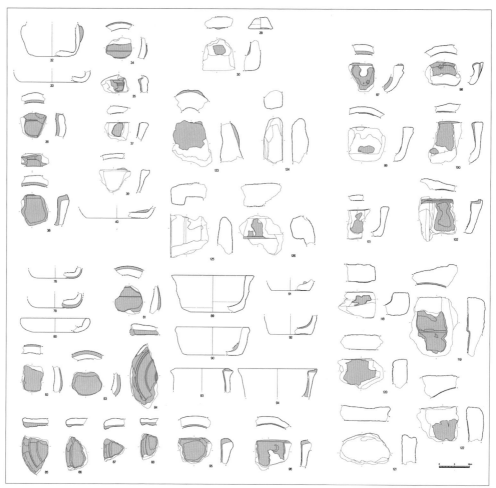

그림 8 거창 정장리 유적 출토 용범

완 등의 용기류 주조용이 절대 다수로서 고양 벽제동, 용인 남사 완장리, 거창 정장리, 하동 탑리, 울산 둔기리 유적, 군산 나포리 유적에서 확인되었으며 동해 지가동 유적(지상사지)에서는 불상의 나발 조각편이 확인되었다. 거창 정장리 유적의 경우, 솥과 함께 편상(扁狀)의 기물 제작용 용범도 보이나 상세 기종은 알 수 없다. 따라서 중세 유적에서 다양하게 출토되는 주조철기와는 달리 주조유적에서 출토되는 용범은 취사용기류 제작을 위한 용도의 한정적 기종이 확인되는 것으로 이해할 수 있다.

용범에서 다중의 덧바르기가 확인되는 경우는 고양 벽제동 유적과 용인 남사 완장리 유적, 울산 둔기리 유적, 군산 나포리 유적[21])이 있는데 고양 벽제동 유적에서 2중으로 제작될 때에는 가장 바깥쪽은 굵은 사립이나 석립, 혹은 초본류가 섞인 점토이고 그 안쪽은 고운 모래로 이루어진 점토로 기면을 제작하며 3중의 경우, 가장 바깥쪽은 사립과 석립, 초본류 혼입 점토이고 안쪽은 정선된 고운 점토, 그 안쪽 주물이 닿는 부위는 고운 모래 점토로 기면을 제작한 것으로 보고되었다(수원대학교박물관 2010: 373~374). 아울러 안쪽 주물이 닿는 부위의 고운 모래 점토는 주물이 용범의 기면에서 잘 떨어질 수 있게 한 것으로서 일종의 분리사(슬립)가 사용되었을 가능성이 있다. 고양 벽제동 유적 외 용범에 슬립이 확인되는 경우는 용인 남사 완장리 유적, 거창 정장리 유적, 하동 탑리 유적, 울산 둔기리 유적, 군산 나포리 유적으로서 동해 지가동 유적[22]과 보고서가 미발간된 부산 지사동 유적을 제외하고는 철솥 주조에는 공통적으로 슬립이 확인되는 것으로 이해할 수 있다.

2) 송풍관(그림 9)

송풍관은 노에 바람을 불어 넣는 관으로서 직경 10cm를 기준으로 대구경과 소구경으로

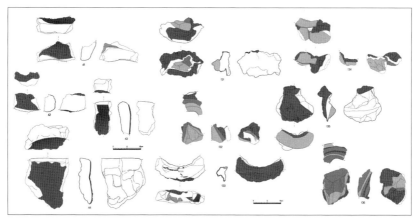

그림 9　거창 정장리 유적 출토 송풍관

21) 슬립을 직접적으로 표현하지는 않았지만 도가니로 소개된 용범의 '내면에 진한 토기편이 붙어 있는데 이는 내면을 고운 흙으로 정면하여 형성된 것처럼 보이기도 한다(전북대학교박물관 2001: 263)'라고 언급된 것을 보면 진한 토기편은 환원된 주조면을 의미하며 내면에 고운 흙을 덧댄 것으로 이해할 수 있다.

22) 동해 지가동 유적 나발 용범에서는 심한 마모와 박락으로 슬립이 확인되지 않는다고 보고되었다(江原考古文化研究院 2012: 68).

구분되며 평면 형태에 따라 직선형과 곡선형으로 구분된다(한국문화재조사연구기관협회 2012: 760). 중세 제철유적에서는 거창 정장리 유적에서 확인되었고 고양 벽제동 유적에서도 추정 송풍관이 보고되었으나 확인이 필요하다.

거창 정장리 유적 송풍관은 모두 토제이며 태토에는 세사립이 공통적으로 혼입된 가운데 일부에는 초본류도 확인된다. 추정직경은 5.6~22cm로 편차가 크며 모두 작은 편 상태로 잔존하여서 평면 형태는 알 수 없다.

3) 노벽(그림 10)

중세 제철유적에서 노벽이 확인된 유적은 고양 벽제동, 용인 남사 완장리, 거창 정장리, 부산 지사동, 하동 탑리, 울산 둔기리 유적이다.

이 중 용인 남사 유적은 노는 확인되지 않지만 노벽이 남아 있어 원래 노가 있었음을 유추할 수 있는 근거가 된다. 노벽

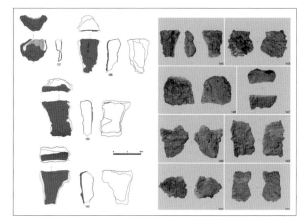

그림 10 거창 정장리 유적 출토 노벽

에는 초본류와 모래 혹은 장석과 같은 석립이 혼입되었으며 부분적으로 철재가 융착되었다.

4) 철재 · 철괴 · 철편(그림 11)

그 외 주조공정을 추정할 수 있는 관련 유물로는 생성 공정에서의 부산물인 철재, 생산 원료가 되는 철괴, 생산품으로 추정되는 철편이 있다. 철재는 제 유적에서 예외 없이 출토되었으며 철괴는 고양 벽제동, 용인 남사 완장리, 평택 고렴리, 철편은 평택 고렴리, 동해 지상사지와 부산 지사동 유

그림 11 부산 지사동 유적 A지구 제철유적 출토 철기편

적에서 확인되었다.

지사동 유적에서는 용범에서 분리된 불량 상태의 철편이 다수 출토되었다. 출토품은 솥의 다리와 전에 해당하며 유적에서 동일 기종을 생산하기 위한 용범이 출토된 바, 해당지에서 생산된 산품일 가능성이 높다. 주조과정에서의 불량인지 사용과정에서의 파손인지는 알 수 없으나 파철로서 재용해 후 새로운 철기로 주조 가능하므로 소재가 될 수 있는 파철로 볼 수 있다.

표 3 중세 주조관련 유물 양상

연번	유적명	용범	노벽	송풍관	철재 · 철괴 · 철편
1	고양 벽제동 유적	다중/ 고운모래+ 초본류/슬립?	초본류	?	철재
2	용인 남사 완장리 유적	다중, 벽제동과 유사/슬립?	점토+모래	*	철재
3	평택 고렴리 유적	*	*	*	철재
4	동해 지가동 유적	*	초본류	*	철재
5	거창 정장리 유적	(슬립)	초본류	태토 세사립+초본류	철재
6	부산 지사동 유적	*	*		철재, 주조용기 철편
7	하동 탑리 유적	초본류/슬립	*		철재
8	울산 둔기리 유적	다중/슬립: 장석, 운모+초본류	초본류+굵은 장석		철재

2. 유구

중세 철기 주조유적 중에서 주조 관련 유구는 노, 범요, 폐기장, 토취장, 소성유구 등이 확인되었다.

1) 노(표 4, 그림 12~16)

노는 고양 벽제동, 평택 고렴리, 거창 정장리, 부산 지사동, 하동 탑리, 울산 둔기리, 군산 나포리 유적에서 확인되지만 하동 탑리 유적을 제외한 곳은 노의 하부 구조 일부가 잔존 하거나 그 흔적만이 남은 경우가 대부분이어서 주조용 용해로의 구조를 파악하기는 어렵다.

표 4　중세 주조유적 용해로

유적명	잔존 부위	평면 형태	바닥 구축 방법	노벽 축조	비고
고양 벽제동	삭평, 노 하부 구조	원형 추정	목탄 〉점질토 (노 바닥)	초본류	
평택 고렴리	파손, 바닥 시설 일부	ㄷ자 형태	벽: 석축, 기와, 바닥: 기와	*	단야로 형태, 단야공정 확인, 배재구?, 주조 병행?
거창 정장리	파손, 소결흔적 잔존	장방형		짚+점토, 상부 개방형	
하동 탑리	노 하부, 석축	말각방형	석축 65cm 상위 바닥, 목탄	석축 보벽 후 점토벽 구축 (두께 15cm)	송풍구, 배재구 확인 잔존 상태 비교적 양호
울산 둔기리	노 바닥, 상부 삭평	원형 추정	정지 〉소결 〉 모래+재 〉점토	초본류+굵은 장석	

노의 저면은 기저면을 파고 들어가거나 정지면 위에 구축하였을 것으로 추정되나 하동 탑리 유적 용해로는 자연 경사로를 굴착한 뒤 낮은 석축과 토·석 채움으로 단을 쌓아올린 후 바닥에서 상위 약 65cm 위치에 노 저면을 구축한 것으로서 기존의 용해로 및 석축을 쌓아 올린 이른바 '석축형제철로'와도 양상을 달리한다. 석축의 가운데에는 노가 있고 전면에는 출탕구가 있고 마주보는 뒤로 송풍시설이 있다.

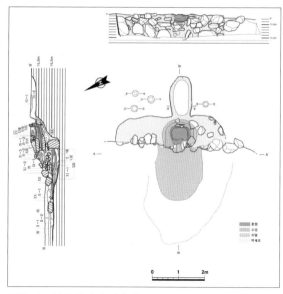

그림 12　하동 탑리 유적 용해로

평택 고렴리 유적 노적의 경우 돌과 기와를 이용해 벽을 'ㄷ자' 형태로 세우고 그 사이 바닥면에 기와를 깔아두었는데 이런 구조는 단야공정이 확인된 충주 노계 야철지, 평택 토진리 유적 등 타 유적에서도 확인되는 형태이다. 평택 고렴리 유적에서도 제철관련 유물의 금속학적 분석을 통해 단조공정이 주된 작업이었음이 확인되었고 이와 함께 주조공정도 있었다고

그림 13 평택 고렴리 유적 노적 1, 2

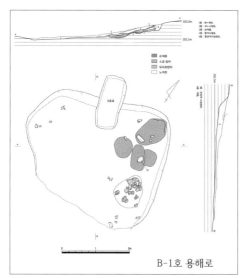

B-1호 용해로

그림 14 거창 정장리 유적 용해로

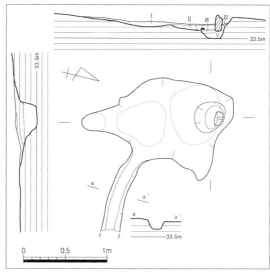

그림 15 울산 둔기리 유적 용해로

추정되었는데, 이는 같은 노에서 단야공정과 함께 용해주조공정도 이루어졌을 가능성을 내포한다.

노는 바닥을 구축하기 전 작업으로서 제습·방습을 위해 지면을 소결하거나 목탄(재)이나 모래 등을 바르며 노벽의 축조에는 기본적으로 초본류, 석립이 혼입된 점토를 사용한다.

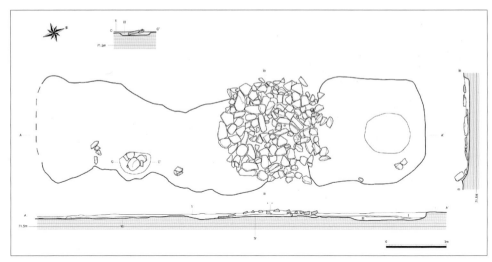

그림 16   고양 벽제동 유적 용해로

2) 범요(그림 17)

범요는 용범을 구워
내는 가마로서 울산 둔
기리 유적에서 3기가 보
고되었으며 용인 남사
완장리 유적에서는 고
려~조선시대 가마 내에
서 토기류, 자기류와 함
께 용범 1점이 출토되어
가마 내에서 용범도 소
성했을 가능성이 있다고
판단된다. 울산 둔기리
유적 범요는 평면형태가

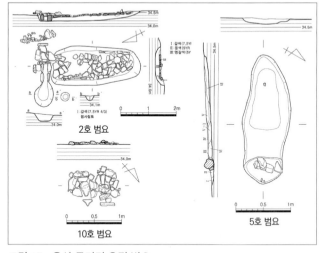

그림 17   울산 둔기리 유적 범요

장타원형이며 내부에 할석을 편평하게 깔아두었고 그 아래에는 소결면이 형성되었다. 특이
하게 2호 범요의 경우 수혈의 단축 일면에 직교하는 암거시설이 확인되었다.

3) 폐기장 · 토취장(그림 18)

폐기장은 '제철과정에서 생성되는 각종 부산물을 폐기하는 장소(한국문화재조사연구기관협회 2012: 772)'로서 철재, 용범, 노벽 등 제철관련 유물은 폐기장 내에서 다량 출토되는 경우가 많다. 주조유적을 포함한 제철유적에서는 조사 빈도가 높은 유구로서 중세 주조유적 중에서는 고양 벽제동, 용인 남사

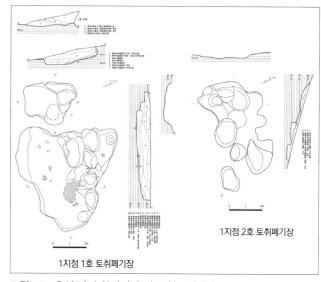

1지점 1호 토취폐기장

1지점 2호 토취폐기장

그림 18　용인 남사 완장리 유적 토취 · 폐기장

완장리, 거창 정장리, 부산 지사동, 하동 탑리 유적에서 확인되었다.

폐기장은 처음부터 폐기를 염두에 두고 시설을 구축할 수도 있겠지만 다른 용도로 사용되던 시설에 자연스럽게 폐기 양상을 보이는 경우도 있다. 일례로 용인 남사 완장리 유적에서는 토취장으로 사용되던 유구가 폐기장으로 전용되기도 했다.

토취장은 용범의 제작 노벽의 축조 등을 위해 흙을 파내는 장소로서 용인 남사 완장리 유적 1지점에서 폐기장으로 전용된 토취장 2기, 2지점에서 토취장일 것으로 추정되는 다수의 수혈군(6~29호)이 조사되었다. 폐기장과 토취장의 특징은 외연과 바닥면이 정연하지 않다는 공통점을 지닌다.

4) 소성유구(그림 19~21)

소성유구는 성격이 분명하지는 않지만 피열면이 있고 내부에서 목탄과 소토 등 소성 흔적이 나타나는 유적을 일컫는 명칭이며 경우에 따라서는 철 생산 유구일 수 도 있고 철 생산에 관련된 유구일 가능성도 있다. 주조유적에서 소성유구는 용범의 소성과 건조, 주조철기 주조유구(용탕주입 장소)로 추정되기도 한다. 소성유구가 보고된 유적은 용인 남사 완장리, 평택 고렴리, 동해 지가동, 하동 탑리 유적이다.

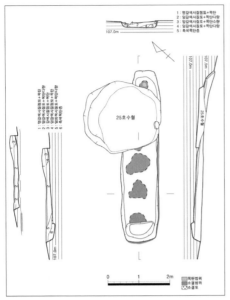

그림 19 용인 남사 완장리 소성유구 7

그림 20 동해 지가동 소성유구 1

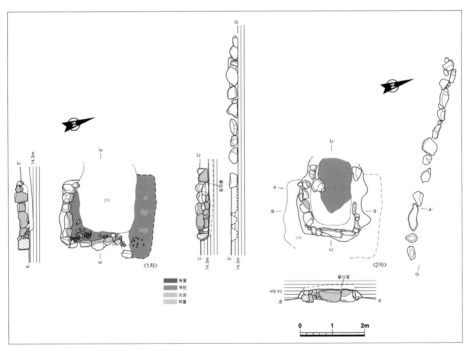

그림 21 하동 탑리 유적 소성유구 1, 2

하동 탑리 유적 1, 2호 소성유구는 조업과 관련된 소성작업이 이루어지거나, 용범을 제작하기 위한 가마 또는 용범을 건조시키기 위해 소성한 용도로 추정되었다.

용인 남사 완장리 유적에서는 4기의 소성유구가 확인되었는데 그 중 7호 소성유구는 무쇠솥, 동해 지상사지(지가동) 유적 1호 소성유구는 철불의 제작공정에서 용탕을 주입하던 곳으로 추정 보고되었다.

3. 금속학적 분석

중세 철기 주조유적 출토 주조관련 유물 중 철괴, 철재, 노벽 등은 육안으로 주조공정을 판단할 수 있는 직접적인 자료는 아니지만 금속학적 분석을 통해서 주조공정에 사용된 철소재와 철소재의 원료(원광)의 형태뿐만 아니라 용해정련 공정에서의 조재제의 첨가 여부, 흙의 수급 양상 등 생산체계 혹은 조업방식과 관련된 중요한 내용을 내포하고 있다(표 5).

지금까지 중세 제철 유적 출토 주조 관련 유물의 금속학적 분석 결과 철 소재로서 고양 벽제동 유적에서는 괴련철, 용인 남사 완장리 유적에서는 선철, 울산 둔기리 유적에서는 환원괴 혹은 반환원괴인 것으로 분석 보고되었다. 그리고 이를 생산하기 위해 사용된 원광으로는 고양 벽제동 유적에서 사철, 동해 지가동, 울산 둔기리 유적에서는 철광석을 사용한 것으로 추정되었다.[23] 특히 울산 둔기리 유적의 1차 소재는 '비소'를 포함하고 있어서 울산 달천 광산 출토 철광석을 사용한 것으로 보고되었다.

아울러 철기 주조유적에서는 수급된 1차 철 소재를 용해(정련)하는 공정을 통해서 순도 높은 용선을 만들어 내는데 그 가운데 불순물을 제거하는 조재제로서 석회질을 첨가한다. 이 양상은 고양 벽제동, 용인 남사 완장리, 평택 고렴리, 동해 지가동, 하동 탑리, 울산 둔기리 유적에서 모두 확인되었다. 따라서 중세 철기 주조유적에서는 용해(정련) 공정에서 조재제의 사용이 보편적 양상이었던 것으로 볼 수 있다. 울산 둔기리 유적에서는 유적 내 토양과 용범의 분석을 통해서 생산 장소 내에서 흙의 토취가 이루어졌고 이를 가지고 용범을 제작한 것으로 보고되었다.

---

23) 사철 원광의 사용은 티타늄의 함유량을 통해 추정된다.

표 5   중세 주조철기 생산 관련 유물의 금속학적 분석 결과

	유적명	분석유물	분석내용	제철기술(분석결과)
1	고양 벽제동	철괴, 철재(Slag), 철기편,	1. Slag(K18 노벽): 회주철(편상흑연주철)+백주철 조직 2. Slag(제철로): SiO_2 미검출, CaO과 FeO 주성분MnO 다량, TiO_2(2.19~2.22%) 1% 이상 3. 노벽(M17): FeO 90% 이상, CaO(0.24~4.24%) 비교적 많이 검출, SiO_2 함량 낮음, TiO_2 1% 이상 검출	1. K18 노벽 철재에서 부분적 회주철 상태 확인: 노 내 침탄→주철→가열→서냉, 인위적 생성 아닌 자연 생성 2. 제철로 철재(Slag) 분석결과 주철 용해로에서 나온 철재 3. 석회질 첨가 4. 사철 원광이었을 것으로 추정: TiO_2 1% 이상 근거 5. 사철을 원료로 제련한 괴련철을 용해로에 침탄, 용융, 석회석이나 조개껍질 장입 불순물 제거, 질 좋은 선철 생산
2	용인 남사 완장리	선철편, 철재, 노벽	1. 선철편1: 탄소함량 4.6%C 2. 선철편2: 탄소함량 4.8%C 3. 철재: 소량의 FeO(8.67%), SiO_2(66.10%) 중심, CaO(6.07%), K_2O(4.67%), Ti(0.46%) 4. 노벽: 산화부와 환원부에서 FeO(13.22/4.53%), SiO_2(64.64/72.66%), CaO(1.14/0.05%)의 함량 차이	1. 선철편1: 공정선철편으로서 조업 중 유출 양상 2. 선철편2: 과공정선철로서 철기를 제조하기 이전 용탕 상태에서 밖으로 배출 응고 3. 용해주조공정 부유 철재, 조재제 투입 탈산과 환원 충분 실시 4. 노벽에서 철재와 노벽부분의 철과 산화칼슘 함량 차이 큼. 노벽에 융착된 철재성분의 영향 5. 정선된 철을 외부로부터 입수해 철부 생산, 첨가제(석회석) 사용
3	평택 고렴리	반환원괴, 주조철기편, 다공질철재, 단야재, 동편	1. 반환원괴1: FeO(86.53%) 함량 높음 2. 반환원괴2: FeO(77.43%), CaO(2.69%) 산화칼슘 비교적 높음 3. 주조철기편: 탄소함량 3.8% 검출, 아공정선철 탄소함량 4. 단야재: FeO(78.65%), CaO(1.92%) 칼슘 비교적 높음 5. 다공질철재: FeO(10.6%) 낮음, SiO_2(64.08%) 중심, CaO(3.33%), K_2O(4.71%) 함량 비교적 높음, TiO_2(1.15%) 6. 동편: 구리(87.76%), 납(7.87%), 주석(3.90%), 아연(0%)	1. 반환원은 2.2 모두 반환원괴로서 정련단야공정의 원료 2. 주조철기편은 철기로 제작된 후 탈탄 3. 단야재는 반환원괴 정련 공정에서 집적 4. 다공질 철재는 용해주조공정 부유철재, 석회를 조재제로 사용하는 용해주조공정의 특징 5. 동편은 일반적 청동기 보다 주석 함량이 낮음, 동광석을 제련 형성된 조동으로 청동기 생산의 원료 6. 단조·주조철기, 청동기 종합 생산 유적
4	동해 지가동	추정주형 -벽체편, 바닥편, 반원형시설 벽체편, 철재(Slag), 주조철편	1. 벽체1: FeO(2.31%), SiO_2(72.93%), CaO(0.25%), K_2O(4.97%), TiO_2(0.27%) 2. 바닥: FeO(2.81%), SiO_2(76.24%), CaO(1.05%), K_2O(2.60%), TiO_2(0.40%) 3. 반원형시설벽체: FeO(6.50%), SiO_2(67.6%), CaO(0.761%), K_2O(3.19%), TiO_2(0.922%) 4-1: 내부토 벽체 철재: FeO(8.47%), SiO_2(61.2%), CaO(4.74%), K_2O(4.67%), TiO_2(0.956%) 4-2,3. 내부토 벽체: FeO(13.2/8.37%), SiO_2(61.7/63.4%), CaO(0.542/0.480%), K_2O(3.67/3.17%), TiO_2(0.148/0.105%) 5. 내부토 벽체: FeO(5.57%), SiO_2(70.3%), CaO(3.80%), K_2O(4.13%), TiO_2(0.562%) 6. 주조철편: FeO(90.2%), SiO_2(5.69%), CaO(0.573%), K_2O(0.195%), TiO_2(0.0%)	1. 벽체 1~3, 4-2,3은 규사계 산화물 2. 철재 4-1은 복합산화물로 산화칼슘(CaO) 함량이 4.74%→분석 보고서에서는 함유량이 적어 의도적인 첨가라고는 보기 어렵다고 하였으나 타 유적(평택 고렴리, 고양 벽제동) 철재 함량 비교하면 조재제(석회석) 투입 가능성 있음 3. 철재 4-1은 TiO_2 함량 0.956%로 1% 이하. 함량이 적어 사철 아닌 철광석이 원광일 것으로 추정

	유적명	분석유물	분석내용	제철기술(분석결과)
5	하동 탑리	노벽철재, 유출재, 유리질철재, 철재	1. 노벽철재1~4: FeO(5.26/11.52/21.27/11.60%), SiO$_2$(63.69/69.98/60.97/61.77%), CaO(10.97/0.96/1.09/0.21%), K$_2$O(3.81/3.32/2.94/3.65%), TiO$_2$(0.77/0.740.64/1.29%) 2. 유출재: FeO(5.50%), SiO$_2$(71.92%), CaO(5.37%), K$_2$O(5.43%), TiO$_2$(0.53%) 3. 유리질철재1,2: FeO(2.10/3.58%), SiO$_2$(49.91/51.51%), CaO(26.60/22.72%), K$_2$O(3.14/3.71%), TiO$_2$(0.71/0.82%) 4. 철재1~2: FeO(10.27/9.56%), SiO$_2$(71.62/73.34%), CaO(1.01/1.05%), K$_2$O(3.11/3.08%), TiO$_2$(0.75/0.68%)	1. 노벽철재, 유출재, 유리질 철재, 철재는 모두 선철괴나 괴련철을 소재로 주조철기 생산 과정에서 형성 2. 철재들은 철함량이 낮고 산화칼슘과 이산화칼슘이 높으며 조재제로 석회 사용
6	울산 둔기리	철괴, 잔탕편, 유출재, 철재, 노벽, 노바닥, 용범편, 토양	1. 철괴1,2: FeO(93.25,98.17/92.64/97.06%), SiO$_2$(5.97/6.58%), CaO(0/0%), K$_2$O(0/0%), TiO$_2$(0/0%), C(5.97/6.58%), As(0.62,1.83/0.78, 2.94%) 2. 잔탕편: FeO(6.90~100%), C(8.20%) 3. 유출재1,2: FeO(62.07, 75.97%), SiO$_2$(20.50/11.48%), CaO(8.02/5.79%), K$_2$O(1.12/0.44%), TiO$_2$(0.22/0.74%) 4. 다공질 철재1,2: FeO(63.06/6.98%), SiO$_2$(26.68/51.76%), CaO(0.63/17.22%), K$_2$O(0.71/2.51%), TiO$_2$(0.25/0.37%) 5. 노벽: FeO(5.08%), SiO$_2$(70.46%), CaO(1.05%), K$_2$O(2.20%), TiO$_2$(0.64%) 6. 노바닥: FeO(3.16%), SiO$_2$(56.59%), CaO(15.92%), TiO$_2$(0.64%) 7. 용범편: FeO(7.18%), SiO$_2$(66.11%), CaO(0.37%), K$_2$O(3.01%), TiO$_2$(0.96%) 8. 토양: FeO(6.19%), SiO$_2$(71.26%), CaO(0.16%), K$_2$O(2.40%), TiO$_2$(0.01%)	1.원료는 타지역에서 철광석을 원료로 한 선철괴나 반환원괴 입수 2. 철괴는 탄소함량 5% 이상의 과공정 상태의 백주철 조직, 비소(As) 함량으로 울산 달천광산 채광 철광석 3. 잔탕편은 주조 시 남은 선철이 돌에 수착 4. 유출재는 산화철 함량이 높은 산성 철재, 조재제(석회석) 투입량과 상관 5. 다공질 철재2는 염기성으로 조재제 성분인 산화칼슘의 함량이 비교적 높게 나오는 것이 특징 6. 다공질 철재1은 금속철 함량이 높고 산화칼슘 함량이 낮음, 제강 공정에서 생성 철재 추정 7. 노벽편, 용범, 토양의 성분 구성은 거의 동일, 동일 유적 내 토양 채취, 별도의 첨가 없이 사용한 것으로 추정 8. 철재, 유출재, 노바닥에서 다량의 칼슘 확인, 석회를 조재제로 사용 9. 철광석을 원료로 한 환원괴, 반환원괴 입수, 선철 생산, 주조철기 제작 10. 철괴편과 잔탕은 조업 중 흘림 11. 용범 슬림(고운 모래, 사질토) 12. 용범 가마 공존, 종합 생산 체계 확인
7	음성 백야리	철재, 노벽	1. 철재1,2: FeO(64.92/70.5%), SiO$_2$(28.24/25.30%), CaO(2.85/1.52%), K$_2$O(0.66/0.39%), TiO$_2$(0.19/0.12%) 2. 노벽: FeO(9.8, 7.87%), SiO$_2$(70.7/69.95%), CaO(0.57/0.17%), K$_2$O(3.02/2.49%), TiO$_2$(0.98/01.02%) 2. 철재1,2는 동일 조업에서 형성되었거나 동일 원료 사용 가능성 3. 높은 철함량은 조재제의 투입되지 않은 상태 4. 높은 산화칼슘 함량은 철소재에서 기원, 반환원괴 철소재일 가능성 있음	1. 철재1,2는 모두 비교적 높은 철과 산화칼슘 함량을 보임

IV. 중세 철기 주조유적에서의 조업 방식

철기를 주조하기 위해서는 '거푸집 만들기, 쇳물 용해, 쇳물 붓기, 표면 다듬기' 등의 작업 공정을 거친다(윤용현·윤대식·도정만·정영상 2013: 24). 아울러 현대 주조공학과 중국 고대 주조 공정을 살펴보면[24] 세부공정이나 방법은 다소 차이가 나지만 주조철기의 생산은 크게 용범의 제작, 원료(선철)의 용해, 용범 내 원료(선철) 주입, 냉각, 용범에서 분리, 산물(철기) 열처리 및 정면으로 진행된다고 볼 수 있다. 이는 현대의 무쇠 솥(화솥) 제작 공정을 통해 고대 무쇠 솥의 제작 공정을 추론한 연구(薛俊源 2012)에서도 확인된다. 아울러 현존하는 가장 전통적인 주조방법인 제주도의 '불미기술(윤용현·윤대식·도정만·정영상 2013: 130~223)'과 조선시대 말기 청도 솥계마을의 주조조업을 채록한 '무질부리(권병탁 2004: 600~641)'에서도 소재, 연료, 도구 등 세세공정 및 용어의 차이는 있지만 주조공정의 일반적인 흐름은 크게 벗어나지 않는 것으로 이해할 수 있다(표 6).

특히 불미기술과 무질부리기술은 우리나라 중세 주조철기 생산방식에 가장 근접한 자료로서[25] 이를 살펴보면 중세 철기 주조유적에서의 조업순서를 추정할 수 있으며 유물과 유구에서 관찰되는 양상이 어떤 조업의 결과인지 유추 가능하다.[26]

먼저 제주도의 불미기술에서는 무쇠솥과 보습·볏의 주조공정이 재현되었는데 이 중 무쇠솥의 제작공정은 ① 진흙 채취와 반죽, ② 거푸집 만들기, ③ 초벌굽기, ④ 화적모살 바르기, ⑤ 질먹 바르기, ⑥ 건조 및 비얄칠하기, ⑦ 합장하기, ⑧ 둑 제작, ⑨ 재벌 굽기, ⑩ 제련, ⑪ 쇳물 붓기, ⑫ 둑 눕히기, ⑬ 주물나누기로 구분된다.

다음으로 무질부리는 크게 ① 바숨내기, ② 불작업, ③ 골작업, ④ 오리작업으로 구분되는데 '바숨'은 거푸집으로서 불미기술에서는 합장 상태로 완전히 소성(재벌)되기 이전의 거푸집을 '뎅이', 완성 형태를 '바숨'이라고 한다. '불 작업'은 합장 상태의 용범(장두바숨)을 소성(재벌)하는 공정이며 '골 작업'은 용해로(둑)를 제작하거나 정비하고 쇳물을 녹여내는 공정에 해당

---

24) 최영민 2017: 114의 표26을 참조하였다.

25) 제주도의 불미 기술은 현재의 효율적인 소재와 도구들로 대체된 부분이 있어 완전히 전통적인 방법으로는 보기 어렵다.

26) 이하 불미기술과 무질부리에 관한 기술은 조업에 대한 이해를 높이고자 해당 참고 자료의 본문 상당 부분을 그대로 인용하였음을 밝혀둔다.

한다. '오리작업'은 불미기술의 쇳물 붓기, 둑 눕히기, 주물 다듬기의 공정으로서 '오리'는 도가니를 의미하며 불미기술에서는 '오시장테'로 부른다.

표 6 전통 주조 조업방식(불미기술, 무질부리)에서의 용어 비교

조업 내용			주조용어		
현대	무질부리	불미기술	현대	무질부리	불미기술
용범 만들기	바숨내기 작업	진흙 채취와 반죽	주조기술	무질부리	불미기술
		거푸집 만들기	찰흙, 진흙, 점토	점흙	진흙
		초벌굽기	거푸집, 용범, 주형	바숨	뎅이
		화적모살 바르기·질먹 바르기	거푸집, 용범, 주형	장두바숨	바슴
		건조 및 비얄 칠하기	도래	도래	도래
		합장하기	흙 반죽	흙 건즈리기	흙 이김질
용범 소성	불작업	재벌 굽기	화적모살, 덧바름 점토	질물	화적모살
			분리사, 이기재	깔매	질먹
			분리사, 이기재	재	불채
용해	골작업	둑(용광로) 제작	노, 용해로	토둑	둑
			출탕구	초롱구멍	잔치고냥
		제련	송풍관	골	구레
			송풍구	골구멍	샛둑고냥, 송풍구
			가마, 범요	적집	가마
주조	오리작업	쇳물 붓기	출탕구	초롱구멍	잔치고냥
			배재구		청록고냥
		둑 눕히기	탕도		더부지
			도가니	오리	오시장테
		주물 다듬기	재벌	불작업	재벌굽기

무질부리에서 각 공정은 다시 세부 공정으로 나누어진다. 먼저 바숨내기 작업은 '흙 건즈리기 작업, 바숨 성형, 바숨 건조, 질물·깔매 입히기, 안팎바숨 맞추기'로 다시 구분된다. '흙 건즈리기' 작업은 불미기술에서의 '흙 이김질[27]'에 해당하며 찰흙과 묵(적덩이를 빻아 만든 가루)·묵짚을 약 8:2의 비율로 물에 섞어 반죽하는 작업이다. 불 작업은 장두바숨 가두기와 익

---

27) 불미기술에서의 흙이김질은 수분이 많이 함유된 진흙을 채취한 후 이물질을 제거하고 물을 부어 흡수케 한 다음 밟아 반죽하며 여기에 '보리까끄라기'를 섞어 고르게 밟는다.

그림 22　무질부리 주조공정

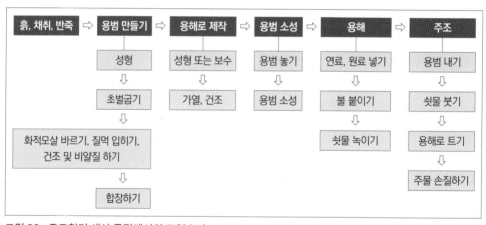

그림 23　주조철기 생산 공정에서의 조업순서

히기로 구분되며 장두바숨은 합장형태의 용범으로서 범요 안에 용범을 나열하고 소성하는 공정이다. '골'은 송풍관을 의미하며 불미기술에서는 '구레'로 불리고 '골 작업'은 골구멍(송풍구), 토둑(노)의 바닥, 초롱구멍(출탕구) 손질하기, 앞창 붙이기, 판장쇠 채우기, 불붙이기로 구분된다. 오리작업은 적집(범요) 해체, 장두바숨(용범) 꺼내기, 장두바숨 놓기, 쇳물받기, 쇳물붓기, 솥굴리기로 구분되며 '솥굴리기'는 불미기술에서의 주물다듬기로 볼 수 있다(그림 22).

불미기술과 무질부리를 토대로 철기 주조공정을 다시 구분해보면 ① 흙 채취와 반죽, ② 용범 만들기, ③ 용해로 제작, ④ 용범 소성, ⑤ 용해, ⑥ 주조로 크게 구분할 수 있으며 이는 곧 작업의 순서가 되기도 한다(그림 23).

1. 흙 채취와 반죽

불미기술과 무질부리기술에서는 흙의 채취가 모두 중요하게 인식되었는데 불미기술에서는 흙이 좋아야 솥·볏·보습 등의 주형이 제대로 나오므로 양질의 흙을 찾아 채취해 온다(윤용현·윤대식·도정만·정영상 2013: 133~134). 이때의 흙은 습기가 많이 포함되어 있어야 '진흙 이김질[28]'에 용이하며 끈기가 있고 차진 흙을 불미기술에서는 '진흙', 무질부리에서는 '점흙'으로 표현한다. 아울러 흙은 용범, 노, 범요 등의 축조 및 '질물, 깔매' 등을 만드는 곳곳에 사용되며 생각보다 훨씬 많은 양의 흙이 주조공정에서는 필요하다.[29] 따라서 제련공정에서 '연료'의 수급이 생산지 이동의 중요한 변수가 되는 것처럼 무질부리에서는 연료뿐만 아니라 양질의 흙을 따라 이동, 정착하게 된다고 할 만큼 흙은 유적의 입지를 선정하는 중요한 물적 요소인 것으로도 언급된다(권병탁 2004: 616).[30] 이는 지금까지의 연구에서는 주목하지 않았던 부분이다.

특히 무질부리에서 토취 시 '점토는 같은 흙일지라고 땅속 깊숙이 있는 것일수록 좋으므로 점일(점토 만지는 일)이 번창하였던 당시에는 그곳이 마치 커다란 노천 광산처럼 파헤쳐져 있었다'고 한다. 중세 철기 주조유적 중, 용인 남사 완장리 유적에서는 흙을 채취하는 토취장 수기가 보고되었는데 모두의 형태는 외연이 부정연하며 내부에 다수의 굴토 갱(수혈)이 있는 구조로서 무질부리에서의 묘사와 유사한 면모를 보인다.

울산 둔기리 유적에서 토취장은 확인되지 않았지만 노벽, 용범, 토양의 분석 결과 이들이

---

28) 진흙은 수분이 많이 함유된 흙으로서 채취하며 이 후 이물질을 제거하고 물을 부어 충분히 흡수케 한 다음 밟아 반죽하며 여기에 보리까끄라기를 고르게 섞어 밟는데 이를 '흙 이김질'이라고 한다.

29) "고로의 전언에 의하면 솥 1개분의 장두바숨을 만드는데 점흙 한짐이 든다고 하니 점흙의 원자재로서의 중요도 가히 짐작할 수가 있다(권병탁 2004: 616)."

30) "솥계에 무질부리수공업이 유치된 직접적 동기중의 하나는 이 범숲골의 토질에 연유한다. 다시 말하면 울산 달천의 토철이 연료를 찾아 운문산 점토골을 찾아온 것처럼 점터골의 판장쇠는 땡비서리의 점흙을 찾아서 이곳에 정착한 것이라고 할 수 있겠다."

모두 동일 성분으로서 유적 내에서 토양을 채취한 후 노벽의 축조와 용범의 제작에 사용된 것으로 보고되었다. 따라서 이 두 유적의 경우는 외부로부터 흙을 구하지 않고 유적 내에서 취한 것을 그대로 사용한 것으로 이해할 수 있으며 중세 철기 주조유적에서도 흙이 입지 선정의 중요 물적 요소로 작용했을 가능성을 열어 둘 수 있다.

아울러 진흙을 반죽하는 과정에서 불미기술에서는 '보리까끄라기', 무질부리 기술에서는 '묵짚'을 혼입해 통기성을 향상과 균열을 감소시키려 하는데 중세 철기 주조유적에서 출토된 용범(거푸집)과 노벽에서는 초본류 혼입을 확인할 수 있다. 이는 본격적인 주조 작업에 앞서 적합한 흙을 배합하고 초본류를 혼입해서 반죽하는 공정이 있었던 결과로 추정된다.

지금까지 중세 철기 주조유적 중에서 진흙(점토)을 반죽하던 유구가 확인된 바는 없다. 그러나 기존에 '점토 저장소'나 '점토 채취장'으로 추정되었던 유구 중에는 점토를 반죽하던 '흙이감질' 혹은 '흙 건즈러기'의 장소일 가능성도 재고될 필요가 있다. 특히 흙 반죽 시에는 사람 혹은 마소의 발로 밟거나 '방아 돌'을 돌리기 때문에 점토에 사람 혹은 동물의 발이나 방아 돌이 겹쳐 돌아간 자국 등이 있을 경우 점토 그 가능성이 높다. 아울러 이 경우 유구의 형태는 정연하지 않을 가능성이 크다.

2. 용범 만들기

1) 성형

거푸집 즉 용범의 소재는 석제품, 토제품, 철제품, 밀납, 주물사가 있으며 이에 따라 '밀랍주조법', '도토주조법', '금속주조법'으로 구분되는데 이 중, 밀랍주조법으로 제조된 경우에도 밀랍을 녹여낼 경우 용범의 최종 형태는 토범(土范)이 된다(윤용현 2013; 윤용현 2017).

불미기술과 무질부리에서는 모두 '토제용범'이 사용되었고 중세 주조유적에서는 모두 토제용범만이 출토되었다. 특히 동해 지상사지 유적에서는 처음으로 철불 주조용 용범이 출토되었는데 비록 작은 편이지만 비교적 섬세한 나발이 표현된 바, 이는 밀랍주조법의 결과일 가능성도 열어둘 수 있지만 기본적으로 철불의 제작은 청동불상과는 달리 흙으로 원형을 만드는 것으로 이해되며(주경미 2011: 28) 동해 지상사지 보고서에서도 토범을 사용한 초중자주조법에 의한 생산 가능성이 언급되었다.

동해 지상자시 출토 례와 그 외 소량의 용도불명 기종 제작을 위한 용범을 제외하면 중세 주조유적에서 출토 용범의 절대다수는 철솥 등의 용기류를 제작하기 위한 것이다. 따라서 매우 한정된 기종만이 확인되는 셈인데, 이는 철솥 등의 용기류가 가장 보편적으로 사용된 결과를 반영할 수도 있다. 유적마다 경우가 다르기는 하나 전체적으로는 솥 용범 내·외범이 모두 확인되며 아직까지는 주조괭이나 보습의 제작에 필요한 '범심'이 확인된 바는 없다.

주조과정에서는 외범과 내범 사이 공간의 너비가 주물의 기벽이 되는데, 일반적으로는 내·외범을 만든 후 내범(모범)의 기면을 깎아 내는 방법이 언급되어왔다. 그러나 불미기술의 솥 제작에서는 외범과 내범 사이 즉, 철물의 기벽 두께가 되는 부분을 만들기 위한 방법으로 용범을 성형하는 단계에서부터 '노'를 감아두고 그 안쪽으로 내범을 만든 다음 분리 후 노를 풀어버리게 되면 노의 두께만큼 벽이 형성되게 하였다. 무질부리에서도 알맞게 건조한 솥몸 고딩이(내범)에는 목새끼(굵은 새끼)를 감아서 그 위에 솥전(鏞樑)이 될 이파리를 단다고 한다. 따라서 용범의 성형에 '새끼' 혹은 '노'가 사용되었음을 알 수 있는데 이 방법 역시 도토주조법에 의한 용범 제작기법에서 그동안 생각하지 못한 부분이다. 아직까지 중세 철기 주조유적에서 출토된 용범 중에는 새끼 혹은 노를 감은 양상이 확인된 바는 없는데 이는 '새끼' 혹은 '노'를 제거한 후에 기면을 다듬는 작업이 반복된 결과일 수 있고 유물 관찰에서 크게 염두에 두지 않았기 때문일 수도 있다.

2) 초벌 굽기

불미기술에서는 성형 후 건조과정을 거친 용범의 '화적모살'과 '질먹 바르기'를 위해 거푸집 표면을 가열시킨 후 도래작업을 하는데, 거푸집 표면을 가열시키는 작업을 '초벌굽기'라 표현한다. 그러기 위해서는 초벌구이용 간이 화덕을 설치한 후 건조된 용범을 올려 굽는다. 이 때 화덕은 벽돌을 일정 간격을 두고 세워 벽을 만들고 그 앞 부부만 다시 벽돌로 막아 불길이 세어 나가는 것을 막으며 일정 간격을 두고 세운 벽 사이로 불을 지핀 후 거푸집을 올려 놓는다. 개방형의 간단한 구조에서도 '초벌굽기'가 가능한 것을 알 수 있으며 작업이 끝난 후에는 바닥(지면)에 소결면 혹은 소성흔이 생기는 것을 확인할 수 있다.

무질부리에서는 이 과정을 '피바숨(용범) 한짝 한짝을 장작불에 따끈하게 덥혀서 광틀간에 갖다 얹는다'라고 언급하고 있으며 이후 도래질을 통해 '질물'과 '깔매'를 올리는데 초벌구이 가마나 구조에 대한 별도의 언급이 없는 것으로 봐서는 이 역시 간단한 구조일 것으로 추정된다.

그러므로 만약, 유적에서 주조공정의 초벌 굽기가 행해지고 이것이 유구로 확인된다면 일정한 구조 없이 바닥에 소결면 정도가 형성될 가능성이 높다. 그리고 이는 중세 철기 주조유적에서 보이는 소성유구의 양상을 떠올리게 한다. 그 중, 하동 탑리 유적 1, 2호 소성유구는 조업과 관련된 소성작업이 이루어지나 용범을 제작하기 위한 가마 또는 용범을 건조 시기키 위해 소성한 용도로 추정 보고되었다. 그 외 용인 남사 완장리 유적, 평택 고렴리 유적, 동해 지상사지, 울산 둔기리 유적에서도 성격이 다소 불분명한 다수의 소성유구가 조사되었는데 그 중 일부는 초벌 굽기의 결과일 가능성을 고려해 볼 수 필요가 있다.

3) 화적모살 바르기 · 질먹 입히기, 건조 및 비얄질 하기

불미기술에서 화적모살은 솥을 만드는 거푸집 외면이 균일하도록 입혀주는 것으로서 솥과 보습을 내고 깨진 거푸집(용범)을 부순 후 체에 반복해서 걸러내어 나온 모래를 토물[31]과 함께 배합하여 만든다. 용범의 기면을 다듬고 보수하는 작업인 화적모살 바르기는 용범의 소성 이전까지는 반복되는 것으로 확인된다. 불미기술에서 '질먹'은 쇳물이 거푸집 표면에 달라붙지 않기 위해 바르는 것으로 질먹을 칠하는 것을 '비얄질 한다'고 한다. 현재 '질먹'은 흑연가루를 토물에 섞어 젤 상태가 되도록 만들어서 사용하는데 전통 불미에서는 숯을 연자매에서 부수고 갈아 낸 뒤 체로 쳐낸 가루를 사용했다.

불미기술의 '화적모살'과 '질먹'은 무질부리에서의 '질물'과 '깔매'로 표현된 것으로 추정되나 분명하지는 않다. 무질부리에서 질물은 '보드라운 점흙과 모래를 반반씩 섞어서 뻑뻑한 유체상태인 것', 깔매는 '소나무 껍질을 태운 재와 아궁잇재를 보드라운 체로 쳐서 묽은 점흙물로 이긴 것'으로 표현되어(권병탁 2004: 618) 불미기술에서의 각각 화적모살과 질물의 제작 방법 및 상태와 유사하다고 판단된다.

중세 철기 주조유적에서 출토되는 용범은 다중의 점토를 덧바른 흔적이 확인되고 그 중에는 내면에 슬립(Slip)을 바른 경우도 있다. 다중의 점토와 내면 슬립은 불미기술에서의 화적모살 바르기와 질먹 입히기, 비얄질하기를 반복한 결과와도 부합된다고 볼 수 있다. 특히 하동 탑리 유적의 경우 폐기장 등에서 주물사로 보이는 실트 흔적이 분포하며 용범의 주조면에 두껍게 슬립을 입힌 용범이 출토된 바 있다.

4) 합장하기

합장하기는 불미기술에서 상 · 하 혹은 내 · 외 두 개의 범이 합쳐지는 것을 의미한다. 합장한 솟닙과 거림은 '솥 거푸집' 혹은 '솥뎅이', 합장한 우금과 메는 '뚜껑 거푸집'이라고 한다.

---

31) 토물은 거푸집에 화적모살과 '질먹'을 입힐 때 부착이 잘 되도록 사용하는 전착제(展着劑)로 황톳물이라고도 부른다.

'바슴'은 솥 거푸집과 뚜껑 거푸집에 '실장디[32]'와 '장디[33]'하기를 끝내고 무쇠구멍까지 내어서 완성된 용범을 일컬으며 솥 몸체는 '솥바슴 또는 알바슴', 뚜껑은 '뚜껑바슴 또는 웃바슴'이라 부른다. 완성된 바슴이 건조되면서 균열이 생기기 때문에 다시 진흙으로 메우는 보수작업이 필요한데 최소 2회 이상 보수하는 것이 원칙이다. 이 과정에서도 합쳐진 용범의 외면에 토물과 점토를 덧바르게 되므로 용범에는 다중의 점토를 덧바른 흔적이 남을 수 있다. 따라서 이 또한 중세 철기 주조유적 출토 용범에서 관찰되는 다중의 점토 바르기의 생성 원인이 될 수 있다. 합장하기에 관련, 무질부리에서는 도래질편수가 끝손질을 한 고딩이(내범)와 거름(외범)의 간격을 서로 맞추는데 이를 '장두바슴'이라고 한다.

합장과정에서는 내형과 외형을 고정시켜 줄 조각(형지 혹은 점편)이 필요하며 무질부리 기술에서는 내·외범 사이에 봉쇠(3개의 무쇠조각)를 넣는 것으로 언급되었다. 그러나 중세 철기 주조유적에서 용범의 고정구가 아직 확인된 바 없는데 이 역시 향후 조사에서 확인을 요하는 부분이다. 아울러 합장과정을 마친 용범에는 쇳물을 주입할 구멍이 만들어지는데 중세 철기 주조유적 출토 용범에서는 이 부분도 아직까지 분명하게 확인되지는 않았다.

솥을 만드는 용범의 제작기법(薛俊源 2012)은 내·외 혹은 상·하 용범을 합치는 방법에 따라 일체형과 분할형으로 구분되기도 하며 분할형일 경우 용범이 합치되는 방향에 따라 세로 분할형과 가로분할형으로 다시 나누어지기도 한다. 중세 유적에서 출토된 용범은 모두 편의 상태로서 아직까지 짝을 맞대어 형태를 갖춘 용범이 확인되지는 않았다. 그러나 생산물인 주조철기에서는 용범의 접합부에 생기는 '금속침입현상'으로 돌출된 '주조합흔'이 보일 경우 확인이 가능한데 대표적인 례가 대형의 철불이다.[34] 이 경우는 종·횡의 방향으로 합쳐지는 것이 아니라 나누어진 여러 면을 잇는 것으로서 앞서 언급한 철솥의 분할기법과는 약간 방법을 달리한다. 철솥의 경우, 고대에는 종방향 분할기법이 보이며 중세에는 횡방향의 분할기법이 사용된 것으로 언급되는데(薛俊源 2012), 횡방향 분할기법에서는 전을 경계로 해서 위·아래로 구분된다.

---

32) 실장디란 솥님과 거림이 합장된 결합 부위에 토물을 칠하고 진흙을 엷게 도포하여 틈을 메우는 과정을 말한다.

33) 장디란 실장디가 끝난 후 거푸집에 진흙 덩어리를 붙여서 타원형을 만드는 과정을 말한다. 장디 작업이 시작되기 전 무쇠구멍을 진흙으로 살짝 막아두었다가 끝나면 다시 만든다.

34) 철원도피안사 철조비로자나불상과 동해 삼화사 철조노사나불좌상에는 초중자주조법에서 외형을 여러쪽으로 분할하여 주조한 주조합흔이 잘 남아있다.

3. 용해로 제작

무쇠를 녹이는 용광로를 불미기술에서는 '둑', 무질부리에서는 '토둑'이라고 한다. 현재 재현되는 불미기술에서는 전통 용해로 대신 드럼통을 활용해 둑의 외형을 삼고 내면에 내화벽돌을 쌓아 노벽을 구축하며 송풍시설로는 송풍기와 PVC 관을 쓴다. 따라서 노벽의 축조는 전통기법을 재현한 것으로 볼 수 없지만 노의 제원, 벽 두께, 출탕구·배재구·송풍구의 구조 및 노벽의 보강과 보수, 노벽 소성 등은 참고할 만하며 그 내용은 아래와 같다.[35]

① 불미기술에서의 노는 3분할로 구성되는데 맨 하단이 알둑, 중간이 샛둑, 그 위가 윗둑이 된다. 둑 외면의 전체 높이는 180cm, 지름은 58cm 정도이며 알둑에는 가로 16cm, 세로 13cm의 사각 구멍을 두 개 뚫는데 그 중 하나는 '잔치고냥'으로 쇳물을 받아 내는 이른바 '출탕구'이며 송풍구 맞은편 알둑의 맨 하단에 위치한다. 잔치고냥은 출탕구 외 불이 붙지 않은 연료나 재를 제거하는 용도로도 쓰인다. 출탕구에서 5~6cm 위, 90° 측면에는 '청록고냥'이라는 슬래그(철재)와 가스를 배출하는 용도의 이른바 '배재구'가 위치하는데 이는 노 내에 불을 피우기 위한 용도로도 사용된다.

② '잔치고냥'에서 쇳물이 천천히 흘러내리도록 구멍 앞으로 '더버지'라는 돌출된 골(탕도)을 만들며 그 아래로는 '오시장테' 즉 도가니가 놓일 수 있는 구덩이를 굴착한다.

③ '청록고냥' 즉 배재구에는 커다란 돌을 설치하여 열을 차단한다.

④ 중간 둑인 샛둑에는 '샛둑고냥'이라는 송풍구멍을 뚫는데 송풍구는 깔때기 모양으로 내부로 오므라지도록 만들며 안쪽의 직경이 8.8cm 정도이고 외벽에서 내벽의 아래를 향해 약 30~35도 기울어지게 하며 송풍관의 각도는 송풍이 정확히 송풍구로 들어갈 수 있도록 맞추어야 한다.

⑤ 송풍관은 '구레'로 불리며 샛둑에 뚫은 '샛둑고냥' 즉 송풍구로 연결할 때는 송풍구를 받치는 벽체를 쌓아야 한다. 송풍관은 송풍구로 직접 연결하지 않고 간격을 둔 상태에서 송풍관 진행 방향을 따라 송풍관이 끝나지 않은 지점에서 송풍관 측면에 대고 벽을 쌓아 샛둑(노)의 '샛둑고냥(송풍구)'으로 이어지게 하는 통로를 만든다. 통로 위를 막아 관을 만드는데 송풍구 쪽은 막지 않고 덮개돌[36]을 두어 개폐할 수 있도록 한다.

---

35) 윤용현·윤대식·도정만·정영상 2013: 171~184을 요약 정리하였다.

36) 용해 시, 이 덮개돌을 열어 둑(노) 안의 불길과 무쇠가 녹는 정도를 확인할 수 있다.

⑥ 노벽 축조 후에는 완전히 건조되어야 하며 방법으로는 둑(노) 안에 잡목을 채운 뒤 청록고낭(배재구)에 불씨를 넣어 가열 소성시킨다.

무질부리에서 둑을 제작하는 것을 '골작업'이라고 하는데 '골'이란 '무질부리가마안'으로 송풍하는 '골구멍(송풍관)'을 말하며 '가마와 골구멍(송풍관)'에 관련되는 일련의 작업을 '골작업'이라 한다. 골작업의 우두머리를 골편수라고 하고 그 과정을 살펴보면 아래와 같다.[37]

① 골편수는 골구멍(송풍구)과 토둑바닥을 손질하며 둑수리는 앞창을 달고 쇠치기는 참숯과 판장쇠를 토둑 안에 집어넣으며 불멧군은 풀무를 밟는다.

② 골편수는 허드렛군에게 가마 안쪽에 '깨적'이라 불리는 찌꺼기를 말끔히 제거하게 한 다음 스스로 토둑 안에 들어가서 곱게 이긴 질물 반죽으로 정금(자)을 이용하여 너비와 각도를 골구멍(송풍구)을 내고 가마 바닥을 깨끗하게 바른다.[38]

③ 골편수의 작업이 끝나면 둑수리의 작업이 시작된다. 가마 안에 녹은 쇳물이 흘러나올 초롱구멍을 뚫을 수 있도록 손질한 다음 가마 안의 전면을 쌓아 올리는데 이를 '앞 창 붙인다'고 한다.

중세 철기 주조유적에서 조사된 대다수의 용해로는 잔존 상태가 극히 불량해서 용해로의 제작방법을 확인하기 어렵다. 그나마 하동 탑리 유적에서는 비교적 양호한 상태의 노가 잔존해서 그 구조를 파악하는데 도움을 준다. 하동 탑리 유적 용해로는 석축을 쌓아 올려 외형을 구축한 이른바 '석축형 제철로'이며 중앙에는 말각방형의 노가 있고 앞에는 출탕구, 그 맞은편 뒤로는 송풍시설 자리가 위치한다.

이 용해로는 석축형 제철로이지만 기존의 석축형 제철로와는 형태, 제작방법, 크기에서 다소 차이가 나는데 이는 용선을 만드는 이른바 2차 조업[39] 전용의 석축형 제철로의 특징을 보이는 것으로 이해되며 특히 조업 면에서 쌓아 올린 단의 중앙에 노 저면이 형성된 독특한 구

---

37) 권병탁 2004: 622~624을 요약 정리하였다.

38) 이것이 골편수의 핵심적 작업이며 골구멍(송풍구)과 가마바닥의 구조, 방향, 각도 등이 한부리의 솥 제조 성패를 판가름한다.

39) 석축형제철로는 원료를 반환원 시키는 1차 조업과 용선을 만드는 2차 조업으로 구분된다(신경환·김권일·최영민 2015).

조는 용해주조공정에서의 편의를 위한 것으로 추정되기도 한다(신경환·이남규·최영민 2017, 그림 24).[40]

그림 24 하동 탑리 유적 용해 주조 공정 모식도(신경환·이남규·최영민 2017)

　불미기술에서는 송풍구의 위치는 출탕구 위치의 맞은편이 되며 배재구는 출탕구의 위치에서 약간 위, 90도 측면인데 하동 탑리 유적 용해로의 전체 구도를 보면 이 역시 그와 거의 흡사하다. 주조공정을 그린 김준근의 가마점이라는 그림(그림 25)을 보면 용해로, 출탕구, 송풍구, 풀무의 위치가 확인되는데 이 역시 하동 탑리 유적 용해로의 기본 배치와 동일함을 알 수 있다. 아울러 그림에서 보면 발풀무질 하는 사람들 위로 그늘막과 같은 시설이 있으며 주변으로는 이를 받치는 기둥이 서 있음을 확인할 수 있는데 하동 탑리 유적 송풍 시설 주위로 보이는 다수의 주혈(그림 12)들은 그런 용도의 기둥 자리일 가능성이 있다.

　특히 하동 탑리 유적에서의 용해로는 중첩된 상태로 수 회 재사용되었음이 확인되는데 그에 따라 출탕구의 위치도 점점 위로 조정되는 모습이 보고되었다. 불미기술과 무질부리에서도 용해로를 수 회 중복 사용하는 모습이 확인되는데 무질부리의 경우 '골 작업'에 해당하며 노 저면과 벽과 송풍구 등을 정리하고 진흙으로 보수하고 트인 노벽을 막음(앞창 붙이기)으로서 수 회 반복 사용한다. 하동 탑리 유적에서의 노 저면이 중첩양상과 저면 상향 축조 모습은 무질부리에서의 '골 작업'의 결과와 부합할 것으로 생각된다.

---

40) 그러나 모식도처럼 출탕구에서 탕도를 따라 바로 용범으로 이어지는 방법으로 제작된 것으로는 보기 어렵다.

4. 용범 소성(재벌)

불미기술에서는 위·아래를 합친 완성 형태의 용범을 '바슴'이라 하는데 쇳물 붓기 전에 5시간 이상 구워둔다. 이렇게 하면 거푸집의 습기가 완전히 제거될 뿐만 아니라 쇳물이 잘 받아들여지기 때문이다. 그러기 위해서 용범 재벌구이용 가마를 만드는데 정지한 바닥면에 거치대(철근)를 두고 용범(바슴)을 올려놓는다. 용범의 배열이 끝나면 불팬[41]과 용범(바슴) 파편으로 가마의 상부를 덮어주며 가마의 열손실을 막기 위해 반죽한 화적모살을 가마 위에 뿌려둔다. 아궁이는 가마 입구에 내화벽돌을 세우고 자연석을 얹어 제작하였는데 전통적인 불미 가마는 돌기둥을 세워 만들었다.

무질부리에서 용범 소성은 '장두바숨 익히기'로 표현되며 장두바숨 즉 합장 형태의 용범을 적집(기왓굴 모양의 긴 굴, 범요) 안에 넣고 소나무 장작으로 구워내는 일련의 작업을 '불작업'이라고 한다. '불작업'은 장두바숨을 놓고 굴을 완전히 쌓아 올리는 일(장두바숨 가두기), 적집에 화목을 넣고 장두바숨을 익히는 일(장두바숨 익히기)로 구분된다. 장두바숨을 가둘 때에는 솔발 밑에 알맞은 두께의 적덩이[42]를 깔고 장두바숨을 나란히 놓은 다음 25개의 아궁이와 50개의 초롱구멍(굴뚝)을 남겨둔 채 적덩이와 진흙으로 적집을 쌓는데 이 때 굴 표면에 빈틈이 없도록 진흙물을 바른다.[43] 장두바숨을 익히기는 하루 정도면 끝나는 일로써 이른 새벽에 시작하면 황혼녘에는 장두바숨의 익은 정도를 살피고 익어 갈 때 불편수는 저편 토둑(용선로)에서 무쇠를 녹이고 있는 '골편수'[44]에게 '불메 올려라'고 외친다.[45]

이처럼 불미기술과 무질부리 모두 용범의 소성은 용해로에 불을 붙이기 전에 이루어지며 초벌굽기와는 달리 밀폐구조의 가마를 만든다는 것을 알 수 있다.

울산 둔기리 유적에서는 합장 후 건조가 끝난 용범을 소성(재벌)하는 용도로 추정된 유구 3기가 조사되었다. 유구는 장타원형을 띠며 내면에 소형의 할석이 깔렸고 그 아래에는 소결

---

41) 불팬은 간이식 가마의 상부를 덮는 도구로 보리까끄라기가 섞인 진흙을 이용하여 달걀모양으로 성형한 후 중앙에 일자 모양의 구멍을 뚫어 완성시킨다.

42) 적집이 노임을 근거로 '노벽'으로 추정되나 확실하지는 않다.

43) 이를 '무적친다'고 표현한다.

44) 골작업의 우두머리를 일컫는다.

45) 장두바숨이 알맞게 익은 것을 판단하는 것은 원불편수의 책임이며 한부리 50째기의 솥이 잘되고 못되는 운명을 결정짓는데 장두바숨이 너무 익으면 고딩이와 거름이 서로 붙어 버리고 덜 익으면 쇳물이 굳어져서 골고루 돌지 않으므로 어느 것이나 파기가 된다.

면이 형성된 것으로 공통된 특징으로 한다. 이 경우, 아궁이 구조의 거치대는 없지만 무질부리에서 솥발 밑에 알맞은 두께의 적덩이를 깔아놓은 양상과 유사하다고 볼 수 있다. 따라서 노벽의 구조는 확인할 수 없지만 울산 둔기리 유적 범요는 삼가마와 비슷한 원리로서 간이 밀폐식 가마로서 사용되었을 가능성을 염두에 둘 필요가 있다. 아울러 불미기술에서 재현된 재벌굽기에 사용된 가마의 입구는 아궁이 구조를 보이고 내측으로는 온돌의 고래와 같은 양상을 이루는데 이를 해체하고 나면 지면에는 소결면이 형성된다. 이런 점에 근거해 본다면 중세 철기 주조유적에서 확인되는 아궁이나 고래와 유사한 석렬 구조는 재벌굽기의 과정의 결과일 가능성도 고려해 보아야 한다.[46]

그리고 용범을 구워내는 전용 가마로는 볼 수 없지만 용인 남사 완장리 유적 고려~조선시대 가마 내에서 토기류, 자기류와 함께 솥 제작용 용범 1점이 출토되어 가마 내에서 용범도 소성했을 가능성이 있다고 판단된다.

5. 용해

불미기술에서 용해는 제련으로 표현되었으며 둑(노)에 불 지피기에 앞서 쇳물을 녹이는 과정에서 필요한 재료들과 도구들은 미리 준비해야 하며 잔치고냥(출탕구)의 더부지(탕도) 앞에 굴착된 구덩이에는 쇳물이 튀지 않도록 거푸집을 잘게 부순 모래 알갱이를 깔아둔다. 재료는 잡목, 코크스, 쇠조각인데 전토방식의 불미마당에서는 연료로서 참나무 백탄을 사용했으나 코크스로 대체하였다.

높이 180cm 정도의 노 안에 바닥으로부터 나무, 코크스(백탄), 쇠조각 순으로 채워 넣는데 눈여겨 볼 점은 나무는 샛둑구멍(송풍관)이 있는 곳으로부터 약 30cm 위, 다시 말하면 지면으로부터 80cm까지 채워 넣고 코크스(백탄)는 둑(노)의 상단에서 아래 10cm 지점까지 90cm 정도로 두텁게 한단을 채운 후 나머지 공간에 원료 혹은 소재인 쇠조각과 연료인 코크스(백탄)를 교대로 층을 쌓아 올린다는 점이다.

이 구조에서 잡목은 불쏘시개로 사용되는 셈인데 샛둑구멍(송풍구)보다 약간 높게 쌓음으로서 거기로 들어온 바람이 청록고냥(배재구)에서 지핀 불씨를 활성화 시켜 코크스(백탄)를 더

---

46) 울산 둔기리 유적 범요 중, 특이하게 2호 범요의 경우 수혈의 단축 일면에 직교하는 암거시설이 확인되었는데 아궁이 혹은 고래로 사용되었을 가능성을 살펴 볼 필요가 있다.

욱 빠르고 쉽게 불붙게 할 수 있을 것으로 보인다. 그리고 화목이 타면서 숯(재)이 되어 층고가 내려오게 되는데 그 만큼 생겨난 공간에 코크스(백탄)와 쇠조각을 적절히 투입하며 쇳물량과 작업 시간을 효율적으로 조정할 수 있다.

무질부리에서는 '앞창붙이기'가 끝나면 쇠치기가 가마 안에 숯과 판장쇠를 채운다. 직경 6척, 높이 9척의 가마 안에 2/3쯤 차도록 백탄을 먼저 집어넣고 나머지 1/3은 백탄과 판장쇠를 섞어서 가마 안이 가득 차게 한다. 불편수[47]가 '불메 올려라'고 외치기 3시간쯤 앞당겨서 둑수리는 가마에 집어넣은 백탄 아래쪽에 불씨를 붙이는데 불이 붙으면 8명의 불멧군이 4명씩 짝을 지어 풀무를 밟기 시작한다. 가마바닥에 쇳물이 괴기 시작하면 골편수는 작업 속도를 조절하기도 하는데 불편수가 불메 올려라 하면 불편수의 이 외침에 맞춰 골편수는 '솥 내어라'라고 외친다. 따라서 장두바숨(용범) 내기와 쇳물 내기의 마지막 조업은 동시에 상호 유기적으로 이루어짐을 알 수 있다.

이처럼 불미기술과 무질부리에서는 용해로의 축조(정비)가 끝난 후에는 완벽한 건조 과정을 거쳐 원료와 연료를 장입한 후 불을 붙여 쇠를 녹이는 용해작업을 하게 되는데 여기에는 원료로서 불미유적에서는 쇠조각, 무질부리 유적에서는 무쇠덩이-판장쇠를 사용한다고 되어 있다. 그렇다면 이는 두 경우 모두 제련에서 용해로 이어지는 공정이 아니라 1차 생성된 재료를 입수한 후 용해주조 공정을 행한 것으로 볼 수 있다.

중세 철기 주조 유적 출토 주조관련 유물의 금속학적 분석결과(표 7) 유적에서는 모두 제련공정을 거친 1차 생산물인 (반)환원괴, 혹은 선철을 들여와서 용해(정련)한 것으로 추정되었다.

따라서 무질부리에서 보이는 조선시대 말기 판장 형태의 무쇠덩이가 중세 주조유적에서는 확인되지 않는 셈인데 소재 수급 형태에 관한 고민이 필요하다. 그리고 입수된 1차 생성물을 용해하는 과정에서 불순물의 원할한 분리를 위한 조재제로서 석회석 등이 거의 동일하게 사용되었음을 알 수 있다. 이는 앞선 시기부터 확인되는 양상으로서 고려~조선시대까지 주조 유적에서 통용되는 기술로 판단된다.

아울러 불미기술에서는 둑의 하단에 화목을 넣었지만 무질부리에서는 백탄을 채워 넣어 차이가 난다. 중세 철기 주조유적의 용해 작업에서 화목의 사용이 있었는지는 현재로서는 알 수 없지만 불쏘시개로 활용 가능한 만큼 그 가능성을 열어둘 수 있다.

---

47) 불작업의 우두머리를 일컫는다.

표 7　중세 주조철기 용해 관련 유물의 금속학적 분석 결과

연번	유적명	원료	공정	조재제(석회석)	시기
1	고양 벽제동 유적	사철 제련 1차 생성물(TiO₂)	1차 생성물(입수) → 선철 → 주조철기	○	고려 11~12세기
2	용인 남사 완장리 유적	선철	선철 → 주조철기(철솥)	○	고려~조선 12세기 후반~15세기
3	평택 고렴리 유적	*	?	○	고려~조선시대
4	동해 지상사지 (동해 지가동 유적)	철광석 제련 1차 생성물	*	*	나말여초
5	거창 정장리 유적	*	*	*	나말여초
6	부산 지사동 유적	*	*	*	조선시대 전기
7	하동 탑리 유적	*	1차 생성물(반환원괴, 선철괴 입수 추정) → 주조철기	○	조선시대 후기
8	울산 둔기리 유적	철광석(달천광산, 비소함유) 제련 1차 생성물	1차 생성물(반환원괴, 선철괴 입수 추정) → 주조철기	○	조선시대 전기 15세기 이후

6. 주조

1) 쇳물 붓기

지금까지의 모든 공정은 쇳물 붓기를 위한 제반 공정이며 이는 주조 공정의 가장 상징적인 단계지만 무질부리에서는 이 작업을 골편수나 불편수가 지시하는 대로 움직이면 웬만한 사람이라도 할 수 있는 단순한 작업으로 평가(권병탁 2004: 625)하고 있다. 주조공정은 무엇보다 김준근의 가마점 그림(그림 25)에 잘 묘사되었다. 이를 보면 원형으로 추정되는 사람 키를 훌쩍 넘는 커다란

그림 25　김준근 가마점

용해로가 가운데 있고 노의 앞면 하단에는 출탕구가 있으며 나란히 있는 두 개의 작대기(오릿채)에 고정한 노가니에 쇳물을 받고 이를 옮겨 용범에 붓는 과정이다. 용해로 앞에는 쇳물이

주입된 상태의 솥과 보습 용범이 놓여 있으며 그 아래로는 이를 고정시키는 굄목이 받쳐졌다. 이는 불미기술에서 재현되고 무질부리 기술에서 묘사된 것과 거의 흡사한 모습이다.

먼저 불미기술에서 쇳물을 붓는 것은 4명의 일꾼들이 2인 1조로 작업해야 하는데 알대장은 둑의 쇳물이 흐르는 잔치고녕(출탕구)을 뚫고 막는 일을 하고, 젯대장들은 교대로 쇳물을 거푸집으로 나르며 잡일꾼들은 무쇠구멍이 보이도록 거푸집을 세운다. 오시장태(도가니)에 쇳물을 넣기 전 숯을 넣어 예열하고 쇳물을 담은 다음에는 마중(재)을 덮어 보온하면서 거푸집으로 이동한다. 잡일꾼들은 곡괭이나 삽, 쇠스랑으로 지표면에 홈을 판 뒤 솥바슴(용범, 거푸집)을 세운다. 이 때 바슴의 무쇠구멍(쇳물주입구)이 하늘을 향하도록 세워야 쇳물을 부을 수 있다.[48] 여기에는 긴 나무 막대기(장대) 두 개의 양끝을 끈으로 묶어 집게처럼 바슴(용범)을 잡아 고정시키며 쇳물 붓기를 마친 바슴(용범) 아래에는 장대 두 개를 받쳐 두기도 한다.

무질부리에서 쇳물 붓기는 '오리작업'에 해당한다. '오리'란 토둑(용해로)의 초롱구멍(출탕구)에서 흘러나온 쇳물을 받아 장두바슴(용범)에 주입하는 용구(도가니)로서 오리작업이 곧 무질부리작업(주조)이라 할 수 있다. 이 작업은 적집 해체 → 장두바슴 꺼내기(질흙 바른 밧줄 이용) → 장두바슴 놓기(솥발이 위로 가도록 나란히) → 볏집(짚채) 오리 안쪽에 뿌리기(나빗짚군) → 오리가 단단히 고정되어 있는 오릿채[49]를 양쪽에서 3명씩 나누어 맞들고 초롱구멍(출탕구)에서 흘러나오는 쇳물을 받는다. 오리(도가니)에 쇳물이 흘러 담기면 나빗짚(재, 불채)이 떠서 쇳물 위에 덮이고 쇳물이 7할쯤 차면 장두바슴(용범)의 솥발 가까이로 옮겨간다. 발매깃군은 미리 준비해두었던 주레(점흙으로 만든 나팔: 깔때기)를 솥발주입구에 갖다 얹고 가래지금군은 왼손으로 짚고 있는 가래로 쇳물을 줄 장두바슴을 누르면서 다른 손에 잡은 막대를 가지고 오릿주둥이[50]와 주레[51]가 서로 잘 들어맞도록 신호를 보낸다. 이 때 오릿군은 오릿채를 옆으로 기울이면서 주레에 쇳물을 붓는다. 장두바슴 안에 쇳물이 가득차면 그는 '막슴내'라고 주입을 끝맺으라 말하는데 발매깃군은 미리 준비하고 있던 질흙으로 그 구멍을 막아 버린다. 그러나 쇳물이 부족하면 쪼글쇠잡이는 즉시 쪼글쇠에 쇳물을 받아다 보충한다.

---

48) 쇳물을 부을 때는 무쇠구멍에 쇳물이 넘쳐흐르도록 천천히 부어줘야 뒷간쟁이(불량)가 나지 않는다. 또한 바슴(용범, 거푸집)의 온도가 낮거나 문제가 있을 경우에도 불량이 나므로 쇳물 붓기에 앞서 바슴 예열과 보수 작업을 거치게 된다.

49) 도가니를 들어 옮기는 일종의 기다란 집게 혹은 고정구로 볼 수 있다.

50) 도가니 주구(돌출부).

51) 깔때기.

중세 철기 주조유적에서는 쇳물을 담은 도가니, 깔때기(주레, 쇳물주입관), 도가니 고정대(집게), 잔치고녕(출탕구)을 뚫고 막는 등의 도구가 출토된 바는 없다. 그러나 쇳물을 부어 주조한 흔적을 남긴 유구는 추정 보고되었는데 용인 남사 완장리 유적 2지점 7호 소성유구와 동해 지상사지(지가동) 소성유구(주조유구)에 해당한다. 이들 유구에서는 출토 용범을 토대로 전자는 솥, 후자는 철불을 주조한 것으로 보고 있다.

용인 남사 완장리 유적 2지점 7호 소성유구는 세장한 타원형의 수혈 유구 내부에 거의 동일 간격의 소결흔이 형성되었으며 내부에서 목탄이 출토되는 바, 주조공정에서 쇳물을 붓기 위해 용범을 미리 가열한 후 식지 않게 유지하려는 방법으로 약간의 지면을 파고 용범을 간격 맞춰 배열 한 후 흙으로 살짝 덮은 양상으로 보고되었다(그림 26).

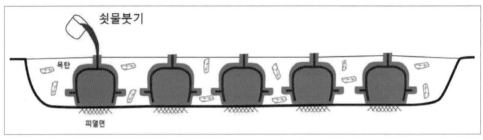

그림 26 용인 남사 완장리 유적 2지점 7호 소성유구 용탕 주입 모식도

동해 지상사지(지가동) 유적에서 철불 주조시설로 추정된 소성유구 1호는 지상사지 철불을 초중자주조법(肖中子鑄造法)으로 주조한 유구로 추정 보고되었다. 아울러 유구 내부에 길이 120cm, 너비 104cm, 높이 15cm 정도의 반원형 돌출 시설은 불상을 앉히는 거치대이며 그 안쪽에 박혀 있는 직경 16cm의 목주는 불상의 내범을 지지하는 목심[52] 역할을 했을 것으로 추정되었다. 유구에서는 원형의 목주를 둘러싼 원형수혈의 바닥과 벽면 소결 형태, 다량의 목탄, 소토화된 약 1m 이상의 벽체로 추정컨대 주조가 있었던 것은 분명하다고 판단되며 지상사지 철불의 높이가 110cm임을 감안해 본다면 유구 내부에서 소토화된 약 1m 이상의 벽체는 지상사지 철불을 주조한 용범일 가능성도 있다고 판단된다(그림 27).

---

52) 초중자주조법에 의하면 철불 역시 금동불이나 마찬가지로 직육면체 혹은 원통형의 목심(木心)을 세워 원형을 만드는데(曺成堻 1996: 8), 이 원형은 나중에 내형이 되며 주조가 끝날 때까지 고정된다.

그림 27 동해 지가동 소성유구 1(좌), 철불 제작 모식도(우)

2) 용해로 트기(둑 눕히기)

'둑 눕히기'는 불미기술에서 드럼통을 활용한 용해로를 재활용하기 위한 방법으로서 전통기술에서도 동일하게 나타나지는 않을 것으로 생각된다. 그러나 청도 솥계 무질부리에서는 용해 작업이 끝난 후 노의 앞을 터서 노 내 찌꺼기를 제거하고 다시 막는 일(앞창 붙이기)을 반복한다. 하동 탑리 유적에서도 노의 저면을 중첩해서 반복 사용하는 양상이 확인되므로 노의 재사용을 위한 해체 가능성도 확인되는 셈이다. 따라서 중세 철기 주조유적에서 용해로의 잔존 상태가 불량한 것은 재사용을 위한 용해로 트기의 결과일 가능성도 염두에 둘 수 있다.

3) 주물 손질하기

이 공정은 용범을 두드려 깬 후 주물을 분리해 내고 기면을 다듬는 과정으로서 불미기술에서의 '주물다듬기', 무질부리에서의 '솥 굴리기'에 해당한다. 불미기술에서 보면 주조철기의 측면에 흐른 쇳물자국(능살)을 쳐 내고 기면을 다듬는데 중세 철기 주조유적에서는 만들어진 주물을 손질한 정황이 확인된 바는 없다. 다만, 주물 손질하기 작업이 이루어진 장소에서는 깨어진 용범과 쇳물자국이 다수 있을 수 있는 가능성이 높고 같은 장소에 반복적으로 동일작업이 지속될 경우 더 많은 분리물이 쌓여 자연스럽게 폐기장을 형성할 것으로 추측할 수는 있다. 그러나 쇳물자국(능살)은 재용해 과정을 통해 용탕이 될 수 있으므로 기본적으로 수거했을 것이며 사용된 바슴(용범)도 화적모살(모래) 등으로 재사용되기 때문에 이 또한 분리 수거했을 가능성이 있다. 아울러 불미기술에서 보면 주조 시 불량이 난 경우는 파기하기도 하는데 중세 철기 주조유적인 부산 지사동유적에서 출토된 주형에서 분리된 파손 상태의 철기들은 그 가능성을 배제할 수는 없다. 그렇다고 한다면 이 역시 다시 용해되어 주조에 활용될 수 있을 것으로 추정된다.

V. 맺음말

이상 중세 철 주조유적 현황과 조업방식에 대해 살펴보았다. 본 연구는 우리나라 주조철기 생산의 사적 의미와는 달리 생산체계에 대한 연구가 부족하며 특히 통일신라시대 이후 크게 발달한 주조철기 생산에 비해 중세 주조철기 생산에 관한 고고학적 연구는 전무하다는 문제의식에서 시작되었다. 이에 따라 고려~조선시대를 대상으로 철기 주조유적의 조사현황을 집계하였으며 금속학적 분석을 포함한 유적 출토 유물과 조사 유구의 분석을 시도해 보았다. 이를 통해 마지막으로 중세 철기 주조유적에서의 조업방식을 추정해 보았는데 여기에는 현존하는 가장 전통적인 주조방법인 불미기술과 조선 말기 무질부리 주조기술이 절대적으로 인용되었다. 그 결과 철기 주조공정에서는 흙이 중요한 물적 요소가 될 수 있다는 점을 알게 되었다. 이는 그동안 크게 주목하지 않았던 부분으로서 용범을 사용하는 주조공정의 특성을 잘 말해준다고 생각한다. 아울러 불미기술과 무질부리에서 용어는 다소 다르지만 전체 공정의 순서나 방법은 크게 다르지 않음을 알게 되었고 '흙 채취와 반죽, 용범 만들기, 용해로 제작, 용범 소성, 용해, 주조' 공정을 다시 구분하였다. 각 공정별로 중세 철기 주조유적 조사 유물과 유구의 분석 양상을 불미기술과 무질부리의 내용과 맞춰본 결과 부합하는 면을 찾을 수 있어서 그동안 불확실했던 중세 철기 주조유적에서의 여러 양상들이 어떤 조업의 결과로 생겨난 것인지를 추정할 수 있었다. 그리고 불미기술과 무질부리의 내용에 꼭 부합하지는 않는다고 하더라고 중세 철기 주조방식에 관한 향후 연구에서 주목할 요소들을 살펴보는 계기는 되었다.

본 연구는 중세 주조철기 생산체계 연구의 시발(始發)로서 의미를 지닌다고 애써 자평할 수 있지만 시론적 고찰이 갖는 한계, 부족함을 있다는 점 역시 자인할 수밖에 없다. 확고한 의도와는 달리 중세 철기 주조 공정의 많은 부분들은 추정에 그치고 구조, 조업 방식 등에 관한 확인이 여전히 필요하다. 그리고 고고학적 입장에서의 연구로 제한하다보니 문헌사적 맥락은 고려되지 않았는데, 이 부분들은 향후 연구의 과제로 삼고자 한다.

〈후기〉

벌써 이십여 년이 훌쩍 지났다.

등짐 같은 백팩을 메고 수원역 앞에 서 있었던 그날 이후...

마중 나오신 권오영 선생님의 차를 타고 도착한 한신대학교 그리고 박물관은
막 상경(?)한 촌녀에게도 큰 긴장감이 느껴지지 않는 익숙한 분위기였다.

주변 어디에서는 소가 움메~ 닭은 꼬꼬댁~~

마치 역에서 학교로 가던 길에 놓인 잘 닦인 활주로로 쓰일 아스팔트 길을 두고
그 옆 비포장 도로를 터덜터덜 달려왔던 것처럼
도시를 바라보면서도 그 속에 서 있지 않은 듯했다.

그리고 사람들이 있었다.

박물관이 소재한 곳이 왜 '양산동'인지 지명의 유래와 연혁을 말씀해 주셨던 ***님, 그 끝에 악명 높은 경기
남부 연쇄 살인 사건의 장소임을 소상히도 알려주었던 ***님, 영락없는 서울 사람, 소년의 미모이나 왠지 아
저씨로 부르고 싶었던 ***님, 언제나 서두르는 법 없이 매사 점잖으며 불닭 같은 성질을 죽이라고 조언해주
셨던 따신 맘 ***님, 느닷없는 발굴현장 호출에 부아가 나서 에버랜드로 도망갔을 때 함께 했던 ***님, 객기로
밤 드리 노니다가 막차를 타고 숙소에 도착한 우리에게 혼쭐 아닌 술 한잔에 타이름을 타서 돌린 ***님, 정성
껏 인사했는데 가벼운 목례로만 되돌아와서 다시는 인사 안 한다고 했건만 볼 때마다 절로 고개를 떨구게 한
카리스마 ***님, 석사학위 논문 쓰느라 늦은 귀갓길에 택시 타고 가라며 거금 삼만 원을 쾌척해주신 ***님, 굳
이 쉬운 말을 어려운 말로 표현하지 않으며 이정현의 '와' 같은 논문을 숙제로 던져주신 ***님, 까칠한 듯 아
닌 듯 묘한 경계 속에 알고 보면 따뜻한 지성인 ***님, 논문 쓰느라 아까운 시간에 밥통을 들고 와 밥을 해 먹
고 밤을 통으로 내달리며 열·공했던 ***님, '니나 내나' 다를 바 없이 부른 배를 안고 독산성을 함께 올랐던
***, ***님, 두 아이 낳을 때마다 내복을 챙겨 찾아왔던 눈이 예쁜 ***님, 박물관을 그만둘 때 회식에서 인사불
성이 된 나를 업고 집까지 데려다준 ***님 등

에피소드로 말하자면 수 페이지를 채울 만큼 많은 사람들, 좋은 사람들.

그 가운데
아무것도 하고 싶지 않아서 아무것도 되지 않으려 했을 때
'쉬었다 오라고......'
말씀해 주셨던 이남규 선생님

존경하고 감사합니다!

제21장

경기지역 조선시대 수혈주거의 확산과 감소, 그 배경

김용호

서경문화재연구원

Ⅰ. 머리말

조선시대 수혈주거지는 2000년대 초반을 시작으로 다수의 고고학적 전공자들에게 꾸준한 연구가 이루어지고 있다(이경복·전경아 2004; 박한재 2007; 임영호·정여선 2007; 이경복 2007·2008; 오준혁 2008; 오승규 2011; 황대일 2011a·2011b·2012a·2012b; 손성진 2013; 김지혜 2013; 김용호·이유진 2014; 김현주 2014; 한선경 2018; 이유진 2020 외).

연구자들은 각 지역을 대상으로 입지, 평면형태, 내부구조 등의 형식분류를 통하여 편년안을 제시하고자 하였으며 나름의 분석결과를 토대로 성격을 추론하였다. 이를 통해 이전까지 막연하기만 했던 조선시대 주거연구에 활로를 찾을 수 있게 되었고 생활상을 추론하는데 일정 부분 해소되는 계기가 되었다.

다만, 연구 경향이 지역적 차이를 제외한다면 답보상태이고 정작 연구가 진행되야 할 중요한 요소는 지나치고 있어, 이렇다 할 후속연구는 이루어지지 않고 있다.

일례로, 조선시대 수혈주거가 이전 시기인 고려시대에 비해 확연하게 급증하다 17세기에 이르러서는 거의 찾아볼 수가 없게 된다는 사실은 조선시대를 전공하는 연구자라면 공통적으로 가지는 의문이다. 상기 과제는 조선시대 취락을 복원하는 것 이상으로 당시의 사회상까지 밝혀낼 수 있는 기초적이고 근본적인 문제의 실마리라 생각된다. 따라서 향후 연구가 앞서 제시한 문제와 같은 고민 없이 형식분류와 편년에만 집착한다면 조선시대 취락에 대한 유의미한 연구의 확장은 힘들 것이다. 이 글은 조선시대 수혈주거지의 확산과 감소에 대한 원인을 찾고자 하는 것이며 비록, 초보적 검토수준에 지나지 않으나 향후 이루어질 후속연구의 발판을 위한 의미에 그 목적을 두고 있다.

조선시대 수혈주거의 확산과 감소원인에 대한 연구는 임영호·정여선(2007)과 김용호·이유진(2014)에 의해 소략하게나마 언급된 바가 있다.

특히, 임영호·정여선(2007)의 논문은 발표된 이래, 동일 연구자들에게 많은 인용과 절대적인 지지를 받고 있는 상황이며 최근 전체 발굴조사 중 70%를 상회하는 조선시대 유적 보고서에서도 가장 많이 언급되고 있다고 해도 과언이 아니다.[01] 후술하여 상세히 설명하겠지

---

01) 2000년대 이후 경기지역에서 가장 많은 보고가 이루어지는 유적은 조선시대 취락이 대표적이다.

만 당시 조선시대 수혈주거지에 관한 연구가 거의 발표된 바 없었고 사료를 적극적으로 인용하는 등 많은 공력이 들어간 점은 분명 높이 살 만하다. 하지만 이들이 제시했던 조선시대 수혈주거의 증가와 감소원인이 사회적 원인 일면으로 설명하기 부족하고 좀 더 면밀히 살펴봐야 할 부분이 존재한다. 또한, 10년 이상 많은 시간이 흐른 지금까지도 맹목적으로 인용하는 연구자들과 객관성을 담보 받고 유적조사를 진행하며 보고서를 발간하는 담당 연구원을 위해서라도 후속연구를 위한 검증은 분명 필요한 실정이다.

조선시대 수혈주거의 확산과 감소 현상은 고고학 자료만으로 해결하기에는 한계가 있다. 주거 생활은 가옥이라는 건물과 그로부터 형성된 공간 구조뿐만 아니라 그 공간 속에서 생활하는 사람들의 신분·조직체, 기후와 경관, 경제활동 등 다양한 요소들이 상호작용하는 매우 복잡한 문화체이기 때문이다(한국고문서학회 2006).

따라서 현재까지 연구되지 않았던 조선시대 수혈주거의 확산과 더불어 감소원인을 고고자료와 다양한 관점에서 살펴보고자 하는 것이며 그 범위는 전국에서 가장 많은 보고와 연구가 이루어졌던 경기지역을 중심으로 전개하도록 하겠다.

II. 선행연구에 대한 검토

1. 연구대상과 현황, 시기

조선시대 주거에 대한 인식은 2010년대 이전까지만 해도 수혈식의 구조에 화덕시설을 갖춘 형식이 대부분을 차지하였고 구들이 설치되는 경우는 극히 제한적으로 보고되었다. 따라서 관련 연구자들은 조선시대 주거를 수혈식+화덕시설, 수혈식+구들시설 구조의 양자를 두고 형식분류 및 편년, 성격, 계층성을 파악하고자 하였으며(이경복·전경아 2003; 임영호·정여선 2007 외) 나아가 문헌을 통한 검토까지 이루어지게 되었다(김성태·이병훈 2004). 해당 구조는 구지표를 수혈한 후 취·난방시설을 설치한 선사와 고대의 주거지와 다르지 않고 그 정황도 비교적 뚜렷해 연구자 간 별다른 이견이 없었다.

하지만 2010년 무렵부터 17세기 이후의 취락에서 구들이 설치된 생활공간과 아궁이 또는

최근 평택 고덕 국제화계획지구에서는 단일 사업지구 내 최대인 약 600동을 상회하는 주거지가 보고된 바가 있고 취락 내 부속시설만 4,000기 이상 조사되었다(이유진 2020).

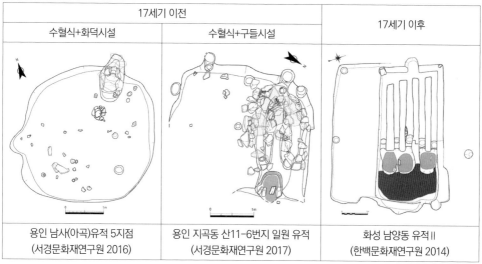

17세기 이전		17세기 이후
수혈식+화덕시설	수혈식+구들시설	
용인 남사(아곡)유적 5지점 (서경문화재연구원 2016)	용인 지곡동 산11-6번지 일원 유적 (서경문화재연구원 2017)	화성 남양동 유적II (한백문화재연구원 2014)

그림 1 경기지역 조선시대 수혈주거의 형태 분류

부뚜막이 설치된 보조생활공간의 양실(兩室)구조가 일률적으로 나타나면서 연구자들간에 이견(異見)이 두드러졌는데, 특별한 견해 없이 여전히 수혈식 구조를 그대로 수용하는 경우(정해득 2016; 이형원 2016 · 2019)와 입식생활이 점차 좌식생활로 변화하면서 생활면이 지면에 설치되었을 가능성을 들어 지상식 또는 반지상식으로 분류한 경우(김용호 2018; 김현주 2014; 이유진 2020)로 나뉜다. 이전까지 조성방식에 관한 구체적인 검토가 없었기 때문에 고고학계에서는 17세기 이후의 주거지 역시, 수혈식으로 단정하고 문헌의 토실(土室)로 추측하는 것이 우세하나, 건축학계에서는 수혈주거지로 보기보다는 가구식 목구조를 갖추지 않은 지상의 일반 흙집으로 추정하고 있다(이강민 2007; 임학성 2011). 본 논문에서는 주제대상을 17세기 이전의 구조인 수혈식+화덕시설, 수혈식+구들시설로 한정하고자 하며 현재까지 이견이 있고 검토가 필요한 17세기 이후 주거는 제외하였다.

경기지역 조선시대 수혈주거가 14세기 후반부터 16세기까지 크게 성행하다가 17세기에 이르러 급격하게 감소하게 된 현황은 관련 전공자들의 선행연구를 통해 여러 차례 제기된 바 있다(김지혜 2013; 김용호 · 이유진 2014; 황대일 2011; 김현주 2014; 이유진 2020).

조선시대 수혈주거의 확산과 감소의 이유를 설명하기 위해서는 17세기 전 · 후 수혈주거의 현황을 비롯하여 이전 시기인 고려시대 수혈주거지 현황을 해당 논고를 통해 간접적으로 비교해 볼 필요성이 있다(표 1).

표 1 선행연구의 경기지역 고려·조선시대 수혈주거지 연구대상 현황

고려시대		조선시대					
황대일(2014)	김가희(2018)	김지혜(2013)		김용호·이유진(2014)		김현주(2014)	
3개 유적	48개 유적	17세기 이전	17세기 이후	17세기 이전	17세기 이후	17세기 이전	17세기 이후
29동	131동	102(78%)	28(22%)	763(93%)	58(7%)	86(88%)	12(12%)

전(前)시기의 고려시대 수혈주거지의 현황은 황대일(2014)과 김가희(2018)의 연구를 통해 조사 성과를 가늠할 수 있다. 황대일은 전국을 대상으로 고려시대 수혈주거지에 관한 연구를 진행하였으며 경기 및 인천지역까지 포함하여 그 범위를 확대해 본다면, 인천 운북동 유적·인천 중산동 유적·수원 호매실 금곡동 유적 등 3개 유적에서 29동에 불과하였다. 이후 김가희는 축적된 자료를 통해 이보다 더 많은 48개 유적, 131동의 주거를 대상으로 전개한 바가 있다.[02] 황대일과 김가희는 취·난방시설로 형식분류를 시도했으며 온돌(T자형과 ㄱ자형)-온돌(ㄱ자형과 ㅡ자형) 또는 바닥 노와 벽로-바닥 노와 벽로로 변화한다고 보았으며 시기는 크게 3시기로 구분하였다.

경기지역 고려시대 수혈주거지의 보고 예는 동일 지역권의 조선시대 수혈주거지에 관한 세 편의 논고를 통해 상호 간 확연한 차이가 드러난다(그림 2).

김지혜(2013)는 경기지역 43개 유적 130기를 대상으로 연구한 결과 17세기 이전에 해당

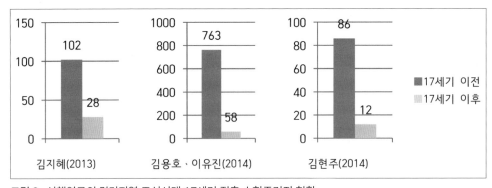

그림 2 선행연구의 경기지역 조선시대 17세기 전후 수혈주거지 현황

---

02) 물론 경기지역 내 고려시대 수혈주거지에 대한 발굴이 차후에 보고될 가능성도 배제할 수 없으나 현재까지 드러난 상황은 당시의 수혈주거는 보편적인 주거라 할 수 없을 것으로 판단된다.

하는 주거지가 102기(78%)이며 17세기 이후 주거지는 28기(22%)로 파악하였다. 취·난방시설을 통해 형식을 구분하였으며 분청사기 및 백자 등의 자기 속성을 통해 14세기 후반에서 18세기 후반까지 네 시기로 편년을 설정하였다. 시기별 유구의 가장 높은 빈도는 14세기 후반에서 16세기에 집중되어있다.

김용호·이유진(2014)은 경기지역 60개 유적 1,142기를 대상으로 연구하였으며 이 중 시기가 명확한 821기를 분석한 결과, 17세기 이전에 해당하는 주거지가 763기(93%)이며 17세기 이후 주거지는 58기(7%)였다. 평면형태, 굴착방식, 취·난방시설, 주혈의 설치양상 등으로 형식 분류를 시도하였으며 자기, 도기, 기와 등을 통하여 14세기 후반에서 16세 후반까지 설정하였다.

김현주(2014)는 경기지역 내 가장 많은 수의 조선시대 수혈주거지가 확인된 화성 남양동 유적을 대상으로 연구하였으며 편년 파악이 가능한 주거지 98기 중 17세기 이전에 해당하는 주거지가 86기로 전체 88%에 해당하며 17세기 이후 주거지는 12기에 불과하였다. 편년은 앞서 언급했던 연구자와 마찬가지로 취·난방시설을 통해 3가지 유형으로 구분하였다. 15세기 중엽에서 16세기, 17세기에서 18세기 2시기로 편년을 설정하였다.

상기의 선행연구를 결과를 통해 현재까지 보고된 유적의 현황은 고려시대 수혈주거지의 비율이 조선시대 전기와 비교하기가 어려울 정도로 차이가 뚜렷하다. 또한, 조선이라는 시대 범위 안에서도 17세기를 기준으로, 그 이전과 이후의 차이도 두드러진다.

2. 경기지역 조선시대 수혈주거의 성격

조선시대 수혈주거의 성격은 사료를 통해 빈민층의 거주지로 추론한 김성태·이병훈(2004)이 있으며 고고 자료를 통해 빈민층의 거주지나 묘막지 또는 공방시설, 특수목적의 임시거주지로 판단하고 있다(김성태·이병훈 2004; 임영호·정여선 2007; 김지혜 2013; 김현주 2014)(표 2).

표 2   조선시대 주거지의 성격에 대한 선행연구 현황(이유진 2020 수정 후 전재)

저자(연도)	지역	주거지 성격
이경복 외2004)	충청	시묘터, 공방관련주거, 그릇 및 숯을 만들어 파는 빈민취락
임영호 외(2007)	경기, 충청, 경상	화전민·특수집단주거, 임시주거, 묘막지
오준혁(2008)	대전	경제적 빈곤층
황대일 외(2010)	울산	일반 서민의 민가(하층민), 공공집회소, 창고

저자(연도)	지역	주거지 성격
오승규(2010)	경기	유이민·특수목적의 임시거주지, 묘막지, 빈민층주거
	영남	묘막지, 피난처, 생산관련 임시 거주지
황대일(2011)	울산	정주형취락, 임시거주지, 묘막지, 공방지
손성진(2013)	강원	빈민층주거지, 묘막지, 임시주거지, 군사시설
김지혜(2013)	경기	빈민층과 신분이 낮은 자들의 주거, 유이민의 임시 주거
김용호 외(2014)	경기남부	일반서민들의 생활공간
김현주(2014)	화성	하위계층주거, 유이민 주거, 포구 및 어촌민 주거?
오승환(2014)	–	묘막지
한선경(2018)	청주	부곡민, 역민(신량역천집단)
이유진(2020)	평택	17세기 이전에는 생산 등의 특수 취락, 17세기 이후 일반서민의 주거

한편, 필자는 다수 연구자들의 주장과 달리 경기지역 내 조선시대 수혈주거지가 보고된 수량, 취락의 분포상태, 입지, 조망권, 출토유물 등을 근거로 빈민층이 아닌 일반민의 보편적인 주거로 발표한 바가 있으나 이는 일부 연구자들에게 비판을 받기도 하였다. 비판의 주된 이유는 조선시대가 가진 건축기술에 비해 수혈주거가 가진 초라함이 보편적 주거에 대응되지 않는다는 것이다. 앞에서 살펴보았듯이 경기지역의 조선시대 수혈주거지는 전(前)시기인 고려시대와 비교 할 때 그 수에서 확연한 차이를 보이고 있다. 고려시대에 비해 조선시대 전기 수혈주거가 폭발적으로 확산된 이유는 사회·경제·정치·기후조건 등과 함께 살펴볼 필요성이 있다. 또한, 주거라고 해서 단순히 당대의 건축기술만 생각할 것이 아니라 왜 수혈주거지가 보편적일 수밖에 없는 복합적인 상황은 전혀 고려하지 않아서 발생한 비판일 것이다. 가령, 현재 전쟁과 같이 특수한 상황이 발생했다고 가정할 경우 보편적인 주거는 임시 주거식의 텐트나 움집 등이 더 적합할 것이다. 특수한 상황은 지속적이기보다는 단속적일 경우가 많은데 조선시대 수혈주거 또한 17세기 이전 감소되기 전까지의 일정 시간만을 구성한 점에서 일반적인 상황은 아니었을 것으로 추정된다. 조선시대 수혈주거의 모습이 빈곤하다거나 빈민하다는 견해를 전적으로 부정하지는 않지만 단정하는 것도 무리가 있어 보인다. 다만, 최근 더 많은 조사가 이루어지면서 일부 연구자들에게도 필자와 동일한 견해도 차츰 늘어나는 추세이다(김현주 2014; 정해득 2016; 한선경 2018; 이형원 2020; 이유진 2020).

경기지역 조선시대 수혈주거지는 대단위의 취락의 경우 화성 남양동 유적,[03] 오산 탑

---

03) 경기문화재연구원, 2009, 『화성 남양동 유적』; 한백문화재연구원, 2014, 『화성 남양동 유적Ⅱ』.

동·두곡동 유적,[04) 수원 광교신도시 유적[05)] 등이 대표적이며 대다수는 농경을 기반으로 하는 취락으로 판단된다. 이외에 용인 남사(아곡) 유적,[06)] 평택 고덕 서정동·두릉리·여염리·궁리 유적[07)] 등은 생산을 기반으로 하는 성격이 뚜렷하며 일부 소(所)와 관련된 유적으로 추정되기도 한다.

농경과 생산을 기반으로 한 일반 민의 취락 이외의 기타 성격에 대한 주장에 대해서는 다소 회의적이다. 묘막지의 경우, 오승환(2014)은 조선시대에서 현대까지 살펴본 그림과 사진을 통해 묘막지는 수혈을 하지 않은 지상가옥이라는 점을 밝혀내면서 묘막지로 보고된 수혈주거의 폐기패턴도 일치하지 않다고 지적하였다. 현재 대다수 유적보고서에는 출토유물을 통한 시기적 검증 없이 지엽적으로 거리로만 판단하거나 구조적인 문제에 대해서도 전혀 고려하지 않는 경우가 대다수이다. 따라서 수혈주거지가 묘막지로 활용될 가능성은 매우 낮을 것으로 판단된다.

공방시설은 가마(窯), 로(爐)와의 거리, 시기 등 생산 주체와 관계가 명확해야 하고 내부에서 녹로축혈과 같이 요업과 관련된 흔적이 확인되어야 한다.[08)] 마찬가지로 대부분 이와 같은 검증은 거의 찾아볼 수 없고 부족하기만 한 실정이다.

마지막으로 특수목적에 따른 임시주거는 고고학적 사실을 기반해서 밝혀내기에는 어렵기만 하다. 때문에 이와 관련된 유구의 보고는 거의 이루어지지 않았다. 다만,『조선왕조실록』에서 전쟁과 전투, 전염병 등의 비상상황에서 수혈주거로 추정되는 토실(土室)이 등장하는 기록이 확인되고 있어, 주변 유구와 출토유물을 연계한다면 밝혀낼 여지도 있다.

3. 선행연구에 대한 검토

조선시대 수혈주거지의 확산과 감소에 관한 연구는 앞에서 설명했다시피 임영호·정여선

---

04) 기호문화재연구원, 2013,『오산 탑동·두곡동 유적』.

05) 한백문화재연구원, 2011,『광교신도시 문화재 발굴조사 보고서 I』; 고려문화재연구원, 2011,『광교신도시 문화재 발굴조사IV』; 기호문화재연구원, 2011,『광교 신도시 문화유적V』.

06) 서경문화재연구원, 2016,『용인 남사(아곡) 유적』.

07) 서경문화재연구원, 2018,『평택 고덕 서정동·두릉리·여염리·궁리 유적』.

08) 조선시대 구들시설을 생산시설의 건조시설로 판단한 예가 있는데 이러한 주장은 주변으로 생산과 관련된 주체가 확인되어야 할 것이며 기물의 건조시설과 수혈주거지와 규모나 내부흔적에서 차이를 보이고 있다.

(2007)과 김용호 · 이유진(2014)이 대표적이다.

　임영호 · 정여선(2007)은 수혈주거가 확산과 감소하는 이유에 대해서 과전법이 붕괴되고 직전법(1466)이 실시되면서 사회적으로 혼란스러운 당시 상황을 반영하여 산속으로 숨어들어간 화전민의 증가가 수혈주거의 확산과 연관이 있다고 설명하였다. 그리고 그 목적을 임시 주거형식의 수혈주거를 만들어 생활했다고 판단하고 있다. 이후 화전이 급증함에 따라 이로 인한 폐단이 증가하게 되고, 화전을 억제하기 위한 수단으로 1492년(성종 23)에 금지령과 함께 강력한 억제정책이 실시되면서 경작면적이 줄게 되고 수혈주거 역시 감소 되었다는 것이 주된 주장이다.

　김용호 · 이유진(2014)은 수혈주거의 감소원인에 대해서만 언급을 하였는데, 수혈주거의 주체는 일반 민의 주거라고 판단하였으며 당시 양란이 끝나고 건물들을 재건축하는 과정에서 저온화라는 기상이변과 맞물려 주거지의 조성방식이 변화가 이루어졌을 것으로 추정하였다. 화덕+수혈주거 → 구들+지상주거로의 변화가 수혈주거의 감소원인이 된다고 한 것이다. 하지만 김용호 · 이유진의 견해는 원인만 소략히 언급하고 그에 대한 배경에 대해 상세히 설명하지 않아 본 절에서는 임영호 · 정여선의 주장에 대해서 검토하도록 하겠다.

　임영호 · 정여선의 논고 가운데 가장 중요한 핵심은 증가원인을 직전법의 등장과 직전법의 폐단으로 인해 화전민의 증가가 수혈주거와 연관이 있다고 설명하고 있고 감소원인은 화선금지령과 그 억제정책으로 인한 수혈주거의 감소이다. 이들이 증가원인이라 지적한 직전법은 법의 취지와 맞지 않게 전개되어 여러 문제점이 발생하고 그로 인한 과도한 징수가 백성에게 돌아간 점은 충분히 납득할 만하다. 필자도 당대 서민이 고통받을 수밖에 없던 사회상으로 인해 수혈주거지가 증가했다는 지적에서 동의하나 직전법 한 가지 이유로 화전민이 증가하고 화전민이라는 매개(媒介)로 증가와 감소가 이루어졌다는 주장에는 회의적이다. 그렇다면 현재까지 확인된 경기지역 수 천기 이상 대부분을 화전민으로 봐야 하지만 앞에서 살펴봤던 수혈주거지의 성격 중에는 생산시설을 기반으로 하는 취락도 많은 비중을 차지하고 있기 때문이다. 직전법으로 인해 많은 서민들이 고통을 받았던 점은 하나가 이유가 될 수는 있으나 이로 인해 화전민이 증가하고 산속에 숨어들어가 취락을 형성했다는 것은 무리가 있어 보인다. 수혈주거지가 집중적으로 확인되는 15~16세기의 화전 성행 여부에 대해서 검토를 해본다면 보다 명확해질 것으로 생각된다.

　조선시대의 농지개간은 15~16세기 천방과 제언 중심의 농업개발이 이루어졌다. 조선 초 이주민과 급속히 늘어나는 인구로 인해 넓은 황무지를 경작지로 전환하는 개간이 이루어졌는데 『세종실록』「지리지」(1454)에 기재된 저수지가 전국에서 44개에 불과하였으나 『경상도

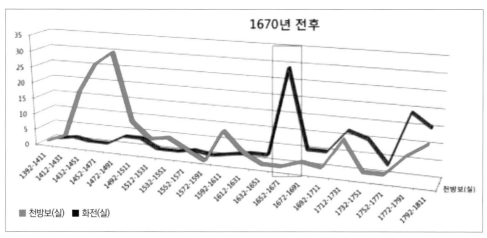

그림 3 『조선왕조실록』 천방과 화전의 논의 추이(김동진 2017 전재)

속찬지리지』(1469)에 이르면 그 수가 723개일 정도로 크게 늘어나며 중종 18년(1523) 제언사의 보고에는 저수지가 전라도에 900여 개, 충청도에 500여 개, 경상도에 800여 개가 있었다고 한다. 천방이 본격적으로 개발되던 15~16세기에 화전(火田)은 농지개간에서 매우 부차적인 방식이었다. 천방 개간이 상당한 수준에 도달한 17세기 무렵 전국 곳곳에서 더 이상 천변에서 개간할 수 있는 땅이 고갈되기 시작하였고, 이러한 변화가 화전 개발에 불을 당겼다(김동진 2017). 그 예로 『조선왕조실록』에서 천방과 화전에 대해 논의한 기록을 통계하면 17세기에 이르러 화전 중심으로 이행하는 것을 알 수 있다(그림 3).

『조선왕조실록』에서 천방과 화전의 성행은 〈그림 3〉에서 보듯이 15~16세기에는 천방이, 17세기부터 화전에 대한 언급이 중심이 되며 〈그림 4〉를 통해서도 한반도 임목축척량은 15세기에 가장 높은 임목축적률을 띠다가 17세기에서 19세기에 걸쳐 급격하게 감소하는 것을 볼 수 있다. 17세기 이후 구들이 민가에게까지 보급

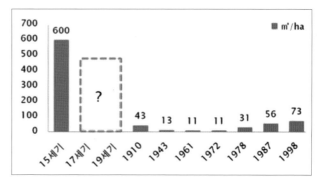

그림 4 조선시대~현대 한반도 임목축적량(김동진 2017 전재)

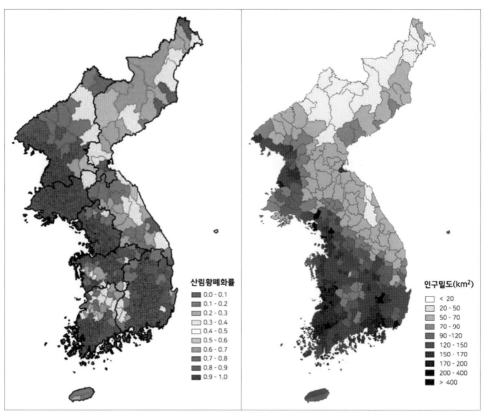

그림 5 1910~1911년 산림황폐화률 및 인구밀도(국립삼림과학원 2020 전재)

되거나 농지를 개간하면서 산림이 감소하는 이유도 있지만 근본적인 원인은 화전이었다. 17세기 후반 정상기(1678~1752)가 저술한 『농포문답』에서는 전국의 원결 134만여 결 중 화전의 총 결수가 50~60만결이라고 기록하고 있다. 전국의 농경지 중 40~50% 정도에 이를 정도의 방대하는 것을 알 수 있는 대목이다.

이후 산림은 쉽게 복구되지 않고 현상은 오래도록 지속되며 비록 시기적 차이는 있지만 근대와 현대까지 이어지게 된다(그림 5). 물론, 근대와 현대에 들어와서 주된 원인이 다를 수 있으나 화전을 배제하고 이야기할 수는 없을 것이다.

상기의 자료는 그동안 고고학계에서 적극적으로 지지를 받던 임영호 · 정여선과 정면으로 배치되는 견해이다. 임영호 · 정여선이 주장한 바와 같이 화전민으로 인해 수혈주거가 확산되었다면 오히려 17세기 이후 더 증가를 해야 하지만 거의 찾아볼 수 없게 되었고 15세기에 화전은 보편적인 농사법이 아니었다. 전기에 국가가 화전에 대한 금지령과 규제를 통해 적극적으로 개입한 것은 사실이나[09] 화전은 19세기 이후에 이르러 숙전(熟田)으로 전환되기 전까지 전국적으로 가장 쉽게 볼 수 있는 농사법이기도 하였다.

결국, 수혈주거의 감소원인은 17세기 이전, 직전법과 화전이라는 정책과 사회상의 폐단만을 집중 조명해 도출된 자의적 해석의 결과로 판단된다.

III. 경기지역 조선시대 수혈주거의 확산과 감소

경기지역 조선시대 수혈주거의 확산과 감소의 배경을 분석하기 위해서는 주지하듯이 고고학적 자료만으로는 한계점을 지니고 있다. 따라서 수혈주거지가 의식주에 직결되는 만큼 사회·생활상을 살펴볼 필요성이 있으며 당대의 사료를 통해 원인을 검토하고자 한다.

살펴보고자 하는 문헌 대부분 기록은 지방과 일반 민을 대변하기보다 수도 한성과 사대부 또는 왕족 등 권력층과 관련된 묘사로 가득 차있기 때문에 경기지역을 아우르기에는 무리가 있다고 생각할 수 있으나 지방의 읍성과 읍치 일대의 상황은 수도 한성과 유사하거나 더 어려웠을 것이다. 또한, 조선시대 경기지역은 수도 한성의 인구와 물자가 이동하는 핵심이 되는 교통의 요지였으며 공간적 범위로 보았을 때 매우 밀접한 관계가 있으므로 이를 통해 간접적으로 당시의 수도 한성의 기록을 통해 경기지역 상황을 유추하고자 한다.

화성 남양동[10]이나 용인 마북동,[11] 평택 고덕지구[12] 등의 대단위 취락은 당시 읍치 및 역원과 같은 국가시설과 인접하고 있는 유적도 적지 않다.

1. 확산

1) 주택문제

경기지역 조선시대 수혈주거가 성행하던 14세기 후반에서 16세기 사이는 고려가 멸망하

---

09) 화전 금지령은 1492년과 1493년 동안 두 차례 시행되었지만, 오히려 더 크게 성행하게 되었고 1663년에 이르러 또다시 화전 금지령이 이루어졌다.

10) 경기문화재연구원, 2009a, 앞의 보고서; 한백문화재연구원, 2014, 앞의 보고서.

11) 경기문화재연구원, 2009b, 『용인 마북동 취락 유적』.

12) 서경문화재연구원, 2018, 앞의 보고서.

고 태조에 의해 한 시대가 새롭게 열리는 시기이자 임진왜란이 막 일어나기 시작할 시점이다. 건국 직후 태조는 풍수지리사상에 입각한 터전에 유교적 교의를 적용하여 도성인 한양으로 새 수도를 건설하게 된다. 한양 수도가 결정되면서 사회적으로 여러 문제가 발생하게 되는데 그 중 수도 한성부를 중심으로 택지와 주거문제는 주요 난제 중 하나였다.

조선시대 전기 주택문제가 대두되며 발생한 상황은 다음과 같다.

○ 한성부(漢城府)에서 궁궐(宮闕)을 압박(壓迫)하고 있는 호수(戶數)를 기록하여 아뢰니, 전교(傳敎)하기를, "4백이 넘는 민가(民家)를 하루 아침에 다 철거(撤去)시킬 수는 없다. 그러나 어떻게 처리하면 좋겠는가? 원상(院相)과 의논토록 하라." 하였다.[13]

○ "궁궐(宮闕)을 압박하고 있는 호수(戶數)가 매우 많아서 다 철거할 수가 없다. 그래서 원상(院相)에게 의논케 하였다." 하니, 서거정이 말하기를, "국도(國都)를 창건(創建)한 것이 1백여년이 되어 인구(人口)가 날로 번성하여서 성(城) 안에는 다 수용할 수 없었습니다. 그래서 할 수 없이 높은 지대(地帶)에 집을 짓게 하였습니다. 신(臣)의 의견으로는, 경복궁(景福宮)·창덕궁(昌德宮)·수강궁(壽康宮)의 세 궁궐에 가까이 압박하고 있는 민가(民家)는 그 수가 많지 않으나, 만약 남산 기슭의 먼 데 것까지 계산한다면 다 철거할 수 없다고 여깁니다."라 하였다.[14]

상기의 사료는 성종 7년(1476) 도성의 주택철거와 관련된 사실을 기록한 글이다. 이를 통해 유입되는 이주민[15]과 더불어 주거의 양적 부족과 질적 저하가 수반되자, 안정된 주거 생활을 위해 다양한 주택 정책을 시행하였으며 정부는 주택 문제들을 가옥의 개량화를 위해 불법 가옥의 철거라는 측면에서 진행하기 시작한 사실을 알 수 있다. 이후 도시 주택을 정비하면서 민가의 철거양상으로 말미암아 무허가 주택자의 양산과 집값 급등이라는 또 다른 문

---

13) 『성종실록』 67권, 성종 7년 5월 1476년 명 성화(成化) 12년.
　　漢城府錄宮闕臨壓家名數以啓, 傳曰: "四百餘家, 不可一朝盡撤。然將何處而可? 其議于院相"。

14) 『성종실록』 67권, 성종 7년 5월 3일 1476년 명 성화(成化) 12년.
　　御書講。上語知事徐居正曰: "宮闕臨壓家, 其數甚多, 不可盡毀。故令院相議之。" 居正對曰: "國都開建百餘年, 生齒日繁, 城中不能容, 故不得已家於高地。臣見景福、昌德、壽康三闕傍近臨壓之家, 則其數不多, 若竝南山麓遙臨處以計, 則不可勝毀。"

15) 조선 초기의 인구증가는 사회적인 상황과 연관이 있다. 태종 5년 10월 한성으로 재천도하면서 개성을 비롯하여 다수의 사람이 한성으로 이주 하였다.

제를 양산하게 된다(유승희 2009). 이렇게 되자 정부에서는 산지나 고지대를 중심으로 주거를 조성하도록 하거나[16] 결국, 도성 밖으로 거주지를 확대하면서 분산시키는 정책을 시행하게 된다.[17]

15세기 전·후로 하여 경기지역 수혈주거가 주로 산지와 고지대에 분포하는 까닭은 이미 수도 한성에서도 주택과 택지 문제로 인해 국가적 승인이 이루어졌음을 알 수 있으며 산지나 고지대에 분포하는 주택의 경우, 무허가 주택자가 대부분이고 이들 중 신분이 높은 재상과 조신들도 포함되어 기록되어 있는데[18] 경기지역 조선시대 수혈주거 역시 이와 같은 문제에 직면했을 것으로 판단할 수 있다.

조선시대 수혈주거는 가사 제한의 규제에 포함이 되지 않았던 것으로 추측하고 있고(황대일 2013) 실제 사료에 기입된 가옥의 수와도 큰 차이를 보여 기록되지 않은 주거 형태로 추정하고 있는 이유(이경복 2017)에 대해서도 기록에 등장한 무허가 주택으로 활용되었기 때문일 가능성이 있다.

계속해서 주택 철거과정과 주택 소유와 관련한 상황이다.

○ "궁궐을 누른 산맥을 파고 동쪽·서쪽 담 밑에 지은 집을 철거하도록 명하셨는데, 우리 나라는 태평이 이미 오래되매 인구가 날로 불어나서 서민뿐만 아니라, 사대부(士大夫)까지도 또한 집 없는 사람이 많습니다. 지금 비록 빈 땅과 대가를 주도록 명하였지만, 그러나 도성(都城)의 안팎에는 찾아보아도 한 치의 땅도 없으니, 어디서 빈땅을 얻겠습니까. 집을 철거한 곳이 매우 많으니 어찌 낱낱이 대가를 줄 수가 있겠습니까. 근래에 천변이 자주 나타나니 무릇 백성의 원망을 살 일을 모두 정지하기를 청합니다."[19]

○ 의정부가 아뢰기를, "신 등이 후원(後苑)의 담 밑에 있는 인가를 철거하라는 명을 들었는데, 이보다 앞서도 도성(都城) 안에 인가를 많이 철거했지만, 거주할 만한 땅이 없는 까닭으로

---

16) 1476년(성종 7) 산맥이나 구릉부에 위치한 가옥은 파악된 것만 400채가 넘었으며 주변 산맥까지 더해 살펴보면 15~16세기 많은 사람들이 산지나 구릉부에 주거를 짓고 살았음을 알 수 있다.

17) 『세종실록』 24권, 세종 6년 4월 계해.

18) 『성종실록』 125권, 성종 12년 정월 정유.

19) 『연산군일기』 42권, 연산 8년 2월 23일 병인 1502년 명 홍치(弘治) 15년.
持平柳應龍啓: "命撤臨壓山脈掘取東西墻底家。我國昇平己久, 生齒日繁。非徒庶民, 至於士大夫亦多無家。今雖命給空地與價, 然都城內外, 顧無寸土, 何從而得空地? 況撤處甚多, 豈可一一給價? 近來天變累見, 凡起民冤之事, 請皆停之。"

혹은 이곳에 머물러 살고 있습니다. 그러나 원래 거주한 사람은 조종(祖宗) 때에도 또한 철거하지 못하도록 하였으니, 지금 만약 이를 철거한다면 원통함을 어찌 다 말할 수 있겠습니까. 중국에서는 황성(皇城) 밑에 거주하는 사람의 가옥이 맞닿아 있고 담장이 연해져 있으며, 태학관(太學館) 근처에도 인가가 길을 끼고 있어 겨우 통행을 합니다. 성균관(成均館) 근처의 인가도 또한 이미 많이 철거하였는데, 그때에 신 등이 미처 알지 못했던 까닭으로 아뢰지 못했을 뿐입니다. 더욱이 지금 백성들은 먹고 살기도 어려우므로 더욱 철거할 수 없습니다. 전일에는 또 도로를 침범한 인가를 철거하자 돌아갈 곳이 없어서 재목을 길 옆에 쌓아두고 초막(草幕)을 지은 사람이 많아, 백성들의 원망과 고통스러움이 적지 않습니다."[20]

○ 한성부 판윤 윤순(尹珣) 등이 아뢰기를, "도성(都城) 안의 냇가와 길 옆에 허가 문서를 받지도 않고 스스로 점유하여 집을 짓는 사람이 매우 많습니다. 지금 바야흐로 통기(統紀)를 고치는 때인데, 모두 철거하도록 하면 원망이 적지 않을 것이고, 만약 장부에 기입하고 방리(坊里)의 역사를 하도록 하면, 반드시 앞으로도 길가와 냇가를 침범하게 될 것이므로 감히 마음대로 할 수 없어 취품(取稟)합니다."[21]

위의 사료는 연산군과 중종실록에 기록된 사실이다. 성종과 중종 때까지도 오랜 기간에 걸쳐 택지확보를 위한 철거문제가 대두되고 있으며 백성은 먹고살기 어려울 정도로 사회적 상황은 악화한 것으로 판단된다. 도성에는 택지가 적고 인구가 과밀집 되면서 대신들의 경우 서로 경쟁하듯이 한성부 내 가옥을 두 채 이상 가지고 있었기 때문에 사대부조차 집이 없었던 예가 많았음을 알 수 있으며 감히, 일반 서민들은 도성 안에 거주조차 할 수 없었고 세종 때는 신분별 주택 크기와 세부 건축 구조의 크기까지 인위적으로 조정, 결정되기까지 하였다.[22] 마침내 서민들은 도성 밖으로 이동하게 되는 상황이 도래하는 것이다.

---

20) 『연산군일기』 42권, 연산 8년 2월 25일 무진 1502년 명 홍치(弘治) 15년.
　　戊辰/議政府啓: "臣等聞命, 撤後苑墻底人家. 前此都城內多撤人家, 無地可居, 故或有寄寓於此, 然元居者, 在祖宗朝亦勿撤. 今若撤之, 則冤悶何可勝言? 中朝則皇城底居人, 接屋連墻, 太學館近處人居挾路, 僅可通行而已. 成均館近處人家, 亦已多撤, 其時臣等未及知之, 故不啓耳. 況今民尚艱食, 尤不可撤. 前者又撤侵占道路人家, 無所於歸, 積置材木於道傍, 結草幕者多, 民之冤苦不細."

21) 『중종실록』 24권, 중종 11년 4월 11일 임술 2번째기사 1516년 명 정덕(正德) 11년.
　　漢城府判尹尹珣等啓曰: "都城之內, 川邊及路傍, 無折受立案, 而自占造家者甚多. 今方改統紀時, 盡令撤去, 則民冤不少. 若錄於帳籍, 而使爲坊里之役, 則必將侵損路傍及川邊, 未敢自擅, 敢取稟. 且䲭惡縣布, 自今四月初一日始禁事, 已立法"

22) 『세종실록』 51권 세종 13년 정월; 『세종실록』 90권 세종 22년 7월.

도성을 중심으로 한 주택정비는 많은 수의 백성들을 도로변이나 도성 외 지역으로 떠밀리게 되고 초막을 지어서 살았던 기록도 다수 확인되는데, 국가에 의해 도시 계획과 정비가 이루어지는 정치적 성격 속에서 경제적 이유를 떠나 택지공급에 대한 신분적 차별과 정주공간의 강제적 이동 등이 이루어졌음을 짐작할 수 있는 대목이다. 실제 고고자료를 참고해도 당시 도성이었던 한성 일대에서 조선시대 수혈주거지가 보고된 예는 전무하며, 수혈주거지가 수도 한성과 접하거나 경기지역에 밀집된 양상은 위의 사료와 밀접한 관련성이 있을 것이다.

경기지역에서 보고된 많은 수의 수혈주거지의 주체는 재지민일 가능성이 가장 높겠지만 많은 수의 이주민과 경제적으로 빈곤한 백성, 도성에서 이동한 철거민, 무주택자일 개연성도 충분하며 이러한 상황은 각 지방 읍성과 읍치 주변도 유사했을 것이다. 주택과 택지와 관련된 복합적인 상황은 일반 서민으로 하여금 자연스럽게 산지나 구릉부로 들어가 집을 짓는 결과를 낳았을지도 모른다.

한편, 풍수상의 이유로 재상과 조신들도 고지대나 구릉을 무허가 불법 건축물을 지었다는 기록을 통해 수혈주거지에서 고가의 장군이나 매병, 양질의 자기 등이 출토되는 이유를 찾을 수 있지 않을까 한다.[23]

2) 재해

조선 왕조는 왕도사상을 실천하고 민본이념을 추구하는 국가로 건국한 만큼 민의안정을 최우선으로 삼았다. 당대의 생활상을 척도 하는 것들 중 '구휼정책'이 있다. 구휼이란 사회적 또는 국가적 재난상황을 초래할 때 국가차원에서 지원을 하고, 성금과 모금을 장려하는 등 구제하는 것을 말하며 오늘날에도 특수상황이 발생한 이후에 심심치 않게 볼 수 있다. 과거나 현재에도 어려운 일반 민(民)들을 돕는 것이야 말로 국가나 사회가 함께 공유하며 통감할 수 있는 마땅한 책임이라 할 수 있을 것이다. 다만, 구휼의 횟수와 규모가 많을수록 사회적으

가사의 크기를 대군 60칸, 공주 50칸, 2품 이상 40칸, 3품 이하 30칸, 서민은 10칸으로 제한하였고, 사치를 막기 위해 다듬은 돌, 화공, 진채, 단청의 사용을 금지하였다. 1440년(세종 22)에는 세부 건축 구조의 크기까지 인위적으로 조정되어 품계별로 누각의 칸수, 보, 기둥, 도리의 잣수[度尺] 등이 결정되었다.

23) 용인 남사(아곡) 유적(서경문화재연구원 2016)에서 백자장군 완형 1점이, 이천 지석리 유적(겨레문화유산연구원 2014)에서는 분청사기 매병과 장군 각각 2점이 완형으로 출토된 바가 있고 광주 관요품으로 판단되는 양질의 자기 등은 다수의 유적에서 확인된다. 특히 양질의 자기 등은 수혈식+화덕시설에 비해 수혈식+구들시설에서 출토율이 높은 점은 특기할 만 하다.

로 재해가 많았음을 시사하며 가장 피해를 입기 쉬운 서민들은 살기가 힘들었다고 볼 수 있다. 따라서 당대 실시되었던 재해와 구휼에 대한 내용을 통해 사회상을 짐작할 수 있으리라 생각된다.

조선시대 전기의 구휼이 지급된 사안을 보면 대부분 자연재해를 기반으로 복구할 목적이 뚜렷하다. 조선시대는 농경을 업으로 삼는 사회이기 때문에 자연재해에 대한 국가와 국민적 관심은 나라의 안위를 좌우하는 중요한 관심사임에 틀림없다. 오늘날에도 자연재해를 막는 것은 거의 불가능하며 미리 최소한의 예방만을 할 수 있을 터인데 당시에는 더 극복하기 힘든 일임은 분명하다.

조선시대 전기 태조~태종 때의 자연재해는 실록에 기록된 바만 1,130회로 연평균 42회였으며(표 3) 국가적으로 기민 구제가 실시되었다. 그나마 일어난 횟수에 비해 큰 재해가 닥치지 않아 태종 시기에는 군량미를 포함한 비축한 곡식이 415만석 중 자연재해로 인해 수 십만석의 곡식이 구휼로 사용된 정도였다(강철성 2012).

표 3 조선시대 전기 재해 현황(강철성 2012 수정후 전재)

시기 \ 재해	천둥	큰비	벼락	폭설	바람	우박	한파	서리	짙은 안개	황충	가뭄	지진	합계
태조 (1392~1398)	37	50	3	8	24	13	26	10	19	3	14	2	209
정종 (1399~1400)	10	19	6	-	10	7	5	2	7	2	5	1	74
태종 (1401~1418)	83	234	96	38	56	76	43	52	65	37	47	10	847

태조~태종까지는 재해나 기근으로 인하여 크게 국가적으로 타격을 입지는 않던 것으로 해석되는데 해당 시기인 14세기 후반~15세기 초반 수혈주거지의 현황과 비교하면 아직 확산되기 전 시점으로 판단된다.[24]

---

24) 해당시기는 분청사기만 확인되거나 분청사기와 백자(죽절굽+태토비짐)가 공반되는 주거지가 확인되는 시기이며 방사성 탄소연대측정결과를 반영해도 확산이 진행되고 있다고 보기에는 힘들다. 주거지의 편년에서 도기와 기와도 참고하지만 주로 자기를 이용하는데 자기가 가진 속성의 시기 폭이 크다는 점에서 세부적인 편년은 분명 어려움이 있다. 사회발전이라는 것은 개개의 특징을 가진 다양한 부분들이 상호 결합되어 전체를 구성하는 과정에서 이루어지며 개개의 부분들은 각각 그 발전과 변화과정이 반드시 동일한 시간적 속성을 가지지는 않는다. 이러한 불균등한 변화과

그러다가 세종 때에 이르러 이전의 임금들과 비교하면 구휼의 양이 상대적으로 훨씬 크게 늘어나는 점이 주목된다. 세종실록에 따르면 1423년(세종 5)~1446년(세종 28)까지 전국적으로 약 30건 이상, 경기지역은 6건의 구휼 기록이 있다(표 4).

표 4 세종시기 경기지역 구휼 현황

기록	구휼내용	기타
세종 5년(1423년)	10,700석	-
세종 6년(1424년)	107,001석	-
세종 18년(1436년)	10,000석	쌀
세종 21년(1439년)	80,000석	쌀, 콩
세종 23년(1441년)	120,000석	-
세종 28년(1446년)	110,000석 이상	-

이 중 1419년에 중북부 6도에서 12만명의 기아로 허덕인 해[25]와 1442년 함경도에 1,725명이 아사한 기록,[26] 1446년에는 기근으로 여러 차례 금주령[27]이 있었는가 하면 한 해에 비축한 곡식 865만석 중 273만석이 오로지 백성들의 구휼을 위해 대량 지급한 기록도 있다. 이러한 노력과 지속적인 구휼에도 불구하고 굶은 백성의 수가 최소 108만 5천여 명이라는 기록과 1447년(세종 29)에는 기근으로 인해 굶어 죽은 백성이 늘어나고 있고 심지어 백성이 인육을 먹었다는 내용도 언급되어 있다.

1454년 대기근에는 3~4년에 걸쳐 이를 극복하기 위해 의창곡과 40만석에 이르는 군자곡 및 소금을 방출해 구휼을 했고 재해로 인해 인구가 감소하자 평안도 4군을 1455년 4월 폐지

정이 전체적으로 통합되어 제일성을 나타내는 시점이 바로 획기(김일규 2015)이며, 획기를 구분하는데 조선시대는 선사와 고대와 비교할 때 덜 민감할 수밖에 없다. 조선시대 수혈주거지가 갖는 속성의 변화 또한 이전 시기에 비해 더디기만 하다.

25) 『세종실록』4권, 세종 1년 5월 10일 갑인 1419년 명 영락(永樂) 17년.
   視事。忠淸道行臺監察金宗瑞啓: "道內各官飢民男女壯弱, 共十二萬二百四十九名口, 賑濟米穀萬一千三百十一石, 醬九百四十九石。" 咸吉道行臺監察崔文孫啓: "飢民萬二千二百二十三名口。" 上以金宗瑞所啓, 命各道監司, 於疾疫之家, 加等賑濟。

26) 『세종실록』102권, 세종 25년 11월 19일 경오 1443년 명 정통(正統) 8년.
   諭咸吉道都觀察使鄭甲孫: 予聞今年其道失稔, 人民多至死亡, 遣禮曹佐郎鄭軾檢之, 軾回啓: "各官死亡人, 共一千七百五十二人。", 則數月之內, 死亡之數, 不可謂不多矣。

27) 『세종실록』111권, 세종 28년 3월 1일 무진;『세종실록』112권, 세종 28년 5월 7일 갑술.

하기에 이르기도 한다(김덕진 2008). 세종 시기 이르러 자연재해로 인한 백성들의 사회적 분위기가 얼마나 흉흉하고 험악했는지 짐작할 수 있는 기록들이다.

조선시대에서 구휼이 가장 많이 시행되는 때가 세종에서 성종까지이며 이러한 재해는 간헐적으로 오래도록 지속되게 된다. 앞서 설명했다시피 재해가 일어나면 가장 큰 피해는 일반서민이다. 오랜 기근으로 인해 상당한 피해가 있을 것으로 추정되며 삶은 피폐했을 것이다.

해당 시기인 15세기 중반에서 16세기 전반의 조선시대 수혈주거지 현황을 보면 당시 기점으로 크게 확산되고 성행하는 것으로 파악된다.[28] 이는 앞에서 언급했던 재해와 그로 인한 구휼의 기록은 조선시대 수혈주거의 확산과 무관하지 않을 것이다.

수혈주거는 조선시대 건축기술과 대응되지 않은 건축물이며 대개 관련 전공자 모두가 이를 공감하고 있다. 또한, 그 성격을 그저 빈민한 특수계층이라 추정하고 있다. 하지만 당시 빈부의 격차는 전혀 고려하지 않은 판단이며 조선시대 전기의 주택과 택지 부족의 문제는 일반 서민들 상당수를 산속이나 구릉부로 들어가도록 했고 수혈주거는 가장 조성하기 쉬운 건축기술이었을 것이다. 더불어 잦은 재해로 인해 많은 구휼이 이루어지는 시점에서도 굶어죽는 사람의 기록이 비일비재하니 생활 자체도 고단했을 것으로 추측된다. 많은 서민들이 선택할 수 있는 방법은 그나마 잉여생산물이 풍부하고 주택문제도 해결할 수 있는 산속이나 구릉부의 무허가 수혈주거에서 생활하는 것이 가장 나은 선택이었을 것이다.

기존 연구결과에서는 직전법으로 인해 산속으로 숨어들어갔다고 보는 견해가 있었으나 당대 사료에서 기록되었듯이 불법 무허가 주택을 아마도 국가에서는 용인하고 있었을 가능성이 있으며 현재까지 보고된 많은 수의 수혈주거는 당시 서민들의 보편적인 주거형태 일지도 모른다.

2. 감소

1) 양란과 이상기후, 구들의 도입

조선시대 수혈주거가 감소하게 된 17세기 이후는 임진왜란(1592)과 병자호란(1636)의 양란을 겪었던 시기이다. 양란은 조선시대 전반을 피폐하게 만들었으며 사회·경제적으로 상

---

28) 15세기 중반에서 16세기 전반에 해당하는 유물은 죽절굽+태토비짐의 조질백자가 출토되거나 죽절굽+태토비짐와 오목굽+모래비짐이 함께 확인되는 시점이다.

당히 침체되어있는 상태였다. 여기에 더해 경작면적이 1/3로 감소하였고 기근과 질병이 만연하였다(변태섭 2007). 사료에 기록된 공식적인 가구 수만 해도 40% 이상 감소하였으며 인명피해도 상당하였는데 기록되지 않은 수혈주거지의 경우 피해는 훨씬 더 컸을 것이다(표 5). 인구가 감소했다면 이와 함께 당시 구성된 거주공간인 수혈주거도 감소할 수밖에 없는 이유는 당연하다.

표 5 조선시대 연도별 가구수 현황(통계청 1992)

연 대		호 수	비고
중종 14년	1519년	754,146	양란 이전
인조 17년	1639년	441,827	양란 이후
인조 23년	1648년	505,911	
효종 8년	1657년	658,771	
현종 7년	1666년	1,108,351	

양란 이후 조선시대는 이에 다양한 방법으로 복구를 시키고자 했던 흔적이 나타나는데 가장 눈에 띄는 점은 구들의 도입이다. 구들은 17세기 이전까지만 해도 수혈주거지에서는 거의 찾아 볼 수가 없었으며 궁궐이나 공경대부의 저택에서도 노약자나 병자들을 위해 1~2칸 정도 마련하는 정도였다.[29]

구들의 보급은 인조시기에 폭넓게 전해진 것으로 판단되는데 성대중이 저술한『청성잡기』에는 최초 김자점의 건의로 구들이 설치되기 시작했으며 산속에 쌓인 솔잎이 여러 차례 산불원인이 되자 미연의 방지를 위함이라 기록하고 있다.[30] 일부 연구자들은 상기 기록으로 구들이 확대·보급된 사실에 의문을 가지고 있으나 목적은 구들이 아니었으며 당시 김자점은 '호조좌랑'을 맡고 있었고 '호조'가 국가재정을 담당하는 부서임을 감안한다면 솔잎으로 인한 산불의 원인을 국가적 재산피해를 막기 위한 제언이라 할 수 있을 것이다.

---

29) 일찍이 여러 노인들의 말을 들으니 "백 년 전에는 고위 관리들의 좋은 집에도 온돌[煖堗]이 한 두 칸에 불과하여 노인과 병자의 처소가 되었고, 나머지는 모두 공중에 들린 마루[板架] 위에서 자고 거처했다. 마루에 병풍[屛障]을 두르고 돗자리[茵]를 겹으로 깔아 각기 여러 자녀들의 방으로 삼았다.
『성호사설』권16, 人事門 寢於板廳 "曾聞諸耆 舊退計百年前 公卿貴家廣宅中 有煖堗不過一二間 爲老病所處 餘皆板架上寢處 其廳中圍以屛障 藉以重茵 各爲諸子女之室"
30) 『청성잡기』권4, 성언.

어찌 됐든 이러한 명령은 단시간 내 국가기관을 비롯한 민간주택을 재건축함에 따라 구들을 전국으로 확대·정착하는 계기가 되었다(한국고문서학회 2006).

구들의 대중화는 따뜻함을 좋아하는 국민적인 특성도 한 몫을 하지만 마침 전란으로 인한 도시재생이 이루어짐과 더불어 17세기 이후의 조선시대 기후와도 분명 밀접한 관련성이 있다. 기후는 과거나 현재에도 그러하듯이 국민들의 생활에 결정적인 영향을 끼치기 마련이다. 일찍이 문헌사학과 역사학 및 지리학에서는 15~19세기까지 전 세계적으로 발생한 저온현상 내지 이상저온현상과 기후 불규칙성이 빈번하게 발생한 이유에 관한 연구를 진행하였으며 특히, 17세기에는 그러한 현상이 집중되는 것에 대해 국내 상황도 병행하며 연구하였다. 당시 농경을 기반으로 하는 사회에서 기후가 차지하는 비중은 절대적이었다.

이 시기 기후변화는 농업 생산력에 영향을 미쳤으며 나아가 당시 사람들의 경제활동 및 소비생활에 중대한 변화를 야기했다. 이러한 물적 토대의 변화는 바로 정치, 경제, 사회, 문화 등과 같이 밀접하게 연결되므로 기후변화에 따른 그 결과를 검증하는 것이 필수적이라 할 수 있다(김연옥 1985; 이태진 1995; 이현숙 2003; 박근필 2005; 강철성 2012; 이준호·이상임 2017 외). 하지만 고고학에서만 유독 연구경향이 미비한데 아마도 기후와 관련된 조선시대 전공자의 부재와 실제 발굴 현장과의 연관성을 밝혀내기에는 한계가 있었을 것이라 생각된다.

문헌을 통한 저온화의 연구와 나이테 분석 등 다각도로 살펴본 분석 결과, 국내에서도 17~18세기에 이르러 평균기온이 1° 이상 떨어지는 등 극심한 저온기를 겪은 것으로 판단하고 있다(김연옥 1985; 박근필 2005). 연평균 기온 1° 정도 떨어진다고 가정하면 곡물 경작의 한계 고도가 500피트 정도 낮아지는 결과를 초래하기 때문에 농업과 생활에 지대한 영향을 끼쳤을 것이다(이현숙 2003). 한반도의 저온화는 17~18세기에 맹위를 떨친 후 19세기에 이르러서야 다시 본래 기후로 돌아왔고 한다(권복규 2000).

이러한 저온화와 관련된 이상기후로 인해 고고학적으로 가장 눈에 띄는 변화는 반지상식 또는 지상식의 구들주거의 출현이다. 17세기 이후 화덕+수혈주거와 구들+수혈주거의 감소 양상은 뚜렷하며 18세기에 이르러서는 거의 찾아볼 수 없는데 아마도 양실(兩室)+구들 구조의 조성방식 변화에 의한 결과로 판단된다. 즉, 전란과 이상기후라는 새로운 환경 속에서 수혈주거에서 살았던 계층들은 양실(兩室)+구들주거라는 조성방식으로 새롭게 대처했던 대응방식이었는지도 모른다.

2) 농업개발방식의 변화

조선시대 수혈주거가 감소하게 된 또 다른 이유는 주거의 조성방식변화도 있지만 농업개발발전에 따른 입지변화가 수반되어 있다. 전기와 후기 취락의 입지는 다소 차이를 보이는데 전기의 경우 비교적 높은 경사도를 지닌 구릉지에 입지해 정상부부터 하단부까지 폭 넓게 분포하는 반면 중·후기에는 나지막한 구릉지나 충적대지 밀집되어 구성된 양상이다.

보급된 구들을 적용시키기 유리한 지형이기도 하지만 아마도 신분제가 점차 무너지기 시작하면서 재정적인 능력에 따라 일반 서민들도 주택이나 일부 농경지를 소유할 수 있게 된 이유가 가장 클 것이다.

조선 전기에는 세종 10년(1428) 평지를 개간한 기록을 처음으로, 제언과 천방을 이용하여 대규모 보를 수축하고 관개함으로써 비교적 안전하고 비옥한 농경지를 확보하여 수전과 밭을 경작할 수 있는 면적을 늘려갔지만 정작 혜택은 일반 서민이 아니라 사대부였다(김동진 2017). 점차 천변에 개간할 수 있는 땅이 고갈되면서 개발되지 않는 한광지를 서민들을 중심으로 개간하고 부차적인 농업방식이었던 화전이 성행하기 시작하는데 이와 더불어 이앙법이 전국적으로 확대·정착된 시점이기도 하다. 농업방식이 천방과 제언에서 한광지 개발과 화전의 이행이라 할 수 있다.

화전과 논농사 방법인 이앙법을 함께 경작을 하기 위해서는 고지대나 산속이 아닌 나지막한 구릉부와 충적지가 적합하다. 또한, 『경국대전』에서는 산허리 위쪽을 가지 못한다는 기록이 확인되는데 이를 통해 암묵적으로 산속이나 고지대 무허가 주택을 용인했던 국가의 제재가 있었던 것으로 추정된다. 결국, 조선시대 전기에 산속이나 고지대로 들어가 살았던 수혈주거의 주체들은 점차 밖으로 나올 수밖에 없는 복합적인 상황에서 그들이 경제적 이유로 택할 수 있는 것은 농경밖에 없었을 것이다. 재정적인 부를 축적할 수 있는 한광지의 개발과 화전의 개간, 이앙법의 보급이 마련된 상황에서 굳이 산속이나 고지대에 머물러 살 이유가 사라져 버렸으며 이와 같은 상황은 그들의 생활을 변화시켰을 가능성이 클 것이다.

조선시대 후기 취락 주변으로 다수의 유적에서 'L'자형 수혈유구가 보고된 바가 있다. 수혈의 특징은 수직으로 깊게 굴착한 후 바닥면에서 다시 사람이 들어갈 수 있는 정도 크기로 횡굴착하는 것인데 대부분 저장시설로 추정하고 있다. 이러한 수혈은 조선시대 전기의 취락에서 볼 수 없었던 것이며 아마도 농경의 수확물을 저장했던 물자보관시설은 아니었을까 짐작해 본다(그림 6).

조선시대 수혈주거의 감소는 증가원인과 마찬가지로 한 가지 사회적 상황으로 발생한 것이 아니다. 주택과 택지문제와 같이 정치적인 목적은 없었지만 전란의 사회상과 이상기후인 저온화, 농법발달의 변화로 산속에 있는 수혈주거지의 주체는 나지막한 구릉부나 충적대지로 이동하게 되고 주거의 조성방식도 그에 맞게 변화한 것으로 볼 수 있다.

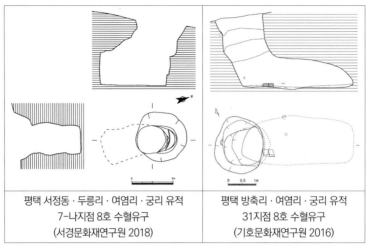

평택 서정동·두릉리·여염리·궁리 유적	평택 방축리·여염리·궁리 유적
7-나지점 8호 수혈유구	31지점 8호 수혈유구
(서경문화재연구원 2018)	(기호문화재연구원 2016)

그림 6 조선시대 취락 주변 'L'자형 수혈유구

Ⅳ. 맺음말

　본 논문은 조선시대 수혈주거의 확산과 감소원인에 대해 검토하는 것이며 비록, 초보적 검토수준에 지나지 않으나 향후 이루어질 후속연구의 발판을 위한 의미에 그 목적을 두고 있다. 확산과 감소에 대한 원인은 다음과 같다.

　조선시대 수혈주거의 확산은 당시 도성의 주택문제가 대두되면서 가옥의 개량화를 위해 불법 가옥의 철거라는 측면에서 진행하면서 발생하게 된다. 주택의 철거가 오래도록 진행되면서 일반 서민들은 택지가 부족한 상황에 처해 고지대나 산속으로 들어가 주택을 짓게 되었으며 무허가 주택도 상당수 확인된다고 기록에 전해진다. 또한, 도성 밖으로 거주지를 확대하면서 분산시키는 정책을 시행하게 되는데 서민들은 도성 밖으로 이동하게 되는 상황이 도래하는 것이다. 결국, 국가에 의해 도시 계획과 정비가 이루어지는 정치적 성격 속에서 경제적 이유를 떠나 택지공급에 대한 신분적 차별과 정주공간의 강제적 이동이 있었으며 이러한 상황은 각 지방 읍성과 읍치 주변도 유사했을 것으로 판단된다. 당시 서민들은 값비싸고 부족했던 택지를 벗어나 고지대 또는 산속에 들어가 수혈주거는 조성하는 것이 가장 편하고 쉬운 건축기술이었을 것이다. 이와 더불어 세종 시기에 이르러서는 자연재해와 기근으로 많은 사람들이 굶어 죽고 대량의 구휼이 지급된 사실을 알 수 있는데 생활 자체도 상당히 고단했을 것으로 추측된다. 해당 시점부터 수혈주거가 크게 증가하는 사실은 이와 무관하지 않을 것이다.

조선시대 수혈주거의 감소는 양란과 이상기후인 저온화, 농업개발방식 변화를 원인으로 삼았다. 양란 이후 많은 주택들이 소실되었으며 기록에 남아있지 않은 수혈주거도 피해도 컸던 것으로 추정된다. 또한, 전란이 끝나고 얼마 지나지 않아 이상기후인 저온화로 인해 전국적으로 지대한 영향을 끼쳤는데 단순히 화덕으로 대응 가능했던 난방시설로 버티기 힘들어지자 구들로 전환되면서 수혈주거도 조성방식의 변화가 이루어지게 되는 것이다. 사회적으로 신분제가 무너지기 시작하고 일반 서민들도 재정적으로 부를 축적할 수 있는 시기가 되면서 수혈주거의 주체들은 더 이상 산속이나 고지대에 살 이유는 없어졌으며 이들이 선택할 수 있는 경제활동은 농경밖에 없었다. 개발되지 않는 한광지를 서민들을 중심으로 개척하고 보급·정착된 이앙법으로 농경을 행했으며 부차적인 농업방식이었던 화전도 성행하기 시작하는데 자연스럽게 나지막한 구릉지나 충적지로 이동하면서 산속이나 고지대의 수혈주거는 점차 사라지기 시작했을 것으로 판단된다.

조선시대 수혈주거는 2000년대 이후 경기지역에 가장 많이 조사되었고 쉽게 볼 수 있는 유구중 하나이다. 그에 걸맞게 많은 전공자를 낳게 되었고 연구성과도 축적되고 있는 사실은 매우 다행스럽기만 하다. 하지만 수혈주거가 어느 시점에 어떠한 이유로 확산되었는지, 17세기 이후로 수혈주거가 갑작스럽게 감소하는 원인에 대해서는 거의 연구가 이루어지지 않았다고 해도 무방하다. 안타깝게도 전공자들이 이러한 궁금증에 대한 인식공유에도 불구하고 오래도록 성과를 낼 수 없었던 한가지 이유는 아마도 고고 자료에 의지해 문제를 풀어가고자 하는 의도가 깊다고 할 수 있다.

조선시대는 고대에 비해 많은 사료들이 남아있는게 큰 장점이다. 이러한 사료들을 적극적으로 이용하여 고고학적 학문에 대입해 원인을 추정하거나 결과를 예측한다면 더없이 좋은 성과를 획득할 수 있을 것이다. 앞으로 조선시대 고고학을 전공하고 있는 많은 연구자들이 학제간 융합고고학을 시도해, 보다 발전된 연구성과가 나오길 기대하면서 글을 마무리하고자 한다.

<후기>

이남규 교수님을 처음 뵈었던 날은 2008년 경남고고학연구소(현 삼강문화재연구원) 시절 평택 동창리 진입도로 개설구간 지도위원회의입니다. 아마 교수님께서는 당시의 저를 기억하실지 모르겠지만 지금과 같이 롤케익을 조사단에게 건네는 따뜻함과 유적에 대한 세심한 모습이 강한 인상으로 남아있습니다. 이후, 2010년 서경문화재연구원으로 이직하면서 현장과 사무실 등 여러 차례 자문위원으로 모셔서 많은 조언을 받을 수 있게 되었습니다. 새삼 놀라웠던 점은 경기지역 내 주요 유적의 전문가 검토회나 학술자문회의 현장공개 때 위원으로 초빙받지 않으시더라도 현장을 방문하시고 검토하시는 점을 보며 자세와 그 열정에 대해 감탄하지 않을 수 없었습니다.

만나 뵐 때마다 한신대학교에 대한 애착과 자부심, 제자들을 생각하는 마음을 읽을 수가 있었는데 순간 이남규 교수님께 가르침을 받는다면 어떤 느낌일까라고 종종 생각했던 것 같습니다. 시간이 지나 조선시대로 전공을 정하고 타학교에서 박사과정을 다녔던 시절, 조선시대는 고고학에서 블루오션은 아닌 탓에 자기 혼자 열심히 해서는 만족할만한 성과를 이루지 못하는 한계와 타학교 출신이라는 배타적인 모습을, 자격지심일 수는 있으나 느낄 수 있었습니다. 제 전공에 맞는 학교에 편입할 시간이 필요했고 그 학교가 한신대학교로 정하는데 그리 오랜 시간이 걸리지 않았습니다. 그 배경과 이유에는 당연히 이남규 교수님이 계셨기 때문입니다. 그동안 교수님께서 일궈놓으신 중세 고고학의 틀을 옆에서 봐왔기에 누구보다 잘 알고 있었습니다. 다행히도 편입학 면접 시 너무나도 밝게 맞이해주셨고 상상만으로 가능했던 제자가 될 수 있었습니다. 2년에 걸쳐 수업을 듣는 동안, 이남규 교수님을 비롯한 모든 교수님들의 빠짐없은 관심과 배려 덕분에 개인적으로 만족할만한 학문적 성장을 이룰 수 있었습니다.

현재 정년 퇴임을 하셨지만 14년 전에 처음 뵈었던 때보다 더한 학문적 열정이 느껴집니다. 그리고 그저 학문적인 부분만 강조하는 것이 아닌 필드에서의 자세도 그냥 지나치지 않으시는 등 학문과 현장의 조화를 여전히 중요하게 생각하십니다. 이러한 모습을 보면 저 스스로에게 많은 반성을 하게 되고 그 모습에 귀감이 됩니다.

한국 고고학계는 사실 불합리한 요소들이 상당히 많습니다. 대부분 이를 인지하지만 섣부르게 나서지 못하는 실정입니다. 이남규 교수님은 불합리한 요소를 찾아 정면으로 대응하거나 제도개선을 위해 맞서주시는 한국 고고학에서 몇 분 되지않는 방패 같은 존재라 생각됩니다. 혹자들은 개인적 피해와 이익을 생각하여 방관하고 있고 일부는 너무 과하다라고 이야기 하지만 한국 고고학을 위해서는 이남규 교수님과 같이 쓴소리가 분명 필요할 것입니다. 그리고 쓴소리와 함께 그만큼의 움직임도 보여줄 필요성이 있을 것입니다.

비록 퇴임을 하셨지만 이남규 교수님의 고고학은 끝이 아니라 생각합니다. 지금과 같이 학교와 현장에서 많은 가르침을 보여주시고 한국 고고학을 위해 제도개선에 힘쓰시는 모습을, 고단하시겠지만 더 많은 사람을 위해 할애해주셨으면 합니다. 그리고 그 모습은 분명 많은 사람들에게 긍정적인 영향을 줄 수 있을 거라 생각됩니다.

이남규 교수님. 한신대학교에서 지나온 모든 순간 모두 의미 있는 시간이었길 바라며 존경하는 마음을 보냅니다. 그리고 고생 많으셨습니다. 한신대학교 박물관의 30주년도 축하드립니다. 30년 동안 든든하게 지탱하셨던 모든 구성원들에게도 존경하는 마음을 함께 보냅니다.

제22장

화성 남양장성(南陽長城)의 실체에 대한 검토
-수원부(水原府) 양야곶(陽也串) 목장을 중심으로-

강정식
한신대학교박물관

Ⅰ. 머리말

경기도 화성시에 위치한 '남양장성'은 1978년 그 존재가 알려지면서 남양 일대에 분포하는 성곽으로서 관방체계의 일환으로 인식되기 시작하였다. 서신면 상안리와 광평리 일대의 봉화산과 구봉산에 잔존하였다는 '토루'가 당성(唐城, 사적)의 성벽에 인접하였고, 능선을 따라 북향하다가 마도면 일대로 이어질 것으로 추정되었는데, 이후 진행된 각종 지표조사를 통해 마도·남양방면으로 이어지는 양상이 확인되어 그 길이만 약 15km에 달하는 '장성'으로 이해되었던 것이다. 그런데 조사 과정에서 성격이나 조성 시기를 추정할만한 유물이 채집되지 않았고 토루로 추정되는 구간의 잔존양상이 명확하지 않았다. 그 구조와 형태는 관방적 성격으로 보기에 모호한 몇 가지 논점이 거론되었고, 간헐적으로 실시된 인접지역 조사에서 유구의 흔적을 확인할 수 없었는데 이는 '장성'의 존재에 대한 의문을 더하게 되었다.

최근 석교리 남쪽 구릉에 대한 발굴조사가 진행되었는데 능선 상부를 따라 조성된 구상유구 두 열이 확인되었다. 조사단의 분석 결과 '남양장성'으로 알려진 유존지역과 유구의 진행 방향이 일치하고 있고, 타 지역의 사례 등 다양한 자료의 검토를 통해 조선시대 '목장성'에 무게를 두었다. 이에 필자는 중세 수원부와 남양부의 치소를 검토한 별고에서 조사단의 견해 및 문헌 자료를 참고하여 수원부 소속 '양야곶 목장'일 가능성을 제기하였다. 그러나 제반 여건으로 인해 구체적인 근거를 제시하지 못한 채 단순한 추론에 불과하였다는 한계가 있다. 본고에서는 현재까지 확인된 관련 고고자료와 함께 다양한 자료를 종합적으로 검토하여 그 실체에 대해 접근해 보고자 한다.

Ⅱ. 남양장성의 조사 현황과 인식

남양장성은 이준선의 조사에 의해 명명되었는데, 서신면 광평리 성 밖의 부락 북쪽 구릉에서부터 송산면 육일리와 마도면 해문리를 거쳐 당시 남양면 소재지까지 이어지는 능선상에 축조되었고 약 15km 정도로 추산하였다. 성지가 가장 뚜렷하게 남은 지역은 당성(唐城)을 중심으로 한 구릉에서부터 해문리 서쪽까지로 약 6km 정도이며, 동쪽으로 갈수록 성지가 불명확하지만 청원초등학교 부근과 석교리 마리실 부락 남쪽 구릉, 그리고 남양리 서단부의 글판이 고개 서쪽 구릉에서 흔적이 관찰된다고 하였다. 정황상 급사면인 북쪽으로부터 남쪽을 방어하는 형태로 점토와 약간의 잡석을 사용하여 축조되었으며, 헌덕왕 18년(826) 패강

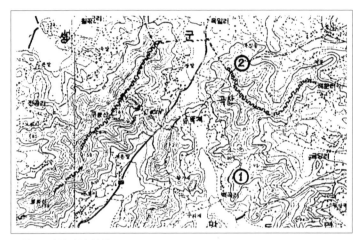

그림 1 남양장성 현황도(李俊善 1980)

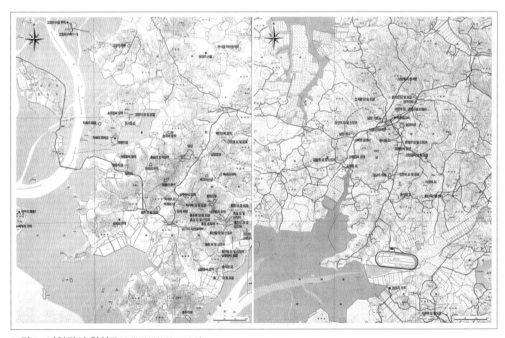

그림 2 남양장성 위치도(京畿道博物館 1999)

진 일대 패강장성 축조 기사를 참고하여 흥덕왕 4년(829) 설치된 당성진의 부속시설로 추정하였고 그 시기는 9세기 전반일 것으로 보았다(李俊善 1980). 정인숙은 연대를 추정할 만한 유물이 없고 전 구간이 같은 시점에 축조된 것인지 알 수 없기 때문에 초축시기를 알 수는 없으나 형태상 당성의 부속시설일 것으로 추정하였다(丁仁淑 1982). 한양대학교에서 진행한 지표조사에서는 포곡식 산성의 동남편 모서리 부분부터 육일리까지 토루가 쌓여 있고, 산정식 산성의 남서문지에서부터 봉화산까지 토루가 쌓여 있는 것을 확인하였다(金秉模·沈光注·許美姃 1986).

이후 경기도박물관의 조사를 통해 남양장성의 규모와 구조가 좀더 구체적으로 확인되었는데, 광평리 성밖마을 북쪽 구릉에서부터 송산면 육일리, 마도면 해문리·금당리·석교리 등을 거쳐 남양면 소재지까지 약 15km에 걸쳐 동서 방향으로 길게 축조된 장성으로 파악하였다. 토루는 당성 주변과 봉화산, 육일리, 마리실마을 남쪽 구릉과 남양 서단부의 글판이고개 서쪽 구릉 등 일부 구간에만 선명하게 잔존하며 그 외 지역은 형질변경으로 인해 희미하다고 하였으며, 주로 토축하였으나 일부 구간에서 토석혼축의 양상을 보이고 계단식의 유단시설을 성 외측과 회곽도 내부에 두어 층을 이루는 형태로 보았다. 각 봉우리 외부에는 반원형의 유단시설과 초생달형의 둔덕을 조성하여 방어시설물로 이용한 것으로 추정하였다(京畿道博物館 1999). 이를 통해 구봉산에 위치한 당성의 구조를 본성(本城)과 자성(子城), 장성(長城)으로 이해하거나(崔重國 2002), 당성을 중심으로 화량진성과 백곡리산성, 청명산성, 남양리성 등과 함께 남양지역의 해안방어선으로 보기도 하였다(玄男周 2003).

반면 대규모의 장성을 동시기에 쌓기 어렵고, 성의 축조에 관한 기록이 남아 있지 않음을 지적하면서

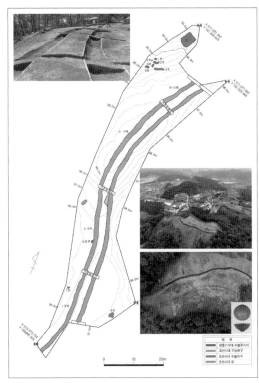

그림 3　화성 석교리 산 2-14번지 유적 현황
(中部考古學研究所 2018)

그 실재에 대한 의문이 제기되기도 하였다. 2005년 현 백곡리 142-2번지 일원에 대한 발굴조사 결과 남양장성의 일부라고 추정된 둔덕이 자연지형으로 확인되었고(韓國文化財保護財團 2008), 염불산 봉수 일대에 위치한 남양장성 추정 둔덕을 조사하였으나 육안 관찰로는 토성 또는 토루흔적이 보이지 않기 때문이다. 따라서 9세기에 축조된 장성이라는 견해를 재고해야 하며 해당 유적에 대한 조사의 필요성을 언급하였고(권오영 2006), 조선시대 목장성으로 추정하기도 하였다(한신大學校博物館 2003; 한국토지공사 토지박물관 2006).

2010년대에 들어 남양장성 구간에 대한 간헐적인 조사가 진행되었으나 유구를 확인할 수 없었고(인하대학교박물관 2010; 중앙문화재연구원 2012), 당성의 외성으로 추정되는 남서쪽 구간과 남양장성 추정지인 북동쪽 구릉지를 시굴조사 하였으나 토루 또는 성벽이 확인되지 않았다고 한다(한양대학교 문화재연구소 2018 · 2019). 그런데 2016년 마도면의 석교리 산 2-14번지 일원의 발굴조사[01]에서 청동기시대 주거지와 함께 조선시대 구상유구와 수혈유구가 확인되었다. 구상유구는 두 열이 해발 97~99m 정도의 구릉 상면에 능선을 따라 조성되었고 길이는 약 100m이다. 폭은 1.2~1.5m, 두 유구 사이의 폭은 약 2.3~2.5m, 전체 폭은 5~5.2m 정도이다. 깊이는 약 0.4m 잔존하였는데, 조사 중 A열 내부에서 분청자 발 1점이 출토되었다. 유구 내부에서는 소결흔(燒結痕)이 확인되기도 하였고, 인접하여 수혈이 위치하였다.

조사단은 토성(土城), 목책(木柵) 등의 흔적이 확인되지 않았고, 구상유구 내부 폭이 일반적인 토성에 비해 너무 좁기 때문에 토성으로 보기 어려우며, 구상유구 내부에서 출토된 분청자는 조선시대 전기의 유물이므로 이준선이 추정한 통일신라 대의 남양장성과 일치하지 않기 때문에 남양장성이 아닌 별개의 유구로 추정하였다. 도로유구일 가능성에 대해서는 평지가 아닌 구릉 능선부에 위치하고 있으므로 군사적 목적의 임시도로이거나 혹은 도로가 아닐 것으로 보았다.

가장 유력한 후보로 목장성을 제시하였다. 목장이란 소 · 말 등의 가축을 가두어 키우기 위해 설치한 시설로서 목초지, 축사, 울타리인 목책 등의 시설을 통칭하며, 조선시대 문헌에 '마장(馬場)', '마성(馬城)', '목장성(牧場城)' 등의 명칭이 사용되었다(김성철 · 이철영 2011). 또한 목장에 설치된 울타리의 구조가 목책 이외에도 석축, 토축의 성벽과 같은 형태가 다수 확인되었고, 석축 벽의 경우 내벽을 계단식으로 조성하였거나, 내측 토루와 외측 석벽을 결합한 형태도 확인된다. 석교리 산 2-14번지에서 확인된 토루는 기반토를 굴착한 후 그 위에 성토하였

---

01) 유적에 대한 설명은 아래의 보고서를 참고하였다.
　　中部考古學研究所, 2018, 『華城 石橋里 山 2-14番地 遺蹟』.

으며, 토루의 중심부를 좀 더 높게 쌓기 위해 내·외측을 깎아 낸 후 내·외측 구(溝)를 조성하였는데, 이러한 양상은 인접한 평택 석정리 목장성(錦江文化遺産研究院 2010: 嘉耕考古學研究所 2016) 등의 유적에서도 확인되었다고 한다. 또한 남양장성의 남쪽에 위치한 남양반도는 바다로 길게 돌출된 곶(串, 半島)의 형태이며, 이러한 지형은 조선시대 목장으로 주로 활용되었다는 점도 주목하였다. 특히 남쪽에 바로 인접한 홍원반도 또한 비슷한 환경이며, 조선시대 홍원곶 목장과 괴태곶 목장이 위치한다는 점도 고려하면 남양반도에 목장이 존재했을 가능성이 높다고 하였다. 더불어 조선 초기 명(明)국에서 정기적으로 보내는 말 이외에 추가적인 말을 요구하는 등 국내외적 수요양상으로 보았을 때 국영목장 이외에 민가에서 운영하는 사영목장이 존재했을 것으로 추정하였고, 동쪽 끝부분은 현재 남양향교가 위치한 글판이 고개 부근까지로 설정하였다.

　이상 조사단의 견해는 지리적 환경과 주변 유적의 비교·검토를 통해 '남양장성'이 관방적 성격이 아닌 목장성일 것이라 추론한 것으로서 그 실체에 대해 좀 더 구체적으로 접근한

그림 4　추정 '사곶목장(仕串牧場)'(中部考古學研究所 2018)

것이라 생각된다. 그런데 목장의 범위를 토루의 남쪽으로 본 이유에 대해서는 몇가지 의문이 발생한다. 현재까지 실시된 광역지표조사[02] 내용을 보면 마도면 일대에 다수의 역사유적이 분포하고 있는데, 홍법리 일대의 남양홍씨 묘역(경기도기념물 제168호)과 1616년 창건된 것으로 알려진 안곡서원, 홍법사 등이다. 그 중 상안리의 상주 박씨 묘소는 조선 전기부터 조성된 것으로 알려져 있는데, 안장된 시점을 고려하면 석교리 산 2-14번지 유적에서 출토된 분청자와 시기적으로 겹치는 것을 알 수 있다. 또한 토루의 동쪽 경계가 남양향교가 위치한 글판이고개(현 남양리 산 276번지 일원)까지 존재했다고 본다면 갈수기에 우마가 남양천 주변으로 탈출할 수 있는데 그 방향은 남양부의 중심지이다. 따라서 토루의 보호대상이 어디인가에 대한 구체적인 검토가 필요하다.

Ⅲ. 남양장성의 범위

남양장성과 관련된 조사자료를 분석한 결과 최초 이준선의 조사 이후 9세기 대 축조된 '남양장성'으로 추정되었고, 경기도박물관의 지표조사를 통해 토루의 동쪽 경계지점이 남양향교 인근의 구릉까지로 설정되면서 남양부 치소와 연계된 방어시설이란 인식이 확산되었음을 알 수 있었다. 이후 2000년대에 들어와 실체에 대한 의문과 함께 목장과 관련된 시설이란 견해가 제기되었는데, 이렇듯 유적의 실체에 대한 의견이 분분한 원인은 유적의 성격을 알 수 있는 유물이 채집된 바 없었고 자연적·인위적 형질변경으로 인해 형태를 확인할 수 있는 구간이 한정되었기 때문이다. 또한 현재에도 지속적인 훼손과 멸실이 진행되고 있어 발굴 등 고고학 조사를 통한 구체적인 자료를 기대하기 어려운 상황이다. 결국 기존의 조사내용을 기반으로 하여 다양한 측면에서 유적의 성격을 파악할 수밖에 없다.

〈그림 5〉는 1966년 항공사진(19660900020R8A4208)[03]으로 서신면과 마도면 일대를 촬영한 것이다. 좌측 사진에서 당성의 1·2차 성[04]을 확인할 수 있는데, 1차 성 남서쪽으로 토루

---

02) 京畿道博物館, 1999, 『도서해안지역 종합학술조사Ⅰ -화성군 해안지역-』; 한국토지공사 토지박물관, 2006, 『화성시의 역사와 문화유적』 등.

03) 이하 항공촬영사진은 국토지리정보원 홈페이지를 이용하였다.

04) 1차 성은 정상부의 석축성, 2차 성은 동쪽 곡부 및 사면부를 포함하여 축조된 토축성을 지칭(한양대학교 박물관 2020)하였다.

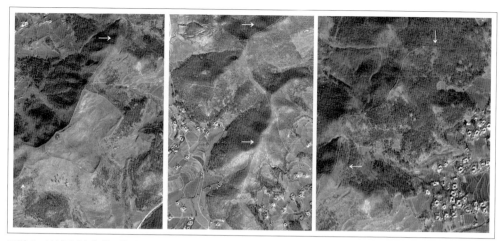

그림 5 　서신면 일대 항공촬영사진(1966년 촬영, 국토지리정보원)

로 추정되는 구조물이 현 광평리 일원의 구릉(그림 5 중간)까지 연결되어 분포하고 있음을 알
수 있으며 염불산 봉수의 모습도 선명하게 관찰된다. 당성의 2차 성 북쪽 성벽에 연접한 구
조물은 북동쪽으로 진행되는데, 현 송산면 육일리 산 37번지 일원에서 동쪽으로 회절하며
이어지나 육일리 222-6번지 부근에서 흔적이 단절된다. 해당 사진의 양상은 이준선이 제시
한 현황도(그림 1)와 거의 일치하고 있다.

　〈그림 6〉은 마도면 일대를 촬영(196609000200R74904)한 것이다. 좌측 사진은 육일리 산
100-4번지 일대로 구조물의 흔적이 미약하게 관찰되는데, 확대하여 분석한 결과 구릉에 분

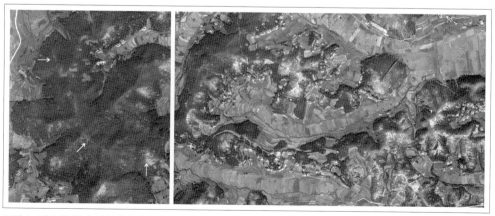

그림 6 　마도면 일대 항공촬영사진(1966년 촬영, 국토지리정보원)

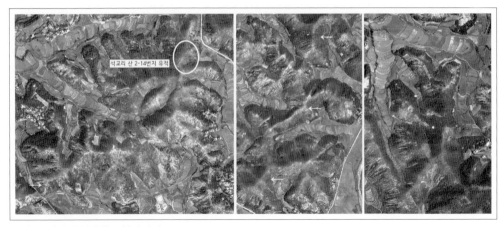

그림 7 남양리 일대 항공촬영사진(1966년 촬영, 국토지리정보원)

포하는 소로와는 달리 지상으로 솟아오른 형태로 보인다. 동쪽 방향으로 이어지다가 해문리와 백곡리 경계지점에서 수목 등으로 인해 더 이상 확인되지 않는다. 우측 사진에서 보이는 바와 같이 해문리와 청원리 일대 구릉지로 구조물이 이어질 것이라 추정하였으나 마찬가지로 수목과 소로 등으로 인해 관찰하기 어렵다.

〈그림 7〉은 남양리 일대의 사진(196609000200R74904)이다. 좌측 사진은 석교리 남쪽에 위치한 구릉지이며, 북동쪽 도로 주변은 석교리 산 2-14번지 유적 확인지점이다. 사진을 자세히 살펴보면 구릉 남서쪽 끝단에서 북동쪽 길가로 두 줄의 구조물이 잔존하는 양상을 관찰할 수 있다. 조사단(중부고고학연구소)은 조사지역의 북동쪽 건너편에 위치한 구릉에서도 능선부를 따라 토루가 확인되었다고 하였는데, 사진 상에도 그 모습이 나타난다. 그런데 이 흔적이 남양향교 인근의 글판이고개에서 끝나지 않고 북쪽 방향으로 계속 이어지는 양상이 확인된다(그림 7 중간). 이를 추적해보면 남양읍 원천리 658-2번지 일원(그림 7 우측, 현재 근린생활시설이 위치한다.)의 얕은 능선 말단부까지 연결되며, 그 북단부터는 구조물을 확인하기 어려웠다.

항공에서 촬영된 사진에 나타난 구조물의 흔적을 종합하면 서신면 광평리 구릉에서 시작하여 상안리·육일리·백곡리 일원 능선의 정상부를 따라 이어지며, 해문리와 청원리 일대 구릉지 상에 들어선 민가와 경작지 등으로 인해 희미하게 잔존하였던 것으로 보인다. 북동쪽 석교리 남단에 위치한 구릉에서 다시 선명하게 보이기 시작하며, 능선을 따라 남양리 서단부를 지나 원천리 남단의 구릉까지 이어짐을 확인할 수 있다. 서신면 일대 분포 현황은 이준선의 현황도와 거의 일치하고 있는데, 마도면 백곡리 일원에서부터 서쪽 석교리 일대까지는 그

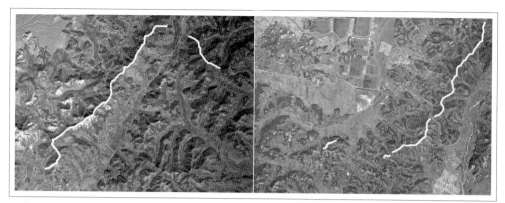

그림 8 '남양장성' 추정 구조물 분포 현황(1966년 촬영, 국토지리정보원)

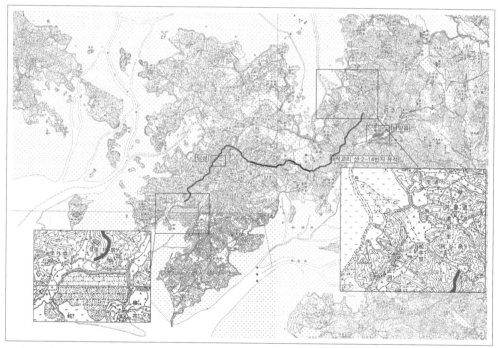

그림 9 '남양장성' 추정 구조물 추정도(일제강점기 지형도, 중단부 검은색은 추정선)

선을 명확히 추정할 수 없으나 단속적인 흔적이 관찰되는 점으로 볼 때 기존 조사의 추정선과는 다른 것으로 생각된다. 이를 통해 본다면 마도면 구간의 구조물은 현재의 기준으로 해문리 남단에 위치한 구릉을 지나 석교리로 이어질 것으로 추정되며, 위치상 마도면의 중단에 해당한다. 또한 남양장성 구간으로 추정되었으나 유구가 확인되지 않았던 백곡리 유적은 유존구간이 아니었던 셈이다. 이상의 정보를 일제강점기 지형도에 대입하여 〈그림 9〉와 같이 분표 현황을 추정해 보았다. 남쪽 끝지점인 광평리는 지도상 해안선과 접하고, 지도 제작 당시(1913~1918년 측량) 갯벌과 염전이 존재하고 있어 조선시대 해안지역에 속한다. 북쪽 끝지점인 원천리 주변으로 구조물이 더 이어지는지 확인하기 어려웠으나, 지형상 북서쪽 방향으로 해안과 접해 있기 때문에 이 일대가 구조물의 끝점이라 생각된다.

그림 10 『목장지도』 수원부(국립중앙도서관)

근·현대 사진과 지도를 검토한 결과 '남양장성'으로 명명된 구조물은 서신면 광평리에서 남양읍 원천리 일대까지 약 15~16km에 걸쳐 이어진 것으로 확인되었다. 북쪽 끝부분이 기존 조사내용과 달리 현재 화성시청이 위치한 내륙이 아니라 좀 더 북향하여 시화호 해안으로 이어지는 것으로 추정된다. 그렇다면 이 구조물이 보호하는 대상은 남양반도의 북쪽 송산면 일대로 볼 수 있으며, 이러한 관점에서는 전술한 관방적 성격이 아닌 목장일 가능성이 높다. 이와 관련하여 주목할 만한 자료가 『목장지도(牧場地圖)』[05]이다. 숙종 4년(1687) 허목(許穆)이 편찬한 것으로 전국의 목장과 운영 현황을 한권으로 엮은 고지도이다.

---

05) 2008년 보물로 지정되었으며 국립중앙도서관 소장본은 제1595-1호, 부산대학교 도서관 소장본은 제1595-2호이다. 본고에서 사용한 목장지도는 국립중앙도서관 홈페이지에서 제공하는 원문 서비스를 이용하였다.

사복시(司僕寺)가 마정 정책 수립에 활용하기 위해 이전의 목장 실태를 수집하고, 전국의 감목관(監牧官)에게 현 그림과 지지로 보고하게 하여 이를 토대로 정리한 결과물이다(김기혁 2009). 지도의 후서(後序)[06]에 의하면 사복시에 임진왜란 이전부터 목장지도가 있었으나 전란으로 인해 망실되었고, 조선 초 목장의 운영이 활발하였으나 마정의 해이와 양란으로 인해 폐목장이 증가하면서 전반적으로 쇠퇴하였다 한다. 이에 목지를 복구하지 못할 경우를 염려하여 당시 목장의 운영 상황을 정리하게 되었고, 전국 감목관에 각 지역의 목장지도를 베껴 보내도록 하여 이를 수합한 것이다. 각지의 지도를 참조하여 사복시에서 화원을 동원해 일률적 형식에 맞춰 지도첩으로 제작한 것으로 추정된다(정은주 2009). 그 중 7면은 수원부(水原府)의 목장이 기록되어 있는데, 북쪽부터 남쪽 방향(지도의 아래쪽이 북쪽)으로 양야곶(楊也串[07])과 홍원곶(洪原串), 서쪽에 풍도(楓島)가 분포하고 있다. 그 남쪽에는 양성현(陽城縣) 소속의 괴태곶(槐台串)이 위치한다. 이를 현재의 지도와 대조해보면 양야곶은 송산·서신·마도면이 위치한 남양반도 일대, 홍원곶은 우정읍 장안면 일대, 괴태곶은 평택시 안중읍 일대로 볼 수 있을 것이다. 지도상 양야곶 목장의 울타리는 서쪽 해안으로 길게 돌출된 지점에서 동쪽 산지 인근으로 이어지는 양상인데, 도성이 위치한 한양에서 바라본 관점으로 이해한다면 남양장성 추정 구조물의 입지와 매우 유사하다. 또한 동쪽의 울타리 끝부분이 산지의 남쪽으로 연결됨을 표현한 것으로 볼 때 그 남쪽의 좁은 길목을 통해 내륙과 서신·마도면 일대를 출입할 수 있었고, 울타리의 북쪽인 송산면 일대가 목장의 내부로 활용되었음을 말해준다. 따라서 '남양장성'으로 명명되었던 구조물은 조선시대 수원부 소속의 양야곶 목장으로 추정할 수 있다.

Ⅳ. 양야곶 목장의 설치 배경과 운영 양상

과거 기록자료를 검토하여 '남양장성'으로 지칭되고 있는 구조물이 조선시대 목장성일 가능성을 제시하고 그 대상은 수원부 소속의 '양야곶' 목장으로 추정하였다. 그런데 울타

---

06) 1635년(인조 13) 장유(張維)가 쓴 「목장지도후서」와 1658년(효종 9) 정태화(鄭太和)가 쓴 「목장지도후서」를 차례로 옮긴 뒤 허목이 1678년(숙종 4) 직접 쓴 후서로 구성되어 있다고 한다(정은주 2009).

07) 각종 문헌 및 고지도에 '陽也串'으로 기록되어 있는데, 목장지도에는 '楊'자로 표기된 것으로 볼 때 오기인 것으로 보인다.

리[08]의 범위가 송산·서신·마도면이 위치한 남양반도를 가로질러 구축된 점은 역사지리적 관점에서 일견 이해하기 어려운 부분이 존재하는데, 고려~조선시대 남양부 치소·영역과 상관관계, 화량진성·봉수 등 관방체계와 동시성, 조선시대 중기 이후의 문헌과 고지도 등 기록과 부합하지 않는 문제 등으로 정리된다. 현재까지 조사된 고고자료와 역사적 정황을 분석하여 남양지역에 목장이 설치된 배경과 경위를 파악하고, 양야곶 목장으로 비정함으로써 발생하는 몇가지 문제점에 대해 검토해 보겠다.

1. 남양부 읍격의 변화

화성시가 위치한 남양지역은 신라 경덕왕 대에 한주(漢州) 소속 당은군(唐恩郡)[09]으로 이해되고 있다. 당시의 영역이나 규모, 인구 수 등 자세한 정보는 알기 어려우나 헌덕왕 8년(816) 기사[10]로 보아 당은현(唐恩縣)으로 격하되었음을 알 수 있다. 이후 헌덕왕 15년(823)에 수성군(水城郡)과 합하였고,[11] 6년 뒤인 흥덕왕 4년(829) 당은군을 당성진으로 하여 사찬(沙湌) 극정(極正)으로 하여금 지키게 하였다.[12] 헌안왕 2년(858) 당성군의 남쪽에서 큰 물고기가 나왔

---

08) 석축·토루·목책 등 목장의 성격을 추정할 수 있는 고고자료가 현재까지 확인된 바 없으므로 본 장에서는 목장의 내외부를 분리하는 구획의 의미에서 '울타리'란 용어를 사용하였다.

09) 『三國史記』권35 雜志4 地理2 新羅 唐恩郡.

10) 『三國史記』권10 新羅本紀10 憲德王 8년 1월.

11) 『三國史記』권10 新羅本紀10 憲德王 15년 2월.
사행포구가 위치한 당은현의 지역적 기반을 강화하기 위한 조치로 이해하면서 '당은'과 '수성'에서 한 글자씩 취해 '당성군'이 성립되었을 것으로 보기도 한다(윤경진 2021). 이에 따르면 7세기 초의 党項城은 한강 일대에 있었고, 남양에 위치한 당성(삼국사기 기록의 '本高句麗唐城郡')과 다른 것으로 보았다. 논문에서 근거로 제시한 내용 중 고구려의 백제 공격(松山城, 石頭城) 및 고구려·백제의 당항성 공격 사건 등을 거론하였는데, 이에 대해 필자는 신라가 한강유역으로 진출한 이후 경기지역 산성이 일시에 축성된 것이 아니라 내륙에서부터 서해안 일대로 순차적으로 축성되었을 가능성을 제시(姜晶植 2017)한 바 있다. 또한 党項城으로 비정한 삼전도 일대는 고구려군의 북한산성(아차산성) 공격 사례로 보아 7세기 초반 국경 또는 접경지역으로서 위험이 상존하고 있었다. 660년 덕물도에 정박한 소정방 일행을 맞이하기 위해 김법민이 이끌고 출항한 100여 척의 배와 668년 파견된 유인궤 부대의 정박지를 모두 한강으로 이해하였는데, 접근성과 기동성 측면에서 보았을 때 복잡한 도서지역과 서쪽으로 흐르는 물살을 거쳐 한강 하류를 거슬러 올라 삼전도 일대로 향했다는 점에서도 이해하기 어려운 부분이 있다.

12) 『三國史記』권10 新羅本紀10 興德王 4년 2월.

다[13]고 하는데, 당성진이 해체되고 다시 당성군으로 재편된 것인지 또는 당성진이 존재하였으나 지역 명칭으로서 당성군이라 기록한 것인지 알 수 없다. 이 시기 당성 주변의 유적으로는 백곡리 산성과 백곡리 사지, 백곡리 · 상안리 유적과 유물산포지, 서신면의 장외리 유적과 송산면 삼존리 유적이 조사되었고 화량진성 일대에서도 점열문이 시문된 인화문토기가 채집된 바 있다. 조성 시점은 각각 다르지만 당성이 축조된 이후 통일신라 대까지 군현으로서의 모습을 유추할 수 있다. 그 중 백곡리 사지[14]는 백곡리 유적의 발굴조사 결과를 통해 7세기 후반~8세기 대에 창건되어 12세기까지 법등이 이어진 것으로 보았다(황보 경 2019).

고려시대 기록에 의하면 당성군은 고려 초에 옛 이름으로 복구[15]되었다 한다. 그렇다면 신라 말기에는 당은현 또는 당성현 등 그 읍격이 낮았을 것으로 추정할 수 있다. 현종 9년(1018)에 수주(水州)의 속군이 되었고 후에 인주(仁州)에 속했다고 한다. 이와 동시에 이속된 지역이 재양현(載陽縣)인데, 옛 안양현(安陽縣)으로 1018년에 개칭되었다. 기록을 통해 보았을 때 현의 중심지는 비봉면 일대[16]로 추정되고 있는데, 과거 지도 상의 면적과 주변 읍치와의 거리 등을 통해 대략적으로 추산해 본다면 당시 당성군과 재양현의 관할지역 규모는 비슷한 면적이었을 것이라 생각된다. 또한 당성군이 인주에 이속된 이후 명종 2년(1172)에 비로소 감무를 두었다 하였는데, 예종 원년(1106) 이후 지방관을 파견하지 않았던 속현에 몇 차례에 걸쳐 감무를 파견한 것은 피폐해진 군현의 안정을 위해서였고 이는 농민의 유망 등과 관련이 있다[17]는 점과 충렬왕 4년(1278) 당성감무를 다시 두었다[18]는 기록은 당시 당성군이 행정적으로 매우 불안정한 상황이었음을 짐작케 한다. 이후 충렬왕 16년(1290) 정동행성 우승(右丞)

823~829년 어느 시점에 읍격이 복구되었다가 당성진이 설치되었을 것(최희준 2016), 鎭을 설치하기 위해 수성군에서부터 분리되면서 郡으로 수립되었고 진위현과 차성현은 수성군의 영현이었을 것으로 보는 견해(윤경진 2012)가 있다.

13) 『三國史記』 권11 新羅本紀11 憲安王 2년.

14) '白寺'명 기와가 채집되었다(권오영 2006).

15) 『高麗史』 권56 志10 地理1 楊廣道 仁州 唐城郡.

16) 비봉면 자안리 일대로 비정(李俊善 1980)한 바 있고 청요리 태행산 능선에 위치한 석축과 그 일대를 재양현성(경기도박물관 1998)으로 보았으나, 지표조사를 통해 치소성인지에 대한 의문에 제기(한국토지공사 토지박물관 2006; 한국문화유산연구원 2015)되었다.

17) 고려시대 남양부의 내용은 아래 보고서를 참고하였다.
안병우, 2005, 「고려시기의 남양만」 『남양만의 역사와 문화』, 한신大學校博物館.

18) 『高麗史』 世家 권28 忠烈王 4년 3월 15일.

이 된 홍다구(洪茶丘)의 내향이라 하여 지익주사(知益州事)로 승격[19]하였고 후에 강녕도호부(江寧都護府)가 되었다.[20] 충렬왕 34년(1308)에는 익주목(益州牧)으로 승격하였으나 2년 뒤인 충선왕 2년(1310) 목을 폐지하면서 강등되어 남양부로 개칭[21]되었다.

조선 태조 3년(1394) 경기좌도에 편입되었으며, 태종 13년(1413) 도호부로 승격되었다. 재양현은 남양도호부의 속현이었고, 남양은 수원도호부 관할이었다. 호수는 487호, 인구는 778명으로 기록[22]되어있는데, 정황상 재양현과 남양의 인구를 모두 합산한 것으로 추정되며 인접한 안산군·진위현과 비슷한 수치이다. 기록의 제작시기를 고려하면 남양의 인구는 고려 말~조선 초의 상황이 반영된 것이라 생각되는데, 이를 통해 본다면 조선시대 초기 또는 전기까지 남양부의 규모는 그리 큰 편이 아니었을 것[23]으로 보인다.

이상 당성군·남양부의 연혁을 정리하여 살펴보면 몇 가지 중요한 양상을 간취할 수 있는데, 먼저 읍격의 변화는 시대적·정치적 상황을 반영한다는 것이다. 삼국시대 당항성 또는 당성군이었을 당시 이 지역은 타국과의 접경지역임과 동시에 대당 사행·무역로로서 중요한 거점으로 인식되었다. 때문에 전국의 읍격과 지명이 개편되는 시점인 경덕왕 대에도 '군'으로서 존재하였으나, 이후 해상로의 다변화 등 국내외적 상황으로 인해 그 위상이 점차 하락하였고 9세기 초에 이르러 현으로 강등되어 수성군에 병합되기에 이른다. 829년에는 해상무역 보호 등을 위해 당성진이 설치되었고 중앙에서 관리가 파견되어 관할하는 지역으로 변화하였다. 진이 언제 폐지되었고 그 후의 읍격에 대해 알 수 있는 단서는 전무한 편이나 고려시대 재양현과 함께 수주 및 인주에 속했다는 점과 군으로 승격[24]하였으나 감무가 상시 파견되지 않은 점으로 볼 때 이전 시기에 비해 상대적으로 그 중요성이 낮아진 것으로 보인다. 원 간섭

---

19) 당시 홍다구의 집안은 선대에 이미 인주(麟州)로 이주하였으나 본관지, 즉 내향(內鄉)으로 간주하여 읍격을 올려준 것으로 보았다(안병우 2005).

20) 강녕도호부로 승격된 이유는 元의 승상 阿古大의 처가 남양을 본관으로 가진 성씨의 딸이었기 때문이었고(『慕遠錄抄』), 『고려사』에는 홍규의 딸을 충렬왕이 강제로 그에게 출가시켰다고 한다.

21) 『高麗史』 권56 志10 地理1 楊廣道 仁州 唐城郡.

22) 『世宗實錄』 권148 志10 地理志 京畿 水原都護府.

23) 당시 호가 편제호(법제호)였음을 감안할 때 호구에 비해 인구가 너무 적게 파악되어 있으며, 신분적 구성은 양인호와 선군·자염·목호 등의 천민호, 소수의 양반호로 이루어졌을 것(이세영 2006)으로 보았다.

24) 고려 태조가 남쪽 지역을 정벌할 때 수성군 사람 김칠(金七)과 최승규(崔承珪) 등 200여 명이 귀순하여 공을 세웠으므로 수주로 승격하였다는 사실과 관계가 있을 것으로 추정된다.

기의 읍격 변화는 홍다구의 내향이기 때문이며, 조선 초 도호부 승격은 경기 서남부의 외곽 지역으로서 방어적 성격이 강하다 할 수 있다.

두 번째는 당성군·남양부의 영역이 남양반도 이내로 한정되어 있다는 점이다. 『고려사』의 기록을 통해 추론해 본다면 재양현은 옛 안양현으로 1018년 개칭되었기 때문에 '안양현'이 비봉면 일대에 이전부터 존재했었고, 당성군과 별개의 지역으로 인식한 것을 알 수 있다. 또한 당성군에는 대부도와 소우도, 선감미도 등 12개의 섬이 있다고 하였는데, 고려 이전의 기록에서는 확인하기 어렵지만 남양반도 일대와 함께 도서지역을 관할하였음을 추정할 수 있다. 당성군과 재양현의 경계는 현 남양읍과 마도면의 경계인 석교리·쌍송리 일대가 아니었을까 한다.

세 번째는 당성군·남양부 인구의 규모와 생업방식이다. 조선 초 남양부의 간전(墾田) 결수는 4,384결[25]이었는데, 당시 대부분의 토지가 역전(易田)이었기 때문에 실제로 경작이 가능한 토지는 훨씬 적었을 것이며, 임진왜란 이전에 원결(元結)은 3,000여 결 정도이고 토지의 비옥도는 과반이 5~6등급에 해당할 정도로 척박한 편이었다(이세영 2006) 한다. 때문에 일대에 분포하는 갯벌과 바다를 활용한 생업경제를 유지한 것으로 연구되고 있는데, 그 중 가장 큰 수익을 낼 수 있는 것이 소금이었다. 세종 대에 남양의 자염(煮鹽)을 시험한 사례[26]와 남양의 염소가 44곳으로 기록[27]을 통해 전국적으로 규모가 큰 소금생산지 중 한 곳으로서(정해득 2005) 인정되므로 지역 내 농업을 생업으로 하는 농민보다는 어염업 종사자가 상당수 존재했다고 추정된다. 이러한 관점에서 본다면 조선시대 이전의 당성군의 생업경제의 전체를 추정하기에는 다소 무리가 있으나 육지보다 바다에 의존하는 삶을 영위하였으므로 농민의 수가 비교적 적은 편이었고, 몽고·왜구의 침입과 불안정한 국내 정세도 인구 감소에 큰 영향을 주었으므로 조선 전기에 이르면 전체 인구가 적은 편이었던 것이다.

2. 읍치의 이동

양야곶 목장의 울타리로 추정한 구조물은 남서-북동 방향으로 낮은 산지의 능선부를 따라 남양반도의 중단을 양분하는 형태로 해석하였는데, 남양부의 읍격을 고려하여도 관할 지

---

25) 『世宗實錄』 권148 志10 地理志 京畿 水原都護府.

26) 『世宗實錄』 권111 28년 1월 15일.

27) 『世宗實錄』 권148 志10 地理志 京畿 水原都護府.

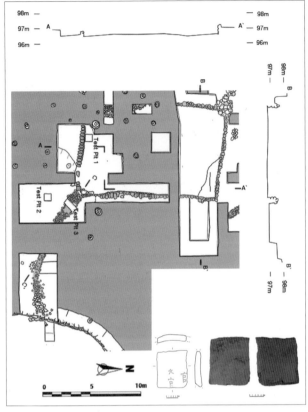

역의 절반을 목장으로 활용하였다는 것은 한편으로 납득하기 어려운 부분이 있다. 기록에는 국영목장 설치로 인해 기존에 거주하고 있던 호구를 다른 지역으로 옮긴 사례가 종종 확인되지만 양야곶과 남양 일대의 기록에서는 찾을 수 없기 때문이다. 이를 이해하기 위해서는 당시 군현의 경계와 읍치의 위치, 주변 읍과의 관계 등 여러 정보에서 단서를 찾아야 한다.

그림 11　당성 집수시설 및 명문기와(한양대학교 문화재연구소 2018)

조선시대 남양의 읍치는 현 남양읍 일대로 알려져 있다. 삼국시대 이래 당성군의 읍치가 서신면 구봉산의 당성과 그 일대인 상안리 일원으로 비정되므로 고려시대 어느 시점에 이전하였을 것이라 추정되고 있는데, 시기적으로는 당성 감무가 설치된 12세기 후반 경이다. 고려시대 행정체계상 주현과 속현의 관계가 매우 중요하므로 수주와 거리상 근접해야 하며, 교통과 통신 측면에서 보다 안전한 내륙에 감무의 행정 관청으로서 치소를 이건하였다고(韓國文化遺産硏究院 2015; 김호준 2017) 보았다. 주변에 위치한 관방유적의 고고 조사 내용과 역사 기록을 통해 남양동토성(南陽洞土城·南陽東土城)[28]을 그 후보로 보았다.

그런데 최근까지 여러 차례에 걸쳐 진행된 당성의 발굴조사를 통해 다양한 고고자료가 확

---

28) 최근 발굴조사가 진행되었는데, 성벽에 한정하여 조사하였고 출토 유물이 소량이므로 토성의 성격을 추론하기에는 무리가 있다. 아래의 보고서를 참고하였다.
　　한성문화재연구원, 2020, 『화성 남양동토성』.

보이었다. 그 중 2차 성 내부의 집수시설에서 출토된 명문기와류와 함께 '태정사년(泰定四年, 1327)'·'대관(大官)'명 기와가 주목된다. 조사단은 기록을 통해 고려시대 제사와 연회의 음식을 담당한 '대관서(大官署)'와 관련된 것으로 보았는데(한양대학교 문화재연구소 2018), 목종 대에 대관서 명칭이 등장한 이후 고려 후기에 선관서(膳官署)로 개칭되는 등 여러 차례 변화가 있었다. 또한 2차 성의 동벽 구간에서 확인된 석축성벽이 여러 차례 개축되었을 가능성과(한양대학교박물관 1998) 고려 대몽항쟁기의 석축성벽 및 조선시대 읍성과 유사한(김호준 2017) 축성법이 확인된다. 4차 발굴조사에서는 구봉산 정상부 1차 성 내 중단부에서 '중근세 성벽'이 발견되었는데, 조사 과정에서 분청자 편이 출토되었다(한양대학교 문화재연구소 2019). 성벽의 진행 방향으로 볼 때 2차 성의 성벽으로 판단되며, 지속적으로 보수한 흔적이 관찰된다고 하였다. 필자는 이상의 조사내용을 근거로 조선시대 초까지 당성이 치소로 활용되었고 여러 차례에 걸쳐 성벽 및 성 내 시설물의 정비가 이루어진 것으로 파악하였다(강정식 2020). 더불어 『신증동국여지승람』에 '망해루(望海樓)'가 고을의 치소에 세워졌다는 내용과 『대동지지』의 '당성고현성(唐城古縣城)' 기록을 통해 누각이 남양리 일원에 존재했을 것이란 견해(韓國文化遺産研究院 2015)가 있는데, 이는 전술하였듯 고려시대 어느 시점에 읍치가 남양읍 일대로 이전하였다는 인식에서 기인한 것이다. 누각의 위치가 고 당성에 있다 하였고, 이색의 기문이 작성될 당시에 읍치가 당성에 있었다면 오히려 당성의 정상부에서 확인된 건물지가 '망해루'일 가능성이(한양대학교 문화재연구소 2018) 높아진 셈이다. 정리하자면 당성진 설치로 인해 2차 성이 축조되었고 고려시대 전기에 해당하는 기와류가 출토된 점으로 볼 때 이 시기까지 기와건물이 분포하는 중요 거점으로 활용되었으며, 그 후의 유구나 운영 형태는 명확하지 않지만 명문기와 및 2차 성벽의 양상을 통해 여말선초기에도 여전히 운영되었다고 보인다. 이 시기 축성은 외적에 대비한 관방적 성격으로서 시급한 방어시설 구축에 중점을 두었으며, 지방관이나 군관에게 일임되어 빠른 시일 내에 완성하는 것이 목적이었다. 이후 조선 태종 대에는 지방관

그림 12 당성 2차성 동벽(한양대학교 문화재연구소 2018)

의 성곽 수축을 독려하였으며, 태종은 대대적인 산성 및 읍성 정비책을 실시하였다. 이는 고려 말의 입보제를 강화하는 조치로(車勇杰 1988) 이후 방어시설 구축을 위한 읍성 축조 등 국가적인 사업으로 이어진다.

그렇다면 조선시대 어느 시점에 남양부의 읍치가 이동하였는지 좀 더 명확하게 접근할 필요가 있다. 세종 대에는 읍성의 이동이 다수 확인[29]되는데, 이는 여말선초 읍성이 충분한 입지 검토 없이 축성되었으므로 태종대 이후 전국적인 성보 점검을 통해 적합하지 않은 곳은 터를 옮겨 신축하도록 한 것이다(유재춘 2017). 세종 11년(1429) 병조판서 최윤덕(崔閏德)이 각 고을의 성을 축조할 조건으로 보고한 내용을 보면 방어하기에 요긴한 연변의 고을은 산성을 없애고 읍성을 쌓을 것이며 읍성이 소용이 없는 경우 이전대로 산성을 수축하고, 성을 쌓을 때에는 육지의 주현으로 3, 4 또는 5, 6읍을 아울러 정하여 점차로 축조하며, 쓸만한 옛 성이 있으면 그대로 수축하고 없다면 인근에 새로 터를 잡아 신축하도록 하였다. 민호의 수효가 적고 성을 축조할 만하지 않은 고을은 인근 읍의 성으로 옮겨 함께 들어가게 하도록 하였다.[30] 남양부의 읍치는 이 시기에 변화가 있었을 것으로 보이는데,『世宗實錄』지리지에는 수원도호부의 읍토성에 대해 기록하고 있으나 남양부의 읍성에 대한 내용은 없다. 이를 통해 남양부의 인구가 적고 동쪽에 인접하여 수원도호부가 위치하므로 읍치는 옮기되 읍성을 축조하지 않았다고 볼 수도 있으나, 수원에 속한 다른 군현 또한 읍성 기록이 없기 때문에 속읍의 읍성에 대한 정보를 남기지 않았을 가능성도 존재한다. 이러한 관점에서 본다면 남양동토성이 이 시기 남양부의 치소로서 축조되었을 여지가 발생하지만 발굴조사 내용으로 본다면 무리가 있으며, 토성 주변지역의 발굴조사와 기록을 통해 조선 전기 '해문역(海門驛)'과 관련이 있을 것(정요근 2020[31])으로 보기도 한다. 덧붙여 남양리 일대 유적군에서 읍치와 직접적으로 관련된 유구는 발견되지 않았으나 출토 자기류의 상한이 15세기 중반 어느 시점인(京畿文化財

---

29) 풍수지리, 수재(水災), 수원(水源) 등의 이유로 성을 옮긴 사례가 있다(『世宗實錄』권1 즉위년 8월 17일).

30) 『世宗實錄』권43 11년 2월 10일.

31) 논자의 견해를 참고하면 당성 남동쪽에 위치한 '백곡리 토성'도 역 또는 원의 개념에서 이해할 필요가 있다. 백곡리 사지의 하한을 12세기(황보 경 2019)로 볼 때 그 이후에 역·원의 역할을 담당할 시설이 들어섰을 것인데, 토성에서 채집된 유물이 대체로 고려시대를 하한으로 하기 때문에 유력한 후보로서 주목된다. 여러 차례 지표조사가 실시되었으나 백제 토기류가 채집된 적이 없고, 기와가 채집된 지점은 기와가마일 가능성이 높으며 기와의 시기가 고려시대 전기에 해당할 것(권오영 2006)으로 보았다.

研究院 2009; 한백문화재연구원 2014; 박경자 2019) 점을 고려한다면 남양부의 읍치가 이동한 시점은 세종 대 또는 그 이후가 될 것이다.

한편 송산면 지화리에 위치한 화량진성의 연혁[32]도 참고할 필요가 있다. 기록에 처음 등장하는 것은 고려 공민왕 7년(1358)으로, 8월 기묘일에 왜구가 화지량에 불을 질렀다[33] 한다. 당시 화지량에 성곽이 축조되어 진으로 운영되었는지 알 수 없으나 이희(李禧)를 양광도안무사겸왜인추포만호(楊廣道安撫使兼倭人追捕萬戶)로 임명하였다는 기록[34]으로 보아 양광도 해안, 즉 경기 서해안에 병선을 운영하는 수군이 존재했던 것으로 추정된다. 이후 조선시대에 들어와 태종 대에는 왜구가 남양부 변경과 자연도, 삼목도의 염장을 노략질하고 병선을 빼앗는 등 치안이 매우 불안정하였고 태조 대에는 수군이 왜구를 격퇴하였다는 기록이 다수 확인된다. 이에 해안방어를 위해 수군을 강화할 필요가 있었는데, 태종 11년(1411) 수군도절제사(水軍都節制使)가 혁파되고 세종 2년(1420) 수군도안무처치사(水軍都按撫處置使)로 개칭되었다. 지휘체계는 수영의 수군처치사-도만호(첨절제사)-만호의 구조이며, 수군의 주력은 기선군이었다 (정해득 2005). 경기 서해안의 우도수군첨절제사영은 강화 교동에 있었고, 좌도수군첨절제사영[35]이 화량진성에 설치된 것이었다. 서벽 발굴조사에서 출토된 유물의 상한이 15세기 후반으로 추정되고 성벽 채움토에서 분청자 동체부편이 확인(한울문화재연구원 2020)된 점과 세종 대 기록을 통해 보았을 때 남양부 읍치의 이동과 함께 경기 좌도의 수영이 설치되면서 화량진성의 수축이 진행된 것으로 생각된다. 그렇다면 그 이전 시기에 화지량과 당성이 병존하였고 동시에 운영하기에는 인력이나 재원에 있어 무리한 구조일 것이란 반론이 예상된다. 기록상 '화지량'의 등장 시점과 당성 출토 유물의 시기가 겹치는 것은 사실이다. 이는 향후 진행될 발굴조사 내용과 고려 후기의 정세 및 군진의 설치 배경 등을 종합적으로 검토하여 규명해야 할 것이나, 현재까지 조사·연구된 정황으로 보았을 때 화지량은 당성군의 행정·지역적 상황을 반영하지 않은 채 지리적 이점만을 고려하여 급조되었던 진으로 추정해 볼 수 있다.

---

32) 한신대학교박물관, 2016, 『華城 花梁鎭城』.

33) 『高麗史』世家 권39 恭愍王 7년 8월 13일.

34) 『高麗史』지37 병3 선군.

35) 『世宗實錄』 권148 志10 地理志 京畿 조에는 좌도수군첨절제사영이 남양부 서쪽 화지량에 있다 하였고, 水原都護府 조에는 우도수군첨절제사가 수어한다고 하였다. 富平都護府 교동현 조에 우도수군첨절제사영이 기록되어 있으므로 수원도호부 조에 오류가 있는 것으로 보인다.

3. 양야곶 목장의 설치

양야곶 목장의 설치와 초기 운영방식에 대한 문헌기록은 적은 편이나 발굴조사를 통해 출토된 분청자와 함께 치소의 이동, 수군진의 설치 등 일련의 과정을 검토한 결과 늦어도 세종대에는 목장이 존재하였고, 석교리 산 2-14번지에서 출토된 분청자를 통해 울타리는 이 시기에 설치된 것으로 추정할 수 있다. 남양부의 관할지역 내에 수원부 소속 목장이 존재하였다는 점에서 이견이 있을 수 있는데, 조선시대 각종 고지도를 살펴보면 이러한 의문은 해결된다. 예를 들어 괴태곶(槐台串) 목장은 양성현(陽城縣) 소속이었으나 수원부 경내에 위치하였고, 남양부 소속의 분향(分鄕) 지역은 건달산 남쪽 구 정송현 인근에 위치하여 마찬가지로 수원부 내에 있었던 것이다. 15

세기 당시 남양은 수원에 속하였고 수원부 소속 목장이 경내에 존재하였던 것은 특이한 일이 아니었다. 〈그림 13〉은 『목장지도』 6면의 남양부 소속 목장을 기록한 것이다. 이 지도를 자세히 보면 현재의 해안선과 배치를 고려하였을 때 이상한 점이 관찰된다. '남양'이 적힌 내륙의 모습이 상이한데, 남양반도를 상세히 그린 수원부 지도에 비해 소략하게 표현하였다. 그리고 대부도와 선감도는 현재 송산면 일대 해안선에 인접해 있는데, 지도상에는 남서쪽으로 조금 떨어져 위치하고 있다. 또한 섬의 배치도 실제 모습과는 분명 다르게 표현하였다. 이를 해석함에 있어 신중

그림 13 『목장지도』 남양부(국립중앙도서관)

한 검토가 요구되는데, 우선 그 단서를 수원부 지도에서 찾아야 한다고 생각한다. 즉 남양반도 일원에 위치한 양야곶이 수원부의 목장이므로 그 지역을 제외한 내륙을 남양으로 보았다고 해석할 수 있다는 것이다. 남양부 읍치에서 대부도로 가기 위해서는 배를 타야 하는데, 그 방향은 남서쪽이 된다. 이를 현재의 지리적 상황에 대입해 본다면 남양읍 중심의 북쪽 해안에서 출항하거나, 남양천을 따라 남쪽 석리리 또는 신남리와 같이 해안선에 접하는 지점 어딘가에서 출항하였다고 할 수 있겠다. 화성 서해안의 해안선을 고려한다면 전자일 가능성이 좀 더 높을 것으로 추정된다. 따라서 목장지도의 남양부 모습은 남양반도를 절단한 형태로 그려진 것으로 이해되며, 왕이 남쪽을 바라보고 있다는 관점(김기혁 2009)에서 지도를 작성한 것이므로 선감도-대부도-소우도(선재도)-영흥도가 서남쪽 방향으로 배치되었다고 보인다.36) 『신증동국여지승람』 남양부 고적조에 재양현이 폐현으로 기록37)되어 있는데, 남양부 치소 이동 후 양야곶 목장이 들어서면서 속현이었던 재양현을 병합하여 일정 규모의 관할지역을 형성하기 위한 것으로 추정된다.

『세종실록』 지리지에는 양야곶이 부 서쪽 30리에 있으며, 토장의 둘레가 15리이고 국마 75필을 놓아 먹였다 한다. 당시 수원부의 읍성38)에서 서쪽 약 12km 지점에 위치하는데, 지도 상의 거리는 팔탄면과 향남읍 일대를 가리킨다. 이를 수원과 남양의 경계지점인 건달산을 기준으로 하면 마도면 석교리, 우정읍 주곡리 일대로 보인다. 그런데 『신증동국여지승람』에는 양야곶이 쌍부현에 있는데, 부 서쪽까지 50리이고 둘레가 68리로 기록39)되어 있다. 읍성을 기준으로 보면 석교리·주곡리 일원으로 전술한 기록과 일치하지만 '쌍부현40)'에 있다고 하여 혼동이 발생한다. 그렇다면 두 기록의 시기차를 감안했을 때 약 반세기 만에 목장이 이동되었거나, 애초에 양야곶이 쌍부현에 있었다고 해석할 여지가 있는 것이다. 『동국여지지』41)에는 양야곶이 부 서쪽 50리에 있고 둘레가 68리라 하여 '쌍부현'이 빠져있는데, 이 시

---

36) 이작도와 덕적도, 독갑도의 위치는 현재와 거의 동일하나 지면의 한계로 인해 북쪽에 위치하였다 생각되는데, 소홀도와 승황도의 위치는 지도만으로는 명확하게 설명할 수 없는 상황이므로 구체적인 추론은 삼간다.

37) 『新增東國輿地勝覽』 권9 京畿 南陽都護府.

38) 한신大學校博物館, 2000, 『水原 古邑城』 및 京畿文化財研究院, 2010, 『華城 花山洞 遺蹟』 일원에서 확인된 관아터를 말한다.

39) 『新增東國輿地勝覽』 권9 京畿 水原都護府.

40) 현재 화성시 장안면과 우정읍 일대를 말한다.

41) 『東國輿地志』 권2 京畿 左道 水原鎭 水原都護府.

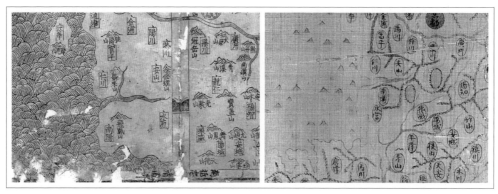
그림 14 좌: 동람도 경기(1480~1513년, 양산 대성암), 우: 조선방역지도(1557~1558년, 국사편찬위원회)

기에는 쌍부현이 폐현(廢縣)되어 수원부의 직촌이 되었으므로 단순히 거리만 기록한 것인지 알기 어렵다. 이러한 상황을 어떻게 이해해야 할까.

17세기 이전의 고지도를 보면 목장이나 세부적인 정보는 확인를 확인하기 어렵지만 대체로 16세기 이전까지는 경기 서해안의 해안선에 대한 표현이 명확하지 않았던 것으로 추정되며, 읍치와 군영도 정확한 위치를 표현한 것이 아니라 대략적으로 어느 지역에 있는지에 대한 정보만 기재한 것이다. 실제로 남양부·쌍부현·용성현 지역은 시대별 고지도마다 상이한 형태로 표현되어 있다. 17세기 대부터 제작되는 군현지도는 산천과 육지의 형태가 이전 시기에 비해 비교적 정교해지는데, 경우에 따라 크게 부각시키거나 과감하게 축소하는 부분도 있지만 중요 시설과 지역 명칭을 사실과 가깝게 기록하는 경향이 보인다. 이는 정보조사·수집자의 영토인식과 지도제작자의 소통에 따른 결과로 해석되는데, 방대한 양의 지리 정보를 얼마나 효과적으로 표현할 것인지, 지도 제작의 목적이 무엇인지에 따라 다를 것이다. 결론적으로 15~16세기 대에 영토를 조사하고 지리 정보를 수집한 사람들은 양야곶이 부 서쪽 50리 정도 거리에 위치하므로 남양반도가 아닌 쌍부현 즈음에 위치한 것으로 이해했을 것이라 추정된다.

『목장지도』 해석도 신중을 기할 필요가 있다. 양성현 소속 괴태곶의 위치는 17세기 이후 고지도에 일관되게 한 곳으로 표현되어 있는데, 용성현(조선 후기 청룡면)의 서쪽, 지금의 아산 국가산업단지가 위치한 평택 원정리 일대이다. 한신대학교박물관의 발굴조사를 통해 목장토성지와 건물지가 확인되었는데(한신大學校博物館 1995), 이 토성의 규모와 괴태곶 울타리의 모습이 일치하지 않는다. 또한 홍원곶의 울타리는 평택 석정리에 위치한 장성으로 비정(嘉耕考

古學研究所 2016)되므로 지도상 괴태곶의 북쪽 돌출지점에 위치해야 하나 쌍부현에 그려져 있다. 그러나 우정읍과 장안면 일대에서 목장으로 추정할 만한 유적이 알려진 바 없고, 해방 이후 항공촬영에서도 그 흔적을 찾기 어렵다.『세종실록』지리지와『신증동국여지승람』등의 기록, 각종 고지도에서 공통적으로 일치하는 점은 괴태곶의 위치밖에 없는 상황인데,『목장지도』제작 당시 현지 감목관이 실제 모습을 그린 자료를 취합하였으므로 이 자료의 정보를 부정하기도 어려운 것이다.

그렇다면 앞서 언급한 자료를 토대로 확인할 수 있는 몇 가지 사실을 살펴보겠다.

① 양야곶은 수원부의 서쪽[42]에 있었는데, 홍원곶이 용성현의 서쪽·부 남쪽, 풍도가 서쪽에 있고 양성현 괴태길곶이 현 서쪽 1백리 지점에 있다고 하였다. 따라서 양야곶 위치는 남양반도 또는 조암반도가 분명하다.

② 양야곶은 15세기 중반경 '토장'의 둘레가 15리이고 국마 75필이 방목되어 있었는데, 16세기 이후 둘레가 68리라 한다. 두 기록이 한 목장을 지목한 것인지 알 수 없으나, 성종 1년(1470) 경기에서 징집해야 하는 말 202필을 양야곶에 방목[43]한 점으로 볼 때 418필이 방목된 대부도, 257필이 방목된 덕적도[44]와 면적 등 규모면에서 비슷한 수준이었을 것이라 추정된다. 약 5.9km 정도로 환산되는 '토장'의 경우 남양 읍치에서 보았을 때 원천리~석교리·청원리 구간이 위 수치에 근접하므로 이를 15리라고 계산[45]하였을 가능성이 있다.

③ 세종 13년(1431) 국가에서 소비되는 소를 각 고을에 나누어 기르게 하면 폐해가 발생하므로 사복시 제조에 명하여 국영목장을 설치할 장소를 물색하게 하였다. 이에 정미년에 혁파[46]하였던 경기 양성현의 괴태길곶, 수원부의 홍원곶(弘原串), 남양부의 선감미도 등이 후보로 거

---

42)『大東地志』에는 서남쪽으로 기록되어 있는데, 이는 당시 읍치였던 수원 화성을 기준으로 한 것이다.

43)『成宗實錄』권3 1년 1월 8일.

44)『世宗實錄』권148 志10 地理志 京畿 水原都護府 南陽都護府.

45) 이 경우 과거 존재했다고 알려진 '청원리성(경기도박물관 1998; 한국토지공사 토지박물관 2006)'이 마집소 또는 감목시설 등과 관련하여 주목된다.

46) 정미년을 고려 공민왕 16년(1367)으로 비정(이홍두 2018)하였으나, 관련 자료를 찾기 어렵다. 그런데 세종 7년(1425) 11월 8일 강화부 경내 목장을 설치하면서 해당 지역 내 거주하는 백성 중 자원자는 금천·개성·남양·통진 등 목장을 혁파한 땅에 이주하도록 허락하였다 한다. '정미년'은 1427년이므로 연대가 정확히 일치하지 않지만 정황상 이 시기에 일부 목장이 혁파된 듯하다.

론[47])되었고, 세종 21년(1439) 전구서에서 사용하는 소를 홍원곶과 괴태길곶에서 올렸다[48])
하여 우목장이 운영되고 있었음을 알 수 있다. 그런데 세종 30년(1448) 하삼도 목장의 망아
지와 제주 공마 중 재주가 있는 1백 필의 말을 가려 수원 홍원곶에 목양[49])하도록 한 이후부
터는 마목장으로 전환(이홍두 2018)되었을 것으로 보인다. 목장의 위치는『세종실록』지리지
에 용성현 서쪽,『신증동국여지승람』에는 용성현에 있고 부 남쪽 55리,『동국여지지』에 용성
폐현에 있고 부 남쪽 55리라 하였다. 용성현은 조선 초 수원도호부의 속현으로 부 남쪽 50리

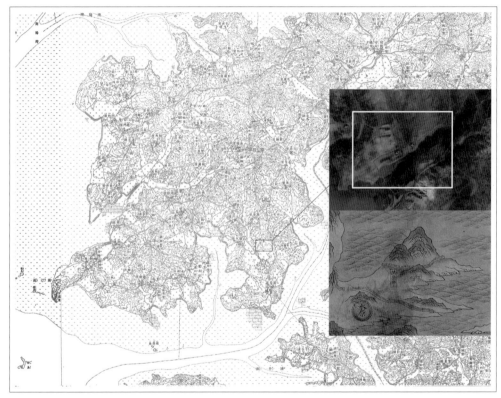

그림 15 화성시 장안면 장안리 '홍원곶' 추정 구조물(일제강점기 지형도 · 1954년 항공촬영사진 ·『목장지도』편집)

47) 『世宗實錄』권51 13년 3월 28일.

48) 『世宗實錄』권84 21년 2월 6일.

49) 『世宗實錄』권121 30년 7월 27일.

지점이고, 그 외 쌍부·정송·영신·광덕현이 있었다. 이후 16세기 대에는 쌍부현과 용성현 외에 폐현되고 직촌이 되었고, 17세기 대에는 모두 폐현으로 기록되어 있다. 『동국여지지』가 간행될 시점에 제작된 『동여비고』 수원지방도에는 용성현과 쌍부현이 하나로 연결된 육지에 표현되어 있으므로 정확한 위치를 알기 어려우나, 1760년대 이후 작성된 군현지도의 수원부 에는 청룡면과 광덕면, 영신면 등의 지명이 모두 안중반도 일대에 분포하고 있다. 그 중 청룡 면이 용성현 지역으로 추정되는데, 지금의 평택시 청북읍 일대이다. 이러한 관점에서 본다면 일제 강점기 지형도를 참고하였을 때 목장을 설치할 만한 돌출된 지형은 평택시 청북읍 삼계 리·옥길리, 화성시 향남읍 구문천리 정도이나 이 일대에 목장과 관련된 자료는 없다. 따라 서 용성현 서쪽에 위치한 목장은 석정리 장성[50]과 조암반도 일대가 후보이다. 흥미로운 점은 석정리 장성 조사 결과 서쪽 경계가 현 석정리 감기마을 당집 인근까지인 것으로 보았으나 (嘉耕考古學硏究所 2016) 1946년 항공촬영사진(194610000100030025)을 보면 그 서쪽 포승읍 도 곡리 불당산 자락에서도 '장성'의 흔적이 확인된다. 고고학조사를 통해 유구의 흔적이 확인 되지 않아 확언하기 어려우나 만약 괴태곶 목장의 울타리로 비정되는 평택 목장토성지와 연 결된다면 '평택 목장토성지'와 '평택 석정리 장성'이 하나의 목장성일 가능성이 발생하는 것 이다. 더불어 1954년 항공촬영사진(195403003600010083)을 보면 현 화성시 장안면 장안리의 장명초등학교 주변에 해당하는 지점에서 서신면의 것과 동일한 형태의 구조물 흔적이 남동-북서방향으로 존재하는 것이 확인된다. 마찬가지로 향후 조사를 통해 확인해야 하지만 정황 상 『목장지도』 홍원곶 내측 울타리의 모습과 매우 흡사한 양상을 보인다.

④ 괴태곶은 양성현을 기록한 고지도에 그려져 있지 않고, 『신증동국여지승람』에는 현 서 쪽 1백리 지점에 있으며 수원을 지나 바다에 불쑥 들어갔는데 무릇 '75리'이고 목장이 있다 고 기록[51]되어 있다.

내륙에 존재하였던 수원부 소속 목장은 '양야곶'과 '홍원곶' 2개소였다. 그런데 수원부 관 내에 위치한 목장은 '홍원곶'과 '괴태곶'인 것이다. 지지류 및 고지도 제작과정 상 수집된 다 양한 정보를 중앙에서 최종 정리하는 형태이므로 수원부 소속 목장 2개소가 당연히 관할지 역 내에 있는 것으로 오해할 여지가 있다. 때문에 양야곶을 쌍부현에, 홍원곶을 용성현에 있

---

50) 평택 석정리 장성은 현재 약 3.5km 정도가 잔존(嘉耕考古學硏究所 2016)하는데, 16세기 이후 기 록에는 둘레가 75리(약 29.5km)라 하였다. 장성을 포함한 홍원리·석정리 일대의 둘레를 대략적 으로 계산하여도 수치상 일치하지 않는다.

51) 『新增東國輿地勝覽』 권10 京畿 陽城縣; 『東國輿地志』 권2 京畿 左道 水原鎭 陽城縣.

그림 16　좌: 남양장성 트렌치1(한양대학교 문화재연구소 2018),
　　　　우: 남양장성 추정지 트렌치6(한양대학교 문화재연구소 2019)

다고 기록한 것은 저자의 오류로 보인다. 『세종실록』 지리지에는 괴태길곶 규모가 '7리'라 하였고, 『신증동국여지승람』에 홍원곶과 괴태길곶 모두 '75리'라 한 점은 결코 우연이 아닐 것이다. 이를 통해 본다면 쌍부현에 있었다는 양야곶의 정보는 홍원곶의 것을 오기하였을 가능성이 높다.

　이상의 내용을 종합하면 양야곶은 결국 『세종실록』 지리지에 기록된 바와 같이 부 서쪽에 위치하였고, 토장이 설치되었던 마목장으로 볼 수 있다. 앞서 중부고고학연구소에서 조사한 석교리 산2-14번지 유적과 함께 항공촬영사진에서 확인된 당성 주변의 구조물이 바로 양야곶인 것이다. 당성 발굴조사 과정에서 진행된 '외성 추정지'와 '남양장성 추정지' 시굴조사 결과 성벽과 관련된 인공적인 흔적이 확인되지 않았고 유물이 출토되지 않아 자연 능선으로 보았으나(한양대학교 문화재연구소 2018·2019), 능선 상부에서 희미한 토루의 모습이 관찰된다. 발견된 지점의 위치는 항공사진의 것과 거의 동일하다. 태종 16년(1416) 함주(咸州) 도련포(都連浦)의 외목장과 내목장을 구별하기 위해 옛 성지를 수축한 사례[52]가 있는데, 양야곶 목장도 고성(古城)을 활용한 것으로 보인다. 전술한 바와 같이 세종 대 어느 시점에 읍치가 이전되면서 당성은 성곽으로서 역할을 상실하였고, 이후 장원서(掌苑署)에 속한 과원(菓園)[53]이 되었던 것이다. 더불어 현존하는 고지도 중 임진왜란 이전에 제작된 것이 극히 드물고 세부 정보가

---

52) 『太宗實錄』 권31 16년 3월 25일.
53) 『新增東國輿地勝覽』 권9 京畿 南陽都護府.

빈약하다는 점에서 현지의 감목관이 관할 목장을 상세히 기록하여 올린 『목장지도』는 다른 고지도에 비해 비교적 사실에 가까웠을 것이라 생각되는데, 감목관과 목자가 일상 업무를 보는 곳의 지형을 누구보다도 잘 알고 있기 때문이다.

4. 목장의 변화

수원부의 양야곶은 단종 3년(1455) 목장이 남양에 가까우니 남양부사로 하여금 감목관을 겸하게 하였는데,[54] 세조 6년(1460) 남양부사가 이미 경내 목장 여섯 곳을 관할하므로 다시 수원부사에게 관할하도록 하였다.[55] 이후 성종 17년(1486)에 남양부 소속이었던 풍도를 수원부로 이속[56]시키면서 수원의 목장은 총 세 곳이 되었다. 그런데 성종 대에 202필의 말을 방목한 이후 양야곶이 어떻게 운영되었는지 추론할 만한 자료를 찾기 어려운 반면 홍원곶의 경우 16세기 대까지 말을 방목한 기록이 확인된다. 그렇다면 양야곶 목장은 16세기 어느 시점에 목장으로서의 기능을 상실하였을 수도 있을 것이다. 『목장지도』를 보면 감관이 파견되었고 '설둔(設屯)'이라 하여 둔전이 설치되었다고 하는데, 소 암수 15수가 있어 이를 활용해 경작하였을 것으로 추정된다. 풍도 목장은 폐하였고, 홍원곶 목장에는 말 68필, 소 41수가 있었고 목자 75명이 관리하였다. 괴태곶 목장은 말 41필과 소 50수가 있었고 목자 115명이 관리하였다.[57] 따라서 장유가 목장지도후서를 제작하였을 시점인 1635년에는 양야곶에 둔전이 설치되어 있었다는 것으로 해석된다. 지도의 상단 좌측에는 '숙휘공주방 절수처(淑徽公主房折受處)'라 하여 궁가에 절수되었다는 내용이 주기되어 있다. 그렇다면 지도의 제작경위를 고려하였을 때 숙휘공주가 1653년 정유성(鄭維城)의 손자인 정제현(鄭齊賢)에게 하가한 이후 허목이 지도를 제작한 1678년 사이에 절수된 것으로 보인다.

양야곶 목장에 둔전이 설치된 시점을 16~17세기 대로 본다면 임진왜란과 관련하여 설명할 수 있을 것이다. 그런데 전술한 바와 같이 목장의 내부에 해당하는 송산면과 서신면 지역

---

54) 『端宗實錄』 권14 3년 5월 23일.
55) 『世祖實錄』 권22 6년 12월 18일.
56) 『新增東國輿地勝覽』 권9 京畿 水原都護府.
57) 국립중앙도서관 소장본에 기록된 내용을 참고하였다.

에는 조선시대 인물들의 분묘가 위치[58]하고 있다. 가장 이른 시기의 묘역으로 남양홍씨 묘단이 천등리에서 확인되었는데, 남양홍씨 시조 이하 6세의 제단으로 홍선행(洪先幸) 등 여섯 선조의 묘단비가 있다. 묘역 하단에는 홍덕의(洪德義)의 묘소가 있는데, 묘표는 홍섬(洪暹)이 찬하였다 한다. 홍선행은 고려말 검교직인 장군, 5세 홍유(洪儒)는 대관서의 령(令),[59] 7세 홍덕의는 무과에 급제하여 고려 공민왕대 이후 공조전서를 역임하였다. 그의 아들인 홍자경(洪自敬)은 조선조 문과 급제 후 호조참판을 지냈고 묘는 남양부 당곶에 위치하였는데, 동지중추원사를 지낸 장남 홍익생(洪益生)이 선조의 묘소를 홍법리로 이전하였다 한다(화성시 · 화성문화원 2010). 그 시점은 홍익생의 활동 시기인 15세기 전~중반 경일 것으로 추정된다. 또한 천등리에는 초계정씨 가문의 정경륜(鄭景倫) 및 직계 5세의 묘역이 있다고 한다. 정경륜은 백인걸의 제자로서 한성서윤을 지냈으며, 1594년 사망하였으므로 해당 묘역은 16세기 후반 이후 조성되었을 것으로 보인다. 마산리 쟁골에서 초계정씨 묘역이 확인되었는데, 정경륜의 아들 정응탁(鄭應鐸)의 차남인 정문명(鄭文明) 및 후손들로서 조사 당시에는 납골묘소가 존재하였으므로 17세기 대 분묘들이 위치했을 것이다. 이와 마주하여 남양홍씨 납골묘소도 확인되었으며, 홍걸(洪傑) 이하 후손들의 묘소를 이전하여 조성하였고 그 시기는 17세기 대이다. 사강3리 마을회관 옆 구릉에는 기호남인의 저명한 학자 이수광(李睟光)의 손자인 이동규(李同揆)와 그 후손들의 묘역이 있으며 그 시기는 17~18세기에 해당한다. 고정리에 위치한 양주김씨 묘역은 여말선초의 양식을 보이는 석인이 확인되었으나 원래의 묘소는 양주에 있었다 한다. 이외에 지화리의 초계정씨 묘역과 삭령최씨(朔寧崔氏) 묘역, 홍술현 효자정려 등 17세기 이후의 유적(京畿道博物館1999; 한국토지공사 토지박물관 2006)이 분포하고 있다.

더불어 발굴조사를 통해 조선시대 유적이 확인된 바 있다. 장외리 산26, 산3-1번지 유적에서는 고려~조선시대에 해당하는 주거지 7기와 건물지 2동이 조사되었는데, 출토된 자기 · 기와류를 통해 중심연대는 14~15세기일 것으로 보았다(겨레문화유산연구원 2012). 지화리 77-1번지 유적에서는 3열로 구성된 석렬유구와 수혈 1기가 조사되었는데, 탄소연대측정 결과 13세기 후반에서 14세기 대로 확인되었다(서경문화재연구원 2017). 삼존리 산105-1번지 유적에서 고려시대 석곽묘 1기와 16~17세기 대의 토광묘(한성문화재연구원 2018), 삼존리 유적

---

58) 해당 지역의 분묘에 대한 정보는 아래 보고서에 정리되어 있으며, 이를 참고하였다.
유봉학, 2006, 「시화호 일원의 조선시대 분묘와 석물」『시화호의 역사와 문화』, 한신大學校博物.

59) 남양홍씨 족보에 의하면 홍유가 고려시대 말기에 활동하였고 '대관서'의 령을 역임하였다고 한다. 당성 발굴조사에서 출토된 '大官'명 기와가 주목된다.

에서 고려시대 토광묘 1기 및 15~18세기에 걸쳐 조영된 토광묘 · 회곽묘가 확인되었다(中部考古學硏究所 2012). 삼존리 분묘군이 위치한 매봉산 자락은 일제강점기 달로(達路)가 설치되기 이전에 사방이 갯벌과 농경지가 위치한 점으로 볼 때 조선시대에는 드넓은 갯벌 가운데 위치한 섬과 같은 지형이었을 것이다. 북쪽 우음도와 같이 대규모 분묘군이 입지하기에 좋은 환경으로서 존재하였고, 고려시대 이후 묘역이 들어선 것으로 보인다.

이상의 자료로 볼 때 양야곶 목장 내부에 분묘 등 인간의 거주와 관련된 유적이 들어서게 되는 시점은 16세기 후반 경으로 추정된다. 임진왜란 이전에 이미 양야곶은 목장으로서 역할이 점차 축소되었을 것이란 추론이 가능한 것이다. 그 배경은 조선 전기 이후 왕실의 친족과 사대부의 토지점유로 인한 것임은 다수의 연구를 통해 밝혀진 바 있다. 일례로 성종 대에 김수온(金守溫)이 남양의 전지를 한광(閑曠)한 땅이라 하여 점거하였으나 왕이 이를 묵인하였고,[60] 박이서(朴彝叙)가 첨지 윤공(尹鞏)의 남양 언답을 빼앗아 그의 사돈인 유지신(柳止信)이 경기 수사로 있을 때 수군 수천을 동원하여 제방을 쌓아 전답을 만들었다고 하나 광해군은 번거롭게 논하지 말라고 한[61] 기록이 언급된 바 있다(이세영 2006). 또한 한양 주변과 하삼도의 목장도 상황은 마찬가지였는데, 대체로 토지의 점유나 경작, 조세와 관련한 마찰이 끊이지 않았다. 이와 같은 사회적 요인으로 인해 양야곶 목장은 왕실의 암묵적인 용인 하에 그 규모가 축소되었고, 16세기 중~후반 경부터 사람이 거주하기 시작하였다고 보인다. 이는 홍원곶의 양마 관련 기록이 16세기 중반까지 존재하는 반면 16~17세기 어느 시점에 양야곶은 둔전으로 운영된 상황과도 부합한다.

조선 후기에 이르면 양야곶 목장이 다른 지역으로 이동한 것으로 보인다. 영조 2년(1726)에는 '목장을 잃은 뒤 양성에 있는 약간의 둔전만이 남았다[62]'고 하여 원래의 목장은 이미 궁가에 절수된 상황을 말하는 것으로 해석된다. 이후 형지(形止)를 조사하기 위해 양성현감을 파견하였다거나,[63] '… 연전에 이미 양야곶을 옮겨 소속시켰는데 또다시 둔전을 절수 …[64]' 했다는 기록으로 볼 때 양야곶에 속한 둔전이 양성현에 있었을 것이라 짐작된다. 17~18세기 대 고지도를 보면 우정읍 일대에 '목장면(牧場面) · 초장면(草長面) · 마정면(馬井面)' 등의 지명

---

60) 『成宗實錄』 권69 7년 7월 23일.

61) 『光海君日記』 권93 7년 8월 5일.

62) 『承政院日記』 권609 2년 1월 22일.

63) 『承政院日記』 권614 2년 4월 11일.

64) 『承政院日記』 권691 5년 8월 6일.

이 관찰되는데, 이를 통해 목장에 생곡초와 사료를 공급하는 지역의 존재를 추정할 수 있다. 양성현에 있었던 '약간의 둔전'은 양야곶에 각종 물류를 납품하던 기존의 둔전이 옮겨갔다고 추정되며, 그 위치는 『대동여지도(大東輿地圖)』에 기록된 바와 같이 안중반도 일대인 것이다. 이러한 관점에서 본다면 양성현감을 파견하였다는 사실이나, 조선 후기 고지도에 괴태곶 인근 지역에 감목관이 표현되어 있던 점도 이와 같은 맥락에서 이해할 수 있을 것이다. 한편 홍원곶 목장의 실체도 규명 대상이다. 앞서 항공촬영사진에서 보이는 울타리의 흔적 및 지리적 정황과 『목장지도』를 통해 홍원곶이 현 화성시 장안면 남쪽 해안에 접해있었을 것으로 추정하였다. 그런데 18세기 대 지방도에는 해당 지점에 '해창(海倉)'이, 현재의 평택시 홍원리와 석정리로 추정되는 부분은 '양성창(陽城倉)'이 표현되어 있다. 19세기 대 『대동여지도』에는 홍원반도에 홍원곶 목장이 표시되어 있어 양야곶과 마찬가지로 변화가 있었을 것이라 추정된다.

V. 맺음말

본고는 관방유적으로 알려진 '남양장성'의 성격을 탐구하여 고고 · 역사적 실체에 좀 더 근접하기 위한 시도에서 진행되었다. 해당 유적에 대한 직접적인 발굴조사 자료가 한정되어 있으므로 주변 유적과 고문헌 · 고지도 등의 기록, 사진 등 정황자료를 활용해 추론함으로써 확대해석이나 오류가 존재할 가능성이 있음을 인정하나, 각종 자료를 종합적으로 검토하여 유적과 관련된 역사적 사실관계를 규명하고 이해하면서 다양한 접근법을 모색한 계기가 되었다고 생각한다.

양야곶 목장은 그 설치와 운영에 대한 상세한 자료가 남아있지 않지만 '남양장성'과 관련된 고고학적 조사 내용과 조선 전기 기록을 통해 해당 유적이 목장이었을 것으로 보았다. 1950년대 이후 촬영된 항공사진을 분석하여 현재의 화성시 송산면과 서신면 서쪽 지역을 보호하고 있고, 동일한 구조가 표현된 『목장지도』를 근거로 제시하였다. 남양부의 읍치가 조선 전기에 현재의 남양읍 일대로 이전되면서 양마나 방목에 있어 최적의 환경을 갖춘 남양반도에 목장이 설치된 것으로 추정되는데, 석교리 산 2-14번지에서 출토된 분청자가 그 시점을 가늠케 한다. 당시 남양부의 읍격이나 인구의 규모를 감안하였을 때 무리한 추론은 아니라 생각되며, 기록상 방향과 거리가 일치하고 있음을 확인하였다. 또한 방목된 말의 수와 목장의 면적을 추산하였을 때 인근에 위치한 도서지역의 목장과도 비슷한 규모임을 알 수 있다.

16세기에 들어와 양야곶 목장의 운영에 변화가 발생한다. 기록에 의하면 수원부 소속 홍원곶 목장은 지속적으로 운영되었지만 양야곶 목장은 양마와 관련된 내용을 확인하기 어렵다. 임진왜란 이전의 자료를 참고하고 현지 감목관의 조사자료를 취합한『목장지도』에는 양야곶에 둔전이 설치되었고 공주방에 절수되었다고 한다. 또한 목장 내 사대부의 묘역이 들어서기 시작하는 시점이 16세기 후반 경이다. 따라서 이 시기에는 목장으로서의 기능을 상실하였다고 보이는데, 원인은 토지의 사유와·농장화와 관련이 있다고 생각된다. 이는 안장된 인물과 주변의 인간관계, 정치·사회적 배경과도 무관하지 않을 것이다.

양야곶 목장에 곡초·사료 등의 물류를 공급하던 지역은 후대까지도 '양야곶'으로 남아있었던 것으로 추정되는데, 임진왜란 이후 기록과 고지도는 현 평택시 안중읍 일대를 가리킨다. 동시에 홍원곶 목장도 이전된 정황이 확인되며, 17~18세기 어느 시점에 '목장면·초장면' 등 관련 지명이 등장하였다. 본고에서는 이와 같은 조선 후기 수원부 목장의 이동과 재편에 대해서는 자세히 다루지 못했다. 향후 조사·연구 성과를 기대한다.

〈후기〉

필자가 한신대학교 박물관과 인연을 맺게 된 계기는 2006년 화성 송산동 발굴조사였다. 고고학에 관심이 있었던 국사학과 1학년 학생인 필자는 발굴 경험도 하고 임금을 지급해 준다는 박물관 선배들의 제안을 냉큼 받아들였고, 한 학기의 즐거운 캠퍼스 생활을 마지막으로 그 해 여름방학부터 땀과 흙, 유물이 가득한 학문의 세계로 빠져들었다. 이후의 대학생활은 거의 박물관에서 했다고 해도 과언이 아닐 정도로 많은 조사와 각종 보고서 작성 작업, 유물 정리 등의 실무에 참여하였다. 그 과정에서 실수나 사고를 연발하기도 하였지만 넓은 아량으로 지켜봐주신 선생님들과 선·후배 분들에게 늘 감사하고 죄송한 마음을 갖고 있다. 그분들이 기억하는 박물관의 좋은 모습을 지속적으로 유지해 나갈 수 있도록 최선을 다하고자 한다. 한신대학교 박물관의 개관 30주년을 진심으로 축하하며, 한신고고학의 백년을 염원한다.

그리고 필자가 지금에 이르기까지 지도교수이신 이남규 선생님의 도움을 많이 받았다. 그분의 성품과 지식, 능력은 쫓아가기에도 버거울 정도로 크고 높지만 언젠가 저렇게 되고 싶다는 바람이 지금의 본인을 움직이고 있는 듯하다. 안일한 마음으로 학업을 느슨히 할 때마다 들려왔던 선생님의 따뜻한, 때로는 엄격한 지도와 조언이 큰 힘이 되었다. 적극적이고 열정적으로 활동하시는 모습을 보며 항상 반성하고 자성하게 된다. 선생님께서 추구하시는 이상적인 학자로서 성장하기 위해 노력하는 사람이 될 것을 다짐한다. 진심으로 감사드리며, 언제나 건강하시길 기원한다.

제23장

일본 선사시대 인구 연구의 방법론과 한계

이기성
한국전통문화대학교 융합고고학과

I. 들어가며

일본 선사시대 고고학에서 '인구'의 연구는 그리 활성화된 연구 주제는 아니다. 최근에 발간된 죠몽시대와 야요이시대의 연구를 망라한 개설서에도 '인구'에 대한 연구는 크게 언급되지 않고 있다(甲元眞之 2011; 今村啓爾 외 2013~2014; 設楽博己 외 2008~2011; 小杉康 외 2007~2010 등). 물론 지역별 유적 수의 증감, 취락의 이합집산, 대규모 거점 취락의 성립 등 집단 규모의 변화와 이동을 내포하는 연구는 전통적인 주제로 다양한 시도가 있었지만, 이를 '인구의 변동', '인구의 이동' 등으로 설명하고자 하는 접근은 상대적으로 최근의 일이다. 더군다나 고고학에서의 인구 연구를 소개, 정리한 글에서도 대부분 죠몽시대에 연구가 집중되어 있으며 오히려 출토 인골의 분석을 통한 당시 집단의 성비, 출생률, 사망률, 평균 수명 등의 인구 구조를 밝히는 연구가 더 활발하게 시도되어 왔다(小泉淸隆 1991).

일본 선사고고학에서 인구에 대한 연구는 기본적으로 고고학적 증거, 일반적으로는 유적 또는 주거지의 양적 변화가 인구 변동을 반영하고 있다는 전제하에 논의가 시작되었으며, AMS연대측정의 진전에 따라 각 시기의 연대폭, 토기의 존속기간을 보다 구체적으로 파악하게 점 외에 방법론적으로는 크게 변하지 않고 있다.

다만 인구 연구의 목적은 시간에 따라 점차 변하고 있다. 환경에 규정되는 인간 집단의 규모(松木武彦 2014: 140)를 파악하여 과거 사회의 실상을 밝히고자 하는 전통적인 목적을 넘어 과거의 사례를 연구해 '현재, 미래에 대한 지식'을 얻으려고 하는, 고고학의 현대적 의미를 찾고자 하는 시도(矢野健一 2020; 羽生淳子 2016)가 점차 증가하고 있다는 점은 한국고고학에도 시사하는 점이 클 것이다.

본고에서는 일본 선사시대를 대상으로 한 '인구'연구를 '인구 추산', '인구 변동의 확인', '인구 변동의 요인 해석' 등으로 구분해 살펴보고 일본의 인구 연구가 한국고고학에 적용될 수 있는지에 대해 검토한다.

II. 일본 선사시대 인구 변동 연구의 흐름

일본 선사시대 연구에서 '인구'에 대한 언급이 시작된 것은 매우 일찍부터로, 1기의 주거지에 몇 명이 거주하였는가에 대한 논의(關野克 1938)부터였다. 그러나 이 연구는 하나의 주제로 이어지지 못하고 이후에는 산발적인 연구가 일부 있을 뿐이다. 특이한 것은 초기의 인구 연구는 인구 변동이 아니라 인구의 절대 수치를 추정하는 시도가 주를 이루었다는 점이다(芹沢長介 1968; 山內淸男 1964·1969; 塚田松雄 1974). 물론 1960~70년대의 인구 추정 연구가 죠몽시대 고고학 전반에 큰 영향을 끼치지는 못하였으나 죠몽시대 고고학에서 야마노우치 스가오(山內淸男)가 차지하는 위치로 인해 후속 연구가 등장하게 된다.

그것이 바로 아직까지도 비판과 지지를 동시에 받고 있는 고야마 슈조(小山修三)의 연구이다. 전국 규모로 선사시대에서 역사시대까지의 인구수와 그 변동추이를 제시한 것으로, 당시 발굴 조사된 유적들이 전국 규모로 집성되면서 이와 같은 연구가 가능하게 된 것이다. 고야마(1984)의 연구는 여러 의미에서 이후의 연구에 상당한 영향을 주게 된다. 대표적인 것이 하니하라 카즈로(埴原和郎)의 '도래인 백만인설'을 들 수 있다.

이후 고고학 자료의 여러 한계를 무시한 채 인구를 추산한 연구에 반대하여 주거지수를 기반으로 한 인구 변동 연구가 1990년대 들어와 시작된다(今村啓爾 1997). 시기별로 배분한 주거지 수의 증감을 기준으로 인구 변동을 추정하는 연구의 방식은 조금씩 개량되면서 지금까지 골격이 유지된 채 계속 이어지고 있다(高田純 2017; 關根達人 2014; 今村啓爾 2008; 矢野健一 2004, 2016; 中村大 2018 등). 그러나 2000년대 이후는 발굴 자료의 증가로 인해 더 이상 전국 규모의 자료 집성이 불가능해지면서 일본 열도 전체가 아닌 특정 지역에 한정하여 인구 변동을 검토하는 지역적 연구가 주를 이루게 된다. 다만 이전의 연구와 달리 AMS 연대측정을 통해 각 시기의 절대연대 편년이 정교해지고 개별 토기 형식의 존속폭을 세밀하게 구분하여 보다 짧은 시간 단위로 인구 변동을 추정하고 있다는 점이 특징적이다. 연구의 주제 역시 지역권 내 인구의 증감, 지역간 이동(矢野健一 2004·2016), 소규모 지역에서 분산과 집중(小林謙一 2004; 松木武彦 2014) 등 다양한 차원에서 연구가 시도되고 있다.

인구 변동의 요인 역시 전통적으로 기후 변동을 가장 중요한 요인으로 파악하였으나 최근 연대측정치가 정교해지면서 기후 변화와 인구 증감의 시점이 어긋난다는 점에 초점을 맞추어 역사생태학적인 관점에서 인구변동을 파악하는 경향이 두드러지고 있다(矢野健一 2020; 羽生淳子 2016 등).

특징적인 것은 이와 같은 인구 추산, 인구 변동에 관한 연구는 주로 죠몽시대를 대상으로 이루어졌다는 점이다. 물론 전통적인 연구 주제로 야요이시대의 유적 및 주거지 밀도의 변화(石川日出志 1992), 지역간 이동, 지역권 내의 분산과 집중, 대형 거점취락의 형성(大阪府立弥生文化博物館 2001) 등, 집단의 규모와 관련되는 연구가 다양하게 이루어졌음에도 이를 구체적인 수치 또는 비율 등으로 인구를 상정하는 시도는 그리 많지 않다.

죠몽시대 고고학의 기틀을 다진 야마노우치와 같은 연구자가 인구를 언급하고 또한 상대적으로 시간폭이 넓기 때문에 1000년 단위의 인구 변동폭을 간취할 수 있다는 점 등이 야요이시대에 비해 죠몽시대에 인구 연구가 집중된 이유일 것이다. 그 외에도 야요이·고분시대의 경우 취락 자체의 규모가 대형화되면서 발굴 범위와 취락 범위가 일치하지 않는 경우가 많기에 유적 수의 변동을 파악하기 어렵다는 점도 있을 것이다(矢野健一 2016: 14).

III. 일본 선사시대 인구 연구의 3가지 경향

1. 인구 추산

일본 선사시대 고고학에서 '인구'와 관련된 연구로 처음 등장하는 것은 한 기의 주거지에 몇 명의 사람이 살았는가에 대한 것이었다. 평균 주거지 면적을 기준으로 1인당 점유면적 3㎡ 그리고 노지가 점유하는 면적을 한 사람분으로 계산하여 (거주인수+1)*3=주거지 바닥면적으로 보았다(関野克 1938), 당연히 여러 전제 조건이 필요하기는 하지만 이 수치는 아직도 죠몽시대 주거지를 설명하는데 이용되기도 한다(小林謙一 2008: 193).

당연히 죠몽시대 고고학의 시기 구분, 토기 편년 등이 체계를 잡아갈 때부터 시기별 유적 수의 편차, 지역별 유적 집중도의 차이, 유적 규모의 차이, 인간의 이동에 의한 문화 요소의 확산 등에 대한 인식은 있었지만 이것을 구체적으로 '인구'와 연결시켜서 해석하는 연구는 1960년대 들어와 시작된다. 세리자와 쵸스케(芹沢長介 1968)는 19세기 북해도 아이누집단의 인구밀도를 일본 전체 면적으로 환산하여 나온 수치인 12만명 정도를 죠몽시대 인구로 보았다. 수렵채집단계의 죠몽인과 아이누의 인구 밀도를 동일하게 본 것이다. 이 외에 문헌 기록을 바탕으로 역사시대의 인구를 추정한 후 인구증가율을 죠몽시대 0.005%, 초기 농경기 0.001%, 그 후는 0.05%로 역산하여 죠몽시대 초기의 인구를 약 1,200명으로 보기도 하였다(塚田松雄 1974). 죠몽시대 고고학의 기틀을 만든 야마노우치 스가오 역시 이와 유사한 의견을 제시하였다.

야마노우치(1964)는 캘리포니아의 면적이 일본 죠몽문화권의 면적과 유사한데, 백인 진출 초기의 인디언 수가 15만 또는 25만 정도 추정된다는 연구를 받아들여 죠몽시대의 인구를 전국 15만에서 25만 명, 지역에 따라 九州에서 畿內까지는 3만에서 5만 명, 中部地方, 関東, 東北, 北海道는 각각 3만에서 5만 명 정도로 보았다. 이후에 다시 캘리포니아 인디안 인구를 35만 명으로 추정하는 연구가 나왔다고 하며 죠몽시대의 인구를 35만 명 정도로 추정하였다(山内清男 1969). 유사한 환경에서 유사한 생업경제 방식을 영위하는 집단의 인구 규모는 유사할 것이라는 환경결정론에 기반한 것(今村啓爾 2008: 64)으로 세리자와 죠스케의 인식과 유사한 것을 알 수 있다.

그러나 이러한 연구는 장기간에 걸친 죠몽시대의 시간적 범위, 이미 기존에 알려져 있던 동일본과 서일본의 유적 수의 차이 등을 무시하고 있다는 점에서 시도 이상의 의미는 찾기 어렵다. 야마노우치 자신 역시 '유적의 수로부터 인구를 계산하는 것은 제정신이 아니다(山内清男 1964)'라고 말하는 것에서 알 수 있듯이 당시까지의 인구 계산은 어디까지나 추정의 영역에 불과한 것이었다. 이후 선사시대의 인구를 추정하는 연구는 단편적인 시도뿐으로 본격적인 연구는 찾아볼 수 없게 된다. 아마도 선사시대의 인구를 정밀하게 계산하고자 하는 시도 자체가 불가능하다는 인식 때문이었을 것이다.

이후 등장한 것이 지금까지 여러 의미에서 일본 선사시대 인구 연구에 중요한 위치를 차지하고 있는 고야마 슈조(小山修三 1984; 小山修三 외 1984)의 연구이다.

고야마는 1965년 文化庁에서 집성한 『全国遺蹟地図』를 기반으로 東北, 関東, 北陸, 中部, 東海, 近畿, 中国, 四国, 九州 등 지역별, 縄文早期, 前期, 中期, 後期, 晩期, 弥生, 土師時代(古墳~平安前期에 해당) 등의 시기별 유적 수를 정리한 후, 1개 유적의 인구 수를 계산해 전체 인구 수를 추산하였다.

계산 과정 중 가장 중요한 부분인 유적 당 인구 수의 추정 과정은 다음과 같다. 우선 문헌 자료를 기반으로 奈良時代 関東地方의 인구 수를 계산한 후, 関東地方에서 발견된 해당 시기 유적 수로 나눈다. 関東地方을 선정한 이유는 당시까지 조사의 정밀도가 높고 발견된 유적의 수가 많았기 때문으로 말하고 있다. 이 지역 土師時代 유적의 수는 총 5,495개소, 奈良時代의 인구 수는 943,300명으로 이를 나누면 대략 170명이 된다. 그러나 당연히 역사시대와 죠몽시대, 야요이시대의 유적 당 인구 규모를 그대로 비교할 수는 없기에 이를 보정하여 죠몽시대 조기는 奈良時代의 1/20인 8.5인, 그 외 죠몽 전기~만기는 1/7인 24명, 야요이시대는 1/3인 57명으로 하였다. 이 비율에 대해서도 나름의 근거를 제시하고 있다. 우선 각 시대별로 유적 전체가 발굴 조사된 유적, 즉 죠몽시대 중기의 타카네키도유적(高根木戸遺蹟), 야요이시대의 오오츠카유적(大塚遺蹟), 고분시대의 후나다유적(船田遺蹟)을 선정하였다. 그리고 각 유적에서 확인된 주거지 면적의 전체 합계를 구한 후 주거지 내 1인 점유면적을 3.3㎡로 계산하여 당시 거주 인구를 추산하였다. 결과 高根木戸遺蹟은 200~360명, 大塚遺蹟은 400~600명, 船田遺蹟은 1,400~2,000명으로, 이를 기준으로 각 비율을 계산하였다. 각 유적들은 존속기간, 토기 형식의 수, 수혈주거지가 중심인 유적 등 성격이 유사하기에 비교가 가능하다고 보았다. 계산 결과 죠몽시대 인구가 제일 많았던 중기에는 261,300명(1㎢당 인구밀도 0.89), 야요이시대 594,900명(1㎢당 인구밀도 2.02), 土師時代는 5,399,800명(1㎢당 인구밀도 18.37)의 수치를 제시하고 있다(그림 1).

고야마의 인구 추산 방법이 고고학 자료의 많은 부분을 무시하고 있다는 것은 쉽게 알 수 있다. 高根木戸遺蹟, 大塚遺蹟, 船田遺蹟 등은 각 시대를 대표하는 최대급 취락을 각 시대 표

	早期	前期	中期	後期	晩期	弥生	土師
東北	2000 (0.03)	19200 (0.29)	46700 (0.70)	43800 (0.65)	39500 (0.59)	33400 (0.50)	288600 (4.31)
関東	9700 (0.30)	42800 (1.34)	95400 (2.98)	51600 (1.61)	7700 (0.24)	99000 (3.09)	943300 (29.48)
北陸	400 (0.02)	4200 (0.17)	24600 (0.98)	15700 (0.63)	5100 (0.20)	20700 (0.83)	491800 (19.67)
中部	3000 (0.10)	25300 (0.84)	71900 (2.40)	22000 (0.73)	6000 (0.20)	84200 (2.81)	289700 (9.66)
東海	2200 (0.16)	5000 (0.36)	13200 (0.94)	7600 (0.54)	6600 (0.47)	55300 (3.95)	298700 (21.34)
近畿	300 (0.01)	1700 (0.05)	2800 (0.09)	4400 (0.14)	2100 (0.07)	108300 (3.38)	1217300 (38.04)
中国	400 (0.01)	1300 (0.04)	1200 (0.04)	2400 (0.07)	2000 (0.06)	58800 (1.84)	839400 (26.23)
四国	200 (0.01)	400 (0.02)	200 (0.01)	2700 (0.14)	500 (0.03)	30100 (1.58)	320600 (16.87)
九州	1900 (0.05)	5600 (0.13)	5300 (0.13)	10100 (0.24)	6300 (0.15)	105100 (2.50)	710400 (16.91)
全国	20100 (0.07)	105500 (0.36)	261300 (0.89)	160300 (0.55)	75800 (0.26)	594900 (2.02)	5399800 (18.37)

그림 1 죠몽시대의 인구와 인구밀도, ( )는 1㎢당 인구밀도(小山修三 1984: 31, 표2 전재)

준으로 설정하고 있다는 점, 각 시대별 존속 기간의 차, 규모의 차이 등을 모두 무시하고 분석을 실시하였다. 이러한 고야마의 연구에 대해 이마무라는 "야마노우치 스가오가 '제정신이 아니다'라고 말한 작업을 행한 이가 고야마(今村啓爾 2008: 64)"이며 불확실한 근거가 너무 많기에 '보통 신경의 연구자라면 무리한 작업이기에 도중에 포기할 것을 실행한 것이 고야마의 위대함(今村啓爾 2008: 65)'이라고 강하게 비판하고 있다. 발굴 조사 건수의 증가에 따라 당연히 유적의 수는 증가할 것이며 유적의 규모, 유구의 성격 등에 따라 많은 변수가 있기에 계산 결과에 의문을 품는 것은 당연하다. 그러나 고야마의 연구는 죠몽시대에서 고분시대까지의 인구 변화의 가이드라인을 만들었다고 평가되며(小泉淸隆 1991: 230) 지금까지 선사시대 인구를 다루는 논문에서 반드시 언급되고 적지 않은 논문에서 주요한 근거로 인용되기도 한다(矢野健一 2004·2016; 羽生淳子 2015·2016; 春成秀爾 1992; 鬼頭宏 2013 등, 그림 2).

　고야마의 연구가 지금까지 계속 인용되고 있는 것은 절대적인 수치는 당연히 틀리지만 북해도와 오키나와를 제외한 일본 열도 전체를 대상으로 하여 죠몽 중기의 인구 증가와 후기의 인구 급감을 수치 그리고 시각적으로 보여준 최초의 연구이기 때문일 것이다. 고야마의 연구 이후 인구 추산뿐 아니라 인구 변동 역시 일본 열도 전체를 대상으로 하는 작업은 나오지 않고 있다. 그러한 점에서 고야마의 연구는 의미가 있다고 할 수 있을 것이다.

(단위 : 천명)

時代	年	北海道	東奧羽	西奧羽	北関東	南関東	北陸	東山	東海	畿内	畿内周辺	山陰	山陽	四国	北九州	南九州	沖縄	合計
縄文早期	8100 B.P.	-	1.7	0.3	2.5	7.2	0.4	3.1	2.1	0.1	0.2	0.1	0.3	0.2	0.8	1.1	-	20.1
縄文前期	5200 B.P.	-	14.3	4.9	12.6	30.2	4.2	25.5	4.8	0.4	1.3	0.5	0.9	0.4	1.4	4.2	-	105.5
縄文中期	4300 B.P.	-	32.4	14.3	23.9	71.5	24.6	72.3	12.8	0.4	2.3	0.5	0.7	0.2	1.4	3.9	-	261.3
縄文後期	3300 B.P.	-	36.1	7.7	16.8	34.8	15.7	22.2	7.4	1.1	3.1	0.9	1.7	2.7	2.4	7.7	-	160.3
縄文晚期	2900 B.P.	-	27.5	12.0	3.9	3.8	5.1	6.2	6.4	0.8	1.2	1.1	1.0	0.5	3.0	3.3	-	75.8
弥生時代	1800 B.P.	-	28.7	4.7	39.3	59.7	20.7	85.1	54.4	30.2	70.3	17.7	48.9	30.1	40.5	64.6	-	594.9
奈良時代	725	-	206.5	78.0	356.9	422.8	252.6	121.9	488.7	457.3	503.0	350.4	439.3	275.7	340.5	218.6	-	4512.2
平安初期	800	-	186.0	80.3	451.4	519.5	461.4	184.3	413.9	583.6	596.3	456.2	541.0	335.0	422.3	275.2	-	5506.2
平安前期	900	-	327.9	189.3	733.6	728.1	536.4	360.9	423.2	520.9	715.1	313.9	460.6	304.6	485.4	296.5	-	6441.4
平安末期	1150	-	326.8	280.1	710.1	892.1	708.6	325.7	434.0	499.8	750.6	330.6	470.6	320.3	483.1	304.4	-	6836.9
慶長 5 年	1600	7.1	734.4	338.5	714.3	1304.6	864.2	428.1	1081.3	2284.6	1397.6	412.1	815.2	625.0	797.5	468.6	-	12273.0
享保 6 年	1721	18.7	2355.4	1053.2	2210.3	3938.1	2586.8	1262.6	2642.2	2699.8	3380.2	1174.1	2428.8	1838.6	2385.1	1304.7	-	31278.5
寛延 3 年	1750	26.2	2203.4	1015.5	2143.0	3913.8	2592.6	1284.2	2710.0	2567.4	3200.1	1236.3	2445.1	1874.7	2392.5	1405.9	-	31010.8
宝暦 6 年	1756	27.2	2167.4	1006.1	2106.4	3865.9	2655.5	1319.1	2691.8	2645.0	3294.9	1270.6	2488.0	1929.0	2434.1	1422.2	-	31282.5
天明 6 年	1786	31.6	1876.5	965.9	1766.6	3484.2	2530.1	1328.6	2718.8	2449.6	3213.9	1304.8	2567.9	1993.8	2382.4	1489.1	-	30103.8
寛政 4 年	1792	32.9	1881.9	980.1	1696.6	3464.9	2628.0	1290.1	2585.8	2432.8	3135.8	1305.0	2557.7	1989.4	2398.6	1490.3	-	29869.7
寛政 10 年	1789	34.5	1906.9	1023.6	1704.2	3516.4	2723.3	1358.1	2754.7	2458.6	3124.3	1375.7	2657.5	2043.1	2390.8	1493.8	-	30565.2
文化元年	1804	54.5	1923.5	1044.2	1664.4	3555.7	3059.3	1353.4	2775.3	2420.8	3119.1	1391.0	2668.2	2112.6	2453.9	1505.7	-	30746.4
文政 5 年	1822	74.3	1980.8	1091.1	1617.1	3474.3	3013.7	1391.4	2973.0	2479.2	3246.1	1475.1	2822.1	2235.9	2455.6	1584.0	-	31913.5
文政 11 年	1828	78.0	2016.1	1135.1	1603.3	3609.4	3117.9	1536.0	2950.1	2519.6	3264.5	1502.6	2910.3	2276.3	2501.9	1604.8	-	32625.8
天保 5 年	1834	81.4	2028.6	1129.1	1501.7	3502.8	3169.0	1464.4	2940.9	2492.7	3217.2	1532.2	2957.5	2519.4	2531.1	1608.6	-	32476.7
天保 11 年	1840	77.2	1807.0	999.2	1552.2	3605.1	2881.4	1390.1	2821.2	2822.4	3121.5	1385.7	2800.9	2260.2	2483.1	1594.5	-	31102.1
弘化 3 年	1846	85.1	1929.5	1094.9	1594.2	3731.9	3041.4	1429.6	2920.9	2398.5	3206.6	1450.7	2920.6	2331.8	2548.4	1613.3	-	32297.2
明治 6 年	1873	123.7	2306.0	1197.9	1664.7	3555.7	3386.7	1386.7	2822.4	2036.9	3024.9	1338.5	2911.1	2139.9	2857.1	2139.9	166.8	33300.7
明治 13 年	1880	163.5	2505.4	1276.2	1888.8	3931.5	3476.8	1506.2	3028.0	2219.7	3225.6	1403.2	3093.2	2620.2	3010.3	2254.8	354.4	35957.7
明治 23 年	1890	421.7	2981.8	1424.7	2276.1	5019.9	3860.1	1746.0	3409.2	2714.7	3487.2	1487.1	3329.1	2868.8	3888.8	2483.5	410.1	41308.6
[府県別]																		
明治 13 期	1880	163.5	2478.2	1303.4	2078.6	3763.1	3476.8	1399.6	3113.5	2362.2	3449.1	1037.3	3093.2	2620.2	3010.3	2254.8	354.4	35958.1
明治 23 期	1890	421.7	2947.6	1458.9	2490.7	4830.5	3860.1	1626.6	3505.0	2769.4	3816.9	1102.8	3329.1	2868.8	3888.8	2483.5	410.1	41310.3
明治 33 期	1900	949.3	3463.9	1640.6	2890.6	5629.0	3906.2	1816.8	3932.3	3242.3	4174.8	1148.0	3655.6	3013.2	3896.1	2716.0	465.8	46540.6
大正 9 年	1920	2359.2	3926.6	1867.4	3449.5	7678.5	3847.4	2146.2	4710.6	4439.5	4772.6	1169.4	3800.6	3065.7	4858.4	3299.9	571.6	55963.1
昭和 25 年	1950	4295.6	6355.4	2666.3	5191.3	13050.6	5179.2	2872.2	7406.6	6453.8	6614.4	1512.8	5224.0	4220.3	7373.8	4723.1	698.8	83898.4
昭和 50 年	1975	5338.2	6780.1	2452.8	5796.7	27041.7	5306.2	2800.7	11100.4	11781.3	8675.8	1350.2	6015.8	4040.1	7892.9	4524.3	1042.6	111939.6
平成 7 年	1995	5692.3	7363.5	2470.7	6443.4	32576.6	5618.6	3076.0	12734.9	12857.8	9610.7	1386.3	6368.4	4182.8	8593.9	4829.1	1273.4	125570.2
	2025	5109.0	7058.0	2053.0	7319.0	32447.0	5146.0	3161.0	12474.0	11298.0	10098.0	1184.0	5860.0	3631.0	8224.0	4392.0	1457.0	120913.0
	2050																	100496.0
	2100																	67336.0

그림 2　일본 열도의 지역 인구: 죠몽 조기~2100년(키토 히로시 2013: 15, 표1 전재)

고야마의 연구에 촉발된 연구 중 일본 선사시대 고고학뿐 아니라 한국고고학에도 가장 잘 알려져 있는 것은 '二重構造모델(埴原和郎(編集) 1994)'로 유명한 하니하라 카즈로(埴原和郎)의 '도 래인 백만인설'일 것이다.

하니하라 카즈로는 고야마의 계산 결과 중 죠몽시대에서 야요이시대의 급격한 인구 증가에 착안하여 논의를 전개해 나간다. 죠몽시대 가장 늦은 단계의 인구가 75,800명이고 고분시대 종말기 7세기의 인구가 5,399,800명이라면 인구 증가는 70배, 시간폭을 1,000년[01]이라고 한다면 연 인구증가율은 0.427%가 된다. 하니하라는 초기 농경민의 일반적인 인구 증가율이 0.1%라는 서구의 연구 성과를 인용하며, 인구 증가율 0.427%의 급격한 인구 증가의 요인을 대규모의 이주로 해석한 것이다.

만약 초기 농경민의 인구 증가율을 0.1%로 대입하여 계산해 보면 죠몽의 종말기 75,7800명의 인구는 1,000년 후에 죠몽계 인구는 206,046명이 되고 도래인 3,024,156명이 1,000년 동안 대륙에서 일본으로 도래했다는 것이다. 이것이 '도래인 백만인설'로(그림 3), 물론 죠몽시대 만기에서 야요이시대 조기의 짧은 기간에 수백만명의 사람이 한반도에서 일본으로 이주했다는 것은 아니며, 일반적인 예상보다 훨씬 더 많은 수의 사람이 도래했다는 것을 주장하는 것이다.

물론 도래인 자체를 부정할 수는 없겠지만 상식적으로 생각해도 도래인의 수가 너무 많다

| Population size | | Annual growth rate (%) | No. of descendants of Jomon lineage | No. of migrants | | Proportion of Jomon/migrant lineages in final stage |
Initial	Final			Per year	Total	
75,800	5,399,800	0.1	206,046	3,024	3,024,156	1 : 26
		0.2	560,000	1,517	1,516,516	1 : 9.6
		0.3	1,522,485	610	610,379	1 : 3.5
		0.4	4,138,540	94	94,316	1 : 1.3
160,300	5,399,800	0.1	435,741	2,890	2,890,412	1 : 12.3
		0.2	1,184,466	1,321	1,320,869	1 : 4.6
		0.3	3,219,712	343	343,196	1 : 1.7

그림 3 죠몽시대~기원후 7세기까지의 인구 변동 시뮬레이션(Kazuro. H. 1987: 396, Table 3 전재)

---

01) 이 당시까지는 야요이시대의 시작을 기원전 3세기로 보고 있었기에 야요이시대와 고분시대 전체를 합쳐 1,000년의 시간폭으로 설정한 것이다.

는 것을 알 수 있다. 그의 계산에 의하면 고분시대 종말기인 7세기에 죠몽계의 인구와 도래인의 인구비율은 1 : 26에 달하게 된다. 그렇기에 하니하라의 주장은 이후 큰 비판을 받게된다. 비판의 초점은 인구 증가율을 너무 낮게 잡았다는 점이다. 주거지의 수가 인구수를 반영한다고 보았을 때 죠몽 전기말에서 중기 후엽까지의 인구 증가율은 0.73%이며, 만약 야요이시대에서 고분시대까지 이 인구증가율이 유지되었다면 인구는 70배가 아닌 1437배로 증가한다. 즉 인구 증가는 기본적으로 생물학적 증가 능력 뿐 아니라 확보할 수 있는 식량의 문제로, 만약 대규모로 인구가 도래했다고 하여도 그것을 부양할 식량 생산 능력이 없다면 인구는 증가하지 못했을 것이며, 만약 충분한 식량 증산이 가능한 생업 경제 방식이 전제된다면 일본 내에서도 자연 증가로 충분히 그 정도의 인구 증가는 가능했다고 지적하기도 한다(今村啓爾 1997: 58).

이후 1990년대에 인구의 절대 수치를 추산하는 연구는 눈에 띄지 않는다. 인구 추산 연구가 다시 등장하는 것은 2000년대 이후로, 이때부터의 연구는 소지역권을 대상으로 하며 AMS연대 측정치를 이용한 세부적인 토기 편년을 전제로 한다는 점에서 고야마의 연구와는 성격을 달리한다. 예를 들어 코바야시 켄이치(小林謙一 2004·2020)는 関東地方 남부 武蔵野台地를 대상으로 죠몽시대 중기에서 후기까지의 인구수와 그 변동 양상을 추정하였다. 주거지 1기당 거주 인원수를 근거로 개별 주거지 1기당 5명, 소규모 취락은 15명, 중규모취락은 50명, 대규모취락은 100명의 거주인원을 상정하고, AMS연대측정치를 기반으로 개별 토기형식의 연대폭을 결정하여 20~30년 단위로 인구를 추정, 변동 상황과 인구 증가율을 검토하였다(小林謙一 2004·2020). 이 연구는 지금까지의 인구 추산 연구 중 가장 합리적인 연구방법으로 평가되기도 하지만 대상 지역 전체에 대한 조사 성과와 정밀한 토기 편년이 전제되어야 하기에 다른 지역에 적용하기는 어렵다는 한계를 가지고 있다(中村大 2018: 44).

이 외에도 국지적으로 인구를 추정하는 연구 등은 지속적으로 이루어지고 있다. 고야마의 연구에서 제외되었던 북해도의 최근 유적 집성 자료를 기초로 인구를 추정하거나(高田純 2017), 상대적으로 많은 수의 죠몽시대 유적이 東北地方를 대상으로 인구 복원을 시도하는 연구(中村大 2018·2019·2020), 吉備 南部지역을 대상으로 야요이시대에서 고분시대까지의 인구 변동과 취락의 이동 양상을 확인(松木武彦 2014)하는 연구 등을 들 수 있다. 이러한 연구의 공통점은 모두 대상 지역의 개발 정도가 유사하여 유적 조사가 균등하게 이루어졌고 충분히 많은 수의 유적, 유구가 확인되었으며 AMS연대측정을 통해 절대연대 시간 폭을 구체적으로 추정할 수 있는 지역이라는 것이다. 반대로 말하면 개발 정도의 차이가 심해 유적 조사율이 현저히 차이나는 지역 또는 탄소연대측정이 보편화되기 이전에 발견된 유적의 수가 많은 경우는 인구 연구의 대상이 되지 못한다는 것이다.

이렇듯 많은 수는 아니라도 인구 수 추산 연구가 이어지고 있기는 하지만 연구 결과가 더 이상 고야마의 연구처럼 다른 연구의 기초 자료 내지는 근거로 사용되는 경우는 거의 없다. 즉 인구 수를 추정하는 것은 하나의 시도로서의 의미는 있지만, 그 계산 과정은 '가정에 가정을 더한(今村啓爾 2008: 66)' 것이기에 그 결론 자체를 받아들이기는 어렵다는 인식이 팽배해 있기 때문일 것이다. 그렇기에 2000년대 이후의 인구 연구는 인구 추산이 아니라 인구 변동의 양상을 확인하는 것에 집중된다.

2. 인구 변동의 확인

인구 변동은 과거 사회의 규모, 조직, 구조의 변동과 깊은 상관이 있기에 고고학에서 매우 중요한 연구 주제 중의 하나이다. 계산 방법에 여러 오류의 위험성이 있음에도 불구하고 인구 수를 추산하는 것 역시 인구 변동을 보다 구체적이고 사실적으로 살펴보기 위한 하나의 시도인 것이다.

고고학 자료를 통해 인구 변동을 살펴보는 작업은 기본적으로는 매우 간단하다. 특정의 고고학 지표를 선정하고 그 고고학 지표에 인구수를 곱해 시간적 변화상을 살펴보는 것이다. 문제는 어떠한 고고학 지표를 선정하고 그 고고학 지표가 시대적, 시기적으로 어떠한 정도로 인구를 반영하고 있는지를 결정하는 작업이 쉽지 않다는 것이다.

이러한 고고학 지표에 대해서는 토기의 총개수나 총중량 등 토기(今村啓爾 2008), 주거지 바닥면적의 합계(小林謙一 2004) 등 여러 요소가 거론되기는 하지만 가장 일반적으로 사용되는 것은 당시 사람들이 거주하던 주거지이다.

물론 주거지 수와 인구 수의 비례를 그대로 받아들이는 것에는 여러 거부감이 있다. 주거지의 존속기간, 주거지의 규모 차이, 수혈과 주거지의 구분 등(今村啓爾 2008) 여러 문제점이 있음에도 가장 많은 수가 조사되었고 상대적으로 시기를 구분하기 쉽다는 장점 때문에 주거지가 가장 보편적인 자료로 이용된다.

주거지를 자료로 사용하기 위한 가장 기본적인 전제는 주거지의 동시기성으로, 즉 하나의 유적에서 수백 동의 주거지가 조사되었다고 해도 특정 시기에 병존했던 주거지의 수를 판정해야 한다. 일반적으로 동시기 병존의 근거로는 동일 형식의 토기 출토, 중복관계, 장축 방향, 주거지 간의 거리 등(藤田憲司 1984; 小笠原好彦 1989; 矢野健一 2001; 田崎博之 2008 등)이 사용되지만 실제로 전체 주거지를 이 속성으로 구분하기는 매우 어려운 작업이다. 그렇기에 흔히 동일 형식 토기 출토를 동시기 주거지의 기준으로 삼는 것이다.

주거지 수를 기준으로 인구 변동을 가장 먼저 그리고 적극적으로 시도한 연구자는 고야마와 하니하라를 강하게 비판한 이마무라 케이지(今村啓爾)이다. 자신의 인구 관련 연구가 '야마노우치 스가오와 고야마 슈조에 대한 의문에서 시작되었다(今村啓爾 2008: 67)'고 이야기 할 정도로 무리한 인구 추산에 반감을 가지고 있던 이마무라는 주거지의 수의 변동을 근거로 인구의 증감을 검토하였다(今村啓爾 1997).

이마무라의 분석 방법은 다음과 같다. 시간적 순서로 세분되어 있는 토기 형식의 각 단계에 속하는 주거지 수를 비교하여 상대적인 증감 정도를 추정하는 것으로, 가장 중요한 부분은 토기 형식별 주거지의 수를 확인하는 작업이다. 그러나 각 주거지는 세분된 토기 형식이 보고되는 경우도 있지만 그렇지 않은 경우가 훨씬 더 많으며 유적과 보고서에 따라 형식 분류의 정밀도에 차이가 있을 수 밖에 없다. 인구 증감을 세밀하게 살펴보기 위해서는 세분된 형식에 속하는 주거지의 수를 비교해야 한다. 만약 전기, 중기, 후기 등 대략 1,000년 이상의 시간폭을 하나의 단위로 한다면 인구 변동을 파악하는 의미가 반감될 수도 있을 것이다.

예를 들어 죠몽시대 중기에 순서대로 a, b, c, d 형식이 있고, 다시 a형식은 3개의 세분된 형식, b는 4개의 세분된 형식, d는 2개의 형식으로 구분된다고 하면, 죠몽시대 중기는 순서대로 a1, a2, a3, b1, b2, b3, b4, c, d1, d2식의 총 10개 형식의 토기가 속해 있다. 그러나 실제로는 중기 또는 a식으로만 보고되어 있는 경우가 훨씬 더 많으며, 대략적으로 편년된 주거지를 처리해야만 한다. 그렇기에 예를 들어 a식으로 편년된 주거지는 a1, a2, a3식의 주거지 비율에 따라 나누어 각 세부 형식의 주거지 수에 더하고, 중기로만 편년된 주거지 역시 각 세별 형식의 주거지 비율에 맞추어 배분하는 것이다. 방법론적으로 문제가 있을 수도 있지만 중기 또는 a식으로만 보고된 것이 너무 많기 때문에 어쩔 수 없다고 말하고 있다.

이렇게 각 토기 형식별 주거지의 수가 결정되면 다음은 토기 형식의 존속기간을 파악하는 것이다. 우선 탄소연대측정치를 사용하여 각 시기의 시작과 끝 연대를 확인하여 연대폭을 계산한다. 그 결과 죠몽시대 초창기는 12000~9500 B.P에 4형식, 조기 9500~6000 B.P에 20형식, 전기 6000~5000 B.P에 7형식, 중기 5000~4000 B.P에 9형식, 후기 4000~3000 B.P에 9형식, 만기 3000~2000 B.P에 6형식이 속하며, 각 시기의 연대폭을 형식수로 나누어 각 토기 형식의 존속기간을 파악하였다. 각 시기의 연대폭과 형식의 수가 서로 다르기 때문에 당연히 시기별로 형식의 존속폭은 다를 수 밖에 없다. 즉 각 시기별 1형식의 존속폭은 초창기 625년, 조기 175년, 전기 143년, 중기 111년, 후기 111년, 만기 133년이 된다. 그리고 100년간의 인구 변동을 확인하기 위해 각 형식별 주거지 수를 초창기 6.25, 조기 1.75, 전기

1.43, 중기 1.11, 후기 1.11, 만기 1.33으로 나누어 100년에 몇 동의 주거지가 있는지를 비교한 것이다(그림 4).

이마무라의 분석 방법에도 적지 않은 문제점이 있다는 것은 쉽게 알 수 있다. 발굴 조사된 주거지 수가 인구 수를 반영한다는 것에 대해서는 대체로 인정할 수 있을 것이다. 그러나 주거지 수의 증감을 인구 변동으로 직접 연결시켜 해석하기 위해서는 여러 문제점이 있을 수밖

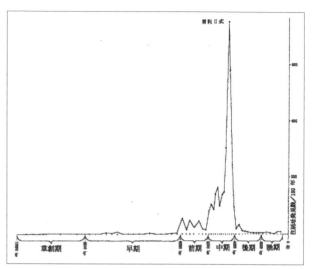

그림 4   중부고지 토기 형식별 발굴된 주거지 수(100년별로 환산)
(今村啓爾 1997: 49, 図2 전재)

에 없다. 이마무라는 본인 연구의 한계를 인정하면서 다음의 문제점을 지적하고 있다.

첫 번째는 실제 존재했던 주거지와 발굴 조사된 주거지 수의 차이로 ① 지형적으로 파괴되기 쉬운 곳에 위치한 유적으로 이미 없어진 것들, ② 매몰 깊이에 따라 유적이 발견되기 쉬운 곳과 그렇지 않은 곳, ③ 평지식 주거지 등 발굴 조사를 통해 확인되기 어려운 형태의 주거지 등이 그 원인이 될 수 있다. 두 번째는 주거지 수와 인구의 관계로 ① 1동당 거주 인구 수의 문제로, 주거지 규모에 차이가 있으며 또한 죠몽시대의 '대형주거'지를 어떻게 해석할지의 문제, ② 주거지의 내구연한, ③ 계절적 이동으로 한 집단이 동시에 복수의 주거지를 보유하는 경우, ④ 한 집단이 몇 년단위로 다른 주거지를 재사용하는 경우 등의 문제를 지적하고 있다 (今村啓爾 1997: 50~52)

이 외에도 이마무라는 시기의 연대폭÷토기 형식 수로 계산하여 한 시기 내의 토기 형식의 존속 기간을 동일하게 보았지만 각 토기 형식의 존속기간에도 차이가 있을 것임은 충분히 생각할 수 있다. 이마무라가 이러한 문제점을 인지하고 있음에도 굳이 100년을 하나의 단위로 계산하고자 한 것은 고야마의 연구보다 보다 세밀한 인구 변동 양상을 확인하기 위한 것이었다. 〈그림 5〉는 고야마의 분석과 이마무라의 분석 결과를 비교하는 그래프이다.

고야마의 인구 추정 그래프에서 죠몽 중기 인구의 급증과 후기의 급감을 확인할 수 있다. 이마무라의 그래프 역시 큰 흐름에서 중기에 인구가 급증한 후 바로 급감하는 양상은 고야

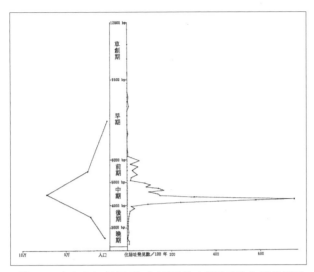

마의 것과 유사하지만 각 시기별로 소규모의 인구 증감이 반복되었다는 것을 보여주는 것이 차이점이다.

방법론적인 한계가 명확함에도 불구하고 이마무라의 계산 방식은 지금까지 그대로 이어지고 있다. 유적 규모의 변동도 함께 살펴볼 수 있다는 것에 주목하여 西日本의 주거지 수와 유적 수를 함께 비교하거나(矢野健一 2004), 青森県의 죠몽시

그림 5　고야마의 추정인구와 이마무라의 수혈주거지 수 변화 비교
(今村啓爾 1997: 56, 図3 전재)

대 유적수를 바탕으로 인구 변동을 추정(関根達人 2004) 또는 주거지 수와 면적을 기준으로 하여 중복관계와 탄소연대측정치를 통해 20~30년간의 연대폭으로 인구 변동을 확인(小林謙一 2004) 하는 등 보다 개선된 방법이 사용되기는 하지만 기본적으로는 주거지 수의 변동이 인구 변동을 반영한다는 전제를 그대로 사용하고 있다.

최근 関東地方과 東北地方의 탄소연대측정치를 집성하여 SPD(Summed Probability Distribution)을 이용해 인구 변동의 흐름을 추정하는 연구가 있는데 고야마가 추정한 인구 변동과 유사한 결과가 나오기도 하였다(Crema, E.R., 외 2016). 아직까지 SPD는 일본에서 일반적으로 사용되는 분석 방식은 아니다. 우선 탄소연대측정이 일반화되기 이전에 조사된 유적의 수가 압도적으로 많고 또한 최근의 탄소연대측정치 역시 특정한 연구 목적을 위해 일부 유적에만 실시되는 경우가 많기 때문이다. 또한 일본고고학 특유의 토기 형식 편년으로 주거지의 연대가 결정되기 때문에 탄소연대측정치는 편년의 절대연대를 결정하는데 주로 이용되고 있을 뿐이다.

3. 인구 변동의 요인 해석

인구 변동 양상을 검토하는 연구는 대부분이라고 해도 좋을 정도로 그 요인을 추정한다. 물론 특정한 근거를 제시하지 않고 기후 변동 등 일반론에서 그치는 경우가 대부분이

기는 하다.

일본 선사시대의 인구 변동 중 논의의 중심이 되는 것은 죠몽시대 중기의 인구 급증, 죠몽시대 후기의 인구 급감, 야요이시대 조기의 인구 증가 정도이다. 물론 소지역권을 다루는 연구 역시 적지 않지만(小林謙一 2004; 松木武彦 2014; 中村大 2018 등) 그 요인을 다루는 방법은 유사하다.

우선 죠몽시대 중기의 인구 급증에 대해서는 전통적으로 '농경'의 보급을 그 원인으로 꼽고 있다(藤森栄一 1970 등). 죠몽시대 중기 中部高地에서 타제석부가 증가하는 것을 근거로, 이 시기에 안정적인 식량생산이 가능해지면서 인구가 증가하였다는 것으로 석기 조성의 변화 외에 최근에는 토기압흔의 연구를 통해 콩류의 재배가 이 시기에 활성화되었다는 구체적인 증거를 더하고 있다(小畑弘己 2016).

다만 이 전제는 서일본과 비교해 압도적으로 많은 수의 죠몽유적이 발견되는 동일본, 특히 中部地方을 대상으로 하고 있기에 일본 열도 전체의 양상을 반영한다고 보기는 어렵다. 그럼에도 큰 틀에서 죠몽 중기 인구 급증 요인을 농경의 보급으로 보는 것에 대해 죠몽시대 고고학에 큰 이견은 없는 듯하다.

보다 여러 방면에서 논의가 이루어지고 있는 것은 죠몽시대 후기의 인구 급감 현상이다. 중기 인구 급증의 요인을 고고학적 증거에서 찾았다면 후기의 인구 급감은 일찍부터 고환경 연구 성과를 인용해 기후 한랭화에서 그 요인을 찾았다. 물론 1980년대 이전까지 고기후 변화에 대한 연구 성과를 고고학의 특정 시기에 비정하는 등(安田喜憲 1973; 坂口豊 1989 등)의 시도가 있다고 해도 이를 문화적 변화 양상과 직접적으로 연결시키는 해석까지 이르지는 않았다. 이것은 고환경 연구 결과의 절대연대에 대해 고고자료를 통한 검증이 전혀 이루어지지 않았기 때문이다(甲元眞之 2008). 1990년대 들어와 기후 변동을 고고학적 문화 변동과 연결시켜 해석하는 접근이 본격적으로 시도되는데(甲元眞之 1996 등), 이때부터의 연구는 죠몽 만기, 야요이시대 조기의 농경 도입 과정을 설명하는데 초점이 맞추어진다. 이러한 연구 과정에서도 죠몽 후기의 인구 급감 현상은 기후 한랭화로 설명되어 왔다.

그러나 2000년대 들어와 한랭화 이외의 요인을 찾는 시도가 등장한다. 앞에서 보았듯이 전제가 되는 중기~후기의 인구 급증과 급감이 동일본 지역의 양상을 전제로 하는 것이기에, 지역별 인구 증감 양상 비교의 필요성을 주장하고 서일본을 대상으로 인구 증감을 확인하여 인구의 지역간 이동이라는 새로운 해석을 시도한다(矢野健一 2004·2016). 만약 기후 변동에 의한 인구의 감소라고 한다면 일본 열도 전체에 걸쳐 그러한 현상이 나와야 하겠지만 각 지역권의 인구 증감 양상을 비교하면 다른 결과를 얻을 수 있다는 것이다.

계산 방식 자체는 이마무라와 유사하다. 다만 주거지 수 외에 유적 수를 동일한 방식으로 계산하여 그래프에 추가하였다는 것이 차이점이다. 분석 결과 서일본의 関西地方에서의 인구 증가는 중기 후엽이며 이 시기는 일본의 中部地方에서 인구가 급감하는 시기로 결국 이것은 인구의 이동을 추정할 수 있다는 것이다. 그리고 이 시기 간사이지방의 北白川C식 토기가 중부지방의 영향이 강한 토기로 인식되어 왔다는 점을 들며 물질문화에서의 증거도 제시하고 있다.

또한 三重県, 福井県에서 현저한 인구 증가와 급감이 보이는 것은 中部地方으로부터의 인구 이동의 영향을 일시적으로 받았다가 곧 다시 서쪽으로 인구가 이동한 결과로 보고 있다. 그리고 関西地方의 더 서쪽인 中国・四国地方은 関西地方에 비해 한 단계 늦은 후기 초두, 九州地方은 후기 전엽이 되어야 주거지 수가 증가하는 것을 인구 증가의 영향이 순차적으로 이어진 것으로 이해하였다. 즉 여러 지역의 인구 증감 시점을 비교하고 물질문화의 변화 양상을 더해 인구의 이동으로 각 지역의 인구 증감을 설명하는 것이다(그림 6).

이외에도 역사생태학적 관점에서 죠몽 후기의 인구 급감을 설명하기도 한다(羽生淳子 2015 · 2016). 일본 죠몽문화의 전성기를 이룬 지역 중 하나인 青森県의 경우에도 중기에는 대규모 취락이 조성되지만 중기 후엽이 되면 취락의 규모는 축소되고 후기에는 취락이 대부분 없어지는 양상이 보인다. 기존에는 이러한 양상을 동일하게 기후 한랭화의 결과로 파악하였지만 절대연대측정의 진전으로 인해 山内丸山遺跡의 경우 석기로 확인되는 생업 양식의 변화와 취락 규모의 감소가 기후 한랭화보다 몇백 년 빠르다는 것이 확인되었다. 한랭화가 중요한 요인이 될 수는 있었겠지만 적어도 인구 감소는 한랭화 이전에 이미 시작되었다는 것이

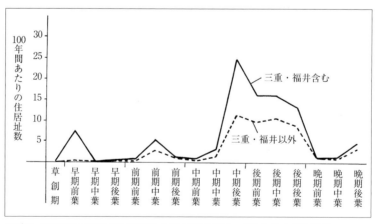

그림 6 関西地方 100년간 주거지 수의 변화(矢野健一 2004: 161, 図2 전재)

다. 山内丸山遺跡의 거주자들은 죠몽시대 전기에서 중기에 걸쳐 식물성식료에 대한 의존도가 높아진 결과 보다 대규모의 인구를 부양할 수 있게 되었으며, 이것은 석기의 다양성이 점차 줄어들고 석기의 반수 이상을 마석(磨石)이 점하고 있다는 것에서 확인할 수 있다. 결국 이와같은 생업의 다양성 상실은 생업 시스템의 취약화로 이어졌으며 결국 생업 시스템 유지가 불가능하게 되어 인구가 급감하고 취락이 폐기되었다고 보는 것이다(羽生淳子 2015: 303). 즉 역사생태학의 레질리언스(resilience, 회복탄력성) 개념을 받아들여 '고도로 특화된 대규모의 생산활동은 단기적으로는 보다 대규모의 집단을 유지할 수 있도록 하지만 생산활동 다양성의 감소는 장기적으로는 경제시스템과 집단의 취약성을 높인다(羽生淳子 2016: 33)'는 가설에서 출발한 것이다.

죠몽만기의 인구 급감과 야요이시대의 인구 증가는 기후 변화와 도작농경의 두 가지 측면에서 이야기되고 있다. 즉 죠몽 만기의 인구 급감은 기후의 한랭화에 의한 것이고 그 시기에 한반도로부터 도작 농경을 받아들여 인구가 증가하였다는 논리이다. 아마도 일본고고학에서 기후 한랭화와 문화 변동의 관계를 연결시키는데 가장 활발한 논의가 이루어지는 주제 중의 하나일 것이며, 이것은 2000년대 이후 AMS연대측정을 바탕으로 하는 야요이신연대관의 등장으로 촉발되어 다양한 연구가 이루어지고 있다. 보다 정확하고 세분된 절대연대 측정치와 2000년대 이후 등장한 다양한 고기후 연구 성과를 결합하여 죠몽시대 후기에서 야요이시대까지의 한랭기 중 어느 시점이 도작농경의 도입, 즉 야요이시대 개시기에 해당되는지를 파악하고자 하는 연구들(甲元眞之 2008; 宮本一夫 2009; 今村峯雄 외 2009; 藤尾慎一郎 2009)이 대표적 사례들이다. 매우 고무적인 연구 경향이라고 할 수 있을 것이나 역시 여러 문제점이 노출되고 있다. 야요이시대 신연대관이 발표된 이후 연구자들마다 서로 다른 야요이시대 개시기 연대를 주장하고 있으며 모두 각각 본인의 주장에 맞는 고

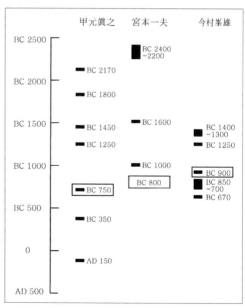

그림 7 연구자별 한랭기 시기 및 야요이시대 개시기 연대의 차이(■는 한랭기, □는 야요이시대 개시기)
(이기성 2018: 123, 그림 5 전재)

기후 변동 연구 성과를 그 근거로 제시하고 있다(그림 7). 즉 고기후 변동 연구에 대한 비판 능력이 없는 다른 연구자들은 결국 이 중 본인의 논지에 맞는 연구 성과를 무비판적으로 받아들이는 결과를 낳을 수도 있는 것이다.

이 외에도 야요이시대의 인구 증가를 도래인으로 볼 것인지 또는 도작 농경의 도입에 의한 식량생산의 증가에 의한 것으로 볼 것인지에 대해서는 아직까지 논의가 진행중이다. 하니하라의 '도래인 백만인설'과 같은 과도한 추정까지는 아니어도 도래인의 존재는 인정되고 있다. 그러나 인구 증가는 지역적으로 다양한 요인이 있을 것이며 적어도 도래인에 의한 인구 증가가 있다 할지라도 매우 한정된 지역의 양상일 것으로 보고 있다.

IV. 일본 선사시대 인구 연구의 한계와 한국고고학에의 적용

앞에서 살펴보았듯이 일본고고학에서 인구 추정, 인구 변동을 살펴보는 방법론 자체는 매우 간단하고 명쾌하다. 인구를 반영한다고 추정되는 고고학적 요소, 일반적으로 주거지를 대상으로 일정한 시간폭의 주거지 수를 계산하고 그것에 인구수를 곱하거나 혹은 주거지 수 자체의 시간적인 변화상을 살펴보아 상대적인 변동 폭을 확인하는 것이다.

연구 방법론의 한계 역시 매우 명확하다. 즉 원래 존재했던 주거지의 수와 발굴조사로 확인되는 주거지 수의 차이 즉 '발견율'을 어떻게 해결할 것인지, 토기 형식별 존속 기간의 차이를 어떻게 설정할 것인지 등등 해결하기 어려운 근본적인 한계와 자연과학적 방법의 진전으로 해결될 수 있는 문제점 등 방법론에 약점을 가지고 있다는 것을 인지하면서도 다양한 시도가 이루어지고 있다는 것이 큰 특징이라고 할 수 있다.

이러한 방법론의 한계를 인정한다고 하더라고 한국고고학에 일본의 인구 연구의 방법론을 적용하기에는 여러 전제가 필요하다.

1. 세부 편년의 문제

일본고고학의 가장 큰 특징이라고 이야기되는 '형식 편년'은 그 자체로 많은 장단점을 가지고 있다. 그러나 인구 연구에 한정해서 이야기한다면 일본고고학에서 다양한 시도가 가능한 것은 세분된 토기 형식 편년이 있기 때문이다. 그렇지 않다면 전기, 중기, 후기 등 수백 년 이상의 시간 단위로만 상대적 비교가 가능하고 대략적인 흐름만을 살펴볼 수 있을 뿐이다. 보다 세밀하고 구체적인 인구의 증감 양상을 파악하기 위해서는 적어도 100년 단위로 주거지 수를 파악해야 할 것이지만 한국의 경우 아직까지 그러한 토기 세부 편년이 설정되어 있지 않다. 물론 이러한 문제점을 극복하기 위해서 SPD와 같은 방법이 사용되기도 하지만 일본 못지않게 조사된 매우 많은 수의 주거지를 어떻게 이용할 수 있는지에 대한 고민이 필요할 것이다.

2. 인구 이동의 증거

앞에서도 살펴보았지만 인구 이동의 증거로는 단지 지역별로 인구 변동의 추이가 시간적으로 대응된다는 것 외에도 유물 등에서 확인되는 고고학적인 증거가 필요하다. 가장 일반적으로 이야기가 되는 것이 '반입토기'로 불리는 것으로, 이계통(異系統)토기 또는 물질문화에서 특정요소의 확인이 매우 중요하다. 이러한 외부 문화 요소는 유물의 기종, 기형 등 쉽게 판단할 수 있는 것 외에도 제작기법, 태토 등 세밀한 관찰을 통해서만 확인할 수 있는 것도 있다. 한국 청동기시대의 경우 이러한 이계통토기에 관한 연구는 매우 적다. 토기에 대한 미시적 연구가 필요한 이유이다.

3. 자료 집성의 문제

2000년대 이후 일본고고학의 인구 연구가 일본 열도 전체를 대상으로 하지 못하게 된 것은 결국 폭증한 자료의 전국적 집성이 더 이상은 불가능해졌기 때문이다(矢野健一 2016: 12). 이는 한국의 경우도 동일하다. 한국 역시 2000년대 이후 급증한 고고자료를 개인이 집성하기는 한계가 있으며 혹시 개인 또는 연구프로젝트 그룹이 특정 고고자료를 집성한다고 하여도 그러한 자료를 공개할 수 있는 플랫폼이 없는 경우가 대부분이다. 그렇기에 힘들게 집성된 자료는 해당 연구 자체에만 사용되고 연구가 종료되면 더 이상의 자료 업데이트는 불가능해진다. 연구의 활성화를 위해 지속적으로 작업이 가능한 국가기관 등에서 고고자료의 집성 등을 담당할 필요가 있을 것이다.

V. 마치며

일본고고학에서의 인구 추산, 인구 변동에 관한 연구는 방대한 양의 조사 성과, 정밀한 토기 편년, AMS연대측정치의 발전 등을 배경으로 하고 있다는 점에서 한국고고학과 유사한 점, 다른 점을 모두 찾아볼 수 있다.

고고자료를 통한 인구 연구는 자료의 특성상 방법론적 한계가 명확하며 일본의 연구자들 역시 그 한계를 인지하고 있다. 그렇기에 인구가 과거 사회를 구명하는데 매우 중요한 자료라는 것을 알고 있음에도 그리 활발하게 연구가 이루어지지는 못하고 있는 것이다. 그러나 한편으로는 방법론의 한계를 다양한 방법으로 해결하려는 시도가 꾸준히 이어지고 있다. 그와 함께 최근의 일본 선사시대 인구연구는 과거뿐 아니라 현대사회 속 고고학의 의미를 찾고자 하는 시각과 연결되어 있기도 하다.

한국고고학 자료는 일본고고학 자료와 성격 등에서 많은 차이가 있기에 일본의 방법론을 그대로 적용할 수는 없을 것이다. 그러나 지금까지의 일본고고학의 인구 연구의 흐름을 살펴보는 것은 시행착오를 줄일 수 있는 하나의 방법일 것이다.

〈후기〉
선생님의 가르침
제가 이남규 선생님을 처음 뵌 것은 1997년 여름 풍납토성 내 삼화연립 재건축 사업부지 발굴 조사 현장이었던 것으로 기억됩니다. 당시 타대 대학원생이었던 저는 그 발굴 조사 현장에서 처음 이남규 선생님께 인사를 드렸고, 그때가 계기가 되었는지 2000년 석사 논문을 쓰고 얼마 있지 않아 한신대학교 박물관 학예연구사로 취직을 하면서 본격적으로 이남규 선생님과의 인연이 시작되었습니다. 이후 3년 간의 학예연구사, 유학을 끝내고 귀국 후 지금의 대학에 취직할 때까지의 5년, 오랜 기간 이남규 선생님을 옆에서 계속 뵐 수 있었습니다.

이남규 선생님께는 너무나 많은 것을 배우고 받았습니다. 고고학은 학술적 연구에서만 그치는 것이 아니라 유적 보존 등 현실적인 문제에도 목소리를 내어야 한다고 말씀하시고 그것을 실천하시는 모습은 제게 큰 가르침이었습니다. 뿐만 아니라 제가 여러 문제에 부딪혔을 때나 일본 유학을 가게 되었을 때도 큰 도움을 주셨습니다. 그때는 제가 이후 안정된 자리에 있게 되면 어떠한 모습이든 이남규 선생님께 받은 은혜를 갚아 드려야겠다고 생각하였지만 아직까지도 선생님께 어떤 것도 해드리지 못한 점이 항상 죄송할 따름입니다.

선생님, 지금까지의 모든 것에 정말 감사드립니다. 앞으로도 항상 건강히 저희들 옆에 계셔주시기 바랍니다.

제24장

축조방법과 구조로 본
기내지역 초기횡혈식석실의 계통

이동규

중부고고학연구소

I. 문제의 소지

6세기를 전후한 시기, 畿內지역에 등장한 畿內型石室은 수장층을 중심으로 채용되어 畿內지역의 주류묘제로서 자리잡는다. 畿內型石室이 축조되는데 영향을 준 횡혈식석실은 5세기 중엽 무렵(3사분기)부터 출현하며, 일본에서는 이시기에 조영된 횡혈식석실을 초기횡혈식석실로 부른다. 초기횡혈식석실의 조영주체와 피장자와 관련하여, 예전부터 다양한 견해가 있었지만, 현재는 한일의 연구자가 공통적으로 도래인 가운데서도 백제계에 의해 조영된 것으로 보고 있으며, 피장자 역시 도래인 혹은 관계가 깊었던 재지 수장계열의 인물일 가능성이 높은 것으로 의견이 모아지고 있다(白石太一郎 1995; 森下浩行 1986; 土生田純之 1994; 홍보식 1993; 安村俊史 1996 · 2008; 太田宏明 1999; 박천수 2007 · 2012; 吉井秀夫 2008; 김낙중 2012; 森本徹 2012). 근년에 백제 한성기 횡혈식석실들이 다수 확인되어 발굴조사가 이루어지면서, 백제의 중앙지역의 횡혈식석실인 판교형석실과 畿內지역의 초기횡혈식석실을 직접적으로 비교할 수 있는 계기가 마련되었다. 그 결과 각자의 중앙지역으로 특정되는 양지역의 석실 사이에는 밀접한 관련이 있었을 것으로 생각되는 견해들이 제시되었다(金奎運 2014; 李東奎 2021).

그럼에도 불구하고 畿內지역의 초기횡혈식석실이 모두 판교형석실의 영향을 받은 것들만이 조영되어 있는 것인가에 대해서는 여전히 의문이 남는다. 왜냐하면 일본의 구주지방에서는 이미 4세기 후반 무렵에 횡혈식석실이 출현하여 지속적으로 축조되고 있었으며, 5세기에 들어오면 주변지역으로도 퍼져나가고 있었기 때문이다. 실제로 畿內지역에 조영된 횡혈식석실 가운데 가장 빠른 시기로 편년(5세기 중엽)되는 塔塚古墳은 발굴조사결과 구주계석실로 판단되었으며, 초기횡혈식석실 가운데 藤ノ森古墳을 둘러싸고 백제로부터의 직접적인 영향을 받아 조영된 것에 의문을 제기하는 견해도 제시되었다(吉井秀夫 2001; 安村俊史 2008; 李東奎 2021).

구주계석실을 백제의 영향을 받아서 축조된 것으로 이해했던 견해들(小田富士雄 1980; 柳沢一男 1993; 김규운 2019)을 비롯하여 畿內지역의 초기횡혈식석실에 대해서, 직접적이든 간접적이든 기본적으로 백제 한성기 석실의 영향을 받은 것으로 상정하는 견해가 대부분이다. 이들 연구는 주로 분구, 석실의 평면과 단면형태, 매장양상 등을 토대로 검토가 이루어졌지만,

석실의 축조방법, 구조를 면밀하게 검토하지 못했다는 한계를 가진다. 또한 당시 구주지역에 도입된 석실을 살펴보면, 백제 판교형석실과 기나이지역 초기횡혈식석실 정도의 구조적인 유사성이 확인되지 않는다. 그러한 한계점 때문에, 구주계석실이 백제의 영향으로 축조되었다는 견해를 인정하는 측에서도 구주계석실은 백제계 공인에 의한 직접 조영인 아닌, 횡혈식석실의 정보만을 가지고, 조영했다고하는 유보적인 입장을 보인다. 마지막으로 구주계석실은 4세기 후반 도입된 이래, 충실히 재지화가 진행되면서, 5세기 중엽 畿內지역에 출현하는 시점에는 도입당시와 비교해 상당부분 변화 양상이 확인된다. 구주계석실과 초기횡혈식석실은 축조방법과 구조 등에서 확연히 다르기 때문에, 일본에서도 양자는 별개의 계통으로 분류, 인식하고 있다.

이러한 문제의식에도 불구하고 초기횡혈식석실을 백제 영향아래에서 조영되었다고 전제한 후, 석실의 축조방법과 구조에 대한 치밀한 검토없이, 논지를 전개하는 것은 재고의 여지가 있다고 생각된다. 그래서 본고에서는 畿內지역 초기횡혈식석실의 축조방법과 구조를 중심으로 석실의 각 세부를 검토하여, 기존의 견해에 대해서 검증하는 것을 목적으로 하겠다. 한편 검토 전, 선행되어야 할 작업으로서 백제 한성기 중앙지역의 석실로 알려진 판교형석실과, 일본 구주지방의 구주계석실의 축조방법과 구조적 특징에 대해서도 살펴보도록 하겠다. 검증 대상인 畿內지역 초기횡혈식석실의 경우, 검토방법 상, 어느정도 석실의 잔존상태가 양호하거나 축조방법이 확인 가능한 藤ノ森古墳과 高井田山古墳을 선정하여 검토하도록 하겠다.

II. 백제 한성기 중앙지역의 횡혈식석실의 축조방법과 구조적 특징

백제 한성기의 횡혈식석실는 여러가지 형태가 있지만, 본고에서는 한성기 중앙지역과 그 주변에서 집중적으로 확인되는 판교형석실의 축조방법을 중심으로 확인해 보도록 하겠다. 판교형석실은 광암동고분군(2기), 판교동고분군(9기), 감일동고분군(52기), 금암산고분군(감이동 유적추정지5기 · 광암동 유물산포지7기)의 75기가 현재 확인되었다(2021년 기준).

판교형석실은 백제 한성기의 중심지인 한강유역 일대를 중심으로, 주로 하천과 인접한 구릉 정상과 사면부에 등고선과 직교하여 입지하며, 벽석부는 지하, 천정부는 지상에 축조되어 있어 낮은 분구를 가진다. 도성이었던 풍납토성과 몽촌토성을 중심으로한 중앙지역에 집중적으로 분포하며, 다른유형의 석실과는 공존하지 않는 특징이 있다. 왕릉군으로 비정되는 석촌동·가락동일대의 고분군과는 달리 중앙귀족의 묘제로 알려졌다. 개별 고분은 세부적으로는 약간씩 차이를 보이지만, 대체적으로 공통되는 구조를 살펴보면, 현실의 평면형태는 장방형, 연도는 우편재, 천정은 궁륭형(변형)의 구조를 가진다. 현실의 양벽은 동장기법이 확인되며, 네벽의 모서리는 판상의 할석을 이용하여 반듯한 수직에 가깝게 전적기법으로 쌓아올렸다. 벽석은 주로 눕혀쌓기(단면·장면)로 쌓았는데, 바닥과 접하는 1단 혹은 드물게 2단까지 벽석가운데 가장 치석이 잘된 할석으로 세워쌓기를 하였다. 약 1m 전후까지는 수직에 가깝게 쌓는데, 그 높이는 대략 연도의 미석의 높이와 비슷하다. 현실의 평면형이 장방형이기 때문에, 궁륭형(변형) 천정의 구조 상, 후벽이 양벽보다 먼저 내경한다. 그 차이는 대략 2~3단 정도이다. 전벽석이 모두 내경하기 시작하면, 벽석보다 대체적으로 크기가 조금 더 큰 경향을 가진 석재가 사용되는데, 내경하는 각도에 맞추어 보이는 석재의 면을 사선으로 가공한 이른바 사변석으로 불리는 석재를 이용하여 천정부를 구성한다. 벽석의 뒷면은 대체로 쐐기 형태로 가공하면서도, 그 길이도 일정하지 않도록 하여, 묘광토와 벽석을 단단하게 맞물리게 의도하였다. 또한 묘광과 벽석 뒷면은 서로 다른 성질의 사질 점토를 얇게 다져, 효과를 극대화하였다. 가끔씩 다른 석재보다 벽석 뒤쪽으로 길게 뻗은 길쭉한 형태의 석재도 확인되는데, 성벽 구조에서는 심석이라고 불리며, 성벽의 축조과정에서 잘 확인되는 축조기법으로서, 이것으로 볼 때, 건축물을 구축함에 있어서 기술상의 공유가 있었음을 확인할 수가 있다. 한편 현실과 연도를 동시에 축조하지 않고, 현실은 먼저 어느정도 축조한 후, 다음 공정으로 연도를 축조하였는데, 연도의 천정석인 미석은 전체 석재 가운데, 압도적인 크기를 가지며 이것은 백제 한성기 횡혈식석실의 특징으로 분류된다. 연도는 별다른 시설없이 수직으로 쌓아올렸으며, 주변의 자연석으로 폐쇄하였고, 편차는 있지만, 실제로 출입이 용이한 1m 정도의 폭과 길어도 2m를 크게 넘지 않는 길이를 가지고 있다. 벽석 사이에는 석재 사이의 높이, 또는 견고성을 위해, 작은 돌을 끼우거나 사질점토를 다져서 채우는 등, 이른바 모르타르기법이 사용되었다. 이 밖에도 벽석과 바닥에 회를 사용하거나, 바닥에 돌을 깔기도 하고, 암거형의 배수시설이 확인되기도 한다.

한편, 판교형석실에서는 목관에 꺾쇠와 관정이 확인되었는데, 관정은 반드시 방두정이 확인되고 있다. 그리고 부장품에서도 판교형석실로 분류되는 고분에서는 무구·무기류와 토기의 다량 부장이 드물고, 직구호를 중심으로 다양하지만 적은 수의 토기류(중국제 자기 포함)와 모형 취사용기, 착장형 귀금속류(반지, 팔찌, 귀걸이, 비녀) 정도만이 출토되었다.

도 1 판교형석실의 구조 및 세부

① 성남 판교동 7호분 후벽 및 측벽의 모습(한국문화재보호재단 2012), ② 연기 송원리 96호분의 천정부 사변석
(한국고고환경연구소 2010, 수정 인용), ③ 하남 감일동1-2지점 석실 이축 당시 벽체 뒷면 모습(필자 촬영)
*연기 송원리고분의 경우 판교형석실은 아니지만, 궁릉형 천정부 사변석의 구축형태를 잘 보여주고 있어 사용하였다.

Ⅲ. 구주계석실의 축조방법과 구조적 특징

구주지방에서 확인되는 구주계석실은 수혈계횡구식석실, 북부구주형석실, 비후형석실로 대분된다.

수혈계횡구식석실(竪穴系橫口式石室) : 수혈식석실의 구조를 토대로 단벽에 횡방향의 입구를 설치한 석실이다. 4세기 후반에서 말 사이에 佐賀県 唐津市 谷口古墳과 福岡市 老司古墳의 3 号 석실을 시작으로 북부 구주에서 성행하였다. 축조 당시에는 연도나 전벽의 구조가 명확한 형태를 갖추지는 않았기 때문에, 횡구부에서 단차를 두고 석실내로 하강하는 구조였으나, 서서히 단차는 사라지고, 전벽의 전정부에 측벽이 부가되면서, 다른 횡혈식석실과 비슷하게 변해간다. 6세기 전반 무렵에 소멸하였다.

북부구주형석실(北部九州型石室) : 4세기 말에서 5세기 초 무렵의 福岡市 鋤崎古墳을 시작으로 6세기 초 무렵까지 축조되었다. 현실의 평면은 장방형, 천정은 평천정, 벽면은 편평한 석재를 이용하여 뚜렷하게 고임식으로 쌓아 올렸다. 짧은 길이의 중앙 편재의 연도이며, 판석을 이용하여 폐쇄하였다. 각벽의 모서리, 즉 우절각은 상부까지 뚜렷하게 확인되지만, 바닥에서부터 경사지게 위로 쌓아올리는 경우가 많다(구주계석실에서 자주 확인된다). 이것은 벽석의 일정높이까지는 수직으로 쌓아올리는 판교형석실과는 다르다. 기본적으로 수장분이나 그에 준하는 고분의 주체로서 이용되었다.

비후형석실(肥後型石室) : 비후지역의 독특한 석실로서, 다른 지역에서는 약간의 예외를 제외하고는 거의 분포하지 않는다. 5세기 전반에 출현하여, 서서히 변화하면서 6세기 중엽 무렵까지 존속하였다. 편실의 평면은 방형의 궁륭형 천정을 가지며, 북부구주형 석실과 마찬가지로 대체로 중앙 편재의 연도를 가진다. 현실의 바닥에서는 석장(石障 : 판상형의 석재를 현실에 벽체에 바짝 붙여서 세워진 형태로 유해 안치의 장소를 둘러 싸도록 시설된다)과 시상구분석(死床仕切石)이 설치된다(따로 존재할 수도 있고, 석장 내부에 시상구분석을 두어 복수의 시상을 표시하기도 한다).

이 밖에도 주로 구주계횡혈식석실에서 확인되는 석실 구조의 각 부위를 소개하겠다.

입주석(立柱石) : 현문부나 연문부의 측벽이 다른 석재와는 다른 기둥모양의 돌을 세워 입면적으로 현실과 연도를 구분한다. 석실의 외부에서도 돌출되어 있는 모습을 관찰할 수 있다. 畿內型石室의 袖石는 석실의 외부에서 보이지 않으며, 벽체의 일부로 편입되어 있다는 점에서 두 석재의 차이를 구분할 수 있다.

압거석(鴨居石) : 다른 천정석과 비교하여 현문부의 천정석이 조금 아래쪽에 돌출해 있는 형태를 가진다. 주로 현실과 연도의 높이가 같은 경우나 단차 없이 천정석 아래부분에 종단선이 원호를 그리듯이 시설되어, 현실과 연도의 경계를 구분하는 기능을 한다.

광석(框石) : 연도 바닥면이 현문 바닥보다 높을 경우, 현문부의 현실측에 판석을 세워서 연도 바닥을 보호하는 경우가 있다. 이것을 광석이라고 부른다. 현실에서 바라볼 때, 연도부와 단차가 생기기 때문에, 계단형태로 보인다.

곤석(梱石) : 현실과 연도의 경계를 구분하기 위한 횡장방형의 석재를 두었는데, 문지방석이라고도 불린다.

요석(腰石) : 석실을 구성하는 석재가운데, 최하단석이 다른 곳과 비교하여 뚜렷하게 대형의 석재를 사용하는 것이 종종 확인된다. 畿內지역의 畿內型石室에서는 확인되지 않는 구주계석실만의 특징이다.

구주계석실을 정리해보면, 도입 초기에는 횡혈식석실의 축조법을 알고 있는 사람이 직접 고분구축에 관여한 것이 아니라 간접적으로 전해진 정보를 토대로 축조되었는데, 이른바 수혈계횡구식석실이다. 또한 지속적으로 인적 물적 교류가 이루어지면서 횡혈식석실의 조건에 맞는 석실이 축조되기 시작하고, 동시에 재지화도 시작된다. 이것이 북부구주형석실이다. 그리고 지속적으로 재지화가 이루어지며, 횡혈식석실이 축조된 결과, 독자성을 가지는 재지형태의 횡혈식석실이 등장하였는데, 이것이 비후형석실이다. 4세기 후반부터 5세기 전반이라는 짧은 기간에 3유형으로 대분될 정도이며, 같은 계통으로 분류된 석실에서도 그 세부에서는 각각의 차이가 확인되는 등, 다양한 형태가 확인되기 때문에, 여기에서는 주로 확인되는 형상에 대해서 기술하겠다.

현실의 벽체는 처음부터 약간 내각으로 경사지게 쌓아올리는 형태가 많고, 석재는 전상의 할석으로 벽체를 구성하였지만, 최하단석은 요석이 사용되기도 한다. 또한 석실 내부에는 주나 다양한 문양의 벽화들이 확인된다. 평면형태는 畿內型石室은 장방형이 반면, 장방형, 방형, 제형, 동장형 등 다양하며, 단실 뿐만 아니라 복실도 확인된다. 내부에는 입주석을 비롯해 석실에 따라서 석장, 압거석, 광석, 곤석 등의 시설들도 각각 설치된다. 이러한 장치들을 통해 현실과 연도를 구분하려는 의도를 엿볼 수 있는데, 대체로 이 부분에서(현문시설) 각 지역 석실들의 특징들을 잘 확인할 수 있다. 천정부는 고임과 궁륭 형태가 존재하지만, 아예 처음부터 내경하게 쌓아올려, 천정을 합장형으로 마감하기도 한다. 대체로 연도부가 현실부보다 높게 위치해 있으며, 단차가 확인된다. 입주석은 입체적으로 공간을 분할하는 기능을 가지고 있기 때문에, 석실의 안쪽으로 튀어나와 있다. 그 앞은 폐쇄석에 의해 가려졌는데, 폐쇄석의 전면을 할석으로 거의 수직에 가깝게 쌓아서 폐쇄하였기 때문에, 석실의 바깥에서 입주석과

도 2 구주계석실의 구조 및 세부(수혈계횡구식석실, 북부구주형석실, 비후형석실)

① 鋤崎古墳(북부구주형석실), ② 谷口古墳(수혈계횡구식석실), ③ 城2号墳(북부구주형석실), ④ 宇城市塚原平古墳
(비후형석실), ⑤ 釜塚古墳(북부구주형석실), ⑥ 浦谷C1号墳(수혈계횡구식석실), ⑦ 浦谷E3号墳(북부구주형석실)
*수정 인용 ① 鋤崎古墳-1981~1983 調査報告- 2002, ② 小田富士雄 2008, ③ 高木恭二ほか 1981, ④ 高木恭二
ほか 1999, ⑤~⑦ 土井基司 1989

수직의 폐쇄석이 잘 관찰된다. 이것은 구주계석실 또는 그 영향을 받은 석실의 특징으로 알려져 있다.

IV. 축조방법과 구조로 본
畿內지역의 초기횡혈식석실

전술했듯이 6세기를 전후하여 畿內지역에서는 畿內型石室이 출현한다. 초기횡혈식석실는 畿內型횡혈식석실로 변화하기전의 전환기에 해당하는 석실라고 할 수 있는 만큼, 많은 부분에서 구조적 유사성이 잔존하고 있다. 따라서 畿內型石室석실의 특징을 살펴본다면, 畿內지역 초기횡혈식석실의 축조방법과 구조를 이해하는데 도움이 될 것으로 생각한다. 이하는 土生田純之가 정의한 畿內型石室의 특징이다.

① 현실평면은 장방형, 천장은 평천장으로 전벽이 존재한다.

② 현문부에는 입주석의 사용이 적고, 입주석을 세워도 벽체 안쪽으로 포함되어 돌출되지 않는다.

③ 현문부에 문비석은 없고, 연도는 양수식(중앙) 혹은 편수식(좌·우편재)이 확인된다. 무수식은 원칙적으로 보이지 않는다(7세기에 퇴화 형식으로 출현).

④ 연도의 폐쇄시설은 괴석으로 폐쇄하며, 종말기가 되면 판석을 이용하여 폐쇄하기도 한다.

⑤ 초현기의 석실부터 연도는 실제 통로로서 기능할 수 있는 폭을 갖추고 있다.

⑥ 석재는 대형화의 경향이 강하지만, 벽체의 최하부에는 다른 것에 비해 특히 거대한 돌을 사용하는 요석과 같은 수법은 사용하지 않는다.

⑦ 현실 각벽의 모서리는 천정까지 잘 유지된다.

畿內型石室은 가장 기본 구조인 현실과 연도이외에 구주계석실에서 관찰되는 다양한 세부구조는 관찰되지 않으며, 석실과 석재의 대형화, 편천정, 중앙연도를 제외하고 장방형의 현실평면, 우편재 연도, 괴석으로의 폐쇄, 실제 사용가능한 연도의 폭, 요석사용의 배제,[01] 뚜렷한 우절각 등으로 미루어 봤을 때, 이전의 축조방법과 구조를 유지하고 있는 것을 확인할 수

---

01) 단순히 최하단에 커다란 석재 한두개가 설치된다고 해서 요석으로 명명되는 것이 아니라, 후벽과 양벽에 연속적으로 큰 석재가 사용되어, 구간의 형성이 인정될 때, 요석이 사용되었다고 볼 수 있다.

있다. 다음으로는 畿內地域의 초기횡혈식석실 가운데 藤ノ森古墳, 高井田山古墳을 대상으로 석실의 전체적인 축조방법과 구조를 중심으로 검토를 진행하겠다.

(1) 藤ノ森古墳 : 백제의 영향을 직접적으로 받아서 축조되었다는 견해에 의문을 제기한 학자들 사이에서도, ① 북부 구주계석실의 영향(吉井秀夫 2001), ② 횡혈식석실 구축의 이해가 부족한 상태에서 백제의 석실을 모방 축조(安村俊史 2014), ③ 석실의 축조방법과 구조의 차이로부터, 백제 판교형석실의 영향을 부정(李東奎 2021) 등으로 세분화할 수 있다. 다만 기존 연구에서는 藤ノ森古墳의 축조방법과 구조에 대한 구체적인 설명과 더불어 藤ノ森古墳의 계통에 대한 직접적인 설명이 부족했다는 아쉬움이 있기 때문에, 본고에서는 藤ノ森古墳의 축조방법과 구조 등, 전체적인 양상을 검토하겠다.

古市古墳群의 誉田御廟山古墳(応神天皇陵추정)의 서측에 인접하여 축조되었으나 현재는 藤井寺市立生涯学習센터에 이축되어 있다. 분구는 원분으로 직경 약 22m, 높이 3m, 즙석과 하니와가 확인되었으며, 주구가 둘러져 있었다. 현재는 석실 정도 만이 잔존한다. 석재는 할석의 편암을 이용하였다. 석실평면형은 현실과 연도를 가진 장방형(2.33:1)의 단실묘로 현실은 길이 약 350cm, 너비 약 150cm, 잔존높이 약 150cm이다. 네벽은 수직에 가깝게 올라가다가 110cm 높이부터 고임식으로 내경하며 천정을 형성하였다. 내부에는 적색안료를 도포하였다. 연도는 우편재이며, 길이 약 100cm, 너비 80~90cm 높이 약 110cm이다. 바닥에는 별다른 시설은 없었던 것으로 보이며, 관정과 꺾쇠가 발견되어, 조합식 목관 1기가 안치된 것으로 추정된다(柏原市立歴史資料館 1996). 塔塚古墳 등과 함께 畿內지역에서 초현기의 석실로

도 3　藤ノ森古墳의 석실 구조와 각 세부

알려져 있으며, 5세기 중엽으로 편년되고 있다.

　실제로 발굴당시의 사진과 보고서 그리고 이축된 고분을 실제 답사한 토대로 검토한 결과, 상기의 설명과는 차이를 확인할 수 있다. 먼저 연도를 통해서 현실로 들어갈 때, 연도의 바닥은 현실의 바닥보다 높게 구축되었기 때문에 현실로 들어가기 위해서는 한단 내려가게 시설되었으며, 도면과 사진을 통해서고 잘 나타나 있다. 폐쇄석은 벽석과 비슷한 할석을 이용하였다. 연도의 벽석은 처음부터 안쪽으로 내경하게 쌓아올려, 입구는 사다리꼴의 형태를 하고 있다. 그렇기 때문에 보고서에 기재된 수치보다 실제로 느끼는 폭은 상당히 좁아 현실로의 원활한 진입은 어렵다. 또한 연도 천정석(미석)의 크기는 벽석보다는 크지만, 압도적인 차이를 보이는 정도는 아니며, 연도 천정석과 현실 천정석의 크기는 비슷하다. 연도 천정석 위로 몇단의 할석을 쌓아 현실과 연도의 높이를 평행에 가깝게 축조하였다.

　현실 벽체는 전적기법으로 수직에 가깝게 쌓아 올렸다고 기재되어 있지만, 실제로는 처음부터 약간 경사를 유지하면서 쌓아 올렸다. 110cm 높이부터 고임식으로 점차 각을 줄여가다가 천정석을 두어 마무리하였다. 천정석과 고임석의 석재는 사변석으로 가공하여 사용하지 않고, 벽석에 사용된 편암계의 할석을 그대로 사용하였고, 천정석은 벽석에 사용된 석재보다 조금 큰 정도이다. 보통 백제 한성기 석실의 천정을 축조할 때, 궁릉형의 구조를 위하여 사변석을 사용하여, 현실 내부의 각도가 매끄럽게 올라가기 때문에, 사변석의 사용이 확인되지 않는 藤ノ森古墳을 백제 석실과 관련이 있는 궁릉형 천정이라고 표현한 것은 옳지 않다.

　한편, 입지와 석실의 위치도 살펴보면, 산지의 구릉 또는 사면에 반지하식으로 축조되는 다른 초기횡혈식석실과는 달리 비교적 평탄한 대지상에 축조되었고, 석실은 분구 성토층에 위치하여 지상식으로 축조되어 있는 것을 알 수 있다. 반지하 또는 지하식으로 석실을 축조하는 경우, 석실의 주변은 안정적인 기반층으로 이루어져 있기 때문에, 1열의 벽석 만으로 구성하여도 구조 상 큰 문제가 발생하지 않는다. 반면, 성토층은 치밀하게 조성하여도 기반층과 비슷한 정도로 석실을 안정하게 축조할 수 없기 때문에, 석실을 구축하기 위해서는 벽석을 이중으로 쌓거나 뒷채움석으로 보강을 할 수밖에 없고, 따라서 藤ノ森古墳은 석실을 중심으로 주변에 이중의 벽석 혹은 뒤채움석으로 보이는 석재들이 확인되었다(도 3의 석실전경). 이밖에도 석재의 선택에서도 판상으로 가공하기 용이한 편암을 의도적으로 선택하여 석실 축조에 사용하였는데, 편암계열의 석재로 석실을 축조하는 경향은 일본열도에서도 대체로 구주계석실이나 그 영향을 받은 석실에서 주로 확인되고 있어, 석실에 이용된 석재를 통해서도 그 출자를 어느정도 짐작해 볼 수 있다.

　마지막으로 석실내부 바닥에서는 가장 오래된 釘留木棺(조합식목관)의 흔적이 석실내의 관정과 꺾쇠를 통해서 알려졌다. 이것을 근거로 단순히 백제의 영향을 이야기하기도 한다. 그러나 한국 수도권지역의 횡혈식석실에서 출토된 관정을 분석해 보면, 백제 특히 판교형석실은 방두형의 관정을 사용하였고 고구려와 신라는 원두형의 관정을 사용하는 경향을 보이고 있어, 관정의 형태로도 어느정도 석실의 출자 파악이 가능하다. 초기횡혈식석실 가운데 관정의 형태를 확인할 수 있는 고분으로서 藤ノ森古墳과 高井田山古墳 그리고 一須賀古墳群의 I-4·8号墳 등이 있다. 이 중, 藤ノ森古墳에서 출토된 관정은 원두형인 반면, 高井田山古墳과 一須賀古墳群의 I-4·8号墳에서는 방두형의 관정이 출토되어, 藤ノ森古墳은 목관에 사용된 관정을 통해서도 직접적인 백제의 영향을 언급하기는 어렵다.

이상, 석실의 축조방법과 구조를 비롯해, 고분의 입지와 축조위치, 출토유물(관정)등, 거의 모든 부분에서 차이점이 확인되기 때문에, 백제의 석실에 영향을 받은것으로 판단하는 것은 어렵고, 구주계석실의 영향을 받은 것으로 생각된다. 또한 그 중에서도 북부구주형석실과 가장 유사한 형상을 보이고 있어, 畿内지역에 도입된 후, 재지의 실정에 맞게 어느정도 변형시켜 축조한 것으로 이해하는 것이 타당할 것으로 보인다.

(2) 高井田山古墳 : 생구산(生駒山)의 남단의 능선, 대화천(大和川)가 보이는 작은 구릉에 위치한다. 분구는 원분으로 직경은 약22m이다. 묘광의 규모는 길이 500cm, 너비 350cm 잔존높이 110cm이다. 현실과 연도를 가진 장방형(약 1.6:1)의 단실묘로 현실은 길이 373cm, 너비 226~234cm, 잔존높이 130cm이다. 석재는 근처의 감람석 휘석 안산암과 휘석 안산암을 이용하였다. 네벽은 판형의 석재를 수직으로 쌓았는데, 약 100cm 높이부터 약간 벽이 내경하고 있는 것으로 확인되었고, 위의 사실로부터 미루어 볼 때, 높이 약 200cm에서 궁륭형의 천정을 하고 있을 것으로 추정된다. 네벽의 모서리는 전적기법으로 맞대어 쌓아올렸다. 우편재의 연도는 길이 약 200cm, 너비 118cm 높이 약 110cm, 폐쇄석은 괴석을 이용하였다. 현실 바닥은 부석하였으며, 부부합장묘로 추정되는 목관 2기의 흔적 확인되었는데(柏原市教育委員会 1996), 남녀의 위치(남좌여우)를 알 수 있다. 연대는 TK23~47로 편년된다.

석실 도면의 레벨의 고저차를 살펴보면, 묘도에서 연도, 현실까지 큰 차이없이 완만하게 하강하는데, 계단식의 급격한 단차는 확인되지는 않는다. 폐쇄석은 벽석과 다른 괴석을 이용하였다. 연도 천정석인 미석은 제위치는 잃어버렸지만, 벽석은 수직으로 쌓아올렸기 때문에, 입구는 방형의 형상으로 추정된다(너비 118cm, 높이 약 110cm). 잔존하고 있는 연도 입구의 규모를 생각하면, 현실로의 입출입은 원활할 것이다. 연도 천정석(미석)은 절반정도가 결손된 상태로 노출되었는데, 그럼에도 불구하고 벽석과 비교해 확연히 크다. 연도 미석은 현실 천정부의 일부를 구성하고 있으며, 연도 미석보다 상부에서 현실 벽석의 석재가 내경하는 것이

도 4 　高井田山古墳의 석실 구조와 각 세부

확인되었기 때문에, 현실의 천정이 궁륭형으로 추정되는 것을 고려하면, 현실과 연도의 높이
는 뚜렷한 차이를 보였을 것은 틀림없다.[02] 한편 현실에는 현실의 천정석으로 보이는 석재가
확인되었는데, 연도 미석보다는 작지만 벽석보다는 규모가 크며 삼각형의 형태로 가공되어
있어 천정석보다는 천정부를 구성하였던 것으로 생각된다. 판교형석실인 감일동고분군의 여
러 석실에서도 천정이 모두 무너져 내려 확실한 구조는 알 수 없지만, 천정부를 구성하였던
사변석을 비롯한 석재들은 벽석보다 크기가 크며, 삼각형으로 가공되어 있는 형태가 다수 확
인되었다.

　　현실 벽체는 전적기법으로 수직으로 쌓아올리다가 약 100cm 높이부터 점차 내경하는 것
이 관찰되었는데, 현실 바닥에 전락한 삼각형 모양의 석재들을 통해서, 사변석과 이 석재들
을 이용하여 궁륭형의 천정부를 구성하였던 것으로 생각된다. 벽석부보다 천정부의 석재가

---

02) 高井田山古墳에서는 연도와 현실의 천정석이 모두 파괴되어, 높이의 편차를 정확히 알 수 없으나
　　초기횡혈식석실가운데 유일하게 천정이 잔존해 있는 椿井宮山塚古墳을 검토해보면, 편차가 명확
　　하게 구분되기 때문에, 높이의 편차가 뚜렷하지 않는 藤ノ森古墳과는 구조적으로 차이가 있다고
　　볼 수 있다.

크기가 크다. 석재는 전상 또는 판상의 할석으로 가공되어 있다고 보고서에 기재되어 있으나 안산암 계열이기 때문에 편암계열로 구축된 藤ノ森古墳보다는 벽석 두께의 편차가 심하다. 석실내부에서 적색안료를 사용한 흔적은 확인되지 않았으며, 바닥은 작은 자갈돌로 부석하였다. 그 위에 석실 장축과 나란하게 부부합장묘로 추정되는 목관 2기가 확인되었는데, 이는 이전까지 일본 재지의 묘제에서는 나타나지 않았는 매장 방식이다. 그밖에 동경과 초두, 도자, 유리구슬 등의 출토유물 등을 통해서도 高井田山古墳 피장자는 도래계 특히 백제와 밀접한 관련이 있다는 것을 명확하게 보여준다.

高井田山古墳은 백제 한성기 판교형석실로 판단해도 무리가 없다고 할 정도로 석실의 축조방법, 구조 면에서 매우 유사성을 보인다.[03] 또한 고분의 입지와 석실의 위치도 산간부에 반지하식으로 축조되어 있어, 대지상의 지상식으로 축조되는 보통의 일본의 석실과는 다르다. 다만 석실 내부에서 재지의 스에키가 확인되고 무기·무구·마구 등의 풍부한 부장품의 구성은 패용형 위신재 위주의 판교형석실과 차이를 보인다. 그리고 판교형석실보다 석실의 규모가 약간 대형화되었기 때문에, 아마도 피장자는 도래인 가운데 매우 위계가 높은 인물일 가능성과 석실의 규모가 점점 커지는 것이 畿內지역 석실의 특징인 만큼, 출현부터 재지화가 시작되기 시작했을 가능성도 있다.

이상, 畿內지역 초기횡혈식석실의 대표적인 고분으로 거론되는 藤ノ森古墳과 高井田山古墳의 축조방법과 구조를 중심으로 양자의 계통에 대해서 검토하였다. 그 결과, 藤ノ森古墳은 석실의 축조방법 구조뿐 만 아니라 석재를 비롯해 고분의 입지, 석실의 위치, 부장품 매장방법 등, 거의 모든 면에서 高井田山古墳과는 차이를 보였다. 高井田山古墳은 기존연구에서 백제와의 밀접한 연관성이 제시되었고 최근의 연구성과에서는 더 나아가 한성기 중앙지역의 판교형석실과의 유사성이 언급된 바 있다. 그리고 이번의 검토를 통해서도 동일한 결과를 확인할 수 있었다. 반면, 藤ノ森古墳은 기존의 연구에서 세밀하게 검토되지 않은 채, 단순히 백제와의 직간접적인 영향이 언급되어 온 경향이 있었으나, 이번의 검토결과 확실하게 백제와의 관련성보다는 구주계석실과 더욱 밀접한 관련이 있으며, 그 가운데서도 북부구주형석실과 가장 유사성을 보이는 것을 확인할 수 있었다.

석실의 계통을 파악하기 위해서는 단순히 평면과 단면형태 혹은 매장방법이나 출토유물 등, 일부를 토대로 석실 전체를 판단하는 것은 성급한 일반화의 오류를 범할 수 있다. 위의

---

03) 高井田山古墳과 판교형석실과의 유사성을 언급한 견해들이 최근 많이 등장하였기 때문에, 여기에서는 다루지 않겠다.

요소는 물론 석재, 축조방법, 세부구조 등, 석실 전체를 세밀하게 파악한다. 그리고 더 나아가 고분전체에서 석실의 축조 위치, 고분의 입지까지 검토하였을 때, 비로소 석실의 각 요소별로 외부 또는 재지의 영향을 받았는지, 외부라면 어느 지역과 연관성을 지니고 있는지, 그 영향이 간접적인지 혹은 직접적인지 등을 종합적으로 검토한 위에, 보다 명확한 고찰과 판정이 가능하다. 일본은 동서로 긴 열도이며, 외부와 단절되어 있기 때문에 일본으로 도입된 문물은 물론, 횡혈식석실도 도입 이후, 여러 지방으로 전파되어 갈 때, 기본적으로 서쪽에서 동쪽으로 이동한다. 그 과정에서 각 지방에 전파된 횡혈식석실은 다양한 형태로 축조된다. 외부와 단절되어 있다는 특수한 조건은, 도입 이후, 획기가 발생하지 않는 이상, 외부로부터의 변화는 비교적 한정적이다. 열도 내부에서의 횡혈식석실의 계통 연구는 비교적 안정적인 환경하에서 이루어진다고 할 수 있으며, 기대이상의 성과를 달성할 수 있을 것이다.

<후기>

　모든 사람들이 그러하겠만, 이남규선생님과 공유하는 특별한 추억을 필자도 가지고 있다. 석사 과정 당시, 일주일에 3~4번은 박물관에 저녁 늦게까지 남아서 프로젝트나 개인공부를 하곤 했다. 그 때, 이남규 선생님께서는 집 방향이 같은 나를 종종 불러다 집 앞까지 태워다 주시곤 하였다. 동행하는 시간은 30~40분 남짓, 함께 귀가하는 횟수가 늘면서, 선생님과 다양한 주제로 이야기를 나누었다. 고민, 잡담, 농담, 여행, 먹거리, 유학 시절의 이야기 등 개인적인 부분부터 학자로서의 자세, 세상을 살아온 소회 및 당부와 앞으로의 포부 등, 선생님의 다양한 면을 엿볼 수 있었다. 특히 학자로서의 엄격하고 단호한 면도 확인할 수 있었지만, 그보다 인생의 선배로서 따뜻한 면과 인간적인 면을 체감할 수 있었던, 소중하고 즐거운 시간으로 기억한다. 선생님과의 동행 귀가는 석사를 졸업하고, 일본 유학을 본격적으로 준비하면서, 박물관을 그만두기까지 몇 년간 이어졌다. 어느덧 시간이 빠르게 흘러, 선생님께서는 한국고고학회장을 역임하시고, 대학에서 정년퇴임을 맞이하셨다. 나도 일본 유학을 무사히 마치고 돌아왔다. 하지만, 그 때의 즐거웠던 기억은 아직도 소중한 추억으로 남아있다. 이남규 선생님께서 이제 인생의 제2막을 맞이하신 만큼, 그동안 바빠서 미루어 두셨던 계획을 다시 꺼내 예정대로 이루기를 기원하며, 또한 건강에 신경쓰셔서 후학들에게 오래오래 많은 가르침을 주시기를 소망한다.

　한신대학교박물관이 30주년을 맞이하였다. 비록 박물관에 있던 시간은 2012년부터 2015년까지의 3년이 채, 안되는 짧은 시간이었다. 필자가 있었을 당시 박물관은 약간 침체기라고 들었고 그렇게 기억한다. 발굴도 거의 없고, 여러 대형 공사로 인하여 학교 여기저기로 이사다니는 등, 박물관 뿐만아니라 대학교의 분위기도 약간 어수선하였다. 그럼에도 불구하고 이남규, 권오영, 이형원 선생님들로부터 진정한 의미에서 수동적인 공부가 아닌, 능동적인 공부를 배울 수 있었으며, 다양한 프로젝트를 통해, 연구 역량을 키울 수 있었던 뜻깊은 시간이었다. 또한 박물관 자체적으로는 지역사회 및 주변의 초중고와 소통하고, 교육 프로그램도 신설하는 등, 발전을 꾀하였다. 선생님들의 노력에 응답하듯, 박물관에서 연구하는 선후배들 학생들의 수도 오히려 늘었으며, 서로간에 알려주고 도와주면서, 한 사람의 고고학도로서, 인간으로서 미약하지만 성숙할 수 있었다.

　결국 박물관도 그 안의 구성원들도 다양한 변화에 적극적으로 대응하면서 발전해 온 것이다. 한편으로 한신대학교박물관의 역사를 살펴보면, 어느 한 시기만이 아니라, 항상 다양한 부분에서 필요성 존재성에 대해 요구받고 그것을 멋지게 증명해 왔다. 최근에는 코로나로 인하여 또 한번의 시련도 있었지만, 지금까지 잘 극복했듯이, 한신대학교박물관은 앞으로도 40년, 50년을 계속해서 굳건하고 변함없이 이어진다고 의심치 않는다. 그리고 항상 큰 누나처럼 계셨던 문경덕선생님께 항상 감사드린다.

福岡県北九州市小倉南区貫川^{ぬきがわ}遺跡 第2地点出土鉄鍋について

松井和幸

前 北九州市立自然史・歴史博物館

Ⅰ. はじめに

　福岡県北九州市小倉南区貫〜曽根にかけて貫川が流れているが、北九州市は貫川の河川改修事業を実施している。この河川改修事業に伴い、1985年から埋蔵文化財の発掘調査が実施され、縄文時代〜奈良時代や中世にかけての遺物包含層が確認されている。

　このうち小倉南区下貫３丁目の貫川第２地点の発掘調査は、1987年に実施されたが、その際に河川の砂層中から鉄鍋の完形品が出土している(註1)。小稿は、この鉄鍋に再検討を加えたものである。

1. 貫川遺跡第２地点出土鉄鍋(写真1、2)

　実測図は第１図１の通りであるが、口径41.6cm、器高20cmの平鍋である。口縁部は逆L字形に外側に折れ、高さ3cm、外へ2.5cmほどが張り出している。木蓋を受けやすくする工夫と考えられる。口縁端部はやや肥厚して上面は平坦な作りである。

　体部は、口縁部から15cmくらいまでは垂直に近く、そこから丸味をもって底を形成している。底の中央には、「丸湯口」の跡が残っており、大きさは湯口上部(注ぎ口)径3.6cm、湯口下部(鍋底との接点)径2.7cm、高さ1.5cmである。

　器体の厚さは、体部で3〜4mm、底部で7mm程度、底部外面の湯口付近は渦を巻いたよ

写真1　貫川第2地点出土鉄鍋

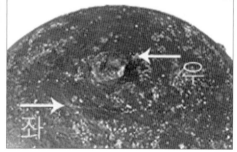

写真2　同鉄鍋底面裏側(左「輪状痕跡」, 右「湯口」)

うにわずかに盛り上がったような痕跡が認められる(註2)。これは、芦屋釜の里の新郷英弘氏や樋口陽介氏のご教示によると、茶釜などにも見られるそうである。特別な呼称はないが「湯口周辺の輪状痕跡」などと呼ばれているもので、外型を造型する際に、湯口付近は大きく空け、その部分に土を込めて鋳型を造型するが、その痕跡と考えられている。

　その理由として、新郷氏は、外型が焼成しやすいこと。土を込めた部分は鋳物砂が粗いので、鋳込み時に発生するガスが抜けやすい。土を込めた部分は崩壊性がいいので、湯口が残っても取れやすいなどをあげる。

　貫川遺跡第2地点出土鉄鍋は、貫川の河川の堆積砂層なかから単独で出土しており、共伴土器もなく、形態から時期を特定する以外に方法はない。報告書では、周辺地域の鉄鍋や中世土鍋との比較等から14世紀後半から15世紀前半の年代と推定されている。

　北九州市の小倉城の北側には、13世紀から16世紀にかけて大規模な鋳造所跡が確認されている。いわゆる小倉鋳物師の工房跡である。ここでは、農具である鋤先、鋤の付属品である撥土板(ヘラ)、鍋、鍋蓋などの土製鋳型が大量に出土している(註3)。

　貫川第2地点出土鉄鍋は、地元小倉鋳物師の製作したものと考えるのが最も妥当であるが、大量に出土している小倉鋳物師が製作した鉄鍋は、鋳型から推察して浅い角度で口縁部が頚部から「逆ハ字状」に外に開く形状のもののみである。したがって口縁部が「逆L字状」の貫川遺跡第2地点出土鉄鍋は、小倉鋳物師が製作したものとは考えられない次に周辺地域の中世鉄鍋の出土例を見てみたい。

2. 福岡県・大分県出土中世鉄鍋(第1図2，3、第2図)

　北九州の周辺地域で出土している中世鉄鍋の資料は、福岡県太宰府市大宰府史跡ＳＥ651井戸出土鉄鍋、大分県下毛郡三光村(現中津市)深水邸埋納遺構出土鉄鍋と、大分県大野郡犬飼町(現豊後大野市)表Ｂ遺跡出土鉄鍋などがある(註4)。

　大宰府史跡ＳＥ651井戸出土鉄鍋は、井戸の埋め土中から土師器の坏・皿の破片、完形の鉄鍋、石鍋、五徳(金輪)が出土している。鉄鍋は、口径38.4㎝、高さ19.7㎝で、底部はやや尖り、5㎝余りのやや長い口縁部が「逆ハ字状」に外に開く形状をしている(第2図)。五徳(金輪)は鉄鍋の台と考えられ、また外体部に紐で3方からつるしたと考えられる痕跡が認められる。井戸の時期は、出土土器などから13世紀後半から14世紀前半と推定されており、鉄鍋もその時期と考えられる。

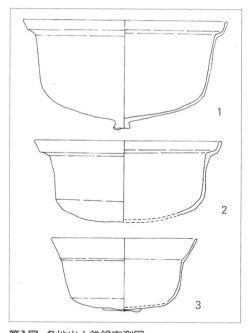

第1図 各地出土鉄鍋実測図
(1. 貫川第2地点、2. 表B遺跡、3. 深水邸)

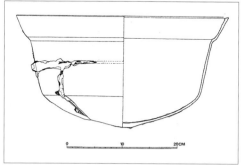

第2図 大宰府史跡SE651井戸出土鉄鍋実測図

写真3 深水邸出土鉄鍋

写真4 深水邸出土鉄鍋底裏(一文字湯口)

　大分県下毛郡三光村(現中津市)深水邸埋納遺構出土鉄鍋(大分県中津市歴史博物館寄託)は、口径
30cm、器高14.2cmの平底に近い底部の鍋である(第1図3、写真3、4)。底部外面やの中心から
ずれて長さ7.6cm、最大幅6mm、高さ4mmの「一文字湯口」の痕跡が残る。「一文字湯口」に関
しては、「丸湯口」に比べ、鋳造後の湯口の処理がし易かったようである。口縁部は、長
さ約5cmと口径の割には長いものが5°の角度で「逆ハ字状」に外に開いている。鉄鍋の台と

写真5　表Ｂ遺跡出土鉄鍋　　　　　　　　　　　写真6　表Ｂ遺跡出土鉄鍋底裏

して五徳が出土している。

　貫川第2地点の鉄鍋と対比すると、まず、口径が10cm以上小さいこと、口縁部は「逆Ｌ字状」に曲がるのではなく、35°の角度で「逆ハ字状」に外に開いていること、何よりも、鋳造時の湯口が、貫川第2地点の鉄鍋は「丸湯口」であることから、この二つの鉄鍋は全く異なる系統の鋳物師によって鋳造されていると考えられる。

　大分県大野郡犬飼町(現豊後大野市)表Ｂ遺跡出土鉄鍋(大分県豊後大野市歴史民俗資料館所蔵)は、表遺跡の圃場整備事業に伴うＢ区の試掘調査で、13世紀～14世紀のカマド状遺構にともなって出土している(第1図2、写真5, 6)(註5)。なお、土師質土器が床面に伏せられた状況で見つかっている。鉄鍋は、土圧で若干変形しているが、口径38cm、高さ16.3cm、2.5cm程度短く立ち上がった口縁が「逆Ｌ字状」に立ち上がった形状をしており、大きさや全体の形状等貫川第2地点出土鉄鍋に共通するものがある。体部の厚さは、錆のため5mmを測るが、本来はもう少し薄かったと考えらえる。底部は大きく破損しており、湯口の形状等は確認できないが、底部片等から推定して、丸湯口の可能性が高い。

　全体の形状―特に「逆Ｌ字状」の口縁部の作りや体部全体の形状等から、貫川第2地点出土鉄鍋と表Ｂ遺跡出土鉄鍋には共通するものがある。表Ｂ遺跡出土鉄鍋には、14世紀代の土師質土器皿が出土しており、鉄鍋もその時期と推定される。

II. まとめ

　五十川伸矢氏は、古代・中世の鋳鉄鋳物を体系的にまとめている(註6)。五十川氏は、

鋳鉄鋳物を鍋A、鍋B、鍋C、鍋Ⅰの4分類する。

鍋A　口縁に蓋受けの屈曲のつく形態のもの。

鍋B　弦をつけるための穴のあいた吊耳部分が口縁についた形態。

鍋C　内側に吊るための耳(内耳)のつくもの。

鍋Ⅰ　口縁がまっすぐ立ち上がる形態のもの。古代の鍋である。

　今回検討を加えた4個の鉄鍋は、いずれも五十川氏分類の鍋Aに属する。鍋A類は、九州、山陽道、畿内、北陸に分布しており、西日本に広範囲に分布していたと考えられている。また出現の時期は、12世紀以降16世紀代と考えられている。

　貫川第2地点出土の鉄鍋は、大分県犬飼町表B遺跡出土鉄鍋に形状等類似しており、年代的には14世紀代と考えることができよう。ただしその産地まで追求することはできなかった。

　中世に製作された鉄鍋には少なくとも、口縁部の形状が「逆L字状」か「逆ハ字状」か、また湯口が「丸湯口」か「一文字湯口」などいくつかの違いが存在することが分かった。ただし小倉鋳物師の遺跡から出土している鉄鍋の鋳型は、口縁部が「逆ハ字状」に外に開くものであるが、大宰府史跡ＳＥ651井戸や中津市深水邸出土の鉄鍋ほど口縁部は長くはない。明らかに異なる鋳物師集団の存在が考えられる。

　13世紀から16世紀、中世北部九州の狭い地域においてもいくつかの鋳物集団の存在が推定された。さらに鉄鍋であればもう少し広い範囲で流通していたことも考えられる。今後そのようなことも加味しながら中世の鋳物師を再検討してゆくことが必要と考えられる。

　最後に今回の調査にあたり、福岡県芦屋釜の里の新郷英弘、樋口陽介、大分県中津市歴史博物館館長 高崎章子、同博物館 浦井直幸、大分県豊後大野市歴史民俗資料館 諸岡郁等各氏からご協力いただいた。記して感謝いたします。

註

1　財団法人北九州市教育文化事業団埋蔵文化財調査室『貫川遺跡8』1994年

2　芦屋釜製の芦屋霰の地真形釜の底裏(p.32 図73)や芦屋町合戦ヶ原出土の無地平釜の底裏(p.46 図97)などに同様の円形の凸状痕跡が残っている。
　　福岡県芦屋町教育委員会『芦屋鋳物調査報告書 第1集』2011年

3　研究代表者松井和幸『考古学から見た中世鋳物師の総合的研究』科学研究費研究成果報告書 2014年

4　九州歴史資料館『大宰府史跡 昭和49年度発掘調査概報』1975年
　　佐々木稔・村上久和・赤沼英男「大分県下の中世遺構から出土した鉄鍋の金属学的解析」『古文化談叢』第23集 九州古文化研究会 1990年

5　犬飼町教育委員会『犬飼地区遺跡群発掘調査概報Ⅲ』1990年

6　五十川伸矢「中世の鍋釜」『国立歴史民俗博物館研究報告』第71集 1997年

제25장

후쿠오카현 키타큐슈시
코쿠라 미나미구 누키가와유적
제2지점 출토 철과(鐵鍋)에 대해서

마츠이 카즈유키(松井和幸)

전 키타큐슈시립 자연사·역사박물관

번역 : 최영민(아주대학교 도구박물관)

Ⅰ. 머리말

후쿠오카(福岡)현 키타큐슈(北九州)시 코쿠라(小倉)미나미(南)구 누키(貫)~소네(曾根)에 걸쳐 누키가와(貫川)가 흐르고 있는데, 키타큐슈시는 누키가와의 하천 개수사업을 실시하였다. 이 하천 개수사업과 함께 1985년부터 매장문화재의 발굴조사가 실시되어, 죠몽(繩文)~나라(奈良)시대와 중세에 걸친 유물포함층이 확인되었다.

이 가운데 코쿠라미나미구 시모누키 3정(丁) 누키가와 제2지점에 대한 발굴조사는 1987년에 실시되었는데, 그 때 하천의 모래층 속에서 완형품인 철과가 출토되었다.[01] 이 글은 출토된 철과를 재검토한 것이다.

Ⅱ. 본문

1. 누키가와 유적 제2지점 출토 철과(사진 1, 2)

실측도면은 〈그림 1-1〉에 실려 있는데, 구경 41.6cm, 기고 20cm의 평과(平鍋. 하라나베)이다. 구연부는 'ㄱ'자 형으로 외측으로 휘어져, 높이 3cm, 밖으로 2.5cm 정도 튀어나와 있다.

기벽의 두께는 신부 3~4mm, 저부 7mm 정도이고, 저부외면의 탕구 부근에는 소용돌이치는 모양의 약간 솟아오른 흔적이 확인된다.[02] 이것에 대해 "아사야 솥의 마을(芦屋釜の里)"의 신고 히데이로(新鄕英弘) 씨와 히구치 요스케(樋口陽介) 씨의 조언에 의하면, 탕관(湯罐, 茶釜) 등에도 보인다고 한다. 특별한 명칭은 없지만 「탕구주변의 윤상흔적(輪狀痕蹟)」 등으로 불리

---

01) 財団法人北九州市教育文化事業団埋蔵文化財調査室, 1994, 『貫川遺跡 8』.

02) "아사야 솥의 마을"에서 만든 아사야 탕관(芦屋霰) 중 지진형 탕관(地真形釜)의 바닥 표면(p.32, 그림 73)이나, 아사야(芦屋)정 캇센가와라(合戦ヶ原) 출토의 무지평 탕관(無地平釜)의 바닥 표면(p.46, 그림 97) 등에 같은 원형 '凸'자 모양의 흔적이 남아 있다. 同様の円形の凸状痕跡が残っている。

福岡県芦屋町教育委員会, 2011, 『芦屋鋳物調査報告書 第1集』.

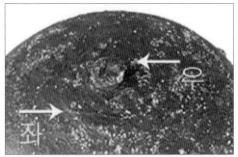

사진 1 누키가와 제2지점 출토 철과	사진 2 같은 철과 바닥의 바깥쪽 표면 (좌-윤상흔적, 우-탕구)

는 것이다. 외범을 만들 때, 탕구 주변에는 큰 구멍이 있어 그 부분에 흙을 채워 넣어 용범을 완성할 때 만들어진 흔적이라 생각된다.

그 이유로서, 니사토씨는 외범이 소성이 쉬운 점, 흙을 채운 부분은 주물사가 거칠어, 주입할 때 발생한 가스가 배출되기 쉬운 점, 흙을 채운 부분은 잘 부서지기 때문에 탕구가 남아있기 쉬운 점 등을 들었다.

누키가와유적 제2지점 출토 철과는 누키가와의 하천 퇴적 모래층 속에서 단독으로 출토되었고, 동반하는 토기도 없어 형태로부터 시기를 특정하는 방법 밖에 없다. 보고서는 주변지역의 철과와 중세 도과(陶鍋)와의 비교를 통해 14세기 후반에서 15세기 전반으로 연대를 추정하였다.

키타큐슈시의 코쿠라성 북측에는 13세기부터 18세기에 걸친 대규모 주조공방 유적이 확인되었다. 이른바 코쿠라 이모지(鑄物師)의 공방 흔적이다. 여기서는 농구인 쟁기날(鋤先), 쟁기의 부속품인 볏(撥土板), 철과, 철과 뚜껑 등의 토제용범이 대량으로 출토되었다.[03]

누키가와 제2지점 출토 철과는 현지의 코쿠라 이모지가 제작한 것으로 생각하는 것이 가장 타당하지만, 대량으로 출토된 코쿠라 이모지가 제작한 철과는 용범에서 관찰되는 얕은 각도로 구연부가 경부로부터 「역'八'자상」으로 밖을 향해 벌어지는 형상만이 있다. 따라서 구연부가 「'ㄱ'자상」인 누키가와유적 제2지점 출토 철과는 코쿠라 이모지가 제작하였다고 볼 수 없다.

이어서 주변지역의 중세 철과 출토 예를 보자.

---

03) 松井和幸 外, 2014, 「考古学から見た中世鋳物師の総合的研究」『科学研究費研究成果報告書』.

2. 후쿠오카현·오이타(大分)현 출토 중세 철과(그림 1-2, 3, 4)

키타큐슈의 주변지역에서 출토된 중세 철과의 자료는 후쿠오카현 다자이후(大宰府)시 다자이후유적(大宰府史蹟) SE651 우물 출토 철과, 오이타 시모게(下毛)군 산코우(三光)촌(현 中津市) 심수저(深水底) 매납유구 출토 철과와 오이타현 오노(大野)군 이누카이(犬飼)정(현 豊後大野市) 효(表)B유적 출토 철과 등이 있다.[04]

다자이후유적 SE651 우물 출토 철과는 우물의 매립토 속에서 하지키(土師器) 잔(杯)·접시(皿) 파편, 완형 철과, 석과(石鍋), 솥받침(五德, 金輪)[05]이 출토되었다. 철과는 구경 38.4cm, 높이 19.7cm, 저부는 점점 좁아져, 5cm 정도의 약간 긴 구연부가 「역'八'자상」으로 밖을 향해 벌어진 형상이다(그림 1-4). 솥받침은 철과 받침으로 생각되며, 또한 몸체 바깥쪽으로 3방향

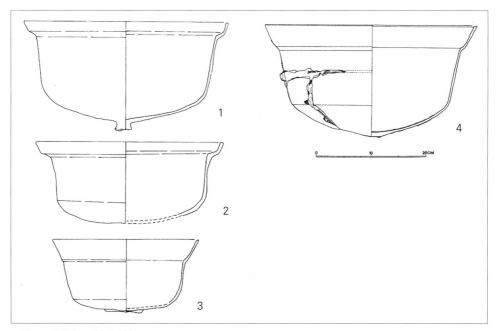

그림 1 각지 출토 철과 실측도(1: 누키가와 제2지점, 2: 효B유적, 3: 심수저 매납유구, 4: 다자이후사적 SE651 우물)

---

04) 九州歷史資料館, 1975, 『大宰府史跡 昭和49年度発掘調査概報』; 佐々木稔·村上久和·赤沼英男, 1990, 「大分県下の中世遺構から出土した鉄鍋の金属学的解析」『古文化談叢』第23集, 九州古文化研究会.

05) 五德. 고토쿠, 노 위에 설치해 냄비, 주전자 등을 두기 위한 기구.

사진 3 심수저 출토 철과　　　　　　　사진 4 심수저 출토 철과 저부 표면('一'자형 탕구)

의 꼭지가 있었던 것으로 추정되는 흔적이 있다. 우물의 시기는 출토토기 등에서 13세기 후반에서 14세기 전반으로 추정되고, 철과도 그 시기라고 생각된다.

오이타현 시모게군 산코우촌(현 나카츠시) 심수저 매납유구 출토 철과(오이타현 나카츠시 역사박물관 기탁)는 구경 30cm, 기고 14.2cm로 평저에 가까운 저부를 갖고 있다(그림 1-3, 사진 3, 4). 저부 외면의 중심에서 어긋나게 길이 7.6cm, 높이 4mm인 「"一"자형 탕구」의 흔적이 남아 있다. 「一'자형 탕구」에 대해서는 「둥근 탕구」에 비해 주조 후 탕구의 처리가 쉬웠을 것 같다. 구연부는 길이 약 5cm로, 구경에 비에서 긴 것이 5도 각도의 「역'八'자상」으로 밖을 향해 벌어져 있다.

누키가와 제2지점의 철과와 비교하면, 우선, 구경이 10cm 이상 작고, 구연부는 「ㄱ'자상」으로 구부러져 있지 않고, 35도의 각도로 「역'八'자상」으로 밖을 향해 벌어져 있는 것, 무엇보다도 주조 할 때 탕구가 누키가와 제2지점 철과는 「둥근 탕구」인 것에서, 이 두 개의 철과는 전혀 다른 계통의 이모지에 의해 주조된 것으로 생각된다.

오이타현 오노군 이누카이정(현 분고오노시) 효B유적 출토 철과(오이타현 분고오노시 역사민속자료관 소장)는 효(表)유적의 포장정비사업에 동반한 B지구의 시굴조사에서 13~14세기 부뚜막 형상의 유구에서 동반 출토되었다(그림 1-2, 사진 5, 6).[06] 또한, 하지키질 토기가 바닥면에서 엎어진 상태로 확인되었다. 철과는 토압으로 약간 변형이 있었지만 구경 38cm, 높이 16.3cm, 2.5cm 정도로 짧은 구연이 「ㄱ'자상」으로 서 있는 형태로 크기나 전체적인 형상 등 누키가와 제2지점 출토 철과와 공통점이 있다. 체부의 두께는 녹 때문에 5mm를 측정됐

---

06) 犬飼町教育委員会, 1990, 『犬飼地区遺跡群発掘調査概報Ⅲ』.

사진 5 효B유적 출토 철과

사진 6 효B유적 출토 철과의 저부 표면

지만 본래는 조금 더 얇았던 것으로 추정된다. 저부는 크게 파손되어 탕구의 형상 등은 확인할 수 없지만, 저부편 등으로 추정하면 「둥근 탕구」일 가능성이 높다.

전체의 형상, 특히 「'ㄱ'자상」의 구연부를 만들거나 체부전체의 형상 등에서 누키가와 제2지점 출토 철과와 효B유적 출토 철과에는 공통된 점이 있다. 효B유적 출토 철과는 14세기 하지키질 토기 그릇이 출토되었고, 철과도 그 시기로 추정된다.

Ⅲ. 맺음말

이소가와 신야(五十川伸矢)는 고대·중세의 주조철기를 체계적으로 정리하였다.[07] 이소가와는 주조철기를 철과 A, 철과 B, 철과 C, 철과 Ⅰ 등의 4개로 분류하였다.

철과 A, 구연부가 두껑을 덮기 위해 굴곡진 형태로 만들어진 것.
철과 B, 구연에 줄을 달기 위한 구멍 난 귀가 달린 형태.
철과 C, 내측에 달기 위한 귀가 만들어진 것.
철과 Ⅰ, 구연이 똑바로 서 있는 것, 고대의 과(鍋)이다.

이번에 검토한 4개의 철과는 모두 이소가와가 분류한 철과 A에 속한다. 철과 A류는 큐슈,

07) 五十川伸矢, 1997, 「中世の鍋釜」『国立歴史民俗博物館研究報告』第71集.

산요도(山陽道), 키나이(畿內), 호쿠리쿠(北陸)에 분포하여, 서일본에 광범위하게 분포하는 것으로 여겨진다. 또한 출현한 시기는 12세기 이후 16세기 대로 생각된다.

누키가와 제2지점 출토의 철과는 오이타현 이누카이정 효B유적 출토 철과와 형상 등이 유사하며, 연대는 14세기로 추정된다. 다만 그 생산지까지 추적하지는 못하였다.

중세에 제작된 철과에는 적어도 구연부의 형상이 「'ㄱ'자상」이나 「역'八'자상」, 또는 탕구가 「둥근 탕구」나 「'一'자상 탕구」 등 몇 개의 차이가 존재하는 것이 밝혀졌다. 다만 고쿠라 이모지의 유적에서 출토된 철과의 용범은 구연부가 「역'八'자상」에 밖으로 벌어져 있는데, 다자이후유적 SE651 우물과 나카츠시 심수저 출토의 철과 만큼 구연부는 길지 않다. 분명히 다른 이모지집단이 존재한 것으로 생각된다.

13세기부터 16세기, 중세 북부큐슈의 좁은 지역에서도 여러 개의 주물집단이 존재한 것으로 추정된다. 더욱이 철과라면 조금 더 넓은 범위에서 유통되었다고 생각된다. 이후에 이와 같은 것도 추가하여 중세 이모지를 재검토하는 것이 필요하다고 생각한다.

최후로 금회의 조사에서 후쿠오카현 "아사야 솥의 마을" 신고 히데이로(新郷英弘), 히구치 요스케(樋口陽介), 오이타현 나카츠시 역사박물관 관장 타카자키 아키코(高崎章子), 같은 박물관의 우라이 나오유키(浦井直幸), 오이타현 분고 오노시 역사민속자료관 모로오카 이쿠(諸岡郁) 씨 등의 도움이 있었다. 글로 감사를 전한다.

〈후기〉

내가 이남규씨의 안내로 처음 한국을 방문한 것은 1988년이었다고 기억한다. 히로시마(廣島)대학교 문학부에서 유학한 이남규씨가 결혼 준비를 위해 귀국하였기 때문에, 한국을 안내 받을 수 있었다. 그 당시 이남규씨의 지도교수였던 히로시마대학 문학부 고고연구실의 시오미 히로시(潮見浩) 교수, 같은 대학의 카와세 마사토시(河瀬正利) 교수 등도 동행하여 한국의 제철유적이나 대학, 박물관 등을 방문하였는데, 언제나 차를 운전하여 안내해 주었다.

또한, 중국사회과학원 고고연구소 부소장 백운상(白雲翔) 씨도 쓰쿠바(筑波)대학에서 유학하며 동아시아의 철문화를 연구하였다는 점과, 세 명 모두 1955년에 태어난 것 등으로 교류가 깊어지게 되었다.

세 명 모두 현역에서 은퇴하여 전기고령자(일본에서 65~75세)가 되었는데, 교류는 이후로도 계속되고 있다. 마지막까지 이남규 씨가 한국 고대철문화연구의 지도자로서 활약하기를 기대하고 싶다.

참고문헌

강인욱, 2011, 「동북아시아적 관점에서 본 북한 청동기시대의 형성과 전개」 『동북아역사논총』 33호.

강인욱, 2017, 『한반도 청동기 사용의 기원과 계통 -중부지역 청동기시대 조기 및 전기 출토품을 중심으로』, 한국청동기학회 창립 10주년 기념 국제학술대회.

과학원 고고학 및 민속학연구소, 1956, 『라진 초도 원시유적 발굴보고(유적발굴보고 제1집)』, 과학원 출판사.

고고학 및 민속학연구소, 1956, 『라진초도 원시유적 발굴보고』.

고일홍, 2015, 「청동기시대 북한지역의 초석 주거지에 대한 검토」 『호남고고학보』 49호.

김용간, 1958, 「강계시 공귀리 원시유적에 대하여」 『문화유산』 1958-4, 과학원 출판사.

김용간, 1963, 「미송리 동굴유적 발굴보고」 『고고학자료집』 3, 과학원 출판사.

김용간, 1964, 『금탄리 원시유적 발굴보고(유적발굴보고 제10집)』, 과학원 출판사.

김용간·리순진, 1966, 「1966년도 신암리유적 발굴간략보고」 『고고민속』 1966-3, 과학원 고고학 및 민속학연구소.

김용간·석광준, 1984, 『남경유적에 관한 연구』, 과학 백과사전출판사.

김용간·안영준, 1986, 「함경남도, 량강도 일대에서 새로 알려진 청동기시대 유물에 대한 고찰」 『조선고고연구』 1986-1, 사회과학원 고고학연구소.

김용남·김용간·황기덕, 1975, 『우리나라 원시 집자리에 관한 연구』, 사회과학출판사.

김용남·서국태, 1961, 「평양시 서성구역 와산동 팽이그릇 유적조사보고」 『문화유산』 1961-6, 과학원 고고학 및 민속학연구소.

김정문, 1964, 「세죽리 유적 발굴 중간 보고 1」 『고고민속』 1964-2, 과학원 고고학 및 민속학연구소.

김종혁, 1996, 「표대부락터 유적에 대하여」 『조선고고연구』 2.

리순진, 1965, 「신암리 유적 발굴중간보고」 『고고민속』 1965-3, 과학원 고고학 및 민속학연구소.

문수균, 2015, 『서북한지역 지석묘 연구 검토 -형식 및 편년을 중심으로-, 중부고고학회 학술대회 및 유적발표자료』.

미야자토 오사무, 2010, 『한반도 청동기의 기원과 전개』, 사회평론.

박순발, 2003, 「미사리유형 형성고」 『호서고고학』 9집, 호서고고학회.

서국태, 1964, 「신흥동 팽이그릇 집자리」 『고고민속』 1964-3, 과학원 고고학 및 민속학연구소.

서국태, 1965, 「영흥읍 유적에 관한 보고」 『고고민속』 1965-2, 과학원 고고학 및 민속학연구소.

서국태·지화산, 2003, 『남양리유적 발굴보고』, 백산자료원.

심재연, 2020, 「강원지역 청동유물의 출토맥락 검토」 『고고학』 19-2호.

안신원, 2008, 「초기 동경의 기능과 확산과정에 대한 연구」 『단군학연구』 18호.

이남규, 2012, 「한반도를 중심으로 한 고대 동아시아 철기 문화 연구동향 -초기철기시대~원삼국시대를 중심으로」 『아시아철기문화연구기초학술포럼』, 국립중원문화재연구소.

조진선, 2010, 「요서지역 청동기문화의 발전과정과 성격」 『요하문명의 확산과 중국 동북지역의 청동기문화』, 동북아역사재단.

조진선 · 이은우, 2021a, 「남한지역 청동기-초기철기시대 청동기의 산지추정과 의미」 『한국상고사학보』 114호.

조진선 · 이은우, 2021b, 「한국 청동기-초기철기시대 청동기 합금기술의 발전과정」 『한국고고학보』 121호.

황기덕, 1975, 「무산 범의구석 유적 발굴보고」 『고고민속논문집』 6.

홍주희, 2016, 「천전리식 주거의 출현과정에 관한 새로운 견해 -양구 고대리유적 자료를 중심으로-」 『한국청동기학보』 19호.

※ 남한 측의 개별유적 보고서는 생략하였음.

제3장 고조선 점토대토기문화 유입기 선주민과 이주민의 접촉양상 　　　　　　　　이형원

武末純一, 2018, 「日韓交流と渡來人-古墳時代前期以前-」 『古代東ユーラシア研究センター年報』, 專修大學社會知性開發研究センター.

朴淳發, 1997, 「漢江流域의 基層文化와 百濟의 成長過程」 『韓國考古學報』 36, 韓國考古學會.

山崎頼人, 2018, 「미쿠니(三國)丘陵地域의 土器生産과 無文土器」 『土器 · 金屬器의 韓日 交涉』, 第2回共同研究會, 「新 · 韓日交涉의 考古學-青銅器∽原三國時代-」研究會.

森本幹彦, 2018, 「玄界灘 沿岸地域 韓半島系 土器의 樣相 -粘土帶土器 · 三韓系土器 · 樂浪系土器-」 『土器 · 金屬器의 韓日 交涉』, 第2回共同研究會, 「新 · 韓日交涉의 考古學-青銅器~原三國時代-」研究會.

松尾奈緒子, 2010, 「玄界灘沿岸地域における朝鮮半島系土器の樣相1-弥生時代前期末~中期初頭の樣相-」 『日本出土の朝鮮半島系土器の再檢討-弥生時代を中心に-』 第59回埋藏文化財研究集會 發表資料集, 埋藏文化財研究會.

安在晧, 2009, 「松菊里文化成立期の嶺南社会と弥生文化」 『弥生時代の考古学2-弥生文化誕生-』, 同成社.

李昌熙, 2009, 「在來人と渡來人」 『弥生時代考古學2-弥生文化誕生-』, 同成社.

李亨源, 2005, 「松菊里類型과 水石里類型의 接觸樣相 -中西部地域 住居遺蹟을 中心으로-」 『湖西考古學』 12, 湖西考古學會.

李亨源, 2011, 「中部地域 粘土帶土器文化의 時間性과 空間性」 『湖西考古學』 24, 湖西考古學會.

李亨源, 2015a, 「住居文化로 본 粘土帶土器文化의 流入과 文化變動 -江原 嶺東 및 嶺西地域을 中心으로-」 『韓國青銅器學報』 16, 韓國青銅器學會.

李亨源, 2015b, 「粘土帶土器文化 流入期 模倣土器의 社會的 意味」 『崇實史學』 34, 崇實史學會.

李亨源, 2016a, 「忠淸西海岸地域의 粘土帶土器文化 流入과 文化接變」 『湖西考古學』 34, 湖西考古學會.

李亨源, 2016b, 「青銅器時代 甲川流域의 遺蹟 分布樣相과 그 意味」 『考古學』 15-1, 中部考古學會.

李亨源, 2017,「京畿南部 黃口池川流域의 靑銅器∽初期鐵器時代 爭點」『湖西考古學』37, 湖西考古學會.

이형원, 2018,「토기로 본 고조선 연구의 비판적 검토」『한국고고학보』106, 한국고고학회.

田崎博之, 2008,「弥生集落의 集團關係와 階層城」『考古學研究』55-3, 考古學研究會.

川上洋一, 2012,「九州出土의 水石里式土器와 ユ 製作者集團에 関한 檢討」『研究紀要』17, 由良大和古
代文化研究協会.

片岡宏二, 1999,『弥生時代 渡來人과 土器・靑銅器』, 雄山閣.

後藤直, 2006,『朝鮮半島初期農耕社會의 研究』, 同成社.

※ 발굴보고서는 생략함.

제4장 원삼국시대 동남부지역 기대・유개대부토기의 성립과 기원　　　　　　　　박중국

권도희, 2020,「중부지역 원삼국문화와 낙랑」『선사・고대 중부지역과 북한・교류・네트워크・문화변
동』, 중부고고학회.

권도희, 2021,「외래유물로 본 마한과 백제의 대외교섭」『최근 발굴성과로 본 경기도의 마한과 백제』,
경기문화재단・중부지역문화재조사기관협의회・한성백제박물관・한국문화유산협회.

권오영, 2014,「종합토론」『한국기독교박물관지』제10호, 숭실대학교한국기독교박물관.

권오중, 2007,「낙랑 왕조정권 성립의 국제적 환경」『역사학보』제196집, 역사학회.

권오중, 2009,「'낙랑사' 시대구분 시론」『한국고대사연구』53, 한국고대사학회.

김낙중, 2016,「분묘 출토 토기로 살펴본 마한의 성장과 지역성」『문화재』49-4, 국립문화재연구소.

김상민, 2021,「북한강유역 원삼국시대 서북한계 분묘_금속기」『북한강유역 원삼국시대 서북한계 분
묘』, 숭실대학교 한국기독교박물관.

김새봄, 2011,「원삼국후기 영남지역과 경기・충청지역 철모의 교류양상」『한국고고학보』제81집, 한국
고고학회.

김장석, 2014,「중부지역 격자문타날토기와 U자형토기의 등장」『한국고고학보』제90집, 한국고고학회.

박순발, 2006,『백제토기 탐구』, 주류성.

박장호, 2018,「원삼국시대 유개대부호의 편년과 변천」『야외고고학』제31호, 한국매장문화재협회.

박정욱, 2010,「경주 황성동유적의 목관계목곽묘에 대한 소고」『부산대학교 고고학과 창설 20주년 기
념논문집』, 부산대학교 고고학과.

박중국, 2011,『呂자형 주거지를 통해 본 중도문화의 지역성』, 한신대학교 석사학위논문.

박진일, 2019,「호서 마한과 진・변한 분묘 부장 공통 양식 토기 검토」『중서부의 마한』, 국립청주박물
관・한국문화유산협회・문화재청.

박진일, 2019,「삼한 유개대부토기의 등장, 변화, 분포와 연대」『중서부의 마한』, 국립청주박물관・한
국문화유산협회・문화재청.

박형열, 2015, 「원삼국시대 유개대부호의 편년」 『호남고고학보』 제50집, 호남고고학회.

박형열, 2019, 「원삼국시대 토기로 본 중서부와 동남부지역의 대외교류」 『중서부 마한의 대외 관계망 형성』, 국립청주박물관·한국상고사학회.

서현주, 2016, 「중서부지역 원삼국시대 분묘유물의 변천과 주변지역과의 관계」 『호서고고학』 35, 호서 고고학회.

성정용, 2014, 「종합토론」 『한국기독교박물관지』 제10호, 숭실대학교한국기독교박물관.

숭실대학교한국기독교박물관, 2021, 「발표자료집 부록」 『북한강유역 원삼국시대 서북한계 분묘』.

신경철, 1986, 「부산 구서동 출토의 와질토기」 『영남고고학』 제2호, 영남고고학회.

심수연, 2011, 「영남지역 출토 두형토기의 성격」 『한국고고학보』 제79집, 한국고고학회.

안유리, 2020, 「원삼국시대 전기 유개대부토기 편년」 『영남고고학』 86호, 영남고고학회.

안재호, 1995, 「경주 황성동유적에 대하여」 『신라문화』 14, 동국대학교 신라문화연구소.

안재호, 2000, 「창원 다호리유적의 편년」 『한국고대사와 고고학』, 학연문화사.

윤온식, 2007, 「영천 용전리 목관묘 출토 토기에 대하여」 『영천 용전리 유적』, 국립경주박물관.

윤온식, 2019, 『사로국 고고학 연구』, 경북대학교 문학박사학위논문.

윤태영, 2010, 『한반도 鉇의 출현과 전개양상에 대한 연구』, 경북대학교 문학석사학위논문.

이나경, 2021, 「북한강유역 원삼국시대 서북한계 분묘_토기」 『북한강유역 원삼국시대 서북한계 분 묘』, 숭실대학교 한국기독교박물관.

이성주, 1999, 「진·변한지역 분묘 출토 1~4세기 토기의 편년」 『영남고고학』 제24호, 영남고고학회.

이원태, 2013, 「경북 지역 전기 와질토기의 변천과 지역성」 『한국고고학보』 제86집, 한국고고학회.

이원태, 2014, 「영남지방 전기 와질토기의 지역성 및 생산과 분배」 『영남고고학』 제70호, 영남고고학회.

이원태, 2016, 「영남지방에서 격자문 전기 와질토기의 등장과 전개」 『영남고고학』 제74호, 영남고고학회.

이원태, 2019, 「영남지방 대부광구호의 조형과 등장 배경」 『신라문화』 53, 동국대학교 신라문화연구소.

이원태, 2020, 「영남지방 목관묘 출토 전기 와질토기 편년」 『영남고고학』 제88호, 영남고고학회.

이창희, 2018, 「영남의 원사고고학에서 토기의 편년과 형식학」 『형식학의 제 문제』 제27회 정기학술발 표회, 영남고고학회.

이춘선, 2011, 「원삼국시대 유개대부소호의 편년과 분포」 『경남연구』 제5집, 경남발전연구원.

임영진, 2015, 「한국 분주토기의 발생과정과 확산배경」 『호남고고학보』 49, 호남고고학회.

정인성, 2009, 「Ⅴ. 고찰 - 6. 가평 대성리유적 출토의 외래계 유물」 『가평 대성리유적』, 경기문화재연 구원.

정인성, 2012, 「와질토기의 출현과 역연대 재론」 『원삼국·삼국시대 역연대론』, 학연문화사.

정인성, 2020, 「'낙랑영향설'을 넘어 '고조선교역론'으로」 『우리 역사 속의 국제교류』, 국립강화문화재 연구소·인천문화유산센터.

지민주, 2011, 「금강유역 원삼국시대 토기의 상대편년 및 지역에 대하여」 『금강유역 마한 문화의 지역 성』 제23회 호서고고학회 학술대회 발표요지, 호서고고학회.

지민주, 2013, 「중부지역 마한 분묘 출토 토기류의 성격」『중부지역 원삼국시대 타날문토기의 등장과 전개』, 숭실대학교한국기독교박물관.

최병현, 2018, 「원삼국시기 경주지역의 목관묘, 목곽묘 전개와 사로국」『중앙고고』 27, 중앙문화재연구원.

허병환, 2021, 「남양주 금남리 유적」『"한국"고고학, 한반도를 넘어서』 제45회 한국고고학전국대회, 한국고고학회.

高久健二, 1995, 『낙랑고분문화연구』, 학연문화사.

왕페이신(오영찬 역), 2016, 『중국고고학에서 본 낙랑고분』, 진인진.

谷豊信, 1984, 「楽浪土城址出土の土器(下)-楽浪土城研究 その2」『東京大學文學部考古學研究室研究紀要』 3.

谷豊信, 1985, 「楽浪土城址出土の土器(下)-楽浪土城研究 その3」『東京大學文學部考古學研究室研究紀要』 4.

谷豊信, 1986, 「楽浪土城址出土の土器(下)-楽浪土城研究 その4」『東京大學文學部考古學研究室研究紀要』 5.

朝鮮古蹟研究會, 1935, 『樂浪王光墓』古蹟調査報告 第二冊.

보고서

경상문화재연구원, 2016, 『대구 달성 대구국가과학산업단지 1단계 내 유적』 달성 화산리 유적.

경상북도문화재연구원, 2010, 『달성 평촌리·예현리 유적』.

경상북도문화재연구원, 2011, 『대구 신서혁신도시B-1 3북구역 유적』.

국립중앙박물관, 2012, 『창원 다호리』 1~7차 발굴조사 종합보고서.

기호문화재연구원, 2020, 『아산 공수리유적』.

동서문물연구원, 2011, 『밀양 제대리유적Ⅰ』.

동서문물연구원, 2011, 『밀양 전사포리유적』.

성림문화재연구원, 2012, 『경주 모량리유적』.

영남문화재연구원, 2000, 『대구 팔달동유적Ⅰ』.

영남문화재연구원, 2001, 『경주 사라리유적Ⅱ』.

영남문화재연구원, 2008, 『경주 덕천리유적Ⅱ』.

영남문화재연구원, 2010, 『경주 황성동 575번지 유적』.

영남문화재연구원, 2010, 『경주 황성동 575번지 고분군』.

영남문화재연구원, 2010, 『경산 신대리유적』Ⅰ,Ⅱ.

울산문화재연구원, 2008, 『울산 달천 유적』 1차 발굴조사.

지민주·배상훈·안성태·최지연, 2009, 「아산 탕정 제2일반산업단지 Ⅰ-2지점 발굴조사 아산 탕정 용두리 진터유적」『호서지역 문화유적 발굴성과』, 호서고고학회.

중앙문화재연구원, 2013.『오산 궐동유적』.

중앙문화재연구원, 2018.『청주 오송유적』.

충북대학교박물관 · 충청대학교박물관 · 중원문화재연구원 · 충청북도문화재연구원 · 한국선사문화연구원 · 호서문화유산연구원, 2018,『청주 송절동 유적』.

충청문화재연구원, 2011,『아산 용두리 진터 유적(II)』원삼국시대.

한국문화유산연구원, 2011,『평택 마두리 유적』.

한국문화재보호재단, 1998,『경산 임당유적(I)』A~B지구 고분군.

한국문화재보호재단, 1998,『경산 임당유적(II)』C지구 고분군.

한국문화재보호재단, 1998,『경산 임당유적(VI)』E지구 고분군.

한국문화재보호재단, 2012,『대구 신서동 유적I』.

한국문화재재단, 2017,『2015년도 소규모 발굴조사 보고서 XII-경남3』합천 성산리 332번지 유적.

한빛문화재연구원, 2012,『포항 성곡리유적II』.

한빛문화재연구원, 2019,『포항 이인리유적』.

웹사이트

梅原考古写真資料庫(http://124.33.215.236/umehara2008/ume_query.html)

제5장 중부지역 원삼국~한성백제기 주거지 변천과정 및 축조방법 변화   박신명

가경고고학연구소, 2017,『평택 세교지구 도시개발사업내 문화유적 발굴조사(2차)』.

강세호, 2007,『영서지역 철기문화 연구』, 한림대학교 대학원 석사학위논문.

강원고고학연구소, 1998,『횡성 화전리 청동기 · 철기시대 집자리유적』.

강원문화재연구소, 2005,『하화계리 · 철정리 · 역내리 유적(I)』.

강원문화재연구소, 2005,『신매리 54-4번지유적 -주택신축예정부지 내 유적 발굴조사 보고서』.

강원문화재연구소, 2006,『춘천 우두동 707-1, 35번지 유적 발굴조사 보고서』.

강원문화재연구소, 2006,『철원 와수리 유적 -철원 와수리 신별지구 경지정리사업지구 내 시굴조사』.

강원문화재연구소, 2006,『영월 팔괴리 유적 -영월~정양간 도로 확장 구간내 유적 발굴조사 보고서』.

강원문화재연구소, 2007,『춘천 신매리 10, 47-1번지유적 -주택신축예정부지 내 유적 발굴조사 보고서』.

강원문화재연구소, 2007,『춘천 우두동 롯데인벤스 우두파크 신축부지 내 발굴조사보고서』.

강원문화재연구소, 2007,『정선 예미리 유적』.

강원문화재연구소, 2008,『영월 문산리 유적 -영월 문산리 산촌개발부지 발굴조사 보고서』.

강원문화재연구소, 2008,『횡성 둔내 유적』.

강원문화재연구소, 2008,『춘천 율문리 335-4번지 유적』.

강원문화재연구소, 2010, 『홍천 철정리 Ⅱ유적』.

강원대학교박물관, 1984, 『둔내』.

강원대학교박물관, 1997, 『횡성 둔내 주거지』.

겨레문화유산연구원, 2011, 『가평 대성리유적Ⅱ -경춘선 복선전철 사업구간 제4공구내 시·발굴조사 보고서』.

경기도박물관, 1999, 『파주 주월리유적 -'96·'97 경기도박물관 조사지역』.

경기문화재연구원, 2009, 『가평 대성리유적』.

경기문화재연구원, 2010, 『광주 장지동 취락유적』.

경기도박물관, 1999, 『포천 성동리 마을유적』.

경기도박물관, 2004, 『포천 자작리 유적』 Ⅰ.

고려대학교 고고환경연구소, 2007, 『아산 갈매리(Ⅲ지역)유적』.

고려문화재연구원, 2010, 『가평 항사리유적』.

공봉석, 2009, 「경남 서부지역 삼국시대 주거와 취락」 『영남지방 원삼국·삼국시대 주거와 취락』 1, 영남고고학회.

공주박물관, 1999, 『공주 정지산유적』.

국립문화재연구소, 2001, 『풍납토성』 Ⅰ.

국립중앙박물관, 1980, 『중도 -진전보고』 Ⅰ.

국립중앙박물관, 1981, 『중도 -진전보고』 Ⅱ.

국립중앙박물관, 1982, 『중도 -진전보고』 Ⅲ.

국립중앙박물관, 1983, 『중도 -진전보고』 Ⅳ.

국립중앙박물관, 1984, 『중도 -진전보고』 Ⅴ.

국립중앙박물관, 1998, 『여주 연양리유적』.

국방문화재연구원, 2012, 『양주 광석리유적』.

권오영, 2004, 「백제의 주거지」 『백제 문화의 특성 연구』, 서경.

권오영, 2009, 「원삼국기 한강유역 정치체의 존재양태와 백제국가의 통합양상」 『고고학』 8-2호, 서울경기고고학회.

권오영, 2010, 「백제 변경에서 확인되는 왕경인의 물질문화」 『한국상고사학보』 67, 한국상고사학회.

권오영, 2011, 「한성백제의 시간적 상한과 하한」 『백제연구』 53, 충남대학교백제연구소.

권오영·이형원, 2006, 「삼국시대 벽주건물 연구」 『한국고고학보』 60, 한국고고학회.

기전문화재연구원, 2003, 『용인 구갈리유적』.

기전문화재연구원, 2007, 『화성 발안리 마을유적』.

김동훈, 2005, 『한국터널식 노시설에 관한 시론』, 성균관대학교 대학원 석사학위논문.

김무중, 2004, 「백제 한성기 지역토기 편년」 『고고학』 3-1호, 서울경기고고학회.

김무중, 2005, 「한강유역 원삼국시대의 토기」 『원삼국시대 문화의 지역성과 변동』 제29회 한국고고학 전국대회 발표논문, 한국고고학회.

김성남, 2004, 「백제 한성양식토기의 형성과 변천에 대하여」『고고학』3-1호, 서울경기고고학회.

김일규, 2006, 「한강 중·하유역의 중도식토기 편년재고」『석헌정징원교수정년 퇴임기념논총』.

김일규, 2007a, 「한강유역의 원삼국시대 성립과정」『원삼국시대의 한강유역』2007년 3회 서울경기고고학회 정기발표회, 서울경기고고학회.

김일규, 2007b, 「한성기 백제토기 편년재고」『2007년 한국고대학회 추계 학술회의 발표요지』, 한국고대학회.

김일규, 2007c, 「한반도 중서부지역 삼한·삼국시대 토기편년」『한일 삼국·고분시대의 연대관(I)』, 한국·국립부산대학교박물관·일본국·국립역사민속박물관.

박경신, 2016, 「중부지역 원삼국시대 외줄구들의 편년과 전개양상」『고고학』15-3, 중부고고학회.

박경신, 2018, 「북한강상류역 원삼국시대 취락과 지역 공동체」『고고학』17-2, 중부고고학회.

박순발, 1989, 「한강유역 원삼국시대의 토기 양상과 변천」『한국고고학보』23, 한국고고학회.

박순발, 1996, 「한성백제 기층문화의 성격」『백제연구』26, 충남대학교백제연구소.

박순발, 2004, 「한성백제 고고학의 연구 현황 검토」『고고학』3-1호, 서울경기고고학회.

박순발, 2009, 「경질무문토기의 변천과 강릉 초당동유적의 시간적 위치, 강릉 초당동유적』, (사)한국문화재조사연구기관협회.

박신명, 2012, 『원삼국~한성백제기 육각형 주거지 축조방법의 변화』, 한신대학교 대학원 석사학위논문.

박중국, 2010, 『여자형 주거지를 통해 본 중도문화의 지역성』, 한신대학교 대학원 석사학위논문.

박중국, 2016, 「중부지역 쪽구들 문화의 계통과 전개 –원삼국~백제한성기를 중심으로」『고고학』15-1, 중부고고학회.

서울대학교박물관, 1987, 『몽촌토성 –동북지구발굴조사보고』.

순천대학교박물관, 2002, 『여수 화장동유적II』.

숭실대학교 한국기독교박물관, 2010, 『수원 서둔동 유적』.

송기호, 2006, 『한국 고대의 온돌』, 서울대학교출판부.

송만영, 1999, 「중부지방 원삼국 문화의 편년적 기초」『한국고고학보』41, 한국고고학회.

송만영, 2010a, 「육각형 주거지와 한성기 백제 취락」『한국고고학보』74, 한국고고학회.

송만영, 2010b, 「중부지방 원삼국시대 주거지와 취락」『마한·백제 사람들의 주거와 삶』, 국립공주박물관·중앙문화재연구원.

송만영, 2018, 「중도식 주거 외줄구들 다원기원설에 대한 비판적 검토」『중앙고고연구』26, 중앙문화재연구원.

신은정, 2017, 『원삼국~한성백제기 경기지역 사주식주거지 연구』, 한신대학교 대학원 석사학위논문.

신희권, 2001, 『한강유역 1~3세기 주거지 연구』, 서울대학교 대학원 석사학위논문.

심재연, 2009, 「한성백제기의 영동·영서」『정치적 공간으로서의 한강』I, 서울경기고고학회.

오세연, 1995, 「중부지방 원삼국시대 문화에 대한 연구」『한국상고사학보』19, 한국상고사학회.

유창현, 2007, 「강원지역 철기시대 주거지 내 노지 연구」『강원고고학보』9, 강원고고학회.

음식고고연구회, 2011, 『취사실험의 고고학』, 서경문화사.

이건일, 2011, 「호서지역 백제주거지의 지상화과정에 관하여」 『호서고고학』 24, 호서고고학회.

이남석 편, 2004, 『백제 문화의 특성 연구』, 서경.

이민석, 2002, 『한국 상고시대의 노시설 연구』, 전북대학교 대학원 석사학위논문.

이병훈, 2011, 『원삼국~한성백제기 중부지방 외줄구들의 변천과정』, 숭실대학교 대학원 석사학위논문.

이성주, 2011, 「한성백제 형성기 토기유물군의 변천과 생산체계의 변동」 『한국상고사학보』 71, 한국상고사학회.

이승연·이상해, 2007, 「철기시대 철자형·여자형 및 한성백제기 육각형주거지의 평면과 구조형식에 관한 연구」 『건축역사연구』 53, 한국건축역사연구회.

이영철, 1997, 「전남지역 주거지의 벽구시설 검토」 『박물관연보』 6, 목포대학교박물관.

이은정, 2007, 「전남지역 3~6세기 주거지 연구」 『호남고고학보』 26, 호남고고학회.

이형주, 2001, 『한국 고대 부뚜막시설 연구』, 충남대학교 대학원 석사학위논문.

이홍종, 1993, 「부뚜막시설의 등장과 지역상」 『영남고고학』 12, 영남고고학회.

이홍종, 1994, 「후기무문토기사회의 집단과 주거형태」 『마을의 고고학』 제18회 한국고고학전국대회 발표요지, 한국고고학회.

이형원, 2019, 「서울·경기지역의 마한·백제 주거 연구」 『고고학』 18-1, 중부고고학회.

장경호, 2002, 「우리나라 고대인의 주거생활과 건축」 『강좌 한국고대사』 6, 가락국사적개발연구원.

정상석, 2003, 「화성 발안리 마을 유적」 『고구려 고고학의 제문제』 제27회 한국고고학전국대회 발표요지문, 한국고고학회.

정상석, 2006, 「부뚜막부 쪽구들 구조분석과 조사방법에 대한 일고찰」 『야외고고학』 창간호, (사)한국문화재조사연구기관협회.

중앙문화재연구원, 2009, 『여주 연양리유적』.

중앙문화재연구원, 2010, 『남양주 장현리유적』.

지현병, 1999, 『영동지역의 철기시대 연구』, 단국대학교 대학원 박사학위논문.

青柳泰介, 2002, 「대벽건물고」 『백제연구』 35, 충남대학교백제연구소.

최종택, 1994, 「미사리유적의 주거양상과 변천」 『마을의 고고학』 제18회 한국고고학전국대회 발표요지, 한국고고학회.

충남대학교백제연구소, 2003, 『사비도성』.

충청남도역사문화원, 2004, 『부여 증산리유적』.

충청문화재연구원, 2005, 『부여 정동리유적』.

한국고고환경연구소, 2008, 『광명 소하동유적』.

한림대학교박물관, 2006, 『횡성 학담리유적 -공근 문화마을 조성사업 문화재 발굴조사 보고서』.

한강문화재연구원, 2008, 『원주 동화리유적』.

한림대학교박물관, 2007, 『가평 덕현리유적』.

한신대학교박물관, 2009, 『오산 양산동 신라 유적 -부록2 화성 마하리 백제 주거지』.

한신대학교박물관, 2018, 『용인 고림동 원삼국·백제 취락』.

한지선, 2005, 『토기를 통해 본 백제 고대국가 형성과정 연구』, 중앙대학교 대학원 석사학위논문.

한지선, 2009, 「한강을 통한 백제의 정치적 영역확장」 『정치적 공간으로서의 한강』 I, 서울경기고고학회.

한지선, 2017, 「마한의 주거생활」 『마한의 마을과 생활』, 마한연구원 국제학술회의 발표자료집, 마한연구원.

제6장 원삼국~한성백제기 경기지역 사주식주거지의 연구 및 전개양상　　　　　　　신은정

姜貴馨, 2013, 『潭陽 台木里聚落의 變遷 研究』, 木浦大學校 大學院 考古人類學科 考古學專攻 碩士學位論文.

강연수, 1989, 『原三國時代의 住居建築에 관한 研究』, 建國大學校大學院 碩士學位論文.

권오영, 1996, 『三韓의'國'에 대한 研究』, 서울大學校 大學院 國史學科 博士學位論文.

권오영, 2001, 「백제국(百濟國)에서 백제(百濟)로의 전환」 『역사와 현실』 제40호, 한국역사연구회.

권오영, 2009, 「원삼국기 한강유역 정치체의 존재양태와 백제국가의 통합양상」 『고고학』 第8-2號, 서울경기고고학회.

권오영, 2009, 「정치적 공간으로서의 한강유역 -원삼국- 백제를 중심으로-」 『정치적 공간으로서의 한강 1』 2009년도 서울경기고고학회 춘계학술대회 자료집, 서울경기고고학회.

권오영, 2010, 「馬韓의 종족성과 공간적 분포에 대한 검토」 『韓國古代史研究』 60, 한국고대사학회.

권오영, 2016, 「한성백제기 화성지역 정치체의 성장」 『화성지역 고고학 연구의 현황과 쟁점』, 한신대학교박물관·중부고고학회

金奎正, 2000, 『湖南地域 靑銅器時代 住居址 研究』, 木布大學校 大學院 史學科 考古人類學專攻 碩士學位論文.

김길식, 2016, 「경기남부지역 원삼국시대 문화의 특징과 그 의의 -화성지역을 중심으로-」 『화성지역 고고학 연구의 현황과 쟁점』, 한신대학교박물관·중부고고학회.

金城南, 2000, 『中部地方 3~4世紀 古墳群 一研究 -細部編年과 古墳群 造營 樣相 分析-』, 서울大學校 大學院 考古美術學科 碩士學位論文.

金城南, 2006, 「百濟 漢城時代 南方領域의 擴大過程과 支配形態 試論」 『百濟研究』 Vol.44, 충남대학교 백제연구소.

金承玉, 2004, 「全北地域 1-7世紀 聚落의 分布와 性格」 『韓國上古史學報』 第44號, 韓國上古史學會.

金承玉, 2011, 「중서부지역 마한계 분묘의 인식과 시공간적 전개과정」 『韓國上古史學報』 第71號, 韓國上古史學會.

김일규, 2007, 「漢城期 百濟土器 編年再考」 『先史와 古代』 第27號, 한국고대학회.

김장석, 2012, 「남한지역 장란형토기의 등장과 확산」 『고고학』 第11號, 중부고고학회.

나선민, 2016, 『中西部地域 原三國-漢城期 百濟 시루(甑) 研究』, 忠南大學校 大學院 考古學科 考古學專攻 碩士學位論文.

맹소희, 2021, 『한성백제기 화성,오산지역 고고학적 변화양상 연구 -분묘유적과 주거유적을 중심으로-』, 한양대학교 대학원 석사학위논문.

박경신, 2012, 「중부지방 원삼국시대 취락구조」『고고학』第11號, 중부고고학회.

박경진, 2021, 「경기지역의 마한 소국을 말하다 -안성천 유역권을 중심으로-」, 최근 발굴성과로 본 경기도의 마한과 고대국가 백제, 경기문화재단(경기도박물관).

박순발, 1989, 「漢江流域 原三國時代 土器의 樣相과 變遷」『韓國考古學報』23, 한국고고학회.

박순발, 2005, 「土器相으로 본 湖南地域 原三國時代 編年」『湖南考古學報』21輯, 湖南考古學會.

박순발, 2013, 「유물상으로 본 백제의 영역화 과정」『2013 여름특별전 백제,마한과 하나 되다』, 한성백제박물관.

박신명, 2012, 『원삼국~한성백제기 육각형 주거지 축조방법의 변화』, 한신대학교 대학원 국사학과 석사학위논문.

박중국, 2010, 「원삼국기~백제 한성기 중부지역 呂자형 주거지의 변천과 지역성 -쪽구들 주거지를 중심으로-」『고고학』第10號, 중부고고학회.

박중국, 2011, 『呂자형 주거지를 통해 본 중도문화의 지역성』, 한신大學校 國史學科 석사학위논문.

박중국, 2014, 「원삼국~삼국시대(백제 한성기) 중부지역의 시공적 정체성 -중도문화를 중심으로-」, 2014년 중부고고학회 정기학술대회, 중부고고학회.

박지웅, 2014, 『호서 · 호남지역 사주식 주거지 연구』, 경희대학교 대학원 사학과 석사학위논문.

朴賢淑, 2007, 「백제 한성시기 流民의 발생과 對民支配의 양상」『先史와 古代』第27號, 한국고대학회.

서현주, 2010, 「호서지역 원삼국문화 -주거지를 중심으로-」『馬韓 · 百濟 사람들의 주거와 삶』, 국립공주박물관 · 중앙문화재연구원.

서현주, 2013, 「마한 · 백제 사주식주거지의 연구 성과와 과제」『주거의 고고학』, 제37회 한국고고학전국대회 발표자료집, 한국고고학회.

송만영, 2012, 「경기 남부 마한계 주거지의 변천」『古文化』80輯, 한국대학박물관협회.

송만영, 2021, 「한강 하류 분구묘 분포권의 주거와 취락위계」『古文化』98輯, 한국대학박물관협회.

申年植, 2006, 「3~5세기 호서지방 주거지 연구」『研究論文集』第2號, 中央文化財研究院.

신연식, 2013, 「호서지역 사주식주거지 연구」『주거의 고고학』, 제37회 한국고고학전국대회 발표자료집, 한국고고학회.

沈載淵, 2010, 「原三國時代 中部地方 時 · 空間的 政體性」, 2010년 중부고고학회 정기학술대회, 중부고고학회.

양지훈, 2014, 『호서지역 원삼국~삼국시대 수혈주거지 연구』, 고려대학교 대학원 문화재학협동과정 고고학전공 석사학위논문.

吳世筵, 1995, 「중부지방 원삼국시대 문화에 대한 연구 -주거양상을 중심으로」『韓國上古史學會』第19號, 韓國上古史學會.

이계만, 2015, 『3~5세기 백제 지방 편제 과정 연구 -경기 서남부지역을 중심으로-』, 단국대학교 대학원 사학과 고고미술사 전공.

이남규 · 권오영 · 문동석, 2004, 「경기 남부 백제유적의 분포양상과 역사적 의미」 『百濟硏究』 第40輯, 충남대학교 백제연구소.

李東熙, 2007, 「全南東部地域 馬韓-百濟系 住居址의 變遷과 그 意味」 『先史와 古代』 第27號, 한국고대학회.

李東熙, 2012, 「三國時代 湖南地域 住居 聚落의 地域性과 變動」 『硏究論文集』 第10號, 中央文化財硏究院.

李丙勳, 2011, 『原三國~漢城百濟期 中部地方 외줄구들의 變遷過程』, 崇實大學校 大學院 史學科 碩士學位論文.

이상걸, 2013, 「서울-경기지역 원삼국~한성백제기 사주식주거지 연구」 『주거의 고고학』, 제37회 한국고고학전국대회 발표자료집, 한국고고학회.

이형원, 2019, 「서울, 경기지역의 마한, 백제 주거 연구」 『고고학』 18-1호, 중부고고학회.

이혁희, 2021, 「경기지역 백제 한성기 물질문화의 지역성 -마한문화와의 상호작용을 중심으로-」, 최근 발굴성과로 본 경기도의 마한과 고대국가 백제, 경기문화재단(경기도박물관).

이은정, 2007, 「全南地域 3~6世紀 住居址 硏究」 『湖南考古學報』 26輯, 湖南考古學會.

임동중, 2013, 『호남지역 사주식주거지의 변천과정』, 전남대학교 대학원 인류학과 석사학위논문.

정지영, 2019, 『원삼국~백제 한성기 경안천유역 주거와 토기의 변천과 지역성』, 한신대학교 대학원 석사학위논문.

全東賢, 2010, 『漢城百濟期 炊事容器의 形成과 變遷』, 崇實大學校 大學院 史學科 碩士學位論文.

鄭一, 2005, 『全南地方 3~5世紀 四柱式住居址 硏究』, 慶北大學校 大學院 考古人類學科 碩士學位論文.

鄭一, 2006, 「全南地域 四柱式住居址의 構造的인 變遷 및 展開過程」 『韓國上古史學報』 第54號, 韓國上古史學會.

최미숙, 2001, 「全南地方 鐵器時代 住居址硏究」 『지방사와 지방문화』 4-2, 역사문화학회.

최하나, 2020, 『중부지역 원삼국~한성백제기 취사,난방시설의 변천양상과 배경 -쪽구들과 부뚜막을 중심으로』, 충남대학교 대학원 석사학위논문.

韓志仙, 2003, 『土器를 통해서 본 百濟 古代國家 形成過程 硏究』, 中央大學校大學院 史學科 韓國史 專攻 碩士學位論文.

韓志仙, 2009, 「한강을 통한 백제의 정치적 영역확장」 『정치적 공간으로서의 한강』 I, 서울경기고고학회.

韓志仙, 2013, 「漢城百濟期 聚落과 土器遺物群의 變遷樣相 -서울 경기권 편년수립을 위하여-」 『중앙고고연구』 第12號, 中央文化財硏究院.

허진아, 2011, 「주거자료를 통해 본 호남지역 원삼국시대 지역성」 『韓國上古史學報』 第74號, 韓國上古史學會.

허진아, 2018, 「호서-호남지역 사주식주거지 등장 과정과 확산 배경」 『韓國考古學報』 108, 한국고고학회.

※ 발굴조사 보고서, 약보고서, 학술자문회의 등 자료집은 지면상 생략하였습니다.

김길식, 2017, 「원삼국~백제 한성기 경기남부지역 제철기지 운용과 지배세력의 변화 추이」 『百濟文化』 第56輯, 공주대학교 백제문화연구소.

김성남, 2006, 「百濟 漢城時代 南方領域의 擴大過程과 支配形態 試論」 『百濟研究』 44, 忠南大學校 百濟 研究所.

김수태, 2004, 「漢城 百濟의 성장과 樂浪·帶方郡」 『百濟研究』 39, 忠南大學校 百濟研究所.

金王國, 2016, 「百濟 漢城期 貯藏施設 擴散의 動因 -단면 플라스크형 저장수혈을 중심으로-」 『百濟研 究』 第63輯, 충남대학교 백제연구소.

김중엽, 2021, 「원삼국시대 마형대구(馬形帶鉤)의 의미에 관한 고찰」 『馬韓·百濟文化』 第37輯, 원광대 학교 마한·백제문화연구소.

노중국, 2003, 「馬韓과 樂浪·帶方郡과의 군사 충돌과 目支國의 쇠퇴 - 正始 연간(240~248)을 중심으 로 -」 『大丘史學』 71, 대구사학회.

박경신, 2021, 「안성천유역 원삼국~한성백제기 마한 세력의 동향」 『고고학』 20-3, 중부고고학회.

박순발, 1994, 「한성백제 성립기 제묘제의 편년 연구」 『先史와 古代』 第6號, 한국고대학회.

성수일, 2017, 「漢江·錦江流域 原三國~百濟 漢城期 鐵器 副葬樣相의 變化 研究」 『중앙고고연구』 제23 호, 중앙문화재연구원.

성정용, 2000, 「中西部地域 3~5世紀 鐵製武器의 變遷」 『韓國考古學報』 42輯, 韓國考古學會.

成正鏞, 2006, 「中西部地域 原三國時代 土器 樣相」 『韓國考古學報』 60輯, 韓國考古學會.

신경환·이남규·장경숙·이창엽·남수진, 2012, 「오산 수청동 분묘군 출토 환두대도에 대한 금속학 적 분석 연구」 『烏山 水淸洞 百濟 土壙墓』, 京畿文化財研究院.

이보람, 2011, 「금강유역 원삼국~삼국시대 철기의 전개과정」 『금강유역 마한 문화의 지역성』, 제23회 호서고고학회 학술대회 발표요지, 호서고고학회.

이성준, 2021, 「한성기 지역묘제의 다양성과 백제의 사회통합 방식 연구 -우호적 합병의 요인과 사례 를 중심으로」 『韓國考古學報』 121輯, 韓國考古學會.

이창엽, 2007, 「中西部地域 百濟漢城期 木棺墓 變化 -烏山 水淸洞遺蹟을 中心으로-」 『先史와 古代』 第27 號, 한국고대사학회.

이혁희, 2021, 「경기지역 백제 한성기 물질문화의 지역성 -마한문화와의 상호작용-」 『최근 발굴성과 로 본 경기도의 마한과 고대국가 백제』학술대회 발표문, 경기도박물관.

이현숙, 2011, 「4~5世紀代 百濟의 地域相研究」, 고려대학교 대학원 박사학위논문.

이희경, 2018, 「백제 국가 형성기의 철제 농기구 출토 양상 연구」 『한국상고사학보』 제99호, 한국상고 사학회.

정경화, 2021a, 「원삼국~백제 한성기 중부지역 제철기지의 조성과 변화과정」 『韓國考古學報』 第119 輯, 韓國考古學會.

정경화, 2021b, 「마한~백제 한성기 철기문화의 양상 -경기 남부지역을 중심으로-」 『최근 발굴성과로 본 경기도의 마한과 고대국가 백제」 학술대회발표문, 경기도박물관.

조상기, 2014,「청주지역 3~5세기 토기의 전개양상과 정치체의 변동」, 단국대학교 대학원 박사학위 논문.

조은하, 2010,「송원리고분군 출토 백제토기 연구」『先史와 古代』第33號, 한국고대학회.

차윤환, 2013,「백제초기 한강 중·하류역에 위치한 정치체의 존재양상 -묘제를 중심으로-」『고문화』 제82집, 한국대학박물관협회.

최영민, 2021,「원삼국~삼국시대 충북지역 분묘 출토 철기의 변천」『호서지역 고대 정치영역의 변화 -마한에서 백제로-』, 제43회 호서고고학회 학술대회 발표요지, 호서고고학회.

韓濟怜, 2014,「漢城百濟期 都城 周邊 地域 文化의 一樣相 -4~5世紀 炭川流域을 中心으로」『문화사학』 41, 한국문화사학회.

※ 발굴조사 보고서는 지면상 생략하였다

제9장 충주 칠금동 제철유적 제련로의 구조와 특징　　　　　　　　　　정낙현

곽병문·정낙현, 2020,「제철유적 제련로 조사·분석의 적용 사례 -충주 칠금동 유적을 중심으로」『제 철유적 조사연구 반세기 회고와 전망』.

국립김해박물관, 2001,『密陽沙村製鐵遺蹟』.

국립중원문화재연구소, 2018,『충주 칠금동(392-5번지 일대) 제철유적 발굴조사 보고서 Ⅰ』.

국립중원문화재연구소, 2020,『충주 칠금동(392-5번지 일대) 제철유적 발굴조사 보고서 Ⅱ』.

국립중원문화재연구소, 2021,『충주 칠금동 392-5번지 일대 제철유적(4차, 2021년) 발굴조사 자문회 의 자료』.

김권일, 2012,「한반도 고대 제철문화의 검토」『한반도의 제철유적』.

三江文化財研究院, 2014,『密陽 林川里 金谷製鐵遺蹟』.

이주석 외, 2021,「충주 칠금동 제철유적 구조재로 활용된 탄화목재에 대한 수종분석 및 공업 분석」 『제철 연구논문 공모전 학술발표회』.

이홍종·안형기, 2016,『충주 칠금동 392-5번지 일대 고지형환경분석』, 한국고고환경연구소.

조록주, 2014,「중부지역 고대 제철 조업방식 검토」『중원지역 제철연구 복원연구 사업을 위한 마스터 플랜 설정을 위한 학술세미나』, 국립중원문화재연구소.

조록주, 2018a,「청주 송절동 유적 제철 양상과 특징」『청주 마한 백제를 품다』, 청주 테크노폴리스 조 성사업부지 내 송절동 유적 학술대회.

조록주, 2018b,「충청지역 고대 체철유적의 재검토」『최신 동북아시아 고대 제철유적의 발굴 성과와 그 의의』.

중앙문화재연구원, 2020,『진천 송두산업단지 조성사업부지 내 진천 송두리 유적』.

중원문화재연구원, 2008a, 『忠州 彈琴臺 土城 Ⅰ』.

중원문화재연구원, 2008b, 『충주 칠금동 제철유적 -충주 칠금동 400-1번지 개인주택설립 부지 내-』.

중원문화재연구원, 2012, 『충주 대화리 유적』.

한국선사문화연구원, 2018, 『淸州 테크노폴리스 造成事業敷地 內 淸州 松節洞 遺蹟』.

韓志仙, 2018, 「백제 제철조업의 공정별 연구 현황과 과제」 『백제학보』 25, 백제학회.

한지선·김태우·정낙현·곽병문·이은우, 2016, 「한성기 백제 송풍관 연구 -곡관형 송풍관을 중심으로-」 『고고학』 15-3, 중부고고학회.

제10장 몽촌토성의 축조기술에 대한 검토   이혁희

高龍圭, 2001, 「韓國南部地域 版築土城의 硏究」 『古文化』 58, 한국대학박물관협회.

권오영, 2011, 「고대 성토구조물의 성토방식과 재료에 관한 시론」 『漢江考古』 5, 한강문화재연구원.

권오영, 2012, 「고대 성토구조물의 재료에 대한 재인식」 『백제와 주변세계』, 성주탁 교수 추모논총 간행위원회.

권오영, 2014, 「夢村土城을 통해 본 百濟 왕궁의 실체」 『한성백제의 왕궁은 어디에 있었나』, 百濟학연구총서 쟁점백제사3 한성백제박물관.

김기섭, 2008, 「백제 한성시기의 都城제 성립과 夢村土城」 『百濟文化』 第38輯, 公州大學校 百濟文化硏究所.

김성남, 2014, 「百濟 漢城期 편년의 현상과 성찰」 『쟁점, 중부지역 원삼국시대~한성백제기 물질문화 편년』, 제11회 매산기념강좌, 숭실대학교 한국기독교박물관.

金容民, 1997, 「扶蘇山城의 城壁築造技法 및 變遷에 대한 考察」 『韓國上古史學報』 26, 韓國上古史學會.

김진영, 2017, 「안성 도기동산성의 조사현황고 성벽구조에 대한 소고」 『고구려발해연구』 58, 고구려발해학회.

夢村土城發掘調査團, 1984, 『整備·復元을 위한 夢村土城發掘調査報告書』.

夢村土城發掘調査團, 1985, 『夢村土城 發掘調査報告』.

羅東旭, 1996, 「慶南地域의 土城硏究 -基壇石築型 版築土城을 中心으로-」 『博物館硏究論集』 5, 釜山廣域市立博物館.

閔德植, 1995, 「《三國史記》 木柵關係 記事의 考察」 『韓國上古史學報』 第19號, 韓國上古史學會.

박순발, 2009, 『百濟의 都城』, 충남대학교출판문화원.

朴重均, 2014, 「忠北地域 百濟 初期 山城의 類型」 『韓國城郭學報』 26, 韓國城郭學會.

백영종, 2011, 「증평 이성산성의 성벽 축조방법과 성내 시설물에 대한 검토」 『증평 이성산성 정비활용방안 마련을 위한 기초학술세미나』, 중원문화재연구원.

서울대학교박물관, 1987, 『夢村土城 -東北地區發掘報告-』.

서울대학교박물관, 1988, 『夢村土城 -東南地區發掘調査報告-』.

서울대학교박물관, 1989, 『夢村土城 -西南地區發掘調査報告-』.

成周鐸, 1988, 「百濟都城築造의 發達過程에 대한 硏究」 『百濟硏究』 19, 忠南大學校 百濟硏究所.

孫在賢, 2015, 「韓國 古代 盛土構造物에서 土塊의 사용과 그 의미」, 한신대학교 대학원 석사학위논문.

沈光注, 2010, 「漢城百濟의 '蒸土築城'에 대한 硏究」 『鄕土서울』 제76호, 서울시사편찬위원회.

심정보, 2013, 「증평 이성산성의 축조기법에 대하여」 『한국성곽학회 2013년도 춘계학술대회 -증평 이성산성의 조사 성과와 사적화 방안-』, 한국성곽학회 · 중원문화재연구원.

李奕熙, 2013a, 「漢城百濟期 土城의 築造技法」, 한신대학교 대학원 석사학위논문.

이혁희, 2013b, 「한성백제기 토성의 축조기법과 그 의미」 『韓國考古學報』 第89輯, 韓國考古學會.

李奕熙, 2014, 「鎭安 臥亭土城의 構造와 性格 再檢討」 『湖西考古學』 31, 호서고고학회.

이혁희, 2016, 「백제토성 축조기법의 특징과 변천」 『유리건판으로 보는 백제의 성곽』, 국립중앙박물관.

李奕熙, 2018, 「百濟土城의 築造技術 檢討」 『水利 · 土木考古學의 現狀과 課題 II』, (재)우리문화재연구원.

이혁희, 2019, 「백제의 토성과 함안 가야리토성의 비교」 『아라가야의 전환기, 4세기』, 창원대학교 경남학연구센터 아라가야 학술총서2, 도서출판 선인.

이홍종 · 안형기, 2020, 「백제 한성기 몽촌토성 일대의 지형복원 연구」 『호서고고학』 47, 호서고고학회.

조록주, 2016, 「증평 추성산성 출토 제철 관련 유물 성격」 『韓日 城郭의 새로운 認識 -前 韓國城郭學會 會長 車勇杰 敎授 停年退任紀念 論叢-』 한국성곽학회.

車勇杰, 1988, 「百濟의 築城技法 -版築土壘의 調査를 中心으로-」 『百濟硏究』 19, 忠南大學校 百濟硏究所.

漢城百濟博物館, 2014, 『夢村土城 정밀현황 측량 용역 보고서』.

漢城百濟博物館, 2016a, 『夢村土城 II -2014년 夢村土城 북서벽 舊 木柵 설치구간 발굴조사 보고서』.

漢城百濟博物館, 2016b, 『夢村土城 I』.

漢城百濟博物館, 2019a, 「夢村土城 北門址 일원 발굴조사(2차) 약식보고서」.

漢城百濟博物館, 2019b, 『夢村土城 III』.

漢城百濟博物館, 2020, 「2020년 夢村土城 北門址 일원 발굴조사(3차) 1차 학술자문회의 자료」.

漢城百濟博物館 · 서울대학교박물관, 2013, 『백제의 꿈, 王都漢山』, 몽촌토성 발굴 30주년 기념 특별전 전시 도록.

青木 敬, 2016, 「日本古墳における墳形と墳丘構築技術」 『韓日의 古墳』 제4회 공동연구회 자료집, 韓日交涉의 考古學-三國時代연구회.

제11장 석촌동 고분군 적석총 출토 기와의 현상과 용도 　　　　　　　　정치영

강현숙, 2013, 『고구려 고분 연구』, 진인진.

강현숙, 2017, 「고구려 석실계단적석총과 비교해 본 서울 석촌동 적석총의 원형 추론」 『백제 초기 고분의 기원과 계통』, 한성백제박물관.

강현숙, 2018, 「고구려 무덤제사에 대한 고고학적 검토」 『한국상고사학보』 제101호.

耿鐵華, 1993, 「高句麗墓上建築及其性質」 『高句麗研究文集』.

權五榮, 2000, 「고대 한국의 喪葬儀禮」 『韓國古代史研究』 20, 한국고대사학회.

권오영, 2001, 「백제 전기 기와에 대한 신지견」 『百濟研究』 33.

權五榮·鄭治泳·羅惠林, 2008, 『風納土城 IX -慶堂地區 出土 瓦塼類에 대한 報告-』, 서울역사박물관·한신대학교박물관.

龜田修一, 1984, 「百濟漢城時代の 瓦に 關する 覺書」 『尹武炳博士回甲紀念論叢』.

吉林省文物考古研究所·集安市博物館, 2004, 『集安高句麗王陵』.

김이석·한훈섭, 2019, 「서울 석촌동 고분군 출토 인골 및 수골의 법의인류학적 분석」, 한성백제박물관.

박세린·유지아·신지영, 2020, 「서울 석촌동 고분군 매장의례부 출토 인골의 화장 여부와 화장 온도 추정」 『서울 석촌동 고분군 II 하-사진·부록』, 한성백제박물관.

박순발, 2017, 「백제 한성기 도성과 묘역의 문제」 『한성백제사 다시보기』, 쟁점백제사10, 한성백제박물관.

소재윤·김경애, 2012, 「2. 유물고찰」 『풍납토성 XIV -풍납토성 197번지(舊 미래마을) 발굴조사 보고서 3 -本文-』, 국립문화재연구소.

서울대학교 박물관, 2014, 『석촌동고분군II』.

서울大學校博物館·考古學科, 1975, 『石村洞 積石塚 發掘調査報告』.

양관, 2005, 장인성·임대희 옮김, 『중국 역대 陵寢제도』, 서경.

李主業, 2008, 「漢城期 百濟 평기와 制作技法에 관한 연구 -石村洞 4號墳 出土 평기와를 중심으로」, 서울대학교 대학원 석사학위논문.

李亨求, 1982, 「高句麗의 享堂制度研究」 『東方學志』 32, 연세대학교 국학연구원.

李亨求, 1993, 「고구려와 백제와의 문화적 관계 -고구려와 백제의 적석총과 향당제고-」 『백제연구총서』 3.

朝鮮總督府, 1929, 『朝鮮古蹟圖譜 2』, 青雲堂.

鄭治泳, 2007, 「漢城期 百濟 기와 제작기술의 展開樣相」 『韓國考古學報』 63輯, 한국고고학회.

鄭治泳, 2010, 「百濟 漢城의 瓦當과 瓦葺景觀」 『湖西考古學』 23, 호서고고학회.

정치영, 2014, 「백제 한성기 와전문화와 낙랑」 『낙랑고고학개론』, 진인진.

정치영, 2021a, 「백제 한성기 와전문화의 성립과 전개」 『한국기와학보』 제3호, 한국기와학회.

정치영, 2021b, 「석촌동 1호분 북쪽 연접적석총의 구조와 성격」 『고고학』 제20권 제2호.

진홍주·장성윤·이재성·김수경·김한슬·이명성, 2020, 「서울 석촌동 고분군 매장의례부 출토 기와의 재질과 열변형 특성 해석」 『서울 석촌동 고분군II-하-사진·부록』, 한성백제박물관.

하대룡, 2019, 「서울 석촌동 고분군 적석총 출토 화장(火葬) 인골(人骨)에 대하여」 『서울 석촌동 고분군 I 하-부록』, 한성백제박물관.

한성백제박물관, 2019, 『석촌동 고분군 I -1호분 북쪽 연접적석총1-』.

한성백제박물관, 2020, 『석촌동 고분군II -1호분 북쪽 연접적석총2-』.

한성백제박물관, 2021, 『석촌동 고분군III -1호분 북쪽 연접적석총3-』.

黃曉芬, 2006, 김용성 역, 『한대의 무덤과 그 제사의 기원』, 학연문화사.

제13장 영산강유역 옹관묘의 피장자를 보는 시각　　　　　　　　　　　　권오영

1. 국문

경상대학교박물관, 2004, 『宜寧 景山里古墳群』.

공주시 · 충청남도역사문화연구원, 2009, 『백제인의 무덤』.

국립광주박물관, 2021, 『함평 예덕리 신덕고분』.

국립나주문화재연구소, 2010, 『영산강유역의 고분 I 옹관』.

국립나주문화재연구소, 2012, 『영암 옥야리 방대형고분 -제1호분 발굴조사보고서-』.

국립나주문화재연구소 · 국립나주박물관, 2019, 『나주 복암리 정촌고분 -마한 사람들, 큰 무덤에 함께 잠들다-』.

국립나주박물관 · 나주시, 2017, 『신촌리 금동관, 그 시대를 만나다』, 출토 100년 기념.

국립문화재연구소, 2001, 『羅州 伏岩里 3號墳』.

권오영, 2010, 「마한의 종족성과 공간적 분포에 대한 검토」 『한국고대사연구』 60, 한국고대사학회.

권오영, 2017, 「전방후원형 고분과 고대 한일관계」 『우리시대의 한국고대사 2』, 한국고대사학회 편, 주류성.

권택장, 2014, 「고흥 야막고분의 연대와 등장배경에 대한 검토」 『고분을 통해 본 호남지역의 대외교류와 연대관』, 국립나주문화재연구소.

吉井秀夫, 1996, 「금동제 신발의 제작기술」 『석오 윤용진교수 정년퇴임 기념논총』.

김낙중, 2013, 「5~6세기 남해안지역 倭系古墳의 특성과 의미」 『호남고고학보』 45.

김준식, 2020, 「일본 규슈지역과 가야의 교류 양상」 『가야와 주변, 그리고 바깥』, 한국고대사학회 엮음.

동북아역사재단 편, 2015, 『회령 일대의 발해유적』.

동신대학교문화박물관, 2015, 『신안 안좌면 읍동 · 배널리 고분군』.

馬韓百濟文化研究所 · 高敞郡, 2016, 『高敞 鳳德里 1號墳 종합보고서』.

목포대학교박물관 · 전라남도, 1996, 『全南의 古代 墓制』.

박순발, 2006, 「한국 고대사에서 종족성의 인식」 『한국고대사연구』 44, 한국고대사학회.

박천수, 2007, 『새로 쓰는 고대 한일교섭사』, 사회평론.

박천수, 2011, 「영산강유역 전방후원분에 대한 연구사 검토와 새로운 조명」 『한반도의 전방후원분』, 대한문화유산연구센터.

박천수, 2014, 「신라와 일본」 『신라고고학개론』, 진인진.

서울대학교박물관, 2009, 『박물관 소장 두만강유역 선사시대 유물 연구 -연길 소영자 유적을 중심으

로-」, 서울대학교박물관학술총서 16.

의령군·극동문화재연구원, 2018, 『의령 경산리 M2호분』.

이성주, 2018, 「물질문화, 집단의 영역 그리고 종족 정체성」 『역사 여명기의 종족 정체성』, 진인진.

임영재, 2015, 「한성기 백제 횡혈식석실분의 성립과 전개」, 경북대학교 석사학위논문.

임영진, 2006, 「고흥 길두리 안동고분 출토 금동관의 의의」 『충청학과 충청문화』 5-2, 충남역사문화원.

전남문화재연구소, 2015, 『咸平 金山里 方臺形古墳』, 학술총서 제1책.

전남문화재연구소, 2019, 「영암 내동리 쌍무덤〔1호분〕정밀발굴조사 자문위원회의 자료집」.

전라남도, 2020, 『전남의 마한 분묘유적』.

전용호, 2014, 「영암 옥야리 방대형고분의 대외교류상과 연대관」 『고분을 통해 본 호남지역의 대외교류와 연대관』, 국립나주문화재연구소.

조근우, 2006, 「나주 복암리 고분의 석실분 도입배경과 성격」 『나주 복암리 3호분과 영산강유역 고대문화』, 나주 복암리 3호분 발굴 10주년 기념 학술대회, 국립나주문화재연구소.

조현종·은화수·조한백·임동중, 2011, 『海南 龍頭里古墳』, 國立光州博物館·海南郡.

중앙문화재연구원 편, 2017, 『발해의 고분문화 Ⅲ -북한·연해주-』, 학술총서37.

최영주, 2021, 「석실구조로 본 해남 방산리 장고봉고분」 『해남 방산리 장고봉고분 학술대회』, 마한문화연구원.

충청남도·충청남도역사문화연구원, 2017, 『일본 속의 百濟 -긴키지역-』 Ⅱ 유적·유물 상세편·논문편.

홍보식, 2006, 「한반도 남부지역의 왜계 요소 -기원후 3~6세기 대를 중심으로-」 『한국고대사연구』 44, 한국고대사학회.

2. 中文

吉林省文物考古研究所·敦化市文物管理所 編著, 2012, 『六頂山渤海墓葬 -2004~2009年清理發掘報告-』, 文物出版社.

陝西省考古研究所 編著, 2003, 『西安北周安伽墓』, 文物出版社.

黑龍江省文物考古研究所 編著, 2009, 『寧安虹鱒魚場 -1992~1995年度渤海墓地考古發掘報告-』, 文物出版社.

3. 日文

京嶋覺, 1997, 「初期群集墳の形成過程 -河內長原古墳群の被葬者像をまとめて-」 『立命館大學考古學論集Ⅰ』, 立命館大學考古學論集刊行會.

大阪府立近つ飛鳥博物館, 2000, 『一須賀古墳群の調査Ⅱ WA支群』.

奈良縣立橿原考古學研究所, 1981, 『新澤千塚古墳群』.

奈良縣立橿原考古學研究所, 1990, 『斑鳩 藤ノ木古墳 -第一次調査報告書-』.

安村俊史·桑野一幸, 1996, 『高井田山古墳』, 柏原市教育委員會.

服部等作, 2006, 「ソグド人虞弘墓浮き彫りにみる座像と饗宴の光景」『東トルキスタン出土胡漢文書の總合調查』, 大阪大學.

權五榮, 2019, 「榮山江流域の古代政治體を見とおす多樣な視角」『國立歷史民俗博物館研究報告』217.

泉森皎, 2001, 『大和 古代遺跡 案內』, 吉川弘文館.

洪譜植, 2009, 「韓半島南部地域の九州系橫穴式石室」『九州系橫穴式石室の傳播と擴散』(杉井健 編), 北九州中國書店.

田中淸美, 2005, 「河內湖周邊の韓式系土器と渡來人」『ヤマト王權と渡來人』, 大橋信彌・花田勝廣編, サンライズ出版.

花田勝廣, 2005, 「古墳時代の畿內渡來人」『ヤマト王權と渡來人』, 大橋信彌・花田勝廣編, サンライズ出版.

藏富士寬, 2009, 「九州地域の橫穴式石室」『九州系橫穴式石室の傳播と擴散』(杉井健 編), 北九州中國書店.

都出比呂志, 2000, 『王陵の考古學』, 岩波新書.

제14장 서울 용마산 2보루의 성격　　　　　　　　　　　　　　　　　　　박동선

고려대학교고고환경연구소, 2007, 『홍련봉 제2보루 -발굴조사종합보고서-』.

국립문화재연구소, 2009, 『아차산 4보루 발굴조사 보고서』.

국립문화재연구소, 2011, 『한국고고학전문사전 -성곽·봉수편-』.

朴淳發, 1999, 「高句麗土器의 形成에 대하여」『百濟研究』제29집.

서울大學校博物館, 2009, 『龍馬山 第2堡壘 -發掘調查報告書-』.

신광철, 2010, 「고구려 남부전선 주둔부대의 편제와 위계:한강유역의 고구려 보루를 통해서」『고고학』9-1호.

신광철, 2010, 「고구려 남부전선 주둔부대의 생활상 -한강유역의 고구려 보루를 통해서-」『高句麗渤海研究』38輯.

신광철, 2019, 「아차산 보루군의 변천사와 고구려 남진경영」『高句麗渤海研究』第63輯.

심광주, 2014, 「고구려 성곽 발굴조사 성과와 축성기법」『아차산 일대 보루군의 역사적 가치와 보존방안』, 한강문화재연구원.

안성현, 2016a, 「남한지역 토성벽에 잔존하는 석축부에 대한 연구」『야외고고학』제25호.

안성현, 2016b, 「홍련봉 1·2보루의 축조방식과 구조에 대한 연구」『百濟文化』第55輯.

안성현·박동선, 2019, 「아차산 일대 고구려 보루의 구조에 대한 재검토」『한국고대사탐구』32.

양시은, 2010, 「남한에서 확인되는 고구려의 시·공간적 정체성」『고고학』10-2호.

양시은, 2012, 「아차산 고구려 보루의 구조 및 성격」『고문화』79집.

양시은, 2016, 『고구려 성 연구』, 진인진.

양시은, 2020, 「한강유역 고구려 보루의 조사 성과와 연구 쟁점」 『고고학』 제19권 제2호.

이정범, 2010, 「감시권역 분석을 통해본 경기북부지역 보루의 사용주체와 기능」 『高句麗渤海硏究』 37輯.

이정범, 2015, 「5~6세기 고구려의 한강유역 지배형태」 『高句麗渤海硏究』 第51輯.

이정범, 2019, 「한강유역 고구려 보루의 축조방식과 성격」 『軍史』 第113號.

朝鮮總督府, 1942, 『朝鮮寶物古蹟調査資料』.

崔鍾澤, 1998, 「고고학상으로 본 고구려의 한강유역 진출과 백제」 『百濟硏究』 제28집.

최종택, 2013, 『아차산 보루와 고구려 남진경영』, 서경문화사.

제15장 신라 지방 거점지역의 고고학적 연구 　　　　　　　　　　　　　이자연

1. 단행본

서울역사편찬원, 2015, 『서울 2천년사』 6 · 7.

용인시역사편찬위원회, 2000, 『용인의 역사지리』.

용인시사편찬위원회, 2006, 『龍仁市史』.

최맹식, 2006, 『평기와 연구』, 주류성출판사.

황보경, 2009, 『신라 문화 연구』, 주류성.

2. 논문

강병희, 2010, 「고대 중국 건축의 8각 요소 검토」 『韓國思想史學』 36.

朴省炫, 2010, 「新羅의 據點城 축조와 지방 제도의 정비 과정」, 서울大學校大學院 博士學位論文.

박수미, 2015, 「경기지역 신라말~통일신라시대 수혈주거지 연구」, 한양대학교대학원 석사학위논문.

변영환, 2007, 「주름문병에 대한 試考」 『硏究論文集』 第3號, 中央文化財硏究院.

신유리, 2011, 「중부지역 신라 수혈주거지 연구」, 단국대학교대학원 석사학위논문.

尹相悳, 2004, 「통일신라시대 토기의 연구현황과 과제」 『통일신라시대고고학』 제28회 한국고고학전국대회, 韓國考古學會.

尹相悳, 2010, 「6~7세기 경주지역 신라토기 편년」 『한반도 고대문화 속의 울릉도-토기문화』 동북아역사재단 연구총서 57, 동북아역사재단.

尹相悳, 2011, 「신라토기의 시기구분과 변천」 『특별전 용천동굴의 신비』, 국립제주박물관.

윤상덕, 2014, 「인화문토기-신라중기~말기양식 토기」 『신라고고학개론』 下, 진인진.

이상국, 2015, 「용인 할미산성 다각형 건물지의 구조와 특징」 『용인 할미산성 발굴조사 성과와 보존활용 방안』, 韓國文化遺産硏究院.

李商馥, 2008, 「統一新羅時代 竪穴住居址 硏究 -京畿 南部地域을 中心으로-」 『中央考古』 제4호, 중앙문화재연구원.

이인숙 · 전은희, 2014, 「신라 기와」『신라고고학개론下』, 진인진.

홍보식, 2005, 「신라토기의 한강유역 정착과정에 대한 試論」『畿甸考古』 5, 畿甸文化財研究院.

제17장 발해 고분 출토 구슬에 관한 시론적 검토   박준영

『三國志』

국립문화재연구소 · 러시아 과학원 시베리아지부 고고학민족학연구소, 2008, 『트로이츠코예 고분군』.

권오영, 2019, 『해상 실크로드와 동아시아 고대국가』, 세창출판사.

동북아역사재단, 2011, 『부거리 일대의 발해유적』.

동북아역사재단, 2015, 『회령 일대의 발해유적: 2012~2013년 발굴조사 보고서』.

박준영, 2016a, 「한국 고대 유리구슬의 특징과 전개과정」『중앙고고연구』 100, 중앙문화재연구원.

박준영, 2016b, 「한국 고대 유리구슬의 생산과 유통에 나타난 정치사회적 맥락」『한국고고학보』 100, 한국고고학회.

박준영, 2020, 「경남 · 부산지역 유리구슬의 현황과 의미」『가야 지역 출토 유리Ⅱ』, 국립김해박물관.

송기호, 2011, 『발해 사회문화사 연구』, 서울대학교출판문화원.

이창엽, 2012, 「오산 수청동 분묘군 출토 유물에서 확인되는 장송의례」『오산 수청동 분묘군』, 경기문화재연구원.

중앙문화재연구원, 2014, 『발해의 고분 문화Ⅰ -흑룡강성-』, 진인진.

중앙문화재연구원, 2014, 『발해의 고분 문화Ⅱ -길림성-』, 진인진.

중앙문화재연구원, 2017, 『발해의 고분 문화Ⅲ -북한 · 연해주-』, 진인진.

중앙문화재연구원, 2021, 『발해고고학』, 진인진,

최선아, 2020, 「신라 사찰의 사회적 기능 -능묘의 조영과 불사의 관계를 중심으로」『신라 사찰의 공간과 기능』, 국립경주문화재연구소.

한국전통문화학교 외, 2009, 『연해주 체르냐찌노 5 발해고분군 Ⅰ~Ⅳ -제6차 한 · 러 공동 연해주 발해문화유적 발굴조사-』.

허진아, 2018, 「마한 원거리 위세품 교역과 사회정치적 의미 -석제 카넬리안 구슬을 중심으로-」『호서고고학』 41, 호서고고학회.

吉林省文物考古研究所 · 敦化市文物管理所, 2012, 『六頂山渤海墓葬 -2004~2009年清理發掘報告-』文物出版社.

黑龍江省文物考古研究所, 2009 『寧安虹鱒魚場 -1992~1995年度渤海墓地考古發掘報告-』上冊, 文物出版社.

Carter, A. K., 2013, Trade, exchange, and socio-political development in Iron Age (500BC~AD 500) mainland Southeast Asia: An examination of stone and glass beads from Cambodia and Thailand (Ph.D. Thesis), Department of Anthropology, University of Wisconsin-Madison, Madison.

Francis, Jr. P., 2002, Asia's Maritime Bead Trade. 300 B.C. to the Present, University of Hawai'i Press, Honolulu.

河村好光・H.A.クリユーエフ・Yuri.G.ニキーチン, 2016, 「ロシア沿海地方の玉」『渤海の考古學的研究』, 金沢學院大學.

제18장 제철유적 조사 · 연구 방법론의 체계적 적용 　　　　　　　　　　　　　　김권일

高麗史

新增東國輿地勝覽

華城城役儀軌

日本書紀

권병탁, 2004, 『한국 산업사』, 영남대학교출판부.

국립문화재연구소, 2019, 『한국고고학전문사전 -생산유적편-』.

국립중앙과학관, 2013, 『불미기술』.

국립중원문화재연구소, 2020, 『제철유적 조사 · 분석 방법론』.

國立淸州博物館・浦項産業科學研究院, 1997, 『韓國 古代 鐵生産遺蹟 發掘調査 -鎭川 石帳里遺蹟-』.

김권일, 2009, 「경주 황성동유적 製鐵文化의 연구」 『嶺南文化財研究』 22, 嶺南文化財研究院.

김권일, 2010a, 「製鐵爐의 類型分析 試論 -신라 製鐵文化의 특징과 관련하여」 『慶州史學』 31, 慶州史學會.

김권일, 2010b, 「제철유적 조사연구법 시론」 『文化財』 43-3, 국립문화재연구소.

김권일, 2017a, 「고대 철 제련로의 구조 및 조업방식 복원 시론 -밀양 사촌 · 금곡 제철유적을 중심으로-」 『신라문화유산연구』 창간호, (재)신라문화유산연구원.

김권일, 2017b, 「고대 큰대장간의 노 구조 및 조업방식 복원 시론 -경주 황성동 · 밀양 임천리 제철유적을 중심으로-」 『한국고고학보』 103, 한국고고학회.

김권일, 2020, 『한국 고대 제철기술의 고고학적 연구 -영남지역을 중심으로-』, 학연문화사.

김권일 · 이남규, 2016, 「제철유물 금속분석의 고고학적 해석 및 활용방안 연구」 『고문화』 88, 한국대학박물관협회.

文化財管理局, 1987, 『冶鐵遺蹟址調査報告書』.

裵桃植, 1994,「한국의 대장간」『韓國民俗學』 26, 民俗學會.

서성호, 2012,「문헌자료 집성」『한반도의 제철유적』, 한국문화재조사연구기관협회.

世淵鐵博物館, 2003,『古代製鐵 復元實驗 報告書』.

손명조, 2005,「古代 製鐵遺蹟의 調査」, 제1기 매장문화재 발굴조사원 연수교육, 국립문화재연구소.

손명조, 2007,「생산유구(토기, 제철, 기와)」『보고서 평가 및 작성 매뉴얼』, 한국문화재조사연구기관협회.

신경환, 2008,「고고유물 분석법 -철기와 제철관련 유물분석을 중심으로-」『한국 매장문화재 조사연구방법론』 ④, 국립문화재연구소.

신경환·김우웅·심재연·양선아·이남규·정연학·최영민, 2015,『전통 철물 제법 기준 마련 및 활성화 방안 연구 보고서』, 국립문화재연구소·경원택(주) 금속기술연구소.

신경환·이남규·최영민, 2013,『한국고대 製鍊기술 I』, 금속기술연구소.

申鍾煥, 2008,「제철유적의 조사방법과 사례연구」, 고고학 연구 공개강좌 제21회, 영남문화재연구원.

신종환, 2019,「제철유적의 조사방법과 사례 연구」『고고 유물의 관찰과 유구 조사방법』, 영남문화재연구원.

양선아, 2019,「단성호적에 나타난 生鐵·水鐵 생산지와 입지적 특징」『한국학 연구』 69, 고려대학교 한국학연구소.

梁勝弼, 1994,『新羅初期 쇠부리業 硏究』, 嶺南大學校 博士學位論文.

蔚山廣域市 외, 2003,『文化遺蹟分布地圖 -蔚州郡-』.

이규경 지음, 최주 주역, 2008,「鍊鐵辨證說 -쇠부리에 대하여-」『오주서종박물고변』, 학연문화사.

李琪炯, 2000,『國譯 求忠堂文集』, 글밭출판사.

이남규, 2008,「鐵器 生産 프로세스의 이해」『한국 매장문화재 조사연구방법론』 ④, 국립문화재연구소.

이남규, 2019,「한국 고대 제철공정의 재검토 -중국과의 비교적 시각에서-」『한국고고학보』 111, 한국고고학회.

이남규·김권일·강성귀, 2016,『2016년도 울산쇠부리 고대 원형로 복원실험 연구보고서』, 울산쇠부리축제 추진위원회·울산쇠부리 복원사업단.

이남규·신경환·김수기·성정용·조대연·김권일·양선아·이은철·최영민, 2017,『한국 고대 제철기술 복원 연구』 I, 전통제철기술연구단 편.

이남규·이태우·김권일·이은철·최영민·강성귀, 2018a,『2017 울산쇠부리 제철기술복원실험 연구보고서』, 울산광역시 북구문화원·울산쇠부리복원사업단.

이남규·이태우·이은철·최영민·강성귀, 2018b,『2018년도 울산쇠부리 제철기술 복원실험 연구보고서』, 울산광역시 북구문화원·울산쇠부리 복원사업단.

이남규·이태우·신경환·김권일·이은철·권용대·강성귀·이민아, 2019,『2019년도 울산쇠부리 제철기술 복원실험 연구보고서』, 울산광역시 북구문화원·울산쇠부리 복원사업단.

정광용, 2008,「고대 전통제철법의 복원 연구」『동아시아 고대 철 문화의 비교』.

정연학·오선영, 2012,『충청북도 무형문화재 제13호 야장』, 충청북도문화재연구원.

정해득, 2020,「조선시대 철장(鐵場)의 운영과 제철(製鐵)기술에 대한 문헌적 검토」『한국중세고고학』 7, 한국중세고고학회.

조록주 · 김경호 · 박상현, 2014, 『한국 고대 제철로 복원실험 보고서』, 중원문화재연구원 · 철박물관.

주경미, 2011, 『대장장』, 민속원.

崔炷 · 金裕衡 · 金秀哲 · 白鐘鉉 · 金鐘源 · 金榮度, 1994, 「五洲衍文長箋散稿에 따른 製鐵復元實驗」 『韓國 傳統科學技術學會誌』 1, 韓國傳統科學技術學會.

崔炷 · 兪冥器 · 金賢泰 · 金裕衡 · 都正萬, 1991, 「古代 製鐵法의 復元實驗」 『대한금속학회회보』 14-4, 大韓金屬學會.

한국과학기술연구원, 1999, 『전통 제철로 복원에 관한 연구』.

한국문화재조사연구기관협회, 2012, 『한반도의 제철유적』.

한지선 · 이은우 · 김두원 · 정락현 · 김태우 · 김은지 · 곽병문 · 한영우, 2017, 『고대 제철기술 복원실험 (3 · 4차) 결과 보고서』, 국립중원문화재연구소.

한지선 · 이은우 · 김태우 · 김두원 · 김은지 · 곽병문 · 정락현 · 홍주현, 2019, 『고대 제철기술 복원실험 (5 · 6차) 결과 보고서』, 국립중원문화재연구소.

한지선 · 이은우 · 도의철 · 김두원 · 정락현 · 김태우 · 채미희 · 김은지 · 곽병문, 2015, 『고대 제철로 복원실험(1 · 2차) 결과보고서』, 국립중원문화재연구소.

官內庁西陵部陵墓課, 2017, 『宇和奈辺陵墓參考地旧陪塚ろ号(大和6号墳) -出土遺物의 整理報告-』.

高塚秀冶 · 永嶋正春 · 齋藤努 · 安在晧 · 盧泰天, 2010, 「蔚山達川遺跡出土遺物의 自然科學的分析結果」 『蔚山達川遺蹟 3次 發掘調査』, 蔚山文化財研究院.

제19장 학제간 융합적 제철기술 연구 방법의 활용 방안 최영민

국립중원문화재연구소, 2017, 『고대 제철기술 복원실험(3 · 4차) 결과 보고서』.

국립중원문화재연구소 편, 2020, 『제철유적 조사 · 분석 방법론』, 국립중원문화재연구소.

김권일, 2020, 『한국 고대 제철기술의 고고학적 연구』, 학연문화사.

김길식, 2014, 「2~3세기 한강 하류역 철제무기의 계통과 무기의 집중유입 배경」 『백제문화』 50.

김새봄, 2011, 「原三國後期 嶺南地域과 京畿忠淸地域 鐵矛의 交流樣相」 『한국고고학보』 81.

신경환 · 이남규 · 장경숙 · 남수진, 2012, 「오산 수청동 분묘군 출토 환두대도에 대한 금속학적 분석연구」 『烏山 水淸洞 百濟 墳墓群』 V, 경기문화재연구원.

신경환 · 이남규 · 장경숙 · 이재용, 2008, 「충주 칠금동 제철유적 시료의 분석적 고찰」 『충주 칠금동 제철유적』.

신경환 · 이남규 · 최영민, 2013, 『고대 한반도 製鍊기술 연구 1』.

신경환 · 이남규 · 최영민, 2015, 「밀양 임천리유적 출토 제철관련 유물의 금속학적 분석 및 고찰」 『密陽 林泉里 金谷製鐵遺蹟』.

신경환 · 이남규 · 최영민 · 김영화, 2019, 「화성 기안리 제철유적 출토 제철관련 유물의 금속학적 분석 및 고찰」 『科技考古研究』 25.

신경환·장경숙, 1998, 「浦項玉城里古墳群 出土 鐵器의 金屬學的 分析」『浦項 玉城里 古墳群』, 영남문화재연구원.

신경환·최영민, 2012, 「한국 고대 제철관련 유물의 금속학적 연구」『한반도의 제철유적』, 한국문화재조사연구기관협회.

신경환·최영민, 2015, 「금속학적으로 본 진천 석장리유적의 제철기술」『백제 철 문화』, 국립청주박물관.

울산쇠부리축제추진위원회·울산쇠부리복원사업단, 2017, 『울산쇠부리 제철기술복원실험 연구보고서』.

유재은·이재성, 2013, 「4. 김포 운양동유적 출토 철기의 미세조직 분석」『김포 운양동유적 I』, 한강문화재연구원.

이남규, 2008, 「철기생산 프로세스의 이해」『한국 매장문화재 조사연구방법론 4』, 국립문화재연구소.

이남규, 2019, 「한국 고대 제철공정의 재검토 -중국과의 비교적 시각에서-」『한국고고학보』 111.

李容範, 2014, 「2~3세기 마한과 진변한의 철제무기 교류와 그 배경」, 龍仁大學校 碩士學位 論文.

전통제철기술연구단 편, 2017, 『한국 고대 제철술 복원 연구 I』.

중부고고학연구소 2021, 『충주 하담리·금병리·용교리 유적』.

최영민, 2017, 『고대 한반도 중부지역의 제철기술 연구』, 진인진.

한강문화재연구원, 2013, 『김포 운양동 유적 I』.

제20장 한국 중세 철기 주조유적 현황과 조업방식 연구   송윤정

江原考古文化研究院, 2012, 『東海 池柯洞遺蹟』.

경상문화재연구원, 2011, 『居昌 正莊里 遺蹟 -거창 정장리 일반공업지역 공장 조성부지 내 발굴조사-』.

국립중앙과학관, 2003, 『무쇠 솥 주물기술』 겨레과학기술조사연구(XI).

국립중앙과학관, 2013, 『겨레과학기술조사연구(XVII)-불미기술』.

金權一, 2003, 「남한지역 고대 제철로에 대한 일연구」, 한신대학교 국사학과 대학원 석사학위논문.

김권일, 2012, 「제2장, 유적 집성-경상지역」『한반도의 제철문화』, 한국문화재조사연구기관협회.

김권일·강성귀, 2021, 「한국 고대 철기 주조유적의 현황과 조업방식 연구 시론」『韓國考古學報』 第113輯, 韓國考古學會.

김수기, 2010, 「고양 벽제동 유적 출토유물의 보존과 금속학적 연구」『高陽 碧蹄洞 遺蹟』, 수원대학교 박물관.

김영숙·엄진영, 2012, 「동해 지가동 유적 추정 주형유구 시료의 금속학적 분석」『東海 池柯洞遺蹟』.

東亞大學校博物館, 2005, 「釜山科學地方産業團地 造成敷地內文化遺蹟 發掘調査(3次)略報告」.

성민호, 2017, 「조선전기 철기제작 공방의 성격 -울산둔기리유적을 중심으로-」『울산사학』 21, 울산대학교 사학회.

薛俊源, 2012,『고대 무쇠솥 제작기술에 대한 연구』, 嶺南大學校大學院 碩士學位論文.

수원대학교박물관, 2010,『高陽 碧蹄洞 遺蹟』.

신경환·김권일·최영민, 2015,「석축형 제철로의 조업방식 연구」『야외고고학』제22호, 한국매장문화재협회.

신경환·이남규·최영민 장경숙·남수진, 2009,「울산 둔기리 유적 무쇠솥 제조공방 시료의 분석고찰」『蔚山屯基里遺蹟』, 蔚山文化財研究院.

신경환·이남규·최영민, 2016a,「용인 남사 완장리 남생이골 유적 출토 제철관련 자료의 금속학적 분석 및 고찰」『龍仁 南四 完庄里 남생이골 遺蹟』, 中部考古學研究所.

신경환·이남규·최영민, 2016b,「평택 고렴리 유적 출토 제철관련 자료의 금속학적 분석 및 고찰」『平澤 古念里 遺蹟』.

신경환·이남규·최영민, 2016c,「음성 백야수목원 건립부지내 음성 백야리 유적 출토 제철관련 자료의 금속학적 분석 및 고찰」『陰城 白也樹木園 造成敷地內 陰城 白也里 遺蹟』.

신경환·이남규·최영민, 2017,「하동 탑리유적 출토 제철관련 유물의 금속학적 분석 및 고찰」『河東 塔里 遺蹟』, 우리문화재연구원.

世淵鐵博物館, 2003,『忠北 陰城郡의 冶鐵址』.

蔚山文化財研究院, 2009,『蔚山屯基里遺蹟』.

우리문화재연구원, 2017,『-하동 영호남 화합의 광장 조성부지 내-河東 塔里 遺蹟』.

蔚山文化財研究院, 2009,『蔚山 屯基里 遺蹟』.

유영춘, 2018,「전라지역 제철유적 검토」『최신 동북아시아 고대 제철유적의 발굴 성과와 그 의의』국제학술세미나, 국립중원문화재연구소.

윤용현·윤대식·도정만·정영상, 2013,『불미기술』, 국립중앙과학관.

윤용현, 2013,「고려·조선의 철 주조기술 연구」『제2차 학술대회 동아시아 금속활자 인쇄술의 창안과 과학성』, 한국학중앙연구원.

윤용현, 2017,「고려·조선의 철 주조기술 연구」『동아시아 금속활자 인쇄 문화의 창안과 과학성 2』, 한국학중앙연구원 출판부.

이남규, 2018,「한국 고대 제철 공정에 대한 재검토」『환동해지역 철(철기)생산과 금속 생산 유적 최근 조사 성과』, 제12회 한국철문화연구회·한림고고학연구소 학술세미나, 한국철문화연구회·한림고고학연구소.

임주연·김수기, 2012,「고양 벽제 제철유구 출토 철기의 분석을 통한 제철방법 연구」『보존과학협회』, 한국문화재보존과학회.

全北大學校博物館, 2001,『遺蹟調査報告書』.

정동찬·윤용현, 2005,「겨레과학인 무쇠솥」『比較民俗學』第28輯, 비교민속학회.

조록주, 2012,「중원지역 철 생산 유적에 대한 성격」『중원문화연구』제18·19집, 충북대학교 중원문화연구소.

曺成旻, 1996,「韓國의 鑄造鐵佛 製作技法에 관한 연구」, 全州大學校大學院 석사학위논문.

周炅美, 2011, 「한국 대장장이의 역사와 현대적 의미」 『역사와 경계』 78, 부산경남사학회.

中部考古學研究所, 2016a, 『龍仁 南史 完庄里 남생이골 遺蹟』.

中部考古學研究所, 2016b, 『平澤 古念里 遺蹟』.

中原文化財研究院, 2010, 『忠州 尖端地方産業團地 進入道路 開設事業敷地 內 遺蹟 發掘調査 報告書-老鷄
　　　마을 高麗時代 冶鐵遺蹟』.

中原文化財研究院, 2010, 『老鷄마을 高麗時代 冶鐵遺蹟』.

崔煐珉, 2016, 「古代 韓半島 中部地域의 製鐵技術 研究」, 한신대학교 대학원 한국사학과 박사학위논문.

최영민, 2017, 『고대 한반도 중부지역의 제철기술 연구』, 진인진.

최영민, 2018, 「한반도 중·남부 지역 주조철기 생산기술의 재검토」 『최신 동북아 고대 제철유적 발굴
　　　성과와 그 의의』, 국립중원문화재연구소.

제21장 경기지역 조선시대 수혈주거지의 확산과 감소, 그 배경　　　　　　　　　　　　　　김용호

1. 사료

『조선왕조실록』

『농포문답』

『일성록』

『경상도속찬지리지』

『경국대전』

『청성잡기』

『성호사설』

2. 단행본

강경숙, 2012, 『한국도자사』, 예경.

경기문화재단, 2007, 『화성성역의궤 건축용어집』.

경성제국대학 위생조사부·박현숙, 2010, 『토막민의 생활과 위생 : 1940년, 경성의 풍경』, 민속원.

국립산림과학원, 2020, 『조선후기 산림과 온돌』.

김덕진, 2008, 『대기근 조선을 뒤덮다』, 푸른역사.

김동욱, 2007, 『한국건축의 역사』, 기문당.

김동진, 2017, 『조선의 생태환경사』, 푸른역사.

변태섭, 2007, 『한국사통론』, 삼영사.

통계청, 1992, 『한국통계발전사』,

한국고문서학회, 2006, 『조선시대 생활사3 : 의식주, 살아있는 조선의 풍경』.

3. 논문

강철성, 2012, 「조선 초 자연재해 분석 및 구휼에 대한 연구」 『한국지리학회지』 1권 제1호, 한국지리학회.

김문기, 2010, 「17세기 중국과 조선의 소빙기 기후변동」 『역사와 경계』 77.

김성태 · 이병훈, 2004, 「史料를 통한 朝鮮時代 竪穴住居址의 검토」 『고고학』 3권 제2호, 중부고고학회.

김연옥, 1987, 「朝鮮時代의 氣候環境」 『지리학논총』 14.

김용호, 2018, 「조선시대 지상식 건물지의 편년과 변천 : 경기남부지역 주거지를 중심으로」 『大邱史學』 133, 대구사학회.

김용호 · 이유진, 2014a, 조선시대 중서부지역 옹기 가마에 대한 연구」 『야외고고학』 19권 1호, 한국문화재조사연구기관협회.

김용호 · 이유진, 2014b, 「경기지역 조선시대 民家의 조성방식 변화에 대한 연구」 『고고학』 13권 제1호, 중부고고학회.

김지혜, 2013, 『조선시대 경기도지역 수혈주거지에 대한 고찰』, 숭실대학교 대학원 석사학위논문.

김현주, 2014, 『화성 남양동 유적 조선시대 수혈주거지 연구』, 단국대학교 대학원 석사학위논문.

박한재, 2007, 『조선시대 경기지방의 수혈주거지』, 상명대학교 대학원 석사학위논문.

손성진, 2013, 『조선시대 강원지역 움집유적 연구』, 강원대학교 대학원 석사학위논문.

오승규, 2011, 『중부지방 조선시대 수혈주거지의 성격 검토』, 동아대학교 대학원 석사학위논문.

오승환, 2014, 「조선시대 움집의 여막기능 재고 -경기도지역의 움집을 중심으로-」 『마한 · 백제문화』 24, 원광대학교 마한백제문화연구소.

오준혁, 2008, 『조선시대 수혈주거지에 대한 검토 : 대전지역 조사자료를 중심으로』, 공주대학교 대학원 석사학위논문.

유승희, 2009, 「15~16세기의 주택문제와 정부의 대응」 『사학연구』 94권 94호, 한국사학회.

이경복 · 전경아, 2004, 「조선시대 움집과 그 안에 살던 사람들」 『백산학보』 69, 대구사학회.

이유진, 2020, 『조선시대 경기남부지역 주거지의 구조와 변천』, 계명대학교 대학원 석사학위논문.

이준호, 2016, 「1623~1800년 서울지역의 기상기후 환경: 승정원 일기를 토대로」 『한국지역지리학회지』 22(4), 한국지역지리학회.

이태진, 1996, 「小氷期(1500-1750) 천변재이 연구와 《朝鮮王朝實錄》:global history의 한 章」 『역사학보』 149, 역사학회.

이형원, 2020, 「고려~조선시대 화성지역 서민들의 가옥」 『고고문화로 읽는 화성지역의 고려 · 조선』, 화성시.

임영호 · 정여선, 2007, 「조선시대 수혈주거지에 대한 연구」 『야외고고학』 3권 3호, 한국문화재조사연구기관협회.

임학성, 2011, 「18세기 말 水原 邑治지역의 가옥 양태와 가격」 『고문서연구』 39, 고문서학회.

정해득, 2016, 「화성지역 조선시대 유적 연구의 현황과 쟁점」 『화성지역 고고학 연구의 현형과 쟁점』, 화성시.

황대일, 2011, 『울산지역 조선시대 수혈주거지에 대한 일고찰』, 경상대학교 대학원 석사학위논문.

4. 발굴조사 보고서

가경고고학연구소, 2020, 『평택 고덕 율포리 방죽골유적』.

경기문화재연구원, 2009, 『화성 남양동 유적』.

경기문화재연구원, 2016, 『평택 장당동·지제동 유적』.

경남문화재연구원, 2017, 『평택 해창리 유적』.

경북문화재단, 2019, 『평택 당현리·율포리 유적Ⅰ·Ⅱ』.

고려문화재연구원, 2011, 『광교신도시 문화재 발굴조사Ⅳ』.

기호문화재연구원, 2011a, 『광교 신도시 문화유적Ⅴ』.

기호문화재연구원, 2011b, 『오산 탑동·두곡동 유적』.

기호문화재연구원, 2016, 『평택 방축리·여염리·궁리 유적』.

백제문화재연구원, 2019, 『평택 고덕 좌교리·두릉리유적』.

서경문화재연구원, 2010, 『용인 남사(아곡) 유적』.

서경문화재연구원, 2018, 『평택 서정동·두릉리·여염리·궁리 유적』.

우리문화재연구원, 2020, 『평택 좌교리·율포리 유적』.

중앙문화재연구원, 2017, 『평택 여염리 유적』.

중앙문화재연구원, 2015, 『평택 장당동 유적』.

한국문화유산연구원, 2016, 『평택 서정동 유적』.

한백문화재연구원, 2011, 『광교신도시 문화재 발굴조사 보고서Ⅰ』.

제22장 화성 남양장성(南陽長城)의 실체에 대한 검토 　　　　　　　　　　　　　강정식

『三國史記』

『高麗史』

『高麗史節要』

『朝鮮王朝實錄』

『承政院日記』

『日省錄』

『新增東國輿地勝覽』

『增補文獻備考』

『牧場地圖』

『東國輿地志』

『大東地志』

『大東輿地圖』

姜晶植, 2017, 「新羅 石築山城의 體城壁 築造技術 研究 -서울·京畿地域을 中心으로-」, 한신대학교 대학원 석사학위논문.

강정식, 2018, 「유적과 유물을 통해 본 화성 당성의 변화」 『삼국통일과 화성지역 사람들 삶의 변화』 학술총서 06, 화성시.

강정식, 2020, 「남양부와 수원부 치소에 대한 검토」 『고고문화로 읽는 화성지역의 고려·조선』 화성시 고고문화총서 04, 화성시.

권오영, 2006, 「始華湖一帶 關防遺蹟에 대한 새로운 知見」 『시화호의 역사와 문화』, 한신大學校博物館.

김기혁, 2009, 「『목장지도』에 나타난 17세기 국마(國馬) 목장의 분포와 변화」 『지역과 역사』 제24호, 부경역사연구소.

김성철·이철영, 2011, 「조선시대 목장성 연구」 『大韓建築學會聯合論文集』 제13권 제2호, 大韓建築學會 支會聯合會.

김호준, 2008, 「고려말 조선초 경기도 평택 서부지역의 성곽 변화 연구」 『한국성곽학보』 제14집, 한국성곽학회.

김호준, 2017, 「화성 당성 및 주변 성곽의 나말여초기 이후 경영 연구」 『先史와 古代』 第52號, 韓國古代學會.

南都泳, 1980, 「朝鮮時代의 馬政研究(I)」 『한국문학연구』 1호, 동국대학교 한국문학연구소.

南都泳, 1980, 「朝鮮時代의 馬政研究(II)」 『한국문학연구』 2호, 동국대학교 한국문학연구소.

박경자, 2019, 「화성시 관내 발굴 유적 출토 도자기의 의의」 『화성시 발굴 유적과 유물의 재조명』 화성시 고고문화총서 03, 화성시.

안병우, 2005, 「고려시기의 남양만」 『남양만의 역사와 문화』, 한신大學校博物館.

양상현, 2012, 「부산대학교 소장 조선 후기 『목장지도』의 내용과 제작시기」 『蔚山史學』 第16輯, 蔚山史學會.

유봉학, 2006, 「시화호 일원의 조선시대 분묘와 석물」 『시화호의 역사와 문화』, 한신大學校博物.

유재춘, 2017, 「조선전기 축성기술의 변천 연구」 『인문과학연구』 52, 강원대학교 인문과학연구소.

윤경진, 2012, 「『三國史記』 地理志의 기준 시점과 연혁 오류」 『韓國史研究』 제156호, 韓國史研究會.

윤경진, 2021, 「7세기 초 신라 당항성(党項城)의 위치 재론(再論) -'당성(唐城)'설 비판과 '한강(漢江)'설 제기」 『歷史와 實學』 76輯, 歷史實學會.

이세영, 2006, 「조선시대 경기도 남양의 역사와 경제」 『시화호의 역사와 문화』, 한신大學校博物館.

이종봉, 2009, 「朝鮮前期 慶尙道의 牧場 研究」 『지역과 역사』 제24호, 부경역사연구소.

李俊善, 1978, 「古代 南陽地域의 中心聚落에 關한 研究」, 서울大學校大學院 碩士學位論文.

李俊善, 1980, 「古代 南陽地域의 中心聚落에 關한 研究」 『地理學研究』 第5輯, 한국지리교육학회.

이홍두, 2018, 「조선 초기 수원도호부의 마목장 설치 연구」 『軍史』 제106호, 국방부 군사편찬연구소.

정요근, 2020, 「고려~조선시대 화성지역의 교통과 통신망」 『고고문화로 읽는 화성지역의 고려·조선』 화성시 고고문화총서 04, 화성시.

정은주, 2009, 「17세기 《牧場地圖》의 제작경위와 화풍」 『韓國古地圖研究』 제1권 제2호, 한국고지도연구학회.

丁仁淑, 1982,「華城郡 鄕南面 吉城里土城 硏究」, 淑明女子大學校 大學院 碩士學位論文.

정해득, 2005,「조선시대의 남양만」『남양만의 역사와 문화』, 한신大學校博物館.

車勇杰, 1988,「高麗末 · 朝鮮前期 對倭 關防史 硏究」, 忠南大學校 大學院 博士學位論文.

崔永鎭, 1972,「朝鮮時代 京畿地方 牧場考」『畿甸文化硏究』1, 인천교육대학 지역사회연구소.

崔重國, 2002,「京畿道 華城地域의 城郭 硏究」, 亞洲大學校 敎育大學院 碩士學位論文.

최희준, 2016,「신라 ‘党項城’의 연혁과 善德王代 羅唐關係」『先史와 古代』第47號, 韓國古代學會.

玄男周, 2003,「京畿 中西部地域 中世城郭 硏究」, 亞洲大學校 大學院 碩士學位論文.

황보 경, 2018,「화성 백사지의 조사성과와 성격 검토」『삼국통일과 화성지역 사람들 삶의 변화』학술
　　　총서 06, 화성시.

황보 경, 2019,「화성 당성과 주변 유적의 성격 및 경관 고찰 –신라~남북국시대를 중시로-」『古文
　　　化』제91집, (사)한국대학박물관협회.

嘉耕考古學硏究所, 2016,『평택 안중 성해리 산95임 일원 문화유적 발굴(시굴)조사 보고서』.

겨레문화유산연구원, 2012,『화성 장외리 산26, 산3-1번지 유적』.

경기도, 2005,『경기도의 옛지도』.

경기도박물관, 1998,『경기문화유적지도Ⅰ』.

京畿道博物館, 1999,『도서해안지역 종합학술조사Ⅰ-화성군 해안지역-』.

京畿文化財硏究院, 2009,『華城 南陽洞 遺蹟』.

京畿文化財硏究院, 2010,『華城 花山洞 遺蹟』.

경희대학교 중앙박물관, 1989,『華城郡의 歷史와 民俗』.

錦江文化遺産硏究院, 2010,『平澤 石井里 長城 試掘調査 報告書』.

金秉模 · 沈光注 · 許美烓, 1986,『京畿道百濟文化遺蹟(地表調査報告)』.

水原市, 2000,『水原의 옛 地圖』.

서경문화재연구원, 2017,「4. 화성 지화리 77-1번지 유적」『2015년 소규모 발굴조사 보고서Ⅱ』, 한국
　　　문화재재단.

인하대학교박물관, 2010,『송산그린시티 조성사업 토취장 예정부지 문화재 지표조사 보고서』.

中部考古學硏究所, 2012,『華城 三尊里遺蹟』.

中部考古學硏究所, 2018,『華城 石橋里 山 2-14番地 遺蹟』.

중앙문화재연구원, 2012,『송산그린시티 개발사업 제2토취장부지내 문화재 표본조사 약식보고서 –유
　　　물산포지1 · 남양장성 추정지-』.

韓國文化遺産硏究院, 2015,『화성 당성 주변 학술조사 보고서』.

韓國文化財保護財團, 2008,『華城 白谷里 遺蹟』.

한국토지공사 토지박물관, 2006,『화성시의 역사와 문화유적』.

한백문화재연구원, 2014,『화성 남양동 유적Ⅱ』.

한성문화재연구원, 2018,『화성 삼존리 산105-1번지 유적』.

한성문화재연구원, 2020, 『화성 남양동토성』.

한신大學校博物館, 2000, 『水原 古邑城』.

한신大學校博物館, 2003, 『吉城里土城』.

한신大學校博物館, 2005, 『남양만의 역사와 문화』.

한신大學校博物館, 2006, 『시화호의 역사와 문화』.

한신대학교박물관, 2016, 『華城 花梁鎭城』.

한양대학교 문화재연구소, 2018, 『唐城 -제3차 발굴조사(2015~2016년) 보고서-』.

한양대학교 문화재연구소, 2019, 『唐城 -제4차 발굴조사 보고서-』.

漢陽大學校博物館, 1998, 『唐城 -1次發掘調査報告書-』.

漢陽大學校博物館, 2001, 『唐城 -2次 發掘調査報告書-』.

한양대학교 박물관, 2020, 『唐城 -5차 발굴조사 보고서-』.

한울문화재연구원, 2020, 『화성 화량진성 I』.

화성시 · 화성문화원, 2010, 『화성시의 고문헌 II 남양홍씨 정효공파』.

화성시, 2016, 『화성시 고고문화에 대한 새로운 이해』.

화성시, 2016, 『화성지역 고고학 연구의 현황과 쟁점』.

화성시, 2018, 『삼국통일과 화성지역 사람들 삶의 변화』.

화성시, 2019, 『화성시 발굴 유적과 유물의 재조명』.

화성시, 2020, 『고고문화로 읽는 화성지역의 고려 · 조선』.

경기도사이버도서관 경기도메모리 https://memory.library.kr/

국립문화재연구소 문화유산 연구지식포털 https://portal.nrich.go.kr/

국립중앙도서관 https://www.nl.go.kr/

국사편찬위원회 한국사데이터베이스 http://www.history.go.kr/

국토지리정보원 https://www.ngii.go.kr/

서울대학교 규장각 한국학연구원 https://kyu.snu.ac.kr/

한국고전번역원(한국고전종합DB) https://www.itkc.or.kr/main.do

한국의 지식콘텐츠 https://www.KRpia.co.kr/

제23장 일본 선사시대 인구 연구의 방법론과 한계 　　　　　　　　　　　　　　　　　이기성

이기성, 2018, 「기후변동의 고고학 -일본고고학 연구 사례의 비판적 검토-」 『선사와 고대』 56호, 107~129쪽.

甲元眞之, 1996, 「農耕社會と環境の変化」 『考古学による日本歴史 16. 自然環境と文化』. 雄山閣.

甲元眞之, 2008,「気候変動と考古学」『文学部論叢 (歴史学篇)』97, 1~52쪽.

甲元眞之, 寺沢薫(編集), 2011,『講座 日本の考古学 弥生時代 上・下』, 青木書店.

高田純, 2017,「縄文早期以後の北海道人口密度」『札幌医科大学 医療人育成センター紀要』第8号, 29~36쪽.

関野克, 1938,「埼玉県福岡村縄文前期住居址と竪穴住居の系統について」『人類学雑誌』第53巻第8号, 1~18쪽.

関根達人, 2014,「青森県における縄文時代の遺跡数の変遷」『第四紀研究』53-4, 193~203쪽.

鬼頭宏, 2000,『人口から読む日本の歴史』, 講談社学術文庫(키토 히로시, 2009,『인구로 읽는 일본사』, 최혜주・손병규 옮김, 어문학사).

宮本一夫, 2009,『農耕の起源を探る 歴史文化ライブラリー276』, 吉川弘文館.

芹沢長介, 1968,『石器時代の日本』, 築地書館.

今村啓爾, 1997,「縄文時代の住居址と人口の変動」『住の考古学』, 同成社, 45~60쪽.

今村啓爾, 2008,「縄文時代の人口動態」『縄文時代の考古学 10. 人と社会』, 同成社, 63~73쪽.

今村啓爾, 泉拓良(編集), 2013・2014,『講座 日本の考古学 縄文時代 上・下』, 青木書店.

今村峯雄, 尾慎一郎, 2009,「炭素14年の記録から見た自然環境変動-弥生文化成立期-」『弥生文化誕生 弥生時代の考古学 2』.

大阪府立弥生文化博物館, 2001,『弥生都市は語る 環濠からのメッセージ』, 大阪府立弥生文化博物館.

藤尾慎一郎, 2009,「総論 縄文から弥生へ・弥生前史」『弥生文化誕生 弥生時代の考古学 2』.

藤田憲司, 1984,「単位集団の居住領域-集落研究の基礎作業として-」『考古学研究』31-2.

藤森栄一, 1970,『縄文農耕』, 学生社.

山内清男, 1964,「先史時代概説」『日本原始美術 1』, 講談社.

山内清男, 1969,「縄文時代研究の現段階」『日本と世界の歴史 1』, 学習研究社.

石川日出志, 1992,「遺跡密度」『図解 日本の人類遺跡』, 東京大学出版会, 128~131쪽.

設楽博己, 松木武彦, 藤尾慎一郎(編集), 2008~2011,『弥生時代の考古学 1~9』, 同成社.

小林謙一, 2004,『縄文社会研究の新時点 ー炭素14年代測定の利用』, 六一書房.

小林謙一, 2020,「南西関東縄紋中期後葉から中期前葉にける推定人口と気候変動」『気候変動から読みなおす 日本史 3.先史・古代の気候と社会変化』, 臨川書店, 191~214쪽.

小笠原好彦, 1989,「古墳時代の竪穴住居集落にみる単位集団の移動」『国立歴史民俗博物館研究報告(共同研究) 古代の集落』22, 1~28쪽.

小山修三, 1984,『縄文時代 コンピュータ考古学による復元』, 中央公論社.

小山修三, 杉藤重信, 1984,「縄文人口シミュレーション」『国立民族学博物館研究報告』9-1, 1~39쪽.

小杉康, 西田泰民, 水ノ江和同, 谷口康浩, 矢野健一(編集), 2007~2010,『縄文時代の考古学 1~12』, 同成社.

小畑弘己, 2016,『タネをまく縄文人ー最新科学が覆す農耕の起源』, 吉川弘文館.

小泉清隆, 1991,「古人口論」『岩波講座 日本考古学 2 人間と環境』, 岩波書店, 214~245쪽.

松木武彦, 2014,「人口と集落動態からみた弥生・古墳移行期の社会変化ー吉備中南部地域を中心に」『国立歴史民族博物館研究報告』第185集, 139~154쪽.

矢野健一, 2001, 「西日本の縄文集落」『立命館大学考古学論集Ⅱ』.

矢野健一, 2004, 「西日本における縄文時代住居址数の増減」『文化の多様性と比較考古学』, 考古学研究
会, 159~168쪽.

矢野健一, 2016, 「縄文時代における人口問題の重要性」『環太平洋文明研究』第1号, 11~22쪽.

矢野健一, 2020, 「縄文遺跡から人口動態を探る」『環太平洋文明研究』第4号, 5~11쪽.

埴原和郎(編集), 1994, 『日本人と日本文化の形成』, 朝倉書店.

安田喜憲, 1973, 「東北地方における後氷期後半の気候変化」『地理学評論』46-2, 107~115쪽.

羽生淳子, 2015, 「歴史生態学から見た長期的な文化変化と人為的生態システム」『第四紀研究』54-5,
299~310쪽.

羽生淳子, 2016, 「食の多様性と気候変化-縄文時代前期·中期の事例から」『考古学研究』63-2, 38~
50쪽.

田崎博之, 2008, 「弥生集落の集団関係と階層性」『考古学研究』55-3.

中村大, 2018, 「縄文時代の人口を推定する新な方法」『環太平洋文明研究』第2号, 39~58쪽.

中村大, 2019, 「東北北部の縄文前期人口の変動と火山噴火」『環太平洋文明研究』第3号, 43~62쪽.

中村大, 2020, 「北日本縄文時代の社会·人口統計の作成とその分析に関する覚書」『環平洋文明研究』
第4号, 110~121쪽.

塚田松雄, 1974, 『生態学講座27-b 古生態学 応用編』, 共立出版(小山修三, 1984 재인용).

坂口豊, 1989, 『尾瀬ヶ原の自然史』, 中公新書(甲元眞之, 2008 재인용).

春成秀爾, 1992, 「縄文時代 時代概説」『図解 日本人の人類遺蹟』, 東京大学出版会, 50~53쪽.

Crema, E.R., Habu, J., Kobayashi, K., Madella, M., 2016. Summed Probability Distribution of
14 C Dates Suggests Regional Divergences in the Population Dynamics of the Jomon
Period in Eastern Japan, PloS one 11(4): e0154809.

Kazuro, Hanihara., 1987, Estimation of the Number of Early Migrants to Japa n: A Simulative
Study, Journal of the Anthropologica l Society of Nippon, Volume 95 Issue 3: 391-
403.

제24장 축조방법과 구조로 본 기내지역 초기횡혈식석실의 계통 　　　　　　이동규

1. 한국어

고려문화재연구원, 2022, 『河南 甘一洞 遺蹟』.

김규운, 2017, 「한성기 백제 횡혈식석실(橫穴式石室)의 전개 양상」『서울학연구』 66, 서울시립대학교
서울학연구소.

김규운, 2019, 「일본 九州地域 횡혈식석실의 도입 과정 검토」『중부고고학보』 18, 중부고고학회.

김낙중, 2012, 「한반도 남부와 일본열도에서 횡혈식석실묘의 수용 양상과 배경」『한국고고학보』 85, 한국고고학회.

김무중, 2018, 「중부지방 횡혈식석실의 구조와 매장방법」『서울 방이동고분군의 성격』, 2018 서울 백제역사유적 전문가 토론회.

박천수, 2007, 『새로 쓰는 고대 한일교섭사』, 사회평론.

박천수, 2012, 『일본 속 고대 한국문화』, 동북아역사재단.

백제문화재연구원, 2021, 「고속국도 제29호선 성남~구리 건설공사구간(1구간)내 문화유적 발굴(시굴) 조사 약보고서」.

세종대학교 박물관, 2006, 『하남 광암동 유적』.

중부고고학회, 2019, 「하남 감일동 백제고분군의 위상」『하남시 승격 30주년 기념 하남역사박물관 하남 역사정체성 찾기 학술대회』.

한국고고환경연구소, 2010, 연기 송원리 유적.

한국문화재보호재단, 2012, 『성남 판교동 유적Ⅱ -13·16~18구역』.

홍보식, 1993, 「백제 횡혈식석실의 형식분류와 대외전파에 관한 연구」『박물관 연구논집』 2, 부산직할시립박물관.

小田富士雄, 2008, 「5世紀代北部九州の古墳文化 -とくに横穴式石室墳の導入とその背景-」『5세기대 일본열도의 고분 문화』, 대동문화재연구원 제1회 초청강연회.

2. 일본어

高木恭二 外, 1981, 『城二号墳』, 宇土市教育委員会.

高木恭二 外, 1999, 『塚原平古墳』, 不知火町教育委員会.

吉井秀夫, 2001, 「横穴式石室の受容・展開過程の比較検討を中心に」『検証古代の河内と百済 : 枚方歴史フォーラム』, 枚方歴史フォーラム実行委員会.

金奎運, 2018, 「九州地域横穴式石室の導入過程の検討」『海峡を通じた文化交流』, 九州考古学会・嶺南考古学会第13回合同考古学大会.

柳沢一男, 1982, 「竪穴系横口式石室再考」『森貞次郎先生古希記念論集』下巻, 森貞次郎先生古稀記念論文集刊行会.

柳沢一男, 1993, 「肥後型横穴式石室考」『鏡山猛先生古稀記念古文化論攷』, 鏡山猛先生古稀記念論文集刊行會.

柳沢一男, 1993, 「横穴式石室の導入と系譜」『横穴式石室の世界』, 季刊考古学第45号.

柳沢一男, 2003, 「複室構造横穴式石室の形成過程-羨道間仕切り型の築造系譜-」『新世紀の考古学-大塚初重先生喜寿記念-』, 大塚初重先生喜寿記念論文集.

柳沢一男, 2011, 「九州における古墳時代横穴系埋葬施設の地域性と階層秩序」『九州島における古墳埋葬施設の多様性』第14回九州前方後円墳研究会資料.

李東奎, 2021, 『築造方法から見た横穴式古墳の研究』, 専修大学博士学位論文.

白石太一郎, 1995, 「古代史のなかの藤ノ木古墳」『藤ノ木古墳日本の古代遺跡を掘る』5, 読売新聞社.

柏原市立歴史資料館, 1996, 『高井田山古墳をめぐって-近畿地方の横穴式石室のはじまりは-』.

森本徹, 2012, 「儀礼からみた畿内横穴式石室の特質」『ヒストリア』235, 大阪歴史学会.

森下浩行, 1986, 「日本における横穴式石室の出現とその系譜-畿内型と九州型」『古代学研究』111, 古代学研究会.

小田富士雄, 1980, 「横穴式石室の導入とその源流」『東アジア世界における日本古代史講座』第4巻朝鮮三國と倭國, 学生社.

安村俊史, 1996, 「畿内の初期横穴式石室と高井田山古墳」『高井田山古墳』, 柏原市教育委員会.

安村俊史, 2008, 「高井田山古墳の意義」『群集墳と終末期古墳の研究』, 清文堂.

安村俊史・桑野一幸, 1996, 『高井田山古墳』, 柏原市教育委員会.

重藤輝行・西健一郎, 1995, 「埋葬施設にみる古墳時代北部九州の地域性と階層性」東部の前期・中期古墳を例として, 『日本考古学』2, 日本考古学協会.

太田宏明, 1999, 「畿内型石室の属性分析による社会組織の検討」『考古学研究』46-1, 日本考古学協会.

土生田純之, 2014, 『古墳の見方』考古調査ハンドブック10, ニューサイエンス社.

土井基司, 1989, 「竪穴系横口式石室小考」『岡山大学構内遺跡調査研究年報』7, 岡山大学埋蔵文化財調査研究センター.

第25章 후쿠오카현 키타큐슈시 코쿠라 미나미구 누키가와유적 제2지점 출토 철과(鐵鍋)에 대해서

마츠이 카즈유키(松井和幸)

犬飼町教育委員会, 1990, 『犬飼地区遺跡群発掘調査概報Ⅲ』.

九州歴史資料館, 1975, 『大宰府史跡 昭和49年度発掘調査概報』.

福岡県芦屋町教育委員会, 2011, 『芦屋鋳物調査報告書 第1集』.

佐々木稔・村上久和・赤沼英男, 1990, 「大分県下の中世遺構から出土した鉄鍋の金属学的解析」『古文化談叢』第23集, 九州古文化研究会.

松井和幸 外, 2014, 「考古学から見た中世鋳物師の総合的研究」『科学研究費研究成果報告書』.

五十川伸矢, 1997, 「中世の鍋釜」『国立歴史民俗博物館研究報告』第71集.

財団法人北九州市教育文化事業団埋蔵文化財調査室, 1994, 『貫川遺跡8』.

부록

한신대학교박물관과 인연을 맺은 사람들

<박물관장>

1대(1991~1995) 서굉일(국사학과)
2대(1995~1998) 이남규(국사학과)
3대(1998~2001) 유봉학(국사학과)
4대(2001~2002) 이남규(국사학과)
5대(2002~2005) 안병우(국사학과)
6대(2005~2007) 이세영(국사학과)
7대(2007~2009) 이남규(국사학과)
8대(2009~2012) 권오영(국사학과)
9대(2012~2013) 이세영(한국사학과)
10대(2013~2015) 이남규(한국사학과)
11대(2015~2017) 이남규(한국사학과)
12대(2017~2019) 이남규(한국사학과)
13대(2019~2020) 이남규(한국사학과)
14대(2020~2021) 정해득(한국사학과)
15대(2021~현 재) 이형원(한국사학과)

<학예연구사>

조대연(1997~2000), 이기성(2000~2003), 이형원(2003~2021), 강정식(2021~현재)

<행정직원>

문경덕(2003~현재)

<조교>

정남일, 이민식, 이동완, 노대석, 정혜린, 故김두권, 김인희, 이명엽, 조성숙, 정치영, 한지선, 김여진, 최영민, 박신명, 나혜림, 심환석, 이은정, 정낙현, 강정식, 홍정우

<연구원>

정해득, 최철희, 김미숙, 박현욱, 박희영, 신성혜, 권도희, 송윤정, 한지수, 임영옥, 박지은, 박중국, 박현상, 구자린, 박동선, 이미선, 김현경, 명수림, 이동규, 반은미, 손재현, 박준영, 김정주, 정은미, 황다운, 박한울, 신화영, 이우재, 이민아, 정지영, 양경민, 김태은, 이혜영

<교육사>

김선희(2013~2017), 김찬송(2018), 안선규(2019), 김희연(2020), 이동진(2021~현재)

<보조원(학부생 · 대학원생 등)>

강문숙, 강영주, 강은지, 강일우, 강혜선, 고새연, 고은비, 곽예림, 곽창헌, 구주경, 구지희, 권대훈, 권혁조, 김경래, 김경민, 김광수, 김규민, 김기주, 김다영, 김동환, 김미나, 김미연, 김민경, 김민지, 김보람, 김봉환, 김상수, 김상아, 김선아, 김송이, 김승대, 김승리, 김용일, 김유라, 김윤미, 김은경, 김은혜, 김인희, 김정래, 김정목, 김종희, 김주형, 김지숙, 김진성, 김진원, 김채린, 김태식, 김태호, 김현겸, 김현진, 김혜민, 김혜영, 김희경, 남선경, 노선미, 노지혜, 노희연, 문세빈, 문수균, 문혜나, 박경희, 박두현, 박민웅, 박상준, 박선희, 박성용, 박세희, 박송이, 박수예, 박시운, 박은수, 박정휴, 박종찬, 박준영(한성대), 박지연, 박지향, 박지혜, 박진, 박진우, 박창호, 박태구, 박형호, 박혜령, 백서진, 방선정, 방은봉, 배용천, 서지영, 서희종, 손수혜, 손수희, 손은실, 손은진, 손일식, 송다니엘, 송영서, 신방원, 신소연, 신시내, 신정범, 신중현, 신혜원, 안승택, 안태민, 양선화, 오대훈, 오석민, 오세연, 오승관, 오운형, 오유정, 우성영, 원동혁, 원예은, 유리나, 유상렬, 유시내, 유진미, 유한나, 윤소라, 윤종호, 윤필상, 윤혜령, 윤효영, 이강은, 이경남, 이경호, 이단비, 이동근, 이동혁, 이명식, 이명효, 이병권, 이병훈, 이석재, 이선옥, 이소진, 이수정, 이승수, 이승원, 이영은, 이윤정, 이인숙, 이자현, 이정우, 이정윤, 이정현, 이종명, 이종성, 이주연, 이주영, 이준, 이지영, 이지혜, 이진민, 이창훈, 이충렬, 이필재, 이해찬, 이현오, 이혁희, 故이화정, 이희성, 임남진, 임덕현, 임병호, 임세일, 임은경, 임진정, 장기정, 장미정, 장사민, 장성준, 장은정, 장자호, 장혜원, 전연희, 전유리, 전희경, 정경아, 정미연, 정여진, 정용례, 정재욱, 정종구, 정주희, 정진영, 정진임, 정한나, 정한뉘, 정호진, 조강현, 조나연, 조민수, 조병준, 조성균, 조수삼, 조수미, 조영삼, 진수정, 진윤정, 진지언, 차정미, 채승호, 채유진, 채혜정, 채평석, 최갑숙, 최대순, 최명현, 최봄, 최수미, 최윤희, 최자은, 최장열, 최정범, 최종후, 최주환, 최지희, 최진아, 하석준, 하헌제, 한수경, 한승수, 한의석, 한혜진, 허소은, 허수정, 허정욱, 홍미선, 홍선경, 홍성민, 홍수경, 홍승범, 홍은하, 홍혜리, 황은순, 황지은

<특별연구원 : 한국연구재단 풍납토성 연구 프로젝트 등>

김성남, 김장석, 김종일, 김창석, 문동석, 문안식, 박성현, 성형미, 송호정, 양선아, 여호규, 윤선태, 임기환, 정대영

<자원봉사자 : 풍납토성 보고서 작업 등>

구희란, 김재경, 민선희, 박은형, 신채화

<협력관계>

오세윤(문화재 전문 사진작가), 이현상(문화재 복원 전문가),
공재왕 · 이경래 · 이만호(발굴현장 장비기사), 故정규현(발굴현장 작업반장)

<해외연구자 : 박물관체류 연구활동, 조사 및 보고서작업 참여>

야나기모토 테루오(柳本照男), 우에노 코조(植野浩三), 미기시마 카즈오(右島和夫),
오바 시게노부(大庭重信), 아오야기 타이스케(靑柳泰介), 나카노 사키(中野 咲),
이사하야 나오토(諫早直人), 나카쿠보 타츠오(中久保辰夫), 오노 히사코(大野寿子),
후지시마 모토나리(藤島志考), 히가 에리카(比嘉えりか)

한신대학교박물관 연혁

1988. 03. 설립준비위원회 발족, 위원장 서굉일 교수(국사학과)

1991. 03. 개관, 초대관장 서굉일 교수 취임

1991. 09. 이남규 교수 국사학과 교수 부임

1991. 10. 한국대학박물관협회 가입

1991. 11. 제7회 탁본전람회『朝鮮前期 四大名筆展』개최

1992. 03. 문화유적 발굴조사 최초 실시 – 광주 무등산 금곡동 야철지 발굴조사

1992. 04. 문화유적 지표조사 최초 실시 – 고양시 행신지구 문화유적 지표조사

1992. 11. 제8회 탁본전람회『白下 尹淳・員嶠 李匡師 書 企劃展』개최

1993. 11. 제9회 탁본전람회『谷雲 金壽增 書 企劃展』개최

1994. 03. 아산 국가공단 유적 발굴조사

1994. 06. 수원 영통 고려유적 발굴조사

1994. 11. 제10회 탁본전람회『탁본연구회 창립 10주년 기념 특별전 朝鮮時代 名品展』개최

1995. 05. 발굴보고서 최초 발간 –『아산국가공단유적 발굴조사보고서』

1995. 08. 서굉일 교수 관장 이임

1995. 09. 이남규 교수(국사학과) 2대 관장 취임

1995. 10. 용인 수지 백제 주거지 유적 발굴조사

1995. 11. 제11회 탁본전람회『華城城役 二百周年 紀念展(一)』개최

1996. 11. 제12회 탁본전람회『華城城役 二百周年 紀念展(二)』개최

1997. 08. 서울 풍납토성 삼화지구 발굴조사

1997. 11. 제13회 탁본전람회『世宗大王 誕辰 六百周年 紀念展』개최

1998. 02. 용인 마북리 석축유구・오산 양산동 통일신라・기와가마 유적 발굴조사

1998. 02. 이남규 교수 관장 이임

1998. 03. 유봉학 교수(국사학과) 3대 관장 취임

1998. 05. 용인 상현리 기와가마・화성 반월리 분묘군 발굴조사

1998. 11. 제14회 탁본전람회『英・正祖代 東國眞體 特別展』개최

1999. 01. 안성 산정리 도기가마・화성 당하리Ⅱ 유적 발굴조사

1999. 05. 수원고읍성 발굴조사

1999. 06. 용인 언남리 통일신라 생활유적 발굴조사

1999. 07. 화산고분군 발굴조사

1999. 08. 용인 마북리 사지 발굴조사

1999. 09. 서울 풍납토성 경당지구 발굴조사

1999. 11. 제15회 탁본전람회『英·正祖代 集字碑 名品展』개최

2000. 04. 한신대학교 개교 60주년 기념『발굴유물특별展』개최

2000. 10. 한신대학교 개교 60주년 기념 제16회 탁본전람회『正祖大王 逝去 二百周年 追慕展』개최

2000. 11. 용인 성복동 통일신라 요지 발굴조사

2001. 02. 유봉학 교수 관장 이임

2001. 03. 이남규 교수(국사학과) 4대 관장 취임

2001. 11. 제17회 탁본전람회『宋浚吉·宋時烈의 書藝 兩宋體 特別展』개최

2002. 07. 화성 천천리 청동기시대 취락유적 발굴조사

2002. 08. 이남규 교수 관장 이임

2002. 09. 안병우 교수(국사학과) 5대 관장 취임

2002. 10. 제18회 탁본전람회『정조대왕 탄신 250주년 기념 특별전 正祖時代의 名筆』개최

2002. 12. 화성 길성리토성 학술지표조사

2003. 04. 상설전시실 개관

2003. 09. 국제 학술대회 '한성기 백제의 물류시스템과 대외교섭' 개최

2003. 10. 제19회 탁본전람회『화성을 빛낸 조선의 명필 企劃展』개최

2003. 11. 화성 가재리 유적 발굴조사

2004. 02. 용인 마북동 중세취락유적 발굴조사

2004. 03. 화성 반송리 청동기시대 취락유적 발굴조사

2004. 09. 제20회 탁본전람회『實學時代의 書藝 特別展』개최

2005. 07. '북구주 시립 자연사 박물관' 일본고고학 관련 도서 기증

2005. 08. '김종일' 중국고고학 관련 도서 기증

2005. 08. 안병우 교수 관장 이임

2005. 09. 이세영 교수(국사학과) 6대 관장 취임

2005. 11. 국내 학술대회 '백제의 생산기술과 유통체계'

2005. 11. 제21회 탁본전람회『한석봉 서거 400주기 추모전 학석봉의 서예』개최

2006. 02. '야나기모토 테루오' 일본고고학 관련 도서 기증 출판기념회

2006. 05. 화성 송산동 농경유적 발굴조사

2006. 07. 한신대학교박물관 제1종 전문박물관 등록

2006. 11. 제22회 탁본전람회『송준길 선생 탄신 400주년 기념전 同春堂 宋浚吉의 書藝』개최

2006. 11. 한신대학교박물관 경력인정대상기관 선정

2007. 08. 『문화유적분포지도-오산시-』 제작

2007. 08. 이세영 교수 관장 이임

2007. 09. 이남규 교수(국사학과) 7대 관장 취임

2007. 11. 제23회 탁본전람회 『송시열 선생 400주년 기념전 尤庵 宋時烈의 書藝』 개최

2008. 01. 제24회 탁본전람회 『조선 명필의 예서』 개최

2008. 09. 화성 길성리토성 발굴조사, 용인 고림동 원삼국·백제 취락 발굴조사

2008. 11. 수원박물관 유물 기증 및 위탁관리 협약

2008. 12. 제25회 탁본전람회 『조선명필의 예서』 개최

2009. 03. 화성 왕림리 노리재골Ⅱ 백제유적 발굴조사

2009. 08. 이남규 교수 관장 이임

2009. 09. 권오영 교수(국사학과) 8대 관장 취임

2009. 11. 제26회 탁본전람회 『곡운 김수증의 예서』 개최

2010. 10. 한신대학교 개교 70주년 기념 제27회 탁본전람회 『한·중 역대 명필의 재발견』 개최

2010. 11. 한신대학교 개교 70주년 기념 특별전 '한신고고학 20년의 발자취' 개최
　　　　　 한신대학교 개교 70주년 기념 국제 학술대회 '한신대학교박물관 20년의 발자취' 개최

2010. 11. 중앙문화재연구원 학·연협력 협약

2011. 09. 한신대학교박물관 개관 20주년 기념 학술대회 '중부지역 고대와 중세의 최신 연구 성과
　　　　　 한신과 인연을 맺은 사람들의 학술잔치' 개최

2011. 10. 용인 농서동 고려유적 발굴조사

2011. 11. 한신대학교박물관 20주년·국사학과 30주년 기념 제28회 탁본전람회 『조선전기 명필
　　　　　 의 서예』 개최

2012. 02. 권오영 교수 관장 이임

2012. 03. 이세영 교수(한국사학과) 9대 관장 취임

2012. 04. 한신대학교박물관·(재)중앙문화재연구원 공동 학술대회 '오산천·황구지천유역 발굴
　　　　　 조사의 최신 성과와 마한·백제' 개최

2012. 07. 용인 신갈동 조선시대 분묘유적 발굴조사

2012. 11. 제29회 탁본전람회 『조선 왕실의 서예』 개최

2013. 03. 문화체육관광부 지원, '박물관 길 위의 인문학' 사업 선정

2013. 05. 화성 수영리 조선시대 유적 발굴조사

2013. 08. 이세영 교수 관장 이임

2013. 09. 이남규 교수(한국사학과) 10대 관장 취임

2013. 08. 제30회 탁본전람회 『조선 500년 명필·명비 조선이 사랑한 글씨』 개최

2013. 12.　화성 화량진성 발굴조사

2014. 01.　사단법인 모아재와 학·연협력 협약

2014. 03.　문화체육관광부 지원, '박물관 길 위의 인문학' 사업

2014. 08.　여주 매룡동 유적 발굴조사

2014. 09.　제31회 탁본전람회『조선 500년 명필·명비 조선이 사랑한 글씨』개최

2014. 10.　수원 창성사지 발굴조사

2015. 02.　한성백제박물관과 학술교류협약(MOU) 체결

2015. 03.　한신대학교박물관·한성백제박물관 2015년 봄 백제문화특별전『풍납토성, 건국의 기틀을 다지다』공동개최

2015. 03.　문화체육관광부 지원, '박물관 길 위의 인문학' 사업

2015. 08.　수원 창성사지 발굴조사

2015. 09.　제9회 화성시 역사문화 학술세미나『혜경궁과 그의 시대』주관

2015. 09.　이남규 교수(한국사학과) 11대 관장 취임

2015. 10.　제32회 탁본전람회『조선후기 명필의 재발견① 海昌尉 吳泰周의 書藝』개최

2016. 03.　문화체육관광부 지원, '박물관 길 위의 인문학' 사업

2016. 05.　수원 창성사지 발굴조사

2016. 08.　제33회 탁본전람회『조선후기 명필의 재발견② 朗善君 李俁의 書藝』개최

2016. 10.　제10회 화성시 역사문화 학술세미나『화성지역 고고학 연구의 현황과 쟁점』주관

2016. 11.　『고고학과 문헌을 통해 본 수원 창성사지의 역사적 가치』학술대회 개최

2017. 03.　문화체육관광부 지원, '박물관 길 위의 인문학' 사업 5년 연속 선정

2017. 09.　이남규 교수(한국사학과) 12대 관장 취임

2017. 09.　제34회 탁본전람회『조선후기 명필의 재발견③ 西溪 朴世堂 家門의 書藝』개최

2017. 09.　오산 독산성 1차 발굴조사(중부고고학연구소·한신대학교박물관)

2018. 02.　한신대학교박물관·아주대학교 도구박물관·수원대학교박물관 지역사회 발전을 위한 학술협력 협약

2018. 03.　문화체육관광부 지원, '박물관 길 위의 인문학' 사업

2018. 05.　대학 박물관과 함께 찾는 우리지역의 옛 이야기(공동주관 : 한신대학교박물관·아주대학교 도구박물관·수원대학교박물관)

2018. 05.　오산 독산성 2차 발굴조사(중부고고학연구소·한신대학교박물관)

2018. 10.　제35회 탁본전람회『조선후기 명필의 재발견④ 東岡 趙相愚의 書藝』개최

2019. 03.　문화체육관광부 지원, '박물관 길 위의 인문학' 사업

2019. 04.　오산 독산성 3차 발굴조사(중부고고학연구소·한신대학교박물관)

2019. 07. 오산 독산성 4차 발굴조사(중부고고학연구소·한신대학교박물관)

2019. 09. 이남규 교수(한국사학과) 13대 관장 취임

2019. 09. 오산시-한신대학교 평생교육 관학 협력사업 '교육 문화도시 오산의 역사문화 바로알기'

2019. 10. 제36회 탁본전람회『조선후기 명필의 재발견⑤ 安東金氏 家門의 書藝』개최

2020. 03. 문화체육관광부 지원, '박물관 길 위의 인문학' 사업

2020. 05. 오산 독산성 5차 발굴조사(중부고고학연구소·한신대학교박물관)

2020. 07. 오산시-한신대학교 평생교육 관학 협력사업 '오산시와 한신대학교 박물관이 함께 하는 오산 역사 바로알기', '오산시와 한신대학교 한국사학과가 함께하는 오산 역사 기록하기'

2020. 08. 이남규 교수 관장 이임

2020. 09. 정해득 교수(한국사학과) 14대 관장 취임

2020. 08. 2020년 매장문화재 미정리 유물 보존 및 활용 사업(풍납토성) 실시

2020. 10. 제37회 탁본전람회『조선후기 명필의 재발견⑥ 昌寧曺氏 家門의 書藝』개최

2020. 12. '오산시와 한신대학교 한국사학과가 함께하는 오산 역사 기록하기' 사진전『우리동네 양산동』개최

2021. 02. 2021년 매장문화재 미정리 유물 보존 및 활용 사업(풍납토성) 실시

2021. 03. 문화체육관광부 지원, '박물관 길 위의 인문학' 사업

2021. 04. 화성시 관내 발굴유적, 유물 조사 용역

2021. 04. 오산시 관내 발굴유적, 유물 조사 용역

2021. 08. 정해득 교수 관장 이임

2021. 09. 이형원 교수(한국사학과) 15대 관장 취임

2021. 10. 한신대학교 박물관 개관 30주년 기념 제38회 탁본전람회『17세기 조선 명필의 금석문』개최

2021. 10. 오산 독산성 6차 발굴조사(중부고고학연구소·한신대학교박물관)

2022. 02. 2022년 매장문화재 미정리 유물 보존 및 활용 사업(풍납토성) 실시

2022. 03. 문화체육관광부 지원, 교육인력지원사업 10년 연속 선정

2022. 03. 문화체육관광부 지원, '박물관 길 위의 인문학' 사업 10년 연속 선정

2022. 07. 오산시-한신대학교 평생교육 관학 협력사업 한신대학교 박물관과 함께 하는 오산 역사 바로알기 '오산 문화재 산책'

2022. 07. 오산시-한신대학교 평생교육 관학 협력사업 한신대학교 한국사학과와 함께 하는 오산 역사 기록하기 '우리 마을 기록하기'

2022. 07. 오산 독산성과 세마대지 2차 시굴조사(중부고고학연구소·한신대학교박물관)

이남규 명예교수 학력 및 경력

1955년	서울 출생
1968년	경희초등학교 졸업
1971년	경기중학교 졸업
1974년	경기고등학교 졸업
1979년	서울대학교 인문대학 고고학과 학사 졸업
1981년	서울대학교 대학원 석사 졸업(고고학전공)
1987년	일본 역사민속박물관 객원연구원
1991년	일본 히로시마대학교 문학연구과 박사 졸업
1991년	한신대학교 국사학과 교수 부임
1995년	한신대학교 박물관장(2대)
1999년	두뇌한국21사업 심사위원회 위원
1999년	기전매장문화재연구원 지도위원
2001년	한신대학교 박물관장(4대)
2001년	포항제철 사료관리분야 자문위원
2001년	화성군 향토유적보호위원회 위원
2001년	화성시 시사편찬위원회 위원
2004년	안양시 문화재심의위원
2004년	한국철문화연구회 회장
2005년	문화재감정위원
2006년	문화재위원회 전문위원
2006년	서울경기고고학회 회장
2006년	기획재정부기금평가위원
2006년	한국문화재조사연구기관협회 윤리위원장
2007년	한신대학교 박물관장(7대)
2007년	일반동산문화재 감정위원
2008년	경기문화연대 공동대표
2009년	수원시박물관 운영자문위원
2010년	정조대왕기념사업회 이사

2011년	한신대학교 교육대학원장
2011년	한신대학교 중등교육연수원장
2012년	한국문화재조사연구기관협회 이사
2012년	철박물관 자문위원
2013년	한신대학교 박물관장(10대)
2013년	강화고려역사재단 연구기획위원회 위원
2014년	정조대왕문화진흥원 이사
2015년	한신대학교 박물관장(11대)
2016년	한국고고학회 회장
2016년	한성백제왕도 세계유산등재 추진위원회 이사
2016년	울산쇠부리복원사업단 공동단장
2017년	한신대학교 박물관장(12대)
2017년	교육과정심의회 역사과위원회 위원
2017년	서울특별시 지방보조금심의위원회 위원
2017년	유엔군 초전기념관 운영위원
2018년	한신대학교 대학원장
2018년	인천광역시립박물관 운영위원
2018년	국립여성사전시관 운영위원
2018년	백제왕도핵심유적보존·관리사업추진단 자문위원
2018년	오산시사편찬위원회 위원
2019년	역사도시서울위원회 부위원장
2019년	한신대학교 박물관장(13대)
2019년	성신여자대학교 이사
2019년	독산성복원추진위원회 부위원장
2020년	한신대학교 한국사학과 정년퇴임
2020년	한신대학교 한국사학과 명예교수 부임
2020년	오산시립역사박물관 건립자문위원회 위원
2021년	전통제철연구위원회 고문
2021년	오산시 유물수집심의위원회 위원

한신고고학 30주년 기념 논총 간행위원회

위원장 권오영
위원 조대연, 이기성, 이형원, 정치영, 김권일
총무 최영민
간사 강정식

저자소개(집필순)

이남규	한신대학교 한국사학과	박동선	중부고고학연구소
조대연	전북대학교 고고문화인류학과	이자연	겨레문화유산연구원
이형원	한신대학교 한국사학과	서승완	한양문화재연구원
박중국	한강문화재연구원	박준영	서울대학교 국사학과 대학원
박신명	前 한신대학교박물관	김권일	신라문화유산연구원
신은정	백제역사문화연구원	최영민	아주대학교 도구박물관
정경화	중부고고학연구소	송윤정	아주대학교 인문과학연구소
최지훈	청구고고연구원	김용호	서경문화재연구원
정낙현	국립중원문화재연구소	강정식	한신대학교박물관
이혁희	한성백제박물관	이기성	한국전통문화대학교 융합고고학과
정치영	한성백제박물관	이동규	중부고고학연구소
한지수	한성백제박물관	松井和幸	前 北九州市立自然史 · 歷史博物館
권오영	서울대학교 국사학과		

한신대학교박물관 30주년 및 이남규 교수 정년퇴임 기념

한신고고학 30주년 기념 논총

초판발행일 2022년 7월 30일
엮 은 이 한신고고학 30주년 기념 논총 간행위원회
발 행 인 김선경
책 임 편 집 김소라
발 행 처 서경문화사
　　　　　주소 : 서울시 종로구 이화장길 70-14(204호)
　　　　　전화 : 743-8203, 8205 / 팩스 : 743-8210
　　　　　메일 : sk8203@chol.com
신 고 번 호 제1994-000041호
ISBN 978-89-6062-242-5　 93910